JOSEF PILVOUSEK

Den Himmel offen halten!

JOSEF PILVOUSEK

Den Himmel offen halten!
Beiträge zur Kirchengeschichte Mitteldeutschlands

HERAUSGEGEBEN VON CLEMENS BRODKORB

Bibliografische Information der Deutschen Bibliothek
Die Deutsche Bibliothek verzeichnet diese Publikation in der
Deutschen Nationalbibliografie; detaillierte bibliografische Daten
sind im Internet über <http://dnb.ddb.de> abrufbar.

Umschlagfoto: Weihbischof Friedrich Maria Rintelen, Magdeburg, predigt bei der Familienwallfahrt auf der Huysburg (bei Halberstadt) am 13. Juni 1970. – Tag des Herrn 20 (1970) Nr. 29/30 (25. 7. 1970) S. 115 (Foto: Hans Gettmann, Oschersleben)

© 2023 Aschendorff Verlag GmbH & Co. KG, Münster

www.aschendorff-buchverlag.de

Das Werk ist urheberrechtlich geschützt. Die dadurch begründeten Rechte, insbesondere die der Übersetzung, des Nachdrucks, der Entnahme von Abbildungen, der Funksendung, der Wiedergabe auf fotomechanischem oder ähnlichem Wege und der Speicherung in Datenverarbeitungsanlagen bleiben, auch bei nur auszugsweiser Verwertung, vorbehalten. Die Vergütungsansprüche des § 54 UrhG werden durch die Verwertungsgesellschaft Wort wahrgenommen.

Printed in Germany

ISBN 978-3-402-24980-2
ISBN 978-3-402-24981-9 (E-Book-PDF)

Inhaltsverzeichnis

Inhaltsverzeichnis 5

Geleitwort von Bischof em. Dr. Joachim Wanke 7

Einführung 9

Die Pastoralsynode der katholischen Kirche in der DDR
(1973–1975) 15

In memoriam Georg Kardinal Sterzinsky (1936–2011) 29

„Das Damals nicht vergessen, aber in die Zukunft schauen".
Aspekte des Bischofsdienstes in der DDR und im vereinten
Deutschland 35

Den Himmel offen halten. Vortrag zur Feier der Verabschiedung
von Bischof Dr. Joachim Wanke 45

Otto Kuss und ein Selbstzeugnis aus dem Jahre 1983 55

Von der Charitas zur Caritas. 150 Jahre kirchlich-soziales Wirken
der Aachener Franziskanerinnen in Erfurt 69

25 Jahre Mauerfall. Kirchengeschichtliche Deutungen der
„Zäsur 1989" 89

Prof. Dr. Karl-Joseph Hummel. Ansprache zu seiner Verabschiedung als Direktor der Forschungsstelle der Kommission für
Zeitschichte und Geschäftsführer der Kommission für Zeitgeschichte e. V. in Bonn 103

350 Jahre Ursulinen in Erfurt. Zur Geschichte des Ursulinenordens
und seines Erfurter Konvents 119

55 Jahre Friedrich-Dessauer-Kreis. Ein wertender Rückblick 139

„Nun habt Mut! Bistum sind wir! Jetzt wird's gut!". 25 Jahre Bistum
    Magdeburg 149

„Leichter Gegenwind im Sturm des Sozialismus". Zum Leben der
    Christen in der DDR und ihren kirchlichen Möglichkeiten 163

Wolfgang Trilling, Erfurt und der Katholizismus in der DDR 181

Progressive Katholiken – reaktionäre Bischöfe. Die Berliner
    Konferenz Europäischer Katholiken (BK) 193

„Ereignisgeschichte vs. Sozialgeschichte" am Beispiel Mittel-
    deutschlands 209

Pfarrer Dr. Dr. Paul Schimke (1915–2005). Maßlosigkeit statt
    Enge 225

Seelsorger und Seelsorge im Vogtland des 20. Jahrhunderts 279

Vom bischöflichen Kommissariat zum Vikariat Meiningen.
    Kirchenpolitische Planspiele im Umfeld der Vatikanischen
    Ostpolitik 291

Vom „Brachland" zur systematischen kirchenmusikalischen Arbeit.
    Kirchenmusik der katholischen Kirche auf dem Gebiet der
    SBZ/DDR 1945 bis 1989 309

Grundsätze und Erfahrungen des Aktionskreises Halle (AKH).
    Überlegungen zu ihrer Bedeutung in der heutigen Zeit 345

Erstveröffentlichungsnachweise 363

Bischof em. Dr. Joachim Wanke

Geleitwort

Die derzeitigen politischen und kulturellen Spannungen in der weltweiten Staatengemeinschaft und in den oft so ungleichzeitig sich entwickelnden Kulturen im globalen Norden und Süden gehen auch an den Religionen und deren gewachsenen Strukturen nicht spurlos vorüber. Oft gehören gerade die Religionen selbst zu den Faktoren, die scheinbar unkontrollierbare, sich mit Gewalt verbindende Kräfte in einer sich wandelnden Welt entbinden. Vieles an Selbstverständlichkeiten und Gepflogenheiten an Werturteilen und Handlungsweisen der Vergangenheit ist derzeit in Frage gestellt, vieles wird neu gewichtet und in größere Zusammenhänge hineingestellt. Dazu kommen Fragestellungen, die vergangenen Generationen noch völlig fremd waren, weltweite Gefährdungen, deren Ausmaße erst langsam ins Bewusstsein der Massen und auch der Eliten treten und auf die Antworten mühsam und mit hohem Einsatz erst gesucht werden müssen – ohne Garantie für eine erfolgreiche Lösung aller Probleme. Wahrlich – weltweit eine wahrhaft „prekäre" Situation, in der zudem unverantwortliche Untergangsszenarien noch dazu beitragen, lähmende Ängste zu schüren und den Lebensmut der Menschen zu ersticken.

Die Themen der hier vorgelegten Studien und Aufsätze – Personen, Ereignisse und kleinteilige Zeitdurchblicke auf eine meist marginale, in der Minderheitssituation lebende Kirche – mögen angesichts der angedeuteten heutigen Herausforderungen vernachlässigbar erscheinen. Oder doch eher nicht? Der Mensch, auch der religiös bzw. kirchlich „fermentierte" Einzelne ist immer nur seiner jeweiligen Zeit gleichzeitig. Maßstäbe, die rückwärts an die Vergangenheit gelegt und vor allem mit Wertungen versehen werden, sind daher meist misslich. Auch damals galt es, das Leben in den wechselnden Rahmenbedingungen zu bestehen, anstehende Fragen in ihrer Dringlichkeit zu gewichten und richtig einzuordnen, dringliche Probleme zu lösen bzw. zumindest zu lernen, mit ihnen und auch notwendigen Kompromissen geduldig umzugehen.

Ich bin dankbar, dass Professor Pilvousek auch in den Jahren nach seiner Emeritierung geduldig und ausdauernd sich mit solchen kirchengeschichtlichen „Kleinteiligkeiten" beschäftigt und Früchte davon hier nun in einem weiteren Band[1] vorgelegt hat. Zum einen stellt eine solche Sammlung eine Art Kaleidoskop der Buntheit und Vielschichtigkeit des kirchlichen Lebens in den Regionen zwischen Werra und Neiße dar, durch das manches Überraschende – auch an Lebenseinsatz und Glaubenstapferkeit und kluger kirchlicher Selbstbescheidung – neu entdeckt werden kann. Zum anderen zeigen sich auch Linien eines kirchlichen Lernprozesses, der für die anstehende „Verdemütigungsphase" unserer katholischen Kirche, speziell hier in Europa, bedeutsam werden dürfte: zu lernen, nicht an einer scheinbaren (an Zahlen abzulesenden) Unbedeutsamkeit innerlich und äußerlich zu resignieren, maßlos zu werden mit Renovierungsvorschlägen für ein „verbessertes" Christentum, sondern sich vielmehr des kostbaren Auftrags bewusst zu bleiben: dem Evangelium Jesu Christi zu allen Zeiten und unter unterschiedlichsten Bedingungen ein „Ansehen" und eine menschlich überzeugende Ausstrahlungskraft zu geben. Dazu gehörte für die Diasporakirche Mitteldeutschlands von jeher – und hoffentlich auch bis heute – das Wissen um die Zugehörigkeit zur universalen Kirche der Apostel Petrus, Jakobus und Johannes mit den Höhen und Tiefen ihrer langen Geschichte. Und dieser kirchliche „Weg durch die Zeiten" ist auch hierzulande nach vorn hin offen, nicht, weil wir „gut" sind, sondern weil Gott auch die Menschen hierzulande bleibend in sein Erbarmen eingeschlossen hat.

Danke dem Verlag Aschendorff, der wieder auch die Herausgabe dieses Bandes übernommen hat. Danke allen, die durch Zu- und Mitarbeit geholfen haben, einen ansehnlichen kirchengeschichtlichen „Früchtekorb" einer interessierten Leserschaft zu präsentieren.

+ Joachim Wanke

---

[1] Vgl. hierzu den ersten Band: JOSEF PILVOUSEK, Die Katholische Kirche in der DDR. Beiträge zur Kirchengeschichte Mitteldeutschlands (Münster 2014).

Einführung

Im Jahr 2014 erschien im Verlag Aschendorff ein erster Sammelband mit Beiträgen des emeritierten Erfurter Kirchenhistorikers Josef Pilvousek (* 1948) zur Kirchengeschichte Mitteldeutschlands,[1] die in den vergangen Jahrzehnten an verschiedenen Stellen publiziert worden waren und nun gemeinsam neu zugänglich gemacht wurden. Sie widmeten sich in sechs Themenkreisen der für Mitteldeutschland zentralen Frage der Rolle von Heimatvertriebenen und Flüchtlingen, welche die katholische Kirche dort dramatisch veränderten und in den darauffolgenden Jahren entscheidend prägten, in biographischen Abhandlungen den dominierenden kirchlichen Persönlichkeiten, den Wallfahrten als Beitrag zur Verwurzelung einer Kirche in Mitteldeutschland, den Auseinandersetzungen mit dem totalitären Staat und der staatstragenden kommunistischen Partei, die letztlich die Auslöschung von Kirche und kirchlichem Leben in ihrem Herrschaftsbereich anstrebte, dem Zweiten Vatikanischen Konzil und dessen Rezeption einer Kirche, die in einer doppelten Diaspora – kirchlich und weltanschaulich – existierte und schließlich dem politischen und gesellschaftlichen Umbruch von 1989/90 und seinen Folgen.

In den seitdem vergangenen nahezu zehn Jahren hat Josef Pilvousek noch einmal eine Anzahl von Aufsätzen in Zeitschriften, Jahrbüchern und Festschriften publiziert. Aus Anlass seines 75. Geburtstages sollen diese in dem hier vorgelegten Band noch einmal gesammelt und in der zeitlichen Abfolge ihres ursprünglichen Erscheinens abgedruckt werden. Die Orte der Erstveröffentlichung sind am Ende des Bandes verzeichnet. Formal sind die einzelnen Beiträge nur sparsam vereinheitlicht, offensichtliche Druckfehler stillschweigend verbessert worden.[2]

Am 29. Juni 2014 predigte der emeritierte Erfurter Bischof Joachim Wanke (geb. 1941) auf dem Regionalen Katholikentag in Marburg zum Thema „Den Himmel Gottes offen halten". Dabei betonte er, dass die Kirche sich ihres kostbaren Auftrags bewusst bleiben müsse: dem Evangelium Jesu

---

[1] JOSEF PILVOUSEK, Die katholische Kirche in der DDR. Beiträge zur Kirchengeschichte Mitteldeutschlands (Münster 2014).

[2] Abkürzungen wurden nur dann aufgelöst, wenn sie sich nicht im Abkürzungsverzeichnis der dritten Auflage des Lexikons für Theologie und Kirche bzw. im Internationalen Abkürzungsverzeichnis für Theologie und Grenzgebiete von Siegfried M. Schwertner finden.

Christi zu allen Zeiten und unter unterschiedlichsten Bedingungen ein „Ansehen" und eine menschlich überzeugende Ausstrahlungskraft zu geben und somit „Gefäß" und „Resonanzraum" für dieses Evangelium zu sein. Die äußere Gestalt von Kirche mag sich wandeln. Aber das, was sie transportiere, nämlich das Evangelium unseres Herrn, habe auch heute die Kraft, die Herzen der Menschen zu berühren und damit „den Himmel Gottes über allen Mitmenschen offen zu halten." Die hier unter dieser Überschrift vorgelegten Beiträge berichten in diesem Sinne von – mehrheitlich gelungenen – „kleinteiligen" Versuchen einer mitteldeutschen Kirche, die sich in der Situation einer extremen Minderheit behaupten musste und behauptet hat.

Die Pastoralsynode der Jurisdiktionsbezirke auf dem Gebiet der DDR, die sich von 1973 bis 1975 in Dresden um die Umsetzung der Beschlüsse des Zweiten Vatikanischen Konzils in der konkreten Situation der mitteldeutschen Diaspora bemühte, verdankt ihre Entstehung unterschiedlichen Motiven und ihren Ablauf und das Ende vor allen Dingen dem Agieren des Berliner Bischofs und damaligen Vorsitzenden der Berliner Ordinarienkonferenz Alfred Bengsch (1921–1979). Ihr ist der erste Beitrag dieses Bandes gewidmet, gefolgt von einer Würdigung von Georg Kardinal Sterzinsky (1936–2011), der in seiner Berliner Amtszeit die „kirchliche" Umstellung von Ost auf West und West auf Ost unter schwierigen Bedingungen bewerkstelligen musste. An ihn zu erinnern bedeutet auch, die praktische Umsetzung der kirchlichen Einheit in den Blick zu nehmen. In zwei Aufsätzen wird einer der Vordenker der mitteldeutschen Bischöfe und Theologen, der Erfurter Bischof Dr. Joachim Wanke, vorgestellt. An seinen Überlegungen zu einer „Standortbestimmung" der katholischen Kirche in der DDR lässt sich der damals erfolgte Paradigmenwechsel hin zu einem Verständnis von „Kirche in Mitteldeutschland" deutlich ablesen. Der Neutestamentler Otto Kuss (1905–1991) wird – ursprünglich in einem Festschriftbeitrag für den Emeritus der Universität der Bundeswehr in München und Essener Prälaten Hans Jürgen Brand (geb. 1938) – vor allem in seinen Beziehungen zum Erfurter Philosophen und Gründungsrektor des Philosophisch-Theologischen Studiums Erich Kleineidam (1905–2005) dargestellt. Ein Beitrag über die Aachener Schervierschwestern (Aachener Franziskanerinnen) lässt erahnen, welch wertvolle karitative Arbeit diese mehr als ein Jahrhundert lang bis zur Schließung ihrer Häuser in Erfurt geleistet haben.

Nachdem seit dem Mauerfall von 1989 ein Vierteljahrhundert vergangen war, ermöglichte der zeitliche Abstand, die Ereignisse der Umbruchsjahre zunehmend objektiver zu bewerten, bisher geltende Thesen in Frage zu stellen und neue Hypothesen zur friedlichen Revolution zu erörtern, letztendlich die „Zäsur 1989" kirchengeschichtlich (neu) zu deuten. Dazu gehörte auch die Frage, welche Rolle die katholische Kirche im Umbruchsgeschehen gespielt hat. Zu den bedeutenden Vertretern der kirchlichen Zeitgeschichte wie auch der politischen und sozialen Geschichte des Katholizismus im 20. und 21. Jahrhundert gehört im deutschen Sprachraum zweifellos der langjährige Direktor der Forschungsstelle der Kommission für Zeitgeschichte in Bonn Karl-Joseph Hummel (geb. 1950), dessen Lebensleistung anschließend gewürdigt wird.

Bis zum heutigen Tag gehört der 1667 in Erfurt installierte Ursulinenkonvent mit dem im frühen 13. Jahrhundert als Weißfrauenkloster gegründeten Anger-Kloster zum Stadtbild der thüringischen Landeshauptstadt. Es werden sowohl Höhepunkte und Erfolge der 350-jährigen Geschichte der Schwestern, aber auch Tiefpunkte und Zeiten der Prüfung beschrieben. 1963 wurde der seitdem fortbestehende Friedrich-Dessauer-Kreis als Akademikerkreis für den Bereich des damaligen Generalvikariats Erfurt gegründet. Der Beitrag zu seiner Geschichte zeigt auf, dass er unter den Akademikerkreisen auf dem Gebiet der Jurisdiktionsbezirke der früheren DDR eine herausragende Rolle spielte. Um die 1994 erfolgte Errichtung des Bistums Magdeburg hat es im Vorfeld erhebliche Meinungsverschiedenheiten gegeben, die auch in der Rückschau nicht immer aufzulösen sind. Dennoch konnte Josef Pilvousek bei einem Vortrag zum 25-jährigen Bistumsjubiläum, der hier dokumentiert wird, festhalten, dass der Eigenwert der mitteldeutschen Kirchengeschichte und die damit verbundene Lebensleistung der dort lebenden Christen in der Erhebung des Gebietes zum Bistum ihre Anerkennung gefunden haben. Zu den Überlegungen über das Leben der Christen in der DDR und ihren kirchlichen Möglichkeiten gehört auch die Frage, ob es in der DDR Christenverfolgungen gegeben hat. Hierbei geht es zunächst darum, klare Begrifflichkeiten herauszuarbeiten und beispielsweise zu klären, was unter „religiöser Verfolgung" zu verstehen ist. Darüber, dass schwere Benachteiligungen für Christen an der Tagesordnung waren, dürfte kein vernünftiger Zweifel bestehen.

Zu den profiliertesten Theologen und Seelsorgern der katholischen Kirche in der DDR gehörte der Leipziger Oratorianer Wolfgang Trilling (1925–1993). Seine Bedeutung als weltweit anerkannter Exeget steht, wie Josef Pilvousek aufzeigt, nicht in Frage. Umstritten waren eher die Konsequenzen, die er in Umsetzung des Zweiten Vatikanischen Konzils und hier besonders der Pastoralen Konstitution über die Kirche in der Welt von heute „Gaudium et spes" für das Engagement der Christen in der sozialistischen Gesellschaft zog. In analoger Weise versuchte die Berliner Konferenz Europäischer Katholiken, ein Zusammenschluss staatsnaher Katholiken der Ostblockländer, katholische Christen politisch im Sinne der DDR und der staatstragenden SED zu vereinnahmen. Der ursprünglich in einer Festschrift für den emeritierten Münchener Kirchenhistoriker Franz Xaver Bischof (geb. 1955) publizierte Beitrag zeigt die Intentionen dieser Konferenz und ihre mehr oder weniger perfiden Methoden auf.

Verdienste durchaus auch um die mitteldeutsche Kirchengeschichtsschreibung hat sich der langjährige Rektor des Deutschen Kollegs am Campo Santo Teutonico in Rom und Direktor des dort angesiedelten römischen Instituts der Görresgesellschaft Erwin Gatz (1933–2011) erworben, indem er für seine verschiedenen Standardwerke stets auch Autoren aus der damaligen DDR zur Mitarbeit eingeladen hat. Dabei kann aufgezeigt werden, dass die Mitteldeutschland betreffenden Beiträge in seinen Werken sich fast ausnahmslos im ereignisgeschichtlichen Rahmen bewegt haben.

Als „graue Eminenz" galt innerhalb der katholischen Kirche in der DDR Pfarrer Dr. Dr. Paul Schimke (1915–2005). Seinem Wirken haftete etwas Ominöses, Geheimnisvolles und zum Teil „Illegales" an: Diesen Mann und sein Wirken darzustellen, trägt entscheidend dazu bei, aufzuzeigen, welche Vielfalt, Vitalität, aber auch Widersprüchlichkeiten in der katholischen Kirche in der DDR existierten, in einer Kirche, die keineswegs im Gleichmaß oder gar gleichgeschaltet war.

Zu dieser durchaus bunten kirchlichen Landschaft gehörte auch die sächsisch-vogtländische Diaspora, die Albert Erdle (1901–1983) und Joseph Teusch (1902–1976), beide später an führenden Stellen in der katholischen Kirche der Bundesrepublik tätig, als pastoralen und karitativen Lernort für den „Westen" beschrieben haben. Eine auf andere Weise besondere Rolle spielte das kleine zum Bistum Würzburg gehörige Kommissariat und spätere Vikariat Meiningen. Die als Beitrag zu einer Festschrift für Wolfgang Weiß (geb. 1957) entstandene Darstellung schildert die Jahre der Zusammenarbeit zunächst mit dem Generalvikariat Erfurt, später im gemeinsamen Bischöflichen Amt Erfurt-Meiningen, welche die Unterschiede zwischen „Meiningern" und „Erfurtern" allmählich verschwinden und ein Bewusstsein von Kirche in Thüringen entstehen ließ. Geradezu selbstverständlich galt es entsprechend, dass das Meininger Gebiet 1994 Teil des neu errichteten Bistums Erfurt wurde. Ferner kann ein Blick auf die Kirchenmusik dazu beitragen, die innerkirchlichen Facetten und Besonderheiten der mitteldeutschen Gemeinden in ihrer besonderen Situation in der sozialistischen Gesellschaft zu illustrieren oder ans Tageslicht zu befördern. Die Kirchenmusik spielte hier 1945 zunächst kaum eine Rolle. Das „Brachland" katholischer Kirchenmusik in der DDR entwickelte sich erst allmählich zu einer „Landschaft", in der sich erprobte Modelle durchsetzen konnten, die bis heute erfolgreich sind, eine systematische kirchenmusikalische Arbeit erlauben und deshalb, besonders unter Würdigung der Umstände, unter denen sie entwickelt wurden, Respekt verdienen. Und schließlich zeigt ein Beitrag über den sogenannten „Aktionskreis Halle" (AKH) auf, dass sich innerhalb der zweifelsohne hierarchisch dominierten, durch bischöfliche Vorgaben reglementierten katholischen Kirche Nischen fanden, in denen sich eine weitgehend unabhängige katholische Zivilgesellschaft etablieren konnte, die gleichermaßen von der kirchlichen

Hierarchie wie auch vom kommunistischen Staat argwöhnisch beobachtet wurde. Gerade mit Blick auf die schwierigen Verhältnisse, die jedes gesellschaftliche oder gar politische Engagement jenseits der von der Staatspartei vorgegebenen Linie zu einem außerordentlichen Wagnis werden ließen, hat dieser Kreis ein wertvolles authentisches Zeugnis der christlichen Botschaft gegeben und das Evangelium als Ruf der Freiheit verkündet. Die Ausführungen dazu basieren auf einem Vortrag von Josef Pilvousek auf der letzten Jahrestagung des Kreises, die im April 2020 im Benediktinerkloster Huysburg bei Halberstadt stattfand und die Auflösung des Kreises besiegelte.

Insgesamt wird in dem hier vorgelegten Band ein weites Panorama vorgestellt, innerhalb dessen der Geschichte der katholischen Kirche in Mitteldeutschland aus verschiedenen Blickwinkeln heraus nachgespürt wird.

Clemens Brodkorb

Die Pastoralsynode der katholischen Kirche in der DDR (1973–1975)

Am 30. November 1975, dem 1. Adventssonntag, schloss die Pastoralsynode der Jurisdiktionsgebiete in der DDR in Dresden mit einem Pontifikalamt in der Dresdner Hofkirche. Alfred Kardinal Bengsch, der Synodenpräsident, glaubte in seiner Predigt Befürchtungen hinsichtlich ihrer Nichtrezeption ausräumen zu müssen, indem er unterstrich, dass mit dem Ende der Synode nicht alles abgetan sei, „was an Worten und Erkenntnissen in der Synode war".[1] Warum Bengsch zu dem feierlichen Anlass Vermutungen einer Nichtrezeption ausdrücklich thematisierte, muss die Synodenteilnehmer damals zumindest verwundert haben.

Heute, 35 Jahre später, ist diese Synode nahezu vergessen;[2] ihre Dokumente sind bis auf wenige Ausnahmen nicht rezipiert. Hat möglicherweise der Berliner Kardinal dies schon 1975 vorausgesehen und mit einer floskelhaften Bekundung Enttäuschungen vorbeugen wollen? Wie es zu dieser Synode kam, wie sie ablief und was der mögliche Grund für die geringe Rezeption gewesen sein kann, soll im Folgenden überblicksartig dargestellt werden.

1. Konzilsrezeption

Was vorab als Selbstverständlichkeit angesehen werden könnte — Konzilsrezeption und katholische Synode in der damaligen DDR — bedarf einiger einführender Erläuterungen. Ein Vergleich mit der katholischen Kirche in der Bundesrepublik Deutschland bietet sich an, der zunächst wenig Unterscheidendes zu bieten vermag.

Viele innerkirchliche Entwicklungen, wenn auch zeitversetzt, gleichen denen in der alten Bundesrepublik. Phänomene wie Demokratisierungstendenzen, Basisgruppen und Friedensbewegung sind zu finden. Die Befürchtungen, der totalitäre Staat würde eine Teilnahme der ostdeutschen Ordinarien

---

[1] Tag des Herrn 1/1976 (3. 1. 1976) S. 5.
[2] Vgl. JOSEF PILVOUSEK, Die vergessene Synode? Anmerkungen zur Rezeption der Pastoralsynode der Jurisdiktionsgebiete (1973–1975) in der DDR, in: ThG 49 (2006) S. 277–279.

am Konzil nicht gestatten, hatten sich als unbegründet erwiesen. An der Vorbereitung und den Sitzungen des Konzils waren Bischöfe und Theologen aus der DDR beteiligt. Reisegenehmigungen wurden erteilt, auch wenn der Versuch gemacht wurde, politisch Einfluss zu nehmen. Informationen und Dokumentationen über das Konzil und seine Inhalte wurden zu keiner Zeit ernsthaft behindert. Rezeptionsprozesse kamen zustande, wenn auch unter den besonderen Bedingungen einer Kirche in einem „totalitären" Staat. „Auswertung und Durchführung der Konzilsdekrete"[3] hießen die ständig wiederkehrenden Tagesordnungspunkte der Berliner Ordinarienkonferenz (BOK).

Phasen von Aufbruch und Überschwang über enttäuschte Hoffnungen bis hin zu Neuorientierung und Neubesinnung waren in der Kirche der alten Bundesrepublik wie auch in der Kirche der DDR zu finden.[4] Nach der Wiedervereinigung beider deutschen Staaten wurde darüber hinaus deutlich, dass der „Zustand" beider Ortskirchen theologisch kompatibel war.

Die Brisanz des Themas liegt vielmehr in der besonderen gesellschaftlichen und politischen Situation der katholischen Kirche in der DDR. Probleme ergaben sich sowohl aus politischen als auch kirchlichen Entwicklungen im zeitlichen Umfeld des Konzils und der Pastoralsynode.[5] Propagandistisch wurden Konzilsdekrete und päpstliche Friedensappelle durch die staatlich gelenkte CDU-Presse ausgeschlachtet, so dass sich die Berliner Ordinarienkonferenz veranlasst sah, darauf hinzuweisen, dass eine Interpretation der Konzilsdekrete alleine dem kirchlichen Lehramt zustehe.[6] Auf das synodale Geschehen versuchte der Staat Einfluss zu nehmen, indem er u. a. Inoffizielle Mitarbeiter postierte, die Informationen lieferten und bestimmte Diskussionen in der Synodenaula oder unter den Synodalen zu manipulieren versuchten.[7] Der Vorsitzende der Berliner Ordinarienkonferenz Alfred Bengsch (1961– 1979) hatte in einem Lagebericht schon 1966 formuliert: „Die Geschlossenheit in der katholischen Kirche der DDR ist durch die allgemeine postkonziliare Diskussionswelle gelockert. Da viele bisherige Grundsätze in Diskussion gezogen oder modifiziert werden, erscheint auch das Durchhalten der bisherigen politischen Abstinenz nicht mehr undiskutabel. Es mehren sich die

---

[3] Bistumsarchiv Erfurt (BAEF), Regionalarchiv Ordinarien Ost (ROO) A IV 1, Protokoll der BOK vom 3./4. 2. 1966.

[4] Vgl. KARL LEHMANN, Zwischen Überlieferung und Erneuerung. Hermeneutische Überlegungen zur Struktur der verschiedenen Rezeptionsprozesse des Zweiten Vatikanischen Konzils, in: ANTONIO AUTIERO (Hg.), Herausforderung Aggiornamento. Zur Rezeption des Zweiten Vatikanischen Konzils (Altenberge 2000) S. 93–110, hier: S. 108 f.

[5] Vgl. BERND SCHÄFER, Staat und katholische Kirche in der DDR (= Schriften des Hannah-Arendt-Instituts für Totalitarismusforschung 8) (Köln – Weimar – Wien 1998) S. 117–170.

[6] Vgl. BAEF, ROO A IV 1, Protokoll der BOK vom 3./4. 2. 1966.

[7] Vgl. B. SCHÄFER, Staat und katholische Kirche in der DDR (wie Anm. 5) S. 367–380.

Stimmen, die nach einem Engagement des Katholiken im gesellschaftlichen und politischen Leben rufen".[8]

Was Alfred Bengsch in der Folge des Konzils fürchtete, war das Aufbrechen der Geschlossenheit der katholischen Kirche, damit staatliche, parteiliche Einflussnahme und schließlich eine Gleichschaltung. Die Geschichte der Pastoralsynode in der DDR hat diesen gesellschaftlich-politischen Hintergrund als Verstehenshorizont.

2. Auf dem Weg zu einer Synode in der DDR?

Angefangen hatte alles mit einer anderen, der Meißner Diözesansynode (1969–1971), deren Vorbereitung 1966 begann und deren jähes Ende 1971 bis heute kontrovers diskutiert wird. Sie tagte von 1969 bis 1971 im Seitenschiff der Dresdner Hofkirche.[9] Bis zu seinem frühen Tod 1970 präsidierte Bischof Otto Spülbeck (1958–1970) die ersten drei Sessionen und setzte zwei Synodendekrete durch bischöflichen Erlass in Geltung. Unter seinem Nachfolger Bischof Gerhard Schaffran wurde die Synode zwar zu Ende geführt, allerdings nicht ohne erhebliche Irritationen.

Modellcharakter hatte sie dennoch und gilt deshalb zu Recht als wichtiger Impuls für die Pastoralsynode.[10] Der Plan für eine Meißner Diözesansynode wurde bereits im November 1963 in Rom nach vielen Gesprächen Otto Spülbecks mit seinen Begleitern Hermann-Joseph Weisbender (1922–2001) und Josef Gülden (1907–1993) gefasst.[11] Umstritten ist ebenso, ob der Synodenplan Spülbecks tatsächlich schon eine Rezeption des Konzils involvierte oder ob er „nur" eine Diözesansynode plante. Schließlich hatte es bisher nur eine, kurz nach Gründung des Bistums Meißen, im Juli 1923 gegeben, und ein Reformstau war durchaus zu verzeichnen.[12] Nachdem das Konzil beendet war, thematisierte die von Bischof Spülbeck geplante Synode selbstverständlich die Umsetzung der Beschlüsse des Zweiten Vatikanums. Bereits am 17. September 1966 wurden zur Vorbereitung der Vorlagen für die Synodenvollversammlungen 16 Fachkommissionen eingerichtet.

---

[8] Katholisch-Theologische Fakultät – Universität Erfurt (KTFE), Forschungsstelle für kirchliche Zeitgeschichte Erfurt (FKZE), Politika II, Lagebericht des Vorsitzenden der BOK (Bengsch), Oktober 1966.

[9] Vgl. DIETER GRANDE – PETER-PAUL STRAUBE (Hg.), Die Synode des Bistums Meißen 1969 bis 1971. Die Antwort einer Ortskirche auf das Zweite Vatikanische Konzil (Leipzig 2005).

[10] Vgl. dazu ebd.

[11] Vgl. KTFE, FKZE, Josef Gülden, Konzilstagebuch.

[12] Vgl. HANS FRIEDRICH FISCHER, Die Wiedererrichtung des Bistums Meißen 1921 und ihre Vorgeschichte (= SKBK 34) (Leipzig 1992) S. 120–124.

Festzuhalten ist: Zu diesem Zeitpunkt, 1966, war eine Pastoralsynode in der DDR weder beabsichtigt noch gab es nach Auskunft der Quellen irgendwelche Vernetzungsversuche der ostdeutschen Ordinarien mit der Meißner Synode.

Ein Jahr später, 1967, fragte der Erfurter Weihbischof Hugo Aufderbeck den für das Thüringer Gebiet zuständigen Fuldaer Bischof Adolf Bolte: „Höflichst möchte ich anfragen, ob der Hochwürdigste Bischof von Fulda schon irgend etwas wegen einer kommenden Diözesan-Synode überlegt hat und in welcher Weise von hier aus eine Beteiligung möglich wäre?".[13]

Eine Antwort des Fuldaer Bischofs ist nicht überliefert. Die Tatsache aber, dass der Erfurter Weihbischof den im Westen residierenden Diözesanbischof um Auskunft über eine Diözesansynode bittet, macht klar, wie Aufderbeck sich zu diesem Zeitpunkt synodales Geschehen in der DDR für die zu westdeutschen Bistümern gehörenden Jurisdiktionsbezirke vorstellte: eine irgendwie geartete Beteiligung beim „Mutterbistum". Ob dies überhaupt politisch möglich gewesen wäre, sei dahingestellt.

Wenn auch nicht zielführend auf eine Synode gerichtet, gilt es auf dem Weg zur DDR-Synode ein weiteres Phänomen in den Blick zu nehmen. Die „Forderungen das II. Vaticanums an der Basis, in den Gemeinden, zu realisieren"[14] lautete ein pastoraler Appell, der sich geringfügig modifiziert in den Überlegungen der meisten Bistümer wiederfindet. Schwerpunktthemen der Pastoral wurden als Jahresthemen formuliert und über die Seelsorgeämter als Akzente in der Gemeindepastoral vermittelt: „1966/69 – Die neue Sicht der Kirche; 1966/67–1967/68 – Liturgie; 1967/68 – Verkündigung; 1968/69 – Erwachsenenseelsorge; 1969/1970 – Stärkung der Mitverantwortung".[15]

Die „Akzente" wurden nochmals untergliedert, so dass ein Programm entstand, das denkwürdigerweise in seinen Schwerpunkten in den späteren Synodenbeschlüssen wiederzufinden ist.

Die Jahre 1968 und 1969 sollten für die katholische Kirche in der DDR vor allem innerkirchlich zu Entscheidungsjahren werden.[16] Als ein weiteres, eine Synode letztlich präformierendes Element könnte auch die Bildung zahlreicher von „unten" oder von „oben" entstandener Gremien, Gruppen

---

[13] Bischöfliches Ordinariat Erfurt, Jahresberichte Aufderbeck 1964–1989 an GV Fulda, Bericht vom 16. 4. 1967.

[14] VKTFE, FKZE, SEELSORGEAMT ERFURT (Hg.), Überlegungen zur Pastoral, mit Beiträgen von Weihbischof HUGO AUFDERBECK und HELGA MONDSCHEIN (Erfurt o. J. [1969]).

[15] Ebd.

[16] Vgl. dazu JOSEF PILVOUSEK, Konziliare Impulse im Spannungsfeld kirchenpolitischer und innerkirchlicher Entwicklungen. Die Katholische Kirche in der DDR 1966 bis 1973, in: KATARZYNA STOKLOSA – ANDREA STRÜBIND (Hg.), Glaube – Freiheit – Diktatur in Europa und den USA. FS Gerhard Besier (Göttingen 2007) S. 287–300.

oder Kreise, die sich auf das Zweite Vatikanum beriefen, gezählt werden. Neben dem „Evangelisch-katholischen Briefkreis"[17] und dem Arbeitskreis „Pacem in Terris"[18] war der bedeutendste der „Aktionskreis Halle" (AKH),[19] der 1969/70 gegründet wurde.

Die Errichtung[20] eines Priester- und eines Laiengremiums war auf Vorschlag der Vertreter des Erfurter Gesprächskreises durch die Ordinarienkonferenz beschlossen worden.[21] Beide sollten der Bischofskonferenz zugeordnet sein und zunächst ad experimentum für drei Jahre bestehen. Die Aufgabe der beiden Kommissionen sei es, „in gemeinsamer oder getrennter Beratung besprochene Fragen, Anregungen, Wünsche und Vorschläge, die die Arbeit der Kirche im Raum der DDR betreffen, der Ordinarienkonferenz vorzulegen; die Ordinarienkonferenz kann ihrerseits wichtige Angelegenheiten beiden Gremien zur Stellungnahme bzw. Bearbeitung übertragen. Die Wahl der Priester sollte durch die Priesterräte der einzelnen Jurisdiktionsbezirke und die Erfurter Professorenkonferenz erfolgen, die jeweils ein Mitglied aus ihren Reihen entsendet. Die Berufung der Laien erfolgte auf Vorschlag der Diözesanlaienräte durch die Ordinarienkonferenz. Die Ordinarienkonferenz behält sich vor, ein bis zwei Mitglieder für jedes Gremium zusätzlich zu berufen".[22] Im Juni 1969 wurden die Mitglieder der beiden Gremien benannt.[23]

Auf oberster Ebene war, wie noch gezeigt werden soll, eine Entscheidung für eine Pastoralsynode längst gefallen. Trotz der internen Entscheidung wurde die Frage nach ihrer Dringlichkeit offiziell seit September 1969 im Auftrag der Berliner Ordinarienkonferenz in verschiedenen Gruppen und Arbeitskreisen diskutiert. Insgesamt trafen acht Stellungnahmen von überdiözesanen

---

[17] Vgl. REINHARD GRÜTZ, Katholizismus in der DDR-Gesellschaft. Kirchliche Leitbilder, theologische Deutungen und lebensweltliche Praxis im Wandel (= VKZG, Reihe B 99) (Paderborn u. a. 2004) S. 126–131.

[18] Ebd., S. 131–136.

[19] Ebd., S. 123–126.

[20] Vorausgegangen waren Gespräche katholischer Akademiker mit den Bischöfen Aufderbeck und Schaffran in Erfurt sowie Bengsch in Berlin. Der später als „Erfurter Gesprächskreis" bezeichnete lose Zusammenschluss von Laien und einigen Priestern übte scharfe Kritik an Stil und Umgang der Bischöfe mit den Gläubigen.

[21] Vgl. KTFE, FKZE, Beschlüsse der BOK/BBK, Protokoll vom 2./3. 12. 1968.

[22] Ebd.

[23] Vgl. ebd., Protokoll vom 1./3. 6. 1969.

Arbeitskreisen bzw. Zusammenschlüssen zur Frage der Notwendigkeit einer Synode ein.[24]

Das „Laiengremium" hatte auf seiner ersten Sitzung am 4. und 5. Oktober 1969 in Berlin auftragsgemäß die Frage nach der Opportunität einer Pastoralsynode erörtert.[25] Die Mehrzahl der Teilnehmer (aus Berlin, Magdeburg, Görlitz und Erfurt) waren gegen eine Synode und für „losere Formen"; „Meiningen und vor allem Meißen plädierten sehr stark dafür".[26] Die Konferenz der Leiter der Seelsorgeämter, die am 21. Oktober 1969 in Cottbus tagte, schlug der BOK einen Dreistufenplan vor.[27] Eine Pastoralkonferenz (1. Stufe), bestehend aus 40 Teilnehmern (Priestern und Laien), sollte zu den vorgeschlagenen Themenkomplexen Schemata erarbeiten. Ein Pastoralkongress (2. Stufe) sollte die erarbeiteten Schemata der breiten kirchlichen Öffentlichkeit bekannt machen und zur Diskussion stellen. Die Pastoralsynode (sie sollte aus ca. 130 Teilnehmern, zu denen auch 50 gewählte Laien und 15 gewählte Priester gehörten, bestehen) sollte ähnlich der Meißner Synode arbeiten; vor allem sollten Teilnehmer aus der Pastoralkonferenz (1. Stufe) vertreten sein, um die erarbeiteten Schemata zu erläutern und zur Endredaktion zu bringen. Die Theologenkommission hatte ihr erstes Gutachten am 9. November 1969 fertiggestellt.[28] Sie plädierte für die Rechtsform eines „Pastoralkonzils", um moralisch verbindliche Dokumente vorlegen zu können. Eine Synode bewirke kirchenrechtliche und gesellschaftliche Schwierigkeiten, und ein Pastoralkongress sei zu unverbindlich.

Das Priestergremium hatte auf seiner ersten Sitzung am 26. November 1969 folgende einstimmige Stellungnahme formuliert: „Das Priestergremium hält eine gesetzgebende Pastoralsynode im Raum der DDR aus kirchenrechtlichen, interdiözesanen und politischen Gründen für nicht opportun. Es empfiehlt einen Pastoralkongress, zusammengesetzt aus Priestern und Laien aus allen Jurisdiktionsgebieten der DDR, um Leitlinien der Pastoral zu erarbeiten, die von allen beachtet werden sollen".[29]

---

[24] Vgl. ROLF SCHUMACHER, Kirche und sozialistische Welt. Eine Untersuchung zur Frage der Rezeption von „Gaudium et spes" durch die Pastoralsynode der katholischen Kirche in der DDR (= EThSt 76) (Leipzig 1998) S. 98.

[25] Vgl. Bischöfliches Ordinariat Erfurt, BOK, Laiengremium, C I b4e, Protokoll über die Tagung des von der BOK berufenen Laiengremiums am 4./5. 10. 1969 in Berlin.

[26] Ebd., Brief Hüber an Aufderbeck, 12. 10. 1969.

[27] Vgl. Bischöfliches Ordinariat Erfurt, BOK, Theologische Kommission, C I b4d, Überlegungen zur Pastoralsynode der DDR.

[28] Ebd., Gutachten zur Frage eines Pastoralkonzils im Bereich der Berliner Ordinarienkonferenz, 9. 11. 1969.

[29] Ebd., Betr. Pastoralsynode.

Die Studentenpfarrerkonferenz, die vom 1. bis 3. April 1970 in Berlin tagte, zweifelte „an der Opportunität, mindestens in den nächsten 3 Jahren. Dennoch ist Mitarbeit an den Themen wichtig, da die ‚Aktivisten der ersten Stunde' weithin die Vorlagen bestimmen".[30]

Der Regionalkreis der katholischen Studentengemeinden folgte offenbar den Empfehlungen der Studentenpfarrer, sich einzumischen, um den „Aktivisten" nicht das Feld zu überlassen, und forderte deshalb für eine „mögliche DDR-Synode" die Mitarbeit des gesamten Kirchenvolkes.[31]

Besonders kritisch äußerte sich der Aktionskreis Halle, die einzige kirchliche Reformgruppe von Priestern und Laien in der DDR. Er kritisierte den bischöflichen Plan einer Synode als „von oben eingesetzte Idee",[32] der der Rückhalt und das Interesse in den Gemeinden fehle.[33] Den Kern des mangelnden Synodenbedürfnisses machte der Aktionskreis in einem Nachholbedarf im Hinblick auf das Wissen und Verständnis der Texte des Zweiten Vatikanischen Konzils aus, die „in keiner Weise schon Allgemeingut der Kirche der DDR weder im Denken noch im praktischen Umsetzen"[34] seien.

Fasst man die vorgestellten Stellungnahmen zur Opportunität einer Pastoralsynode zusammen, so ergibt sich das relativ eindeutige Bild einer eher skeptisch-negativen Einstellung gegenüber dem Projekt einer „großen Pastoralsynode" für die DDR. Auch wenn man in Erwägung zieht, dass in einigen Gremien wohl angesichts mangelnder Kenntnisse über Sinn und Aufgabe einer Synode manchmal eher diffuse Vorstellungen über solche „Versammlungen" bestanden, bleibt der dargelegte Befund denkwürdig. Alles in allem

---

[30] BAEF, ROO, AG Studentenseelsorge 3, Protokoll der Studentenpfarrerkonferenz, 1.–3. 4. 1970 in Berlin.

[31] Die Studentengemeinden hatten sich „ungefragt" in dieser Sache zu Wort gemeldet; vgl. ebd., Anlage zum Protokoll des Regionalkreises, 4./5. 4. 1970.

[32] KTFE, FKZE, Privatarchiv Aktionskreis Halle, Rundbriefe 1969–1971, RB 03/04 1971, JOACHIM GARSTECKI, Zur Vorgeschichte einer Pastoralsynode in der DDR.

[33] „Die mehr grundsätzliche Frage nach der Opportunität einer Pastoralveranstaltung zum gegenwärtigen Zeitpunkt spielte in den meisten Eingaben bereits keine Rolle mehr. Sie wurde offensichtlich nur von solchen Gruppierungen und Gremien aufgeworfen, die nicht ausdrücklich um eine Stellungnahme gebeten worden waren, sich aber dennoch zu Wort gemeldet hatten. Damit war aber die für die Gesamtbeurteilung aufschlussreiche Überlegung, wer in der DDR-Kirche eigentlich eine Synode oder ähnliche Pastoralveranstaltung wolle und aus welchen Gründen er dies wolle, gar nicht erst in Gang gekommen. Die ohne spürbares Bedürfnis der Gemeinden und ohne vorausgehende breite Diskussion entwickelte Idee, in der DDR eine gemeinsame Pastoralveranstaltung abzuhalten, blieb durch diesen Ausfall auch weiterhin eine ‚von oben' empfohlene Sache einiger weniger beauftragter Spezialisten ... Mit der Bildung einer Vorbereitungskommission durch die Ordinarienkonferenz im Sommer 1970 war die Frage nach der Opportunität auf indirekte Weise beantwortet." – Ebd.

[34] Ebd., Fragen um Opportunität eines Pastoralkonzils bzw. einer Pastoralsynode.

darf man grundsätzlich festhalten: Eine Synode war nicht vorgesehen, die Forderungen das Zweiten Vatikanums sollten an der Basis, in den Gemeinden durch Pastoralkongresse, ein Pastoralkonzil oder ähnliche Konferenzen realisiert werden.

3. DDR-Synode unausweichlich!

Um die endgültige Entscheidung für eine Pastoralsynode nachvollziehen zu können, ist zunächst auf eine scheinbar beiläufige Bestimmung aufmerksam zu machen. Auf ihrer Sitzung am 28. und 29. März 1966 hatte sich die BOK eine neue Satzung gegeben. Bei der Nuntiatur schuf Artikel 14 Irritationen.[35] Gemäß Schreiben der Apostolischen Nuntiatur vom 31. August 1966 bedurften zwar die Statuten der Berliner Ordinarienkonferenz als einer Regionalkonferenz nicht der Genehmigung des Hl. Stuhls. Die Apostolische Nuntiatur fragte aber an, ob der Artikel 14 der Satzung nicht zu streichen wäre, nach welcher die „Berliner Ordinarienkonferenz Beschlüsse mit Rechtskraft in den von den kirchlichen Rechtsnormen vorgesehenen Fällen" fassen kann. Die BOK beauftragte daraufhin ihren Vorsitzenden, Alfred Bengsch, den „Apostolischen Nuntius verbindlich zu unterrichten, dass bei diesem Artikel nicht an eigene Beschlüsse der Berliner Ordinarienkonferenz gedacht sei. Er soll vielmehr ermöglichen, dass Beschlüsse der Deutschen Bischofskonferenz, die als solche in der DDR nicht publiziert werden dürfen, formell als Beschlüsse der Berliner Ordinarienkonferenz publiziert werden können".[36]

Das bedeutete aber im Fall einer Synode in der Bundesrepublik Deutschland, dass deren Beschlüsse zu Beschlüssen der Berliner Ordinarienkonferenz geworden wären, denen man staatlicherseits sicher mit Sanktionen begegnet wäre. Als der Berliner Ordinarienkonferenz Anfang 1969 die konkreten Pläne für eine Synode in der Bundesrepublik bekannt gemacht wurden, hatte man trotz möglicher „politischer Folgen" zunächst keine Einwände erhoben.[37] Man bat lediglich darum, „die Benennung ‚Deutsche Synode' oder ‚Nationalsynode' zu vermeiden", und schlug vor, „wenn der Begriff ‚Pastoralkonferenz' nicht verwendbar ist, von einer Pastoralsynode der Diözesen

---

[35] Vgl. MARTIN HÖLLEN, Loyale Distanz? Katholizismus und Kirchenpolitik in SBZ und DDR. Ein historischer Überblick in Dokumenten, Bd. 3/1: 1966 bis 1976 (Berlin 1998) S. 15: „Art. 14: Beschlüsse der Konferenz besitzen Rechtskraft nur in den von den kirchlichen Rechtsnormen vorgesehenen Fällen. Jedoch sind einstimmige Beschlüsse für alle Mitglieder verbindlich. Mit Stimmenmehrheit angenommene Empfehlungen sind wenigstens insofern zu achten, als es die Einheit der Kirche nach innen und außen fordert."

[36] BAEF, ROO, A III 29, Protokoll der BOK vom 21./22. 9. 1966.

[37] Ebd., Protokoll der BOK vom 24./25. 2. 1969.

bzw. Kirchenprovinzen der Bundesrepublik zu sprechen".[38] Die von 1971 bis 1975 in Würzburg tagende Synode bezeichnete sich dann auch als „Gemeinsame Synode der Bistümer in der Bundesrepublik Deutschland".[39] Gleichzeitig beschloss die BOK, da die Vorbereitungen der Meißener Diözesan-Synode ergäben hätten, dass eine große Zahl der angeschnittenen Fragen nicht nur für das Bistum Meißen, sondern für alle Jurisdiktionsbezirke im Bereich der DDR von Bedeutung wären, eine Kommission einzusetzen. Diese sollte „zur Vorbereitungskommission der Meißener Diözesan-Synode Verbindung aufnehmen, um zu untersuchen, inwieweit ein Anschluss an die Vorarbeiten der Meißener Diözesan-Synode möglich ist. Dabei soll auch geprüft werden, in welchem Zeitraum eine entsprechende Konferenz oder Synode für alle Jurisdiktionsbezirke im Bereich der DDR durchgeführt werden kann".[40]

Im Mai 1969 hatte Kardinal Bengsch mit dem Staatssekretär für Kirchenfragen, Hans Seigewasser (1960–1979), eine Besprechung, in der dieser auf eine Pastoralsynode hinwies und offenbar Themen wie politisches Engagement der Kirche für den Staat und Mitarbeit der Geistlichen in den Ausschüssen der Nationalen Front verlangte.[41] Mit dem Hinweis, dass im Gegensatz zu evangelischen Synoden sich katholische Synoden nur mit innerkirchlichen Problemen beschäftigten, konnte Alfred Bengsch das Ansinnen abwehren. Es bestand dennoch unmittelbarer Handlungsbedarf.

4. Die Pastoralsynode der katholischen Kirche in der DDR

Um „der Regierung der DDR nicht die Möglichkeit zu geben, gegen die Durchführung ‚westlicher' Synodalbeschlüsse in den ostdeutschen Diözesanteilen westdeutscher Bistümer Maßnahmen zu ergreifen",[42] sah sich schließlich der Vorsitzende der BOK genötigt, auch in Ostdeutschland eine Pastoralsynode durchzuführen, was zunächst wohl nicht bekannt gemacht wurde. Inwiefern alle Mitglieder der BOK und der einzelnen Gremien zu diesem Zeitpunkt (Mai 1969) die Überlegungen des Konferenzvorsitzenden kannten, bleibt offen.

---

[38] Ebd.
[39] MANFRED PLATE, Das deutsche Konzil. Die Würzburger Synode. Bericht und Deutung, (Freiburg/Br. u. a. 1975).
[40] BAEF, ROO, A III 29, Protokoll der BOK vom 24./25. 2. 1969.
[41] Vgl. BAEF, ROO, A III 29, Protokoll der BOK vom 1./3. 6. 1969.
[42] KTFE, FKZE, Politika II, Bengsch, Promemoria zur kirchenpolitischen Situation in Ostdeutschland, Rom, 2. 5. 1969.

Schon am 3. Dezember 1969 benachrichtigte der Sekretär der BOK Paul Dissemond die Sprecher der Gremien über einen Beschluss der BOK vom 1./2. Dezember 1969.[43] Überschrieben war diese Mitteilung mit „Vorbereitungskommission einer geplanten DDR-Synode". Er bestätigte den vorfristigen Eingang der Voten (sie waren erst Ostern 1970 erwartet worden)[44] und kündigte die Bildung einer „vorbereitenden Kommission" aus den Vertretern der Gremien an, die durch den Sekretär der BOK zusammengerufen würden. Die Resultate der Voten erwähnte Dissemond nicht. Vielmehr benannte er einen neuen Auftrag für die Gremien: „Diese Vorbereitungskommission soll die eingebrachten Vorschläge und die Erfahrungen der Meißner Diözesansynode koordinieren und gegebenenfalls Vorschläge für Thematik und Statut einer Pastoralkonferenz oder -synode erarbeiten und bis September 1970 der Ordinarienkonferenz vorlegen".[45]

Auffallend an diesem Brief ist, dass von einer „geplanten DDR-Synode", wie im „Betreff" angezeigt, in der Folge nicht die Rede ist, sondern davon, dass es „gegebenenfalls" entweder zu einer „Pastoralkonferenz" oder „Pastoralsynode" kommen könnte. Das Projekt einer Pastoralsynode war aber bereits Anfang 1969 weitgehend festgelegt und von Kardinal Bengsch im Mai 1969 endgültig entschieden worden.

Die kirchenpolitischen Implikationen – so die gebräuchliche Version – waren es wohl, die der Berliner Ordinarienkonferenz hinsichtlich der Durchführung einer Gesamtsynode keine Wahl zu lassen schienen. Rückblickend bleibt gleichwohl schwer verstehbar, warum Voten über die Opportunität einer Synode erbeten wurden, als bereits die Entscheidung dafür gefallen war. Sollte hier unter Umständen der Modus einer monologen Entscheidungsfindung kaschiert werden, der immer wieder und öfter als autoritär bezeichnet worden war? Hatte eine bischöflich konzedierte Mitbestimmung ihre Grenzen dann erreicht, wenn kirchenpolitische oder innerkirchliche Probleme zu erwarten waren?

Am 1. Fastensonntag 1971 kündigten die Bischöfe in einem Hirtenbrief eine Synode für alle ostdeutschen Jurisdiktionsgebiete an und baten um Mitarbeit.[46] Noch während die Meißner Synode tagte, begann mit enormem Aufwand durch Mobilisierung aller Schichten im ostdeutschen Katholizismus[47] und mit logistischen Hochleistungen[48] unter ständiger Beobachtung

---

[43] Vgl. Bischöfliches Ordinariat Erfurt, BOK, Theologische Kommission, C I b4d, Betr.: Vorbereitungskommission einer geplanten DDR-Synode, Brief Dissemond an die Sprecher der Gremien, 3. 12. 1969.

[44] Vgl. BAEF, ROO, A III 29, Protokoll der BOK vom 3./4. 5. 1969.

[45] Vgl. Anm. 43.

[46] Vgl. BAEF, D I 1 (1970–1971), Hirtenbrief der BOK am ersten Fastensonntag, 28. 2. 1971.

durch „staatliche Organe" die Vorbereitung auf die Pastoralsynode.[49] 1971 nahm die „Ständige Arbeitsgruppe Pastoralsynode" ihre Tätigkeit auf, und am 22. März 1973 konstituierte sich die Pastoralsynode unter Vorsitz von Kardinal Bengsch in der Hofkirche zu Dresden. Hochgerechnet haben sich an der Vorbereitung 146 000 Katholiken mit 12 000 Vorschlägen beteiligt. 151 Kleriker und Laien, Teilnehmerinnen und Teilnehmer waren delegiert worden.[50]

Bis zum 1. Dezember 1971 waren 11 906 „Vorlagen" (zumeist standardisierte, vorgedruckte Karten) mit 4961 Einzelanträgen, 6945 Gruppenanträgen sowie 178 zusätzlichen Briefanträgen von Fachgruppen und Einzelpersonen eingegangen.[51] Eine statistische Auswertung ergab, dass die meisten Eingaben zu den drei Themen „Gebet und gottesdienstliches Leben", „Ordnungen und Dienste" sowie „Verkündigung des Glaubens und Glaubensvollzug" gemacht wurden.[52]

Auf der ersten Vollversammlung kam es zur Errichtung von fünf Fachkommissionen. Diese erarbeiteten im Ganzen neun Vorlagen. Sieben Sitzungen fanden statt, die letzte endete am 30. November 1975. Die Titel der Synodalbeschlüsse lauten:
— Glaube heute
— Diakonie in der Gemeinde
— Aspekte des Verkündigungsdienstes der Gemeinde
— Dienste und Ordnungen im Leben der Gemeinde
— Ökumene im Bereich der Gemeinde
— Vorbereitung auf die Ehe
— Akzente christlichen Lebens in Ehe und Familie
— Der Christ in der Arbeitswelt
— Dienst der Kirche für Versöhnung und Frieden.[53]

---

[47] Vgl. BAEF, ROO, D I 8.

[48] Die Pastoralsynode fand dann auch an gleicher Stelle wie die Meißner Synode statt. Organisation und Aufwand waren aber erheblich größer. So war etwa auch eine offizielle Pressestelle eingerichtet worden, und die größere Teilnehmerzahl erforderte beispielsweise auch erweiterte Übernachtungsmöglichkeiten.

[49] Vgl. z. B. BStU, HA XV, ZAIG Z 2255, Information über die 2. Vollversammlung der Pastoralsynode der katholischen Kirche in der DDR vom 19.–21. 10. 1973 in Dresden.

[50] Vgl. R. SCHUMACHER, Kirche und sozialistische Welt (wie Anm. 24) S. 118 f.: 150 Synodale, davon 8 Bischöfe, 71 Priester und 71 Laien (inklusive Religiose); damit war sie die kleinste Regionalsynode im deutschen Sprachraum.

[51] Ebd., S. 119.

[52] Ebd., S. 120.

[53] Vgl. Konzil und Diaspora. Die Beschlüsse der Pastoralsynode der katholischen Kirche in der DDR, hg. im Auftrag der BERLINER BISCHOFSKONFERENZ (Leipzig 1976, ²1988).

Über Inhalte und Formulierungen der einzelnen Beschlüsse war teilweise heftig gerungen und gestritten worden. Der Grunddissens bestand in den unterschiedlichen Ansichten über das Verhältnis der katholischen Kirche zur sozialistischen Gesellschaft. Durchgesetzt hat sich ein von den Bischöfen und der Mehrheit der Synodalen getragener Kompromiss. Nur eine vorsichtig distanzierte Haltung gegenüber einem gesellschaftlichen Engagement von Kirche und einzelnen Christen sei möglich. 1977 wurden die Synodenbeschlüsse unter dem Titel „Konzil und Diaspora" veröffentlicht.[54] Neben den Beschlüssen wurde als bedeutsamstes Resultat definiert, dass die Synode ein „geistlicher Vorgang" gewesen sei, ein „Lernprozess", eine Dokumentation der „geistigen Kräfte der Diasporakirche in der DDR" und eine „organisatorische Meisterleistung".[55]

Nach Beendigung der Pastoralsynode wurde keines der Gremien wieder einberufen. „Höfliche" Kommentierungen dieser Ereignisse sprechen von einem Einfließen der Arbeit der Gremien in die Pastoralsynode oder verweisen darauf, dass die Arbeitsdauer der Gremien ohnehin nur auf drei Jahre beschränkt war. Reinhard Grütz kommentierte die kurzzeitige Existenz der Gremien „als bewussten Leerlauf seitens der BOK", vor allem ihres Vorsitzenden Alfred Bengsch.[56] Hans Joachim Meyer sieht in der Pastoralsynode den Grund, warum eine kontinuierliche Mitarbeit von Laien auf der Ebene der Berliner Ordinarien- bzw. Bischofskonferenz verhindert wurde.[57] Beiden Ansichten ist partiell zuzustimmen.

5. Ausblick

Die Frage nach einer Gesamtrezeption der Pastoralsynode in der DDR wird bis heute gestellt und fast ausnahmslos negativ beantwortet.[58] Warum es nur zur partiellen Rezeption gekommen ist, bleibt weitgehend offen. Dokumente des Ministeriums für Staatssicherheit (MfS), das die einzelnen Sitzungen beobachtete und analysierte, könnten eine Antwort geben. Lange vor Ende der Synode am 17. April 1975 wurde festgehalten: „Die katholische Kirche

---

[54] Vgl. ebd.
[55] Vgl. Tag des Herrn 1/1976 (3. 1. 1976) S. 2.
[56] Vgl. R. GRÜTZ, Katholizismus (wie Anm. 17) S. 158.
[57] Vgl. HANS JOACHIM MEYER, Das Entstehen der katholischen Laienbewegung in der DDR, in: Theologisches Bulletin 22 (1990) S. 272–276, hier: S. 274.
[58] Neuere Forschungen weisen jedoch darauf hin, dass eine partielle Rezeption durchaus stattgefunden hat, wenn auch nicht immer und ausdrücklich als Rezeption der Pastoralsynode gleich erkennbar. Unterschiedlich ist demnach auch der Grad, wie in den einzelnen Bistümern und Jurisdiktionsbezirken mit den Dokumenten der Synode umgegangen wurde.

in der DDR will ihren Standpunkt unbedingt beibehalten, noch in diesem Jahr die Pastoralsynode zu beenden und keine Tendenzen der Weiterführung, auch nicht in anderen Formen, zuzulassen. So soll nach der Beendigung der Synode in der DDR auch kein ‚Synoden-Sekretariat' zur etwaigen Durchsetzung der Synoden-Beschlüsse eingerichtet werden, obwohl es solche Überlegungen von verschiedenen Personenkreisen gibt. Solche Einrichtung stände zu den Grundsätzen, wonach allein die Ordinarienkonferenz und die einzelnen Bischöfe für das in Kraft- und Durchsetzen der Beschlüsse zuständig sind, in völligem Widerspruch. Diese Position soll bei den kommenden Beratungen durch die katholische Kirche in der DDR vertreten werden".[59]

Untermauert wird diese Aussage am 11. November 1975 durch folgende Passagen: „Eine ständige Einrichtung der Pastoralsynode wird es nach Schluss der Beratungen nicht geben. Alle erforderlichen Arbeiten, z. B. Konsultationen zwischen den Diözesen, übernimmt die bereits vorhandene ‚Pastoralkonferenz', die sich aus den Leitern der Seelsorgeämter und Diözesen zusammensetzt. Diese Konferenz (ausschließlich Geistliche) gewährleistet, dass der leitende katholische Klerus die kirchliche Hierarchie wieder fest in die Hand bekommt und gegen jegliche Reformbestrebungen innerhalb der Kirche vorgehen kann".[60]

Sind diese Berichte des MfS glaubwürdig, dann ließe sich behaupten, dass die Pastoralsynode ein ähnliches Schicksal wie die vorsynodalen Gremien erlebte: Sie verebbte weitgehend. Es mag plausible Gründe dafür geben, warum ein „Leerlauf" in Kauf genommen oder initiiert wurde, zunächst kirchenpolitische: Gefahren für die äußere Einheit und Geschlossenheit der katholischen Kirche in der DDR, aber auch innerkirchliche, theologische: Gefahren einer Missachtung der kirchlichen Lehrautorität, Verbreitung privater theologischer Auffassungen, Mangel an Einsicht in das Wesen des kirchlichen Lehramtes. Auch die Beendigung der „ungeliebten" Meißner Synode durch den „Übergang" in die Pastoralsynode kann eine Rolle gespielt haben. Trotz aller mehr oder weniger einleuchtenden Beweisführungen bleibt die Frage, ob die BOK und vor allem ihr Vorsitzender Alfred Kardinal Bengsch diese kleine Ortskirche nicht zu sehr und beinahe ausschließlich als eine sich gegen alle Angriffe zu verteidigende Wagenburg verstanden haben. Dies ist allerdings ein untheologisches Bild, in dem natürlich geistliche und theologische Aufbrüche kaum wahrgenommen werden können.

---

[59] BStU, HA XV, 665/75 (AIM 25136/91), 000031.
[60] Ebd., 000041.

In memoriam Georg Kardinal Sterzinsky
(1936–2011)

Am 30. Juni 2011 verstarb nach schwerer Krankheit der Berliner Erzbischof Georg Kardinal Sterzinsky im Alter von 75 Jahren. Von 1989 bis zum Februar 2011 stand er an der Spitze des Hauptstadterzbistums und prägte es nach dem Fall der Mauer entscheidend. Der Ruhestand, den er so sehr herbeigesehnt hatte, war ihm nicht vergönnt. Einige Monate vor seinem 75. Geburtstag entschloss er sich, den Papst um Entpflichtung von seinem Amt zu bitten. Am 24. Februar 2011 entschied sich Benedikt XVI. nach langem Zögern, diesem Wunsch stattzugeben.

Das Requiem für den verstorbenen Berliner Oberhirten wurde am 9. Juli 2011 in der Hedwigskathedrale in Berlin gefeiert. Anschließend wurde er in der Krypta der Kathedrale beigesetzt. Hauptzelebrant der Hl. Messe war sein Nachfolger Erzbischof Dr. Rainer Maria Woelki, die Homilie hielt der Erfurter Bischof Dr. Joachim Wanke. Wörtlich sagte Wanke: „Erzbischof Georg Sterzinsky war ein Lastenträger. Er hat bereitwillig sein Joch auf sich genommen: die dienstlichen Pflichten, die körperlichen Beschwerden, die wechselnden Herausforderungen und die bei der Arbeit im Weinberg des Herrn nicht ausbleibenden Enttäuschungen. Und ergänzend fügte er hinzu: Wir haben Grund, Gott für diesen Priester und Bischof zu danken. Er ist selbst beim Herrn in die Schule der Nachfolge gegangen und hat gelernt, das ihm auferlegte Joch zu tragen – und ist dabei „gütig" geworden und „von Herzen demütig", auch wenn es manchmal eine Güte war, die im Mantel der Ungeduld und im Drängen zu schneller Entscheidung und klaren Entschlüssen daherkam. Aber ist diese heilige Ungeduld und der drängende Eifer, der sich mit Selbstlosigkeit und einer tiefen Demut vor der Freiheit des anderen paart, nicht auch beim Herrn selbst zu finden?"

Der am 9. Februar 1936 in Warlack/Kreis Heilsberg (Ostpreußen) als Sohn eines Zieglermeisters geborene Georg Sterzinsky besuchte zunächst die Schule in Jomendorf. Nach Flucht und Vertreibung 1945/46 wohnte seine Familie anfangs in Rönnebeck/Mark, später in Hauteroda (Thüringen). Der begabte Schüler wurde nach Erfurt ins Knabenkonvikt geschickt und beschloss seine Schulzeit 1954 mit dem Abitur. Von 1954 bis 1960 studierte er Philosophie und Theologie in Erfurt und Neuzelle. Am 29. Juni 1960 empfing er in Erfurt die Priesterweihe, um dann von 1960 bis 1962 als Kaplan in Eisenach zu wirken. Hausleitung und Professoren des Regionalpriesterseminars beriefen den talentierten Vikar 1962 zum Präfekten und Assistenten am Regionalpriesterseminar Erfurt, um das Doktorat im Fach Fundamentaltheologie zu erwerben. Nach zwei Jahren entschied er sich gegen eine wissenschaftliche Karriere, um wieder ganz in die Seelsorge zurückzukehren. Als Vikar in Heiligenstadt, Propstei, war er von 1964 bis 1966 Jugendseelsorger und gefragter Religionslehrer. Der Erfurter Weihbischof Hugo Aufderbeck betraute den nur dreißigjährigen Priester 1966 mit einer der größten Pfarreien in Thüringen, der Pfarrei St. Johannes Baptist in Jena. Diese Pfarrei und ihr reges religiöses Leben haben ihn und er sie bis heute geprägt. Zahlreiche Vikare und Gemeindereferentinnen sind bei ihm „in die Lehre gegangen" und dankbar für das lebendige Zeugnis dieses Seelsorgers.

Die Berufung zum Generalvikar des Apostolischen Administrators in Erfurt-Meiningen 1981 bedeutete für ihn keinen Rückzug aus der Seelsorge. Seine theologisch fundierte Sicht von Kirche, Ökumene und Gemeindearbeit hat diese Stelle und seinen Inhaber über den Rahmen des Üblichen hinaus zu einem pastoralen Amt werden lassen.

Schließlich kamen die Ernennung zum Bischof von Berlin am 24. Juni und die Konsekration sowie Amtseinführung am 9. September 1989. Im gleichen Jahr wurde er am 7. November zum Vorsitzenden der „Berliner Bischofskonferenz" gewählt und nahm nach deren Auflösung am 24. November 1990 die Aufgabe des Vorsitzenden der neugegründeten „Arbeitsgemeinschaft der Bischöfe der Deutschen Bischofskonferenz – Region Ost" bis zu deren Auflösung 1996 wahr. Die Kreierung zum Kardinal trug das Datum vom 28. Juni 1991, das Konsistorium mit Überreichung der Insignien in Rom erfolgte am 9. Juli 1991. Nach Gründung der Kirchenprovinz Berlin ernannte ihn Papst Johannes Paul II. am 27. Juni 1994 zum Erzbischof.

Begonnen hatte Bischof Sterzinsky seinen Dienst in der DDR als Bischof der geteilten Stadt Berlin, als Vorsitzender der „Berliner Bischofskonferenz" und somit als höchster Repräsentant der Katholischen Kirche gegenüber dem DDR-Staat. Der gesellschaftliche und politische Umbruch veränderte nicht nur die Lage im geteilten Bistum, sondern auch in der DDR. In der damaligen Diktion hieß dies: der Übergang von einem Gesellschaftssystem in ein anderes. Auch für die Kirche bedeutete das einen Wandlungsprozess auf unterschiedlichsten Ebenen, der bis heute noch nicht abgeschlossen ist. Berlin und die Katholische Kirche von Berlin erscheinen dabei geradezu als paradigmatischer Fall der Entwicklungen in den „Neuen Ländern", ihrer Chancen und ihrer Gefährdungen. Die päpstliche Sentenz vom Bistum Berlin als „schwierigstem Bistum der Weltkirche" sollte für den Berliner Bischof in besonderer Weise folgenreich sein. Die nach dem gesellschaftlichen und politischen Umbruch eintretenden Veränderungen und Wandlungsprozesse sind so vielfältig, dass sie nur kurz angedeutet werden können.

Zunächst sei an die Vereinigung der beiden Bistumsteile erinnert. Wer einmal erfahren hat, was es bedeutet, Institutionen zusammenzuführen, Strukturen zu vereinfachen und sie trotzdem handlungsfähig zu erhalten, kann

Georg Kardinal Sterzinsky

erahnen, welche Schwierigkeiten zu bewältigen waren und teils noch zu bewältigen sind. Überschattet wurde Sterzinskys Wirken von der schwierigen Finanzlage der Diözese nach der deutschen Wiedervereinigung. Für die Finanzkrise, die 2003 über das Erzbistum hereinbrach, hat er Verantwortung übernommen und sich entschuldigt. Bedingt durch den harten Sparkurs mit Personalabbau sowie Gemeindezusammenlegungen wurde er Ziel harscher Kritik und zum Teil auch persönlicher Diffamierungen.

Die Rechte von Flüchtlingen und Migranten lagen ihm besonders am Herzen. Er scheute sich nicht, persönlich bei den Verantwortlichen in Politik und Verwaltung für einzelne Migranten oder Familien einzutreten. Mit seinen progressiven Positionen hat er sich in der Asylpolitik bleibende Verdienste erworben. Der Seelsorger Sterzinsky hatte ein Herz für die Kleinen und Marginalisierten. Leibhaftig Solidarität zu zeigen war ihm wichtiger als laute Medienpräsenz. Zuzustimmen ist einem Nachruf, in dem es hieß: „Er suchte nicht die große Bühne, sondern den nachhaltigen Effekt".

Sein Verdienst war es auch, dass Katholiken bei den evangelischen Kirchen in Berlin und Brandenburg heute als verlässlicher Bündnispartner gelten. Im „Ökumenischen Rat Berlin-Brandenburg", dessen Vorsitzender er von 1997 bis 2003 war, genoss er höchstes Ansehen. Kardinal Georg Sterzinsky plädierte für eine „einladende Kirche" und wurde so die respektierte Stimme des Katholizismus im weitgehend säkularisierten Berlin.

In die Amtszeit des Erzbischofs fallen auch Ereignisse, die deutschlandweit und darüber hinaus bedeutsam waren. Erinnert sei an den Papstbesuch in Berlin 1996, den Ersten Ökumenischen Kirchentag 2003 sowie das „Pro-Reli-Volksbegehren", für das sich der Kardinal stark eingesetzt hat. Nicht zuletzt ist an sein anhaltendes Engagement als Vorsitzender der Familienkommission der „Deutschen Bischofskonferenz" und der Unterkommission „Frauen in Kirche und Gesellschaft" zu erinnern.

Dieser Nachruf bliebe ohne die Schilderung persönlicher Erlebnisse unvollkommen. Dankbar gedenke ich des priesterlichen Begleiters und Seelsorgers. Meine erste Begegnung mit Georg Sterzinsky geht auf das Jahr 1964 zurück, als er Vikar der Propsteigemeinde in Heiligenstadt wurde. Ich wohnte damals im dortigen Bischöflichen Knabenseminar. Der Vikar hatte den Auftrag, für die Jungen, die Oberschüler aller drei Heiligenstädter Gemeinden, Religionsunterricht zu erteilen. Bis dahin hatten wir bei unserem Konviktspräses Unterricht, ausschließlich Kirchengeschichte. Es waren zwei Stunden, in denen wir zwar alles über die Christenverfolgungen der ersten Jahrhunderte erfuhren, aber wenig darüber, wie junge Christen glauben können. Die Reihen leerten sich, so dass schließlich nur noch „Konvikter" am Unterricht teilnahmen. Dann kam ein junger Vikar, dessen Kommen von unserem Präses dankbar begrüßt wurde. Die Stunden fanden zunächst in einem kleinen Bibliothekssaal statt, der sich von Mal zu Mal mehr füllte. Es sprach sich herum, dass da ein Priester unterrichte, der auf viele unserer Fragen eine Antwort geben konnte. Ein größerer Raum musste bald gesucht werden, weil nun auch Schüler und Schülerinnen der (staatlichen) Erweiterten Oberschule zu diesem „Event" strömten. Das für uns Faszinierende war, dass kein Lehrplan abgespult, sondern ein vorbereitetes Thema sofort beiseite geschoben wurde, wenn einer der Jugendlichen eine Frage stellte. Schülerinnen und Schüler waren fasziniert, weil kein Frager deklassiert und die Antworten ideologiefrei und undogmatisch gegeben wurden. Übrigens, sechs Jugendliche aus dieser Klasse entschieden sich dafür, Priester zu werden, vier davon haben die Weihen empfangen. Bei aller Vorsicht, zwischen Berufung und prägenden Personen kausale Zusammenhänge herzustellen, bleibt festzuhalten, dass alle sechs davon sprechen, einen entscheidenden Impuls durch den damaligen Vikar Sterzinsky erhalten zu haben.

1975 begegnete ich meinem früheren Religionslehrer als Pfarrer in Jena wieder. Ich war für ein halbes Jahr zum katechetischen Praktikum in die Pfarrei geschickt worden und wohnte im Pfarrhaus. Sehr schnell wurde mir klar gemacht, dass ein Praktikant bei ihm nicht nur „nebenher zu laufen hatte", sondern in die Seelsorge der großen Pfarrei eingebunden wurde. Von liturgischen Diensten über Religionsunterricht und Jugendstunden sowie Krankenkommunionen reichte die Spannbreite der vom Pfarrer delegierten Aufgaben. Dem Katecheten stand der Pfarrer jederzeit mit Rat und Tat zur

Verfügung, und sein theologischer Abschluss beeindruckte den belesenen Pfarrer und Theologen nur dann, wenn er in theologischen Diskursen mithalten konnte. Der persönliche Kontakt zu ihm ist seitdem nie abgerissen. Am 3. März dieses Jahres durfte ich ihn noch einmal im Berliner St. Hedwigskrankenhaus besuchen. Ein Gespräch war nicht mehr möglich, nur ein kurzer Blickkontakt. Mir ging noch lange bedrückend durch den Kopf, wie dieser durch enorme Tatkraft, produktive Ungeduld und manchmal auch konsequente Hartnäckigkeit begabte Seelsorger nun an das Krankenbett gefesselt war.

„Deus semper maior" war der Wahlspruch des Berliner Erzbischofs und Kardinals Georg Sterzinsky, und er bedeutet: „Gott ist immer größer". Als er dem Ruf des Papstes folgte, war das ein „Lebensmotto", das durch vielfältige Erfahrungen entfaltet und vertieft wurde. Kardinal Sterzinsky übersetzte es einmal so: „Der immer größere Gott", und er fügte hinzu: also „Vertrauen und Gelassenheit, Gehorsam und Ergebung". Der Theologe Erich Przywara SJ († 1972), so wird berichtet, habe auf seinem langen und schmerzlichen Weg zum Sterben das Leitwort seines Lebens abgewandelt in „Deus semper minor" (Gott, der immer Kleinere). Gott ist nicht nur der immer Größere. Er macht sich um unsertwillen klein. Aber in seiner Kleinheit ist er uns näher als in seiner Größe, besonders auch im Leiden. Eben diese Nähe schafft Vertrauen, Gelassenheit, Gehorsam und Ergebung. In diesem Sinne glaube ich, dass der Wahlspruch des Kardinals schließlich zu seiner Berufung geworden ist. Requiescat in Pace!

„Das Damals nicht vergessen, aber in die Zukunft schauen"
Aspekte des Bischofsdienstes in der DDR und im vereinten Deutschland

Als einen Seelsorger mit Weitblick, der gegen Profillosigkeit und Gleichmacherei ankämpft, würdigte eine Thüringer Zeitung den Erfurter Bischof Dr. Joachim Wanke zu seinem Jubiläum.[*] Der Magdeburger Altbischof Leo Nowak nannte ihn ein „Sprachrohr der Kirche der neuen Bundesländer". „Er mag die Menschen in Thüringen, darin folgt er ganz den Spuren des großen Menschenfreundes Jesus", sagte die Landesbischöfin der Evangelischen Kirche in Mitteldeutschland Ilse Junkermann und fügte hinzu: „Er ermutige die Christen im Land immer wieder, andere Menschen an ihrer persönlichen Glaubenserfahrung und -zuversicht teilhaben zu lassen."

Zweifelsfrei gehört der Erfurter Bischof zu den profiliertesten deutschen Bischöfen. Ihn und seinen Dienst zu würdigen, bedeutet natürlich auch, ihn und seine Tätigkeit im Kontext der deutschen Geschichte der letzten 30 Jahre zu sehen. Über Kontinuitäten und Diskontinuitäten seines Bischofsdienstes, historische Abläufe und einige Aspekte seines Wirkens in der DDR und der Bundesrepublik sollen im Folgenden einige Überlegungen angestellt werden.[1]

Als am 6. Oktober 1980 der damalige Professor für Neues Testament am Philosophisch-Theologischen Studium Erfurt Dr. Joachim Wanke zum

---

[*] Bischof Wanke beging am 26. November 1980 den 40. Jahrestag seiner Bischofsweihe.

[1] Vgl. dazu vor allem die folgenden Publikationen von JOACHIM WANKE: Last und Chance des Christseins – Akzente eines Weges, hg. v. KARL-HEINZ DUCKE – WINFRIED WEINRICH (Leipzig 1991). – Neue Herausforderungen – bleibende Aufgaben. Pastorale Akzente in postsozialistischer Zeit, hg. v. CARSTEN KIESSWETTER – DIETRICH FREIER (Leipzig 1995). – Lasst uns das Licht auf den Leuchter stellen. Impulse für Christen (Leipzig 2001). – Mit MANFRED ENTRICH (Hg.), In fremder Welt zu Hause. Anstöße für eine neue Pastoral (Stuttgart 2001). – Gott ist größer als wir glauben. Ermutigungen für Christen (Leipzig 2003). – Gebt Zeugnis von eurer Hoffnung. Ermutigung für Christen (Leipzig 2012) . – Seelsorge mit konziliarem Rückenwind. Persönliche Erinnerungen aus der Diasporapastoral Mitteldeutschlands, in: MYRIAM WIJLENS (Hg.), Die wechselseitige Rezeption zwischen Ortskirche und Universalkirche. Das Zweite Vatikanische Konzil und die Kirche im Osten Deutschlands (= EThSchr 46) (Würzburg 2014) S. 11–23. – Marginalisierte Religion. Ein Fallbeispiel: Katholische Kirche in Thüringen, in: THOMAS BROSE (Hg.), Konfession – Bildung – Politik. Von der Kraft kultureller Bildung (= Berliner Bibliothek 7) (Berlin 2019) S. 245–258. – Warum ich Christ bin. Gesammelte Predigten, hg. v. REINHARD HAUKE (Leipzig 2021).

Weihbischof des schwer erkrankten Apostolischen Administrators von Erfurt-Meiningen Hugo Aufderbeck ernannt wurde, schien die DDR und ihr politisches System samt ihrer Einbindung in den Ostblock stabil. Nach dem Tod Hugo Aufderbecks am 17. Januar 1981 wurde am gleichen Tag Wanke sein Nachfolger als Apostolischer Administrator dieses Jurisdiktionsgebietes. Dass sein Wirken in der DDR nur neun Jahre dauern sollte, wusste niemand. Wanke selbst formulierte rückblickend: „Ein schnelles Ende der DDR habe ich mir bis in den Sommer 1989 hinein nicht vorstellen können." „Mir ist als Bürger und Kirchenmann der Staat abhanden gekommen – aber nicht meine Heimat und nicht meine Aufgabe", erklärte Wanke bei einem am 30. November 2010 im Institut für vergleichende Staat-Kirche-Forschung in Berlin gehaltenen Vortrag. Gewiss hat das Jahr 1989 mit seinen zahlreichen Umgestaltungen und Umbauten auch in der katholischen Kirche zu tief greifenden Veränderungen geführt. Wanke erklärte rückblickend: „Nach der ‚Wende' meinte ich noch etwas blauäugig, das kirchliche Leben bleibe doch weithin von den Turbulenzen der gesellschaftlichen Wende verschont. Wir mussten ja nicht unser Credo ändern, und auch das Kirchenjahr blieb uns erhalten. Aber ich habe inzwischen mein Urteil gründlich revidiert: Auch unser kirchliches Leben ist mit hineingezogen in jene Umstellungen, die eine offene, demokratische, aber auch liberale Gesellschaft hervorruft."

1. Ortsbischöfe, Bischofskonferenz und das Jahr 1989

Das Jahr 1989 in den Blick zu nehmen, bedeutet auch, die damaligen Bischöfe und ihr Verhalten bei der sogenannten friedlichen Revolution zu analysieren. Vielfach ist Kritik an ihrem vermeintlich zu zögerlichem Verhalten geübt worden, an zu vorsichtigem Agieren gegenüber den angeschlagenen Machthabern und dann, nach dem Falle der Mauer, an einer „katholischen Machtentfaltung" in den unterschiedlichsten Parlamenten. Hier gilt es wohl, differenzierter zu urteilen.

Personelle Veränderungen des Jahres 1989 hatten die Lage in der Berliner Bischofskonferenz (BBK) erschwert. Am 20. Dezember 1988 wurde Kardinal Joachim Meisner zum Erzbischof von Köln ernannt und am 12. Februar 1989 in Köln in sein neues Amt eingeführt. Am 24. Juni 1989 wurde der bisherige Erfurter Generalvikar Georg Sterzinsky zu seinem Nachfolger bestimmt und am 9. September zum Bischof geweiht. Am 7. November des gleichen Jahres wählte man ihn zum Vorsitzenden der Berliner Bischofskonferenz. In der Vakanz verwaltete der in Erfurt residierende Bischof Joachim Wanke als bisheriger stellvertretender Vorsitzender der Bischofskonferenz dieses Amt.

Eine erste Notiz zu den Ereignissen, die zum Untergang der SED-Diktatur führten, findet sich im Protokoll der Vollversammlung der Berliner Bischofskonferenz vom 5./6. Juni 1989: „Kommunalwahlen in der DDR am 7. Mai 1989 und einige Vorgänge im Anschluss an diese Wahlen. Ein Bericht oder gar ein Hirtenwort wurde nicht in Aussicht genomen." Kardinal Sterzinsky beschrieb das Verhalten rückblickend: Es „stellte sich die Frage: Soll man das laut sagen? Oder soll man sagen, Wahlen waren das ja nie. ... Ich habe damals dafür plädiert, es laut zu sagen, aber doch nicht gerade dann, wenn der Vorsitzende der Bischofskonferenz nach Köln versetzt wird. Ein Kurswechsel in dieser Situation? Diese Überlegungen haben uns gelähmt. Ich bin überzeugt, wir hätten viel mehr ‚Flagge' zeigen müssen, hätten nicht so ängstlich sein dürfen."

Innerhalb der Kirchenmauern sprach man zwar Klartext, kritisierte die kirchenfeindliche Haltung des Staates und die Benachteiligung von Christen, doch bis zu einer gemeinsamen öffentlichen Erklärung der Bischofskonferenz dauerte es noch bis 11./12. November 1989: „Erklärung der Berliner Bischofskonferenz zur gegenwärtigen Situation in Staat und Gesellschaft der DDR". Völlig anders verhielt es sich auf der Ebene der Bistümer und Jurisdiktionsbezirke. Bereits im Juli 1989 hatte der Görlitzer Bischof Bernhard Huhn seinen bischöflichen Mitbrüdern geschrieben und empfohlen, die „gewisse Zurückhaltung" aufzugeben und den „Prozess der Erneuerung" zu stützen. Am 17. September 1989 predigte Bischof Wanke bei der Herbstwallfahrt in Erfurt, benannte Missstände im Staat und der Gesellschaft, forderte Gespräche mit den Verantwortlichen und stellte im Zusammenhang mit der Ausreisewelle Forderungen an den Staat. Der Dresdner Bischof Reinelt hatte am 17. September in Rosenthal bei der Wallfahrt der Kolpingsfamilie den Gläubigen zugesichert, dass er, wann immer die Möglichkeit gegeben sei, „Klartext" mit den staatlichen Verantwortlichen rede. Der neue Berliner Bischof Georg Sterzinsky predigte am 24. September in der St. Hedwigskathedrale und stellte Forderungen an Partei und Regierung, was sich alles ändern müsse, damit die Menschen zufrieden im Land bleiben könnten. Diese Äußerungen der Bischöfe waren weitgehend thematisch abgestimmt. Der Pastoralrat des Bischöflichen Amtes Erfurt-Meiningen, der am 13./14. Oktober 1989 in Erfurt tagte, verfasste eine Erklärung, in der es u. a. hieß, dass die dem Gemeinwohl dienenden Lösungen nur im Dialog mit Partnern gefunden werden könnten, die die erforderlichen Voraussetzungen mitbrächten; diese sprach man dem Staat ab.

Am 23./24. September 1989 hatte der Magdeburger Bischof Johannes Braun einen Hirtenbrief verlesen lassen, der an Deutlichkeit nichts zu wünschen übrigließ. Die SED-Führung wurde scharf angegriffen, die Missstände in Staat und Gesellschaft klar benannt und die Gläubigen aufgefordert, sich einzumischen. Dieser Hirtenbrief war im Inhalt und Zuschnitt eine völlige

Abkehr von der bisherigen Linie der Geschlossenheit und politischen Abstinenz der Berliner Bischofskonferenz. Das Vorgehen Bischof Brauns – seine mentale Distanz zur BBK, die zu dieser Zeit nur aus gebürtigen Schlesiern bestand und die er deshalb auch „Schlesiertreffen" nannte, war offenkundig – bedeutete einen Ausbruch aus dem „Fraktionszwang" der Bischofskonferenz. Das in der zeitgeschichtlichen Katholizismusforschung häufig gelobte Ausscheren „in letzter Minute" hat es nach heutiger Kenntnis nicht gegeben. Die Entstehung dürfte etwa so verlaufen sein.[2] Für einige Priester in Magdeburg war die politische und gesellschaftliche Situation so gravierend geworden, dass sie der Meinung waren, dass etwas geschehen müsse. Sie teilten ihre Ansicht auch dem damaligen Bischof Johannes Braun mit. Dieser verwies auf die Tatsache, dass sich die Bischöfe, wenn überhaupt, nur gemeinsam zur politischen Lage in der DDR äußern würden. Nach weiteren Gesprächen mit verschiedenen Priestern erklärte er sich jedoch bereit, auch im Alleingang die Initiative zu ergreifen. Er wies jedoch darauf hin, dass er selbst nicht mehr in der gesundheitlichen Verfassung wäre, ein solches Schreiben zu entwerfen. Er akzeptierte den Vorschlag der drängenden Priester, einen ihm vorgelegten Brief als eigenen Hirtenbrief zu deklarieren und diesen in den Gemeinden verteilen zu lassen. Außerdem wollten die Priester nicht mehr hinnehmen, dass man im Gegensatz zur evangelischen Kirche als unpolitisch und unkritisch gegenüber dem Staat galt. Also setzten sie sich zusammen und entwarfen einen Brief. Mitwisser dieser Aktion war Bischof Dr. Joachim Wanke, der gerade zu dieser Zeit zu Besuch in Magdeburg war. Wanke, so die Zeitzeugen, las den Brief und war über den Inhalt sehr betroffen. Doch die Priestergruppe versicherte ihm, dass sie den Brief genau so verschicken würden, da sie hinter jedem Wort stünden.

Ein weiteres Mal war Wanke an exponierte Stelle in die Ereignisse des Herbstes 1989 involviert, auch wenn dies erst nach dem Fall der Mauer bekannt wurde. Anfang Oktober 1989 war er vom Eisenacher Bischof Werner Leich gebeten worden, mit ihm eine gemeinsame Erklärung zur politischen Lage zu verfassen, und er hatte der vereinten Aktion zugestimmt. Das jedenfalls notierte man in der Dienststelle des Staatssekretärs für Kirchenfragen. Dass es nicht zur Ausführung gekommen sei, hätte am Einspruch der Bischofskonferenz gelegen, hielt man in der Dienststelle des Staatssekretärs für Kirchenfragen fest. Nur beiläufig sei erwähnt, dass manche politische Versammlungen in katholischen Kirchen Thüringens mit Wissen und mehr oder weniger stiller Zustimmung des Erfurter Bischofs stattfanden, diverse Demonstrationen

---

[2] Vgl. dazu die Diplomarbeit von Herrn Dipl. theol. Vinzent Antal, Die Gemeindeentwicklung in der Propsteigemeinde „St. Peter und Paul" in Dessau zwischen dem Frühjahr 1989 und 1997 (masch. Erfurt 2010).

und ihre Veranstalter das lautlos „gesprochene Plazet" des Erfurter Bischofs erhalten hatten.

Resümierend lässt sich festhalten: Die BBK hatte im Umgang mit dem Staat bis in die 1980er Jahre eine gewisse Kontinuität der Kirchenpolitik erreicht. Dieser, die vor allem in politischer Zurückhaltung und Abstinenz bestand, glaubte man sich verpflichtet. Im Rückblick wird man von einer ambivalenten Situation sprechen müssen. Einerseits bezog man durchaus mutig zu politischen Veränderungen in der Gesellschaft Stellung, andererseits bedeutete es eine Selbstbeschränkung der „DDR-Bischofskonferenz", an der überlieferten Ordnung und ihren Restriktionen hartnäckig festzuhalten, Einheit und Geschlossenheit der Kirche gegenüber dem Staat zu verteidigen; man war im kirchenpolitischen „Korsett" der Bischofskonferenz eingeschnürt und agierte auf Bistumsebene anders als in der durch manche „kirchenpolitische Schlachten" gezeichneten Bischofskonferenz. Die Arbeitsgruppe Kirchenfragen beim ZK der SED und ihr Leiter Peter Kraußer haben, anders als manche innerkirchliche Kritiker, das stille aber offenbar effiziente Agieren der Bischöfe durchaus wahrgenommen. Nachdem der neue Berliner Bischof Georg Sterzinsky am 7. November 1989 sein Amt als Vorsitzender der BBK angetreten hatte und sechs Tage nach dem 9. November zog Kraußer einen Antrittsbesuch Sterzinskys bei Egon Krenz in Erwägung. Rückblickend auf die Ereignisse des Herbstes 1989 begründete er dies mit dem „zunehmenden politischen Engagement der katholischen Bischöfe, ihrer Konferenz, aber auch der katholischen Gläubigen".[3]

2. Theologischer Paradigmenwechsel

Der neue Erfurter Oberhirte setzte gleich zu Beginn seiner Amtszeit 1981 Zeichen, die, man mag es weitblickend nennen, auch im Herbst 1989 und in den Folgejahren nicht nur im Erfurter Jurisdiktionsbezirk fortwirken sollten. Ausgangspunkt war ein als „Versuch einer pastoralen Standortbestimmung" deklarierter Vortrag vor Priesterkonferenzen in Erfurt und Heiligenstadt im Oktober 1981, der immer wieder zitiert und dessen Inhalt rezipiert wurde. Die zu DDR-Zeiten gern benutzten „kirchenpolitischen Planspiele" samt Analysen staatlicher Kirchenpolitik und deren Folgen für den gläubigen Christen fehlen in diesem programmatischen Referat gänzlich. Im Mittelpunkt steht die theologische Wirklichkeit der katholischen Kirche in der DDR: Katholische Kirche ist in diesem Raum DDR eine Wirklichkeit, kein Los,

---

[3] Stiftung Archiv der Parteien und Massenorganisationen der DDR im Bundesarchiv, Berlin, DY 30 IV B 2/14, 159, Brief Kraußer an Herger, 15. 11. 1989.

kein Schicksal, sondern Realität und Chance. Deshalb gilt es, diese Wirklichkeit auch zuerst mit den Augen des Glaubenden zu sehen. Wanke fragt nicht nach dem „Sinn christlicher Verkündigung in diesem Raum", er thematisiert nicht das „Problem des Zusammenlebens zwischen Christen und Marxisten" und gibt dementsprechend auch keine Direktiven für den Umgang mit der staatstragenden Partei SED und den Machthabern. Die „konkrete Welt", die er als Heimat bezeichnet und in der das Evangelium auf „mitteldeutsch" buchstabiert werden muss, war sein Ausgangspunkt, oder, wie es heute formuliert werden würde, man muss „missionarisch Kirche sein". Es sind eine theologische Bestandsaufnahme und daraus abgeleitete Konsequenzen:

1. Die Situationsbestimmung: „Kirche in säkularisierter, materialistischer Umwelt"
2. Das Zukunftsbild: „Kirche als Raum brüderlicher Solidarität mit allen Menschen"
3. Die Mitte der Verkündigung: „die gekreuzigte Liebe des Herrn"
4. Die Aufgabe der Kirche: „Dienendes Zeugnis"
5. Eine pastorale Parole: „Solidarisierung"
6. Bruderschaftliche Gemeinde: Entschränkung der Dienstaufgaben.

Gleichsam als Zusammenfassung und theologisches Ziel diente ihm ein Zitat aus Lumen gentium (31.38): „Sauerteig und Ferment des Ganzen sein". Dazu aber ist es nötig, eine falsche Binnenkirchlichkeit und Gettomentalität aufzugeben, lautet einer seiner wichtigsten Appelle aus dem Jahre 1981.

Der frühere Erfurter Generalvikar Georg Sterzinsky explizierte es in einem Interview so: „Auf der anderen Seite war ich mit Bischof Wanke einig, dass wir nicht in der Art fortfahren können, wie sie sich seit Jahrzehnten bewährt hatte: Politische Zurückhaltung, völlige Abstinenz, das ging nicht mehr. Wir durften das Volk nicht im Stich lassen, das war uns klar." Und an seine Erfurter Zeit als Generalvikar erinnernd fügte er hinzu: „Der Erfurter Bischof Wanke hatte schon Mitte der 80er Jahre gesagt, wir dürfen nicht das ganze Feld den Kommunisten überlassen. Wir müssen fein differenzieren, an welcher Stelle wir in die Speichen greifen, nicht in der Annahme, es würde wirklich zu einer Demokratie kommen, sondern um das Schlimmste zu verhindern. Wir müssen die Gläubigen lehren, wie sie – ohne etwas zu tun, was gegen ihr Gewissen geht – gesellschaftlich mitarbeiten. Es ist so vieles, was zwar atheistisch oder kommunistisch interpretiert wird, aber eigentlich nicht kommunistisch oder gar atheistisch ist. ... Wenn einer im Sport mitmacht, wird das immer als Beitrag zum Sieg des Sozialismus interpretiert. Das muss man in Kauf nehmen. Vorher hieß es immer, was so interpretiert werden kann, wollen wir nicht fördern. Damit fördern wir das ganze System. Wir wollen unterscheiden zwischen den Gläubigen in den Gemeinden, deren Wirken man als Wirken eines Bürgers der DDR versteht, und dem Handeln der offiziellen Vertreter der Kirche."

Wie sehr sich die katholische Kirche in der DDR in der Folge als „theologische Wirklichkeit" verstand und die Gläubigen zur Solidarisierung und dienendem Zeugnis für die Menschen des Landes aufforderte, machen nicht nur die gemeinsamen Hirtenbriefe der BBK in den 1980er Jahren in vielfältiger Weise deutlich. Viele seiner theologischen Grundeinsichten hat der Erfurter Bischof in den nächsten Jahrzehnten profiliert, akzentuiert und partiell aktualisiert, und so sind sie auch in der katholischen Kirche des wiedervereinigten Deutschlands präsent. Erinnert sei an Wankes Beitrag in „Zeit zur Aussaat. ‚Missionarische Kirche sein'" aus dem Jahr 2000. „Auf unsere Kirche, besonders in den neuen Bundesländern, aber eben nicht nur dort, wartet eine solche lohnende Aufgabe. Es warten Menschen auf unser Lebenszeugnis. Sie warten darauf zu erfahren, was Jesu Christus für uns im Alltag unseres Lebens bedeutet."

Eine der ausdrucksvollsten Formulierungen lautet: „Was mich als Bischof bedrängt, ist die Vorstellung: Ein Thüringer würde nach seinem Tode vor Gott stehen und erstaunt zu ihm sagen: ‚Ich habe noch nie etwas von dir gehört!' Dann hätten wir als Kirche versagt."

Wankes konzisen, manchmal apodiktischen Aussagen in der pastoralen Standortbestimmung konnten missverstanden werden. Er hatte die DDR-Gesellschaft als säkularisiert und materialistisch bezeichnet und deshalb natürlich auch kein Engagement für diese konkrete sozialistische Gesellschaft empfohlen, weil die Deutehoheit und damit der Inhalt dessen, was Gesellschaft im sozialistischen Sinn meinte, nicht mit dem christlichen Weltdienst vereinbar war. Die vorbehaltlose Bejahung der von Gott gegebenen Realität, und damit die „Einbettung des Evangeliums in die konkrete Welt" sowie die Hinwendung zu den Menschen des Landes war sein Ausgangspunkt, also ein Engagement für die Menschen, weder Rückzug in ein Getto noch Einsatz für die sogenannte sozialistische Gesellschaft. Nach dem politischen und gesellschaftlichen Umbruch des Jahres 1989 wurde deshalb auch vielfach kategorisch erklärt, die katholische Kirche in der DDR habe sich in das gesellschaftliche Abseits begeben. Der Vorwurf wiegt umso schwerer, als damit präsumiert wurde, die Kirche habe ihren Ort in der konkreten Welt bei den konkreten Menschen der DDR verlassen und sich von Welt und Menschen abgeschottet und sich freiwillig in ein Getto begeben. Wanke begegnete deshalb dem Vorwurf, die katholische Kirche habe sich aus der „Gesellschaft verabschiedet" offensiv: „Ich kann nur sagen: Wer das angesichts der Arbeit unserer Caritaseinrichtungen, unserer Krankenhäuser, Alters- und Pflegeheime, unserer Sorge um körperlich und geistig Behinderte und nicht zuletzt angesichts der konkreten Arbeit unserer Caritasfürsorger in den Dekanaten und Pfarrgemeinden als Behauptung aufrecht erhalten will, der muss in Kauf nehmen, damit gleichzeitig den Einsatz der dort tätigen Mitarbeiter zu diskreditieren oder zu behaupten: Kranke, Alte, Behinderte und sonst am Rand des Lebens Stehende gehörten nicht zur Gesellschaft."

Anhand zweier Aspekte aus der Standortbestimmung von 1981 lässt sich beispielhaft zeigen, wie der Erfurter Bischof seine theologischen Grundeinsichten aktualisierend und konkretisierend in seinem heutigen Seelsorgsdienst anwendet.

30 Jahre später kommt Wanke auf die „kirchlich-katholische Binnenorientierung zurück und definiert sie rückblickend wie folgt: „Damit meine ich eine durch die lange, zwei bis drei Generationen währende Kampfsituation der Gläubigen und der Kirche insgesamt sich herausgebildete katholische Haltung der ‚Einigelung'. Positiv könnte man dies nennen: ‚Schulterschlussgemeinschaft' – in ihr erträgt man ja leichter Benachteiligung und Schikanen, negativ muss man das aber deutlich als strukturelle Schwäche erkennen, eben als ‚Einigelung', die in der Gefahr steht, die umgebende gesellschaftliche Wirklichkeit nicht mehr richtig wahrzunehmen bzw. ihr gerecht zu werden." Und auf die gegenwärtige Situation eingehend und sie analysierend, spricht er von struktureller und geistiger Schwäche des östlichen Diasporakatholizismus. „Wir sind zu wenig oder kaum ausgerichtet auf eine geistige und geistliche Präsenz, die angriffig ist, die anregen will, die auf andere abzielt, die mehr bewegen als bewahren will." Das pastorale Schwerpunktthema „Das Licht auf den Leuchter stellen" sei aber nicht so zu verstehen, das eigene Licht leuchten zu lassen, sondern „das Licht eines Gottesglaubens, das auch wir geschenkt bekommen haben, das uns – Gläubige und Ungläubige – gemeinsam erleuchten will."

Die pastorale Parole „Solidarisierung", die in der Standortbestimmung von 1981 als Solidarisierung innerhalb der Gemeinden, Familien, Kirchen, Christen und Nichtchristen sowie Abbau von Klassen-, Rassen- und Besitzschranken erläutert wurde und aus dem Grundimpuls des Evangeliums, die Menschen in Christus im Raum des Heiligen Geistes zur Einheit zu führen, besteht, wird aktualisiert und auf die Kirche im vereinten Deutschland angewandt. Abgrenzend von dem in DDR-Zeiten inflationär gebrauchten Begriff „Solidarität", der die zwischenmenschliche und die internationale proletarische Solidarität propagandistisch einforderte, aber meist hohles Pathos blieb, geht es jetzt um eine jeder Seelsorge zugrunde liegende Nächstenliebe, „eine rettende Planke, auf der wir uns vor uns selbst retten". „Die Kirche im Osten braucht gerade jetzt weitere Solidarität, eben nicht nur finanziell, sondern auch personell und ideell. Wir sind im Osten geistig und kirchlich gesehen ein Frontabschnitt, in dem sich auch für die katholische Etappe im Rheinland und in Bayern viel entscheiden wird." Und Wanke optiert: „Die neuen Länder müssten für den deutschen Katholizismus, für seine besten Kräfte, noch stärker als Herausforderung in den Blick kommen." Dazu gehöre aber auch, einander menschliche Zuwendung zu schenken. Denn: „Wir leben nicht vom Solidaritätszuschlag allein".

Auf die Ortskirche angewandt, betont Wanke die unterschiedlichen Bereiche von Solidarität und Solidarisierung, wie er sie theologisch begreift.

In der geistlichen Einführung in den pastoralen Schwerpunkt der Seelsorge im Bistum Erfurt 2010–2011 „Mit dem Himmel beschenkt" führt er aus: „Der Glaube ohne die Bruderliebe bleibt leer, und die Bruderliebe erlahmt, wenn sie nicht von der Erfahrung der Gottesliebe immer neu gespeist wird. Die Caritas ist Sakramentenspendung ‚vor den Toren der Kirche'. Und wir empfangen die Sakramente in rechter Weise nur, wenn sie uns in die Bruderliebe, in die Solidarität und Stellvertretung für und mit anderen entlassen." Konkret bedeutet das: „Unser eigener Gottesglaube braucht die Konkretion der ‚Fußwaschung' am Mitmenschen. Jeder hat da allerlei Gelegenheiten. Besonders wichtig sind jene Dienste, die sich nicht weltlich auszahlen. Es muss in unserem Leben Handlungsweisen geben, die im Sinne der Welt ‚töricht' sind, die sich nur vom Osterlicht her erklären lassen. Und, eingehend auf den außerkirchlichen Einsatz für den Nächsten, bemerkt er: „Wenn Menschen jenseits einer kirchlich geprägten Lebenshaltung selbstlos und ohne jeden ‚Dank' ihren Nächsten lieben, berühren sie Gott. Das darf uns in unserem Bestreben, Menschen zur Kirche zu führen, nicht erlahmen lassen. Dennoch ist gut zu wissen: Es gibt auch heute über die Kirchenmitglieder hinaus viele ‚Gottesfürchtige'. Viele unserer Thüringer Landsleute, die mit Kirche nichts anfangen können, sind dennoch Gott nahe – eben, weil sie im Sinn des Gerichtsgleichnisses von Mt 25 in ihrem Leben an manchen Stellen unbewusst Christus dienen und darin den Vater im Himmel verherrlichen, ohne ihn zu kennen."

3. Fazit

Den außerordentlich vielfältigen und mit unterschiedlichen theologischen Akzentsetzungen verbundenen Dienst des Erfurter Bischofs Dr. Joachim Wanke auch nur annähernd vollständig darstellen und einordnen zu wollen, ist ein nicht zu bewältigendes Unterfangen. Die über dreißig Jahre bischöflichen Wirkens in unterschiedlichen politischen Ordnungen und die Bejahung der vorgegebenen politischen und gesellschaftlichen Situation zeigen den Erfurter Oberhirten als Theologen, der, getreu seinem Wahlspruch „Den Spuren Christi folgen", seine theologischen Einsichten und Handlungsmaximen aus der Hl. Schrift und der Lehre der Kirche, vor allem dem Zweiten Vatikanischen Konzil, schöpft. Dem Seelsorger ist falsche „Binnenkirchlichkeit", die das Licht des Evangeliums allein für sich beansprucht, suspekt. Solidarisierung dagegen — Menschen in Christus im Raum des Heiligen Geistes zur Einheit zu führen — gehört für ihn zum Wesen der Kirche.

Seine kirchlichen Zeitanalysen und Bestandsaufnahmen besaßen und besitzen Brisanz und sind bis heute, vor allem für Frauen und Männer im Seelsorgsdienst Mitteldeutschlands, aber auch darüber hinaus, bedeutsam, so etwa die Frage, wie sich Kirche auf die mit der so genannten „Wende" gegebenen gesellschaftlichen und auch kirchlichen Veränderungen eingestellt hat: „Zunächst einmal dadurch, dass wir die ‚gewendete' Situation bereitwillig, aber auch nüchtern mit ihren Licht- und Schattenseiten annehmen. Wir müssen nun unsere Seelsorge unter den Bedingungen einer offenen, pluralen und liberalen Gesellschaft weiterführen. Ich bringe die uns in den neuen Ländern gestellte seelsorgliche Herausforderung nach der ‚Wende' gern auf die folgende Kurzformel: Früher mussten wir in der Seelsorge auf den Verdacht reagieren: Kirche, religiöser Glaube verdirbt das Denken. Wir hatten pastoral an einer ideologischen Front zu kämpfen, was wir mit einigem Erfolg auch getan haben. Jetzt lautet der ‚Verdacht': Kirche, Religion verdirbt das Leben. Christ-Sein heiße Bindung, heiße Einengung, heiße Bevormundet-Werden. Der Glaube mache das Leben mickrig und kleinkariert, beschneide die Freiheit und verderbe die Freude am Genießen des Lebens, ja mache die Menschen intolerant und fanatisch. Kurzum: Christentum ‚stört'. An dieser Front pastoral zu kämpfen ist bedeutend schwieriger! In mancher Hinsicht holen wir im Osten jetzt Erfahrungen nach, die in der Seelsorge des Westens schon lange gemacht werden."

Den Himmel offen halten
Vortrag zur Feier der Verabschiedung von Bischof Dr. Joachim Wanke[1]

Der Redner zur Verabschiedung des Erfurter Bischofs Dr. Joachim Wanke sollte wohl zunächst einmal erklären, wo er seine Rede verortet. In der Einladung steht „Feier der Verabschiedung"; doch dieses Wortkonstrukt will mir nicht so recht über die Lippen. Denn eigentlich will ich nicht feiern, dass sich „mein Bischof" verabschiedet. Und so sehe ich diesen „Abschied" lediglich als Entlastung Joahim Wankes vom Amt des residierenden Bischofs und nicht als Trennung von der Erfurter Ortskirche, den Thüringer Christen und der Thüringer Bevölkerung.

Natürlich könnte ich über das Bistum Erfurt unter Bischof Wanke informieren und auf seine Rolle als „Pfadfinder" in der Liturgie und Pastoral eingehen. Stichworte wie Totengedenken, Lebenswendefeiern, Weihnachtliche Liturgie und Segnungsgottesdienst fallen mir spontan ein. Möglicherweise wäre ein anderer Einstieg seine immer aktuelle Position in den theologischen Debatten, die ihn als belesenen Theologen und Wissenschaftler, der er immer geblieben ist, zeigen.

Ich möchte aber im Folgenden Überlegungen zu Kontinuitäten und Diskontinuitäten seines Bischofsdienstes, zu historischen Abläufen und einigen Aspekten seines Wirkens in der DDR und in der Bundesrepublik anstellen. Aus den kaum noch zu zählenden Veröffentlichungen des Bischofs versuche ich wichtige Akzente seines Lebens und Wirkens zu eruieren und kommentierend darzustellen.

1. Dieses Land ist meine Heimat, nicht mein Los

Beginnen muss ein solches Lebensbild natürlich mit einem biografischen Überblick. Eine kurze Autobiografie findet sich in einem Vortrag, den Wanke beim „Institut für vergleichende Staat-Kirche-Forschung" 2010 gehalten hatte.

---

[1] Am 1. Oktober 2012 nahm Papst Benedikt XVI. den Rücktritt des Erfurter Bischofs Dr. Joachim Wanke aus Gesundheitsgründen an. Wir dokumentieren hier den Vortrag, den der Autor während der feierlichen Verabschiedung des Bischofs am 28. November 2012 im Erfurter Theater gehalten hat. Der Text wurde für die Drucklegung nur geringfügig überarbeitet, der Vortragsstil beibehalten und auf die Ergänzung eines wissenschaftlichen Apparates verzichtet.

Das Außergewöhnliche daran ist, dass eines der Mitglieder dieses Instituts früher beim Zentralkomitee der SED als Historiker angestellt war. Bischof Wanke wusste natürlich davon, nahm aber dennoch die Einladung an. Er stellte sich den Teilnehmern in seinem Vortrag „Bischofsdienst in ‚gewendeten' Zeiten so vor: Thüringen empfinde ich durchaus als meine Heimat, obgleich ich selbst nicht in Thüringen, sondern 1941 in Breslau geboren wurde. Von Geburt bin ich also Schlesier, aber dem Gefühl und der konkreten Erfahrung nach Thüringer. Meine Mutter fand in den Wirren der Vertreibung mit uns Kindern 1945 eine erste Zuflucht bei ihrem Schwager in Ilmenau. Der Vater war schon 1944 verstorben. Hier in Ilmenau verbrachte ich die Jahre meiner Kindheit und Jugend bis zum Abitur in der dortigen Oberschule. Es waren Jahre des Mangels und der Entbehrung, die ich als Kind freilich weniger wahrgenommen habe als meine Mutter und die beiden älteren Geschwister. Thüringen, seine Berge und Täler, die Menschen und ihre Schicksale sind mir, dem Nicht-Einheimischen, hier emotional nahe gekommen. Noch heute empfinde ich Ilmenau und seine Umgebung als Heimat, nicht zuletzt auch wegen der Pfarrgemeinde, in der ich viele Freunde gewann, aber auch wegen der Klassengemeinschaft, die sich heute noch trifft — trotz der unterschiedlichen Wege, die die Einzelnen gegangen sind".

Auch die Bischöfin der Evangelischen Kirche in Mitteldeutschland, Frau Ilse Junkermann, weist auf die enge Verbindung des Bischofs zu Thüringen hin: „Er mag die Menschen in Thüringen, darin folgt er ganz den Spuren des großen Menschenfreundes Jesus", und fügt hinzu: „Er ermutigt die Christen im Land immer wieder, andere Menschen an ihrer persönlichen Glaubenserfahrung und -zuversicht teilhaben zu lassen".

Eine Bemerkung soll diesen biografischen Teil abschließen. Da Joachim Wanke vor dem Theologiestudium in Erfurt noch das Latinum und Graecum benötigte, war er, wie üblich, zum Sprachenkurs nach Halle gegangen. Der Kurs endete am Sonntag, dem 26. Juni 1960. Der damalige Leiter des Kurses schrieb über jeden künftigen Theologiestudenten eine kurze Einschätzung und vermerkte zu Joachim Wanke knapp: „Er ist über den Schnitt des Kurses begabt. Sein geistiges Interesse ist nach allen Seiten entwickelt. Er ist klug und gut. Nirgends habe ich einen Anflug von Stolz entdecken können. In seinem Urteil über Menschen und Welt ist er erstaunlich reif. Dabei besitzt er den Mut, auch unliebsame Dinge den Vorgesetzten zu sagen, die gesagt werden müssen. Das alles aber in einer Form, die er offensichtlich nicht erworben hat, — die ihm geschenkt ist".

Bischof Dr. Joachim Wanke bei einem Vortrag in der Erfurter Brunnenkirche, 2009

2. Gott selbst hält die Geschichte offen

Natürlich muss in einer solchen Rede die Vergangenheit eine Rolle spielen. Wenn man Geschichte als Betrachten der Vergangenheit durch Gedenken, Erzählen und Niederschreiben definiert, wäre ein chronologischer Rückblick auf die Ereignisse seit 1980 durchaus quantitativ und qualitativ erfolgsversprechend. Ihn und seinen Dienst zu würdigen, bedeutet, ihn und seine Tätigkeit im Kontext der deutschen Geschichte der letzten 30 Jahre zu sehen. Es ist offenkundig, dass in dieser Zeit – historisch betrachtet – außerordentlich viel geschehen und Bischof Wanke an kirchlichen und gesellschaftlichen Wandlungsprozessen nicht nur in Thüringen federführend beteiligt gewesen ist.

Als herausragende Begebenheiten der letzten drei Jahrzehnte im Erfurter Jurisdiktionsgebiet nennt er selbst: „die Bistumsgründung 1994, die Errichtung der Katholisch-Theologischen Fakultät an der Universität Erfurt 2003, der Neubau des Katholischen Krankenhauses Erfurt 2003, die Feier der Elisabethjubiläen 1981 und 2007, das Geschenk des Papstbesuches 2011". Und er fügt ergänzend hinzu: „Vielleicht bleibt vielen noch eher aus unserer jüngeren Thüringer Kirchengeschichte die zweimalige Rettung der Gloriosa-Glocke des Erfurter Domes im Gedächtnis!"

Mir sei vervollständigend sein Engagement für die sogenannte Aufarbeitung der Geschichte der Katholischen Kirche in der DDR zu nennen erlaubt.

Sein progressiver Umgang mit der Vergangenheit hat schließlich auch dazu geführt, dass zahlreiche Studien über die Katholische Kirche in der DDR erschienen sind. Das von ihm deklarierte Prinzip, „als Kirche bereit zu sein, Licht in alle Dinge zu bringen, die unsere Vergangenheit im alten SED-Staat betreffen, und zwar ohne Wehleidigkeit und Angst, dabei an Ansehen und Respekt zu verlieren", fand seine Umsetzung in der Erforschung, Überprüfung und Aufarbeitung dieser Materie durch verschiedene, von den katholischen Bischöfen eingesetzte Arbeitsgruppen. Zahlreiche Inoffizielle Mitarbeiter (IM) waren auf ihn angesetzt, so „IM Klemm" und „IM Rolf" und schließlich, Ende der 1980er Jahre, versuchte auch noch ein ehemaliger Seminarist und Kirchenmusiker – „IM Chrispos" – im Auftrag des Ministeriums für Staatssicherheit (MfS) eine Anstellung am Dom zu bekommen. Des Bischofs wesentlicher Charakterzug, allen Menschen grundsätzlich zu vertrauen, führte nach dem Fall der Mauer dazu, dass er nicht, wie andere Jurisdiktionsträger, eine Regelüberprüfung aller kirchlichen Angestellten anordnete, sondern nur im Verdachtsfall handelte. Dieses Vertrauen wurde, so meine ich, nicht enttäuscht.

Wenn ich in Bischof Wankes Reden, Predigten und Schriften lese, welche Funktion er der Geschichte beimisst, kommen mir Zweifel, ob er Rückblicke auf drei Jahrzehnte Bischofsdienst als geeignetes Mittel ansieht, über sein Bischofsamt zu referieren. Geschichte ist für ihn wichtig. Aber Vergangenheit ist nicht etwas, worauf man sich ausruhen könnte. Aus Anlass der Friedensdekade 2010 postulierte er gleich zu Beginn der Ansprache: „Ich möchte meinen Blick freilich nicht auf die Vergangenheit, sondern auf die Zukunft richten". Einen Vortrag aus dem Jahre 2009 betitelte er: „Das Damals nicht vergessen, aber in die Zukunft schauen." Der Blick darf nicht auf die Vergangenheit gerichtet bleiben, sondern auf das, was heute für katholische Christen und ihre gemeinsame Sendung ansteht, fordert er immer wieder. Und jüngst explizierte er dies so: Den alten Verhältnissen nachzutrauern hilft – angesichts der Erfahrung, dass in Gesellschaft und Kirche der Wind nun oft aus unterschiedlichen Richtungen bläst – nicht, sondern mutig und mit Vertrauen müssen wir „die Segel neu setzen".

Einem falschen Traditionsverständnis und einem unreflektierten Festhalten an scheinbar Unveränderlichem begegnet er mit Aussagen wie dieser: „Die Geschichte ist immer für Überraschungen offen – oder besser: Gott selbst hält die Geschichte offen. Das durfte unsere Generation erfahren. Und der nachwachsenden Generation sei gesagt: Gott bleibt auch morgen der Herr der Geschichte – und er wird auch weiter die Herzen, die Biografien der Menschen berühren und verwandeln".

3. Das Kleid (der Kirche) anpassen

Ein wichtiges Anliegen des Bischofs ist das Bemühen, Strukturen und Inhalte nicht auseinanderdriften zu lassen: „Sorgen wir dafür, dass in unserem Bistum Strukturen und inhaltliche Aufgabenstellungen beieinander bleiben".

Schon bei der Bistumsgründung 1994 ging er auf Gefahren und Fehlentwicklungen ein. Der „erste Gesichtspunkt für ein Bistum darf nicht Verwaltungseffizienz sein. ... Was ein Bistum zum Bistum macht, muss sich vom Auftrag der Kirche her definieren". Es braucht zwar immer ein „strukturelles Rückgrat, Haftpunkte" der Kirche in der jeweiligen Region, also ein Bistum mit seinen Strukturen. Aber zugleich optierte er schon 1994 dafür, dass „das Denkmodell der „pastoralen Betreuung" aufgelöst werden" müsse zu Gunsten eines erneuerten Grundmodells: „Jeder trägt den Glauben des anderen mit, und zwar durch die Gaben und Möglichkeiten, die ihm von Gott her geschenkt sind. Alle (!) sind gemäß den ihnen gegebenen Möglichkeiten Träger der Grundvollzüge des Gemeindelebens". — Das ist eine, auch aus dem Konzil eruierte, theologische Begründung für die Veränderung kirchlicher Strukturen. Noch deutlicher sagt er: „Unsere Gemeindepastoral wird mehr und mehr nicht mehr wirklich ‚flächendeckend' sein können. Wir werden punktuell arbeiten müssen: Wie Jesus in Jericho! Er ließ die Menge stehen und ging zu Zachäus. Dort aber war er ganz ‚anwesend'. Schon heute merken wir: An wenigen Stellen ganz und gesammelt da sein, ist besser, als an vielen Stellen gehetzt und seelenlos. Kluge Pastoral setzt Zeichen und vertraut darauf, dass Gott in den Herzen der Menschen am Werk ist. Wir brauchen geistlichen (!) Mut zur Gelassenheit in der Seelsorge".

Konzentration auf die Aufgabe von Kirche ist immer inhaltlich bestimmt. So formuliert er deutlich: „Kirche muss Kirche bleiben. Sie darf nicht Interessenverein der religiös Veranlagten werden, ... nicht Verein für ‚denkmalgeschützte' Bräuche und Riten. ... Kirche muss als Kirche erkennbar bleiben, am Evangelium Jesu Christi orientiert, ihrer Tradition verpflichtet, also ggf. auch einmal „sperrig" Zeittrends und gesellschaftlichen Erwartungen gegenüber. Und wir dürfen unserem Auftrag nicht untreu werden, Kirche hier für die Menschen in diesem Land zu sein. ... Konkret für unsere Ortskirche bedeutet das: Ich versuche, unsere Kräfte auf den wirklichen religiösen Auftrag unserer Kirche zu bündeln, was nicht heißt, nicht auch einmal eine ‚Suppenküche' zu unterhalten. Gottesdienst, Glaubensverkündigung (im weitesten Sinn), aber auch zeichenhafter, konkreter Dienst am Nächsten sollen Vorrang haben.

Mit der Sentenz „Das Kleid (der Kirche) anpassen" benannte er später das Programm der Strukturreform: „Ich fasse mein Anliegen in das Bild: Unsere Erfurter Ortskirche muss ihr Kleid den veränderten Gegebenheiten anpassen. ... Meine Vision für Thüringen ist eine Ortskirche, die bei ihrer

Grundaufgabe bleibt: Das Evangelium Jesu Christi auf den Leuchter zu stellen, damit möglichst viele Menschen mit dem „Licht von oben", mit der guten Botschaft des Evangeliums in Berührung kommen können".

Dies definierte er als fortdauernde Aufgabe. „Strukturen haben keinen Wert an sich. Sie sollen und müssen dienen – sorgen wir dafür, dass wir immer wissen, wozu sie dienen sollen. Darum brauchen wir auf breiter Ebene im Bistum und in den Gemeinden ein waches theologisches Denken, ein kluges Urteilen, welches das Machbare vom Utopischen unterscheiden kann. Wir brauchen den Willen zum gemeinsamen Handeln (Kooperation) und eine durchtragende Bereitschaft zum gegenseitigen Austausch (Kommunikation). Wir müssen uns vor Veränderungen nicht fürchten; fürchten sollten wir die Vereinzelung, die das Ganze und den gemeinsamen Weg aus dem Blick verliert". Pastorale Kurzformeln sollen Wegbegleiter dieses Prozesses sein: „Vernetzungen organisieren; Kirchliche Einrichtungen als ‚Knotenpunkte von Seelsorge' stark machen; auf ‚Leuchttürme' setzen; den ‚geistlichen Grundwasserspiegel' heben.

Natürlich haben diese Reformen verunsichert und werden teilweise weiterhin kontrovers diskutiert: „Wenn Vertrautes zerbricht, entsteht Unsicherheit. Auch heute gibt es noch Gesprächsbedarf in den Gemeinden. Aber für alle ist jetzt die Perspektive für die nächsten Jahre klar. Und dieses Vorgehen hat sich bewährt. ... Wenn der Wind aus anderer Richtung weht, muss man die Segel neu setzen. Kirche heute muss eine Missionskirche sein".

4. Zuwendung zu den Menschen als Mission und Evangelisierung

Viele Aussagen des Erfurter Bischofs fußen auf Konzilstexten des Zweiten Vatikanums, manche sind, nahezu wörtlich, Aussagen von „Gaudium et spes". In einem kürzlich erschienenen Artikel bekennt sich Bischof Wanke zur Pastoralkonstitution „Gaudium et Spes" über „die Kirche in der Welt von heute. Er gesteht: Für mich ist unter den Konzilsdokumenten die Pastoralkonstitution ‚Kirche in der Welt von heute' (Gaudium et spes) wichtig geworden, besonders auch für meine Grundeinstellung zur Aufgabe der Kirche im damaligen Ideologiestaat DDR. Dieses Dokument hat mir geholfen, mit anderen zusammen die Mentalität der kirchlichen ‚Einigelung', der ‚Überwinterung' im Warten auf bessere Zeiten aufzubrechen".

Gleich zu Beginn seiner Amtszeit 1981 setzte der neue Erfurter Oberhirte dieses Zeichen, das, man mag es weitblickend nennen, auch im Herbst 1989 und in den Folgejahren nicht nur im Erfurter Jurisdiktionsbezirk fortwirken sollte. Ausgangspunkt war ein als „Versuch einer pastoralen Standortbestimmung" deklarierter Vortrag vor Priesterkonferenzen in Erfurt und Heiligenstadt im Oktober 1981, der immer wieder zitiert und dessen Inhalt rezipiert wurde. Die zu DDR-Zeiten gern benutzten „kirchenpolitischen Planspiele" samt Analysen staatlicher Kirchenpolitik und deren Folgen für den gläubigen Christen fehlen in diesem programmatischen Referat gänzlich. Im Mittelpunkt steht die theologische Wirklichkeit der Katholischen Kirche in der DDR. Die Kirche „dieses Raumes als theologische Basiswirklichkeit" ist gottgewollte Realität. Diese katholische Kirche in diesem Raum DDR ist eine Wirklichkeit, kein Los, kein Schicksal, sondern Realität und Chance. Deshalb gilt es, diese Wirklichkeit auch zuerst mit den Augen des Glaubenden zu sehen. Wanke fragt nicht nach dem „Sinn christlicher Verkündigung in diesem Raum", er thematisiert nicht das „Problem des Zusammenlebens zwischen Christen und Marxisten" und gibt dementsprechend auch keine Direktiven für den Umgang mit der staatstragenden Partei SED und den Machthabern. Die „konkrete Welt", in der das Evangelium auf „mitteldeutsch" buchstabiert werden muss, war sein Ausgangspunkt. Die „Einbettung des Evangeliums in die konkrete Welt" und die Hinwendung zu den Menschen des Landes fordert er.

Gleichsam als Zusammenfassung und theologisches Ziel diente ihm ein Zitat aus „Lumen gentium" (31,38): „Sauerteig und Ferment des Ganzen sein". Um das zu erreichen, ist es nötig, eine falsche Binnenkirchlichkeit und Ghettomentalität aufzugeben, lautet einer seiner wichtigsten Appelle aus dem Jahre 1981, die seitdem in vielfacher Weise auch von den anderen Bischöfen und Theologen in der DDR aufgegriffen wurden.

Ich habe in einem meiner Artikel diese von ihm vorgenommene Positionsänderung als „theologischen Paradigmenwechsel" bezeichnet: vom kirchenpolitischen „status quo" einer Kirche in einem totalitären System hin zur „theologischen Wirklichkeit der Kirche unseres Raumes". Dieser theologische Paradigmenwechsel war ein kluger und mutiger Schritt aus einer historisch gewachsenen, in der Auseinandersetzung mit dem Staat entstandenen „Selbstbeschränkung" zu einer theologischen Neubesinnung und pastoralen Neuakzentuierung. Damit wurde eine primär kirchenpolitische Fixierung der Katholischen Kirche aufgegeben, ohne dass es dadurch aber zu einem Aufbrechen der inneren Geschlossenheit und einer Instrumentalisierung der Katholischen Kirche durch den Staat und die sozialistische Gesellschaft gekommen wäre. Es wird geradezu zum Kennzeichen des Erfurter Bischofs, die Gläubigen und Priester immer wieder zum Weltdienst (zu DDR-Zeiten aber nicht zum Einsatz für die Gesellschaft) aufzufordern.

Heute könnte dieser theologische Paradigmenwechsel unter dem Diktum „Missionarisch Kirche sein" zusammengefasst werden. Viele seiner theologischen Grundeinsichten hat der Erfurter Bischof profiliert, akzentuiert und partiell aktualisiert, und so sind sie auch in der Katholischen Kirche des wiedervereinigten Deutschlands präsent. Erinnert sei an seinen Beitrag in „Zeit zur Aussaat. ‚Missionarische Kirche sein'" aus dem Jahr 2000. „Auf unsere

Kirche, besonders in den neuen Bundesländern, aber eben nicht nur dort, wartet eine solche lohnende Aufgabe. Es warten Menschen auf unser Lebenszeugnis. Sie warten darauf, zu erfahren, was Jesu Christus für uns im Alltag unseres Lebens bedeutet".

Was Bischof Wanke unter Mission versteht, erklärt er in dieser Schrift „Zeit zur Aussaat". Er fragt zunächst: „Ist in Zuwendung zu den Menschen nicht angelegt, was wir ‚Mission' und ‚Evangelisierung' nennen?" Und er antwortet: „Ich gebe zu: Diese Begriffe haben für manche Zeitgenossen, auch für manche Katholiken einen Unterton, der nach Belehrung, ja nach Indoktrination riecht. Wir sollten daher bei ihrem Gebrauch vorsichtig sein. ‚Mission' heißt für mich schlicht: Das weitersagen, was für mich selbst geistlicher Lebensreichtum geworden ist. Und ‚Evangelisieren' meint: Dies auf die Quelle zurückführen, die diesen Reichtum immer neu speist: auf das Evangelium, letztlich auf Jesus Christus selbst und meine Lebensgemeinschaft mit ihm".

Das Verhältnis von Gottesdienst und Menschendienst bestimmt er so: Der Gottesdienst bleibt vorgeordnet, „denn in einem ganz tiefen Sinn ist das, was wir theologisch im weitesten Sinn „Gottesdienst", also Leben und Lebensgestaltung im „Gotteshorizont" nennen, zutiefst auch Dienst am und für den Menschen".

Welchen Auftrag hat nun Kirche? Die Kirche hat keinen Selbstzweck. Nach dem Plan Gottes soll sie allen Generationen das Angebot seiner Freundschaft und Nähe machen. Der Kirche Markenzeichen ist: „Verkündigung der Frohbotschaft durch die Jahrhunderte und weltweit, die die Liturgie/Gottesdienst (im weitesten Sinn) einschließt; und die Diakonie, die in den eigenen Reihen in dem geschwisterlichen Umgang miteinander ihren Anfang nimmt und den Lebens- und Todesdienst Christi präsent hält bis ans Ende der Zeiten".

Viele seiner Aussagen und Analysen haben natürlich die Kirche in Mitteldeutschland und Thüringen als Horizont. Der Auftrag, das Evangelium Jesu Christi auf „mitteldeutsch" zu buchstabieren, sei, wie die Aufgabe der Evangelisierung überhaupt, noch nicht gelöst, sagt er. „Ob wir es schaffen werden, steht in Gottes Hand. Doch gibt es keine dringlichere Aufgabe als diese. Wir haben viele Chancen und Möglichkeiten. ... Auf dem Weg der echten Einbettung der Frohbotschaft in diese konkrete Welt sind wir noch wenig vorangeschritten".

Anschaulich analysiert er: „Derzeit ist die Kirche mehr im Verdacht, die Menschen zu verschrecken und ihnen das Leben zu vermiesen, als sie für Gott und füreinander freizusetzen. Diesem Grundverdacht muss energisch entgegengewirkt werden. Wir müssen lernen, auch mit den kirchlich nicht ganz „Stubenreinen" umzugehen. Die Menschen müssen das Gefühl haben, dass sie in der Kirche „willkommen" sind. Zeichen des Willkommen-Seins sind ja nicht nur die Sakramente. Der ganze Bereich der vorsakramentalen

Seelsorge, in dem die Kirche an sich doch reiche Erfahrung hat, wird zunehmend Bedeutung erlangen".

Eine der ausdrucksvollsten Bemerkungen hinsichtlich eines möglichen kirchlichen Versagens formuliert er so: „Was mich als Bischof bedrängt, ist die Vorstellung: Ein Thüringer würde nach seinem Tode vor Gott stehen und erstaunt zu ihm sagen: „Ich habe noch nie etwas von dir gehört!" Dann hätten wir als Kirche versagt".

5. Ausblick

Am Ende meiner Ausführungen seien mir noch einige persönliche Bemerkungen erlaubt:

Meine erste nachhaltige Begegnung mit dem damaligen Präfekt Wanke datiert auf das Jahr 1974. Die Prüfungen im Kirchenrecht standen an. Der damalige Lehrstuhlinhaber relativierte sein Fach, indem er immer wieder darauf hinwies, dass in Kürze das durch das Konzil angestoßene neue Kirchenrecht Geltung bekommen würde. Die Prüflinge, auch ich, reagierten darauf, indem wir wenig ernsthaft lernten und mehr oder weniger unvorbereitet zur Prüfung antraten. Als Protokollant war Präfekt Wanke eingeteilt, der die katastrophalen Antworten der Prüflinge protokollieren musste. Nun passierte etwas für Prüfungen Außergewöhnliches. Der Protokollant beantwortete entweder die Fragen des Prüfers oder aber sagte verhältnismäßig laut die richtige Antwort vor. Ich war verblüfft, fragte bei den Kommilitonen nach und erfuhr, dass sie die gleiche Erfahrung gemacht hatten. Ich habe Joachim Wanke nie danach gefragt, warum er das getan hatte. Wollte er den Kirchenrechtsprofessor möglicherweise trösten, den Prüflingen eine schlechte Note ersparen oder die Peinlichkeit der Situation – schweigende Minuten – überbrücken? Mir und auch anderen ist diese Begebenheit im Gedächtnis geblieben. Die meisten von uns waren beschämt, weil unser anmaßendes Auftreten durch das Vorsagen als das entlarvt wurde, was es war: dreistes Unwissen.

Wer einmal mit Bischof Wanke verreist war, vielleicht sogar in eine unbekannte Gegend, erinnert sich sicher daran, wie er mit Land- und Straßenkarten umzugehen versteht. Der Bischof hat nicht nur die Fähigkeit, den Fahrer punktgenau zum Ziel zu führen und die richtigen, das heißt die interessantesten oder die schnellsten Routen zu finden. Er betrachtet und begreift eine Karte mit allen ihren eingezeichneten Angaben und Kürzeln, versteht sie und beschreibt – vorausschauend – das Original. Er sagt die Steigungen voraus und die Qualität der Straßen, nennt Parkplätze und Nebenstraßen, Kirchen und Monumente. Und vor allem benennt er Aussichtspunkte, von denen man das Land am besten betrachten kann und den größten Überblick hat. Und nebenbei bemerkt — ein Navigationssystem erreicht nicht annähernd diese Präzision.

Manchmal habe ich bei solchen Fahrten und Reisen an seinen bischöflichen Wahlspruch gedacht: „Vestigia Christi sequi, den Spuren Christi folgen". Nach den Worten der Hl. Schrift ist er — so verstehe ich es — den Spuren Christi gefolgt und hat die geführt, die sich darauf einließen oder die ihm anvertraut sind. Er hat die Qualität der unterschiedlichen Wege gekennzeichnet und Empfehlungen ausgesprochen. Er hat Steigungen und Schluchten benannt und das eigentliche Ziel immer wieder vor Augen gestellt. Er hat beim „Umkehren" geholfen. Er hat „Leuchttürme" zur Orientierung angesteuert und immer auch darauf hingewiesen, dass er selbst auf dem Weg ist und keinen Vorsprung hat. Vor allem hat er die Hl. Schrift, gleichsam seine Karte, beständig zur Hand genommen und „studiert", um allen, die es wollten, den gemeinsamen Weg einladend zu machen.

Dafür danke ich ihm und wünsche uns, dass er noch viele Jahre getreu seines bischöflichen Wahlspruchs wirken kann.

Otto Kuss und ein Selbstzeugnis aus dem Jahre 1983

Professor Dr. Hans-Jürgen Brandt* ist ein Priester, Theologe und Gelehrter, der in vielfacher Weise vernetzt ist und immer Grenzen zu überschreiten wusste. In die frühere DDR und nach Polen unterhielt er Kontakte. Zwar im Bistum Essen inkardiniert ist er doch in besonderer Weise dem Erzbistum Paderborn verbunden, und schließlich ist München nicht nur seine Wohn- und Wirkungsstätte, sondern auch sein Lebensmittelpunkt geworden.

An diesen Wohn- und Wirkungsstätten ist er fortgesetzt auf das Leben eines Mannes gestoßen, dessen komplizierte Lebens- und Leidensgeschichte bis heute wenig oder unzureichend erzählt worden ist: Professor Dr. Otto Kuss.[1] Im Folgenden soll der Versuch unternommen werden, anhand eines Selbstzeugnisses sich der komplexen Persönlichkeit des bekannten Neutestamentlers anzunähern.

1. Paderborn, München und zurück. Wege eines Unentschlossenen?

Hans-Jürgen Brandt gehört zu den Kollegen, die auch vor 1989 gute Verbindungen in die DDR hatten und immer neueste Informationen über das damalige Philosophisch-Theologische Studium Erfurt besaßen. Das liegt nicht nur an seiner offene Art mit Menschen umzugehen und an ihrem Leben freundschaftlich interessiert Anteil zu nehmen.[2] Seltsam verschlungen waren die Informationswege zu und über Erfurt. In München, wo er viele Jahre an

---

* Erstabdruck dieses Beitrages in einer Festschrift für Hans-Jürgen Brandt; vgl. bei den Erstveröffentlichungsnachweisen am Ende dieses Bandes.

[1] Otto Kuss; geb. 6. 1. 1905 in Lauban/Niederschlesien; gest. 7. 2. 1991 in Gütersloh; bestattet auf dem Waldfriedhof in München. – Zur Biografie vgl. JOSEF HAINZ, Die Anpassung war nicht seine Sache. Zum Tode von Professor Dr. Otto Kuss – ein Einzelgänger aus Prinzip, in: Münchener Katholische Kirchenzeitung, 10. 3. 1991, S. 28. – Vgl. auch LORENZ WACHINGER, Widerspruch und Eigensinn. Autobiografisches zu Otto Kuss (1905–1991), in: Orientierung 70 (15./31. Juli 2006) S. 149–154; Dieser Versuch, die „Spaltung und das Zerrissene in seinem Leben" (S. 154) zu erklären, kann durch die kürzlich entdeckten Reste der Korrespondenz mit Erich Kleineidam ergänzt bzw. partiell korrigiert werden.

[2] Wir hatten uns 1982 in Erfurt kennengelernt und haben auch in DDR-Zeiten miteinander korrespondiert.

der Universität der Bundeswehr lehrte und forschte, knüpfte der Jubilar freundschaftliche Kontakte zu Dr. Martin Gritz[3] der von 1962 bis 1981 Militärgeneralvikar war. Gritz wiederum war Schüler des seit 1952 in Erfurt ansässigen und dort bis zu seiner Emeritierung lehrenden Erich Kleineidam,[4] der nach Eintritt ins Rentenalter 1970 jährlich in die Bundesrepublik fuhr und für den München ein zentraler Anlaufpunkt wurde. Regelmäßig trafen sich Kleineidam und Gritz,[5] um Informationen und Neuigkeiten auszutauschen, an denen wiederum Hans-Jürgen Brandt partizipierte. Natürlich wurde auch über Otto Kuss gesprochen, denn Kleineidam und Kuss waren eng befreundet und Gritz war als Student ein begeisterter Schüler von Kuss gewesen.[6]

Neben seinen schlesischen Freunden und Gefährten spielen zwei Paderborner Priester im Leben von Otto Kuss eine bedeutende Rolle. Den früheren Paderborner Generalvikar und späteren Magdeburger Weihbischof Friedrich Maria Rintelen[7] bezeichnet Otto Kuss als Freund, und er ist auch der Adressat des Schreibens – eigentlich eine Selbstbeschreibung – von 1983, auf das im Folgenden näher eingegangen werden soll.

Pfarrer Norbert Henkel,[8] der 1952 zum Priester geweiht worden war, nennt Otto Kuss seinen Lehrer.[9] Henkel war von 1968 bis 1976 Dechant des

---

[3] Martin Gritz; geb. 1916 in Namslau/Niederschlesien; gest. 21. 6. 2002 München. – Vgl. dazu: MARKUS SEEMANN, Dr. Martin Gritz – Ein Intellektueller mit Bodenhaftung. Zum 100. Geburtstag von Militärgeneralvikar Dr. Martin Gritz, online unter: https://www.katholische-militaerseelsorge.de/geschichte/dr-martin-gritz-ein-intellektueller-mit-bodenhaftung/ [Zugriffsdatum: 3. 3. 2023].

[4] Erich Kleineidam; geb. 3. 1. 1905 in Bielschowitz/Oberschlesien; gest. 21. 4. 2005 in Erfurt. – Zur Biografie vgl. JOSEF PILVOUSEK, Zum Gedenken an den Apostolischen Protonotar Prof. Dr. Dr. hc. Erich Kleineidam († 21. April 2005), in: ASKG 63 (2005) S. 252–254.

[5] Vgl. Katholisch-Theologische Fakultät Erfurt, Forschungsstelle für kirchliche Zeitgeschichte (KTFE, FKZE), Sammlung P, Nachlass Kleineidam, Brief Gritz/Kleineidam, 20. 2. 1991.

[6] Vgl. dazu JOSEF PILVOUSEK, Erich Kleineidam (1905–2005). Biografische Anmerkungen zu einem Priester- und Gelehrtenleben, in: Jahrbuch für mitteldeutsche Kirchen- und Ordensgeschichte 8 (2012) S. 141–156.

[7] Friedrich Maria Rintelen; geb. 12. 12. 1899 in Ahlen; gest. 9. 11. 1988 in Paderborn. – Vgl. CLEMENS BRODKORB, Rintelen, Friedrich Maria, in: ERWIN GATZ (Hg.), Die Bischöfe der deutschsprachigen Länder 1945–2011. Ein biografisches Lexikon (Berlin 2002) S. 347–349. – Auch Rintelen bezeichnet Kuss als Freund und ergänzt: „Otto Kuss, schon damals eine weitbekannter Exeget, war wirklich kein langweiliger Fachprofessor. Er kannte die ganze damals viel gelesene Literatur. Er kannte die modernste Philosophie, so dass unsere Unterhaltung immer ‚geistreich' dahinfloss. Wir quälten uns damals beide mit Heideggers Existenzphilosophie. Es ist wenig begreiflich, wie diese Philosophie damals weithin soviel Beachtung fand.". – FRIEDRICH MARIA RINTELEN, Erinnerungen ohne Tagebuch (Paderborn ⁴1993) S. 206 f.

[8] Norbert Henkel; geb. 29. 3. 1925 in Dortmund-Marten; gest. 22. 10. 2008 in Gütersloh. Freundliche Auskunft des Erzbistumsarchivs Paderborn, 10. 11. 2012.

Dekanates Wiedenbrück, zu dem auch die Stadt Gütersloh gehört. Er hatte sich stets um Otto Kuss bis zu dessen Tod gekümmert.

Henkel beschreibt in einem seiner Briefe an Kleineidam seine „Mitwirkung" bei der Anstellung von Kuss in München 1960: „Vor 34 Jahren hatte ich ihn in meinem VW nach München gefahren, um die Zustände an Ort und Stelle zu überprüfen. Von Prof. Schmaus wurden wir herzlich empfangen. Zu seiner (O. K.) Ehre wurde ein festliches Abendessen veranstaltet, an dem fast alle Kollegen der Fakultät teilnahmen – aber endgültig zu kommen, konnte er sich immer noch nicht entschließen. ‚Durch fortwährende gleichzeitige Zu- und Absagen hätte er die ganze Fakultät unter Dampf gehalten', hat er später gesagt. Wie viele Telefongespräche nach Paderborn habe ich mit ihm damals geführt, um eine endliche Zusage für München zu erreichen! Schließlich habe ich ihm erklärt, er litte an einer ‚Abulie', einer völligen krankhaften Entschlusslosigkeit, was er zu meinem Erstaunen sofort bestätigte. Und dann habe ich ihn schließlich abermals nach München gebracht, aber dann, zwei Tage später, als ich wieder nach Westfalen musste, sollte ich sein Gepäck wieder ins Auto bringen, er wollte unbedingt zurück nach Paderborn fahren. Pascher machte ihm die bittersten Vorwürfe, er blieb, gab mir aber zum Abschied nicht einmal die Hand. Dass ich ihn viele Jahre später wieder von München nach Westfalen, diesmal aber in das von mir erbaute Seniorenheim nach Rheda bringen würde und dass er dann im Elisabeth-Hospital in Gütersloh, das zu der Pfarrei gehört, in der ich jetzt wohne, sterben würde, ja, das habe ich damals noch nicht geahnt".[10]

Kleineidam war der Ansicht, dass der „Freund" bereits zu diesem Zeitpunkt, also 1960, „wusste, in welcher Krise er stand".[11] Pfarrer Henkel beschrieb den Zustand seines Lehrers wie folgt: „Mit zunehmendem Alter wurden seine Depressionen immer stärker. Wiederholt klagte er mir, sie seien unvorstellbar schrecklich und ihn zu trösten, war ich nicht in der Lage. Als ich ihm einmal sagte, ich könne nur stumm bei ihm sitzen, wie die Freunde des Job neben dem großen Dulder saßen, wurde er ganz aufgebracht, dass hätte ich ihm schon dreimal erzählt – dass er mir aber sein Leid schon dreißigmal erzählt hatte, war ihm selber entgangen. Immer häufiger sprach er vom Sterben und wünschte den Tod geradezu herbei so, als könne er das Ende gar nicht

---

[9] KTFE, FKZE, Sammlung P, Nachlass Kleineidam, Brief Henkel/Kleineidam, 2. 3. 1992.
[10] Ebd., Brief Henkel/Kleineidam, 16. 3. 1994.
[11] Ebd., Brief Kleineidam/Henkel, 3. 2. 1992. (Abschrift). – Kuss sieht als entscheidenden Grund seines „Alleinseins und des Alleinseinwollens ... väterliches und mütterliches Erbe" und nennt als Kernpunkt seiner Zweifel eine Nichtverkraftung des 2. Vatikanischen Konzils; vgl. unten Brief an Rintelen.

abwarten. ‚Einmal gelebt zu haben, ist schon einmal zuviel,' sagte er mir schon vor längerer Zeit".¹²

2. „Geheimnisse stehen nicht in dem Schreiben". Der Brief von Otto Kuss an Friedrich Maria Rintelen aus dem Jahre 1983

Neun Jahre vor seinem Tod versuchte Otto Kuss in einem Brief Auskunft darüber zu geben, woher seine „Anfechtungen" und Schwierigkeiten kommen und wie er verstanden werden möchte. Der handschriftliche Brief an Rintelen umfasst 59 Seiten, jede Seite hat ca. 14 Zeilen, so dass das Schriftbild sehr groß und die Schrift gut lesbar ist. Wie viele handschriftliche Kopien er selbst angefertigt hat, bleibt unklar. Dass es mehrere gewesen sein müssen, geht aus verschiedenen Andeutungen hervor.

In einer „Nachbemerkung" formuliert er auch das Motiv des Briefes: „Zum Schluss bitte ich Sie noch um ein Entgegenkommen. Eine solche Fixierung, wie ich sie in dem vorliegenden Brief versucht habe, braucht ‚ihre Stunde', und nicht immer ist sie da. Ihre – für mich gänzlich unerwartete – Zuwendung hat mich zum Reden gebracht, und das hat mir gut getan und tut mir gut. Geheimnisse stehen nicht in dem Schreiben, und Sie können es nach Belieben verwenden, ich bitte Sie zugleich, damit einverstanden zu sein, wenn ich Kopien davon einigen meiner – möglicherweise – interessierten, vielleicht auch irritierten – Bekannten zugänglich mache; ich möchte so gern richtig begriffen werden als der, welcher ich wirklich bin, nicht als der, zu dem mich andere abstempeln wollen, die zu diffizilen Differenzierungen nicht imstande sind, die vielleicht klüger handeln, weniger ‚angefochten', und dieserhalb Mühe haben, komplizierte Prozesse zu verstehen".¹³ Der folgende Brief ist ohne die zitierte angehängte Nachbemerkung, in Entstehung und Motiv kaum zu verstehen.

„Exzellenz, sehr verehrter Herr Bischof, lieber Herr Rintelen,¹⁴
Sie haben mir nach ihrem ersten Schreiben vom 5. Februar – im Gedenken an Ihren so überaus willkommenen Münchenbesuch –, auf das ich Ihnen am 10. Februar antwortete, wieder einen neuen langen handschriftlichen Brief – in der von mir so geliebten deutschen Schreibschrift: übrigens ausgezeichnet und mühelos zu lesen – geschickt und dann noch 4 Seiten in

---

[12] Ebd., Brief Henkel/Kleineidam, 20. 2. 1992.
[13] Bistumsarchiv Erfurt (BAEF), Nachlass Kleineidam, Brief Kuss/Rintelen, 8. 4. 1983.
[14] Ebd. – Der Brief trägt als Datum den 8. 4. 1983. Der Absender lautet: Otto Kuss, 8000 München 40, Elisabethstraße 71.

Schreibmaschinenschrift — ich kann Ihnen gar nicht sagen, wie sehr mich Ihre intensive Anteilnahme gefreut hat — ich wünschte, ich hätte in den vergangenen 10 oder 20 Jahren hier in München oder anderswo einen Freund solcher Art an meiner Seite gehabt: Vieles wäre anders gelaufen, und die schreckliche Isolierung, mit der ich mich jetzt herumschlagen muss, wäre zumindest leichter zu ertragen oder zu ertragen gewesen [sic!]. Das Alleinsein und das Alleinseinwollen ist gewiss sowohl väterliches als auch mütterliches Erbe: Ich kann gar nicht anders leben und muss es dann wohl auch nicht; aber die Probleme mehren sich von Tag zu Tag, je älter man wird, und solcher Trost, wie ihn Ihre Briefe vermitteln, ist eine vortreffliche Medizin: ich habe Ihnen sehr zu danken.

Vielleicht gelingt es mir, mich Ihnen mit diesem — vermutlich recht lang werdenden — Brief verständlich zu machen, so schwer es für einen Außenstehenden auch sein mag, in ein solches Labyrinth mit begreifender Anteilnahme hineinzusehen.

Kernpunkt: ich habe das Konzil — 2. Vatikanum — nicht ‚verkraftet'; mir schien und scheint die vorkonzilare Kirche in mancherlei Hinsicht eine andere zu sein als die nachkonziliare, und ich habe mich — um es ein wenig grob und möglicherweise missverständlich auszudrücken — einst für die Kirche von 1931 und nicht für die von 1981 entschieden. Dass auch bei mir Missverständnisse, Empfindlichkeiten, Irrtümer, eine Neigung zu konservativer Inflexibilität und ähnliches eine Rolle gespielt haben und spielen, will ich gar nicht leugnen, und es liegt mir auch fern, das Rad der Geschichte zurückdrehen zu wollen. Die Ablehnung der Privatmesse durch die frommen Kapuziner von Sankt Josef hier in der Nähe freilich hat mich bis ins Mark getroffen, und vergeblich habe ich mich damals — und bis heute — gefragt, warum das Konzil nicht an die vielen alleinstehenden Priester gedacht hat, welche vormals mit so energischer Mahnung zur täglichen Einzelzelebration angehalten wurden. Der Vorgang, der mich beunruhigte und beunruhigt, mag für einen entschlossenen, im vorhinein mit jeder Änderung einverstandenen Katholiken nicht gar so wichtig scheinen, mir war es wichtig, und für mich würde der ‚Hinauswurf' zum Katalysator einer Entwicklung, deren Ausmaß ich weder geahnt noch gar beabsichtigt hatte. Mein ganzes Leben lang habe ich eigentlich nicht so sehr an der Wissenschaft als solcher gehangen, ich suchte nur immer nach einem festen Boden für meine Füße. Die Philosophie, in der ich mich seit den Anfängen meines selbstständigen Denkens immer wieder umgesehen habe, ist mir bis heute nicht mehr als ein weltanschauliches Museum, faszinierend, stets von neuem herausfordernd und niemals langweilig, aber ebenso verbindlich, oder besser: unverbindlich wie eine Gemäldesammlung, in der Fra Angelico nicht mehr und nicht weniger ‚recht' hat als Michelangelo, Dürer, Liebermann, Picasso, Beuys oder wer immer.

Als ich das — schon beträchtlich erschüttert — merkte, etwa zu meiner Studentenzeit, wandte ich mich zur Theologie zurück, und weil ich den im Grunde hoffnungslosen Dissens außerhalb der römisch-katholischen Kirche sah, ‚wurde' ich mit neuer Überzeugung römisch-katholisch: Hier war wirklich jener feste Boden, den ich anderwärts vergeblich gesucht hatte: zu meinen bevorzugten ‚Kirchenvätern' gehörte übrigens seit jeher vor allem Pascal mit seinem intellektuell-mystischen Denken.

Mit dem Konzil und vor allem mit dem, was sich zu dieser Zeit in der Kirche und ihrem Umkreis abspielte, kamen Zweifel auf: War der Boden wirklich so fest und zuverlässig? Zehn Jahre lang habe ich in einem ökumenischen Kontroversgremium mitgearbeitet, immer sehr beteiligt, voll Verständnis und Wohlwollen für die Protestanten aller Richtungen, aber doch als überzeugter römischer Katholik. Dann schied ich aus, weil ich fundamentale Unterschiede sah — Papst, Amt, Eucharistie, Sakramente überhaupt, Maria, Zölibat und vieles andere, auch weniger Wichtiges, aber die Praxis Bestimmendes —, eine organisatorisch-dogmatische Einigung für unmöglich hielt, sofern die einzelnen Gruppen ihre Identität behaupten wollten. Zuletzt und nach und nach allerdings trieb mich die konziliare und nachkonziliare Entwicklung — eigentlich unvermutet — über die Grenzen, die ich immer für unüberschreitbar gehalten hatte: Ich wurde zu einer Art ‚Totalökumeniker', wenn Sie so wollen, und wenn sich die römisch-katholische Kirche schon öffnete — weiter, als ich das jemals für möglich zu halten gedachte, war mir jetzt nicht mehr einsichtig, dass es überhaupt noch Abgrenzungen mit dem Risiko ‚Heil oder Unheil' geben sollte: Mir schien die Einigung aller Christen, und schließlich aller Menschen aller Religionen und Philosophien vor Gott das erstrebenswerte Ziel zu sein. Ich verstand und verstehe gewiss, dass jeder an seine Herkunft und an sein Erbe gebunden ist und in gewisser Weise in zentralen und sehr tiefen Bereichen auch für immer daran gebunden bleibt, dass aber dem einen oder andern aufgetragen sein kann, im Kern die ‚Vereinzelung', gegebenenfalls die ‚kollektive Vereinzelung' zu überwinden oder sich wenigstens mit solchem Ziele auf den Weg zu machen. Was für äußere und innere Schwierigkeiten mit einer so weitgehenden These verbunden sind oder sein können, ist mir natürlich nicht verborgen geblieben und tausendmal bedacht worden, doch zuletzt schienen mir die Probleme, welche sich aus dem Nebeneinander- und Gegeneinanderstehen von unzähligen philosophischen, weltanschaulichen, religiösen und theologischen Meinungen, Hypothesen, Dogmen ergeben, nicht geringer zu sein.

Was brachte und was bringt die Menschen auseinander? Es war und es ist nicht Glauben oder Nichtglauben — denn glauben müssen alle Menschen, und es gibt keinen, der nicht glaubt —, es sind vielmehr die Glaubensinhalte, die trennen, es waren und sind die verschiedenartigen ‚Mythen', welche die kontroversen oder gar feindlichen ‚Systeme' beherrschen. Wollte man also wirklich eine Gemeinschaft aller Menschen, müsste man seine Aufmerksamkeit auf die jeweiligen Mythen oder Mythologien richten: Abschaffen konnte man sie nicht — daran war so schnell nicht zu denken, und es war auch nicht einmal wünschbar —, doch man musste und muss versuchen, sie — vorsichtig mehr oder weniger — zu ‚relativieren', und man musste ein Gemeinsames finden, das alle ohne jeweils ‚exkommunizierende' Effekte und Konflikte verbinden konnte, ohne doch ein bestimmtes Maß von ‚Sondergut' grundsätzlich auszuschließen. Wie weit einer hier gehen konnte, sollte oder wollte, blieb so lange Ermessensfreiheit, als das Ziel ‚Einheit' in Sachen ‚Heil oder Unheil' nicht tangiert wurde.

Lassen Sie mich jetzt ein schweres Ärgernis riskieren: Allen Menschen gemeinsam ist das ‚Menschsein' oder etwas verengt — der ‚Kopf', die ‚Vernunft', die ‚ratio'. Ich weiß, ich weiß: Das wird Sie zunächst einmal empören, und ich höre Sie ‚Rationalismus', ‚Aufklärung' oder so etwas Ähnliches sagen — aber auf welchem Boden wollen wir denn mit Buddhisten, Konfuzianern, Skintoisten, Mohammedanern, Atheisten, Juden, Mormonen, Zeugen Jehovas oder wem immer zusammentreffen und zusammensprechen, falls man es darauf anlegt: ‚alle Menschen ohne Ausnahme Kinder desselben Ursprungs', nachdem eine ‚Konversion' aller dieser Verschiedengläubigen zur römischkatholischen Kirche oder auch nur zu einem mehr oder weniger verwaschenen ‚Christentum' nach den Erfahrungen von 2000 Jahren sicherlich nicht im Bereich des Möglichen liegt; es wird etwa 3 Milliarden Nichtchristen geben, und wieviel Prozent der Christenmilliarde mögen wohl etwas anderes sein als ‚zufällige' Mitläufer? Von den längst dahingeschiedenen Milliarden, welche von den frommen Männern Augustinus, Thomas, Luther, Calvin, Zwingli mit naiver Gottlosigkeit guten Gewissens erbarmungslos in eine ewige Qualenhölle versetzt werden, ganz zu schweigen.

In der Zeit solcher Überlegungen, die mich Tag und Nacht nicht losließen — bis in diese Stunde übrigens —, fiel meine Beschäftigung mit der dritten Lieferung meines großen Römerbriefkommentars — also vor allem mit den Prädestinationskapiteln 9—11, und das brachte mich in eine erneute intensive Berührung mit einem Grundproblem auch meines Nachdenkens über ‚Gott'. Man mag ohne besonderes Engagement einen Römerbriefkommentar als philologische oder erbauliche Pflichtarbeit machen — so etwas gibt es schließlich zu Dutzenden —, es kann aber auch passieren — vergnüglich ist das nicht —, dass einem das schwierige und ungewöhnlich problematische Dokument in gewissem Sinne zum Schicksal wird — das hat es im großen, doch nicht weniger im kleinen stets wieder gegeben. Hier wäre nun sehr viel mehr zu sagen; ich will es kurz machen: Ich konnte mich nicht mehr — obwohl seit jeher mit der üblichen einschlägigen katholischen Standardapologetik vertraut — mit dem Gottesbegriff der kirchlichen Normaltradition begnügen, es festigte sich vielmehr in mir langsam, zunächst unterschwellig, später offen und bewusst die Meinung, der Glaube an eine ewige Qualenhölle sei mit einem akzeptablen Gottesbegriff durchaus unvereinbar, ein solcher Glaube nähere sich vielmehr einer massiven Blasphemie. Das gilt schon für die heidnischen vorplatonischen Richtungen, welche solche Düsternisse gepredigt haben und schließlich auch Platon zu mythologischen Horrorgemälden veranlassten – inwieweit die Mythen des Platon freilich ‚wörtlich' gemeint sind, ist seit langem umstritten. Aber die spätjüdische – das klassische Schriftjudentum kennt keine Art von Fortleben nach dem irdischen Tode, noch zur Zeit Jesu nicht: Die Sadduzäer etwa, das ist der jüdische Vatikan, wenn Sie so wollen – also erst die spätjüdische und christliche Ideologie schuf ein Schauerszenarium, das man bei Dante ebenso wie in unzähligen Darstellungen der bildenden Kunst zur Kenntnis nehmen muss, und wenn man die einschlägigen Kapitel einer Top-Theologie des Augustinus, Thomas, Luther, Calvin, Zwingli und ihrer tausend Epigonen durchzieht, möchte man sein Haupt verhüllen.

Ich entschied mich also in Jahrzehnten mehr und mehr für ‚Origenes' und jene frommen Christen, die ihm in den folgenden Zeiten bis in die Gegenwart folgten und ähnlich wie er dachten, das heißt: für eine – wie immer im einzelnen vorstellbare – ‚Apokatastasis', welche die Phantome von einem göttlichen Himmel mit nur wenigen Gerechten und ‚Seligen' – zu denen sich die jeweiligen Berichterstatter natürlich in aller Demut zählen – und einer daneben oder darunter existierenden ewigen Qualenhölle mit vielen Verdammten als einen Bankerott [sic!] des heilschaffenden Gottes empfinden musste und deshalb lieber die gewiss unbestreitbaren Schwierigkeiten einer universalen Enderlösung aller Kreaturen ohne Ausnahme in Kauf nahm. Jesus, der entschlossene Prediger der Vatergüte Gottes, ist freilich auch ein Kind seiner Zeit, und wenn er auf der einen Seite von ‚Lohn' und anderseits von ‚Heulen und Zähneknirschen' spricht, muss damit noch keineswegs ein sicheres Fundament für das Höllendogma der Folgezeiten gelegt sein: Wie in vielen anderen Fällen darf man auch hier der Interpretation einen angemessenen Raum geben.

Mein Entwicklungsgang hatte mich seit jeher mit Sokrates in Berührung gebracht – jetzt, im Dschungel drückender philosophischer und theologischer Schwierigkeiten, sah ich ihn von neuem und ganz neu. Es waren drei Grundüberzeugungen, die mich wieder zu ihm führten – wohlgemerkt: nicht zu dem Phantasie-Sokrates des Platon, sondern zu dem vorplatonischen, unplatonischen Sokrates – : die Gewissheit des Nichtwissenkönnens in all dem, was die unmittelbare Alltäglichkeit des Menschen überschreitet; die Sicherheit, dass der Tod kein Übel ist – Apologie –; und schließlich die demütige Überzeugung, dass der Mensch immer seinem Erbe verpflichtet bleibt, auch wenn er etwa dazu verurteilt wird, ‚irgendwie' und ‚irgendwo' ‚weiterzugehen' und sich damit den Unwillen seiner Mitmenschen zuzuziehen – Kriton.

'Sokrates' also für die 'Metaphysik' oder was ich darunter verstand. Doch ich bin Theologe und Neutestamentler, und so war und ist stets drängend und antwortfordernd die Frage: Wer war denn nun Jesus von Nazareth und wer ist er, und vor allem: Was bedeutete er und was bedeutet er für mich in dieser meiner Situation?

Es war mein Beruf, mich um die Botschaft des Neuen Testamentes zu kümmern — auf vielfache Weise: als römischer Katholik, als Christ, als Mensch unter Menschen, die überwiegend 'anders' dachten, als 'Wissenschaftler', als überzeugter Anhänger der historisch-kritischen Methode, der gegenüber es eine 'wissenschaftliche' Alternative nicht geben kann, als Theologe, welcher zuletzt der 'Kirche' — die keineswegs mit einem zeitweiligen Überzeugungsspektrum identisch ist, sondern sich auch wandeln mag — Fähigkeit, Kraft und Vollmacht zuerkennt, 'bindende' 'Offenbarungsgehalte' aus der 'Schrift' zu erheben. Ich nahm die Botschaft des Neuen Testamentes hin, nicht unbesehen natürlich und nicht als Paket, sondern als eine sehr ehrwürdige Sammlung von zunächst immer subjektiven Auseinandersetzungen mit eben diesem Jesus von Nazareth, der freilich als 'historische Person', die er ja war und gewesen sein musste, nicht unmittelbar zugänglich wurde, sondern sich in vielen Spiegelungen — also etwa Q, Mk, Mt, Lk, Apg, Paulus und seine Epigonen, Hebr, Apok, Vorpatristik, Väterzeit, Scholastik, Humanismus, Reformation, Gegenreformation, Aufklärung, achristliche und antichristliche Jesusbilder in Dutzenden von Abwandlungen u. v. m. — rätselhaft in vielen Verkleidungen immer neu und niemals fassbar präsentierte.

Ich machte mich also — bestimmt nicht freiwillig oder etwa selbstbewusst, übermütig oder gar verwegen — auf den Weg, 'meinen' Jesus zu suchen, oder besser: ich machte mich nicht auf den Weg, sondern ich wurde — wie mir schien: unbarmherzig und allen Hilferufen zuwider erbarmungslos — auf diesen Weg gestoßen — von 'Gott', wie ich sicher zu wissen meinte, von 'Gott', den ich freilich nicht im mindesten 'kannte', von dessen Existenz und von dessen 'Fürsorge' für mich — das ist gewiss schon eine Art glaubender 'Nachfolge' Jesu von Nazareth — ich im Grunde jedoch nie ernstlich gezweifelt habe.

Was ich fand, war der leidende und sterbende Mensch Jesus von Nazareth, den — wohl — die meisten 'Christentümer' im Bilde des Gekreuzigten verehren. Nebenbei: In die christologische Fachterminologie der Dogmatik, der Dogmengeschichte wurde ich natürlich wie jeder Anfänger schon früh und gründlich eingewiesen, doch zuletzt blieb das alles tot, es war eher eine Verhüllung mehr, keinesfalls eine Hilfe für den gesuchten Weg in das eigentliche Geheimnis. Ich hielt mich also seit jeher an den Leidenden, Verletzten, Abgelehnten, Verspotteten, Sterbenden, Gestorbenen, und führend und maßgebend war und wurde mehr und mehr der Jesus, bei dem das 'Volk' mit seinen Andachten Hilfe suchte, der der Jesus des Kreuzwegs, des 'schmerzhaften

Rosenkranzes'; es hat mich immer gerührt, dass die Matthäuspassion des Bach von Auferstehungsjubel nichts zu wissen scheint, obwohl sie ihn natürlich voraussetzt. In Jesu Schicksal ist — das schien mir das unabwendbare Ergebnis vieler solcher und ähnlicher Überlegungen zu sein — das Schicksal des Menschen, aller Menschen paradigmatisch vorausgegeben — oder doch überaus eindrucksvoll neu wieder dargestellt — zu sein: Ecce homo! So ist der Mensch, und das ist sein Schicksal. Im Glauben an Jesu Auferstehung werden Leiden und Tod aller Menschen als sinnvoll, als annehmbar, als ‚Gottes Wille' charakterisiert, so wenig man etwa den Vorgang des Auferwecktwerdens zum Gegenstand von Objektivierungen machen kann.

Die — mich betreffende — hier nur flüchtig anzudeutende Entwicklung war im ganzen ein langer und äußerst schmerzvoller Prozess, und Weg und Schmerzen dauern an. ‚Törichterweise' — wie ich mir heute zuweilen sage — suchte ich nicht mir still und verschwiegen Klärung, ich versteckte Zweifel und Bedenken nicht einfach hinter schlicht-klerikalem Wohlverhalten im Trend des Allgemein-gerade-Geltenden, sondern fixierte meine ‚Unterwegs-Erkenntnisse' in einigen Druckstücken, die ich Freunden und Bekannten zur Verfügung stellte, um Kritik, Widerspruch und vielleicht auch Hilfe zu gewinnen — im ganzen ohne jeden Erfolg.

Ich schrieb also 1979 ‚Fragmentarische Notizen eines Außenseiters' als Dokumentation von Stationen auf einem langen Wege, dessen Ziel und Endpunkt mir unbekannt war — der Obertitel sollte sein: ‚Einsichten und Anfechtungen', und damit sollte deutlich zum Ausdruck gebracht werden, dass hier grundsätzlich experimentiert wurde und dass es sich keineswegs um ein nicht veränderbares Glaubensbekenntnis handelte: Es waren Impressionen von einem langen und häufig recht schmerzlichen ‚Unterwegs'. Zur Zeit meines fünfzigjährigen Priesterjubiläums im Jahre 1981 schickte ich meinen Confratres eine Broschüre ‚Dankbarer Abschied', in der ich erneut eine rücksichtslos ehrliche Standortbestimmung exerzierte, jederzeit zu einer Änderung, Fortentwicklung, Umkehr bereit. Schließlich begann ich meine mich unaufhörlich im Innersten beunruhigende Problematik auseinanderzufalten in dem Unternehmen ‚Jesus und Sokrates: Mediationen eines Münchener Professors auf der nachdenklichen Fußwanderung von Flensburg nach Syrakus': Ich wollte vor allem mir selber einmal vor Augen stellen, was in den vielen Jahrzehnten meiner Entwicklung für mich von wirklich wesentlicher Bedeutung geworden war, was mein Leben und meine ‚Weltanschauung' tatsächlich geformt und gestaltet hatte, was etwa unaufgebbar war, was ich als Neues und vielfach Unvermutetes lernte und was ich vielleicht an alten und soliden Positionen — jetzt freilich verwandelt und entwickelt — wiedergewinnen konnte. Ich habe Fragmente in einem ersten Heft in einer winzigen Auflage drucken lassen — vier Hefte fehlen noch, bevor man sehen kann, wie das Ganze gemeint ist. Vermutlich werde ich kaum das zweite zum

Druck bringen, ich bin zu alt und die Kräfte schwinden, aber als Plan zu einer ‚endgültigen' — wenn es hier so etwas geben sollte — Rechenschaft ist mir dieses Arbeit teuer, auch wenn ich ‚beim Plänemachen sterben' werde.

Jesus und Sokrates — das heißt für mich: Es geht nicht ohne ‚Sokrates', was meine ‚Metaphysik' betrifft —, doch es geht nicht ohne ‚Jesus', wenn es sich um die Lebensbewältigung handelt, und vielleicht lerne ich über das, was ‚Kreuzesnachfolge' ist oder sein kann, auch wieder, dass dieser Jesus, von dem etwa überliefert wird, er wisse keineswegs alles, was der Vater weiß, der Vater, der ‚größer' ist, dass dieser Jesus, der sich gegen das drohende Leidensschicksal unter Tränen zuerst einmal wehrt, bevor er es auf sich nimmt, der sich sterbend beklagt, dass ‚sein Gott' ihn ‚verlassen' hat — wenn man den Text so lesen darf —, dass dieser Jesus auf eine äußerst schwer zu definierende Weise ‚Gott' konkurrenzlos nahesteht.

Ich will mich führen lassen — wieweit ich komme, hängt nicht von mir ab — ‚glauben können' ist ‚Gnade' — das habe ich für alle Examina lernen müssen — ich verstehe es heute besser als je in meinem Leben, aber man darf auch nicht als ‚Gnade' ausgeben, was einfach Bequemlichkeit, Mitläufertum, Rudeltrott, Herdenphilosophie ist. — Dankeschön — dass ich Ihnen das alles berichten darf — in meinem zehnjährigen Dauertief habe ich zum ersten Mal gemerkt, dass es so etwas wie Confraternibus gibt, die hilfreich ist.

Eine Antwort erübrigt sich — machen Sie sich also keine Mühe — vielleicht telefoniere ich nach einiger Zeit einmal nach Paderborn, um Sie eine halbe Stunde zu langweilen; eine Reise nach den Paderquellen, die gewiss viel Verlockendes für mich hätte, wird kaum zustande kommen — ich fühle mich am wohlsten in meinen vier Wänden, innerhalb derer ich irgendwelchen — gegebenenfalls plötzlichen — gesundheitlichen Aggressionen am leichtesten begegnen zu können meine. Herzlich dankbare Grüße Ihres ergebenen Otto Kuss".

3. Reaktionen

Am 21. April 1983 hatte Otto Kuss eine handschriftliche Kopie mit der Bemerkung an Erich Kleineidam geschickt „... in dem Brief an Rintelen steht so manches, was Dich interessieren könnte. Bitte behandle es vertraulich — doch antworte nicht — das kannst Du leider nicht — doch herzlich wie immer Dein OK".[15] Was mag Kleineidam über diesen Brief und seinen Inhalt gedacht haben und wie hat er auf den Dank an Rintelen: „Dankeschön, dass

---

[15] BAEF, Nachlass Kleineidam, Brief Kuss/Kleineidam, 21. 4. 1983.

ich Ihnen das alles berichten darf — in meinem zehnjährigen Dauertief habe ich zum ersten Mal gemerkt, dass es so etwas wie Confraternibus gibt", geantwortet?

Schließlich waren Kuss und Kleineidam sich um 1930 in Breslau erstmals begegnet und seit dieser Zeit befreundet. Aus den Jahren 1945 bis 1954 existiert der Briefwechsel der beiden;[16] mindestens einmal im Monat hatte man sich geschrieben und natürlich auch regelmäßig besucht. Aus der noch vorhandenen Korrespondenz geht deutlich hervor, wie sehr sie miteinander bekannt und vertraut waren. Sollte Kuss „Confraternibus" wirklich erst durch Rintelens Zuwendung erfahren haben?

Kleineidam hielt sich nicht an die Bitte von Kuss und antwortete. Leider ist nur der Entwurf des Antwortschreibens vom 3. Juli 1983 erhalten. Aufschlussreich ist dennoch, welchen Kommentar Kleineidam zu dem Brief an Rintelen gibt: „Trotz Deiner Anweisung, nicht wiederzuschreiben, muss ich Dir doch endlich wenigstens die gute Ankunft Deines Briefes bestätigen. Ich habe mich sehr darüber gefreut".[17] Kleineidam lobt das freundliche Naturell Rintelens, seine glückliche Art, mit Menschen umzugehen; er sei gescheit und habe sich zugleich einen Schuss Naivität bewahrt. Er vergleicht Rintelen mit Kuss und fasst dies so zusammen: „Seine Weltanschauung ist genau das Gegenteil von Deiner: Du fasst die ganze Weltgeschichte zusammen in dem einen Satz: Sie wurden geboren, sie litten, sie starben. Rintelen sagt im Mittelglied genau das Gegenteil und lebt auch danach".[18] Aus dem Briefentwurf geht hervor, dass Kleineidam zwei Abschriften erhalten hatte und eine an den Erfurter Dogmatiker Otfried Müller,[19] der Kuss ebenfalls aus Breslauer Zeiten kannte, weitergegeben hatte. Prägnant beschließt Kleineidam den Brief: „Es ist schwer, es uns in unserem Alter recht zu machen. Wir fühlen uns vereinsamt und leiden darunter, aber wehe, es kämen Besuche! Höchstens

---

[16] Vgl. ebd., Briefwechsel Kleineidam/Kuss 1945–1954. — Die wohl noch bis 2002 vorhandenen unterschiedlichen Schriftstücke sind durch Umzüge im Katholischen Alten- und Pflegeheim St. Elisabeth, in dem Kleineidam seit 1986 wohnte, und durch „räumliche Veränderungen" verloren gegangen. In Büchern befanden sich oft Briefe und persönliche Notizen Kleineidams, die beim Umzug der Bibliothek der Theologischen Fakultät in die Universitätsbibliothek herausgenommen wurden. Offenbar plante Kleineidam, noch eine Sammlung der Briefe zusammenzustellen. Die noch vorhandenen Briefe und Dokumente sind ungeordnet. Acht Kartons mit der Aufschrift „Nachlass Kleineidam" befinden sich im Bistumsarchiv Erfurt. Der Inhalt der Kartons besteht größtenteils aus Klemmmappen, die Vorarbeiten und Studien zu seiner Erfurter Universitätsgeschichte und zu Bernhard von Clairvaux enthalten. Einige Mappen mit tagebuchähnlichen Aufzeichnungen existieren noch. Wenige Dokumente sind 2003 der Forschungsstelle für kirchliche Zeitgeschichte durch Bibliotheksmitarbeiter übergeben worden.

[17] Ebd., Entwurf, Brief Kleineidam/Kuss, 3. 7. 1983.

[18] Ebd.

[19] Otfried Müller; geb. 24. 1. 1907 in Posen; gest. 24. 4. 1986 in Erfurt.

für kurze Zeit – und dann sind sie eigentlich überflüssig und in sehr beschränkter Auswahl. Doch uns von ferne einmal zuzuwinken, damit sollten wir nicht aufhören".[20]

Deutlich kritischer ist die Reaktion von Otfried Müller auf den Brief von Otto Kuss. Er habe ihm viermal auf den Rintelen-Brief einen langen Antwortbrief geschrieben und keine Antwort bekommen.[21] Er werde nochmals einen Brief mit „meinem aufrichtigen Dank für die Überlassung desselben zur Post geben. Aber er soll ihm [Otto Kuss] ein ‚Beweis' sein, dass er an seiner Einsamkeit größtenteils selbst schuld ist".[22] Nebenbei teilte Müller Kleineidam mit, dass auch Erich Puzik[23] in Neuzelle den Brief von Kuss erhalten hatte. Puzik zählte neben Kleineidam zu den Freunden von Otto Kuss. Von Erich Kleineidam, Otto Kuss und Erich Puzik war 1942 der Sammelband „Sacramentum ordinis. Geschichtliche und systematische Beiträge"[24] mit Aufsätzen schlesischer Weltpriester herausgegeben worden. Die drei Autoren hatten 1944 auch einen Sammelband „Amt und Sendung. Beiträge zu seelsorglichen und religiösen Fragen"[25] fertiggestellt, der aber erst 1950 erscheinen konnte.

Soweit die bisher vorhandenen Quellen[26] Auskunft geben, hat die freundschaftliche Beziehung Kleineidams und die Kontaktpflege zu Otto Kuss bis zu dessen Tod am 7. Februar 1991 bestanden; noch 14 Tage vorher hat Kleineidam ihn in Gütersloh besucht. An Kleineidams Briefen spürt man die große Sorge um den Freund, den die „mannigfaltige häufig beängstigende Problematik der gegenwärtigen Welt, die Erweiterung und zuweilen fundamentale Veränderung unserer Erkenntnis durch die modernen Naturwissenschaften auf nahezu allen ihren Sektoren",[27] aus dem Gleichgewicht und beinahe in vollständige Isolation gebracht hatte.

Und weiter schreibt er: „Unsere Wege gingen immer weiter auseinander. Ich habe ihm viel in meinem Leben zu verdanken, denn er war ein treuer Freund. Voll Dankbarkeit denke ich an ihn zurück. Er hat exemplarisch die

---

[20] BAEF, Nachlass Kleineidam, Entwurf, Brief Kleineidam/Kuss, 3. 7. 1983.
[21] Vgl. ebd., Brief Müller an Kleineidam, 4. 7. 1983.
[22] Ebd.
[23] Erich Puzik; geb. 1. 6. 1907 in Gleiwitz; gest. 16. 8. 1993 in Görlitz.
[24] ERICH KLEINEIDAM – OTTO KUSS – ERICH PUZIK, Sacramentum ordinis. Geschichtliche und systematische Beiträge (Breslau 1942).
[25] DIES., Amt und Sendung. Beiträge zu seelsorglichen und religiösen Fragen (Freiburg 1950).
[26] Wie Kleineidam selbst in einem Brief an Pfarrer Henkel schreibt, hatte Otto Kuss sämtliche Briefe an ihn aufgehoben. – Vgl. KTFE, FKZE, Sammlung P, Nachlass Kleineidam, Brief Kleineidam/Henkel, 3. 2. 1992. – Auch diese Briefsammlung ist nur partiell erhalten.
[27] Ebd., Brief Kleineidam/Henkel, 3. 2. 1992.

Last des neuzeitlichen Denkens auf sich genommen und ist mit ihm untergegangen. Gott wird ihm anrechnen, was er in seinen guten Jahren mit seiner geistigen Kraft für die Kirche und für den Glauben getan hat".[28]

---

[28] Ebd.

Von der Charitas zur Caritas
150 Jahre kirchlich-soziales Wirken der Aachener Franziskanerinnen in Erfurt[1]

Am 9. November 1897 wurde in Köln in einer konstituierenden Versammlung der „Charitasverband für das katholische Deutschland" ins Leben gerufen. In der ersten Satzung wurde als Ziel des Verbands die „planmäßige Förderung der Werke der Nächstenliebe" formuliert. Die organisierte Caritas entwickelte sich schnell zu einem Bestandteil kirchlicher Sozialpolitik. Lorenz Werthmann (1858–1921), der Gründer des Verbands, beschloss 1909, einen Wechsel der Schreibweise von „Charitas" zu „Caritas" vorzunehmen.[2] Die nur scheinbar nebensächliche Namensänderung kann theologisch und historisch erklärt werden. Es ist eine Abwendung vom bislang zu Grunde gelegten griechischen Begriff „charis" (lateinisch „gratia") hin zur „agape" (lateinisch „caritas"). Dies stellt eine beabsichtigte Gewichtsverlagerung vom mehr Spirituellen hin zu einer aktiven, handfest erfahrbaren Wirklichkeit des sozialen Dienstes dar. Bis weit in die Mitte des 19. Jahrhunderts wurde der den Christen aufgetragene Dienst der Nächstenliebe vorrangig als fromme, soziale Gesinnung verstanden. Die geltenden ständischen Schranken waren noch nicht überwunden, das alte Verschuldungsprinzip in der Armenhilfe war noch in Geltung. Angesichts der großen sozialen Not, der sozialen Frage und ihrer Folgen beispielsweise für Kinder, Jugendliche und Frauen reichte eine Gesinnungsreform nun nicht mehr aus. Die katholisch gebundene private Wohltätigkeitsbewegung mündete in eine komplex gegliederte Bewegungsorganisation ein.[3] Sie behauptete für die private kirchliche Wohltätigkeit ein eigenes, von staatlichen Eingriffen freies Wirkungsfeld. Der Namenswechsel der Caritas bedeutete schlagwortartig verkürzt: Nicht auf die caritative Gesinnung kommt es an, sondern auf das caritative Tun.[4] Hilfe kann nicht als Huld oder Gnadenerweis aufgefasst werden, sondern die Unterstützungsempfänger verfügen über einen Anspruch auf die Hilfeleistung.[5]

---

[1] Vortrag anlässlich des Jubiläums „150 Jahre Franziskanerinnen im Marienstift" am 3. Februar 2014 in der Bildungsstätte St. Martin, Erfurt.
[2] Vgl. dazu WILHELM LIESE, Geschichte der Caritas (= Jubiläumswerk des Deutschen Caritasverbandes 1897–1922), 2 Bde. (Freiburg/Br. 1922) I, S. 384.
[3] Vgl. dazu KARL GABRIEL, Caritas und Sozialstaat unter Veränderungsdruck. Analysen und Perspektiven (Berlin 2007) S. 178.
[4] Vgl. ebd. – Eine Zuständereform sollte die Gesinnungsreform ablösen.
[5] Vgl. JOCHEN CHRISTOPH KAISER, Die zeitgeschichtlichen Umstände der Gründung des Deutschen Caritasverbandes am 9. November 1897, in: MICHAEL MANDERSCHEIDT – HANS-JOSEF

In diesen Kontext sind das Wirken und das Werk von Franziska Schervier, der Gründerin der Armen Schwestern vom Heiligen Franziskus, einzuordnen. Sie stammt aus einer Industriellenfamilie und wurde am 3. Januar 1819 geboren.[6] Nach dem frühen Tod ihrer Mutter und dem Verlust ihrer beiden älteren Schwestern, musste sie mit 13 Jahren die Mutter für fünf weitere Geschwister ersetzen. Ihre Geburtsstadt Aachen, die am frühesten industrialisierteste Stadt im Rheinland, war in den ersten Jahrzehnten geprägt von der Armut der Arbeiter. Private Armenfürsorge versuchte hier gegenzusteuern und Franziska Schervier wurde bald zur selbstlosen und selbstständigen Helferin in zahlreichen sozialen Nöten. Seit 1843 leitete sie sogar eine Armenküche. 1844 wurde sie Franziskanerterziarin. Als ihr Vater, der einen Ordenseintritt strikt abgelehnt hatte, 1845 starb, war der Weg ins Kloster frei. Sie scharte um sich einen Kreis von Freundinnen, mit denen sie seit 1845 in Aachen zusammenlebte. Nach vielerlei Schwierigkeiten kam es 1850 zu einem Statutenentwurf und 1851 zur kanonischen Errichtung der Genossenschaft der Armen Schwestern vom heiligen Franziskus, die inzwischen auf 30 Mitglieder angewachsen war. Die Schwestern betreuten arme und stellungslose Mädchen und betrieben eine Armenküche. Ziel der Gemeinschaft waren in der Nachfolge Christi besonders caritative Werke wie die Pflege von Kranken, die Besorgung von Armenküchen, die Betreuung von Büßerinnen, Strafgefangenen und die Seelsorge an ihnen. Auf Eigentum wurde verzichtet; ausgenommen blieben das Mutterhaus und ein eventuelles Noviziatshaus. In ihren Statuten bekannten sich die Schwestern zur franziskanischen Armut.

Franziska Schervier gehört zu den richtungsweisenden Persönlichkeiten der caritativ-sozialen Bewegung des 19. Jahrhunderts. Sie starb am 14. Dezember 1876 in Aachen und wurde am 28. April 1974 von Papst Johannes Paul II. seliggesprochen.

1. Anfänge 1861 bis 1863

Eine katholische Gründung, die sich der Mädchenerziehung in Erfurt widmete, gab es auf dem Gelände der heutigen Stiftung in der Hopfengasse 8 bereits seit 1861.[7] Die komplizierte Entstehungsgeschichte lässt sich vereinfacht

---

WOLLASCH (Hg.), Lorenz Werthmann und die Caritas (Freiburg/Br. 1989) S. 11–29, hier: S. 27.

[6] Vgl. zum Folgenden ERWIN GATZ, Kirche und Krankenpflege im 19. Jahrhundert. Katholische Bewegung und karitativer Aufbruch in den preußischen Provinzen Rheinland und Westfalen (München – Paderborn – Wien 1971) S. 374–383. – Vgl. WOLFGANG LÖHR, Zur Geschichte der sozialtätigen geistlichen Gemeinschaften im Bistum Aachen, in: PHILIPP BOONEN (Hg.) Lebensraum Bistum Aachen, Tradition – Aktualität – Zukunft (Aachen 1982) S. 81–139, hier: S. 9.

[7] Vgl. BERNHARD HARTUNG, Häuser-Chronik der Stadt Erfurt (Erfurt 1878) S. 115.

folgendermaßen zusammenfassen. Die Frau des Kommerzienrates Sebastian Lucius, Marianne Lucius, eine geborene Hebel, hatte die finanziellen Voraussetzungen für die Einrichtung eines Mädchenheimes in Erfurt geschaffen. Die Familie Lucius[8] war mit ihren zahlreichen Mitgliedern schon zuvor mehrfach Initiator kirchlicher Stiftungen gewesen, die sich alle um das Gelände des säkularisierten Kartäuserklosters am Hopfenberg gruppierten.[9] Ein Grundstück mit drei kleinen Gebäuden auf dem Gelände des ehemaligen Kartäuserklosters, die zeitweise als Bleiche und Wollfärberei genutzt worden waren, wurde für die Stiftung ausersehen.[10]

August Lucius, der Sohn der Kommerzienrätin Marianne, ließ im Auftrag seiner Mutter die Räumlichkeiten in Stand setzen.[11] Zwei ältere Damen, die zu den angesehensten Familien der Stadt gehörten — Maria und Friederike Cron, Schwestern des vormaligen Domvikars Karl Rudolf Cron[12] —, hatten zunächst das Haus übernommen und es sich zur Aufgabe gemacht, arme Pflegekinder der Stadt in allen Arbeiten zu unterrichten und sie als Dienstmägde auszubilden. Fünf junge Mädchen waren neben den Geschwistern die ersten Bewohnerinnen des Hauses. Als Vorbild für ähnliche Gründungen galt die von einem Geistlichen der Erzdiözese München und Freising, Monsignore

---

[8] Die Familie Lucius war seit 1718 in Erfurt ansässig. Auf der Langen Brücke 57/58 betrieb sie in Erfurt eine Wollzeugmanufaktur und begann den Handel mit Wollwaren und „baumwollenen Zeugen". Johann Anton Lucius (1742–1810) stieg zusätzlich in die Fabrikation von Baumwollwaren ein und erwarb 1782 eine Konzession zur Erweiterung seines Unternehmens. In Thüringen und Sachsen betrieb er Spinnereien, Webereien, Druckereien und den Handel mit importierten englischen Garnen. Johann Anton Lucius hatte am 10. Juli 1763 in Erfurt Klara Rosenstengel (1741–1810) geheiratet. Als Johann Anton Lucius 1810 starb, übernahmen sein Bruder Johann Jakob sowie sein Sohn Sebastian Lucius (1781–1857), die bereits vorher im Geschäft mitgearbeitet hatten, die Firma. Kommerzienrat Sebastian Lucius hinterließ 1857 elf Kinder. Einer der Söhne, August Lucius, ließ im Auftrag seiner Mutter die Gebäude der geplanten Stiftung herrichten. Ein weiterer Bruder war der Konfundator Carl Lucius, der später nach Aachen zog. Der Chemiker, Industrielle und Mäzen Eugen Nicolaus Lucius sowie der Politiker Robert Lucius gehörten ebenfalls zum weitverzweigten Erfurter Stamm. – Vgl. ULRICH VÖLKEL, Miteinander – Füreinander. Das Katholische Krankenhaus St. Johann Nepomuk in Erfurt (Erfurt 2010) S. 59; dazu: http://de.wikipedia.org/wiki/Eugen_Lucius [Zugriffsdatum 25. 2. 2014].

[9] Auf dem Gelände am Hopfenberg war schon 1857 ein neues Gebäude des Katholischen Krankenhauses (gegr. 1735) entstanden; 1864 folgte ein Altersheim, das Lucius-Hebel-Stift. Sebastian Lucius und seine Frau, aber auch weitere Mitglieder der Familie waren großzügige Spender bei der Errichtung beider Häuser, darunter: Maria Anna Lucius, Martha Elisabeth Lucius, Apollonia Lucius sowie die Kommerzienrätin Schmidt, geborene Lucius. – Vgl. dazu U. VÖLKEL, Miteinander (wie Anm. 8) S. 59–60; ferner: JOSEF PILVOUSEK, Vom Hospital zum Katholischen Krankenhaus, in: JOSEF SCHEITLER (Bearb.), Das Katholische Krankenhaus „St. Johannes Nepomuk" in Erfurt 1735–1985 (Erfurt 1986) S. 10–31.

[10] Vgl. B. HARTUNG, Häuser-Chronik (wie Anm. 7) S. 115.

[11] Schwesternkonvent Marienstift Erfurt, Abschrift Chronik Marienstift, Bd. 1–2, hier: I, S. 1 f.

[12] Karl Rudolf Cron, * 24. 8. 1808 in Erfurt, geweiht 22. 12. 1934 in Paderborn; Studium in Erfurt, Bonn, Breslau und München, Domvikar Erfurt seit 1834, † 10. 10. 1855 in Erfurt. – Vgl. WILHELM LIESE, Necrologium Paderbornense. Totenbuch Paderborner Priester (1822–1930) (Paderborn 1934) S. 149.

Josef Weis (1817–1895),[13] 1856 in Warnberg bei München gegründete Marienanstalt, die der Beherbergung, hauswirtschaftlichen Ausbildung, Stellenvermittlung und als Altenheim diente.[14] Weis entsandte auf Bitten der Verantwortlichen zwei Frauen als Hilfe nach Erfurt. Offenkundig kam es in der Folge aber zu Differenzen, die nicht bis in alle Einzelheiten zu klären sind. Im Komitee, das die Stiftung leitete, betreute und überwachte, lassen sich Interessenkonflikte zwischen der Stifterfamilie, dem Präses Dr. Franz Xaver Schulte (1833–1891)[15] und weiteren Mitgliedern des Komitees sowie dem Münchner Monsignore Weis ausmachen, die schließlich dazu führten, dass letzterer seine beiden Helferinnen zurückzog. Vieles spricht dafür, dass die Schwestern Cron trotz guten Willens organisatorisch, pädagogisch und wirtschaftlich überfordert waren, ein solches Unternehmen zu leiten.

Damit begann der zweite Abschnitt der Gründungsgeschichte. Um nicht das ganze Vorhaben zu gefährden, beschritten Vertreter der Familie Lucius und der zum Kommissar bestimmte nunmehrige Rektor des Erfurter Ursulinenklosters, Franz Xaver Schulte, andere Wege, die über den zuständigen Diözesanbischof von Paderborn führten.[16] Zum entscheidenden Jahr wurde 1863. In einem ersten Schritt übertrug August Lucius im Sommer 1863 vor dem Kreisgericht in Erfurt die Eigentumsrechte an der Stiftung an den bischöflichen Stuhl in Paderborn, vertreten durch den Kommissar Schulte. In einem zweiten Schritt suchte man eine Schwesternkongregation, die den damals „modernen" Vorstellungen von caritativer Arbeit am nächsten kam und die bereit war, Schwestern nach Erfurt zu schicken. Einer der Konfundatoren der Stiftung, Carl Lucius, der wenige Jahre später nach Aachen zog,[17] scheint einer der Impulsgeber bezüglich des zu wählenden Konventes gewesen zu sein.

Kommissar Schulte reiste nach Aachen und trug das Ansinnen persönlich Franziska Schervier vor. Er schilderte ihr die Zustände in Erfurt, vor allem die ungünstige konfessionelle Situation: Die Verlassenheit der Erfurter Katholiken unter der überwiegend protestantischen Bevölkerung der Stadt sei übergroß. Dennoch weise die Stadt so herrliche Denkmäler katholischen

---

[13] Josef Weis, * 8. 1. 1817 in Waldeck, geweiht 15. 7. 1843, päpstlicher Geheimkämmerer, Geistlicher Rat, Präses der Marienanstalt in München, † 13. 11. 1895 in München. – Vgl. Schematismus der Geistlichkeit des Erzbisthums München und Freising für das Jahr 1866 (München o. J. [1866]) S. 58, und 1896 (München 1896) S. 211.

[14] Vgl. W. LIESE, Caritas (wie Anm. 2) II, S. 113.

[15] Dr. theol. Franz Xaver Schulte, * 29. 8. 1833 in Callenhardt, Studien in Brilon, Arnsberg, Münster, Paderborn und Freiburg/Br., geweiht am 11. 3. 1857 in Paderborn; 1861 Rektor und Religionslehrer in Erfurt, 1866 Promotion und Professor der Philologie und Geschichte Paderborn, 1889 Generalvikar, 1890 Domdechant; † 21. 6. 1891 in Paderborn. – Vgl. W. LIESE, Necrologium (wie Anm. 12) S. 504.

[16] Vgl. B. HARTUNG, Häuser-Chronik (wie Anm. 7) S. 115.

[17] Vgl. Schwesternkonvent Marienstift, Abschriften bezüglich Stiftung, Filiale zur hl. Elisabeth in Erfurt, Kopie der Urkunden aus dem Mutterhaus in Aachen: Stiftungs-Urkunde, Artikel 9.

Glaubens aus jener glücklichen, längst verschwundenen Zeit auf, „da noch das ganze Thüringer Land die Gnaden und Segnungen der Hl. Kirche genoss."[18] Die Oberin soll nach dieser Darlegung geneigt gewesen sein, das Ansuchen positiv zu beantworten.

Tatsächlich entschied sich Franziska Schervier, nachdem sie zwei Schwestern zur Prüfung der Lage nach Erfurt geschickt hatte, für die Gründung einer Schwesternniederlassung in Erfurt unter dem Namen „Filiale zur hl. Elisabeth."[19] Am 4. Dezember 1863 erfolgte durch das erzbischöfliche Generalvikariat in Köln die Genehmigung: „Die von Ihnen erbetene Erlaubnis zur Gründung eines Filialklosters in Erfurt wird hierdurch erteilt."[20]

Die Chronik der Erfurter Schwesternniederlassung berichtet über die Ankunft am 10. Dezember folgendermaßen: „Und wirklich in der schönen Oktav des Festes der unbefleckten Empfängnis an einem Freitag, 10. Dezember 1863, nach 4 Uhr nachmittags langte unsere liebe würdige Mutter mit drei Schwestern und einer Postulantin nach der weiten Reise über Koblenz und Frankfurt in Erfurt an."[21] Die Geschwister Cron hatten den Schwestern einen herzlichen Empfang bereitet und ihnen die Leitung des Hauses übertragen. Sie blieben den Schwestern auch weiterhin in Freundschaft verbunden.

2. Konsolidierung 1863 bis 1871

Der erste nachweisbare Vertrag zwischen dem Bischöflichen Stuhl von Paderborn und den Schwestern stammt vom 16. Januar 1868. Vertraglich vereinbart war darin: „Der Bischöfliche Stuhl überlässt das ihm eigentümlich gehörige in der Stadt Erfurt gelegene eingetragene Grundstück, Erfurt I Bezirk 40, sonst substituto St. Thomae Nr. 158, das Haus auf dem Gerinnig, unter welchem die Hirschlache hinfließt, mit allem darauf errichteten Gebäuden, der gedachten Genossenschaft zur freien und ungehinderten Benutzung und der alleinigen Beschränkung, dass der unmittelbar an die Kapelle in dem jetzt vollendeten Neubau stoßenden große Saal dem Bonifatius-Damenverein in Erfurt für die ganze Zeit seines Bestehens zum ausschließlichen Gebrauch verbleiben muss. Die Genossenschaft der armen Schwestern vom Heiligen Franziskus übernimmt dagegen die Verpflichtung:

---

[18] Chronik Marienstift (wie Anm. 11) I, S. 1.
[19] Ebd.: „Schwester Gabriela besuchte, in Begleitung von Schwester Mechtildis die Familien, welche sich für die Niederlassung der Schwestern zumeist interessierten, und nachdem Schwester Gabriela bei ihrer Heimkehr Mitteilung über die Erfurter Verhältnisse bei unserer würdigen Mutter gemacht, bestimmte diese den Monat Dezember als die Zeit, da die Schwestern übersiedeln sollten nach Erfurt."
[20] Vgl. Marienstift, Urkunden (wie Anm. 17) Nr. 1.
[21] Chronik Marienstift (wie Anm. 11) I, S. 1.

a) die Pflege armer Kranker in Erfurt nach Maßgabe der Ordenssatzung zu üben,

b) die Leitung der so genannten Marienstiftung zur Ausbildung weiblicher Dienstboten nach Maßgabe der für diese Stiftung entworfenen Statuten sich zu unterziehen,

c) alljährlich dreißig Heilige Messen an den seitens des Bischöflichen Stuhles festzusetzenden Tagen nach der Intention der Schenkgeber in der ständig zu unterhaltenden Hauskapelle lesen und dem celebrierenden Priester jedes Mal ein Stipendium von 15 Silbergroschen zahlen zu lassen."[22]

Die drei ersten Schwestern – Mechthildis, Rogeria und Bonifacia – hatten ihre Aufgaben untereinander folgendermaßen aufgeteilt: Eine von ihnen übernahm die Sorge für die Mädchen, eine den Haushalt und die dritte pflegte Kranke in der Stadt.

Der erste Winter 1863 brachte große Schwierigkeiten. Schwester Mechthildis, die erste Oberin, schrieb ins Mutterhaus nach Aachen: „Im Anfang des Monats Januar war eine sehr starke Kälte, die fast einen ganzen Monat dauerte. Sie war so groß, als wären wir in Sibirien gewesen. Wir zitterten den ganzen Tag und konnten kaum die Hände in Bewegung bringen. Alles Wasser zum Putzen und Abwaschen gefror zu Eis. Auch auf unseren Zellen kehrten wir ganze Eimer voll Eis von den Wänden. Nie haben wir solche Kälte erfahren, wie in jenem ersten Winter."[23]

Viele Gönner und Förderer trugen dazu bei, die Situation zu verbessern. Die Chronik berichtet: „Die Teilnahme der guten Katholiken für uns war so groß. Besonders zeichnete sich Herr August Lucius durch seine edlen Liebesbeweise aus. Er ließ in der Stille einen großen Karren Brennholz bringen, ließ den Schwestern warme lederne Schuhe machen, brachte Handschuhe und stellte alles zur Verfügung, was die Schwestern nur nötig hatten."[24]

Im Normalfall genehmigte der preußische Staat ohne größere Probleme die Zulassung katholischer Genossenschaften, weil Frauengenossenschaften durch ihre caritative und ihre erzieherische Arbeit dazu beitrugen, soziale Probleme abzumildern.[25] In vielen Fällen wurden aber durch Zahlung von Gehältern ihre Mitglieder im Grunde zu städtischen Angestellten und geistliche Belange traten zurück. Franziska Schervier distanzierte sich ausdrücklich von den kommunalen Armenverwaltungen und betonte die Unabhängigkeit ihrer Gemeinschaft.[26] Möglicherweise sind Konflikte mit der

---

[22] Marienstift, Urkunden (wie Anm. 17) Nr. 5.
[23] Chronik Marienstift (wie Anm. 11) I, S. 3.
[24] Ebd. S. 4.
[25] Vgl. GISELA FLECKENSTEIN, Von der Mitte des 19. Jahrhunderts bis zu den Kulturkämpfen, in: ERWIN GATZ (Hg.), Klöster und Ordensgemeinschaften (= Geschichte des kirchlichen Lebens in den deutschsprachigen Ländern seit dem Ende des 18. Jahrhunderts VII) (Freiburg – Basel – Wien 2006) S. 205–241, hier: S. 217.
[26] E. GATZ, Kirche und Krankenpflege (wie Anm. 6) S. 383–394.

städtischen und weltlichen Obrigkeit in den Gründungsjahren darauf zurückzuführen.

Am 10. August 1864 wurde den Schwestern gestattet, „dass sie in gewissen Zeitabschnitten in der Stadt und im Kreise Erfurt Sammlungen milder Gaben für die Zwecke ihrer Genossenschaft veranstalten dürfen, und zwar nicht bloß bei den katholischen, sondern auch bei den evangelischen Einwohnern unter der Voraussetzung, dass sie die Wohltaten der Krankenpflege auch Evangelischen angedeihen lassen."[27] Trotz formaler Bewilligung war es den Schwestern bis 1867 verboten, im Gottesdienst zu kollektieren. Mehr oder weniger legale Haussammlungen konnten die finanziellen Ausfälle nur unzureichend kompensieren. Die Gründerin selbst, Franziska Schervier, wandte sich schließlich an die preußische Königin Augusta, und die vierteljährliche Sammlung wurde endlich erlaubt.

Die königliche Regierung und wohl auch die evangelischen Pfarrer der Stadt standen anfangs der Gründung ablehnend gegenüber, denn man fürchtete die Errichtung eines Klosters alter Provenienz und somit die Störung der konfessionellen Parität und des Friedens in der Stadt. Das Auftreten und der Dienst der Schwestern, die alle Kranken in der Stadt gleich welcher Konfession pflegten, sowie der Grundsatz als Eigentum nur das Mutterhaus und das Noviziat zu besitzen, haben offenkundig aber dazu beigetragen, die Bedenken zu zerstreuen. Gänzlich verschwanden die Aversionen gegen die Schwestern aber trotz außergewöhnlicher caritativer Leistungen in den ersten Jahrzehnten nicht.

Die Zahl der Mädchen und Kinder, die die Schwestern aufnahmen, erforderte schon bald den Bau eines größeren Hauses. 1865 wurde mit einem Neubau begonnen. Dieser wurde durch zahlreiche Spenden, vor allem aus der Familie Lucius, aber auch von Bürgern der Stadt, finanziert. Am 4. Oktober 1866 konnte das – bis heute in der Hopfengasse bestehende – rote Backsteingebäude[28] mit 60 Plätzen eingeweiht werden.

Während der Bauzeit waren unterschiedlichste Bitten an die Schwestern gerichtet worden, die sie trotz der Behinderungen und Belastungen infolge der Bauarbeiten mit großem Einsatz erfüllten.

Als im Dezember 1865 im Ort Hedersleben bei Eisleben eine schwere Trichinenseuche auftrat, an der Hunderte von Menschen erkrankten und viele innerhalb kurzer Zeit verstarben,[29] fuhren die Schwestern auf Bitten des Erfurter Direktors des Geistlichen Gerichts, Johann Christoph Huke (1800–1873),[30] dorthin, um sechs Wochen die Kranken zu pflegen. Ein halbes Jahr

---

[27] Marienstift, Urkunden (wie Anm. 17) Nr. 2.
[28] Vgl. B. HARTUNG, Häuser-Chronik (wie Anm. 7) S. 116.
[29] Chronik Marienstift (wie Anm. 11) I, S. 9.
[30] Johann Christoph Huke, * 11. 5. 1800 in Erfurt, Studien in Erfurt, Aschaffenburg, Bonn und Münster, geweiht am 24. 5. 1823 in Münster; 1930 Pfarrer von St. Severi in Erfurt;

Fassade des 1865 bis 1866 errichteten Neubaus (Aufnahme 2014)

später brach der Krieg Preußens gegen Österreich aus.[31] Bei Langensalza kam es zu Gefechten mit einigen Tausend Schwerverwundeten. Preußische Truppen aus Minden und Hamburg wurden zunächst von Truppen des Königreichs Hannover am 27. Juni 1866 bei Langensalza geschlagen; wegen großer zahlenmäßiger Überlegenheit der Preußen mussten diese aber am 29. Juni 1866 kapitulieren. Als die Schwestern um Hilfe gebeten wurden,[32] fuhren sie noch am selben Tag auf einem Leiterwagen dorthin, um den verwundeten Soldaten in den Notlazaretten Erste Hilfe zu leisten.

Nachdem die Schwestern Ende August 1866 zurückgekehrt waren, brach in Erfurt die Cholera aus.[33] Dies war die dritte Epidemie seit 1850. Es starben 1463 Menschen, oft ganze Familien innerhalb eines Tages. Viele Menschen kamen an die Klosterpforte und baten um Hilfe, besonders um Nachtwachen. Die Schwestern, so wird berichtet, gingen nachts von einem Haus zum andern, um die Kranken zu pflegen. Ein Chronist würdigte die Tätigkeit der Schwestern wie folgt: „Die ganze Stadt ist Zeuge von der übermenschlichen, hingebenden Thätigkeit der Schwestern ..., indem sie alle pflegen ..., nicht fragend, welchem Bekenntnisse der Kranke angehört ... So muss man einstimmen in den öffentlichen Ausspruch: ‚Heldenmädchen sind sie im wahrsten Sinn des Wortes.'"[34]

In den veränderten Statuten von 1871 waren Art und Umfang der Tätigkeit der Stiftung wie folgt festgelegt worden:

„a) arme Mädchen katholischer Confession, welche noch schulpflichtig sind, deren Erziehung aber durch äußere Verhältnisse gefährdet erscheint, aufzunehmen und zu erziehen, jedoch derart, dass sie den Schulunterricht in einer der katholischen Parochialschulen erhalten.

b) diese Mädchen, wenn sie aus der Schule entlassen sind und sich dem dienenden Stande widmen wollen, in den erforderlichen Kenntnissen und Fertigkeiten zu unterweisen.

Zu der unter a) genannten Klasse von Kindern gehören besonders diejenigen, deren ständige Verpflegung der städtischen Armenverwaltung obliegt und die von letzterer der Marienstiftung übergeben werden. Eine Pflicht, diese städtischen Pflegekinder unter allen Umständen aufzunehmen, soll jedoch für die Marienstiftung nicht gefolgert werden können."[35]

1864 Direktor des Geistlichen Gerichts, 1871 Dompfarrer und Propst in Erfurt; † 11. 11. 1873 in Erfurt. – Vgl. W. LIESE, Necrologium (wie Anm. 12) S. 283.
[31] Vgl. Chronik Marienstift (wie Anm. 11) I, S. 11–13.
[32] Vgl. G. FLECKENSTEIN, Mitte (wie Anm. 25) S. 241. – Franziska Schervier hatte selbst auf Bitten der deutschen Malteser-Ritter als Krankenschwester bei Schleswig gearbeitet.
[33] Chronik Marienstift (wie Anm. 11) I, S. 14 f. – Vgl. dazu auch: CHRISTIANE-MARIA FISCHER, 125 Jahre Marienstift 1988 (Manuskript in: Schwesternkonvent Marienstift).
[34] Vgl. B. HARTUNG, Häuser-Chronik (wie Anm. 7) S. 116.
[35] Marienstift, Abschriften (wie Anm. 17), Satzung der Marienstiftung, 25. April/19. Mai 1871.

Die in der Gründungsphase noch intendierte Aufnahme von Mädchen beider Konfessionen musste angesichts der damaligen konfessionellen Differenzen in Erfurt aufgegeben werden. Bei der 1863 Franziska Schervier vorgetragenen Bitte, Schwestern nach Erfurt zu schicken, klangen die schwierigen Verhältnisse in Erfurt sowie das beständige Misstrauen und Missverstehen zwischen den verschiedenen Bekenntnissen bereits an. 1868 wehrte sich der Präses des Marienstifts Schulte vehement gegen Anschuldigungen der evangelischen Diakonissenanstalt Halle.[36] In den Jahresberichten neun und zehn des Vorstandes der evangelischen Diakonissenanstalt war Klage darüber geführt worden, dass manche Kranke den zum Teil aufdringlichen katholischen Schwestern überlassen würden und diese, unterstützt durch zahlreiche katholische Gemeinden, Proselytenmacherei betrieben.[37] Die Beschuldigungen seien im „Ganzen wie in den einzelnen als Belege angeführten Behauptungen ... unbegründet und schlechthin unwahr ...,"[38] argumentierte Schulte. Er widerlegte die Vorwürfe vor allem durch Zahlen. Im Jahre 1866 hätten die Schwestern 577 Kranke verpflegt, von den 210 katholisch und 367 evangelisch waren. „An Mittagessen wurden vertheilt 24 200 Portionen an Kranke und Arme ohne jegliche Rücksicht auf die Confession."[39] 1867 wurden 371 Kranke, von denen 168 katholisch und 203 evangelisch waren, verpflegt. „25 120 Portionen Mittagessens sind vertheilt worden, das sind durchschnittlich für jeden Mittag 70 Portionen."[40] Auch die Summe der Quartalskollekte in Erfurt der Jahre 1866 (680 Taler) und 1867 (580 Taler) wurde genannt, um die Selbstlosigkeit der Schwestern zu dokumentieren.[41]

Von Anfang an waren die Schwestern in Erfurt im Blickfeld unterschiedlichster sozialer und gesellschaftlicher Gruppierungen. Der evangelische Pastor und Senior Richard Bärwinkel[42] war in den 1880er Jahren scharf gegen die Schwestern eingestellt und bereitete ihnen viele Schwierigkeiten, berichtet

---

[36] FRANZ XAVER SCHULTE, Die Franziskanerinnen in Erfurt. Zunächst an die Adresse des Vorstandes der evangelischen Diakonissenanstalt in Halle a. S. (Paderborn ²1868).
[37] Ebd. S. 1 f. – Vgl. dazu auch: Chronik Marienstift (wie Anm. 11) II, S. 2. – Auslöser für die Vorwürfe war ein fingierter Brief von einer vermeintlichen Erfurter Franziskanerin, in der sie eine Anwärterin der Diakonissenanstalt Halle aufforderte, das Diakonissenhaus zu verlassen, um katholisch zu werden. Recherchen ergaben, dass keine der Schwestern etwas von diesem Brief wusste.
[38] FR. X. SCHULTE, Franziskanerinnen (wie Anm. 36) S. 9.
[39] Ebd. S. 13.
[40] Ebd.
[41] Ebd.
[42] Richard Bärwinkel, * 3. 7. 1840 in Dallmin; Studium der Philologie in Bonn und Theologie in Halle; seit 1862 Lehrer, 1868–1908 Pfarrer der Reglerkirche in Erfurt; 1888–1911 Senior des „Geistlichen Ministeriums und Superintendent des Stadt- und Landkreises"; bedeutendes Gründungsmitglied des Evangelischen Bundes; † 12. 7. 1911 in Erfurt. – Vgl. WALTER FLEISCHMANN-BISTEN, Der Evangelische Bund in Erfurt, in: ULMAN WEISS (Hg.), Erfurt 742–1992. Stadtgeschichte – Universitätsgeschichte (Weimar 1992) S. 563–580, hier: S. 568–570.

die Chronistin des Marienstifts.[43] Auf der Kanzel hatte er — einer der Mitbegründer des Evangelischen Bundes 1886 in Erfurt — verboten, die Schwestern zur Pflege zu rufen oder ihnen Almosen zu geben. Zudem wurden Zeitungsartikel veröffentlicht, die sich gegen die Schwestern richteten. Bärwinkel behauptete von sich, er habe nie „das religiöse Gefühl der Katholiken beleidigen wollen."[44] Er klagte seinerseits über „Heißsporne unter den römischen Priestern, die die evangelische Taufe als nicht ausreichend ansahen und Wiedertaufe vornahmen."[45]

Trotz aller Konflikte bleibt festzuhalten, dass die Tätigkeit der Schwestern und ihre Motivation durch solcherart Störaktionen nicht beeinträchtigt werden konnte und sich allmählich auch ein gedeihliches konfessionelles Miteinander und gegenseitige Achtung entwickelten.

3. Die Franziskanerinnen und ihre kirchlich-caritativen Dienste von 1871 bis 2013

Die Klöster und Kongregationen waren, vor allem in Preußen, besonders schwer vom Kulturkampf ab 1871 betroffen. „Das ‚Klostergesetz' stellte die Orden und Kongregationen, die sich ausschließlich der Krankenpflege widmeten, unter die administrative Aufsicht des Staates und griff damit nachhaltig in deren bisherige Rechte und Freiheiten ein. Ein gemeinsamer Erlass des Innen- und des Kultusministeriums vom 26. Juli 1875 regelte die Ausführung der entsprechenden gesetzlichen Bestimmung. Nach ihm war vor der Neuaufnahme eines jeden Mitglieds die Genehmigung des zuständigen Oberpräsidenten einzuholen und diesem darüber hinaus jede personelle Veränderung innerhalb der Niederlassungen unverzüglich zur Anzeige zu bringen."[46] Die Chronistin des Marienstifts berichtete diesbezüglich: „Im Sommer des Jahres 1875, als im Mai das fatale Gesetz für die Vertreibung oder Überwachung der Ordensleute bestätigt wurde, brach im Juli und August ein wirklicher Sturm auch gegen unsere Genossenschaft aus. Man verlangte allerorts, wo wir Häuser haben, von Seiten der Regierung genaue Angaben aller Schwestern deren Herkunft, Alter, Eintritt in die Genossenschaft etc., so dass wir, hätte man nachgegeben, unter eine gewisse Polizeiaufsicht gestellt worden und die Genossenschaft von einer kirchlichen zu einer Staatsanstalt umgeschaffen wäre. Sowohl unsere würdige Mutter als auch die Oberinnen anderer Genossenschaften, erkannten die Schlinge und erklärten, sie würden lieber auswandern

---

[43] Chronik Marienstift (wie Anm. 11) II, S. 10.
[44] Vgl. dazu RICHARD BÄRWINKEL, Aus meinem Leben (Erfurt 1909) S. 67.
[45] Ebd.
[46] WOLFGANG LÖHR, Zur Geschichte der sozialtätigen geistlichen Gemeinschaften im Bistum Aachen, in: PHILIPP BOONEN (Hg.), Lebensraum Bistum Aachen. Tradition — Aktualität — Zukunft (Aachen 1982) S. 81–139, hier: S. 110 f.

als auf solche Bedingungen eingehen. Mutter Franziska sandte ein Schreiben an alle Filialen, worin sie entschieden die Ausfüllung der vorgelegten Fragebogen verweigerte und als Generaloberin mit festen Schritten gegen die Regierung in die Schranken trat. Hier wie anderswo wirkte ein so festes Auftreten und man war damit zufrieden, dass die Schwestern bei jedesmaligem Wechsel regelmäßige Anzeige bei der Behörde machen. Obschon dies früher nur selten geschehen, so hielt unsere würdige Mutter doch für gut, dies zu gestatten, nachdem die Regierung auf ihre sonstigen Forderungen verzichtet hatte."[47] Auch diesmal hatte eine Intervention der Ordensgründerin bei der nun avancierten Kaiserin Augusta eine gemäßigtere Form der „Anzeigepflicht" erreicht.[48] Erst am Ende der 1880er Jahre konnte die Stiftung wieder ihren ursprünglichen Zweck erfüllen.[49]

Nach schwierigen Planungen, Abrissverboten und dem Umzug ins Ursulinenkloster konnte nach zweijähriger Bauzeit 1914 das große, sogenannte Kinderhaus eingeweiht werden, in dem man auch Zimmer für durchreisende, stellensuchende Mädchen einrichten wollte.[50] Aber mit Beginn des Ersten Weltkrieges 1914 wurde das neue Haus sofort zum Lazarett bestimmt. Der damalige Erfurter Dompropst Jakob Feldkamm (1849–1922)[51] hatte das neue Haus der Militärbehörde als Lazarett angeboten.[52] Die Schwestern wurden zur Pflege eingesetzt. 60 Betten wurden für Verwundete aufgestellt; insgesamt wurden 1557 Soldaten gepflegt. Die Königlich-Preußische Regierung verlieh daraufhin den Schwestern in den Jahren 1916 und 1917 die Rotkreuzmedaille dritter Klasse.[53]

Um die Folgen des Krieges zu lindern, hatten amerikanische Franziskanerinnen zahlreiche Hilfen organisiert und Geld- und Lebensmittel gespendet.[54] Die Zahl der aufgenommenen Kinder konnte damit 1922 auf beinahe 100 gesteigert werden.[55]

---

[47] Chronik Marienstift (wie Anm. 11) I, S. 25.
[48] Vgl. GISELA FLECKENSTEIN, Die Orden und Kongregationen in den Kulturkämpfen, in: E. GATZ, Klöster und Ordensgemeinschaften (wie Anm. 25) S. 243–254, hier: S. 251. – 1878 war das Kloster als Frauenerziehungsanstalt geschlossen worden; das Institut für Krankenpflege blieb bestehen. – Vgl. B. HARTUNG, Häuser-Chronik (wie Anm. 7) S. 116.
[49] In der Chronik befindet sich eine Lücke von 1877 bis 1903, die nur unzureichend geschlossen werden konnte, weil die entsprechenden Daten fehlten. – Vgl. Chronik Marienstift (wie Anm. 11) II, S. 9.
[50] Ebd. S. 13–18.
[51] Jakob Christoph Feldkamm, * 12. 3. 1849 in Neuwegersleben; Studium in Paderborn; geweiht am 28. 3. 1873 in Paderborn; 1887 Pfarrer in Erfurt St. Lorenz; 1908 Direktor des Geistlichen Gerichts und Dechant in Erfurt; † 15. 6. 1922 in Erfurt. – W. LIESE, Necrologium (wie Anm. 12) S. 187.
[52] Chronik Marienstift (wie Anm. 11) II, S. 19 f.
[53] Schwesternkonvent Marienstift, Urkunden von 1913–1919. Zeugnisse der Rote Kreuzmedaille dritter Klasse, 6. 9. 1916; 30. 8. 1917.
[54] Chronik Marienstift (wie Anm. 11) II, S. 22.
[55] Ebd. S. 24.

Im Oktober 1933 fand der erste Krankentag im Erfurter Dom statt. Die Schwestern sorgten für die Verpflegung und die Betreuung der zahlreichen Kranken.[56]

Eine weitere Baumaßnahme ist zu erwähnen: Vom März bis August 1935 erfolgte der Umbau des alten Hauses, der im Wesentlichen aus der „Privatschatulle" des Propstes und späteren Weihbischofs in Erfurt Joseph Freusberg (1881–1964)[57] finanziert wurde.[58] „1939/40 wurde Thüringen aufgrund seiner geografischen Lage zum Evakuierungsgau für die Saarbevölkerung erklärt."[59] Man nannte die Evakuierten „rückgeführte" Saarländer. Bis 1941 wurden etwa 85 900 Saarländer in Thüringen untergebracht und auf Stadt- und Landkreise im Gau verteilt. Das Marienstift nahm 20 Erwachsene und Kinder auf, dazu einen Kaplan und drei Schwestern.[60] Ebenso kamen wegen der Kriegswirren am 10. September 1939 aus Aachen 39 Novizinnen nach Erfurt, die zu Allerheiligen 1939 aber zurückkehren konnten.

Seit Herbst 1943 wurden Rheinländer nach Thüringen „evakuiert". Unter ihnen befand sich auch der Kölner Domvikar Joseph Teusch (1902–1976).[61] Dieser blieb bis zu seiner Berufung zum Direktor des Bonner Theologenkonvikts „Collegium Leoninum" 1944[62] in Thüringen, um schließlich nochmals nach der Zerstörung des Leoninums ab Februar 1945[63] bis Juli 1945 als

---

[56] Ebd. S. 29.
[57] Dr. jur. can. Joseph Freusberg, * 18. 10. 1881 in Olpe (Sauerland); 6. 4. 1906 Priesterweihe in Paderborn; seit 1916 Pfarrer in St. Severi Erfurt, danach Propst am Mariendom, Direktor des Geistlichen Gerichts, seit 1946 Generalvikar und seit 1953 Weihbischof des Bischofs von Fulda mit Sitz in Erfurt; † 10. 4. 1964 in Erfurt. – Vgl. JOSEF PILVOUSEK, Freusberg, Joseph, in: ERWIN GATZ (Hg.), Die Bischöfe der deutschsprachigen Länder 1945–2001. Ein biographisches Lexikon (Berlin 2002) S. 175 f.
[58] Chronik Marienstift (wie Anm. 11) II, S. 29.
[59] MARKUS FLEISCHHAUER, Der NS-Gau Thüringen 1939–1945. Eine Struktur- und Funktionsgeschichte (= Veröffentlichungen der Historischen Kommission für Thüringen 28) (Köln – Weimar – Wien 2010) S. 104.
[60] Chronik Marienstift (wie Anm. 11) II, S. 31.
[61] Joseph Teusch, * 15. 2. 1902 in Köln; geweiht 17. 3. 1927 in Köln; Kaplan in Köln-Radertal; Studium in Rom; 1934 Dompfarrer; 11. 9. 1943 beurlaubt für die Evakuiertenseelsorge als Pfarrkurat im Bereich Arnstadt; 1. 4. 1944 Direktor des Collegium Leoninum in Bonn; 8. 1. 1945 beurlaubt für die Abgewandertenseelsorge als Pfarrkurat im Bereich Arnstadt-Gräfenroda; 1. 7. 1945 Rückkehr nach Köln; 1952–1969 Generalvikar des Erzbischofs von Köln; 1952 Päpstlicher Hausprälat; 1953 Domkapitular; † 20. 9. 1976 in Köln. – Vgl. Teusch, Joseph, in: E. GATZ, Bischöfe 1945–2001 (wie Anm. 57) S. 304–306.
[62] Vgl. NORBERT TRIPPEN, Josef Kardinal Frings (1887–1978), Bd. 1: Sein Wirken für das Erzbistum Köln und für die Kirche in Deutschland (= Veröffentlichungen der Kommission für Zeitgeschichte, Reihe B: Forschungen 49) (Paderborn u. a. 2003) S. 421–424.
[63] Bistumsarchiv Erfurt, Bischöfliches Generalvikariat Erfurt/Bischöfliches Amt Erfurt-Meiningen, A XII a2, S. 129: Brief Günther an Teusch, 7. 2. 1945: „Euer Hochwürden begrüßen wir in unserer Diözese und beauftragen Sie durch mit der seelsorglichen Betreuung der im Bereich Gräfenroda (Missionspfarrei Arnstadt) untergebrachten rheinischen Katholiken. Für die Zeit Ihres seelsorglichen Wirkens erteilen wir Ihnen Jurisdiction pro foro interno und licentia praedicandi."

„Abgewanderten-Seelsorger" in Gräfenroda und Umgebung zu wirken. Rektor Joseph Plettenberg (1909–1982)[64] kam aus Essen. Er war seit November 1943 in Thüringen und zunächst als Pfarrkurat in den Amtsbezirken Großrudestedt und Vieselbach, mit Wohnsitz in Erfurt, tätig.[65] Er wohnte anfangs im Josefsheim, dann im Marienstift, Hopfengasse 8.[66] Die beiden Geistlichen Teusch und Plettenberg hielten im Marienstift jeweils am Donnerstag- und am Samstagnachmittag Gottesdienste.[67] Nach der Messe fand jeweils eine Besprechung mit den Erwachsenen und Unterricht für die Kinder im Mariensaal statt. Am Heiligabend 1943 konnte Teusch in der Kapelle des Stiftes die Erstkommunion für die Kinder feiern. Das Stift rühmte er in folgender Weise: „Das Marienstift ist in Erfurt eine Oase; was wollten wir machen, wenn wir das nicht hätten. In allen Nöten ist es unsere Zuflucht."[68]

Im Winter wurde auch der Pfarrgottesdienst der Erfurter St.-Crucis-Gemeinde wegen der Verdunkelung der Kirche in der Kapelle gehalten. Ein Bombenangriff am 18. Februar 1945 mit Treffern in der Nähe des Marienstiftes zerstörte Fenster und Türen und deckte Teile des Daches ab. Da es keine Handwerker gab, nahmen die Schwestern die Reparaturen selbst vor.[69]

Bis Anfang 1945 waren die Hostiensendungen aus verschiedenen Teilen Deutschlands im Marienstift noch angekommen und von hier aus auf die Gemeinden verteilt worden.[70] Angesichts der katastrophalen Verkehrslage war dies nun nicht mehr möglich. Die Schwestern bemühten sich um ein Hostieneisen aus dem Rheinland, das unter schwierigsten Bedingungen nach Erfurt gebracht wurde. Eine Schwester wurde nach Fulda geschickt, um dort das Hostienbacken zu erlernen. Man erbat und erhielt Mehlbezugsscheine aus Weimar. Lange Zeit, bis in die 1980er Jahre hinein, blieb diese Hostienbäckerei die einzige in der DDR.

---

[64] Joseph Plettenberg, * 17. 2. 1909 in Bergisch-Gladbach; geweiht 22. 2. 1935 in Köln; Kaplan in Ensheim, Speyer und Essen; 1943 Pfarrkurat von Großrudestedt und Vieselbach; 1944 Obmann der rheinischen Seelsorger; 1945–1946 Bischöflicher Kommissar in Erfurt zur Organisation der Seelsorge durch heimatvertriebene Priester bei den Heimatvertriebenen; 1946–1957 Generalsekretär des Bonifatiusvereins, 1957 Finanzreferent in Fulda; 1959–1974 Generalvikar des Bischofs von Fulda; † 4. 12. 1982 in Fulda. – Vgl. EDGAR KUTZNER, Plettenberg, Josef, in: E. GATZ, Bischöfe 1945–2001 (wie Anm. 57) S. 235.
[65] Historisches Archiv des Erzbistums Köln, CR II 25 20a, 6/187: Brief David an Plettenberg, 23. 11. 1943.
[66] Ebd. 6/190: Brief Plettenberg an Hecker, 31. 12. 1943. – Wie hilfsbereit und freigiebig Plettenberg war, indem er seine ihm zugedachten Lebensmittel und seine Kleidung verschenkte, berichtet seine Behelfssekretärin die Lehrerin FELIZITAS GLANZ, Ein Mann der ersten Stunde – Joseph Plettenberg, in: KARL SCHOLLMEIER (Hg.), Im Land der heiligen Elisabeth. Glaube und kirchliches Leben im Bereich des Bischöflichen Amtes Erfurt-Meiningen (Leipzig 1985) S. 72 f.
[67] Chronik Marienstift (wie Anm. 11) S. 39.
[68] Ebd.
[69] Ebd. S. 41.
[70] Vgl. dazu: ebd. S. 42.

In der SBZ/DDR wurde das Marienstift für die Erfurter Bischöfe zu einem wichtigen geistlichen, pastoralen und sozialen Zentrum.

In den Nachkriegsjahren bedeutete es für den späteren Weihbischof Freusberg eine große Hilfe, dass die Priesterkonferenzen und später auch die Einkehrtage für Priester im Marienstift stattfinden konnten und dabei auch Verpflegung angeboten wurde. Freusberg war es auch, der sich mit aller Kraft für die Errichtung eines Zweignoviziates der Franziskanerinnen in Erfurt einsetzte und dieses schließlich auch genehmigt bekam.

Als Bischof Hugo Aufderbeck (1909–1981)[71] in den 1970er Jahren die künftige Gestalt des Marienstiftes plante, ermunterte er den kleiner werdenden Konvent, neben dem Kindergarten Aufgaben aufzugreifen, die den Schwestern und ihren Möglichkeiten entsprachen. So wurde im Jahre 1977 eine Altenbegegnungsstätte eröffnet. Auch das Edith-Stein-Seminar, die einzige theologische Ausbildungsstätte für Frauen auf DDR-Gebiet, fand von 1962 bis 1990 im Marienstift eine Bleibe.[72]

Unter Bischof Joachim Wanke (* 1941)[73] kamen weitere Aufgaben hinzu, die der veränderten Situation Rechnung trugen. 1981 wurde eine Betriebskantine für die kirchlichen Angestellten in Erfurt geschaffen.[74] Bei diesem Mittagstisch trafen sich auch, wie es rückblickend hieß, „bestimmte Leute, die sehr viel ... mit der ‚Wende in Erfurt' zu tun hatten und die wiederum die Verbindung auch hatten zur evangelischen Kirche."[75] In dieser eher konspirativen Gruppe wurden Demonstrationstermine festgesetzt, über die Demonstrationen diskutiert und Informationen weitergegeben. Das Hugo-Aufderbeck-Seminar, ein Angebot für Bildung und Begegnung ab dem 50. Lebensjahr, wurde 1990 gegründet und am Marienstift angesiedelt; es ermöglicht

---

[71] Hugo Aufderbeck, * 23. 3. 1909 in Hellefeld (Sauerland); Studium in Paderborn, Wien und München; geweiht am 28. 3. 1936 in Paderborn; 1938 Vikar in Halle/Saale; 1948 Seelsorgeamtsleiter im Erzbischöflichen Kommissariat Magdeburg; 19. 6. 1962 Weihbischof des Bischofs von Fulda mit Sitz in Erfurt; 10. 4. 1964 Generalvikar für den Thüringer Anteil des Bistums Fulda in Erfurt; 1973–1981 Bischof und Apostolischer Administrator in Erfurt und Meiningen; † 17. 1. 1981 in Erfurt. – Vgl. CLEMENS BRODKORB, Aufderbeck, Hugo, in: E. GATZ, Bischöfe 1945–2001 (wie Anm. 57) S. 176–180.

[72] Vgl. JOSEF PILVOUSEK, Theologische Ausbildung und gesellschaftliche Umbrüche (= Erfurter Theologische Studien 82) (Leipzig 2002) S. 171–181.

[73] Joachim Wanke, * 4. 5. 1941 in Breslau; 1960–1964 Studium in Erfurt; geweiht 28. 6. 1966 in Erfurt; 1966–1969 Kaplan in Dingelstädt (Eichsfeld); 1969 Assistent am Philosophisch-Theologischen Studium Erfurt; 1973 Dr. theol.; 1. 8. 1975 Dozent für neutestamentliche Exegese, 1. 8. 1980 Professor für neutestamentliche Exegese am Philosophisch-Theologischen Studium in Erfurt; 26. 11. 1980 Weihbischof in Erfurt; 17. 1. 1981 Bischof und Apostolischer Administrator in Erfurt und Meiningen; 8. 7. 1994 Bischof von Erfurt; 1. 10. 2012 Bischof em. von Erfurt. – Vgl. JOSEF PILVOUSEK, Wanke, Joachim, in: E. GATZ, Bischöfe 1945–2001 (wie Anm. 57) S. 180 f.

[74] CHRISTIANE-MARIA FISCHER, Eine Altenbegegnungsstätte in Erfurt (Manuskript in: Schwesternkonvent Marienstift).

[75] ANDREAS DORNHEIM, Politischer Umbruch in Erfurt 1989/90 (Weimar 1995) S. 65.

bis heute vielfältige und abwechslungsreiche Informationen und Schulungen zu den verschiedensten Themenbereichen.

4. Schwestern im Carolinenstift und auf dem Idablick

Zwei weitere Häuser, in denen die Franziskanerinnen ebenso erfolgreich wirkten, verdienen hier erwähnt zu werden.

4.1. Carolinenstift

Das Altersheim Carolinenstift geht auf eine Stiftung aus dem Mittelalter zurück, die 1860 erneuert wurde.[76] Seit 1861 hatten das Heim Fuldaer Vinzentinerinnen geleitet.[77] Insgesamt war die Unterbringung von 80 Personen möglich.[78]

Um 1940 zählte der Konvent des Marienstiftes 20 Schwestern, sodass der Pfarrer von St. Lorenz Schwestern für seine Pfarrei erbat, die Büro- und Küsterdienste übernehmen sollten. Die Chronik des Marienstifts spricht sybillinisch über die Übernahme des Carolinenstiftes durch die Franziskanerinnen 1944. „Den Vinzentinerinnen war seit einigen Jahren jede Einkleidung verboten, so dass großer Schwesternmangel herrschte. So mussten sie das Carolinenstift abgeben. Die Schwestern [d. h. die Franziskanerinnen] zogen dann von der Vikarie in der Pilse ins Carolinenstift und betreuten alte Leute."[79]

Doch ist zu fragen, ob die Vinzentinerinnen allein wegen des Schwesternmangels das Carolinenstift aufgeben mussten. Diese hatten ihre Aufgabe seit der Gründung 1834 vor allem darin gesehen, Krankenpflege und Krankendienst zu leisten, wobei sie auch in kommunalen Krankenhäusern und Kliniken eingesetzt wurden.[80] Zudem leiteten sie Kindergärten und Waisenhäuser. Durch die kirchenfeindliche Politik in der NS-Zeit wurden ihnen insgesamt 74 Kindergärten genommen, ihre Anstellungen in städtischen Kliniken gekündigt und diverse Waisenhäuser geschlossen.[81] Die Anziehungskraft der

---

[76] Vgl. BERNHARD OPFERMANN, Das Bischöfliche Amt Erfurt-Meiningen und seine Diaspora. Geschichte und Gegenwart. Ein Handbuch (Studien zur katholischen Bistums- und Klostergeschichte 30) (Leizig 1988) S. 142.
[77] Vgl. MUTTERHAUS DER BARMHERZIGEN SCHWESTERN VOM HL. VINZENZ VON PAUL IN FULDA (Hg.) 1834–1984. 150 Jahre Barmherzige Schwestern Mutterhaus Fulda (Fulda 1984) S. 43.
[78] Vgl. GÜNTHER NIEMCZIK, Menschen auf dem Wege. Eine Chronik der Caritasarbeit in Thüringen (Heiligenstadt 1996) S. 58.
[79] Chronik Marienstift (wie Anm. 11) II, S. 41 f.
[80] Vgl. zum Folgenden: 150 Jahre Barmherzige Schwestern (wie Anm. 77) S. 56 f.
[81] Vgl. dazu: ANNETTE MERTENS, Himmlers Klostersturm. Der Angriff auf katholische Einrichtungen im Zweiten Weltkrieg und die Wiedergutmachung nach 1945 (= Veröffentlichungen

Kongregation auf junge Frauen ging daher erheblich zurück. Zudem waren viele junge Mädchen zu Beginn des Zweiten Weltkrieges dienstverpflichtet worden, was einen möglichen Ordenseintritt enorm erschwerte. Insgesamt vier Jahre lang fand damals keine Einkleidung statt.[82] So ist festzuhalten, dass es bei den Vinzentinerinnen tatsächlich einen Schwesternmangel gab.

Am 19. Oktober 1944 schrieb Propst Freusberg einen Brief an die „ehrwürdige Frau Mutter" der Vinzentinerinnen in Fulda.[83] Er begann sein Anliegen zu schildern, indem er sich mit den außergewöhnlichen Zeitverhältnissen entschuldigte. Zunächst erinnerte er daran, dass in Westdeutschland viele Orte evakuiert werden mussten. Besonders seien davon die Aachener Franziskanerinnen betroffen. Für sie müssten 300 Plätze für Tätigkeit und für Unterkommen besorgt werden, damit sie nicht zum Arbeitseinsatz in der Rüstung herangezogen würden. Die Lorenzgemeinde in Erfurt habe sich schon bereit erklärt, Franziskanerinnen, die ja in Erfurt eine Stiftung leiteten, zu übernehmen. Freusberg fragte nun an, ob nicht auch die Fuldaer Vinzentinerinnen bereit seien, diesbezüglich Hilfe zu leisten. Da die Vinzentinerinnen ohnehin nicht alle Aufgaben erfüllen könnten und wohl auch Mangel an Nachwuchs hätten, argumentierte er, könnte es doch möglich sein, den Franziskanerinnen zeitweise die Pflege und die Hauswirtschaft im Carolinenstift abzutreten. Freusberg ergänzte, dass die Inspektion des Hauses sich mit diesen Änderungen bereits einverstanden erklärt habe. Auch die Oberin der Franziskanerinnen hätte diese Idee gern aufgegriffen. Propst Freusberg bat schließlich die Mutter Oberin um kurze Nachricht, damit er veranlassen könne, dass die Generaloberin der Franziskanerinnen sich mit ihr in Verbindung setze.

Die Übernahme des Carolinenstiftes 1944 war, alles in allem, der geglückte Versuch, die Aachener Franziskanerinnen vor möglichen inneren und äußeren Gefahren sowie vor Zwangsmaßnahmen zu schützen. Dass die Chronistin diese gewiss im Kloster bekannte Tatsache verschwieg, ist möglicherweise darauf zurückzuführen, dass man eine Hausdurchsuchung und damit ein Bekanntwerden dieser „widerständigen Aktion" befürchtete.

Auch im Carolinenstift erfüllten die Schwestern bis zu ihrem Abschied am 21. Februar 1986[84] ihre caritativen Aufgaben zum Wohl der Erfurter Bevölkerung.

---

der Kommission für Zeitgeschichte, Reihe B: Forschungen 108) (Paderborn u. a. 2006) S. 60–65.
[82] Vgl. 150 Jahre Barmherzige Schwestern (wie Anm. 77) S. 57. — Bereits 1945 traten aber schon wieder zwölf Postulantinnen ein, 1948 waren es sogar 25. Die Leitung des Carolinenstiftes blieb aber bei den Franziskanerinnen.
[83] Vgl. Bistumsarchiv Erfurt; Geistliches Gericht jüngerer Bestand I E 4: Carolinenstiftung (darin Dorotheenstiftung) 1934–1990: Brief Freusberg an Oberin der Fuldaer Vinzentinerinnen, 19. 10. 1944.
[84] Vgl. G. NIEMCZIK, Menschen (wie Anm. 78) S. 191.

4.2. Idablick[85]

Um einer Enteignung durch die staatlichen Behörden der SBZ zu entgehen, schloss die Familie Polka, die in Bischleben bei Erfurt ein „Idablick" genanntes Anwesen erworben hatte und eine kleine Landwirtschaft betrieb, 1948 einen Pachtvertrag mit der Domgemeinde St. Marien in Erfurt.[86] Der Kirchgemeinde wurde gestattet, die Gebäude und Einrichtungen auf dem Gelände samt Inventar zu nutzen. Die Familie, die schon 1946 nach Westdeutschland und später in die USA ausgereist war, hielt sporadisch Kontakt zum Vermieter. Ein Mitglied der Familie, Katharina Polka, die stellvertretend den Vertrag unterzeichnet hatte, wohnte bis zu ihrem Tod auf dem Idablick und wurde bei Entscheidungen, die das Anwesen betrafen, immer konsultiert.

Zunächst waren es vier schlesische Marienschwestern, die seit dem 1. Oktober 1948 in dem allmählich entstehenden Altersheim Idablick die Bewohner betreuten, aber nach einem Jahr von ihrem Mutterhaus in Berlin-Lankwitz[87] abgezogen wurden.[88] Ihnen folgten als Leiterinnen und Pflegerinnen ins „neue" Altersheim im Frühsommer 1949 die Aachener Franziskanerinnen. Eine 1949 von ihnen optierte Kapelle sollte als Patron den hl. Franziskus erhalten; bereits 1950 wurde sie durch Weihbischof Freusberg benediziert.[89] Zugleich diente sie als Gottesdienstraum für den Seelsorgsbereich

---

[85] Die Erfurter Ursuline Schwester Benedikta Knoblauch (1924–2009), eine Nichte des Erbauers, hat um das Jahr 1988 auf Nachfrage folgende schriftlichen Auskünfte über den Namen „Idablick" und seine Geschichte gegeben: Prof. Dr. Christian Eduard Langethal (1806–1878), ein Pflanzenbauwissenschaftler, Botaniker und Agrarhistoriker in Jena, hatte einen Sohn, der Richter in Erfurt war und nach dem plötzlichen Tod seiner Gattin und seiner Pensionierung das Grundstück erwarb. Weil man damals von dort aus noch auf die Stadt blicken konnte, benannte er das Grundstück nach der Aussicht, verbunden mit dem Vornamen seiner Frau. Die Bebauungspläne des Erfurter Architekten Arthur Hügel stammen vom Juli 1919. Ihnen ist eine Skizze des „Herrenhauses" beigelegt, so dass geschlussfolgert werden kann, dass das Hauptgebäude um 1919 erbaut worden ist. Da der Eigentümer kinderlos war, kam schließlich die Familie Polka in den Besitz des Anwesens. – Vgl. Privatarchiv Pilvousek, Sammlung Idablick, handschriftliche Aufzeichnung von Schwester Benedikta Knoblauch, undatiert.

[86] Ebd., Abschrift Pachtvertrag, Verpächter Martin Polka, Paul Polka und Pächter Propsteikirchengemeinde BMV Erfurt, 27. 9. 1948. Unterzeichner für den Pächter: Joseph Freusberg, für die Verpächter: Katharina Polka.

[87] Vgl. BISCHÖFLICHES ORDINARIAT BERLIN (Hg.), Klerusverzeichnis des Bistums Berlin 1953 (Berlin 1953) S. 65: Marienschwestern, Arme Schwestern von der Allerseligsten und allzeit Unbefleckten Jungfrau Maria, Generalmutterhaus, zur Zeit Berlin-Lankwitz, Gallwitzallee 115.

[88] Bistumsarchiv Erfurt, Bischöfliches Generalvikariat Erfurt/Bischöfliches Amt Erfurt-Meiningen, Zentralregistratur, 40 (= Schwesternniederlassungen): Fragebogen, 6. 12. 1948. – Dompropst Freusberg spricht von nicht voll kanonisch errichteten Niederlassungen, für die notwendige Einrichtungen mit den Schwestern geschaffen werden müssten. – Vgl. ebd.: Brief Freusberg an Dietz, 16. 11. 1948. – Den Schwestern bot offenbar der ungesicherte Status zu wenig Zukunft.

[89] Vgl. B. OPFERMANN, Erfurt-Meiningen (wie Anm. 76) S. 18.

Bischleben.⁹⁰ Auch als die 1976 erworbene Kirche in Stedten zur Gemeindekirche wurde, blieb die Kapelle im Altersheim als täglicher Gottesdienstraum bestehen.⁹¹

Am 30. Mai 1981 wurden die Franziskanerinnen vom Idablick abgezogen.⁹² Insgesamt drei Nachfolger leiteten das Altersheim bis zu seiner Auflösung am 30. September 1993.⁹³ 42 Plätze standen zur Verfügung.⁹⁴ Die Bewohner wurden im Juli 1993 in das Seniorenheim des Deutschordens in Erfurt verlegt.⁹⁵ Entscheidender Grund für die rasche Auflösung waren Rückforderungsansprüche der ursprünglichen Besitzer. Unmittelbar nach dem Fall der Mauer meldeten sich 1990 die Nachfahren der Familie Polka aus den USA und verschiedenen anderen Ländern und forderten ihren Besitz mit der Auflage zurück, den Zustand von Herrenhaus und anderen Gebäuden sowie Einrichtungen im Zustand von 1948 wiederherzustellen. Wegen der Unausführbarkeit der anderen Forderungen wurde prozessiert und in erster Instanz den Klägern der Familie Polka Recht gegeben. Ein weiteres Verfahren und eine Entscheidung in zweiter Instanz brachte als Ergebnis zwar eine Revision des ersten Urteiles, aber die Auflage, das gesamte Gelände mit einem Zaun zu umfrieden, was in der Folge geschah. Die Besitzer nahmen ihr Eigentum nun wieder in Besitz. Das gesamte Anwesen wurde schließlich an einen privaten Käufer übertragen. Ein etwas abseits gelegenes Gebäude auf dem gleichen Gelände, das Haus Schwarzkopf,⁹⁶ das durch Schenkung in den Besitz des früheren Erfurter Weihbischofs Joachim Meisner gekommen war, wurde vom letzten Hausleiter gekauft und später an den jetzigen Eigentümer veräußert.

Resümee

Wir reden heute selbstverständlich davon, dass Caritas eine Wesensfunktion von Kirche ist und Caritas sakramentalen Charakter⁹⁷ hat. Dieser Wesensfunktion der Kirche wird ein herausragender Platz in Seelsorge und Verkündigung

---

⁹⁰ Bistumsarchiv Fulda, 015-06, Fasz. 1: Statistische Angaben für den römischen Bericht, 30. 1. 1953.
⁹¹ Vgl. B. OPFERMANN, Erfurt-Meiningen (wie Anm. 76) S. 181 f.
⁹² Freundliche Mitteilung von Schwester Mechthildis Maria, Marienstift Erfurt, 21. 1. 2014.
⁹³ Vgl. G. NIEMCZIK, Menschen (wie Anm. 78) S. 192.
⁹⁴ Vgl. ebd. S. 58.
⁹⁵ Die Informationen über die historischen Abläufe nach 1989 verdanke ich dem letzten Heimleiter Herrn Ulrich Arnold, Erfurt, 27. 1. 2014.
⁹⁶ Privatarchiv Pilvousek, Sammlung Idablick, Haus III (Schwarzkopf): Mietvertrag zwischen Johannes Schwarzkopf und Caritasverband Thüringen, Direktor Franz Nitsche, 20. 2. 1957.
⁹⁷ Vgl. JOACHIM WANKE, Lasst uns das Licht auf den Leuchter stellen. Impulse für Christen, hg. v. MARCELLUS KLAUS (Leipzig 2001) S. 87.

eingeräumt, auch wenn die moderne Bezeichnung dieses Handelns als sozial-caritativ viel von dem verbirgt, was früher als kirchlich-caritativ bezeichnet wurde und die enge Anbindung an Kirche und Gemeinden ausdrückte.

Die letzte Satzungsänderung[98] der Marienstiftung vom 3. Juli 2001 bestimmt als Zweck den Betrieb der Seniorenakademie „Hugo-Aufderbeck-Seminar" und des „Altenclubs" sowie die Zur-Verfügung-Stellung eines Teils der Liegenschaft Hopfengasse 8 für den katholischen Kindergarten St. Franziskus. Hinsichtlich der Schwestern wird bestimmt: „Das Haus soll, soweit dies personell noch möglich ist, weiterhin durch die Schwestern vom Heiligen Franziskus zu Aachen geleitet werden."[99]

Den Dank an die Armen Schwestern vom Hl. Franziskus für ihren Dienst in 150 Jahren verbinde ich mit dem Wunsch, dass es den Schwestern noch lange möglich sein möge, in diesem Haus und für die Stadt zu wirken.

---

[98] Marienstift, Abschriften (wie Anm. 17), Satzung der Marienstiftung 3. 7. 2001, § 2 (2), genehmigt durch das Thüringer Innenministerium am 2. 11. 2001.
[99] Ebd., Präambel.

25 Jahre Mauerfall

Kirchengeschichtliche Deutungen der „Zäsur 1989"[1]

Die Historisierung der Ereignisse der Jahre 1989/90 hat längst begonnen. Das bedeutet unter anderem, dass diese „Zäsur 1989" nicht mehr nur aus der damaligen Zeit mit ihren Gegnerschaften, Parteiungen, aber auch Hoffnungen und Ängsten heraus interpretiert werden muss, sondern eine abgeklärtere Betrachtungsweise möglich ist, um Legendenbildungen zu wehren.[2] Natürlich ist es nötig, den Mut und die Entschlossenheit der damaligen DDR-Bürger empirisch in den Blick zu nehmen. Es gilt aber auch anfanghaft zu untersuchen und darzustellen, wie die Ereignisse der Jahre zu deuten sind und wie sie wahrgenommen werden. Zudem erlaubt der Termin meines Vortrages nach dem 9. November 2014 einen unverstellteren Blick auf das Schlachtfeld der Deutehoheiten, von dem sich langsam der Pulverdampf der Kämpfe verzieht. Jubiläen ermöglichen in einem Modus an Geschichte zu erinnern, der die Vergangenheit für uns heute wiedererstehen lässt. Das wird partiell auch meine Aufgabe sein: die Erinnerung zu aktualisieren für das Hier und Jetzt.

1. Die begriffliche Einordnung des Phänomens 1989 als zeithistorische Herausforderung

Wie nennt man eigentlich korrekt das, was sich im Herbst 1989 ereignet hat? Inzwischen ist ja eine Vielzahl von Begriffen mit Deutungshoheit in Gebrauch. Manche haben auch die Tendenz zu verharmlosen und die Aktivsten des

---

[1] Für die Drucklegung leicht überarbeiteter Text eines Vortrags zum Patronatsfest (Albertus Magnus) der Katholisch-Theologischen Fakultät der Universität Erfurt, am 14. November 2014.

[2] Vgl zum Folgenden auch: JOSEF PILVOUSEK, Bischofskonferenz, Bischöfe und die friedliche Revolution von 1989, in: Theologie der Gegenwart 52 (2009) 2, S. 94–104. – DERS., Die Katholische Kirche und die Anfänge einer historischen Aufarbeitung 1990 bis 1996. Anmerkungen zu einem fortwährenden Prozess, in: Kirchliche Zeitgeschichte 2 (2009) S. 633–654. – DERS., 20 Jahre danach. Geschichte und biografische Anmerkungen zu einem kirchlichen Wandlungsprozess, in: Theologie der Gegenwart 53 (2010) 1, S. 52–60. – DERS., Kirche in der DDR. Rückschau auf die Erfahrungen, in: KATHOLISCHE AKADEMIE IN BERLIN E. V. (Hg.), 20 Jahre Mauerfall. Katholische Kirche und Friedliche Revolution – Lernschritte und Bewährungsproben. Eine Dokumentation (o. O. 2010) S. 4–17.

Herbstes 1989 oder das Ereignis selbst tiefer zu hängen. Aber gibt es einen geeigneten Begriff?

Jeder gesellschaftliche Umbruch hinterlässt Spuren in der Sprache und den Begriffen seiner Zeit. Die Ereignisse des Jahres 1989 werden uns auf unterschiedlichste Weise und durch verschiedenartige Medien vor Augen geführt. Dabei sind durchaus Unschärfen in der Begriffsfindung und -verwendung auszumachen. Die Benennungen reichen von Wende, Umbruch und Mauerfall bis zur Revolution. So spricht man von protestantischer (Ehrhart Neubert), nachholender (Jürgen Habermas), volkseigener (Karl-Dieter Opp), abgetriebener (Michael Schneider) oder abgebrochener (Stefan Bollinger) Revolution.[3] Andere nennen sie friedliche Revolution oder Revolution der Kerzen. Die früheren Machthaber sprechen von Konterrevolution. Ein evangelischer Kollege spricht wohl am zutreffendsten von friedlichem Umbruch.[4]

Schließlich ist zu bedenken, dass der Revolutionsbegriff im Herbst 1989 zunächst kaum eine Rolle spielte. Bürgerrechtler benutzten den Revolutionsbegriff lange nur in historischen Kontexten und Vergleichen.[5] Der tatsächliche Begriff „friedliche Revolution" wurde erst am 10. November 1989 von Walter Momper gebraucht und dann allmählich zu einem gängigen Sprachduktus.

Aber: „War es überhaupt eine Revolution? Natürlich, sagen die einen. Das spätstalinistische System ist überwunden, die Staatssicherheit aufgelöst, durch freie Wahlen hat eine demokratische Regierung die totalitäre abgelöst. Das war ein revolutionärer Vorgang, was sonst? Nein, es war keine Revolution, sagen die anderen und gebrauchen dabei das biblisches Bild der Mauern von Jericho, die durch Posaunenklang einstürzten. Sie sagen: Wir sind nur ein wenig um die Stadt gezogen und haben geblasen, da fielen die Mauern schon ein. Nein, es war keine Revolution."[6]

„Ob die Herbstrevolution eine Revolution war, hängt natürlich von der Definition von Revolution ab. Verstehen wir unter einer Revolution das Ende einer Herrschaft mitsamt seiner Legitimation, und zwar von innen und von unten, dann war es eine. Wird verlangt, dass außerdem Blut geflossen sein muss, war es keine. Aber die Oktoberrevolution, der Sturm auf das Winterpalais, verlief

---

[3] Vgl. PETER MASER, Deutsche Protestanten haben noch niemals eine Revolution veranstaltet, in: HANS-JOACHIM VEEN – PETER MÄRZ – FRANZ-JOSEF SCHLICHTING (Hg.), Kirche und Revolution. Das Christentum in Ostmitteleuropa vor und nach 1989 (Köln – Weimar – Wien 2009) S. 71–74, hier: S. 74.

[4] Vgl. ebd. S. 71.

[5] Vgl. dazu BERND LINDNER, Begriffsgeschichte der Friedlichen Revolution. Eine Spurensuche, in: Aus Politik und Zeitgeschichte 24–26 (10. Juni 2014) S. 33–39, hier: S. 33.

[6] GERHARD REIN, Von Görlitz aus. DDR-Kirche: Verfälschte Erinnerung an die Wende, in: http://zeitzeichen.net/archiv/religion-kirche-theologie/ddr-kirche [Zugriffsdatum: 24. 6. 2014].

auch unblutig. ... Blut floss erst, und zwar massenhaft, weil danach ein Bürgerkrieg ausbrach."[7]

Ein evangelischer Kollege behauptet frech, dass Protestanten noch nie eine Revolution gemacht haben;[8] dem kann ich mich als Katholik für meine Glaubensgenossen nur anschließen.

Zu den vielfältigen Umschreibungen des Umbruchs von 1989 gehört der wohl am häufigsten benutzte Begriff „Wende". Im populären Sprachgebrauch stellt er eine Untertreibung der Geschehnisse des Herbstes 1989 dar. Das von Egon Krenz programmatisch gebrauchte Etikett suggeriert eher einen Richtungswechsel beim Segeln, wie Christa Wolf am 4. November 1989 bissig bemerkte, bei Beibehaltung des gleichen Steuermannes, um gegen den Wind anzukommen, aber keinen grundlegenden Umbruch.[9] Richard Schröder bemerkt dazu streitbar: „Ich finde, es ist ein Skandal und eine Geschichtsfälschung, dass diese dramatischen Ereignisse, die Zivilcourage und Besonnenheit der ostdeutschen Demonstranten nur noch ‚Wende' genannt werden. Als Egon Krenz Honecker ablöste, hat er in seiner Fernsehansprache das Wort ‚Wende' geprägt. Die Wende von Honecker zu Krenz war in der Tat keine Revolution, sie war aber auch keine Lösung. Deshalb wurde ja auch weiter demonstriert und Krenz musste auch bald zurücktreten."[10]

Die genannten Begriffe sind natürlich mehr als nur Wortfindungen für ein Ereignis. Um die Deutehoheit mancher Begriffe wird nämlich leidenschaftlich gerungen oder gestritten und aus dem Gebrauch mancher Worte schlussfolgert man auf die politische Gesinnung des jeweiligen Nutzers in Ost oder West. Natürlich kann man die epochalen Ereignisse von 1989 auch anders, weniger politisch oder ideologisch definieren. Im Anschluss an Wolfgang Templin könnte man die Ereignisse von 1989 und 1990 auch als „europäische Befreiungsrevolution"[11] bezeichnen. Dann käme wohl am treffendsten zum Ausdruck, was gefeiert wird: eine von Menschen erreichte neue gesellschaftliche und politische Freiheit für alle Menschen in Europa.

---

[7] RICHARD SCHRÖDER, Zwanzig Jahre Herbstrevolution. Vortrag in Halle, 26. 10. 2009 (Manuskript) S. 1–12, hier: S. 3.

[8] Vgl. dazu den Titel des gleichnamigen Aufsatzes von P. MASER, Deutsche Protestanten (wie Anm. 3).

[9] Vgl. KONRAD HUGO JARAUSCH, Implosion oder Selbstbefreiung? Zur Krise des Kommunismus und Auflösung der DDR, in: KONRAD HUGO JARAUSCH – MARTIN SABROW (Hg.), Weg in den Untergang: Der innere Zerfall der DDR (Göttingen 1999) S. 15–40, hier: S. 26.

[10] R. SCHRÖDER, Herbstrevolution (wie Anm. 7) S. 2.

[11] WOLFGANG TEMPLIN, Es begann mit Solidarnosc. Der Umsturz von 1989 war eine europäische Revolution, in: THOMAS BROSE (Hg.), Glaube, Macht und Mauerfälle. Von der friedlichen Revolution ins Neuland (Würzburg 2009) S. 15–18, hier: S. 18.

2. Deutschland im europäischen Kontext

Wir Deutschen neigen dazu, das Jahr 1989 für uns und unsere scheinbar „hausgemachte" Revolution zu vereinnahmen. Wir sehen die Ereignisse des „Wendeherbstes" zu singulär, allzu losgelöst von den Entwicklungen in Europa und der Welt. Dabei steht „1989" als Chiffre für eine ganze Reihe von Ereignissen. Dazu gehören auch die Niederschlagung des Volksaufstandes am Platz des himmlischen Friedens in Peking,[12] das Ende des Kalten Krieges, und das Ende des Warschauer Paktes.[13] Somit brachte das Jahr 1989 eine radikale Änderung der politischen Konstellationen weltweit. Das bipolare System mit zwei sich gegenüberliegenden politischen Ideologien sowie politischen und wirtschaftlichen Systemen ging zu Ende.

In den „realsozialistischen" europäischen Staaten kam es zu Transitionen, zu Systemwechseln von einem autoritären Regime hin zu Demokratien. Diese Systemwechsel wurden wesentlich von externen Faktoren bestimmt, auch wenn interne Ausgangsbedingungen nicht vernachlässigt werden sollten.[14] So gibt es Interdependenzen, die verlangen, die Entwicklungen in den einzelnen Staaten des „real existierenden Sozialismus" nicht isoliert zu betrachten, so wie es in der Vergangenheit geschehen ist und auch heute noch geschieht.

Eine allzu akteurszentrierte politische Geschichte,[15] die beispielsweise vom Einfluss der Massen und somit von einer breit angelegten Untersuchung der Ereignisse des Jahres 1989 ablenkt, ist zu vermeiden. Auffallend ist, dass es bei den zahlreichen aktuellen Berichten zum Mauerfall nur Akteure in den ersten Reihen zu geben scheint.

Mir liegt es fern, die Rolle der DDR-Bürger und der Christen beim Zusammenbruch des Ostblocks zu marginalisieren oder den Mut der Menschen und ihren Ruf nach Freiheit gering zu achten. Im Gegenteil: Erst durch eine Art Selbstbefreiung vor allem durch die Zivilcourage der Oppositionsgruppen, wurde die Freiheit möglich. Dennoch sei die Frage erlaubt, ob nicht auch Entwicklungen in einigen Ländern Ostmitteleuropas zu den Katalysatoren jener Ereignisse des Herbstes 1989 gehörten, so dass der Mauerfall möglich wurde.

---

[12] Dies Ereignis wird meist ausgeblendet, weil sich die Demokratiebewegung damals nicht durchsetzen konnte. Dennoch gehört es mit zu den epochalen Ereignissen des Jahres 1989.

[13] Der Warschauer Pakt wurde erst 1991 aufgelöst.

[14] Vgl. UWE BACKES, Strukturwandel realsozialistischer Autokratien. Vom Totalitarismus zur Transition, in: CLEMENS VOLLNHALS (Hg.), Jahre des Umbruchs. Friedliche Revolution in der DDR und Transition in Ostmitteleuropa (= Schriften des Hannah-Arendt-Instituts für Totalitarismusforschung 43) (Göttingen 2011) S. 141–158.

[15] So wurde der Leipziger Pastor Christian Führer zuletzt bei seinem Tod als „Wendepfarrer" bezeichnet, was suggeriert, dass er allein den Umbruch in der DDR bewirkt habe. – Vgl. http://www.freiepresse.de/Nachrichten/Sachsen/Traenen-und-viele-Blumen-fuer-Wende-Pfarrer-Christian-Fuehrer-artikel8893755.php [Zugriffsdatum: 24. 6. 2015].

Das „friedliche Dahinscheiden" der DDR hat viele Anlässe, Ursachen und Bedingungen.[16] Erinnert sei an Michail Gorbatschow mit Glasnost und Perestroika, die, auch wenn als Rückzugsgefecht des Kommunismus zu interpretieren, erheblich zum Zusammenbruch beitrugen. Zu denken ist an Ungarn und die Öffnung der Grenzen, an die damalige Tschechoslowakei und nicht zuletzt an Polen. Mit der Gründung der Gewerkschaft Solidarność 1980 entstand die erste erfolgreiche Volksbewegung gegen den Kommunismus.[17] Nicht zuletzt spielten das ökonomische Desaster der SED-Politik und die Handlungsfähigkeit westlicher Politiker eine Rolle.[18]

Ein bisher wenig erforschter Bereich sind die wirkungsvollen Berichte der sogenannten Westmedien und ihr Beitrag zum Mauerfall; diese „Funkbrücke" zwischen Ost und West dürfte einen wesentlich größeren Anteil für den Weg zum 9. November 1989 gehabt haben als gemeinhin angenommen wird.

Nicht zu vergessen ist ein Ereignis, das eine unvorstellbare Dynamik auslöste: die Wahl Karol Wojtyłas zum Papst 1978. Lech Wałęsa drückt es in seiner drastischen Sprache so aus: „Nach zwanzig Jahren hatte ich zehn Leute, die mit mir durch dick und dünn gingen. Ich hätte weitere zwanzig Jahre gebraucht, um noch einmal zehn zu finden. Aber dann kam der Papst, und aus den zehn Leuten wurden zehn Millionen."[19]

Schon in der Messe zur Amtseinführung am 22. Oktober 1978 hatte der Papst gleich dreimal beschwörend ausgerufen: „Habt keine Angst!" Dieser Ruf sollte seither nicht mehr verstummen, bis er am 13. Januar 1990 in seiner Rede vor dem Diplomatischen Korps feststellen konnte: „Frauen, Jugend, Männer haben die Angst überwunden."[20] Schon bei seiner ersten Polenreise 1979 hatte Papst Wojtyła Weitblick bewiesen; er glaubte daran, dass „eine neue Erde" möglich sei. Vor dem Brandenburger Tor 1996 bewies sich diese Zuversicht. Doch seine Worte bleiben Mahnung, auch 25 Jahre nach dem Mauerfall: „Den Berlinern und allen Deutschen, denen ich dankbar bin für die friedliche Revolution des Geistes, die zur Öffnung dieses Brandenburger

---

[16] Vgl. WOLFGANG THIERSE, 20 Jahre friedliche Revolution – Erinnerungen, in: ARND BRUMMER (Hg.), Vom Gebet zur Demo. 1989 – Die friedliche Revolution begann in den Kirchen (Frankfurt am Main 2009) S. 210–218, hier: S. 211.

[17] Vgl. HANS MAIER, Revolte der Gottesfürchtigen. Warum die erste erfolgreiche Volksbewegung gegen den Kommunismus in Polen entstand, in: THOMAS BROSE (Hg.), Glaube Macht und Mauerfälle. Von der friedlichen Revolution ins Neuland (Würzburg 2009) S. 19–21, hier: S. 19.

[18] Vgl. WOLFGANG THIERSE, 20 Jahre friedliche Revolution – Erinnerungen, in: ARND BRUMMER (Hg.), Vom Gebet zur Demo. 1989 – Die friedliche Revolution begann in den Kirchen (Frankfurt/Main 2009) S. 210–218, hier: S. 211.

[19] Zit. nach H. MAIER, Revolte (wie Anm. 17) S. 20.

[20] BIRGIT POTTLER, 20 Jahre Mauerfall: „Haltet dieses Tor geöffnet", in: http://de.radiovaticana.va/storico/2009/11/09/20_jahre_fall_der_mauer:_%E2%80%9Ehaltet_dieses_tor_ge%C3%B6ffnet!%E2%80%9C/ted-332932 [Zugriffsdatum: 24. 6. 2015].

Tores führte, rufe ich zu: Löscht den Geist nicht aus! Haltet dieses Tor geöffnet für euch und alle Menschen! ... Der Mensch ist zur Freiheit berufen."[21]

Die Überwindung der Trennung unseres Volkes (mit Zustimmung unserer Nachbarn) und die Möglichkeit einer neuen gesellschaftlichen und politischen Freiheit sind auch fünfundzwanzig Jahre nach dem Mauerfall ein Geschenk. Erst durch die gewonnene Freiheit wurde die Einheit möglich, und nicht umgekehrt.[22]

3. Die Forderung nach Gewaltfreiheit

Es ist gut, dass frühere Bürgerbewegungen und die Kirchen die Protagonisten der „Wendeereignisse" feiern. Dennoch ist ein eigenartiges Konkurrieren um Macht- und Führungspositionen bei damaligen Demonstrationen und Friedensgebeten in Städten, Gemeinden, Kirchen und bei Personen auszumachen. Einzelne Städte, aber auch Personen nehmen für sich in Anspruch, die ersten gewesen zu sein, die den gesellschaftlichen und politischen Umbruch initiiert haben. Mit wenigen Ausnahmen wird nur das Geschehen in den „Zentren" von 1989/90 (Berlin, Dresden, Leipzig) detailliert dokumentiert und untersucht. Zu erinnern ist jedoch daran, dass der Umbruch 1989/90 ein dezentrales Geschehen gewesen ist, das bis in kleinste Orte hinein seine Auswirkungen gehabt hat. Oft waren dabei die Kirchen- und Gemeinderäume aller Konfessionen der Ausgangspunkt für Demonstrationen, Organisations- und Parteigründungen und letztlich für die Übernahme der örtlichen staatlichen und politischen Institutionen: der Rathäuser, Parteizentralen sowie der Staatssicherheit.

Die Rolle der Kirchen bei den Ereignissen von 1989 werde überschätzt, las ich vor einiger Zeit in einem Lexikon.[23] Nun muss das ja nicht völlig falsch sein, wenn man an bestimmte politische und wirtschaftliche Entwicklungen denkt. Eines sollte aber, um der Wahrheit willen, nicht in Zweifel gezogen werden: die Bedeutung der Ökumenischen Versammlung für die friedliche Revolution von 1989. Ihre Texte wurden in die Parteiprogramme der SPD, des „Demokratischen Aufbruchs" und des „Neuen Forums"

---

[21] Ebd.

[22] Vgl. R. SCHRÖDER, Herbstrevolution (wie Anm. 7) S. 1.

[23] KLAUS SCHROEDER, Der SED-Staat. Geschichte und Strukturen der DDR 1949–1990 (Köln – Weimar – Wien ³2013) S. 621: „Unmittelbar nach dem Zusammenbruch des SED-Regimes erschien die politische Rolle insbesondere der evangelischen Kirchen in vierzig Jahren DDR in der öffentlichen Meinung in mildem, teilweise sogar heroischem Licht. Doch der Beitrag der Kirchen zur ‚Wende' wurde (und wird) weithin überschätzt, bis hin zu der These, der Umbruch sei eine ‚protestantische Revolution' gewesen."

aufgenommen,[24] einige nutzten sie als „Öffentlichkeit für politische Gruppierungen außerhalb der Kirche",[25] andere hoben das „Drängen auf gesellschaftliche Veränderung und Umgestaltung"[26] als Besonderheit der Versammlung hervor. In den Texten dieser Kirchenversammlung von 1989 heißt es zum Beispiel: „Das Evangelium zeigt uns den Weg Jesu als Weg der Liebe, für den die Gewaltfreiheit ein entscheidendes Kennzeichen ist. Sein Weg führt ihn gerade auch deshalb ans Kreuz, weil er gegenüber seinen Gegnern darauf verzichtet, seine Botschaft mit einem göttlichen Machterweis durchzusetzen."[27] Die Erkenntnis, dass die „Gewaltfreiheit" des „Herbstes 1989" vor allem ihre Ursache in der Ökumenischen Versammlung für Gerechtigkeit, Frieden und Bewahrung der Schöpfung hat, ist evident.[28]

Der Fall der Mauer in Berlin am 9. November 1989 wird als das Ereignis dargestellt, das den Zusammenbruch des Kommunismus erst ermöglicht hat. Das ist richtig: Am 9. November fiel die Mauer – unerwartet.[29] Und damit eröffnete sich erst die Perspektive auf die deutsche Einheit. Aber das hatte eine Vorgeschichte. Symbolisch, und ich bin überzeugt nur symbolisch, steht dafür der 9. Oktober 1989 in Leipzig. Entscheidend waren Friedensgebete und Montagsdemonstrationen. Christian Führer, der 2014 verstorbene Pfarrer der evangelische Nikolaikirche, erinnerte sich an den 9. Oktober und das Friedensgebet: „Dass Menschen, die ‚in zeitweilig militant-atheistischen Weltanschauungsdiktaturen gelebt haben' und im Geist erzogen wurden, dass Gewaltlosigkeit nichts als ‚gefährliche Illusion' sei, ‚plötzlich die Bergpredigt

---

[24] Vgl. KONRAD FEIEREIS, Weltanschauliche Strukturen in der DDR und die Folgen für die Existenz der katholischen Christen, in: DEUTSCHER BUNDESTAG (Hg.), Materialien der Enquete Kommission „Aufarbeitung von Geschichte und Folgen der SED-Diktatur in Deutschland" (12. Wahlperiode des Deutschen Bundestages), Bd. VI: Rolle und Selbstverständnis der Kirchen in den verschiedenen Phasen der SED-Diktatur (Frankfurt/M. 1995), Tl. 1, S. 583–614, hier: S. 611.

[25] Vgl. KARL-HEINZ DUCKE, Die Balance nach der Wende – der „Runde Tisch" in: FRANZ GEORG FRIEMEL (Hg.), „… wie die Träumenden". Katholische Theologen zur gesellschaftlichen Wende (Leipzig 1990) S. 79–90.

[26] Vgl. CHRISTOPH ZIEMER, Der konziliare Prozeß in der Farben der DDR, in: Materialien der Enquete Kommission (wie Anm. 24), Tl. 2, S. 1430–1635, hier: S. 1480.

[27] 25 Jahre Ökumenische Versammlung, in: http://www.infozentrum-dresden.de/wp-content/uploads/sites/12/2014/12/Arbeitshilfe_25Jahre_%C3%96V.pdf [Zugriffsdatum: 24. 6. 2015] S. 10.

[28] Die Ökumenische Versammlung 1988/89 hat allerdings in ihren Aussagen über die Gewaltfreiheit von einem entscheidenden „Vorlauf" profitiert: der organisierten Friedensarbeit der evangelischen Kirchen in der DDR seit 1970/71. – Vgl. dazu vor allem JOACHIM GARSTECKI, Friedensdiskurse der 80er- und 90er Jahre vor der Sicherheitskulisse des 21. Jahrhunderts. Eine biographisch-historische Einführung, in: HEINZ-GÜNTHER STOBBE (Hg.) – JOACHIM GARSTECKI, Gewaltfreiheit politisch denken. Anstöße zur Friedendebatte in Ost und West 1981–2012 (Berlin 2013) S. 17–63, hier: S. 33–34.

[29] Zum Folgenden vgl. R. SCHRÖDER, Herbstrevolution (wie Anm. 7) S. 1.

eins zu eins auf der Straße umsetzen und nicht zurückschlagen ... das ist wirklich ein Wunder biblischen Ausmaßes'."[30]

4. Zur Rolle der katholische Kirche im Herbst 1989 oder: Im „Korsett der Bischofskonferenz"

Was haben Katholiken zum Herbst 1989 und den umstürzenden Ereignissen beigetragen? Katholiken gehörten zu den „Trittbrettfahrern der Revolution"[31] lautete die polemischste Unterstellung. Der evangelische Pastor Friedrich Schorlemmer ergänzt im Blick auf die Zeit unmittelbar nach dem Mauerfall und die zahlreichen katholischen Mandatsträger: „Wir haben die SED entmachtet und nun übernehmen die Katholiken die Macht."[32] Und Schorlemmer bleibt sich treu, wenn er am 9. November 2014 im ORF-Interview spöttisch erklärt: „Unsere katholischen Freunde waren mehr gegen das System, haben es aber weniger erkennen lassen. Wir in der evangelischen Kirche haben auch das Gespräch mit den Mächtigen gesucht. Und die evangelischen Kirchen waren Sammelbecken der Opposition."[33]

Einige unsystematische, beispielhafte Aufzählungen können deutlich machen, dass es einen wichtigen katholischen Beitrag zum Herbst 1989, seinen Abläufen und Ereignissen gab. Eine Untersuchung des Allensbacher Instituts von 1990 etwa erbrachte folgendes Ergebnis: Nachweislich haben an den Demonstrationen, prozentual betrachtet, ebenso viele Katholiken teilgenommen wie evangelische Christen.[34]

---

[30] B. POTTLER, Mauerfall (wie Anm. 20).

[31] UWE THAYSEN, Der Runde Tisch oder: Wo blieb das Volk? Der Weg der DDR in die Demokratie (Opladen 1990) S. 158.

[32] MARTIN HÖLLEN, Loyale Distanz? Katholizismus und Kirchenpolitik in SBZ und DDR. Ein Historischer Überblick in Dokumenten, Bd. 3/2: 1977 bis 1990 (Berlin 2000) S. 321.

[33] 25 Jahre Fall der Berliner Mauer: Erinnerungen eines evangelischen Aktivisten (ORF 2, Fernsehmagazin „Orientierung", 9. 11. 2014), in: http://religion.orf.at/tv/stories/2677953/ [Zugriffsdatum: 24. 6. 2015].

[34] Interessant ist eine Umfrage des Allensbacher Instituts für Demoskopie vom Frühjahr 1990, die zeigt, dass sich offenbar eine große Zahl von Katholiken gegen den Willen oder zumindest ohne Zustimmung der Bischöfe im Herbst 1989 an Demonstrationen und politischen Willensbekundungen beteiligt hatte. Dies geschah zumeist unter dem Dach der evangelischen Kirchen. Auf die Frage, an welchen Formen politischer Aktion man sich schon einmal beteiligt habe, antworteten im April 1990 unter 1336 repräsentativ ausgewählten katholischen „DDR-Bürgern" mit „Habe mich schon beteiligt": 57,4 Prozent (kirchennah) bzw. 56,9 Prozent (kirchenfern) an Demonstrationen sowie 66,7 Prozent bzw. 63,2 Prozent an Unterschriftensammlungen. Nimmt man nur die unter 40-Jährigen, um den Altersfaktor beim Kirchgang auszuschalten, haben sich 75,4 Prozent schon an Demonstrationen und 84,1 Prozent an Unterschriftensammlungen beteiligt. – Vgl. ANDREAS PÜTTMANN, Kein Rückzug ins Schneckenhaus. Katholiken in der DDR. Waren die katholischen

Bei den Friedensgebeten, die 1989 eine wichtige Rolle spielten, waren sowohl evangelische als auch katholische Christen bei Entstehung und Durchführung beteiligt.[35] Die ersten ökumenischen Friedensgebete in der DDR fanden übrigens 1978 in Erfurt in der katholischen St.-Lorenz-Kirche statt.[36] In Halle an der Saale war der „Aktionskreis Halle" mit seiner ökumenischen Ausrichtung und seinen Aktivitäten fester Bestandteil kirchlicher Friedensarbeit und er war mit seiner Ökumene in politicis, wie auch anderenorts diese Form der Ökumene erfolgreich war, wesentlich an den Demonstrationen in Halle beteiligt.[37] Schon am 18. September 1989 trafen sich zum ersten Friedensgebet in der katholischen Pfarrkirche in Geisa in der Rhön Christen beider Konfessionen; am 25. September wurde im Athanasius-Kircher-Haus das Bürgerforum gegründet.[38]

Im Berliner Ordinariat (Ost) wurden ab dem 7. Oktober 1989 Friedensgebete und Demonstrationen organisiert, die schließlich, mit Zustimmung von Bischof Sterzinsky, ab 16. Oktober zu Friedensgebeten in St. Hedwig mit anschließender gemeinsamer Demonstration der Gethsemanegemeinde führten.[39] Beim Mittagstisch der kirchlichen Mitarbeiter im Erfurter Marienstift wurden Demonstrationstermine festgesetzt, über die Demonstrationen diskutiert und Informationen weitergegeben.[40] Die Mitarbeiter des Magdeburger

---

Christen im Osten Deutschlands eine „schweigende Kirche"? Und gab es nach der Wende eine gezielte Strategie der „katholischen Machtübernahme"? – Neue Zahlen des Allensbacher Instituts für Demoskopie geben aufschlußreiche Antworten auf immer wieder gestellte Fragen, in: Rheinischer Merkur 27 (3. 7. 1992) S. 24. – DERS., Konkurrenz der Konfessionen? Katholiken und Protestanten im vereinigten Deutschland, in: Die Neue Ordnung 46 (1992) 1, S. 53–66. – Zu den unterschiedlichsten Laienaktivitäten vgl. BERND SCHÄFER, Staat und katholische Kirche in der DDR (Köln – Weimar – Wien ²1999) S. 429–452.

[35] Vgl. beispielsweise auch Katholisch-Theologische Fakultät der Universität Erfurt, Forschungsstelle für Kirchliche Zeitgeschichte Erfurt (KTFE, FKZE), Crimmitschau, Pfarrer Michael Gehrke an Josef Pilvousek, 17. 6. 2009 (Absprachen der evangelischen und des katholischen Pfarrers in Bad Salzungen). – Vgl. auch THOMAS WEINRICH, Der Ökumenische Arbeitskreis „Gerechtigkeit, Frieden und Bewahrung der Schöpfung" und die Friedensgebete in Sondershausen, in: SABINE BRÄUNICKE u. a. (Hg.), Die Friedliche Revolution in Sondershausen. Erinnerungen an 1989/1990 (Erfurt 2009) S. 30–44, hier: S. 37.

[36] Vgl. ILSE NEUMEISTER, Die Kraft der Kerzen, in: Erfurter Blätter, Okt./Nov. 2004, S. 4.

[37] Vgl. STEFFEN REICHERT, Schritte zur Freiheit. Die friedliche Revolution 1989/90 in Halle an der Saale, in: PATRICK WAGNER (Hg.), Schritte zur Freiheit. Die friedliche Revolution 1989/90 in Halle an der Saale (Halle 2009) S. 12–187, hier bes. S. 44 f.

[38] KTFE, FKZE (wie Anm. 35), Sammlung Klaus Tiller (Bürgerforum Geisa und Umgebung). – Herrn Klaus Tiller danke ich für die Überlassung dieser Sammlung.

[39] RAINER LAU, Denn zur Freiheit sind wir berufen, in: ERZBISTUM BERLIN (Hg.), Gesichter und Geschichten. Portraits, Interviews, Berichte (Berlin 2011) S. 127–129.

[40] Vgl. ANDREAS DORNHEIM, Politischer Umbruch in Erfurt 1989/90 (Weimar 1995) S. 65.

Ordinariates bereiteten jenen legendären Hirtenbrief von Bischof Johannes Braun vor, der am 23./24. September 1989 verlesen wurde.[41]

Auch ein Blick auf das Erfurter Priesterseminar ist aufschlussreich. Zur großen Demonstration nach Leipzig am 9. Oktober 1989 waren zwei Priesteramtskandidaten gefahren.[42] In der Folge reisten dann jeden Montag etwa zehn Theologen nach Leipzig. Einige Theologen hatten sich dem Demokratischen Aufbruch angeschlossen und tagten deshalb am 19. Oktober über Wirtschaftsfragen in der Brunnenkirche.[43]

Eine weitere zu verzeichnende Aktivität ist die Besetzung der Bezirksverwaltung des Ministeriums der Staatssicherheit der DDR am 4. Dezember 1989 in Erfurt – erstmals wurde in der DDR eine Stasizentrale besetzt.[44] Der damaligen Regens des Priesterseminars Erfurt, Dr. Bernhard Dittrich, erhielt am 4. Dezember einen Anruf, er möge sich an der Besetzung der Stasizentrale beteiligen. Daraufhin ging er mit einigen Theologen zur Andreasstraße, wo die Gruppe von etwa 30 Frauen und Männern erwartet wurde.[45] Dittrich wurde gleich zum Gruppensprecher gemacht und hatte in der Folge einzelne Zimmer zu beaufsichtigen, damit keine Akten verschwanden. Er berichtet darüber: „Ich war nur einer von ca. 4–5 Gruppenleitern, die dort aus der Situation geboren wurden. Nachdem man allen ‚Eindringlingen' die inzwischen erkalteten Verbrennungsöfen gezeigt hatte, kamen dann die aus 7–10 Mann bestehenden Gruppen zum Tragen. Eigentlich war es Aufgabe ‚meiner' Gruppe, das Archiv in Augenschein zu nehmen. Ich sehe noch heute die Stasi-Typen arrogant an die Wände und Schränke gelehnt: bitte, was möchten sie sehen? – bis einem [von uns; Anm. d. Verf.] der Kragen platzte und er

---

[41] Vgl. VINZENT ANTAL, Ein Zeichen der Hoffnung. Der Hirtenbrief Bischof Brauns von 1989 und seine Auswirkungen auf die Propsteigemeinde „St. Peter und Paul" in Dessau, in: Jahrbuch für mitteldeutsche Kirchen- und Ordensgeschichte 7 (2011) S. 277–295. – Der Hirtenbrief ließ an Deutlichkeit nichts zu wünschen übrig. Die SED-Führung wurde scharf angegriffen, die Missstände in Staat und Gesellschaft klar benannt und die Gläubigen aufgefordert sich einzumischen. Um die Entstehung des Briefes wusste der Erfurter Bischof und damalige stellvertretende Vorsitzende der Berliner Bischofskonferenz Dr. Joachim Wanke, der eigentlich aufgrund seiner Position die Veröffentlichung hätte verhindern müssen.

[42] Freundliche Mitteilung von Pfarrer Benno Jakubasch, Nebelschütz, 25. 10. 2014. – Der zweite Alumne war Olaf Forberger.

[43] Archiv des Priesterseminars Erfurt, Alumnat, Bericht des Katholischen Priesterseminars – Alumnat über den Verlauf des Wintersemesters 1989, 15. 12. 1989. – Die Brunnenkirche in der Nähe des Priesterseminars war damals noch Seminarkirche.

[44] GESELLSCHAFT FÜR ZEITGESCHICHTE ERFURT (Hg.), Die Besetzung der Bezirksverwaltung des Ministeriums für Staatssicherheit der DDR am 4. Dezember in Erfurt (Erfurt 2014) S. 15.

[45] Frdl. Mitteilung von Domkapitular Dr. Bernhard Dittrich, Meißen, 3. 11. 2014.

fast herausschrie: Alles Mist – ich zeige Euch jetzt mal, wo ich Wochen bei großer Hitze eingebuchtet war!"[46]

Auf ein weiteres Phänomen ist hinzuweisen. Obschon auf Weisung der Berliner Bischofskonferenz die Kirchen nicht für politische Kundgebungen geöffnet werden sollten, haben katholische Pfarrer und Kapläne diese Weisung beinahe ausnahmslos nicht beachtet.[47] Zwischen evangelischen und katholischen Pfarrern gab es regelmäßig Absprachen über Organisation und Durchführung der Demonstrationen.[48] In manchen Fällen, wie in Dresden und Leinefelde, waren Kapläne federführend, deeskalierend und moderierend an Protestdemonstrationen beteiligt.[49] Selbstverständlich wurden in geschlossenen katholischen Gebieten und Ortschaften die größeren katholischen Kirchen für Friedensgebete genutzt und so oft Ausgangspunkt für Demonstrationen. An Einzelaktionen sei erinnert, wie die von Pfarrer Joachim Wenzel[50] in Crimmitschau oder von Pfarrer Norbert Weinhold[51] in Reichenbach.

Und letztendlich sei der emeritierte evangelische Bischof von Magdeburg, Axel Noack, zitiert, der am 24. Oktober 2009 in Erfurt auf die Frage, welche Rolle evangelische und katholische Kirche 1989 gespielt haben, antwortete: „Es gibt nicht die katholische und die evangelische Kirche. Die katholische Kirche war eine Minderheitenkirche und deshalb weniger in der Öffentlichkeit präsent. Die Friedensgebete fanden zumeist in evangelischen Kirchen

---

[46] Frdl. Mitteilung von Domkapitular Dr. Bernhard Dittrich, Meißen, 1. 12. 2014. – Ich danke Herrn Domkapitular Dr. Dittrich für die Informationen. – Unter den ca. 25 bis 30 Leuten, die sich später Zugang zu dem Gebäude verschafften, waren der Subregens und weitere Seminaristen.

[47] Dazu ist beispielsweise die Bürgerversammlung in der katholischen Kirche Hennigsdorf am 20. 11. 1989 zu zählen. – Vgl. ERHART NEUBERT, Unsere Revolution. Die Geschichte der Jahre 1989/90 (München – Zürich 2008) S. 499. – Die Gebete zur „Erneuerung der Gesellschaft" am 2. 11. 1989 fanden in der katholischen Kirche in Schönebeck statt. Bereits am 24. 10. 1989 war das Ministerium für Staatssicherheit (MfS) über die Aktivitäten informiert worden; vgl. Bundesbeauftragter für die Unterlagen des Staatssicherheitsdienstes der ehemaligen Deutschen Demokratischen Republik (BStU), MfS, BV Magdeburg, AKG 90, 000006-000019. – In Erfurt-Hochheim stellte der damalige Pfarrer Josef Ulrich SJ die Pfarrkirche dem „Neuen Forum" zur Verfügung; in Ilmenau öffnete Pfarrer Gerhard Sammet das Pfarrhaus dem „Neuen Forum".

[48] Vgl. GERHARD NACHTWEI, Aufbrüche. Die Magdeburger „Wende" im Rückblick, in: THOMAS BROSE (Hg.), Glaube, Macht und Mauerfälle. Von der friedlichen Revolution ins Neuland (Würzburg 2009) S. 97–106.

[49] Vgl. FRANK RICHTER, Von der Eskalation zum Dialog in Sachsen. Dresden im November 1989, in: TH. BROSE, Glaube (wie Anm. 48) S. 91–96. – Vgl. HANS GERD ADLER, Brückenköpfe (Heiligenstadt 2009) S. 296–200.

[50] Vgl. Gehrke an Pilvousek (wie Anm. 35).

[51] Vgl. LANDRATSAMT REICHENBACH (Hg.), Wir sind das Volk. Dokumentation über die Herbsttage 1989 in Reichenbach und Umgebung (Reichenbach 1994). – Auch: NORBERT FIEDLER, Mein letztes Visum. Erinnerungen an die Zeit der „Wende" im Herbst 1989, in: Jahrbuch für mitteldeutsche Kirchen- und Ordensgeschichte 10 (2014) S. 173–218, hier: S. 207 f.

statt, weil es kaum große katholische Kirchen gab. Viele katholische Christen haben ebenso an den Demonstrationen mitgewirkt wie evangelische. Die evangelische Kirche hat eine Schutzfunktion übernommen, die sie sich nicht ausgesucht hat."[52]

Auf einige berechtigte Kritikpunkte an der katholischen Kirche muss dennoch eingegangen werden. Zusammengefasst lauten sie so: Die Kirche hat sich zu sehr in alte Bastionen zurückgezogen. Bischöfliche Anordnungen, Kirchen nicht für politische Versammlungen zu öffnen, und ein Verbot, Ökumene in politicis zu betreiben,[53] haben dazu beigetragen, dass die offizielle katholische Kirche im Herbst 1989 kaum und zu spät in Erscheinung trat, ihre „Gettohaltung" aufgab und sich vernehmbar in den Erneuerungsprozess einmischte.

Andererseits: Auffallend ist, dass die meisten Bischöfe mehr oder weniger offen dissidente Aktivitäten von Laien und Bürgerkomitees konzedierten, was sich unter anderem auch an den politischen Aktivitäten der Laien und einzelner Priester erkennen lässt. Wie sind nun die Widersprüchlichkeiten zu erklären?

In der katholischen Kirche in der DDR war es zu einer Zentralisierung kirchlicher Verantwortlichkeit gekommen. Dieser Prozess, hatte zweifellos in der Amtszeit von Kardinal Bengsch (1961–1979) seinen Höhepunkt erreicht. Er hatte wie kein Vorsitzender vor und nach ihm, die Bischofskonferenz zu einer Einheit geformt. Das bezieht sich sowohl auf die kirchenpolitische Linie und die theologischen Grundpositionen als auch auf die personelle Aufstellung der katholischen Kirche in der DDR. So wurde diese Regionalkonferenz allmählich zu einer umfassenden Administration, die einen mühsam erreichten Status quo mit dem Staat gegen alle Widerstände erhalten wollte und mit allen Mitteln verteidigte. Diesem Status quo, der vor allem in politischer Zurückhaltung und Abstinenz bestand, um Gläubige nicht zu gefährden und eine „Märtyrerkirche" zu vermeiden, glaubte man sich verpflichtet. Die Sorge, die „Minderheitenkirche" könne einem offenen Kirchenkampf ausgesetzt werden und die „kleine Herde" einer vernichtenden Hetze, waren Leitmotive des Berliner Kardinals.

Die Mitgliedschaft in der Berliner Bischofskonferenz mit ihren restriktiven kirchenpolitischen Direktiven führte noch 1989 dazu, an dem vorgegebenen Prinzip der Geschlossenheit und politischen Abstinenz festzuhalten, was zum Ärger der Berliner „Politprälaten" am Ende der DDR aber immer weniger

---

[52] Ausführungen von Bischof Axel Noack am 24. 10. 2009 bei der Tagung der Kommission für Zeitgeschichte in Erfurt, Mitschrift Redebeitrag.

[53] Vgl. GEORG STERZINSKY, Getrennt vereint. Georg Kardinal Sterzinsky im Gespräch mit Joachim Jauer, in: ERZDIÖZESE BERLIN (Hg.), Jahrbuch für das Erzbistum Berlin 2009 (Köln 2008) S. 14–20, hier: S. 16.

gelang.⁵⁴ Einzelne dieser kirchlichen Unterhändler, die sich vor allem an Kardinal Alfred Bengsch und seiner kirchenpolitischen Linie orientierten, rieten noch im August 1989 von einem „Einschwenken" auf die gesellschaftlichen Protestbewegungen ab.⁵⁵

Völlig anders verhielt es sich auf der Ebene der Bistümer und Jurisdiktionsbezirke.⁵⁶ Innerhalb der Kirchenmauern sprach man Klartext, kritisierte die kirchenfeindliche Haltung des Staates und die Benachteiligung von Christen.

Die auf oberster Ebene beschlossenen Verhaltensregeln zum Umgang mit dem Staat mit der Zielstellung, sich nicht vereinnahmen zu lassen und gegenüber politischer und ideologischer Propaganda resistent zu werden oder zu bleiben, waren nur so lange sinnvoll, wie sie plausibel waren. Als in Bürgerbewegungen und Laieninitiativen seit 1989 das politische System hinterfragt und staatliche Autorität infrage gestellt wurde, hatten die Direktiven längst ihre Berechtigung verloren.⁵⁷ Erst am 14. November 1989 wurden diverse Anweisungen suspendiert und zur Mitarbeit in den Parteien und verschiedenen Gruppierungen ermuntert.⁵⁸ Zu diesem Zeitpunkt hatten sich bereits viele Laien und Priester, aber auch Bischöfe von den kirchenpolitisch motivierten Vorgaben der eigenen Bischofskonferenz emanzipiert.

Das kirchenpolitischen „Korsett" stützte nun nicht mehr, sondern grenzte ab, schnürte ein und behinderte. Auf die Frage, warum mit gleichen Voraussetzungen die evangelischen Kirchenleitungen anders reagiert hätten, antwortete der evangelische Bischof Axel Noack: „Die evangelischen Kirchenleitungen

---

54 In einem Beitrag in der Katholischen Akademie Berlin am 6. 11. 1999 erklärte Sterzinsky „Fehleinschätzungen" damit, dass die Katholische Kirche den Grundsatz der politischen Abstinenz verinnerlicht habe und deshalb sehr zurückhaltend gewesen sei. – Vgl. Wunder der deutschen Einheit, in: Katholische Kirchenzeitung Berlin (14. 11. 1999) S. 2.

55 KTFE, FKZG (wie Anm. 35), Sammlung BOK/BBK (P), Politika: Zur politischen und kirchlichen Lage, August 1989.

56 So hatte der Erfurter Bischof Joachim Wanke einerseits die offizielle Linie der Bischofskonferenz vertreten, andererseits stellte er aber für die Donnerstagsdemonstrationen die Lautsprecheranlage zur Verfügung. Anfang Oktober 1989 war Wanke vom (evangelischen) Eisenacher Landesbischof Werner Leich gebeten worden, mit ihm eine gemeinsame Erklärung zur politischen Lage zu verfassen, notierte man in der Dienststelle des Staatssekretärs für Kirchenfragen. Dass dies nicht zur Ausführung gekommen sei, hätte am Einspruch der Konferenz gelegen. – Vgl. Bundesarchiv, Abt. Berlin, 993, Gespräch Kalb/Lange, 9. 10. 1989.

57 Bei einem Gespräch des Berliner Prälaten Gerhard Lange mit dem stellvertretenden Staatssekretär für Kirchenfragen Hermann Kalb am 9. November 1989 beklagte der Kirchenmann die „erheblich voneinander abweichenden Äußerungen einiger Ortsbischöfe zu aktuellen politischen Fragen" und forderte, „daß die katholische Kirche in der DDR wieder mit einer Stimme spreche." – Vgl. Bundesarchiv, Abt. Berlin, 993, Gespräch Kalb Lange, 9. 10. 1989.

58 Vgl. M. HÖLLEN, Loyale Distanz (wie Anm. 32) S. 273.

haben nicht — anders als die katholischen — die Möglichkeiten gehabt, Anordnungen und Weisungen ‚durchzustellen'."[59]

5. Schlussbemerkung

Nun gibt es auch Versuche, das Handeln der Bischofskonferenz bei der „Zäsur 1989" anders zu erklären und Defizite zu rechtfertigen. Damit das gelingt, nutzt man den aus der Soziologie übernommenen Begriff der Parallelgesellschaft. Das führt zu Interpretationen, Katholiken hätten Regeln und Moralvorstellungen der Mehrheitsgesellschaft strikt abgelehnt, als Minderheit gelebt und sich deshalb von gesellschaftlichen Aktivitäten, wie Protesten, Demonstrationen etc. ferngehalten. Die von den Bischöfen geforderte Zurückhaltung und politische Abstinenz sei letztlich die Konsequenz kirchlichen Lebens in der Parallelgesellschaft. Die theologische Absurdität eines solchen Erklärungsmodells ist offenkundig. Kirche hätte dann tatsächlich nichts mehr mit den Sorgen, Ängsten und Hoffnungen der Menschen 1989 zu tun gehabt.

---

[59] Ausführungen Noack (wie Anm. 52).

Prof. Dr. Karl-Joseph Hummel
Ansprache zu seiner Verabschiedung als Direktor
der Forschungsstelle der Kommission für Zeitgeschichte
und Geschäftsführer der Kommission für
Zeitgeschichte e. V. in Bonn[*]

Dr. Karl-Joseph Hummel wurde am 1. April 1993 Direktor der Forschungsstelle der Kommission für Zeitgeschichte und Geschäftsführer der Kommission für Zeitgeschichte e. V. in Bonn. Er war zu einem Zeitpunkt Direktor geworden, als bereits erste Überlegungen angestellt worden waren, wie eine Aufarbeitung der Geschichte der katholischen Kirche in der DDR ablaufen könnte.

Legendär wurde eine Tagung vom 6. bis 8. Juli 1990 im Bildungshaus St. Ursula in Erfurt, zu der Bischof Joachim Wanke eingeladen hatte. Angereist waren Mitglieder der Kommission für Zeitgeschichte, Bonn,[1] und Teilnehmer, vor allem historisch Interessierte, aus den Bistümern und Jurisdiktionsbezirken der DDR.[2] Die als „Ingang-Bringen der kirchlichen Zeitgeschichte in der DDR" geplante Tagung war in den Ergebnissen durchaus programmatisch, atmosphärisch aber äußerst schwierig. Unverständnis gegenüber westdeutschen Fragestellungen und eine sicher ungewollt zur Schau gestellte gelehrte Überheblichkeit einiger Mitglieder der Kommission für Zeitgeschichte schürten bei den Teilnehmern aus der DDR Vorbehalte für eine künftige Zusammenarbeit. Mein alter, hochverehrter Lehrer Erich Kleineidam[3] erklärte denn

---

[*] Für die Drucklegung leicht bearbeitete Fassung des Festvortrags, den der Autor zur Verabschiedung von Prof. Dr. Karl-Joseph Hummel am 3. Dezember 2015 in der Aula des Collegium Albertinum, Bonn, gehalten hat. — Verwendete Abkürzungen: FKZG = Forschungsstelle für kirchliche Zeitgeschichte Erfurt. — HAEK = Historisches Archiv des Erzbistums Köln.

[1] Dr. Klaus Gotto, Bonn; Prof. Dr. Günther Hockerts, München; Prof. Dr. Hans Maier, München; Prof. Rudolf Morsey, Speyer; Prof. Anton Rauscher SJ, Augsburg-Mönchengladbach; Prof. Dr. Konrad Repgen, Bonn.

[2] Bischof Dr. Joachim Wanke, Erfurt; Dozent Dr. Gerhard Feige, Erfurt; Geistl. Rat Dr. Josef Gülden, Leipzig; Prof. Dr. Konrad Hartelt, Erfurt; Prof. Dr. Erich Kleineidam, Erfurt; Dr. Renate Krüger, Schwerin; Pfarrer Heinrich Meier, Chemnitz; Dozent Dr. Josef Pilvousek, Erfurt; Pfarrer Dr. Franz Schrader, Magdeburg.

[3] Erich Kleineidam (1905–2005), 1954 Gründungs-Rektor des Philosophisch-Theologischen Studiums Erfurt und dort bis 1970 Professor für Philosophie sowie bis 1959 auch Gründungs-Regens des Erfurter Priesterseminars. — Vgl. JOSEF PILVOUSEK, Erich Kleineidam

auch gleich nach der Zusammenkunft, er werde zu einer eventuellen zweiten Besprechung nicht mehr erscheinen.

Rückblickend hatte Konrad Repgen in seinem Protokoll formuliert, dass „... Unterschiede zwischen der jüngsten Geschichte und der heutigen Situation der Kirche in der Bundesrepublik und in der DDR sehr deutlich wurden."[4] In einem zweiten Protokoll wurde ausführlicher festgehalten: Die Thematik bestand darin, „... bevorstehende Kontroversen über Grundfragen kirchlicher Zeitgeschichte in der DDR aufarbeiten zu helfen. Von dieser sehr allgemeinen Zielstellung, von der beide Seiten nicht genau wussten, was gemeint war, konnte man kaum große Ergebnisse erwarten. Ohne den Mitgliedern der Kommission mangelnde Kompetenz vorwerfen zu wollen, durfte man schon zu Beginn einige Fragen an das ‚Unternehmen' haben. Was sind die bevorstehenden Kontroversen, von wem gehen sie aus? Wen will man eigentlich für diese Kontroversen zurüsten, wenn man nicht weiß, welche Kontroversen kommen? Was sind überhaupt Grundfragen kirchlicher Zeitgeschichte im Raum der DDR, wo es diese ‚Sparte' bisher nicht gab?"[5] Protokollarisch wurden Zielstellungen definiert. Eine davon lautete: „Die Kommission für Zeitgeschichte kann und wird, soweit das erwünscht ist [im Sinne des Vorerwähnten], Hilfestellung zu leisten suchen. Sie benötigt dafür zunächst und dringlich in jedem Jurisdiktionsbezirk einen verlässlichen Ansprechpartner."[6] Diese Ansprechpartner hat es im gewünschten Sinn nie gegeben. Manche Hoffnungen auf eine Kooperation mit Mitgliedern der Kommission hinsichtlich einer Aufarbeitung der Geschichte der katholischen Kirche in der DDR sind gescheitert und zu einer Hilfestellung der Kommission als Ganzer ist es nie gekommen, wohl aber zur Zusammenarbeit mit einzelnen Mitgliedern.

Zum Zeitpunkt der Ernennung von Karl Hummel hatte ich auftragsgemäß manche Auseinandersetzung, vor allem um die Hinterlassenschaften der Berliner Bischofskonferenz, zu führen. Der Blick der meisten an der DDR interessierten zumeist jungen Forscher aus dem Umfeld der Kommission war auf das im Entstehen befindliche Archiv der ostdeutschen Bischöfe und seine unkomplizierte Nutzung gerichtet, um möglichst schnell, vor allen anderen, an Quellen zu kommen. Die Aussicht, damit die Deutehoheit zu erlangen,

---

(1905–2005). Biografische Anmerkungen zu einem Priester- und Gelehrtenleben, in: Jahrbuch für mitteldeutsche Kirchen- und Ordensgeschichte 8 (2012) S. 141–156.

[4] Vermerk Konrad Repgen, 31. 7. 1990, FKZG, Sammlung BOK/BBK (P) VII, AG Bischöfe-Region Ost, 1991–1994.

[5] Eindrücke von der Begegnung zwischen Mitgliedern der Kommission für Zeitgeschichte, 20.8. 1990, Privatarchiv J. Pilvousek, KFZG 1989–1995.

[6] Vermerk Konrad Repgen, 31. 7. 1990, FKZG, Sammlung BOK/BBK (P) VII, AG Bischöfe-Region Ost, 1991–1994.

schien realistisch. Eine Archivordnung war noch nicht erstellt und mir war von Seiten der Bischöfe die wenig dankbare Aufgabe zugedacht, das provisorische Archiv in Berlin zu schließen und ein neues in Erfurt aufzubauen, was schließlich 1994 gelang. Besonders bei diesem heiklen Thema wünschte ich mir Gefährten, denn die Zahl der Bedenkenträger für oder gegen ein Archiv der ostdeutschen Bischöfe schien täglich zu wachsen. Umso aufmerksamer und mit großer Hoffnung beobachtete ich daher den Bonner Personalwechsel.

Tatsächlich habe ich mit Karl Hummel einen Kollegen und Gefährten gefunden, der die katholische Kirche in der DDR und ihre Gläubigen auch als Subjekt wissenschaftlicher Forschung betrachtet hat und mir oft zum kompetenten Ratgeber wurde, wenn sich etwa die Frage stellte, welche Themen im Fokus einer Bearbeitung stehen müssten oder welchen Fragen nachgegangen werden müsste, um diese Geschichte der kirchlichen Wiedervereinigung schreiben zu können. Ich versuche im Folgenden einmal, das Bearbeitungsfeld kursorisch abzustecken.

1. Mängel und Ausfälle

Natürlich hat es bei der sogenannten Aufarbeitung der Kirchengeschichte der katholischen Kirche in der DDR Ansätze und Erklärungsversuche gegeben, die wegen ihrer Undifferenziertheit und aufgrund ihrer apodiktischen Urteile zum Widerspruch reizen. Die Historisierung der Ereignisse der Jahre 1989/90 hat längst begonnen. Das ist gut so, denn auch die Legendenbildungen haben bereits eingesetzt. Gerade im Hinblick auf die sogenannte „Wende" wird die „Mutlosigkeit" der Katholiken im Unterschied zu den evangelischen Schwesterkirchen thematisiert. Ohne sich an dieser Diskussion zu beteiligen, bleibt festzuhalten, dass die katholische Kirche und ihre Akteure insgesamt dabei schlecht wegkommen. Neuere Forschungen bestätigen zwar diese Aussagen grundsätzlich, zeigen aber auch, dass die Rolle der katholischen Kirche bei der friedlichen Revolution keineswegs so gering war, dass sie marginalisiert werden darf. Und manche dieser Vorwürfe sind schlichtweg falsch! Vor allem da, wo eine Ökumene in politicis gelebt wurde, wo man also auf vorwiegend regionaler Ebene eine konfessionsübergreifende gesellschaftspolitische Zusammenarbeit der Christen praktizierte, ist kein Unterschied zwischen evangelischen und katholischen Akteuren auszumachen.[7]

---

[7] JOSEF PILVOUSEK, Kirche in der DDR. Rückschau auf die Erfahrungen, in: KATHOLISCHE AKADEMIE IN BERLIN E. V. (Hg.), 20 Jahre Mauerfall. Katholische Kirche und Friedliche Revolution – Lernschritte und Bewährungsproben. Eine Dokumentation (o. O. 2010) S. 4–17, hier: S. 12 f.

Natürlich gibt es auch Versuche, den Katholizismus in der DDR einfach und griffig zu beschreiben. Dabei setzte man auf den Begriff der Parallelgesellschaft. Dieser Begriff beschreibt die Selbstorganisation einer gesellschaftliche Minderheit, die Regeln und Moralvorstellungen der Mehrheitsgesellschaft ablehnt. Der Begriff überschneidet sich in seinem Bedeutungsinhalt mit der Gegenkultur und Subkultur bzw. Subgesellschaft. Seine Anwendung auf die katholische Kirche in der DDR führt dann zu Interpretationen, wonach die Katholiken Regeln und Moralvorstellungen der Mehrheitsgesellschaft strikt abgelehnt, als Minderheit gelebt und sich deshalb von gesellschaftlichen Aktivitäten, wie Protesten, Demonstrationen etc. ferngehalten hätten (Subgesellschaft). Die von den Bischöfen geforderte Zurückhaltung und politische Abstinenz sei daher letztlich die Konsequenz kirchlichen Lebens in der Parallelgesellschaft gewesen. Ob diese Beschreibung historisch zutreffend ist, scheint fragwürdig, theologisch ist sie falsch.

Die Absurdität eines solchen Erklärungsmodells wird dann offenkundig, wenn man die damit verbundenen theologischen Konsequenzen bedenkt: eine isolierte Kirche, die sich von den Menschen fernhält und deren Sorgen ihr letztendlich gleichgültig sind. Wenn es so gewesen wäre, dass die Kirche sich von Regeln und Moralvorstellungen der Mehrheitsgesellschaft strikt abgekehrt hätte, dann hätte sie tatsächlich nichts mehr mit der Freude und Hoffnung, der Trauer und Angst der Menschen in der DDR zu tun gehabt. Sie hätte sich damit von ihrem Grundauftrag entfernt und, um es noch deutlicher zu sagen, sie wäre nicht mehr Kirche gewesen.

25 Jahre nach der Wiedervereinigung fragt man sich, wie es im Verhältnis des deutschen Katholizismus zwischen Ost und West aussieht? Oder anders gefragt: Ist das Zusammen-Leben, das Zusammen-Handeln, das Gemeinsam-Glauben zwischen Ost und West ein Stück vorangekommen? Schon geraume Zeit ist es her, dass das Thema einer Tagung lautete „Der Katholizismus – Gesamtdeutsche Klammer in den Jahrzehnten der Teilung?"[8] Ist es zu einem Miteinander von Ost und West in kirchlichen Fragen gekommen, zu einem Gedanken- und Meinungsaustausch, zu theologischen Dialogen? Gibt es eine wiedervereinigte Seelsorge? Die Fragen sind meines Erachtens noch lange nicht beantwortet. Der Appell meines früheren Kollegen und jetzigen Bischofs von Magdeburg, Gerhard Feige, darf sogar als eine Art Alarmruf gelten. Im Hinblick auf die jüngsten Bischofswechsel in Berlin formulierte er: „Bedauerlicherweise entsteht der Eindruck, ostdeutsche Bistümer seien inzwischen so etwas wie ein Verschiebebahnhof oder die Praktikumsstellen zur Qualifizierung für höhere Ämter. Angesichts der besonders schwierigen

---

[8] Vgl. ULRICH VON HEHL – HANS GÜNTER HOCKERTS (Hg.), Der Katholizismus – gesamtdeutsche Klammer in den Jahrzehnten der Teilung? Erinnerungen und Berichte (Paderborn u. a. 1996).

Situation der Katholiken in den neuen Bundesländern trägt dies eher noch zur weiteren Destabilisierung der kirchlichen Verhältnisse bei."⁹ Und Feige beendet sein Monitum: „Wir dürfen unsere Schafe nicht verlassen, erst recht nicht, wenn so vieles im Umbruch ist."¹⁰

2. „Kirche, die aus dem Osten kam"

Als einer meiner früheren Mitarbeiter in Südthüringen einen Vortrag über die katholische Kirche und den Katholizismus in der DDR hielt, wurde am nächsten Tag in der örtlichen Zeitung darüber berichtet. Der Journalist, der den Vortrag gehört hatte, titelte: „Kirche, die aus dem Osten kam."¹¹ Der Vortrag beschäftigte sich mit Flucht und Vertreibung am Ende des Krieges und dem allmählichen Werden eines ostdeutschen Katholizismus. Mag der Berichterstatter auch nicht alle Einzelheiten verstanden haben, den Skopus der Thematik – eine Kirche, die durch Migrationen aus dem sogenannten Osten des Deutschen Reiches entstanden war – hatte er begriffen und exakt wiedergegeben. Ja, die katholische Kirche in der früheren DDR und teilweise noch in den neuen Ländern ist eine Kirche, die quantitativ und qualitativ eng mit den Vertreibungen und Fluchtbewegungen aus dem Osten am Ende des Zweiten Weltkrieges verbunden und nur vor diesem Hintergrund zu verstehen ist.

Der Begriff „Osten" wird bei dem Prozess der Aufnahme der Flüchtlinge und Vertriebenen nach 1945 zu mehr als einer geografischen Bezeichnung für eine Himmelsrichtung. Mit Osten wurden auch Armut, Provinzialität, Rückständigkeit, Primitivität, manchmal sogar Gottlosigkeit verknüpft. Sicher spielten bei solchen Assoziationen am Ende des Krieges die nationalsozialistische Propaganda, der Kampf gegen den Bolschewismus und die vermeintlich „wilden Horden aus dem Osten" eine Rolle. Sätze wie „Hätten sie an Gott geglaubt, hätte er sie nicht verlassen!" waren zu hören. In einem Bericht über die Lage der Vertriebenen in der Sowjetischen Besatzungszone (SBZ) aus dem Jahre 1946 heißt es dann auch jammernd: „Alles zieht nach dem Westen!"¹² Man verließ den Osten – SBZ und DDR – auch mit der Hoffnung, in einen besseren katholischen Westen zu kommen und anders behandelt, vielleicht akzeptiert zu werden. Gleiches galt auch für Priester. Versuche,

---

⁹ DANIEL DECKERS, Die Hirten verlassen ihre Schafe, in: Frankfurter Allgemeine Zeitung 217 (18. 9. 2015) S. 4.
¹⁰ Ebd.
¹¹ Artikel in der Südthüringer Zeitung; mündlich tradiert von Dr. Torsten Müller, Heiligenstadt.
¹² HAEK, CR 25.202, Bericht über die Lage der Vertriebenen, 18. 7. 1946.

Priester aus den deutschen Ostgebieten, die in den Westen gegangen waren, zu einer Rückkehr in den mitteldeutschen Osten, das meint die SBZ oder DDR, zu gewinnen, blieben fast immer erfolglos. Mag die Angst vor Russen und Kommunisten dabei eine zentrale Rolle gespielt haben, andere Momente sollten hinzukommen. Karl Gabriel definierte die katholische Kirche in der DDR einmal als stigmatisierte Religion: Katholiken in der Position einer Randgruppe, die von Führungspositionen und höheren Bildungschancen ausgeschlossen ist. Auch das muss bedacht werden, wenn Gründe für die hohen Fluchtzahlen in die Bundesrepublik bis 1961 gesucht werden.

Dass die Vertriebenen, die in die Westzonen gegangen waren, auf ähnliche Mentalitäten und Vorurteile stießen, wie in Ostdeutschland, scheint für sie jedenfalls zweitrangig gewesen zu sein. Viele erlebten den Osten im Westen weniger östlich, das heißt weniger ausgrenzend und demütigend. Was aber war es, das die damaligen Flüchtlinge und Vertriebenen von den Einheimischen, genauer: von den Westdeutschen, unterschied?

Von Kardinal Frings, der durch zahlreiche Kontakte in die SBZ und durch Briefe eines Verwandten bestens über die Situation in Ostdeutschland informiert war, stammt eines der wenigen Zeugnisse, das darüber Auskunft zu geben scheint. Frings beschrieb am 16. Januar 1953 rückblickend die Bedeutung der Ostpriesterhilfe. Eine zugunsten des neuen Priesterseminars in Erfurt getroffene Entscheidung begründete er so: „Königstein hat jetzt den vorzüglichen Regens an das Priesterseminar in der Ostzone (Erfurt) abgegeben und ist bereit, alle Theologen, die jenseits der Oder-Neiße-Linie geboren sind, an dieses Seminar abzugeben, sobald sie die Einreiseerlaubnis erhalten haben. Das Seminar hat den Vorteil, dass hier Ostdeutsche durch Ostdeutsche erzogen werden; die Erfahrung hat gelehrt, dass die ostdeutschen Theologen sich in unseren Häusern nicht ganz wohl fühlen, und die hiesigen Direktoren klagen darüber, dass sie nur schwer die ostdeutschen Alumnen wegen ihres andersartigen Volkscharakters verstehen können."[13] Worin der andersartige Volkscharakter bestand, was die Mentalitätsunterschiede für ihn ausmachten, erfährt man nicht.

Ein „anderer Osten" spielte bei der Wiedervereinigungsdiskussion 1989/90 eine Rolle. Die Begriffe Ostler und Westler oder Ossis und Wessis waren nach einer Phase der Euphorie vielfach zu Klassifikationen geworden, durch die, verbunden mit viel Emotionalität, Schwächen, Fehler, Unfähigkeiten und Böswilligkeiten dem je anderen zugeschrieben wurden. Auffallend ist, dass, ähnlich wie bei Flucht und Vertreibung, der Osten zu einem Synonym für Provinzialität, Rückständigkeit, Primitivität und Unfähigkeit geworden zu sein schien. Das Gegenargument, auch Norden und Süden würden sich

---

[13] HAEKöln, CR 25.20e, Entwurf über die Bedeutung der Ostpriesterhilfe, 16. 1. 1953.

voneinander unterscheiden und deshalb sei der Ost-West-Unterschied wesentlich nur eingebildet, trifft meines Erachtens nicht zu.

Ebenso waren und sind natürlich die Kirchen von diesen Befangenheiten betroffen. Und selbstverständlich versuchte und versucht man im Osten und Westen gegen diese Vorurteile anzugehen. Der Berliner Bischof Georg Sterzinsky artikulierte es im Mai 1990 so: „Es ist zu kontrastreich Schwarzweiß gemalt worden, wenn man häufig so spricht, als ob drüben im Westen alles verflacht sei in religiöser Hinsicht und hier die tapferen glaubensstarken Katholiken seien. Da erinnere ich die Mitbrüder manchmal daran, wie wir doch geklagt haben, dass die Gemeinden kleiner geworden sind durch Abfall, nicht nur durch die formellen Austritte, sondern auch durch den stillen Auszug infolge von Gleichgültigkeit und Oberflächlichkeit, durch die Anpassung ans Milieu. Jetzt auf einmal betonen wir manchmal, wie tapfer manche Familien, einzelne Katholiken, vielleicht auch kleine Gemeinden gewesen sind. Die gibt es sicherlich auch. Aber es war nicht so, dass hier nur Helden gewesen sind."[14] Sterzinsky griff auch eine Sentenz des damaligen Kölner Erzbischofs Kardinal Joachim Meisner auf, der auf die Frage, ob die Christen im Osten besser gewesen seien als die Christen im Westen, gesagt haben soll: „Die sind nicht besser, die haben nur weniger Gelegenheit zum Sündigen." Sterzinsky deutete es so: „Die Lebensgewohnheiten sind im Westen anders, es gibt andere Verführungen. Aber den moralischen Qualitätsunterschied zwischen Menschen in Ost und West konstatiere ich nicht."

Gegen eine Abwertung des ostdeutschen Katholizismus und der dortigen Theologie wandte sich 1990 Otto B. Roegele: „Hat der Katholizismus in der DDR ‚intellektuell aufzuholen', um den Anschluss an die Bundesrepublik Deutschland zu finden? Diese Frage, die man nicht ohne ein gewisses Unbehagen vor zu viel Selbstsicherheit hören kann, ist nicht mit einem einfachen Ja oder Nein zu beantworten. Für die Theologie und die Theologen gilt, dass sie keinen Vergleich zu scheuen brauchen, wie das Beispiel Erfurt zeigt."[15]

Was unterscheidet denn nun die beiden Katholizismen in Ost und West? Joachim Garstecki, der früherer Generalsekretär von „Pax Christi", antwortete darauf wie folgt: „Es stoßen im Grunde zwei sehr unterschiedliche Katholizismen aufeinander: Im Westen der im wesentlichen rheinisch-westfälisch geprägte, der auch gewohnt ist, sich politisch zu artikulieren, und der nicht gerade durch eine große Staatsferne charakterisiert ist; im Osten dagegen ein im Wesentlichen schlesisch geprägter Katholizismus. Da gibt es schon rein mental Unterschiede, wie man sie sich größer gar nicht vorstellen kann. Der politisch erprobte, wache, rheinisch-westfälisch geprägte Katholizismus stößt

---

[14] Vgl. hier und im Folgenden: Rheinischer Merkur, Christ und Welt (4. 5. 1990) S. 23.
[15] Ebd. (29. 12. 1989) S. 24.

auf einen schlesischen Katholizismus in Berlin, Görlitz oder Meißen, der gegenüber Staat und Öffentlichkeit seit den Kulturkampfzeiten des ausgehenden 19. Jahrhunderts äußerst defensiv eingestellt ist. Das kann auf Anhieb gar nicht zu einer lockeren und lebbaren Synthese führen. Da gilt es, Spannungen zu überwinden."[16]

Und Hans-Joachim Meyer umschreibt die Differenz so: „Es ist vor allem der Unterschied im Verhältnis zur Gesellschaft. Die Christen im Osten haben meist gelernt, dass es für eine Minderheit notwendigerweise ein Innen und ein Außen gibt, wenn sie überleben will. Das gilt ganz besonders in Zeiten des Wandels. Eben weil die Antworten des Glaubens auf die Fragen der Zeit neu zu denken und zu sagen sind, bedarf es eines sicheren Gespürs für das Eigene und für den Unterschied. Vielen, ja ich fürchte, den meisten Christen im Westen, fehlt diese Einsicht völlig. Und darum auch der Wille und die Kraft zur Unterscheidung der Geister. Im Osten ziehen freilich zu viele aus dem Unterschied von Innen und Außen den Schluss, sich ganz, wie schon vor 1989, auf sich selbst zurückzuziehen: So anstrengend hatten sie sich die lange ersehnte Freiheit nicht vorgestellt."[17]

Darf man heute, ähnlich wie vor 20 Jahren, formulieren: „Der Katholizismus ist Klammer gesamtdeutscher Kirchlichkeit"? Bischof Wanke konstatiert nach einer Phase von Überheblichkeit und Belehrung eine zunehmende Offenheit füreinander, eine wachsende Hörbereitschaft, die fragen lässt, was wir voneinander in der Seelsorge lernen können: „Ich spüre, dass ernsthafter als früher zugehört wird, wenn ich in kirchlichen Kreisen der Alt-Bundesrepublik von den Verhältnissen im Osten berichte. Meinte ich früher immer, ein wenig den Unterton herausgehört zu haben: ‚Wir wissen schon, was euch im Osten gut tut!', so spüre ich derzeit stärker das ratlose Fragen: ‚Ja, was ist denn mit euch im Osten eigentlich los? Was wollt ihr eigentlich (politisch, wirtschaftlich, kirchlich)? Habt ihr denn nicht die Wende gewollt?' Darauf gäbe es viel zu antworten, aber manches an Antwort ist weniger in Worte zu fassen als vielmehr in die Aufforderung: Kommt und seht! Es ist ein ganz großes Verdienst unserer Kirchen (ich spreche hier bewusst im Plural!), zum Austausch und zur gegenseitigen Vernetzung von Menschen zwischen Ost und West nicht nur vor der Wende beigetragen zu haben, sondern dieses Werk der gegenseitigen ‚Wahrnehmung' bis in die Gegenwart hinein durch

---

[16] MARTIN HÖLLEN, Loyale Distanz? Katholizismus und Kirchenpolitik in SBZ und DDR. Ein historischer Überblick in Dokumenten, Bd. 3/2 (1977 bis 1990) (Berlin 2000) S. 333. – Vgl. dazu auch: JOACHIM GARSTECKI, Gewaltfrei politisch denken. Anstöße zur Friedensdebatte in Ost und West 1981–2012, hg. v. HEINZ-GÜNTHER STOBBE (= Studien zur Friedensforschung 18) (Münster 2013) S. 17–63.

[17] HANS-JOACHIM MEYER, In keiner Schublade. Erfahrungen im geteilten und vereinten Deutschland (Freiburg/Br. 2015) S. 628.

vielfältige Kontakte, Besuche, Partnerschaften etc. zu befördern. Unsere Kirche hat mehr als andere Institutionen an der inneren (und äußeren) Einheit unseres Volkes festgehalten und gewagt, um die Einheit und Freiheit zu beten, als manche Partei- und Meinungsführer dies als anachronistisch erachteten."[18]

Ich persönlich bin dankbar, dass ich erleben durfte und darf, wie Spannungen überwunden wurden und werden, Verstehen ermöglicht und wissenschaftlicher Austausch auf Augenhöhe möglich wurde. Natürlich kenne ich auch die andere Seite – Vorurteile, ideologische Verblendung und bösartige Intrigen –, und das natürlich auch in den Neuen Ländern. Dennoch bin ich mir sicher, dass der „Katholizismus als gemeinsame Klammer" zum Verstehen beigetragen hat und sicher noch mehr für ein ausgewogenes Zusammenwachsen sorgen könnte.

3. Kirche als Diaspora

Dass die katholische Kirche in den Neuen Ländern als Kirche in der Diaspora existiert, muss nicht lange erläutert werden. Zu fragen ist allerdings, welche Wandlungen dieser Begriff erfahren hat und wie er heute zu verstehen ist. In einem Gespräch, das ich 2009 mit Kardinal Georg Sterzinsky führte, kamen wir auch auf die Minderheitensituation der Katholiken in den Neuen Ländern zu sprechen. Wörtlich sagte er über diese Konstellation der katholischen Kirche: „Ich glaube auch, dass wir ehrlich sein sollten: Es ist extreme Diaspora. Wir sollten nicht so tun, als ob Diaspora nur Volkskirche im verdünnten oder verkleinerten Maßstab ist."[19] Die Seinsweise der katholischen Kirche in den neuen Ländern ist nach wie vor Diaspora. Sterzinsky fügte damals hinzu: „Wir haben sehr viel gearbeitet zur Theologie der Diaspora."[20] Es wurde versucht, alles „wie in einer richtigen Kirche" zu tun. Das führt zur Frage, ob anfangs die Führungskräfte der katholischen Kirche, die aus dem katholischen Schlesien, Sudetenland oder anderen katholischen Teil kamen, je Diasporaseelsorge betrieben haben und betreiben konnten.

Diaspora meint Kirche in der Zerstreuung, ist aber nur eine Situationsbeschreibung von Kirche, bezeichnet nicht das Wesen der Kirche, sondern

---

[18] JOACHIM WANKE, Kirche in den jungen Bundesländern – vor und nach der Wende. Vortrag im „Presseclub" Wiesbaden, 11. 2. 2003, Ms., Privatarchiv J. Pilvousek.

[19] Privatarchiv J. Pilvousek, Gespräch mit Kardinal Georg Sterzinsky in Berlin, 17. 9. 2009.

[20] Ebd.

eine Situation.²¹ Minderheit, Vereinzelung und Anderssein sind die allgemeinen Merkmale der Diaspora.

War Diaspora bisher in Mitteldeutschland immer auch mit Abgrenzung und Ausgrenzung verbunden gewesen, so kam es nach 1945 zu einer bedeutsamen begrifflichen Öffnung. Die nach dem Krieg durch Vertreibung und Flucht neu entstandenen katholischen Gemeinden waren in Ermangelung gottesdienstlicher Räume fast durchweg in Kirchen, Kapellen und Sälen evangelischer Schwestergemeinden zu Gast. Ähnliche Konstellationen waren in allen ostdeutschen Diasporagebieten zu finden. Schon bald nach dem Machtantritt der SED zeigte sich, dass die Minderheitensituation der Katholiken von einem weiteren Bereich umgrenzt wurde: Die konfessionelle Minderheit befand sich in einer einheitlich geprägten ideologischen Umwelt, was man zunächst mit „weltanschaulicher Minderheit" umschrieb.²² Dieser Begriff taucht in verschiedenen Varianten in den 1950er Jahren erstmals auf²³ und kennzeichnet die Situation der Katholiken in der SED-Diktatur. Da auch die evangelischen Volkskirchen allmählich einem Schrumpfungsprozess ausgesetzt waren, erlebten und erleben sich beide Konfessionen als Minderheit und sahen und sehen deshalb das Verbindende als vorrangig („ökumenische Diaspora").²⁴ Seit den 1950er Jahren wurde der Begriff Diaspora nicht mehr allein mit der konfessionellen Minderheitensituation gleichgesetzt; immer war auch schon von der glaubens- und kirchenfeindlichen, gesellschaftlichen Situation die Rede. Zusammenfassend formuliert bedeutet das: „Die ‚neue' Diaspora ist gekennzeichnet durch die ungläubige Mehrheit."²⁵

Allmählich profilierte sich der Diasporabegriff soweit, dass zur Umschreibung der Lage der Katholiken in der DDR der Begriff „doppelte Diaspora" verwendet wurde und bis heute mit teilweise anderen Konnotationen in Gebrauch ist. Auf die DDR-Gesellschaft angewandt, wurde von „weltanschaulicher Diaspora" und vor allem seit Beginn der 1980er Jahre zunehmend von „säkularer" (Minderheit unter einer nichtglaubenden Mehrheit) und „ideologischer Diaspora" (Minderheit in einer vom Marxismus-Leninismus geprägten

---

[21] Vgl. dazu LOTHAR ULLRICH, Diaspora und Ökumene in dogmatischer (systematischer) Sicht, in: Catholica. Vierteljahresschrift für Ökumenische Theologie 38 (1984) S. 31–65.

[22] Vgl. DERS., Priester in der Diaspora, in: DERS. (Hg.), Kirche in nichtchristlicher Welt (= Erfurter Theologische Schriften 15) (Leipzig 1986) S. 55–76, hier: S. 56.

[23] Vgl. DERS., Diaspora und Ökumene in dogmatischer (systematischer) Sicht, in: BRUNO KRESING (Hg.), Für die vielen. Zur Theologie der Diaspora (Paderborn 1984) S. 156–192, hier: S. 182 u. 191.

[24] Vgl. HERMANN-JOSEF RÖHRIG, Neue Diaspora, in: Lexikon für Theologie und Kirche, Bd. 3 (Freiburg/Br. ³2009) Sp. 202 f., hier: Sp. 202.

[25] L. ULLRICH, Diaspora (wie Anm. 23) S. 170.

Gesellschaft) gesprochen, wobei die beiden letzteren Begriffe oft in Relation zueinander erschienen.[26]

Im Oktober 1981 hatte der Erfurter Bischof Dr. Joachim Wanke auf den Priesterkonferenzen in Erfurt und Heiligenstadt einen Vortrag mit dem Titel „Der Weg der Kirche in unserem Raum" gehalten. Der Vortrag enthält eine weitere Profilierung des Diasporabegriffes: „Säkulare Diaspora". „Säkulare Diaspora" wurde nun zu einem weiteren Leitbegriff für die Situationsbestimmung der katholischen Kirche in der DDR. Diaspora erwecke den Eindruck, so Wanke, als ob die Kirche nur unter Andersgläubigen existieren müsse. Der „Ausfall" Gottes sei so radikal und decke alle Lebensbereiche derartig ab, dass man von „Kirche in einer säkularisierten, materialistischen Umwelt" sprechen müsse. „Säkularisiert heißt: Das gesellschaftliche und private Leben ist weithin religionsfrei. Materialistisch heißt: Es wird eine theoretische, materialistische und atheistische Weltanschauung aktiv propagiert und weithin auch praktisch von der Mehrzahl der Menschen gelebt."[27]

Als Resümee darf man festhalten: Die Katholiken in der DDR lebten in einer „konfessionellen", zugleich auch in „ideologischer" und „säkularer Diaspora". Obwohl es sich um eine Trias handelte, hat sich lediglich der Begriff der „doppelten Diaspora" als Situationsbeschreibung durchgesetzt.[28]

Dieser Terminus der „doppelten Diaspora" wurde in Bezug auf die Situation der Katholiken in der SBZ/DDR erstmals 1982 von Dr. Martin Höllen (Berlin) gebraucht: „‚Die kleine Herde' – mit diesem Begriff ist oft die Situation der katholischen Kirche im Gebiet zwischen Elbe und Oder – vor 1949 Sowjetische Besatzungszone (SBZ) seit der Gründung zweier Staaten in Deutschland Deutsche Demokratische Republik (DDR) – umschrieben worden. Dort sind die Christen heute – zu Beginn war das anders – eine Minderheit, und die Katholiken leben gleichsam in einer doppelten Diaspora (so sehr gegen diesen Begriff gerade von kirchlicher Seite in der DDR in jüngster

---

[26] Ullrich hat später auf den Begriff „weltanschaulich" verzichtet und ihn durch „ideologische Diaspora" ersetzt; vgl. LOTHAR ULLRICH, Grundsätzliches zur Minderheitensituation der katholischen Christenheit, 2. Theologische Aspekte, in: ERWIN GATZ (Hg.), Katholiken in der Minderheit. Diaspora – Ökumenische Bewegung – Missionsgedanke (= Geschichte des kirchlichen Lebens in den deutschsprachigen Ländern seit dem Ende des 18. Jahrhunderts 3) (Freiburg – Basel – Wien 1994) S. 27–36, hier: S. 35. – Dieser Terminus hing mit der marxistisch-leninistischen Ideologie, dem verordneten Atheismus, zusammen, bezog sich also auf die Weltanschauung. Vermutlich sind Versuche, die Situation der Katholiken in der DDR als dreifache Diasporasituation zu bezeichnen – „konfessionelle, säkulare und ideologische Diaspora" – auf diese nochmaligen Ableitungen zurückzuführen. Durchsetzen zum allgemeinen Sprachgebrauch konnte sich diese Differenzierung nicht.

[27] JOACHIM WANKE, Der Weg der Kirche in unserem Raum, in: DERS., Last und Chance des Christseins. Akzente eines Weges (Leipzig 1991, ²1992) S. 12–28, hier: S. 17.

[28] Vgl. dazu auch L. ULLRICH, Diaspora (wie Anm. 23) S. 178.

Zeit Bedenken[29] vorgebracht wurden)."[30] Diese Bezeichnung, die besonders geeignet war und ist, die frühere Situation der Katholiken in der DDR zu beschreiben, fand — besonders nach 1990 — weite Verbreitung, um die Lebensumstände der Katholiken zu charakterisieren.

Inhaltlich wird heute unter „doppelter Diaspora" sowohl die Minderheitensituation der Katholiken gegenüber evangelischen Kirchen verstanden als auch eine nicht genau definierte und zum Teil kaum präzisierte Minderheit von Christen in säkularer oder ideologischer (weltanschaulicher) Diaspora in den Neuen Ländern. Auch wenn die staatliche Doktrin eines verordneten Atheismus seit dem gesellschaftlichen und politischen Umbruch von 1989 obsolet geworden ist, scheint die noch partiell vom Marxismus-Leninismus geprägte Gesellschaft als „ideologische Diaspora" von Christen erfahren zu werden. Im Osten tritt der Säkularismus offen zutage, gleichsam unverkleidet, nackt. Kirche und christlicher Glaube sind häufig schon über mehrere Generationen hin den Menschen völlig fremd geworden. Sie sind zum Teil so fremd, dass sie schon wieder interessant werden.

Die Diasporakirche in den Neuen Länder steht auch 25 Jahre nach dem gesellschaftlichen und politischen Umbruch immer noch in einem Lernprozess, der besonders auf dem Feld der Seelsorge und des Gemeindeaufbaus noch längst nicht abgeschlossen ist.[31] Die Frage ist, ob sich nicht im Osten Deutschlands ein pastoraler Raum auftut, der nicht nur für die Kirche hier vor Ort, sondern für die ganze katholische Kirche Deutschlands von Wichtigkeit ist. Es geht hier nicht allein um quantitative Größen, es geht um die Zukunft der Kirche in Deutschland.

Auf die Frage, ob in der ostdeutschen Diaspora schon Erfahrungen vorliegen, die in der Kirche des vereinten Deutschlands künftig größere Bedeutung erlangen werden, hat Bischof Wanke die folgenden Punkte genannt:[32]

---

[29] Auf Nachfrage, worin die Bedenken bestanden, nannte Dr. Höllen die kritische Stellungnahme Bischofs Wankes von 1981 zum damaligen Diasporabegriff, der die Situation in der DDR nur unzureichend wiedergebe. — Freundliche Mitteilung von Dr. Martin Höllen, 6. 2. 2014.

[30] MARTIN HÖLLEN, Kirche zwischen Elbe und Oder. Katholiken in SBZ und DDR von 1945 bis heute, in: ZENTRALKOMITEE DER DEUTSCHEN KATHOLIKEN (Hg.), Kehrt um und glaubt — erneuert die Welt. 87. Deutscher Katholikentag vom 1. September bis 5. September 1982 in Düsseldorf. Die Vortragsreihen: Gestalten des Glaubens, Zeugen des Glaubens, Fragen zur Zeitgeschichte nach 1945 (= Deutscher Katholikentag 87) (Paderborn 1982) S. 304–320, hier: S. 304. — Ebenso: MARTIN HÖLLEN, Kirche zwischen Elbe und Oder. Katholiken in SBZ und DDR von 1945 bis heute, in: B. KRESING, Für die vielen (wie Anm. 23) S. 223–243, hier: S. 223.

[31] Vgl. JOACHIM WANKE, „Baustelle Pastoral". Versuch einer Bestandsaufnahme 10 Jahre nach der Wende. Vortrag auf der Pastoralkonferenz des Bistums Erfurt am 6. Oktober 1999, Ms., Privatarchiv J. Pilvousek.

[32] Vgl. zum Folgenden: J. WANKE, Kirche (wie Anm. 18).

1. Die Erfahrung gesellschaftlicher Marginalisierung: Katholiken waren und sind teilweise noch heute in den Neuen Ländern „Zugezogene", „Fremde" oder „Nicht-dazu-Gehörige". Das ist etwas zugespitzt ausgedrückt, aber es fasst die Erfahrung so mancher katholischer Biographien in den Neuen Ländern zusammen. Der staatstragenden Partei waren Erfahrungen fremd und unheimlich, dass Menschen aus „ideellen" Gründen bei Gewissensüberzeugungen blieben und sogar bereit waren, dafür Nachteile in Kauf zu nehmen. Ob solche Erfahrungen etwas vorwegnehmen, was uns in Zukunft gemeinsam bevorsteht?

2. Die Erfahrung, nicht von Mehrheitsüberzeugungen getragen zu sein: Christen in der DDR erfuhren, dass sie mit ihren Grundüberzeugungen allein dastanden. Im Normalfall möchte sich jeder Mensch in eine Mehrheitsüberzeugung einklinken und darin aufgehoben wissen. Wir erleben derzeit mehr und mehr, dass wir als Christen, speziell als Katholiken, immer weniger von gesellschaftlichen Vorgaben leben, die unsere Grundüberzeugungen und sittlichen Werturteile stützen. Und Wanke ergänzt: „Es wäre besser, wenn es anders gewesen wäre. Aber ist uns verheißen, dass wir in einer ‚christentümlichen Gesellschaft' unser Christ-Sein leben können? Die Heilige Schrift redet eine andere Sprache."

3. Personen sind wichtiger als Strukturen und Organisationen: Die Erfahrung im Osten war: Strukturen sind wichtig, aber noch wichtiger sind Personen, die diese ausfüllen bzw. tragen. Vor sich hergetragene Amtsautorität wirkte im Osten noch lächerlicher als anderswo. Was nicht personal „unterfüttert" war, blätterte schnell ab und erwies sich auch für das Leben der Kirche als unfruchtbar. Aufgeblähte Strukturen dagegen hemmen.

Und zusammenfassend erklärt Wanke: „Ich meine, der Osten hat schon eher Abschied nehmen müssen von der Meinung, der christliche Glaube müsse sich kraft seiner gesellschaftlichen Nützlichkeit ausweisen." Als kostbarste ökumenische Erfahrung des Diasporakatholizismus bezeichnet er, den „anderen" nicht allein von der eigenen konfessionellen Warte aus zu sehen und zu beurteilen. Ihn wahrzunehmen als den, der er ist, Bruder und Schwester in Christus, dem Gott in Taufe und Glaube Anteil an seinen Verheißungen gibt, den gleiche Hoffnungen beflügeln und gleiche Ängste umtreiben.

Schlussbemerkung

Dankbar bin ich, Karl Hummel in einer wichtigen Phase meines Lebens kennengelernt zu haben. Er wurde zum loyalen, kompetenten und beratenden Kollegen und Freund. Einmal wurde ich Zeuge der Diskussion von Karl Hummel mit Rolf Hochhuth über dessen Drama „Der Stellvertreter" in Weimar. Hummels Kompetenz, Sachlichkeit und Eloquenz prägten den Disput.

Trotz der Schärfe der Argumentation kam dabei auch eine der menschlichen Stärken Hummels zum Zuge, sein freundlicher Umgang mit Kontrahenten. An diesem späten Abend sollte sich das in besonderer Weise auszahlen. Karl Hummels Mantel und darin auch sein Hotelschlüssel waren durch einen Zuhörer verwechselt und mitgenommen worden. Rolf Hochhuth setzte sich nun vehement dafür ein, dass der Gesprächskontrahent Hummel im Hotel, in dem angeblich kein Platz mehr frei war, eine Übernachtung bekam.

Seit dem 1. Oktober 2011 ist Karl-Joseph Hummel Professor an der Universität Erfurt, näherhin an der Katholisch-Theologischen Fakultät. Die Ernennungsurkunde hebt hervor: „In besonderer Weise beschäftigt ihn das Thema ‚Vergangenheitsbewältigung'. Die nach dem Fall der Mauer und der Öffnung der ostdeutschen Archive ermöglichten Recherchen hat Professor Hummel zu einer interessanten Studie über die vatikanische Ostpolitik genutzt. Auffallend und besonders hervorzuheben ist die Sensibilität, mit der er Themen über die Kirche und die Katholiken in der ehemaligen DDR behandelt und darzustellen bemüht ist."[33] Karl-Joseph Hummel „gehört zweifelsfrei auf dem Gebiet der Zeitgeschichte wie auch der politischen und sozialen Geschichte des deutschen Katholizismus im 20. und 21. Jahrhundert zu den produktivsten deutschsprachigen Historikern." Dem habe ich nur den Wunsch beizufügen, dass ihm und uns diese Produktivität weiterhin erhalten bleibt.

---

[33] Hier und zum Folgenden: Ernennungsurkunde Dr. Karl-Joseph Hummel zum Honorarprofessor an der Katholisch-Theologischen Fakultät der Universität Erfurt, 15. 4. 2011, in: Privatarchiv J. Pilvousek.

350 Jahre Ursulinen in Erfurt
Zur Geschichte des Ursulinenordens und seines Erfurter Konvents

Am 25. September 1667, einem Sonntag, wurde sechs Ursulinen aus Kitzingen das fast ausgestorbene Erfurter Weißfrauenkloster feierlich übergeben; zu dieser Zeit wohnten dort nur noch vier der bis dahin dort angesiedelten Magdalenerinnen (Weißfrauen). Die aus Kitzingen übersiedelten Ursulinen waren, wenn man so will, die Gründerinnen des Ursulinenkonvents in Erfurt. Vier dieser Schwestern stammten aus Frankreich, zwei aus Deutschland. Um 11.00 Uhr vormittags soll ihnen der Schlüssel zum Kloster und zur Kirche ausgehändigt worden sein; im Anschluss daran sei das Te Deum gesungen worden, heißt es in der Chronik.[1] Aus diesen bescheidenen Anfängen entwickelte sich der für Mitteldeutschland lange Zeit hindurch bedeutendste apostolisch tätige Frauenkonvent.

In den 1920er Jahren erreichte das Ursulinenkloster seinen quantitativen Höchststand: 72 Ordensschwestern, Chor- und Laienschwestern, zählte der Konvent; die Schule der Schwestern besuchten 400 Mädchen und junge Frauen, davon waren 92 in Vollpension und 308 Tagesschülerinnen. Hinzu kam die Betreuung von 150 Kindern im Kindergarten und 60 im Hort.[2] Die beiden totalitären Systeme des 20. Jahrhunderts haben in erheblichem Maße dazu beigetragen, den Tätigkeitsbereich der Schwestern einzuschränken. Schule und Pensionat wurden enteignet bzw. geschlossen, die Kinderbetreuung zeitweise verboten. In einer Art Transfer war es nach 1945 den Schwestern in Verbindung mit der Caritas und den Erfurter kirchlichen Verantwortlichen gelungen, ihre ordensspezifischen Tätigkeiten trotz staatlicher Beschränkungen zu transformieren und erfolgreich fortzusetzen.[3] So wurden beispielsweise

---

[1] Vgl. Archiv des Ursulinenklosters Erfurt, Chronik St. Ursula Erfurt, Bd. 1: Vorgeschichte und von 1667–1751, S. 35 f. – Vgl. GREGORIA BÄSELER, Geschichte des Erfurter Ursulinenklosters von 1667–1871 (= Jahrbücher des Verbandes Deutscher Ursulinenklöster) (Berlin 1937) S. 3–5. – HEINRICH BEYER, Geschichte des Klosters der Ursulinerinnen, ehemals der weißen Frauen, in Erfurt. Aus den Quellen bearb. (Erfurt 1867) S. 48 f. – Für den Zeitraum von 1667 bis 1867 finden sich Listen der Oberinnen, der verstorbenen Schwestern, der geistlichen Betreuer und sämtlicher Schwestern, die eingekleidet wurden, ebd. S. 50–62.

[2] Zum Folgenden vgl. URSULINENKLOSTER ERFURT (Hg.), Ursulinenkloster Erfurt (Erfurt 1992), ergänzt durch Sr. KATHARINA WENSELOWSKI (2017) S. 32 und S. 46.

von 1945 bis 1947 junge Frauen in katechetischen Kursen unterrichtet.[4] Ein „Diözesanseminar für Seelsorge und Caritas"[5] zur Ausbildung von Seelsorgshelferinnen entstand 1948. Nach einem Neubau des Seminars in Magdeburg 1966 und stagnierenden Bewerberinnenzahlen wurde das Erfurter Seminar aufgelöst und in Magdeburg fortgesetzt. Bis 1976/77 blieb aber das Vorseminar für diese Ausbildung in Erfurt.[6] Das Seminar erhielt einen sozialpädagogischen Zweig, die Ausbildung zur „Kirchlichen Erzieherin", gemeinhin Kindergärtnerin genannt, sowie eine sogenannte Aspirantur. Bis Anfang der 1990er Jahre wurden hier Kindergärtnerinnen und für kirchliche Häuser auch Köchinnen ausgebildet. In allen genannten Bereichen waren Ursulinen lehrend und leitend tätig.[7] Seit 1978 sind in den ehemaligen Räumen des Klosters nach erheblichen Umbauten das Bildungshaus der Diözese Erfurt „St. Ursula"[8] und seit 1992 die Edith-Stein-Schule[9] als Gymnasium mit Regelschulzweig untergebracht.

Aktuelle kirchliche und gesellschaftliche Entwicklungen finden natürlich auch in Kloster und Konvent ihren Niederschlag. Heute gehören zum Konvent noch zehn Schwestern. Die früheren Tätigkeitsbereiche sind weitgehend entfallen. Das alte, historische Konventsgebäude wird in Zukunft als Verwaltungsgebäude der Caritas dienen. Die Schwestern bezogen 2017 ein neues, kleineres, dem alten gegenüberliegendes Klostergebäude mit bestimmten Nutzungsoptionen im alten „Haus" und in der Kirche. Inmitten der Stadt Erfurt bleibt das Kloster aber, was es immer auch war, ein geistliches Zentrum. Die Gründung des Ursulinenkonvents in Erfurt vor 350 Jahren, an die erinnert werden soll, hat eine lange und komplizierte Vorgeschichte, die darzustellen sich lohnt.

Zunächst ist an die Voraussetzungen in Erfurt zu erinnern, an die Erfurter Kirchen- bzw. Klostergeschichte und an die politischen Rahmenbedingungen, welche die Ansiedlung erst ermöglichten.

Geistes- und ordensgeschichtlich ist der Entstehung des Ursulinenordens und seiner verschiedenen Weiterentwicklungen nachzugehen. Und schließlich

---

[3] Vgl. HELGA MONDSCHEIN (Hg.), Chronik des Seelsorgehelferinnenseminars Erfurt, im Auftrag des Bischöfliches Ordinariats (Erfurt 1999).

[4] Ebd. S. 20. – Von 1945 bis 1947 fanden im Ursulinenkloster verschiedene Ausbildungskurse statt, die auf den kirchlichen Dienst vorbereiteten.

[5] Ebd. S. 8. – Es waren verschiedene Standorte favorisiert worden. Schließlich begannen fast zeitgleich zwei Seminare in Magdeburg und Erfurt.

[6] Ebd. S. 19. – Frau Maria Lubina danke ich für freundliche Auskünfte, 13. 8. 2018.

[7] Ebd. S. 10 und S. 29.

[8] Vgl. Ursulinenkloster Erfurt (wie Anm. 3) S. 40.

[9] Chronik der Edith-Stein-Schule Erfurt, Gymnasium mit Regelschulzweig (Weimar 1996).

ist ein wertender Überblick über die Geschichte der Erfurter Ursulinen zu geben.

1. Zu den Voraussetzungen der Niederlassung des Ordens der Ursulinen in Erfurt

1.1. Erfurter Orden und Klöster nach der Reformation[10]

Der Rückblick auf die Reformationszeit zeigt nicht nur die Ergebnisse der Reformation in der Stadt, sondern auch die Defizite in dem inzwischen klar erkennbaren Selbstverständnis des konfessionell geprägten Katholizismus und seiner Pastoral.

In Erfurt, wo man von einer eigenständigen Stadtreformation spricht,[11] begann der Siegeszug der Reformation mit dem „Pfaffensturm" von 1521.[12] Näherhin sind die zweite Hälfte des Jahres 1521 und das Jahr 1522 für die Reformation in Erfurt entscheidend.[13] Seit Mitte 1521 begannen allmählich Mönche und Nonnen aus ihren Klöstern auszutreten. Die Zahlen waren keineswegs beträchtlich und sind ein Zeichen dafür, in welch behutsamer Weise die Reformation in Erfurt ihren Verlauf nahm.[14] Viel deutet darauf hin, dass ein solcher Schritt weder übereilt noch leichtfertig erfolgte. Die erste Eheschließung eines Ordensmannes war 1523 die des Franziskaners Ägidius Mechler.[15] Ende 1521 gab es bereits den ersten Pfarrgeistlichen, der die lutherische Lehre predigte; 1522 kamen drei weitere hinzu, 1523 waren es bereits acht.[16]

---

[10] Vgl. dazu auch den Überblick: JOSEF PILVOUSEK, Orden, Klöster und Stifte in Erfurt in der Reformationszeit, in: ENNO BÜNZ – WERNER GREILING – UWE SCHIRMER (Hg.), Thüringische Klöster und Stifte in vor- und frühreformatorischer Zeit (= Quellen und Forschungen zu Thüringen im Zeitalter der Reformation 6) (Köln – Weimar – Wien 2017) S. 261–285.

[11] JOHANNES MERZ, Landstädte und Reformation, in: Die Territorien des Reichs im Zeitalter der Reformation und Konfessionalisierung. Land und Konfession 1500–1650, Bd. 7: Bilanz-Forschungsperspektiven – Register (= Katholisches Leben und Kämpfen. Kirchenreform im Zeitalter der Glaubensspaltung 57) (Münster 1997) S. 107–136, hier: S. 114.

[12] Vgl. JOSEF PILVOUSEK, Die Prälaten des Kollegiatstiftes St. Marien in Erfurt von 1400–1555 (= Erfurter Theologische Studien 55) (Leipzig 1988) S. 13–16.

[13] Vgl. ROBERT W. SCRIBNER, Reformation, Society and Humanism in Erfurt c. 1450–1530 (Diss. phil. masch. London 1972) S. 173. – Die Arbeit wurde von Sr. Dr. Gregoria Bäseler 1975/76 ins Deutsche übersetzt und in einer maschinenschriftlichen Fassung veröffentlicht. Im Folgenden wird diese Fassung verwendet.

[14] Vgl. ebd. S. 170.

[15] Vgl. ebd. S. 173.

[16] Vgl. ebd. S. 171.

Der Erfurter Magistrat favorisierte ein Aussterben der Klöster. Er versuchte seit 1524, alle Klöster und ihre Einnahmen einzuziehen und für Bildungsaufgaben zu verwenden. Um dies zu erreichen, ermöglichte er den Insassen mancher Klöster, bis zu ihrem Tod weiter dort zu leben; Eintritte wurden nicht erlaubt.[17] Die Klostergelände nahmen in Erfurt einen beträchtlichen Raum in Anspruch. Die großen Klosterkomplexe besaßen ein beachtliches Vermögen und gute Einkünfte, auch wenn diese durch viele Zinsausfälle in den Jahren nach der Reformation geschmälert wurden. Das formale Recht war auf der Seite der Klöster bzw. des Mainzer Erzbischofs. Auf der anderen Seite war es für den Rat schwierig zuzusehen, dass in jedem Kloster nur ein bis zwei Mönche saßen, die alle Zinsen und Gebäude für sich beanspruchten.[18] Die Stadt hatte deshalb schon seit 1525 die Urkunden aller Klöster an sich gezogen, um sich detailliertere Kenntnisse zu verschaffen und adäquat handeln zu können.[19]

Die Bauernunruhen von 1525 brachten schließlich eine auch durch den Magistrat befürwortete, partiell forcierte, auf jeden Fall geduldete Destruktion der „alten" kirchlichen Verhältnisse.[20] Unklar bleibt, wie Mönche und Nonnen 1525 prinzipiell behandelt wurden.[21] Zwei Sichtweisen existieren: Zum einen wird davon ausgegangen, dass alle Orden durch Prädikanten und Bauern vertrieben werden sollten. Andere Berichte sprechen davon, der Rat habe durch Boten Mönche und Nonnen dazu aufgefordert, sich zu entscheiden, ob sie im Konvent verbleiben oder ihn verlassen wollen.

Zusammenfassend kann man festhalten, dass Konvente mit größerer Wirtschaftskraft bessere Chancen zum Überleben hatten. Schwesternkonvente waren in Erfurt nicht von einer Aufhebung betroffen, auch wenn sie nur noch wenige Mitglieder hatten. Während Männerklöster eher nachgaben, kämpften viele Frauenkonvente entschieden gegen obrigkeitliche Reformationsversuche; mit bloßer Besitzstandswahrung ist dies allein nicht zu erklären.[22] Wenn auch der Versorgungsaspekt eine Rolle gespielt haben

---

[17] Vgl. ebd. S. 293.
[18] Vgl. ERICH KLEINEIDAM, Universitas Studii Erffordensis. Überblick über die Geschichte der Universität Erfurt, Bd. III: Die Zeit der Reformation und Gegenreformation 1521–1632 (= Erfurter Theologische Studien 42) (Leipzig 1980) S. 83.
[19] Ebd. S. 84.
[20] Vgl. THEODOR EITNER, Erfurt und die Bauernaufstände im 16. Jahrhundert, in: Mitteilungen des Vereins für die Geschichte und Altertumskunde von Erfurt 24 (1903) S. 3–108.
[21] Vgl. R. W. SCRIBNER, Reformation (wie Anm. 13) S. 224.
[22] Vgl. ANJA OSTROWITZKI, Die Benediktinerinnen, in: FRIEDHELM JÜRGENSMEIER – REGINA ELISABETH SCHWERDTFEGER (Hg.), Orden und Klöster im Zeitalter von Reformation und katholischer Reform 1500–1700, Bd. 1 (= Katholisches Leben und Kämpfen. Kirchenreform im Zeitalter der Glaubensspaltung 65) (Münster 2005) S. 47–72, hier: S. 61.

dürfte, so gab es doch auch Frauen, die ihre altgläubige Identität wahren wollten. Den Ordenshabit durften sie weiter tragen.[23]

Alle Klöster litten neben ausbleibenden Zinsen vor allem unter den Austritten und Repressalien. Während der Magistrat innerstädtisch auf Besteuerung der Klöster und Stifte bestand, war er nach außen durchaus bereit, sich schützend vor die Orden und Klöster zu stellen, wenn „auswärtige" Forderungen, beispielsweise gegenüber innerstädtischem Klostereigentum, gestellt wurden.

Ein denkwürdiges Phänomen ist, dass vor allem die sogenannten apostolisch tätigen Orden, deren Tätigkeit man mit dem neuzeitlichen Begriff der Seelsorge beschreibt – die Augustiner, Serviten, Franziskaner und Dominikaner – praktisch verschwanden. Auch das Kloster der Augustinerchorherren und ihre Kirche, die zu Beginn der Reformation die größte Erfurter Gemeinde beherbergte und eine ähnliche Funktion wie die der Bettelorden hatte, wurden aufgehoben. Die Erklärung, dies hänge auch damit zusammen, dass ihre Grundstücke städtisches Eigentum waren, greift wohl zu kurz. Die durch die Säkularisation der Bettelorden entstandene „pastorale" Lücke versuchte seit Ende des 16. Jahrhunderts der Jesuitenorden zu schließen. Auch die Ursulinen sollten 100 Jahre später in dieser Weise und angelehnt an das Vorbild der Jesuiten für die weibliche Jugend apostolisch tätig sein und damit ein Defizit zu beheben suchen.

Am 4. März 1530 war es durch Vermittlung des Schwäbischen Bundes zwischen Mainz und Erfurt zum Abschluss des Hammelburger Vertrages gekommen.[24] Er gilt nach wie vor als entscheidende Zäsur in der Reformationsgeschichte Erfurts.[25] Seine eigentliche Bedeutung beruht auf einem von beiden Parteien optierten „Compromiss", den sie „mit solcher Schleunigkeit aufrichten" sollten, „das solich Irrung alle zwischen hie und dem nechsten Sanct Martins-Tag mögen entledigt werden."[26] Nicht der Vertragstext als solcher, sondern das Mandat, einen tragfähigen Kompromiss zu suchen und dessen Umsetzung schnell zu bewerkstelligen, sind das Herausragende des Vertrages. Zum ersten Mal akzeptierte mit dem Mainzer Erzbischof zudem ein geistlicher Fürst, wenn auch mit Einschränkungen, Protestanten in seinem Territorium und überließ dem Rat einer ihm untergebenen Stadt die Entscheidungsbefugnis in religiösen Angelegenheiten. Als Territorialherr hatte

---

[23] Vgl. ULMAN WEISS, Die frommen Bürger von Erfurt. Die Stadt und ihre Kirche im Spätmittelalter und in der Reformationszeit (Weimar 1988) S. 179.

[24] JOHANN HEINRICH VON FALCKENSTEIN, Civitatis Erffurtenses Historia Critica et Diplomatica, oder vollständige Historie von Erffurth (Erffurth 1739) S. 592–597.

[25] Vgl. dazu auch: JOSEF PILVOUSEK, Die konfessionellen Verhältnisse in Erfurt nach dem Hammelburger Vertrag von 1530, in: Heimat Thüringen 17/4 (2010) S. 51 f.

[26] Vgl. J. H. V. FALCKENSTEIN, Historia (wie Anm. 24) S. 597.

der Erzbischof offenbar verstanden, dass „Andersgläubigkeit" nicht Ungehorsam auf weltlichem Gebiet implizierte. So wurde ermöglicht, die religiösen Probleme von den politischen und denen der Verfassung zu trennen.

Zusammenfassend bedeutet das: Der Hammelburger Vertrag beendete für Erfurt einen unruhigen, von desolaten Ereignissen erfüllten Jahrhundertbeginn, ermöglichte eine Zeit relativer Ruhe für einige Jahrzehnte und erlaubte somit der Stadt einen wirtschaftlichen Neuaufstieg. Erst jetzt waren die meisten Orden und Stifte bereit, den Steuerveranlagungen nachzukommen. Denn von den Petersmönchen, den Kartäusern, den Serviten, den Konventen der Weißfrauen, der Neuwerks- und der Cyriaksnonnen wurden die vom Magistrat geforderten Beträge gezahlt.[27] Der Rat versuchte nun, die 1524 begonnene Politik zum Abschluss zu bringen: Den Insassen der Klöster gestattete er bis zu ihrem Tod im Kloster zu bleiben, verbot aber sämtliche Neueintritte, um danach die klösterlichen Besitzungen einzuziehen.[28] Erst mit dem Vertrag von 1618 zwischen Mainz und Erfurt, der zwar die freie Religionsausübung zusicherte, ansonsten aber Erfurt als „uraltes" Eigentum des Erzstifts definierte, begann wieder verstärkt das Ringen um kirchliche und politische Vorherrschaft.

Das Weißfrauenkloster (Magdalenerinnen),[29] ein verarmtes Kloster, scheint weitgehend von den Bauernunruhen verschont geblieben zu sein. 1517 waren die letzten vier Kandidatinnen ins Noviziat aufgenommen worden. Die nächste Aufnahme von wiederum vier Kandidatinnen erfolgte erst 1554. Die Magdalenerinnen zahlten ab 1530 Steuern. 1667 wohnten im Kloster, wie oben berichtet, nur noch vier Schwestern, und es wurde auf Anordnung von Erzbischof Johann Philipp von Schönborn durch Ursulinen in Besitz genommen; die letzten vier Weißfrauen blieben bis zum Tod im Kloster und partizipierten am schnell prosperierenden Ursulinenkonvent.

---

[27] Vgl. R. W. SCRIBNER, Reformation (wie Anm. 13) S. 293.

[28] Vgl. ebd.

[29] BERNHARD OPFERMANN, Die thüringischen Klöster vor 1800. Eine Übersicht (Leipzig – Heiligenstadt 1959) S. 74. – WILHELM VON TETTAU (Bearb.), Beschreibende Darstellung der älteren Bau- und Kunstdenkmäler der Stadt Erfurt und des Erfurter Landkreises (= Beschreibende Darstellung der älteren Bau- und Kunstdenkmäler der Provinz Sachsen 13) (Halle/Saale 1890) S. 200. – R. W. SCRIBNER, Reformation (wie Anm.13) S. 294. – J. PILVOUSEK, Prälaten (wie Anm. 12) S. 20.

1.2. Die sogenannte „Reduktion" und der Mainzer Kurfürst Johann Philipp von Schönborn

Der Dreißigjährige Krieg 1618–1648 schien für Erfurt die Aussicht zu eröffnen, sich von der Mainzer Herrschaft gänzlich zu befreien. Beide Großmächte, Kursachsen und Kurmainz, hatten jedoch kein Interesse an einer Autonomie der Stadt.[30] Nachdem die schwedische Garnison abgezogen war, stellte der Restitutionsrezess von 1650 den Status von 1618 wieder her und damit die alten Rechte des Erzstifts Mainz. Erhebliche Differenzen gab es zwischen dem Alt-Neuen Landesherrn und Teilen der Erfurter Bürgerschaft. In den Jahren 1663 und 1664 eskalierten die Spannungen. Gegen die Stadt wurde die Reichsacht verhängt. Der Kurfürst und Erzbischof Johann Philipp von Schönborn drängte zielbewusst auf die militärische Vollstreckung der Reichsacht, ließ sich von Reichs wegen damit beauftragen und belagerte Erfurt. Am 5. Oktober 1664 erklärte Erfurt seine Kapitulation; am Tag danach zogen die Belagerer in die Stadt ein. Im kurmainzischen Sprachgebrauch wurde diese Eroberung als „Reduktion" bezeichnet.

Betrachtet man diese Niederlage Erfurts genauer, dann fällt auf, dass es vor allem die Untätigkeit des sächsischen Schutzherrn gewesen war, die den Sieg Johann Philipps ermöglicht hatte. Dieser hatte sich zuvor mit Kursachsen in einem Geheimvertrag abgestimmt und dabei erhebliche Zugeständnisse und Zahlungen vereinbart. Als Gegenleistung erhielt er gegenüber Erfurt freie Hand. Auch fand Erfurt keinen wirksamen Rückhalt bei anderen evangelischen Mächten wie etwa Brandenburg. Der allgemeine Trend der Entwicklung ging dahin, bislang relativ unabhängige Landstädte fester an die Territorialgewalt zu binden. Mainz konnte so bei seinem Vorgehen gegen Erfurt auf die „landesfürstliche Solidarität" bauen.

Johann Philipp zeigte sich als maßvoller Sieger.[31] Er gewährte der Stadt eine fast vollständige Amnestie. Aufgrund des Religionsvergleichs von 1664 blieb das evangelische Bekenntnis unangetastet, wenn auch die katholische Partei seitdem einen starken Förderer gewonnen hatte. Mit der weitgehenden städtischen Autonomie war es aber vorbei. Aus der stolzen Quasi-Reichsstadt wurde eine kurmainzische Provinzstadt. An der Spitze des Erfurter Staats stand zunächst ein Vicedom, seit 1675 ein Statthalter. Dieser Posten wurde

---

[30] Vgl. GÜNTER CHRIST, Territoriale Entwicklung in Erfurt und im thüringischen Raum, in: FRIEDHELM JÜRGENSMEIER – GÜNTER CHRIST – GEORG MAY (Hg.), Handbuch der Mainzer Kirchengeschichte 2: Erzstift und Erzbistum Mainz (Würzburg 1997) S. 395–423, hier: S. 407.

[31] Zum Folgenden vgl. G. BÄSELER, Geschichte (wie Anm. 1) S. 2–7. – DIES., Gedenk- und Feierstunde zum 300jährigen Jubiläum der Erfurter Ursulinen. Gründungs- und Frühgeschichte des Klosters im Lichte des damaligen Zeitgeschehens (Erfurt 1967) S. 6–19.

stets von einem Mainzer Domherrn besetzt. Für den Kurfürsten und Erzbischof kam es nach dem militärischen Sieg nun darauf an, die Untertanen zu befrieden sowie Defizite unter anderem im katholischen Bereich zu beseitigen. Die Ansiedlung von Ursulinen in Erfurt durch den Kurfürsten und Erzbischof ist ein Segment dieser Religionspolitik. Mit den Ursulinen hatte er für die weibliche Jugend einen der modernsten apostolisch tätigen Orden gewählt, dessen Erfolge sich vor allem in Frankreich gezeigt hatten. Der Ausfall der Erfurter Bettelorden für die Seelsorge schien somit durch Jesuiten und Ursulinen weitgehend kompensiert.

2. Neue Frauenorden und ihre Aufgaben am Beginn der Neuzeit

2.1. Die Folgen des Trienter Konzils

Stellten schon die Jesuiten in ihrer konsequent apostolischen Ausrichtung (vita activa) eine Neuheit dar, so brachte das 16. und 17. Jahrhundert für die Frauengemeinschaften überhaupt erst die Möglichkeit einer eigentlich apostolisch-karitativer Tätigkeit mit sich.[32] Bis dahin existierte nur die strikt klausuriert lebende Nonne des beschaulichen Typs. Lediglich die Beginen mit einem unsicheren, wenn auch geduldeten kirchlichen Status, waren bis dahin karitativ, wenn auch nicht im eigentlichen Sinn apostolisch tätig gewesen. Die in Schule und Krankenpflege tätige Schwester ist eine Erscheinung der Neuzeit; erst im 19. Jahrhundert bestimmt sie nahezu vollständig das geläufige Erscheinungsbild der Ordensschwester. Die Anfänge apostolischer Tätigkeit von Frauenorden liegen jedoch mit den Ursulinen, den Englischen Fräulein und den Vinzentinerinnen bereits am Beginn der Neuzeit.

Der Mut zu neuen Wegen, den das Papsttum bei der Bestätigung der Jesuiten 1540 gezeigt hatte, bestand hier nicht in derselben Weise oder richtiger: Er wurde nicht durchgehalten.[33] Noch unter Paul III. (1534–1549) gab es in den Anfangsjahren der katholischen Reform die Bereitschaft, neue unkonventionelle Formen des Ordenslebens zu akzeptieren. Nach dem Konzil von Trient (1563) gewann wieder eine gewisse Verfestigung und Erstarrung Raum. Gerade das Konzil von Trient hatte wieder ausdrücklich die strikte Klausur für die eigentlichen Frauenorden eingeschärft, die nur bei Lebensgefahr ohne besondere Erlaubnis verlassen werden durfte. Mit dieser Klausur war natürlich eine eigentlich apostolische Tätigkeit nicht zu vereinbaren; lediglich

---

[32] Vgl. LEONHARD HOLTZ, Geschichte des christlichen Ordenslebens (Düsseldorf 2001, ND Darmstadt 2001) S. 219 f.

[33] URSULINENKLOSTER ZU BERLIN (Hg.), Festschrift zum vierten Centenarium des Ursulinenordens (Berlin 1935) S. 13–18.

Mädchenpensionate im Inneren des Klosters waren möglich, wobei die Schülerinnen mit den Schwestern die Klausur teilen mussten. Dabei stand sicher das traditionelle Frauenbild im Hintergrund mit der Vorstellung, dass die Frau zurückgezogen und behütet leben musste, ihr eigentliches Apostolat nicht zustehe und vor allem eine Form freier Bewegung in der Welt, wie die Jesuiten sie praktizierten, für Frauen zu gefährlich sei.

Bei dieser Sachlage blieben den neu entstehenden Gemeinschaften nur folgende Alternativen:

1. Entweder eine Umformung durchzumachen, die sich von den eigenen Ursprüngen entfernte, jedoch der kirchlichen Verfestigung entsprach – so geschehen bei einem Teil der Ursulinen; oder

2. die Zerstörung des ursprünglichen Planes durch die kirchliche Autorität zu riskieren bzw. dann doch unter Verzicht auf die volle Realisierung der ursprünglichen Idee weiter zu leben – so geschehen bei den Englischen Fräulein, oder aber

3. auf den rechtlichen Status eines Ordens beziehungsweise von Ordensfrauen zu verzichten, nur einfache Gelübde abzulegen und als Kongregation karitativ oder in der Schule wirken zu können: – so geschehen bei den Vinzentinerinnen und einem anderen Teil der Ursulinen.

2.2. Die Ursulinen

Die Ursulinen sind eine Gründung der hl. Angela Merici (1470/75–1540) aus Desenzano am Gardasee. 1535 gründete sie eine Mädchengemeinschaft unter dem Schutz der hl. Ursula, deren Ziel die Erziehung armer und sozial gefährdeter Mädchen war.[34] Neu war dabei, dass eine religiöse Frauengemeinschaft nicht im Anschluss an eine Männergemeinschaft, also als weiblicher Zweig eines männlichen Ordens, entstand, sondern aus einem eigenständigen Impuls heraus. Außerdem war die Gründung kein Orden oder Kloster im herkömmlichen Sinne, sondern eher das, was wir heute ein Säkularinstitut nennen würden. Die Frauen lebten ehelos, aber nicht in Vita communis, sondern weiter bei ihren Familien. Nur dadurch glaubte Angela die Beweglichkeit wahren zu können, die ihr für diese Form des Apostolates notwendig erschien. Die Gemeinschaft wurde 1544 durch Paul III. päpstlich bestätigt; auch hier bewies Rom in der Anfangszeit der noch nicht verfestigten kirchlichen Reform die Bereitschaft zu neuen Wegen, die später nicht mehr in dieser Weise bestand.

---

[34] Vgl. zum Folgenden: ebd. S. 19 f.

Diese ursprüngliche Form der Ursulinen existierte noch bis 1866 in einigen von Brescia aus errichteten Gemeinden und wurde 1866 mit Erlaubnis von Papst Pius IX. durch die Gräfin Elisabeth Girelli unter dem Titel der unbefleckten Empfängnis erneuert.

Alle anderen Ursulinen machten in der Folge eine grundlegende Umwandlung durch und zwar in zwei Schritten:[35]

1. Am Ende des 16. Jahrhunderts erfolgte der Schritt hin zur Vita communis, auf Betreiben des Erzbischofs von Mailand, des hl. Karl Borromäus, eines bedeutenden Verfechters der Kirchenerneuerung im Sinne des Konzils von Trient, bestätigt 1572 durch Papst Gregor XIII. Die Nonnen nannte man nun kongregierte Ursulinen. Sie lebten in religiöser Gemeinschaft mit einfachen Gelübden und teilweise in Klausur. Sie wurden 1572 von Karl Borromäus für Lehrtätigkeit und Krankenpflege in Mailand bestimmt. Die von Angela Merici verfasste Ordensregel wurde überarbeitet, der neuen Zielsetzung angepasst und mit den kirchenrechtlichen Vorschriften in Einklang gebracht. Die päpstliche Bestätigung erfolgte 1582.

2. In dieser Form (Mailänder Konstitutionen) wurden die Ursulinen 1596 in Frankreich eingeführt. Ab 1600 breiteten sie sich sehr schnell aus. Nach verschiedenen Entwicklungen wurden sie zum Orden mit feierlicher Profess umgestaltet. Das bedeutete unter anderem die Wandlung zu einem klassischen Frauenorden mit strenger Klausur. Dies hieß freilich zwangsläufig, dass die Arbeit gerade für Mädchen aus sozial schwachen Milieus nicht mehr möglich war, da diese nicht innerhalb der Klausur geschehen konnte. Diese monastische Transformation wurde vor allem von den Ursulinen in Paris vorangetrieben.[36] Die Ursulinenregel wurde dort ersetzt durch die Augustinusregel, einer „echten" Ordensregel, die in vielen Frauenorden in Gebrauch war, sowie durch Konstitutionen, in denen ein zusätzliches viertes feierliches Gelübde festgeschrieben wurde. Mit diesem vierten Gelübde neben denen der Keuschheit, der Armut und des Gehorsam verpflichteten sich die Ursulinen zur Erziehungstätigkeit und hielten sich damit die Möglichkeit offen, die Klausurvorschriften so zu modifizieren, dass sie für den Schulunterricht kein Hindernis darstellten. 1612 genehmigte Papst Paul V. die Augustinusregel, die Erziehungstätigkeit als Ordenszweck und das vierte Gelübde der Ursulinen.[37] 1614 legten die ersten Ursulinen in Paris die feierliche Profess in dieser Form ab. Nach und nach folgten die anderen französischen Konvente.

---

[35] Vgl. dazu: Chronik I (wie Anm. 1) S. 3 f.

[36] Zum Folgenden vgl. ANNE CONRAD, Die Ursulinen, in: Orden und Klöster im Zeitalter von Reformation und katholischer Reform 1500–1700, Bd. 1 (= Katholisches Leben und Kämpfen. Kirchenreform im Zeitalter der Glaubensspaltung 83) (Münster 2005) S. 243–254.

[37] Vgl. URSULINENKLOSTER, Festschrift (wie Anm. 33) S. 24 f.

Um 1630 war die Umwandlung fast überall vollzogen. Die Konstitutionen wurden weiter überarbeitet und erschienen 1623 im Druck. Bei der Erarbeitung der Konstitutionen orientierten sich die Ursulinen weithin an den Satzungen der Gesellschaft Jesu (Societas Jesu). Die Tatsache, dass die Jesuiten trotz ihrer Tätigkeit als Lehrer, Erzieher und Seelsorger einen Orden mit feierlichen Gelübden bildeten, gab offenbar für die Pariser Ursulinen den Anstoß, einen ähnlichen Status anzustreben. Folgerichtig geht aus zahlreichen Zeugnissen des 17. und 18. Jahrhunderts hervor, dass man die Ursulinen als weibliches Pendant zu den Jesuiten ansah.

Diese sich ausnahmslos der Erziehung und der standesgemäßen Unterweisung der weiblichen Jugend aller Bevölkerungsschichten widmenden Klöster und ihre Tochtergründungen bildeten in der Folge aufgrund gleicher Satzungen und Gebräuche die sogenannte Kongregation, richtiger Observanz, des regulären Ursulinenordens. Ein Teil der Ursulinen machte diese Entwicklung jedoch nicht mit und wirkte daher weiter als Kongregation, nicht als Orden im Vollsinn.

2.3. Der Erfurter Ordenszweig

Die Chronik des Erfurter Klosters beginnt mit einem apodiktisch klingenden Satz: „Das Erfurter Kloster, zur Pariser Kongregation gehörig, stammt nicht vom Mutterkloster Paris ab."[38]

Die Weiterentwicklung der ursprünglichen Regel der hl. Angela durch Karl Borromäus hin zu den Mailänder Konstitutionen war grundlegend für alle Ursulinengründungen in Frankreich gewesen.[39] Als besondere Schwierigkeit erwies sich, dass das Konzil von Trient die strenge Klausur für alle weiblichen Religiosen vorgeschrieben hatte. Nach intensiven Diskussionen und gegen heftigen Widerstand einer Minderheit setzten sich schließlich jene durch, die in der Umwandlung der Ursulinengemeinschaften in einen kirchenrechtlich anerkannten Orden mit feierlichen Gelübden und Klausur die bessere Perspektive sahen.

Unter dem Einfluss der Jesuiten ging man in Paris daran, die kongregierten Ursulinen in einen Orden mit Klausur umzuwandeln und in Rom die nötigen Schritte einzuleiten.

---

[38] Chronik I (wie Anm. 1) S. 3.
[39] Vgl. URSULINENKLOSTER, Festschrift (wie Anm. 33) S. 27.

Für Erfurt war das Kloster Mâcon entscheidend, das 1625 Regeln und Observanzen von Paris einschließlich des vierten Gelübdes, der Mädchenerziehung, annahm.[40]

Auf Veranlassung der in Metz lebenden Jesuiten kamen 1649 Professen, also Schwestern mit feierlichen Gelübden, von Mâcon nach Metz, um in einem Haus neben dem Jesuitenkolleg die Impulse und Inhalte der hl. Angela umzusetzen. Die Schwestern eröffneten ein Externat und ein Pensionat, während es in italienischen Häusern nur Externate gab. Die Gründung von Metz wuchs und gedieh in einem solchen Maß, dass man 1663 ein neues, größeres Haus beziehen musste. Bereits zu diesem Zeitpunkt hatten sich von dort aus Schwestern in Deutschland niedergelassen.

Den Impuls dazu hatte eine Gräfin Hatzfeld gegeben, deren Töchter in Metz in Pension gewesen waren. In Begleitung eines erfahrenen Geistlichen, Francois Richard, hatten sich 1660 zwei Metzer Professen und zwei aus dem Mutterkloster Mâcon auf den Weg nach Deutschland gemacht. Unter erheblichen Schwierigkeiten kamen die Schwestern mit Hilfe und Unterstützung des Mainzer Erzbischofs nach Kitzingen in eine fast verödete Abtei. Der Kurfürst sorgte für alle Lebensbedürfnisse des neuen Ordens. Diese Kitzinger Niederlassung mit Professen aus Metz und Mâcon wurde am 1. November 1660 bezogen und entwickelte sich schnell zu einem florierenden Konvent.

Im September 1667 trafen fünf Professen und eine Laienschwester aus Kitzingen in Erfurt ein.[41] Sie wurden von dem Geistlichen Richard begleitet. Nach der feierlichen Übergabe am 25. September 1667 versammelten sich die notwendigen Zeugen in der Kirche. Nachdem sämtliche Kirchen- und Klosterschlüssel ausgehändigt worden waren, wurde mit Instrumentalbegleitung das Te Deum gesungen und die neuen Nonnen zogen in die „halb und halb verfertigte Klausur" ein.

Als Ziel der Niederlassung hatte der Erzbischof formuliert, in seinen Diözesen und Hoheitsgebieten dafür Sorge zu tragen, dass die Jugend beiderlei Geschlechts im Glauben an Gott gemäß der Lehre und Praxis der katholischen Kirche unterwiesen werde. Außerdem seien die Mädchen in Lesen, Schreiben und guten Sitten zu unterrichten. Für die Erfurter Ursulinen wurde dies zum ständigen Postulat.

Alle Quellen sprechen davon, wie freundlich und fair die neuen Hausherrinnen mit den Weißfrauen umgingen.[42] Aus den spärlichen Nachrichten lässt sich entnehmen, dass jede Magdalenerin eine heizbare Stube oder Zelle erhielt. Der große Chor blieb weiterhin auch zu ihrer Verfügung. Anfangs

---

[40] Zum Folgenden vgl. Chronik I (wie Anm. 1) S. 4—7.
[41] Vgl. Chronik I (wie Anm. 1) S. 21 und 35 f.
[42] Vgl. G. BÄSELER, Geschichte (wie Anm. 1) S.4—7.

wohnten die Ursulinen der hl. Messe auch vom großen Chor aus bei. Ihre geistlichen Übungen verrichteten sie dagegen im kleinen Chor. Die alten Weißfrauen haben bis ins hohe Alter und bis in die letzten Lebenstage zu dritt oder zu zweit das große Offizium gebetet oder gesungen. Das Sakristaninnenamt hatte die Priorin auch nach dem Einzug der Ursulinen beibehalten, wie überhaupt den Weißfrauen der Zutritt auch zum kleinen Chor frei blieb, wie sie auch gemeinschaftlich mit den Ursulinen zur Kommunion gingen. Weil der Erzbischof versprochen hatte, für seine neue Gründung in jeder Weise zu sorgen, wurden auf seine Kosten die notwendigen baulichen Veränderungen vorgenommen oder waren schon vor der Ankunft der Ursulinen fertig gestellt worden.

Sehr schnell begannen die Ursulinen ihr spezielles Erziehungssystem aufzubauen. Es wurden eine Externenschule sowie ein Pensionat/Internat, eine Bildungsstätte mit höherer Zielsetzung, eröffnet.[43] Mit Deutsch, Französisch und Lateinisch wurden drei Sprachen gelehrt.[44] Musische Fächer und „vornehme Sitten" standen im Vordergrund. Die Hauptsache aber war und blieb bis ins 20. Jahrhundert hinein die Tätigkeit in der Externen- oder auch Volksschule, der sich die Schwestern ihrem Ordensideal gemäß mit ganzer Hingabe und unentgeltlich widmeten. Eine besondere Betonung der katholischen Konfession enthielt ihr Erziehungsplan für Erfurt nicht: Das Internat kannte keinen ausgeprägt konfessionellen Geist. Aus dem Verzeichnis der aufgenommenen Pensionärinnen ist erkennbar, dass auch Mädchen aus lutherischen und reformierten Familien im Internat unterrichtet und erzogen wurden. Auch aus dem Ausland kamen Zöglinge. In den Listen stehen unter anderem die Namen einer Dänin, einer Engländerin und einer Russin. Die französischen Emigrantenkinder aus der Revolutionszeit waren vermutlich alle katholisch.

Zur Unterweisung in den höfischen Sitten gehörte damals auch der Tanz, weil viele der jungen Mädchen mit ihren Eltern später Festlichkeiten mit Tanz besuchten, an den thüringischen Höfen, in der Statthalterei, in den mainzischen und kaiserlichen Garnisonen.

Es gab praktische Fächer wie Handarbeitsunterricht; Klöppeln von Spitzen wurde ebenso erlernt wie Weben und Sticken. Weder Räumlichkeiten noch Quellenberichte deuten darauf hin, dass die Zöglinge in Kochen und Waschen praktisch unterwiesen wurden. Vor allem die Pensionistinnen kamen aus Familien, in denen zu jener Zeit noch Dienstpersonal zum Haushalt gehörte.

Dem Charakter des Internats entsprechend waren die meisten Mädchen Töchter kurmainzischer Beamter und Offiziere. Aber sie kamen auch bis

---

[43] Vgl. dazu G. BÄSELER, Gedenk- und Feierstunde (wie Anm. 31) S. 25–27.
[44] Vgl. Chronik I (wie Anm. 1) S. 7.

weit ins 20. Jahrhundert aus eingesessenen Erfurter Familien. Es fanden sich Töchter von Offizieren aus kaiserlichen Garnisonen, vorwiegend aus Böhmen, wie auch Abkömmlinge protestantischer thüringischer Adelsfamilien, wie beispielsweise der von Wangenheim, Rossler oder Creutzburg.

3. Entwicklungen im 19. und 20. Jahrhundert

Im 19. Jahrhundert waren es Säkularisation und Kulturkampf, die das Kloster und seine Bewohner bedrängten und zu knechten suchten. Während das Kloster nach 1803 nicht säkularisiert wurde, kam es im Kulturkampf zwischen 1871 und 1887 zu erheblichen Bedrückungen, Verboten und Repressionen.[45] Am 1. April 1879 wurde der Konvent mit den Mädchenschulen aufgelöst.[46] Die Schule wurde bei ihrer Aufhebung von 200 Schülerinnen besucht. „Da dem Gesetz nach der Konvent aufgelöst werden musste, erklärte die Oberin Mater Angela von sich aus die Auflösung und kam so diesem Schritt zuvor. Das wurde von der Abordnung der Regierung akzeptiert. Die Herren bestanden jedoch auf äußere Zeichen der Auflösung: Das Läuten zum Chorgebet wurde verboten, ebenso musste das Gitter im Sprechzimmer entfernt werden."[47] Das Zentrum des klösterlichen Lebens, nämlich der Gottesdienst in der Klosterkirche, war verboten. Da der Konvent aber nicht ganz darauf verzichten wollte, wurden Messen hinter verschlossener Tür gefeiert.[48] Am 17. Oktober 1887 konnte die Schule aus ihrem Provisorium in der Wigbertischule, wo die Ursulinen vorübergehend unterrichtet hatten, ins Ursulinenkloster zurückkehren wie auch das Pensionat vom Franziskanerkloster. Es sollte aber noch Jahre dauern, bis der Orden tatsächlich wieder die Trägerschaft der Schule übernehmen konnte.[49] Am 12. Mai 1888 konnten wieder

---

[45] Vgl. Archiv des Ursulinenklosters Erfurt, Chronik St. Ursula Erfurt, Bd. 4: 1887–Okt.1915, S. 570. – Zur Geschichte des Kulturkampfes im Ursulinenkloster vgl. ANDREA WITTKAMPF, Der preußische Kulturkampf hineingetragen in das Erfurter Ursulinenkloster. Innenansichten aus einem Frauenkloster (Manuskr. Erfurt 2018) S. 4: „17 Schwestern lebten noch im Konvent. ‚Vom 1. April 1879 bis 1. Oktober (korrigiert 25. September) 1887 war unser Convent staatlich aufgelöst. Derselbe bestand aus folgenden Schwestern: 1. Maria Angela Muss, Oberin, 2. Maria Agnes Mara, Assistentin; 3. Maria Rosa Beykirch, Zelatrice'. Dann werden 9 weitere Namen als Chorschwestern geführt. Es folgt außerdem die Nennung von fünf Laienschwestern." – Frau Wittkampf danke ich für die freundliche Überlassung ihres Manuskriptes.

[46] Vgl. A. WITTKAMPF, Kulturkampf (wie Anm. 45) S. 8.

[47] Ebd.

[48] Vgl. ebd. S. 11.

[49] Vgl. ebd. S. 10.

drei Schwestern eingekleidet werden; der Konvent bestand damals aus zehn Chor- und fünf Laienschwestern.[50]

In der NS-Zeit kam es zu radikalsten Beschränkungen im Schul- und Klosterleben. Zum Schuljahresbeginn 1936 durften die Abc-Schützen nicht mehr aufgenommen werden[51] und die Oberstufen mussten abgebaut werden,[52] was 1938 endgültig geschah.[53] 1937 wurden Haushaltsschule mit Kinderpflege und Haushaltsgehilfinnenklasse fristlos geschlossen;[54] 1938 folgten die Mädchen-Oberschule, Kindergärtnerinnen- und Hortnerinnenseminar, Frauenschule.[55] Kindergarten und Hort wurden 1941 von der Nationalsozialistischen Volkswohlfahrt übernommen. Schließlich gab es Begehrlichkeiten der Stadt auf Immobilien des Klosters, die nur partiell abgewehrt werden konnten;[56] auf dem Klosterfriedhof durfte seit März 1939 nicht mehr beerdigt werden.[57]

Nach Anfragen aus Sullana,[58] Peru (Lima), und gründlichen Recherchen fuhren im Januar und April 1940 insgesamt zehn Schwestern nach Sullana und gründeten dort eine Schule.[59]

Am 20. Juli 1944 wurde das Kloster durch Bomben getroffen.[60] Der Klosterkomplex brannte an sieben Stellen. Die Kirche brannte völlig aus, Schulhaus und Josefsdormitorium wurden schwer zerstört.

Nach ersten Evakuierungswellen 1939 und 1943 trafen Anfang 1945 erneut geflohene Schwestern bzw. kleinere Schwesternkonvente unterschiedlichster Provenienz aus den deutschen Ostgebieten im Ursulinenkloster ein und baten um Unterstützung.[61] Hinzu kamen ehemalige Pensionärinnen und

---

[50] Vgl. Archiv des Ursulinenklosters Erfurt, Chronik St. Ursula Erfurt, Bd. 7: 1945–1961, S. 266.

[51] Vgl. Archiv des Ursulinenklosters Erfurt, Chronik St. Ursula Erfurt, Bd. 6: 1935–Okt.1944, S. 41.

[52] Vgl. Chronik VI (wie Anm. 51) S. 42.

[53] Vgl. ebd. S. 76.

[54] Ebd.

[55] Vgl. ebd. S. 76–79; Chronik VII (wie Anm. 50) S. 126.

[56] Vgl. Chronik VI (wieAnm. 51) S. 115–119.

[57] Vgl. ebd. S. 120.

[58] Vgl. ebd. S. 125–127 und S. 132.

[59] Vgl. ebd. S. 143–154. – Das Schiff „Orazio", das die ersten fünf Schwestern nach Amerika bringen sollte, war in Brand geraten; alle Schwestern konnten gerettet werden; vgl. ebd. S. 155. – Zehn Schwestern waren nach Sullana in Peru ausgewandert, fünf kehrten (1948 bzw. 1950) nach Erfurt zurück, drei blieben dort und zwei waren in Peru verstorben; vgl. Chronik VII (wie Anm. 50) S. 273 f.

[60] Vgl. Chronik VI (wieAnm. 51) S. 309–325.

[61] Vgl. Chronik VII (wieAnm. 50) S. 4–13.

ihre Familien sowie Flüchtlinge aus Südosteuropa, die um Unterkunft baten und zeitweise Wohnung und Verpflegung erhielten. Das unbeschreibliche Flüchtlingselend sowie die Versuche, den Menschen zu helfen, sind Gegenstand zahlreicher Schilderungen.

Die Chronistin berichtet, dass am 2. Juli 1945 die Russen in Erfurt eingezogen waren.[62] Wenig später vermerkt sie, dass in den Schulen kein Religionsunterricht mehr erteilt werden dürfe, nur außerhalb der Schule. Am 23. Juli 1945 kontrollierten die Russen das Kloster, ließen sich die Papiere der Schwestern zeigen, gingen in die Klausur, öffneten Schränke und suchten nach Waffen.[63]

Am 5. Dezember 1948 erfolgte die Grundsteinlegung für den Neuaufbau der Kirche, im Mai 1949 begannen die Bauarbeiten und am 21. November 1949 konnte bereits die Turmspitze aufgesetzt werden.[64] Das Richtfest der Kirche war am 8. Juli 1949.[65] Die Fertigstellung der Kirche wurde mit der Altarkonsekration durch den Fuldaer Weihbischof Adolf Bolte am 21. Juli 1950 feierlich begangen.[66] Federführend beim Wiederaufbau der Kirche war der damalige Rektor Dr. Joseph Adrian,[67] der wenige Wochen vor der Weihe gestorben war. Die Chronistin vermerkte: „Es beschäftigt ihn Tag und Nacht; ja, man darf sagen, wird zur fixen Idee und zehrt an seinem Lebensmark".[68]

Zu der erhofften vollständigen Rückgabe der von den Nationalsozialisten beschlagnahmten Gebäude des Klosters durch die neuen Machthaber kam es nicht. Die beiden Schulgebäude waren 1948 für städtische Schulen

---

[62] Vgl. ebd. S. 67.
[63] Vgl. ebd. S. 75 f.
[64] Vgl. ebd. S. 295–299.
[65] Vgl. ebd. S. 327.
[66] Vgl. ebd. S. 388–391.
[67] Dr. Joseph Adrian, Msgr.; geb. 16. 3. 1871 Hovestadt/Westf. 19. 3.1896 Priesterweihe in Paderborn; 4. 4. 1906 Rektor des Ursulinenklosters Erfurt; gest. 31. 5. 1950 in Erfurt. – Unklar bleibt die Haltung des Rektors zum Nationalsozialismus. Am 12. April 1945 schrieb die Chronistin: „Herr Dr. (Adrian) hatte im kleinen Gärtchen an der Kirche 1933 zu Ehren des 3. Reiches ein Ahorn gepflanzt. Wollte er ein Zeichen haben? Dann hatte er es heute; denn die kleine Pflanze ist durch einen Granatsplitter in zwei Teilen geschnitten." – Vgl. ebd. S. 49. – Am 19. 3. 1946 ernannte der Kulturbund „Dr. Adrian (40 Jahre im Ursulinenkloster) anlässlich des goldenen Priesterjubiläums wegen wissenschaftlicher Arbeit und in Würdigung seines entschiedenen Widerstandes gegenüber der nationalsozialistischen Weltanschauung zu ihrem Ehrenmitglied. Einige Wochen später am 7. 4. 1946 wurde Msgr. Dr. Adrian „vom Kulturbund ausgeschlossen, der ihn doch am 19. 3. zum Ehrenmitglied ernannte, er darf nur Religion dozieren, keine Philosophie, keine Vorlesungen in der Volkshochschule halten." – Vgl. ebd. S. 129 f. und S. 178. – Möglicherweise ist er zu jener Gruppe von Theologen zu zählen, die man als „Brückenbauer" bezeichnet und die zeitweise eine Vereinbarkeit von Christentum und Nationalsozialismus vertraten.
[68] Ebd. S. 178.

beschlagnahmt und 1948 die Ausweisung des Konvents aus ihnen beschlossen worden.[69]

Nach 1945 war es allmählich zu einem Neubeginn ganz anderer Art gekommen. „Die Schwestern sind in den verschiedensten Aufgaben heutiger Erziehung von Kindern und weiblicher Jugend tätig: im Kindergarten und -hort, [bei] den Aspirantinnen und im Kirchl. Seminar für Seelsorghilfe und Caritas."[70]

4. Resümee

Die Umgestaltung der Gesellschaft der hl. Ursula zu einem Orden mit strenger Klausur seit 1600 schien damals einigen Ursulinen nicht mit dem Gründungsgeist der hl. Angela vereinbar; sie fürchteten, den Geist der Gründerin „hinter dem Gitter" der Klausur zu verlieren.[71] Die Klausur entsprach tatsächlich nicht der Gründungsidee. Die Arbeit gerade für Mädchen aus sozial schwachen Milieus wäre dann nicht mehr möglich gewesen.

Mit dem vierten Gelübde zur christlichen Erziehung der weiblichen Jugend hielten sich die Ursulinen die Möglichkeit offen, die Klausurvorschriften so zu modifizieren, dass sie für den Schulunterricht auch für Mädchen aus der Stadt kein Hindernis darstellten. Die Übernahme der Augustinusregel anstelle der Benediktsregel ermöglichte zudem apostolische Tätigkeiten auch hinter Klostermauern. Trotz „Gitter" hatte man weitgehend den Impuls der hl. Angela aufgegriffen und setzte ihn mit einigen Modifikationen um.

Das Erfurter Kloster sollte bis in unsere Tage hinein mit imaginären „Gittern" konfrontiert sein; immer ging es dabei um Außen und Innen, um Rückzug und Aufbruch, um Erhaltung und Neubeginn sowie um Schutz und Preisgabe.

In der 350-jährigen Geschichte sind zahlreiche Höhepunkte und Erfolge zu nennen: die segensreiche Erziehung und Ausbildung von Mädchen und jungen Frauen, viele Klostereintritte, die geistliche Führung von Männern und Frauen, aber auch Besuche von hochstehenden Persönlichkeiten und deren Gunsterweise sowie Hochachtung und Wertschätzung durch die Erfurter Bürgerschaft. Zudem wurde 1700 von Erfurt aus eine Niederlassung der Ursulinen in Duderstadt gegründet.[72]

---

[69] Vgl. ebd. S. 299.
[70] Ebd. S. 635.
[71] Vgl. Chronik I (wie Anm. 1) S. 5.
[72] Vgl. Ursulinenkloster Erfurt (wie Anm. 2) S. 14.

Es gab in diesen dreieinhalb Jahrhunderten Feuersbrünste, Krankheiten, Epidemien und Krieg, aber auch menschliches Versagen. In manchen Zeiten hatte man Mangel an Allem. Außerdem wurde der Besitz des Klosters zeitweise enteignet oder schlecht verwaltet, was wiederum Not und Entbehrung zur Folge hatte.

Schlimmste Bewährungszeiten waren und blieben aber die, wenn Dritte zu definieren suchten, was das „Gitter" von außen oder innen abhalten sollte, was den Schwestern von ihren ureigenen Aufgaben nicht mehr erlaubt sein sollte oder was sie überhaupt zu tun und zu lassen hätten. Fast immer gelang es ihnen dennoch, Schwierigkeiten und Probleme positiv zu lösen, so etwa, wenn man von politischer Seite dem Wirken der Schwestern Grenzen setzen und sie zur Resignation zwingen wollte oder aber gleichsam von innen in das geistliche Leben der Ursulinen reglementierend einzugreifen suchte.

Auch die Solidarität der beiden Schwesternkonvente der Franziskanerinnen und Ursulinen in Erfurt half Notlagen zu lindern. Als während des Kulturkampfes die Ursulinen unter mancherlei Repressionen litten und ihre Schultätigkeit aufgeben mussten, wurden sie nicht zuletzt von den Franziskanerinnen mitversorgt.[73] Umgekehrt halfen die Ursulinen, als die Franziskanerinnen ihr Kloster umbauten. Sie boten Hilfe an, stellten Räume zur Verfügung, um während der Bauarbeiten Kinder und Schwestern unterzubringen.[74]

Ein Problem stellte die geistliche Betreuung der Schwestern dar, die manches Mal wegen der Sturheit kirchlicher Vorgesetzter von den Ursulinen selbst einer Lösung zugeführt werden musste.[75] So gelang es den Schwestern zeitweise, für die geistliche Leitung Jesuiten aus dem benachbarten Kolleg in der Schlösserstraße zu gewinnen. Als das Jesuitenkolleg mehrfach vom römischen Generalrat darauf aufmerksam gemacht wurde, dass die Ordenssatzungen es den Jesuiten nicht erlaubten, in Nonnenklöstern das Amt des ordentlichen Beichtvaters zu versehen, hatten diese Mahnungen die Tätigkeit der Patres bei Ursulinen im Blick. Nun legten die Schwestern den Jesuitengenerälen Begründungen für ihr Anliegen vor. Die Ursulinen seien arm und könnten einen beständigen Beichtvater nicht besolden; unentgeltlich hingegen werde ihnen wohl kein Geistlicher, weder aus dem Ordensstand noch aus dem Weltklerus, dienen wollen. Außerdem sei Erfurt zum größten Teil

---

[73] Vgl. SCHWESTERNKONVENT MARIENSTIFT ERFURT, Abschrift Chronik Marienstift, 2 Bde., hier: II, S. 9: „Eine enge Verbindung hat in dieser Zeit zu den Ursulinen bestanden, die ja ihre Schultätigkeit aufgeben mussten. Sie wurden offensichtlich auch von den Franziskanerinnen mitversorgt."

[74] Vgl. ebd. S. 14 f.: „Am 1. Mai 1912 erfolgte der Umzug zu den Ursulinen. Zum Schlafen ging man abends ins Ursulinenkloster, zur Schule morgens in die Hopfengasse."

[75] Vgl. dazu Chronik I (wie Anm. 1) S. 239–245.

nicht katholisch und es gebe dort nur wenige Ordensgeistliche, die nicht schon genügend mit Beichthören beschäftigt seien. In der Stadt selbst existiere allein noch das Männerkloster der Augustiner, die aber bereits bei den Augustinerinnen im Neuwerkskloster als ordentliche Beichtväter wirkten. Die Benediktiner wiederum lebten auf dem Petersberg, eingeschlossen in der Festung, und hätten schon zwei andere Frauenklöster mit ordentlichen Beichtvätern zu versehen: die Benediktinerinnen bei der Nikolaikirche und die Bernadinerinnen (oder Zisterzienserinnen) bei St. Martin im Stadtteil Brühl. Auch unter den Stiftsherren gebe es keine, die Beichte hören würden. Da nun die Jesuiten in der Nähe des Ursulinenklosters wohnten, habe man, als die Ursulinen erst vor kurzem in Erfurt eingeführt wurden, die Jesuiten ersucht, bei ihnen Beichte zu hören.

Als diese Argumente bei den Jesuitenoberen nicht fruchteten, verlegten sich die Ursulinen aufs Bitten. In eindringlicher Weise schilderten sie dem Jesuitengeneral das segensreiche geistliche Wirken der Jesuiten in ihrem Kloster. Die Antwort des Generals vom 5. Mai 1710 gab seiner Freude darüber Ausdruck, welch guten Früchte die seelsorgerische Tätigkeit der Jesuiten bei den Schwestern gezeitigt hätten. Er nehme an, dass die Schwestern auch weiterhin nach der seelsorgerischen Arbeit der Jesuiten verlangten. Weil aber bei den Jesuiten die Gewohnheit herrsche, das Amt des ordentlichen Beichtvaters bei Klosterfrauen nicht zu übernehmen, wolle er den zuständigen Provinzial der Oberrheinischen Jesuitenprovinz anweisen, aus dem Erfurter Kolleg einen Pater zu beauftragen, bei den Ursulinen gelegentlich Beichte zu hören, auch sonstige geistliche Übungen zu halten und überhaupt der Oberin und den anderen Schwestern geistlichen Trost zu spenden. Damit war die Sache prinzipiell erledigt. Das nahe Verhältnis der Erfurter Ursulinen zu den Erfurter Jesuiten blieb von nun an bestehen bis zur Aufhebung des Ordens 1773.

Am Ende des Zweiten Weltkrieges hatte der russische Stadtkommandant am Eingang des Klosters ein Schild anbringen lassen, auf dem in kyrillischen Buchstaben „Ursulinenkloster" geschrieben stand. Dieses sollte ein schützendes Gitter für das Kloster sein, was es auch wurde und blieb.

Immer ist es den Schwestern in ihrer Geschichte gelungen, das von den Gründerinnen erwartete oder befürchtete „Gitter" für Leben und Wirken erfolgreich zu umgehen bzw. Wege zu finden, dem ordensspezifischen Auftrag und ihrer Sendung treu zu bleiben.

In einer Gedenkschrift wird ein Satz der Ordensgründerin Angela Merici zitiert: „Wenn es sich gemäß den Zeiten und Bedürfnissen ergeben sollte, etwas neu zu ordnen oder etwas anders zu machen, tut es klug und nach guter Beratung."[76] Das sei auch unser Wunsch für die Erfurter Ursulinen zu ihrem Jubiläum 2017.

---

[76] Zit. nach: Ursulinenkloster Erfurt (wie Anm. 2) Anhang, S. 4.

55 Jahre Friedrich-Dessauer-Kreis
Ein wertender Rückblick[1]

Der Friedrich Dessauer-Kreis wurde 1963 als Akademikerkreis für den Erfurter Bereich (Generalvikariat Erfurt, Bischöfliches Amt Erfurt-Meiningen, Bistum Erfurt) gegründet. Der 1963 verstorbene Naturwissenschaftler Prof. Dr. Friedrich Dessauer wurde Namensgeber, um programmatisch zu bekunden, dass Akademikerseelsorge auch die sogenannten „Techniker" umfasst. Der Kreis, der bis heute besteht, ragte aus den Akademikerkreisen der Jurisdiktionsbezirke der DDR heraus mit einem nach Semestern strukturierten, schriftlichen Jahresprogramm, mit schriftlichen Einladungen nach einer eigenen Mitgliederkartei, einem jährlichen geistlichen Wochenende und mit einem eigens vom Bischof ernannten Geistlichen Beirat.

1. Anfänge des Friedrich-Dessauer-Kreises

In den Jahresprogrammflyern des Friedrich-Dessauer-Kreises wird jeweils auf der letzten Seite etwas zur Gründung gesagt: Der Kreis ist 1963 gegründet worden und wurde nach Friedrich Dessauer benannt, „der mit hoher ethischer Gesinnung, kritischem Nachdenken, ausgezeichnetem Fachwissen bewusst gesellschaftliche Verantwortung übernommen hat, um in Forschung und Lehre, Politik und Wirtschaft zum Heil der Menschen zu wirken."

Für den Erfurter Bereich finden sich für die Akademikerarbeit keine schriftlichen Quellen vor dem Jahre 1961. Über die Anfänge des Kreises gibt es nur mündliche Nachrichten, aber kaum schriftliche Überlieferungen. Bischof Hugo Aufderbeck erwähnt 1967 in einem Brief an einen Priester, dass der Dessauer-Kreis schon seit einiger Zeit bestehe und von Pfarrer Johannes Kadenbach betreut werde. Die erste schriftliche Nachricht in der überregionalen Berichterstattung über Akademikerkreise den Dessauer-Kreis

---

[1] Der folgende Beitrag geht auf einen Vortrag zurück, der am 16. Oktober 2017 vor dem Friedrich-Dessauer-Kreis in der Erfurter Bildungsstätte „St. Martin" gehalten wurde. Der Vortragsstil wurde beibehalten. Sämtliche Zitate in diesem Beitrag beziehen sich auf das Aktenkonvolut von Helga Weiß: Nachlass Helga Weiß, Akademikerarbeit I und II, in: Katholisch-Theologische Fakultät Erfurt (KTF), Forschungsstelle für Kirchliche Zeitgeschichte (FKZE). – Vgl. dazu auch die Korreferate von JOHANN KUHN und HELGA WEISS, in: Theologie der Gegenwart 61 (3/2018) S. 229–232.

betreffend findet sich erst am 14. März 1969 in einem Protokoll der AG Akademikerseelsorge in Berlin.

So darf man als Resümee festhalten: Der Dessauer-Kreis scheint damit älter zu sein als die organisierte Akademikerseelsorge des Erfurter Jurisdiktionsbezirks.

Es war nur konsequent, wenn die in den einzelnen Jurisdiktionsbezirken mit der Akademikerseelsorge beauftragten Priester sich zu Arbeitsbesprechungen trafen. Eine erste derartige Zusammenkunft fand auf Einladung von Weihbischof Hugo Aufderbeck, damals noch Leiter der „AG der Seelsorgeämter", am 15. März 1963 in Erfurt statt. Für die Zusammenarbeit der Seelsorger hatte sich besonders Dr. Franz Peter Sonntag eingesetzt, ein Priester aus dem Dresdener Oratorium. Schon bei der ersten Zusammenkunft wurde ein Umstand angesprochen, der die Arbeit in der Akademikerseelsorge sehr erschwerte: die mangelhafte Kooperation mit den Studentenseelsorgern, eine Feststellung, die auf den Jahreskonferenzen 1965, 1966 und 1967 immer wieder erörtert und angemahnt wurde — ohne jeden Erfolg. Auch die immer wieder erbetene Benennung eines zuständigen Mitglieds der Berliner Ordinarienkonferenz blieb aus.

Wofür aber gab es dann eine AG Akademikerseelsorge? Auf der Arbeitstagung am 9. März 1964 war die Notwendigkeit der Zusammenarbeit der Laienvertreter der einzelnen Akademikerkreise zum Erfahrungsaustausch betont worden. Eine erste Zusammenkunft fand am 6. September 1964 in Halle statt; dabei wurde Herr Roland Antkowiak, Görlitz, einstimmig gebeten, die Funktion des Sprechers zu übernehmen. Auf der Arbeitsbesprechung der Akademikerseelsorger am 29. März 1965 war dann erstmals ein Laienvertreter, nämlich Herr Antkowiak, anwesend. Hier machte Dr. Sonntag den Vorschlag, dass die Vertreter der Laien — ein Herr und eine Dame aus jedem Jurisdiktionsbezirk — zusammen mit den Akademikerseelsorgern zu einer einzigen Tagung zusammenkommen sollten. Der Vorschlag wurde einstimmig angenommen.

Am 7./8. Mai 1966 trafen sich erstmals Akademikerseelsorger und Laienvertreter zu einer gemeinsamen Sitzung, bei der (aber) auch noch getrennte Beratungen stattfanden. Auf der Jahreskonferenz am 21./22. Januar 1967 wurden alle anstehenden Fragen von Priestern und Laien gemeinsam beraten. Auf dieser Sitzung wurden auch ein Entwurf über „Richtlinien für die Arbeit der Akademiker" von Dr. Clemens Nartschick, Leipzig, sowie die „Satzungen der Arbeitsgemeinschaft Akademikerseelsorge", erstellt, durchdiskutiert und verabschiedet. Die Notwendigkeit der Regelung organisatorischer Fragen durch gewisse „Spielregeln" war auf der Konferenz im Mai 1966 erörtert worden. Auf der Jahreskonferenz am 27./28. Januar 1968, die unter der Leitung von Herrn Antkowiak stattfand, wurde mitgeteilt, dass die Berliner

Ordinarienkonferenz die „Richtlinien" und die „Satzungen" für zunächst fünf Jahre gebilligt habe.

Der Initiator einer organisierten Akademikerseelsorge im Erfurter Bereich war zweifelsfrei der Friedrich-Dessauer-Kreis in Erfurt. In den Protokollen über die Sitzungen der Sprecher der Akademikerkreise im Bischöflichen Generalvikariat sind fast ausnahmslos für Erfurt Mitglieder des Dessauer-Kreises verzeichnet. Bei Akademikertagen erscheint immer eine große Anzahl von Männern und Frauen aus dem Dessauer-Kreis, oftmals über zehn Personen. Personell war und blieb er vermutlich mit Weihbischof Hugo Aufderbeck eng verzahnt, der 1962 als Weihbischof nach Erfurt gekommen war. Als Leiter der AG der Seelsorgeämter in der DDR hatte er bereits für den 15. März 1963 in Erfurt eine Zusammenkunft der Akademikerseelsorger organisiert. Vermuten darf man, dass Aufderbeck für die Gründung eines solchen Kreises „grünes Licht" gegeben hatte.

Mündlich ist überliefert, dass zunächst Mediziner und Lehrer den Kern kirchlicher akademischer Seelsorge und Kurse im Erfurter Bereich ausmachten, Techniker aber fehlten. So ist wohl zu erklären, warum man den 1963 verstorbenen Naturwissenschaftler Prof. Dr. Friedrich Dessauer als Namensgeber wählte. Man behob damit ein Manko, indem man vorwiegend auf sogenannte „Techniker" zurückgriff und so einen Ausgleich schuf. Außerdem, so die mündliche Überlieferung, wollte man ein Gegengewicht zu den starken Erfurter Stadtgemeinden schaffen, die jegliche seelsorgliche Aktivitäten sowohl inhaltlich als auch organisatorisch dominierten.

Die erste vorhandene schriftliche Einladung stammt vom 5. Januar 1964 und lässt diese Intention erkennen. Sie hat folgenden Inhalt: „Sehr geehrter Herr Peuker! Im Namen von Herrn P. Saft möchte ich Sie hiermit zu unserem Ing.-Kreis einladen. Er findet am Dienstag, dem 7. 1. 1964, 20.00 Uhr in dessen Wohnung statt. i. A. Hentsch."

Der Kreis heißt zu diesem Zeitpunkt noch Ingenieurkreis und hat als geistlichen Leiter den Jesuiten Paul Franz Saft, der von 1958 bis 1965 Studentenpfarrer in Weimar und Jena war. Es wurde seinerzeit allgemein beklagt, dass das Miteinander von Studentengemeinden und Dessauer-Kreis spärlich sei.

Die Suche nach Referenten schien in Erfurt leichter als in anderen Jurisdiktionsgebieten zu sein, da das damalige Philosophisch-Theologische Studium mit seinen Dozenten und Professoren zur Verfügung stand. Die Referentenliste erschien in manchen Jahren wie ein „Who is who" im Philosophisch-Theologischen Studium Erfurt. Auch die Professoren und Dozenten, die nach dem Mauerfall an die Hochschule kamen, haben gern Einladungen zu Vorträgen im Kreis an angenommen.

2. Die Phase grundsätzlicher Erwägungen ab 1968

Nach der ersten Phase von organisatorischen und strukturellen Überlegungen kommt es seit 1967, wie angedeutet, zu inhaltlichen und grundsätzlichen Erwägungen. So wird gefragt, wer überhaupt als Akademiker zu gelten hat. „Der Akademiker ist ein Laie, der fähig und bereit ist, Verantwortung für das Ganze der Gesellschaft und Kirche zu erkennen, reflex zu bedenken und auszuüben." So definierte Wolfgang Trilling 1968. Dazu wird provokant ergänzt: „Nach dieser Umschreibung wird sich von selbst herausstellen, wer dieses Merkmal erfüllt (obgleich er eventuell kein Staatsexamen oder einen entsprechenden Studienabschluss hat) und wer nicht in dieser Weise befähigt und bereit ist (obgleich er ein Staatsexamen oder einen Studienabschluss hat)."

Vorschläge zur Neuordnung der Akademikerseelsorge gehen auf diese Konferenz von 1968 zurück:

„1. Es ist zu unterscheiden zwischen Akademikerseelsorge und Akademikerarbeit. Akademikerseelsorge steht im gesamtgesellschaftlichen Auftrag der Kirche und wird dafür von beauftragten Geistlichen wahrgenommen. Sie hat zum Ziel, alle Akademiker in der Diözese beziehungsweise der DDR zu erfassen, zu Information und Veranstaltungen zur Weiterbildung zu interessieren und zur Mitarbeit an dem Gesamtauftrag nach Kräften zu aktivieren. Die Formen der Akademikerseelsorger werden verschieden sein, je nach Differenzierung nach Interessengebieten, örtlichen Gegebenheiten (Großstädte, Kleinstädte) und schon eingeführten verschiedenen Formen (Akademikerkreise, Arbeitsgruppen, auch größere Organisationsformen wie in den Großstädten).

2. Unter Akademikerarbeit wird hier verstanden, von den Laien und ihrem ursprünglichen Bezug zu den ‚autonomen weltlichen Bereichen' einerseits von der geistigen Befähigung und der Bereitschaft zu einem christlichen Weltdienst andererseits auszugehen und dafür neue Formen zu entwickeln. Diese Arbeit geschieht von den Laien selbst, organisatorisch unabhängig, aber doch in engem Kontakt mit der Akademikerseelsorge und überhaupt im Dialog mit der Theologie und dem Klerus."

Fachbezogene Gruppen sollten gegründet werden: „Aus den pastoralen Anliegen erwachsen Probleme, deren Lösung eine sachgerechte kritische Bearbeitung erfordert. Diese Aufgabe soll von Fachgruppen übernommen werden, die von ihrer Zusammensetzung her eine vielseitige Durchdringung und eine optimale Lösung erwarten lassen. Es wird gewünscht, in Absprache mit den Akademikerkreisen der einzelnen Diözesen und Diözesananteilen die Bildung von Fachgruppen überregional zu regeln und zu koordinieren."

Dieser Punkt wurde nie umgesetzt! In dem Protokoll der Jahreskonferenz der AG Akademikerseelsorge am 27./28. Januar 1968 in Berlin wird beklagt: „Die AG Akademikerseelsorge ist zur Sterilität verurteilt. Eine einmalige

Jahreskonferenz ist nicht ausreichend; die zur Diskussion gestellten Themen müssen vorher bekannt gegeben sein. Es könnte Aufgabe der AG sein, eine Zentrale zu bilden, die Berichte speichert sowie Anregungen gibt und Koordinierung ausstrahlt. Die AG könnte außerdem in der als klerikal zu bezeichnenden Kirche der DDR die Stelle sein, an der sich die Laien wirksam dokumentieren. Dazu aber ist notwendig: 1. eine zweimalige Tagung im Jahr; 2. eine Revision der Richtlinien, durch die eine Konkretisierung geschaffen und Verbindlichkeiten aufgestellt werden."

Folgende Beschlüsse wurden gefasst:

„1. Der AG Akademikerseelsorge hat ein Vorschlag von Dr. Trilling über die neue Ordnung der Akademikerseelsorge vorgelegen und er wurde durchdiskutiert. Die AG hat zur Kenntnis genommen, dass in der Akademikerarbeit im Verständnis dieses Vorschlages ein sehr wesentlicher Aufgabenbereich liegt, der bisher zwar Ansätze gezeigt hat, aber insgesamt noch nicht genügend wahrgenommen wurde. Die AG verwahrt sich gegen eine organisatorische Trennung von Akademikerseelsorge und -arbeit, sie betont vielmehr, dass die Einheit beider Bereiche gewahrt bleiben muss.

2. Die AG Akademikerseelsorge bestätigt die Ausarbeitung über den Weltdienst der Kirche und des Christen. Die Ausarbeitung ist aber zu ergänzen durch Untersuchungen der Situation in gesellschaftlichen Bereichen und bestimmten Berufsgruppen. Dabei sind die positiven Ansätze herauszuarbeiten.

3. Die AG Akademikerseelsorge beauftragt Dr. Sonntag, mithilfe eines selbst gewählten Kreises eine Stellungnahme zur Frage der Koordinierung der Arbeit zu formulieren, die die Wünsche der Konferenz zum Ausdruck bringt. Der ausgearbeitete Entwurf wird den Teilnehmern der Konferenz zugestellt, die entsprechenden Stellungnahmen und Ergänzungen werden an Dr. Sonntag zurückgesandt, der einen weiteren, vervollständigten Entwurf ausarbeitet und nach Rücksprache mit Herrn Antkowiak und Ordinariatsrat Dissemond der Ordinarienkonferenz als Eingabe überreicht."

Auf Beschluss der AG fanden im Jahre 1969 und auch in den folgenden Jahren zwei Konferenzen statt. Der z. T. schulmeisterliche Ton und die strengen Postulate haben es zur Freude der Diözesanakademiker nur selten bis zur Basis geschafft.

3. Zum Alltag im Friedrich-Dessauer-Kreis Erfurt

Kompliziert, wenn auch mit geringem Aufwand zu bewerkstelligen, war es zu DDR-Zeiten, die Informationen über die Programme des Friedrich-Dessauer-Kreises zu verbreiten. Zunächst ist daran zu erinnern, dass vieles mündlich geschah, eine Weitergabe von Informationen in Familienkreisen oder auch nach Gottesdiensten. Kopien, wie im heutigen Informationszeitalter mit Ablichtungen, waren nicht möglich oder nur schwierig zu bewerkstelligen. Stattdessen kamen Kopien auf Wachsmatrizen oder im Ormigverfahren infrage, die aber den Zusatz „Nur für innerkirchlichen Dienstgebrauch" tragen mussten. Nicht immer standen diese Verfahren wegen der staatlichen Überwachung und der wenigen Geräte in den Pfarreien zur Verfügung, so dass man auf Schreibmaschinenkopien zurückgriff.

Diese wurden dann als Aushänge an die einzelnen Erfurter Pfarreien verteilt. Nach dem Mauerfall begann man zunächst das Jahresprogramm 1991/92 zu drucken. Dieses erste Programm erschien 1991 auf der Vorderseite mit einem Bild – ein Vogel, der seine Küken im Nest füttert. Der Aufwand, möglicherweise auch der Preis waren jedoch so hoch, dass man schon im nächsten Jahr darauf verzichtete und Ablichtungen, den heutigen ähnlich, als Jahresprogramme vervielfältigte.

Das erste erhaltene, mit Wachsmatrize vervielfältigte Jahresprogramm von 1968 ist ein Semesterprogramm vom September 1968 bis zum Januar 1969. Das Sommersemester lief von Februar 1969 bis zum Juni 1969. Das Wintersemester begann im September 1969 und endete im Januar 1970. Ab 1973 teilte man dann in Studienjahre ein, die zumeist im September begannen und bis Mai oder Juni des darauffolgenden Jahres liefen.

Das Sprecherteam des Kreises traf sich fast ausschließlich in den Wohnungen der Mitglieder oder auch öfter, wie im Fall des Geistlichen Beirates Hans Reinhard Koch, in dessen Wohnung. Manchmal wurden sogar die Vortragsabende in Wohnungen abgehalten.

Zu den wenigen erhaltenen Vorbesprechungsprotokollen gehört der Bericht über eine Zusammenkunft am 25. Mai 1972 bei Familie Ziegenfuß. Zunächst erinnert der Einladende daran, dass er zwei Jahre Sprecher des Dessauer-Kreises gewesen sei, und schlägt Frau Weiß vor, seine Nachfolge anzutreten. Was den Semesterabschluss angeht, so soll er als Gespräch gestaltet werden. Das nächste Semester (ab September 1972) wird besprochen, Vorschläge für Themen und Referenten werden gemacht. Zugleich wird ein Haus für das geistige Wochenende gesucht. Vor allem Rat Koch wird beauftragt, die einzelnen Themen umzusetzen und Referenten anzusprechen.

Bis 1993 fanden die großen Vorträge im Saal des Marienstifts in der Hopfengasse 8 statt, ab 1994 im Bildungshaus St. Martin in der Farbengasse 2. Die Geistlichen Beiräte werden noch in einem Korreferat[2] aufgezählt werden. Auf eine Ausnahme ist hinzuweisen. Für ein Jahr (1991/92) war der Jesuitenpater Eckhard Krüger übergangsweise Geistlicher Beirat.

---

[2] Vgl. Anm. 1.

Als Termin wurden zumeist Montage gewählt, die nicht mit den ebenfalls montags stattfindenden Familienkreisen konkurrierten.

Als Problem sah und sieht man bis heute die Situierung des Kreises im Übergang von der Studentengemeinde zur Ortsgemeinde. So heißt es: „Die Studentengemeinden müssen ihre Arbeit verstärkt darauf vorbereiten und den Studenten bewusstmachen, dass die Studentengemeinde eine Chance, aber keine für dauernd mögliche Gemeindeform darstellt."

Ganz sicher ist der Wunsch darin enthalten, dass Studenten einmal in die Akademikerkreise hineinwachsen.

Im Erfurter Generalvikariatsbezirk, wie damals das spätere Bistum Erfurt hieß, gab es folgende Akademikerkreise: Nordhausen, Weimar, Jena, Arnstadt, Heiligenstadt, Ilmenau, Leinefelde, Mühlhausen, Gotha und den Friedrich-Dessauer-Kreis in Erfurt. Ab 1970 erscheinen der Sprecher des Dessauer-Kreises, Johann Kuhn, und der Kreis selbst als Erarbeiter des Papiers für die Akademikerkreise im Generalvikariatsbezirk Erfurt mit dem Titel: „Neue Formen der Verkündigung im liturgischen Raum." Hierin heißt es:

„1. Der Priester ist einer aus der Gemeinde, der der Versammlung vorsteht und von ihr in irgendeiner Weise autorisiert werden muss.

2. Er hat damit seine primäre Verantwortung der Gemeinde gegenüber, dann erst zusammen mit der Gemeinde anderen Gemeinden und dem Bischof gegenüber."

Gefordert wird Entlastung von sekundären Aufgaben und deren Übernahme durch Fachleute sowie Freiheit für die Leitung der Altargemeinde und ihrer Vorbereitung. Es bedarf neuer Orientierung auf differenzierte Seelsorge hin.

„3. Eine Vielzahl von Funktionen und Gaben ist heute in der Gemeinde nicht präsent.

4. Gemeinschaftsbildend können liturgische Feiern nur dann sein, wenn eine grundlegende Aufwertung der Verkündigung (Änderung an Inhalt und Stil der Predigt), eine Einführung zum Verständnis der Liturgie, differenzierte Möglichkeiten zu Feier und Vollzugsformen vorgenommen und entwickelt werden.

5. Die Überwindung der Distanz [zwischen Akademikern und einfachen Gemeindemitgliedern; J. P.] ist eine Chance für den Akademiker."

Die großen theologischen und geistlichen Themen im Dessauer-Kreis waren „Apostolat und Weltdienst", „Ökumene" (Ökumenismus) und immer wieder „Gebet und gottesdienstliches Leben".

Die Pastoralsynode der katholischen Kirche in der DDR (1973–1975) findet bei den Themen des Friedrich-Dessauer-Kreises kaum Erwähnung. Das „Laiengremium" zur Vorbereitung der Synode, darunter Mitglieder der AG Akademikerseelsorge, hatte zu Beginn seiner ersten Sitzung am 4. und 5. Oktober 1969 in Berlin auftragsgemäß die Frage nach der Opportunität einer Pastoralsynode erörtert. Die Mehrzahl der Teilnehmer (aus Berlin, Magdeburg, Görlitz und Erfurt) waren gegen eine Synode und für „losere Formen". Auf einer Tagung am 2. Oktober 1970 teilte die Bischofskonferenz mit, dass die DDR-Synode voraussichtlich 1972 stattfinden wird. „Vorbereitende Arbeiten sind in Angriff genommen worden. Es werden schon Vorschläge für auf der Synode zu behandelnde Themen entgegengenommen, sofern sich diese Vorschläge unmittelbar mit auf die Akademikerarbeit beziehen, mögen diese an einen der beiden Vertreter des Jurisdiktionsbezirkes Erfurt in der Zentralen Arbeitsgemeinschaft eingereicht werden."

Im Juni 1971 hatte der Dessauer-Kreis Gedanken zum Synodenthema „Apostolat und Weltdienst" erarbeitet. Unter anderem hieß es darin, die Botschaft des Evangeliums müsse in die Sprache von heute umgesetzt werden: „Man kann nicht mehr davon ausgehen, dass der Außenstehende sich um das Verständnis der Botschaft bemühen wird — Apostolat der Kirche darf nicht in der autoritären Rolle des Lehrers, sondern in der Rolle der liebenden, helfenden Mutter bestehen. Die Kirche soll ihre Gläubigen befähigen, das Gespräch mit Ungläubigen zu führen, damit sie ihnen unser Ziel richtig verdeutlichen können, sie muss das Körnchen Salz in der Suppe sein. Das Mittel dazu ist das offene Gespräch über das Verhältnis Staat — Kirche, Verwendung kirchlicher Gelder, die vorbildlichen Sozialleistungen der Kirche. Das Apostolat und den Weltdienst kann die Institution Kirche besser verwirklichen als der einzelne, da ihre Ausstrahlungskraft größer ist als die des einzelnen Gläubigen."

Ab 1973 kommen in den Protokollen zwar Synodenthemen zur Sprache, werden aber nicht entfaltet. Erst 1981 wird auf die Inhalte der Pastoralsynode rekurriert, vor allen Dingen auf die Themen Arbeitswelt und Versöhnung. Das auffallende Defizit ist wohl, neben einer gewollten Nichtrezeption seitens der Kirchenleitung, auch darauf zurückzuführen, dass kein Mitglied des Kreises zu den Synodalen gehörte.

Interessant ist das Ergebnis einer Analyse zur Glaubenssituation der Akademiker von 1981: „Es besteht der Trend, sich auf das Wesentliche zu besinnen; es wird verstärkt nach den Grundwahrheiten des Glaubens gefragt. Die Glaubensvermittlung sollte in klarer, verständlicher Form erfolgen. Besinnungstage und Meditationskurse sind verstärkt gefragt. Gewünscht wird eine Erweiterung des Christusbildes, von dem historischen Jesus zu dem Christus Retter, der auch für die anderen da ist. Fragen nach dem christlichen Menschenbild werden immer häufiger gestellt. So wird eine Verbindung der Glaubensaussagen mit dem heutigen atheistischen Weltbild erwartet. Eine Tendenz zum Gespräch in kleinen Kreisen (Familienkreisen, unter Bekannten) zeichnet sich ab. Informationen in Form von Vorträgen werden weiterhin gewünscht; besonders über Gebiete, die Lücken in unserem Bildungssystem darstellen."

Und auf die Funktion von Akademikerkreisen eingehend formuliert man: „Akademiker sehen die Ökumene als eine positive Entwicklung der Kirchen. Sie wollen das Bewusstsein unter den Christen wachhalten, dass von Christus nur eine Kirche gewollt ist und dass die Christen sich mit der Kirchenspaltung nicht abfinden dürfen. Sie suchen in kleinem Rahmen nach Vorformen oder Modellen möglicher Einheit. Katholische Gemeinden (Studentengemeinden) und Akademikerkreise greifen die religiösen Bedürfnisse vieler Mitmenschen auf und verstehen auf deren Fragen zu antworten."

4. Resümee

Betrachtet man die Protokolle und schriftlichen Nachlässe der Akademikerseelsorge in der DDR komparativ, dann lässt sich resümierend festhalten: Der Dessauer-Kreis ragte aus den Akademikerkreisen heraus mit einem nach Semestern strukturierten, schriftlichen Jahresprogramm, mit schriftlichen Einladungen nach einer eigenen Mitgliederkartei, einem jährlichen geistlichen Wochenende und mit einem eigens vom Bischof ernannten Geistlichen Beirat.

„Nun habt Mut! Bistum sind wir! Jetzt wird's gut!"
25 Jahre Bistum Magdeburg[1]

Wenige Wochen vor dem Festgottesdienst zur Bistumserrichtung am 9. Oktober 1994 hatte ein Pfarrer des Magdeburger Sprengels für Bischof Leo Nowak ein Gedicht mit dem Titel „Weniger ernstzunehmende Gedanken zur Bistumsgründung in Magdeburg"[2] verfasst. In einer Zeile hieß es: „Nun habt Mut! Bistum sind wir! Jetzt wird's gut!" Man wird das wohl nicht ohne etwas Ironie interpretieren können. Denn die Passage „Jetzt wird's gut!" löst nach 25 Jahren durchaus leichtes Schmunzeln aus. Vorausahnend klingt es, wenn der Verfasser am Ende des Gedichtes den Prozesscharakter der Bistumsgründung betont und einschränkend den Wunsch äußert, dass „Hirten und die kleine Herde am Ende immer besser werde[n]." Die Geschichte dieser kleinen Herde über 25 Jahre in wenigen Minuten darstellen zu wollen, ist nur möglich, wenn man sich auf wenige zentrale Abläufe konzentriert.

1. Chronik der Ereignisse

Das Verhältnis von Paderborn zu Magdeburg — das ist auch die Geschichte einer über 170-jährigen Verbindung. Mit der Wiedervereinigung Deutschlands begann ein neues Kapitel. Kurz nach dem Mauerfall nahm das Diözesankomitee im Erzbistum Paderborn als Vertreter der Laien Kontakt zu den katholischen Laien im „Bischöflichen Amt Magdeburg" auf.[3] Noch als Seelsorgeamtsleiter war Leo Nowak an diesem ersten Treffen beteiligt. Auf die Frage, ob es bereits 1990 Überlegungen gab, einen Vereinigungsprozess einzuleiten, antwortete er im Juli 2019: „Am 24. März 1990 wurde ich zum

---

[1] Der folgende Beitrag geht auf einen Vortrag zurück, der am 31. August 2019 anlässlich des Festaktes zum Jubiläum „XXV Jahre couragiert unterwegs. Bistum Magdeburg" in der Kathedrale St. Sebastian in Magdeburg gehalten wurde. Für den Druck wurde er nur geringfügig überarbeitet. — Verwendete Abkürzungen: BAM = Bistumsarchiv Magdeburg. — EBAP = Erzbistumsarchiv Paderborn.

[2] BAM, Geschichte des Bistums Magdeburg III, Bistumserrichtung 1993/1994, Akte Bischof, Hans-R. Thiersch, Weniger ernstzunehmende Gedanken zur Bistumsgründung in Magdeburg, 31. 8. 1994.

[3] Vgl. online unter: https://www.erzbistum-paderborn.de/erzbistum-erzbischof/bistumsgeschichte/partnerschaften/magdeburg/ [Zugriffsdatum: 12. 9. 2019].

„Nun habt Mut! Bistum sind wir! Jetzt wird's gut!"

Bischof geweiht. Das Bischofsamt war für mich neu und dazu das einmalige und unerwartete Ereignis der politischen Wende. Da war zunächst kaum Luft, um nach der Zukunft des Bischöflichen Amtes Magdeburg zu fragen. Aber sehr bald wurde diese Frage aktuell: Rückkehr nach Paderborn ... oder Eigenständigkeit."[4]

Rückblickend erinnert sich Bischof Nowak an die entscheidende Phase der Bistumsgründung: „Wenn ich auch persönlich für Eigenständigkeit war, so wollte ich unter keinen Umständen ohne Zustimmung der Gemeinden und ihrer Pfarrer eine Entscheidung fällen. So startete ich eine Anfrage an alle Gemeinden. Voller Spannung auf die fristgemäßen Antworten öffnete ich jeden Morgen die eingegangenen Briefe. Das Ergebnis war fast eine Pattsituation.[5] Eine hauchdünne Mehrheit der Gemeinden war für ein eigenes Bistum. Das war natürlich für mich kein überzeugendes Ergebnis. Deshalb berief ich nach einiger Zeit eine Sondersitzung ein, bestehend aus den damals bestehenden offiziellen Gremien, also Geistlicher Rat, Dechantenkonferenz und Priesterrat. Die Argumente Pro oder Contra Eigenständigkeit wurden miteinander ausgetauscht. Am nächsten Tag wurde geheim abgestimmt. Das Ergebnis war eine zwei Drittel Mehrheit zu Gunsten Eigenständigkeit."[6]

---

[4] Interview Josef Pilvousek mit Bischof Leo Nowak, Magdeburg, 23. 7. 2019.

[5] BAM, Schriftverkehr Bistumsarchivar, Brief Lorek an Hengst, 17. 12. 2017: „So stimmten von den damaligen ca. 260 aktiven Priestern, Diakonen und Gemeindereferentinnen 94 für Paderborn, 83 für ein eigenes Bistum und der Rest enthielt sich. Zudem hatten von den rund 200 noch bestehenden Kirchengemeinden 98 mit einem Votum eingebracht, wovon 41 für Paderborn und 50 für ein Bistum Magdeburg votierten und die restlichen 7 eine diffuse Meinung hatten. Auch der Katholikenrat und die wenigen Verbände sprachen sich für ein eigenes Bistum aus. Ausschlaggebend war aber schließlich, dass Priesterrat und die Dechanten mehrheitlich für ein selbständiges Bistum plädierten."

[6] Interview Nowak (wie Anm. 4). – Vgl. BAM, Geschichte des Bistums Magdeburg I, Bistumserrichtung – Kommission, Juni 1990. – Ein Ausschuss des Priesterrates formulierte folgende Argumente für die Selbstständigkeit nach einer Umfrage bei allen Priestern: „Das BAM [Bischöfliche Amt Magdeburg] ist geografisch gesehen ein vom Erzbistum Paderborn räumlich getrenntes Gebiet. (Ein Bistum vom Ruhrgebiet bis Lauchhammer ist nicht empfehlenswert).

1. Das BAM hat seit 1945 eine eigene geschichtliche Entwicklung genommen, die faktisch eine Selbstständigkeit wachsen ließ, die nicht mehr abgebaut werden dürfte.
2. In diesem Gebiet ist eine organisch gewachsene Gemeinschaft von Priestern und Gläubigen gewachsen, die sich mit diesem Gebiet identifizieren, Paderborn aber meist fremd gegenüber stehen.
3. Die personale Nähe zum Bischof (Ordinarius) ist durch den Sitz in Magdeburg mehr gegeben.
4. Unser Gebiet ist Diaspora in nichtchristlicher Umwelt mit wachsenden Kontakten in Einflussnahmen im nichtchristlichen gesellschaftlichen Umfeld. Das wird auch in Zukunft so bleiben. In der Vergangenheit haben sich Formen der Seelsorge entwickelt, die speziell auf diese Situation abgestimmt waren. So muss auch in Zukunft Seelsorge in diesem Gebiet für dieses Gebiet bedacht werden (besonders im Hinblick auf die missionarischen Chancen).

Dennoch waren erhebliche Teile des Klerus und der Gemeinden für eine „Rückkehr" nach Paderborn.[7] Das Dekanat Wittenberg beispielsweise antwortete: „In den nächsten zwei Jahren sollte keine Veränderung des Status geschehen. Nach Abwägen aller Für- und Gegengründe sind wir der Meinung, dass die Jurisdiktion über das Gebiet von Magdeburg so schnell wie möglich wieder dem Erzbischof von Paderborn übertragen werden soll. Da zur Zeit Funktionen neu geschaffen werden, fürchten wir, dass nach einer Verzögerung von zwei Jahren die Herstellung der Einheit unseres Bistums nicht mehr möglich ist."[8]

Der Vertrag zwischen dem Hl. Stuhl und den Bundesländern Sachsen-Anhalt, Brandenburg und Sachsen wurde am 13. April 1994 in Magdeburg

---

5. Das ökumenische Miteinander wird bei der Eigenständigkeit unseres Gebietes erleichtert. Die zuständigen Bischöfe beider Konfessionen hätten ihren Sitz in Magdeburg. Eine ökumenische Zusammenarbeit auf verschiedenen Gebieten würde erleichtert (Diakonie, Bildungsbereich, kommunaler Bereich).
6. Der Austausch mit der Weltkirche kann unmittelbarer möglich sein.
7. Für den Dienst in der Kirche unseres Gebietes würden Kandidaten bei einer Eigenständigkeit mehr motiviert sein. (Die Ausbildung der Priesteramtskandidaten wird weiter in Erfurt erfolgen.)
8. Für die Lösung der Finanzfragen ist die Praxis anderer Diözesen in ähnlicher Situation (z. B. Dresden-Meißen) zu beobachten und evtl. zu übernehmen.
9. Die Partnerschaft zum Erzbistum Paderborn sollte einen besonders hohen Stellenwert haben ..." — Vgl. auch HANS JÜRGEN BRANDT — KARL HENGST (Hg.) Geschichte des Erzbistums Paderborn, Bd. 4: Das Bistum Paderborn 1930–2010 (= Veröffentlichungen zur Geschichte der Mitteldeutschen Kirchenprovinz 15) (Paderborn 2014) S. 48–50. — In den Stellungnahmen, Beschlüssen und Voten, die das Datum vom 12. September 1991 tragen, werden Argumente der Befürwortung und Ablehnung für ein eigenständiges Bistum Magdeburg genannt.

[7] BAM, Geschichte I (wie Anm. 6), Bistumserrichtung — Kommission, Arbeitsgruppe des Priesterrates (GV Stolpe) an alle Priester von Magdeburg, Magdeburg, 14. Juni 1990: „Sie möchten dem Bischof einen Rat geben, ob Magdeburg ein Regionalbistum (wie Hamburg im Bistum Osnabrück) oder ein eigenständiges Bistum werden solle. Rückmeldung erbeten bis zum 25. September 1990. Für die Zugehörigkeit zu Paderborn spricht:
— Die ehemalige Zugehörigkeit zu Paderborn.
— Die Herkunft einer Reihe von Priestern aus der Erzdiözese Paderborn.
— Die notwendige finanzielle Unterstützung unserer Diasporakirche auch in der Zukunft.
— Der Rückgang der Zahlen in den Gemeinden bei uns.
— Die größere personelle Decke und Variabilität, wenn es viele Priester und Angestellte gibt.
— Die Fruchtbarkeit im Austausch von Ost und West (siehe letzter Katholikentag von Berlin).
— Die schnelle Angleichung der DDR-Mentalität an die der westlichen Welt.
— Die Tatsache, daß in der Wirtschaft und der Politik die Verbindung von Ost und West geschieht (bleibt die Kirche hier hinter der Zeit zurück?)."
[8] BAM, Geschichte I (wie Anm. 6) Bistumserhebung, Brief des Dekanates Wittenberg an Erzbischof Degenhardt und Bischof Nowak, 7. 11. 1990: „Warum man glaubt, nach zwei Jahren eine bessere oder schlechtere Entscheidung treffen zu können, bleibt offen."

nach langwierigen Verhandlungen[9] unterzeichnet und am 7. Juli in der Bonner Nuntiatur ausgetauscht, so dass er am 8. Juli in Kraft trat.[10] Magdeburg wurde als Suffraganbistum dem Erzbistum Paderborn zugeordnet. Zum ersten Bischof des Bistums wurde der bisherige Bischof und Apostolische Administrator in Magdeburg Leo Nowak bestimmt.

Üblicherweise wird die Errichtung seelsorglich begründet und die bessere Sorge für das geistliche Wohl der Christgläubigen als weiteres Motiv genannt.[11] „Zusätzlich zu dieser auf Magdeburg zugeschnittenen Begründung enthält der erste Satz des Textes der Bulle für Magdeburg eine generelle Begründung für die Neuordnung der Teilkirchen in Ostdeutschland, nämlich die fortschreitende Erneuerung des katholischen Glaubens in Ostdeutschland."[12] Bezug auf die geänderte politische Situation nach 1989 wird erst in den Verlautbarungen zur Ratifikationsurkunde des Staatskirchenvertrages vom 7. Juli 1994 genommen. Die Neuordnung wurde demzufolge vorgenommen, um die Diözesanorganisation und -zirkumskription in Deutschland den veränderten Verhältnissen anzupassen und aus dringenden seelsorglichen Erfordernissen neu zu ordnen.[13]

Die Bulle „Cum gaudio" vom 27. Juni 1994, mit der das Bistum Magdeburg errichtet wurde, wurde am Sonntag, dem 9. Oktober, mit einem Festgottesdienst auf dem Magdeburger Domplatz mit rund 10 000 Katholiken in Vollzug gesetzt.[14] Am gleichen Tag wurde in allen Gottesdiensten des

---

[9] BAM, Geschichte III (wie Anm. 2), Bistumserhebung 1993/1994, Akte Bischof, Ansprache des Vertreters des Erzbischofs von Paderborn, Generalvikar Bruno Kresing, 13. 4. 1994: „Nach der Empfehlung der Deutschen Bischofskonferenz an den Heiligen Stuhl vom Frühjahr 1992 ist die Errichtung des Bistums Magdeburg vorgesehen." – Ebd., Brief Kada an Nowak, 29. 3. 1993: Entwurf eines Vertrages; Brief Kada an Münch, 5 .6. 1993: Offizielle Mitteilung über Errichtung eines Bistums; Brief Kada an Nowak, 7. 6. 1993: Gespräche mit der Bundesregierung hinsichtlich der Neuregelung des Diözesen haben begonnen; Brief Degenhard an Kada, 28. 2. 1994: „Das Bistum Magdeburg übernimmt innerhalb der Grenzen als Rechtsnachfolger die Einrichtungen des Erzbistums Paderborn einschließlich des Erzbischöflichen Kommissariats Magdeburg".

[10] BAM, Geschichte III (wie Anm. 2), Bistumserhebung 1993/1994, Akte Bischof, Pressemitteilung der DBK, 21 .2. 1994. – Vgl. dazu PRESSESTELLE DES BISTUMS MAGDEBURG (Hg.), Bistum Magdeburg (Leipzig 1994) S. 14. – H. J. BRANDT – K. HENGST, Geschichte IV (wie Anm. 6) S. 58.

[11] Vgl. FRANZ KALDE, Form und Inhalt der Papsturkunden zur Errichtung der Diözesen Erfurt, Görlitz, Magdeburg und Hamburg sowie der Kirchenprovinz Hamburg, in: Jahrbuch für mitteldeutsche Kirchen- und Ordensgeschichte 1 (2005) S.15–50, hier: S. 28.

[12] Ebd., S. 28 f.

[13] Vgl. ebd., S. 29.

[14] BAM, Geschichte I (wie Anm. 6), Bistumserrichtung – Kommission. Die erste Sitzung zur Vorbereitung der Feierlichkeiten fand bereits am 6.5.1993 statt. – Vgl. F. KALDE, Papsturkunden (wie Anm. 11) S. 15. – Vgl. H. J. BRANDT – K. HENGST, Geschichte IV (wie Anm. 6) S. 58.

Erzbistums Paderborn und des Bistums Magdeburg der gemeinsame Hirtenbrief der beiden Bischöfe verlesen.[15] Die Bischöfe riefen die Gläubigen dazu auf, „in der Hoffnung auf den Beistand des Heiligen Geistes den Weg zu finden, der unserer jeweiligen Situation angemessen ist, und ihn entschlossen zu beschreiten." Ein Festvortrag des Paderborner Kirchenhistorikers Prof. Dr. Karl Hengst, den er am 29. Oktober 1994 in der Paderborner Kaiserpfalz hielt, verursachte vor allem als Druckversion unterschiedliche, zum Teil kritische Reaktionen.[16] Hengst bezeichnete die Zeit zwischen 1973 bis 1994 als „Zeit der öffentlichen Sprachlosigkeit"[17] und Magdeburg als „Sorgenkind Paderborns".[18] Mit der Bistumsgründung komme es zu einer Trennung, mit der „sich Paderborn noch abfinden müsse".[19] „Aber die Kirche des heiligen Norbert an der Elbe soll wissen, daß ihre Mutter in Paderborn ... ihr Lieblingskind am meisten im bisher gemeinsamen Haus vermissen wird."[20]

Einen Tag später, am 30. Oktober 1994, wurde mit einem festlichen Pontifikalamt und einem Festakt in Paderborn Magdeburg als östlicher Teil verabschiedet und das neu gegründete Bistum Magdeburg in der Kirchenprovinz Paderborn begrüßt.[21] Gleichzeitig unterzeichneten der Magdeburger Bischof Leo Nowak und der Paderborner Erzbischof Johannes Joachim Degenhardt eine Partnerschaftsurkunde.[22] Um die Partnerschaft mit Leben zu füllen, wurden konkrete Vereinbarungen getroffen. Generalvikar Bruno Kresing bemerkte dazu: „Die Liborius-Kapelle im Roncalli-Haus in Magdeburg und eine Wandtafel, die im Kreuzgang des Hohen Domes in Paderborn hängt, sind bleibende

---

[15] Vgl. BAM, Geschichte I (wie Anm. 6), Bistumserrichtung – Dokumentation, Gemeinsamer Hirtenbrief von Erzbischof Johannes Joachim Degenhardt von Paderborn und Bischof Leo Nowak von Magdeburg anläßlich der Errichtung des Bistums Magdeburg, 30. Juli 1994.

[16] KARL HENGST, Paderborn und Magdeburg. „Der Fürbitten können es nie zuviele sein!", in: ThGl 85 (1995) S. 255–270.

[17] Ebd., S. 266.

[18] Ebd., S. 270.

[19] Ebd., S. 264.

[20] Ebd., S. 270.

[21] Pressedienst Paderborn, Erzbischöfliches Generalvikariat, Nachrichten Nr. 428–441, 4. 11. 1994.

[22] BAM, Geschichte I (wie Anm. 6), Dokumentation, Urkunde für die Zukunft einer dauernden Partnerschaft, Paderborn und Magdeburg, den 30. Oktober 1994. – Vgl. online (wie Anm. 3): „Gegenseitige Einladungen zum Liborifest und zur Wallfahrt des Bistums Magdeburg auf der Huysburg gehören ebenso zur Partnerschaft wie jährliche gemeinsame Sitzungen der Geistlichen Räte beider Bistümer. An den Tagungen der Priesterräte beider Bistümer nimmt jeweils ein Vertreter aus dem Priesterrat des Partnerbistums teil. Ebenso arbeiten die Hauptabteilungen des Erzbischöflichen Generalvikariates Paderborn und des Bischöflichen Ordinariats in Magdeburg, die Diözesan-Caritasverbände oder die Laiengremien zusammen."

„Nun habt Mut! Bistum sind wir! Jetzt wird's gut!"

Zeichen der Verbundenheit."[23] Im Juli 2009 unterzeichneten der Magdeburger Bischof Dr. Gerhard Feige und der Paderborner Erzbischof Hans-Josef Becker eine aktualisierte Vereinbarung; 2014 konnte das 20-jährige Jubiläum der Partnerschaft gefeiert werden.[24]

Im Zusammenhang mit der Errichtung der drei Bistümer Erfurt, Görlitz und Magdeburg in den „neuen Ländern" 1994 werden oft die Gleichartigkeit, Synchronität und parallele staatskirchenrechtliche Bestimmungen zur Errichtung dieser Teilkirchen genannt. Zu ergänzen ist aber, dass es zum Teil erhebliche Unterschiede sowie emotionale Befindlichkeiten im Errichtungsgeschehen der einzelnen Jurisdiktionsgebiete gegeben hat. Von vornherein empfiehlt es sich also, die Errichtung des Bistums Magdeburg im Kontext der anderen Bistumsgründungen zu betrachten. Dass im Verhältnis von Paderborn zu Magdeburg eine besondere Form von emotionaler Bindung eine Rolle spielte, ist offenkundig und immer wieder betont worden.

2. Eine vorgesehene Bistumsgründung 1978

Bekannt ist, dass 1982 der hl. Norbert zum Patron des Bischöflichen Amtes Magdeburg erhoben wurde.[25] Beobachter aus beiden Bistumsteilen waren über dieses Ereignis nicht wenig verwundert, denn vermutlich war es der damalige Bischof Johannes Braun, der den Paderborner Bistumspatron Liborius durch Norbert ersetzt hatte.[26] Man vermutete, dass möglicherweise eine Erhebung Magdeburgs zum Bistum oder Erzbistum und damit eine Trennung

---

[23] BAM, Geschichte III (wie Anm. 2), Bistumserhebung 1993/1994, Akte Bischof, Ansprache des Vertreters des Erzbischofs von Paderborn, Generalvikar Bruno Kresing, 13. 4. 1994. – Als beredtes Zeugnis langjähriger Verbundenheit übergab Bruno Kresing Leo Nowak eine Sonderausgabe des gemeinsamen Personalverzeichnisses des Erzbistums Paderborn, in dem die Namen der in der Seelsorge im Bischöflichen Amt Magdeburg tätigen Priester und Laien enthalten sind.

[24] Vgl. online (wie Anm. 3).

[25] Vgl. DANIEL LOREK, Der geschichtliche Kontext der Erhebung des Heiligen Norbert zum Patron für den Magdeburger Jurisdiktionsbezirk, in: CLEMENS DÖLGEN (Hg.) Norbert – Patron des Bistums Magdeburg. Katalog zur Ausstellung im Norbertusjahr 2009/2010 (Magdeburg 2010) S. 21–32, hier: S. 28–32. – Herrn Archivleiter Daniel Lorek danke ich für freundliche Mitteilungen und Überlassung von Literatur.

[26] HANS JÜRGEN BRANDT, 75 Jahre Mitteldeutsche Kirchenprovinz. Zur Paderborner Vergangenheit der Bistümer Erfurt und Magdeburg, in: Jahrbuch für mitteldeutsche Kirchen- und Ordensgeschichte 1 (2005) S. 151–158, hier: S. 156.

von Paderborn beabsichtigt gewesen sei,[27] was zu dieser Zeit natürlich völlig abwegig und überzogen erschien.

Im Paderborner Erzbistumsarchiv findet sich gleichwohl ein Brief- oder Predigtentwurf aus dem Jahr 1978, der eine Bistumsgründung in Magdeburg zum Gegenstand hat.[28] Papst Paul VI. habe die Jurisdiktion in den kirchlichen Bereichen, die in der DDR liegen, aber bisher zu den westdeutschen Bistümern gehörten, neu geordnet. Von dieser Neuordnung sei auch das Erzbistum Paderborn betroffen. So heißt es in dem Entwurf: „Das ehemalige Erzbischöfliche Kommissariat wurde zum Bistum Magdeburg erhoben, nachdem es bereits seit 1973 von einem Apostolischen Administrator verwaltet wurde."[29] Und weiter: „Eine kirchliche Gemeinschaft wird auf die Dauer sich nicht ganz entfalten können, wenn sie nicht die volle kirchliche Struktur aufweist, dass nämlich ein ordentlicher Bischof zusammen mit seinem Klerus uneingeschränkt in Sakramentenspendung und Verkündigung die Sorge um die ihm anvertrauten Gläubigen wahrnehmen und ungehindert Kontakt mit dem Heiligen Stuhl und anderen Bistümern pflegen kann. Um dieser Ziele willen findet die Entscheidung des Heiligen Stuhls unser Verständnis."[30] Ergänzend wurde hinzugefügt: „Die rechtliche und organisatorische Neuordnung bedeutet keine Teilung der Kirche. Vielmehr bleibt die grundlegende und gleichzeitig übergreifende Einheit und Gemeinschaft in dem einen Glauben der einen katholischen Kirche erhalten. In diesem Glauben und im Gebet bleibt das Erzbistum Paderborn dem Bistum Magdeburg auch in Zukunft verbunden. ... Wir hoffen, dass die Errichtung des Bistums Magdeburg diese Verbindung in Zukunft erleichtert."[31] Zu einer im Zuge der vatikanischen Ostpolitik von Rom avisierten Bistumsgründung ist es 1978 letztlich nicht gekommen, weshalb der Briefentwurf ungenutzt in der Schublade blieb.[32]

Das radikale Verschwinden des hl. Liborius als „westlicher" Bistumspatron im östlichen Bistum wird so verständlich, weil Liborius auch 1982 den

---

[27] Vgl. DANIEL LOREK, Die Erhebung des heiligen Norbert zum Patron für den Jurisdiktionsbezirk Magdeburg – 1982, in: APraem 86 (2010) S. 172–234, hier: S. 202: „Ob Bischof Johannes Braun mit der Erhebung des heiligen Norbert zum Patron für das Magdeburger Gebiet auch die Eigenständigkeit des Magdeburger Territoriums als Abgrenzung zur Liborius-Verehrung im Paderborner Gebiet betonen wollte, ist, ... zwar wahrscheinlich, aber rein spekulativ."

[28] Vgl. EBAP, I, Erzbistum, Seelsorgestellen und Seelsorger 1970–1979, Entwurf 1978.

[29] Vgl. ebd.

[30] Vgl. ebd.

[31] Ebd.

[32] Er scheint zu beweisen, dass nur der plötzliche Tod des Papstes die in Paderborn schon fest angenommene Bistumsgründung in Magdeburg noch verhindert hat.

DDR-Machthabern eine missliebige Verbindung zur Bundesrepublik signalisiert hätte. Seitens des Hl. Stuhls musste 1994 nur eine formale Festlegung bezüglich des Bistumspatrons Norbert vorgenommen werden.[33]

3. Expressive Verbundenheit

Für den Magdeburger Bereich wurde besonders die Frage danach bedeutsam, in welchem Bistum ältere Paderborner Priester,[34] von denen es zu diesem Zeitpunkt etwa 50 gab, inkardiniert sein sollten.[35] Schon im Vorfeld der Gründung des Bistums Magdeburg berieten Erzbischof Degenhardt und Bischof Nowak über diese Problematik. In einem Brief an den Apostolischen Nuntius Lajos Kada vom 30. Juli 1992 erläuterte Erzbischof Degenhardt die Situation. Bis 1956 seien „Priester und Priesteramtskandidaten aus dem Westteil des Erzbistums Paderborn in das damalige Erzbischöfliche Kommissariat Magdeburg geschickt worden, damit sie dort alter Gewohnheit entsprechend ihre erste Seelsorgestelle ausüben könnten. Auf diese Weise seien viele Priester, die im Westteil des Erzbistums beheimatet waren, in das Bischöfliche Amt Magdeburg gekommen. Auf Grund der politischen Verhältnisse sei es jedoch nicht möglich gewesen, diese Priester wie vorgesehen nach einigen Jahren in den Westteil des Erzbistums zu versetzen."[36] „In einem Schreiben vom 7. September 1992 teilte der Apostolische Nuntius dem Erzbischof von Paderborn die Antwort des Staatssekretariats mit: Auch nach der neuen Zirkumskription Magdeburgs behalten die betroffenen 50, der Erzdiözese Paderborn inkardinierten Priester ihre ursprüngliche Inkardination, außer jenen, die sich frei für die Inkardination in der neuen Diözese entscheiden. Nach der Errichtung des Bistums Magdeburg werde es notwendig sein, schriftliche Vereinbarung über die gegenseitige Übereinkunft der beiden Ordinarien zu treffen."[37] Im gemeinsamen Hirtenbrief des Paderborner Erzbischofs und des Magdeburger Bischofs von 1994 wurde die starke Vernetzung beider „Bistumsteile" über die Priester nochmals ins Wort gehoben. Durch die

---

[33] Vgl. D. LOREK, Norbert (wie Anm. 27) S. 232.

[34] Hinzuzuzählen sind auch die Geistlichen, die in Paderborn studiert hatten.

[35] Sieben Fallbeispiele über katholische Theologen, die 1955 freiwillig von Paderborn in die DDR reisten, um dort Priester zu werden, erschienen 1997 in einer Broschüre. – Vgl. STEPHAN BALTHASAR, Westimport unerwünscht. Auf den Spuren Paderborner Diözesanpriester in der DDR (Paderborn 1997).

[36] Vgl. F. KALDE, Papsturkunden (wie Anm. 11) S. 41: „Eine Stellungnahme des Paderborner Erzbischofs und des Magdeburger Bischofs vom 9. 6. 1992 wurde mit Schreiben vom 3. 8. 1992 dem Kardinalstaatssekretär übermittelt.

[37] Vgl. ebd.

zahlreichen Priester des Erzbistums, die in der „sächsischen Diaspora" erste seelsorgliche Erfahrungen gesammelt hätten, sei ein „starkes Bewusstsein der Zusammengehörigkeit erwachsen, das auch „während der Zeit der DDR-Herrschaft wach und lebendig blieb"[38]. Der Erfurter Professor Heinz Schürmann argumentierte: „Darüber hinaus gibt es emotionale Bindungen besonders bei jenen, die aus dem Erzbistum Paderborn als Priester nach hier gekommen sind. Auch ist es bedenklich, wenn ausgerechnet die Kirche sich gegen eine Vereinigung stellt, die politisch vollzogen wurde."[39]

Am 21. bzw. 22. Dezember 1994 unterzeichneten der Erzbischof von Paderborn und der Bischof von Magdeburg eine Vereinbarung, wonach Paderborner Priester, die bis einschließlich 1956 zum Dienst im damaligen Erzbischöflichen Kommissariat Magdeburg beauftragt worden waren, auf eigenen Wunsch in der Erzdiözese Paderborn inkardiniert bleiben könnten. Diese Priester sollten nach erfolgter Befragung und persönlich bekundeter Bereitschaft sowie mit Erlaubnis des Erzbischofs von Paderborn dem Wunsch des Bischofs von Magdeburg entsprechend im Bistum Magdeburg weiterhin ihren priesterlichen Dienst versehen."[40] 15 Priester blieben in der Erzdiözese Paderborn inkardiniert,[41] ferner auch der genannte Professor Schürmann.[42]

---

[38] BAM, Geschichte I (wie Anm. 6), Bistumserrichtung – Dokumentation, Gemeinsamer Hirtenbrief von Erzbischof Johannes Joachim Degenhardt von Paderborn und Bischof Leo Nowak von Magdeburg anlässlich der Errichtung des Bistums Magdeburg, 30. 7. 1994.

[39] BAM, Geschichte III (wie Anm. 2), Bistumserhebung 1993/1994, Akte Bischof, Nachtrag zur Zukunft des BAM, Leo Nowak, September 1991.

[40] Vgl. F. KALDE, Papsturkunden (wie Anm. 11) S. 41. – Bischof Nowak formuliert dazu: „Bei der Bistumsgründung konnte jeder, der es wollte im Erzbistum Paderborn inkardiniert bleiben. Die meisten ‚westlichen' Mitbrüder haben sich damals für Magdeburg entschieden"; vgl. Interview Nowak (wie Anm. 4).

[41] Schematismus des Bistums Magdeburg, Stand 1. März 1995, S. 85: Priester, die in der Erzdiözese Paderborn inkardiniert sind: Aust, Heinrich – Pfarrer in Wittenberg; Borgmeier, Arnold – Pfr. i. R. Schkopau; Brusis, Wilhelm – Pfarrer in Burg; Fritz, Martin – i. R. Magdeburg; Grams, Johannes – Pfarrer in Bitterfeld; Hoffmann, Johannes – Pfarrer in Hötensleben; Joppen, Rudolf – Pfarrer in Dessau-Alten; Kemming, Ludger – Pfarrer in Hamersleben; Knobloch, Hubertus – Pfr. i. R. Magdeburg; Leclaire, Ludolf – Pfarrer in Ilsenburg; Pritze, Max – Propst in Dessau; Rohde, Karlheinz – Pfarrer in Halberstadt; Sandfort, Günter – Pfarrer in Bad Düben; Zint, Rainald – Pfarrer in Coswig. – Zwei Priester wechselten vom Erzbistum Paderborn ins Bistum Magdeburg.

[42] Liturgisches Direktorium 2019 für die (Erz-) Bistümer Berlin, Dresden-Meißen, Erfurt, Görlitz und Magdeburg (Leipzig 2018).

4. Schlussüberlegungen

„Um Gottes und der Menschen willen" war das Motto der Bistumsgründung. Natürlich gab und gibt es berechtigte Bedenken. „Kann man mit so wenigen Katholiken und so wenig Geld ein eigenes Bistum verantworten?"[43] Bis heute werden sowohl die Errichtung des Bistums Magdeburg als auch der Bistümer Erfurt und Görlitz von unterschiedlichsten Seiten kontrovers und oft auch sehr leidenschaftlich diskutiert. Erheblich sind die Unterschiede, was die Geschichte und Bedeutung der verwandtschaftlichen Beziehungen östlicher Bistumsanteile zu ihren Mutterbistümern betrifft. Im Unterschied zu Erfurt und Heiligenstadt blieb Magdeburg nicht nur 1930, sondern auch während der Teilung Deutschlands, obgleich ganz in der DDR gelegen, bis nach der deutschen Wiedervereinigung Teil des Erzbistums Paderborn.[44] Der Regierungsbezirk Erfurt mit dem Obereichsfeld war 1930 aus der Diözese Paderborn ausgegliedert und dem Bistum Fulda zugeordnet worden. Den Priestern war für zehn Jahre die Möglichkeit eingeräumt worden, sich in das Bistum inkardinieren zu lassen, aus dem sie stammten.[45] Das preußische Konkordat von 1929 bot die entsprechende Rechtsgrundlage für die Veränderung der Diözesanorganisation.[46]. Paderborn selbst wurde zum Metropolitansitz der Mitteldeutschen Kirchenprovinz erhoben (Bulle „Pastoralis Officii Nostri").[47] Festgehalten werden muss, dass es aus unterschiedlichen Gründen nie zu einer vollständigen Integration des thüringischen Anteils in das Bistum Fulda gekommen war. Die wenig populäre Translation von Paderborn nach Fulda schuf erhebliche Integrationsbarrieren. Erst um 1938 hatten sich die Wellen einigermaßen geglättet. Inzwischen hatten Versetzungen von Priestern von Ost nach West und umgekehrt eingesetzt, die zur Beruhigung beitrugen. In

---

[43] LEO NOWAK, Erinnerungen (Magdeburg 2019) o. S.

[44] H. J. BRANDT, Kirchenprovinz (wie Anm. 26) S. 156.

[45] Thüringer Volkswacht (26. 1. 1931): „Fulda und Paderborn. Zwischen dem Erzbischof von Paderborn und dem Bischof von Fulda ist vereinbart worden, dass in den nächsten 10 Jahren die Geistlichen des an Fulda abgetretenen eichsfeldisch-erfurtischen Gebietes – soweit sie dem jetzt noch zur Erzdiözese Paderborn gehörigen Gebiet entstammen – die Möglichkeit haben, in die Diözese Paderborn zurückzukehren, während umgekehrt jene Paderborner Geistlichen, die aus dem Kommissariat Heiligenstadt und aus dem Dekanat Erfurt stammen, innerhalb dieser 10 Jahre zur Diözese Fulda übertreten können. Der Austausch geschieht wegen beiderseitigen Priestermangels Zug um Zug. Den interessierten Herren Geistlichen ist es anheim gegeben, die Amtsblätter beider Diözesen zu halten, um über etwaige Vakanzen informiert zu werden."

[46] Vgl. ERNST RUDOLF HUBER – WOLFGANG HUBER, Staat und Kirche im 19. und 20. Jahrhundert. Dokumente zur Geschichte des deutschen Staatskirchenrechts, Bd. 4: Staat und Kirche in der Zeit der Weimarer Republik (Berlin 1988) S. 322–328.

[47] Vgl. ebd., S. 339–345.

der Zeit des Nationalsozialismus waren zudem andere Schwierigkeiten zu bewältigen. Nach 1945 sollten sich manche Probleme erneut auftun.

Auch von Undankbarkeit dieser neuen Bistümer gegenüber den alten Diözesen ist verschiedentlich die Rede. Vorsätzliche Vergesslichkeit wird unterstellt, wenn bei historischen Rückblicken der großzügigen Unterstützung der „Mutterbistümer" nicht gedacht wird. Manchmal scheint es, als ob beide Seiten mit potenzierter Sensibilität die Äußerungen der anderen Seite analysieren, um dann wieder bei einer Aussage im Konsens zu sein: „Die verstehen uns nicht!" Ich bin mir bewusst, dass ehrliche Betroffenheit und schmerzliche Verwundungen durch unbedachte Aussagen und durch Oberflächlichkeit entstanden sind, und dass manche Verbitterung aus unreflektiertem Verhalten herrührt. In diesem Zusammenhang aber die Frage der Schuld zu thematisieren, hieße, Ursache und Wirkung zu verwechseln und nachträglich denen noch Genugtuung zu verschaffen, die die eigentlichen Verursacher der Kompliziertheit in den Beziehungen zwischen Paderborn und Magdeburg waren: den kommunistischen Machthabern. Sie hatten sich eine völlige Destruktion der Beziehungen zum Ziel gesetzt.

Unter den Gesichtspunkten, die bei der Frage der Neugründung von Bistümern in Deutschland zu berücksichtigen seien, nannte der Hl. Stuhl ausdrücklich „das pastorale Proprium der Jurisdiktionsbezirke der ehemaligen Berliner Bischofskonferenz".[48] Mir scheint dies eine diplomatische Formulierung zu sein, denn die durch das kommunistische System aufgezwungenen pastoralen Strukturen sind mit dem Wegfall des politischen Systems weithin obsolet geworden. Auch die Ursachen, die 1973 dazu geführt haben, dass die Jurisdiktion der westlichen Diözesanbischöfe für ihre östlichen Bistumsanteile suspendiert wurde, waren in politischen Gegebenheiten begründet, die nach der deutschen Einheit weggefallen sind. Wenn es also pastorale Gründe für eine Verselbstständigung und womöglich Abtrennung der östlichen Diözesananteile von ihren westlichen Mutterdiözesen gegeben hätte, dann während der DDR-Zeit. Mancher könnte argumentieren, dass das, wofür die Kirche sich – gegen den Widerstand der DDR-Regierung – so eingesetzt hat, nun von ihr selbst aufgegeben wurde. Schwer verständlich muss dieses Argument für die Mutterdiözesen sein, die in den Jahren der Teilung Deutschlands unendlich viel für ihre östlichen Diözesangebiete aus einem wirklichen Bewusstsein der Zusammengehörigkeit heraus, nicht zuletzt auch finanziell, geleistet haben.

Der eigentliche Grund für die Verselbstständigung ist meines Erachtens auf einer anderen Ebene zu suchen. Der Magdeburger Bereich war, ähnlich

---

[48] Vgl. KONRAD HARTELT, Die Neuordnung der Diözesangrenzen in der ehemaligen DDR, in: ÖAKR 1/2 (1994) S. 183–208, hier: S. 206 f.

wie der Erfurter Bereich, bedingt durch die politische Konstellation, beinahe 50 Jahre relativ selbstständig gewesen, wenn auch nicht jurisdiktionell. Für eine vollständige, praktische und emotionale Integration ins „westliche" Erzbistum Paderborn hat es, so mein Eindruck, weder zeitliche noch emotionale Ressourcen gegeben. Von den priesterlichen Integrationsfiguren gehörten die meisten sowohl im Osten als auch im Westen nicht mehr, zumeist altersbedingt, zu den kirchlichen Akteuren. Viele hatten sich für den „Osten", die Diaspora entschieden, waren in den östlichen Teil des Bistums Paderborn aus Überzeugung gekommen, als die politische Teilung Deutschlands vollzogen und Kontakte nur mehr erschwert möglich waren. Die Zuwanderung der Flüchtlinge und Vertriebenen, die die Gesamtkatholikenzahl von vordem 150 000 Katholiken auf 710 000 wachsen ließ, tat ein Übriges, um eine vollständige Integration zu verhindern.[49] Diese stellten zeitweise den größten Teil der Gläubigen. Aus unterschiedlichsten Diözesen kommend, war nicht das Erzbistum Paderborn ihre kirchliche Heimat, sondern die nach Magdeburg und den dortigen kirchlichen Verantwortlichen ausgerichtete Ortsgemeinde, auch wenn die zahlreichen Paderborner Priester deutlicher als in anderen Jurisdiktionsgebieten eine grenzübergreifende Verbindung waren und blieben sowie Netzwerke bildeten.

So entstand, gefördert auch durch mancherlei regionale Traditionen, wie beispielsweise Wallfahrten, eine relativ selbstständige Teilkirche in Sachsen-Anhalt. Der größte Teil des Klerus, bis weit in die 1970er Jahre von Paderborn geprägt oder nach Errichtung des Erfurter Priesterseminars 1952 in Thüringen ausgebildet, hatte sich in der mitteldeutschen Diaspora eingerichtet.

Die „Paderborner Priestergeneration" mit ihren bedeutenden Seelsorgern und Gelehrten prägte beinahe zwei Jahrzehnte Pastoral und Theologie in der Kirche in der DDR. Dankbar erinnert man sich an Priester- und Gelehrtengestalten wie Wilhelm Weskamm, Friedrich Maria Rintelen, Hugo Aufderbeck, dem aus Calbe stammenden Martin Fritz, Alfons Schäfer, Willi Verstege, Willi Kraning sowie an Heinz Schürmann, Wilhelm Ernst und Bruno Löwenberg.[50] Die Mutterdiözese trug selbst zu diesem Personaltransfer bei, indem sie Werbung für die ostdeutsche Diaspora machte und junge Priester oder Priesteramtskandidaten ermutigte, in die mitteldeutsche Diaspora zu gehen. Großzügig wurden auch Seelsorge, Caritas und kirchliche Ausbildungsstätten finanziell unterstützt. Im Rückblick kann diese auf Vertrauen basierende Großzügigkeit als pastoral überaus weitschauend definiert werden.

---

[49] Vgl. JOSEF PILVOUSEK, Flüchtlinge, Flucht und die Frage des Bleibens. Überlegungen zu einem traditionellen Problem der Katholiken im Osten Deutschlands, in: CLAUS-PETER MÄRZ (Hg.), Die ganz alltägliche Freiheit. Christsein zwischen Traum und Wirklichkeit (= EThSt 65) (Leipzig 1993) S. 9–23, hier: S. 13.

[50] Vgl. K. HENGST, Fürbitten (wie Anm. 16) S. 267 f.

Als Folge wurden aber logischerweise manche Verbindungen zur Mutterdiözese gelockert.

War die Entscheidung zur Gründung von Bistümern in Mitteldeutschland falsch?[51] Die Frage ist nicht einfach mit ja oder nein zu beantworten. Auf ein Phänomen ist aber hinzuweisen: Vergleicht man nämlich die Bistumsgründungen in den 1990er Jahren mit entsprechenden Entwicklungen auf staatlicher und gesellschaftlicher Ebene den Einigungsprozess betreffend, dann fällt Folgendes auf:

— In den mitteldeutschen Bistümern und Jurisdiktionsgebieten wurden nur partiell westdeutsche Strukturen, Verfahren und Institutionen eingeführt.
— Es gab zunächst keinen Elitentransfer in die neuen Bistümer (wie häufig im politischen Bereich). Der Wandel von „ostdeutschen zu westdeutschen Funktionseliten" vollzog sich erst allmählich mit den Bischofsernennungen unserer Tage.
— Es gab nicht wie im staatlichen Bereich Versuche, gleichsam wie bei einer Blaupause, alles wie im Westen neu und „anders" zu machen: gewachsene Mentalitäten, Erfolgskonzepte (beispielsweise die „Religiösen Kinderwochen") etc. wurden beibehalten und nicht erst nachträglich wieder eingeführt (wie etwa im öffentlichen Bereich der Rechtsabbiegepfeil und die „Polykliniken").
— Es wurde mit den eigenständigen Bistumsgründungen vielmehr anerkannt, dass die ostdeutsche Inkulturation der Kirche einen pastoralen (Mehr-)Wert besitzt.[52]

---

[51] Kritisch wird vor allem gefragt, ob der Unterhalt von „katholischen Schulen" nicht eine erhebliche Überforderung für das Bistum Magdeburg sei. Bischof Leo Nowak antwortete darauf: „Wir konnten beispielsweise in der „Wendezeit" einige Schulen in katholischer Trägerschaft gründen. Diese Schulen besuchen natürlich auch Nichtchristen. Mir war immer wichtig, dass Kirche auch in der heutigen Gesellschaft präsent ist. Deshalb haben besonders Schulen in unserer Situation eine große Bedeutung. Wer aber hat schon Erfahrungen wie eine „katholische Schule" mit Nichtchristen geht? Da kommt es sehr darauf an, eine möglichst gute Schule zu machen. Was aber ist eine gute Schule? Da kommt es sicher auf pädagogische Qualität und ganzheitliche Bildung an. Und zu einer guten Schule gehört nach unserer Auffassung eben auch, dass die Frage nach der Religion eine gewichtige Rolle spielt. Wenn ich gelegentliche Absolventen unserer Schulen treffe und diese mir sagen, dass beispielsweise der Besuch des Norbertusgymnasium in Magdeburg mit zu der schönsten Zeit ihres Lebens zählt, dann ist das doch wohl mehr als nichts und lässt auch katholische Kirche in einem anderen Licht erscheinen." — Interview Nowak (wie Anm. 4). — Vgl. auch: GERHARD FEIGE, Historische Einblicke, in: DERS., Anders katholisch. Vom Mut zu kleinen Wegen (Freiburg 2019) S. 17–51, hier: S. 38.

[52] Vgl. SEBASTIAN HOLZBRECHER, Zwei Staaten – zwei Kirchen? Zur Verschiedenheit und Kompatibilität deutscher Katholizismen im 20. Jahrhundert (Ms. [2019]). — Vgl. für die staatlichen und gesellschaftlichen Transformationsprozesse nach 1989 jüngst: STEFFEN MAU, Lütten Klein. Leben in der ostdeutschen Transformationsgesellschaft (Berlin 2019). — Herrn Dr. Sebastian Holzbrecher danke ich für freundliche Mitteilungen.

Nicht vergessen werden darf schließlich, dass bei den kirchlichen Transformationsprozessen die betroffenen Gemeinden und Christen zuvor befragt wurden und sich die Magdeburger Kirchenleitung deren Votum verpflichtet wusste. Derartige Beteiligungsmöglichkeiten bot der staatliche Einigungsprozess kaum und konnte es natürlich nicht.

Mit diesen Entwicklungen hat die Kirche, so meine Überzeugung, manche überhasteten Entscheidungen des Einigungsprozesses auf staatlich-gesellschaftlicher Ebene nicht wiederholt. Ob dahinter Kalkül stand, ist natürlich schwer zu sagen. Der Eigenwert der mitteldeutschen Kirchengeschichte und die damit verbundene Lebensleistung der hier lebenden Christen wurden aber dadurch anerkannt. Den Gemeinden und den Gläubigen scheint dies gut getan zu haben. Zudem war die Gründung eines Bistums Magdeburg nicht eine intendierte Trennung vom Erzbistum Paderborn, sondern lediglich eine rechtliche Umschreibung dessen, was sich in der Praxis längst manifestiert hatte.

Mit der Modifikation eines Predigtzitats von Joachim Wanke vom 18. September 1994 möchte ich zu einer Ausgangsfrage zurückkommen: „Manch einer mag fragen, ob sich das wohl lohnt:"[53] Ein Bistum für 100 000 Katholiken? „Ich frage einmal anders: Ein Bistum für 1 Million ungetaufter" Christen in Sachsen-Anhalt?" „So gefragt wird auf einmal deutlich, was uns eigentlich mit dieser Bistumsgründung zugetraut, ja aufgetragen ist: Zusammen mit unseren evangelischen Mitchristen und allen Getauften Kirche Christi zu sein und Kirche Christi zu werden für die Menschen hier und heute, die Gott nicht kennen."

Der heutige Magdeburger Bischof Gerhard Feige formuliert es so: „Unsere Verkündigung soll die Botschaft von der Zuwendung Gottes zu allen Menschen tragen. Unser diakonisches Handeln soll den Dienst Gottes am Leben aller Menschen erfahrbar machen. Unsere Liturgien sollen Menschen in und außerhalb der Kirche mit dem Geheimnis Gottes in Verbindung bringen."[54]

Mit dem Dank an alle diejenigen, die dem früheren Magdeburger Teil des Paderborner Bistums über 170 Jahre hindurch in „verwandtschaftlicher Nähe" mit Rat und Tat zur Seite standen, möchte ich diese unvollständige Darstellung beschließen.

---

[53] Vgl., auch zum Folgenden, online unter: https://www.bistum-erfurt.de/presse_archiv/predigten_stellungnahmen_vortraege/bischof_em_dr_joachim_wanke/detail/ihr_sollt_ein_bistum_sein/ [Zugriffsdatum: 12. 9. 2019].

[54] Vgl. auch: G. FEIGE, Entwicklungen und Perspektiven, in: Anders katholisch (wie Anm. 51) S. 210 f.

„Leichter Gegenwind im Sturm des Sozialismus"
Zum Leben der Christen in der DDR und ihren kirchlichen Möglichkeiten

Der in der SBZ und DDR propagierte Weg eines atheistischen Sozialismus war und blieb der Grunddissens zwischen Kirche und sozialistischem/kommunistischem Staat. Konnten Christen in der DDR ihren Glauben und ihre Kirchenzugehörigkeit frei praktizieren oder muss man nicht von Christenverfolgung sprechen? Im März 2017 wurde eine Arbeitsgemeinschaft (AG) „Christen, Kirchen und andere christliche Religionsgemeinschaften im DDR-Unrechtsstaat" bei der Thüringer Staatskanzlei eingerichtet, um den vielen christlichen Benachteiligten und Opfern der DDR endlich Gerechtigkeit widerfahren zu lassen. Das Scheitern des Forschungsprojekts „Bildungswege von Christinnen und Christen in der DDR" wurde am 4. November 2018 erklärt.

1. Einleitung

Wie sich katholische Kirche und Christen in einem politischen System verhielten, das als „totalitär" oder „autoritär" bezeichnet wird[1] und in dem jede Form von Religion auf dem „Müllhaufen der Geschichte" enden sollte, wird Gegenstand der Darstellung sein. Waren es nur Elemente des Überlebens von Kirche, die sich allmählich herausbildeten und in einem Getto ihr Dasein fristeten, oder hatte diese kleine katholische Kirche in der DDR einen Modus gefunden, Kirche für die Menschen zu sein? Auch die Frage, ob es Christenverfolgungen gegeben hat oder schwere Benachteiligungen für Christen und, wenn ja, ob man dann diese unter die Kategorie „religiöse Verfolgungen" einordnen muss, ist klärend anzugehen.

Zunächst bieten sich für eine solche Darstellung kritische, von der Führungsebene der katholischen Kirche geleitete Rückblicke auf die historisch abgeschlossene Epoche an.

Der letzte Vorsitzende der Berliner Bischofskonferenz, der spätere Kardinal Georg Sterzinsky, erklärte wenige Monate nach dem Fall der Mauer: „Sie

---

[1] Vgl. dazu JUAN JOSÉ LINZ, Totalitäre und autoritäre Regime (= Potsdamer Textbücher 4), hg. v. RAIMUND KRÄMER (Berlin 2000).

[die katholische Kirche] hat sich selber sehr geschützt, wenn auch begrenzt auf die zwei Bereiche, Kult und Katechese ... Wir werden noch viel überlegen müssen, worin eigentlich unser Versagen auf katholischer Seite bestanden hat. Die Erkenntnis ist noch nicht gereift. Das Bekenntnis ist noch nicht ausgesprochen".[2]

In seinem Hirtenbrief zur österlichen Bußzeit 1990 formulierte der Erfurter Bischof Dr. Joachim Wanke: „Ja, auch wir (katholische) Christen haben Buße nötig. Jeder von uns wird bedenken müssen, wo er – mit oder gegen seinen Willen – in die allgemeine Unwahrhaftigkeit dieses Landes mitverstrickt war. Ich frage mich, ob ich als Bischof nicht noch deutlicher Unrecht und Lüge hätte beim Namen nennen müssen. Hatten wir vielleicht zu wenig Mut, besonders in den letzten Jahren, uns in die Gesellschaft einzumischen, um sie zu verändern? Haben wir Gott zu wenig zugetraut und uns zu sehr um uns selbst gesorgt? Mancher von uns wird sagen müssen: Ich habe den Weg des geringsten Widerstandes gewählt. Ja, wir haben Buße und Umkehr nötig und müssen Gott um Vergebung bitten, dass unser Glaube nicht mutiger und unser Zeugnis nicht eindeutiger war".[3]

Kardinal Joachim Meisner resümierte im Rückblick, dass zu den „wenigen substanziellen Täuschungen" seines Lebens die Überzeugung gehörte, er werde den „Untergang des Kommunismus" nicht mehr erleben.[4]

Die exemplarischen Aussagen lassen erkennen, welche Versäumnisse und Defizite man rückblickend ausmachte: Selbstbewahrung (Selbstschutz der Kirche), zu große Zurückhaltung, Verstrickung, Mutlosigkeit und Versagen der Kirche sowie (Selbst-)Täuschung der Amtsträger. Gerade im Hinblick auf die „Wende" wird diese „Mutlosigkeit" im Vergleich mit den evangelischen

---

[2] Zitiert nach EBERHARD TIEFENSEE, „Religiös unmusikalisch"? – Ostdeutsche Mentalität zwischen Agnostizismus und flottierender Religiosität, in: JOACHIM WANKE (Hg.), Wiedervereinigte Seelsorge. Die Herausforderung der katholischen Kirche in Deutschland (Leipzig 2000) S. 24–53, hier: S. 53. – In einem Beitrag in der katholischen Akademie Berlin vom 6. 11. 1999 erklärte Sterzinsky „Fehleinschätzungen" damit, dass die katholische Kirche den Grundsatz der politischen Abstinenz verinnerlicht habe und deshalb sehr zurückhaltend gewesen sei. –Vgl. Wunder der deutschen Einheit, in: Katholische Kirchenzeitung Berlin (14. 11. 1999).

[3] JOACHIM WANKE, Zur Diskussion um den Umgang mit der DDR-Vergangenheit, in: Lebendiges Zeugnis 3 (1992) S. 204.

[4] Vgl. JOACHIM KARDINAL MEISNER, Mit dem Herzen sehen. Chancen und Auftrag der Kirche zu Beginn des dritten Jahrtausends. Ein Gespräch mit Stephan Rehder (Aachen 2000) S. 48. – Ein Meisner zugeschriebenes „Bekenntnis" („Wenn ich gewusst hätte, dass der Laden nur noch zwei Jahre hält, wäre ich frecher gewesen", in: Tag des Herrn [TdH] [10. 12. 2000] S. 4) lässt ebenfalls die Überzeugung durchscheinen, nicht mit einem so schnellen Untergang des Systems gerechnet zu haben. So gesehen ist die immer wieder geäußerte Vermutung, die Kirche in der DDR habe eine Taktik des „Überwinterns" gewählt, mehr als fraglich. Wer überwintert, glaubt an einen baldigen „kirchlichen" Frühling. Das war offensichtlich nicht der Fall.

Schwesterkirchen thematisiert; ausdrücklich dankte Sterzinsky „den evangelischen Christen und Gemeinden für ihren Mut und Einsatz bei den Ereignissen des vergangenen Herbstes".[5] Neuere Forschungen bestätigen zwar diese Aussagen grundsätzlich, zeigen aber auch, dass die Rolle der katholischen Kirche bei der friedlichen Revolution keineswegs so gering war, dass sie vernachlässigt werden sollte. Vor allem da, wo eine Ökumene in politicis praktiziert wurde, ist kein Unterschied zwischen evangelischen und katholischen Akteuren auszumachen.[6]

Die dem Thema inhärente Frage, ob die katholische Kirche den richtigen Weg beim Umgang mit dem Staat beschritten hatte, ist nicht monokausal zu beantworten. Immer wieder ist aus dem Inhalt innerkirchlicher Quellen zu schlussfolgern, dass der Weg der Kirche einer Gratwanderung zwischen Anpassung und Verweigerung glich. Deutlich tritt dies in der „Stellungnahme der ostdeutschen Bischöfe zur Stasi-Aufarbeitung, ‚Fehlverhalten hat Schaden angerichtet und Misstrauen gesät'",[7] zutage. Hinsichtlich eines Konformismus wird formuliert: „Es gab Priester und Laien, die auf Gesprächsangebote eingingen, aus unterschiedlicher Motivation heraus einen Weg der Annäherung suchten, begrenzte Zugeständnisse machten oder sogar aktiv mit dem MfS zusammenarbeiteten. Es ist deutlich geworden, dass es auch in unserer Kirche menschliches Versagen und Schuld im Umgang mit der SED-Diktatur gegeben hat".[8]

Das grundsätzlich resistente Verhalten der katholischen Kirche wird dagegen so dargestellt: „Das entschiedene ‚Nein' der Kirche zum Marxismus/Leninismus, der die geistige Grundlage des von der SED geführten und kontrollierten Staates war, stand bis zum Ende der DDR nie außer Frage und hat das Verhältnis Staat — katholische Kirche bestimmt".[9]

Folgende untersuchende Darbietung möchte zwei Aspekte unterschiedlicher Phasen kirchlichen, christlichen Handelns gegenüber dem Staat, ihre Voraussetzungen und Motive sowie widerständiges oder konformes Verhalten in den Blick nehmen. Dennoch wird es, dreißig Jahre nach dem gesellschaftlichen und politischen Umbruch, keine vollständige und in allen Bereichen

---

[5] Zitiert nach: PETER MASER, Kirchen und Religionsgemeinschaften in der DDR 1949–1989. Ein Rückblick auf vierzig Jahre in Daten, Fakten und Meinungen (Konstanz 1992) S. 218.

[6] Vgl. JOSEF PILVOUSEK, Kirche in der DDR: Rückschau auf die Erfahrungen, in: KATHOLISCHE AKADEMIE IN BERLIN E. V. (Hg.), 20 Jahre Mauerfall. Katholische Kirche und Friedliche Revolution — Lernschritte und Bewährungsproben. Eine Dokumentation (o. O. 2010) S. 4–17, hier: S. 12 f.

[7] Vgl. KNA Dokumentation 18 (12. 2. 1998).

[8] Ebd.

[9] Ebd.

reflektierte Darstellung dieser Thematik geben können. Zunächst müssen die unter der Thematik subsumierten Benachteiligungs- und Repressionsmechanismen des Regimes dargestellt werden. Dazu bieten sich Dokumente — zumeist Briefe unterschiedlicher Intention und Charakters — an, die von Gläubigen im Jahre 2016 rückblickend auf die DDR-Zeit verfasst wurden.

In einem zweiten Schritt soll der geläufige, wenn auch nicht immer eindeutig definierte Begriff Widerstand im Hinblick auf die Situation der katholischen Kirche in der DDR traktiert und kommentiert werden.

2. Christentumsfeindlichkeit oder Christenverfolgung?

Die entscheidende Frage, wie der Staatsapparat und die kirchenfeindliche SED samt ihren Repressionsinstitutionen mit Christen umgingen, bedarf einiger klärender Erläuterungen. Oder anders formuliert: Was machte kirchlichen Widerstand oder Resistenz nötig?

Am 28. Januar 2016 hatten der pensionierte katholische Pfarrer Gerhard Sammet und der evangelische Diplom-Mathematiker Pedro Hertel, beide aus Ilmenau, einen offenen Brief an die Vorsitzenden der Thüringer Regierungskoalition, die Parteivorsitzende der Linkspartei, den Vorsitzenden der SPD, die Landessprecher der Grünen und die Abgeordneten der Regierungskoalition in Thüringen geschrieben.[10] Einer der Kernsätze lautete: „Noch nie hat Bodo Ramelow in der Öffentlichkeit ein Wort darüber verloren oder sich zu dem Unrecht bekannt, welches seine Vorgängerpartei den Christen und ihren Familien in der DDR-Zeit angetan hat."

Sammet und Hertel fordern in ihrem Schreiben die Adressaten dazu auf, Stellung zu beziehen zum Thema der Christenverfolgung in der DDR und sie öffentlich wahrnehmbar zu thematisieren. Sie fragen nach „Entschuldigungen für vielfach begangenes Unrecht, auch an Christen. Nichts davon spürt man. Bisher ist, von wenigen Einzelschicksalen abgesehen, kein einziges Wort über die 44 Jahre Christenfeindlichkeit in der SBZ/DDR gesagt worden". Weiter heißt es im Blick auf Ramelow: „Man hört, dass Mitgenossen untereinander lästern: ‚Von uns aus kann er auch noch der katholischen Kirche beitreten — Hauptsache, wir gewinnen dadurch wieder Wahlen'. Wie makaber."

Die Unterzeichner kritisieren zudem, dass von den 28 Mitgliedern der Landtagsfraktion DIE LINKE „mindestens 16 schon bis 1989 im Unterdrückungsapparat der SED auf Kreis- oder Bezirksebene beteiligt waren. Weiter

---

[10] Zum Folgenden vgl. „Also Christen, macht Platz." Unrecht gegen Christen in der DDR / Offener Brief fordert Aufarbeitung, in: TdH 12 (20. 3. 2016) S. 11; online unter: http://www.tag-des-herrn.de/offener-brief [Zugriffsdatum: 4. 3. 2023].

dokumentieren sie, wie Christen in der DDR unterdrückt wurden. So sagte Bischof Otto Spülbeck – Bistum Dresden-Meißen – 1956 auf dem Katholikentag in Köln zusammenfassend: ‚Wir Christen leben in der DDR in einem Haus, das wir nicht gebaut haben. Wir halten auch die Fundamente dieses Hauses für falsch. Wir dürfen in diesem Haus nur die Treppen säubern.' Die Machthaber konterten: ‚Der Sozialismus ist für alle da.'"

Angesprochen werden weiter die Repressalien, denen Christen bei der Berufswahl ausgesetzt waren. Sammet und Hertel sprechen von Berufsverboten.

Zwei Jahre vor der „Wende" wurde zudem ein Bund der Freidenker gegründet. „Der Vorsitzende dieses Bundes in unserem Kreis Ilmenau sagte im persönlichen Gespräch: ‚Dieser Bund wird die letzten Christen ausrotten. Die marxistisch-leninistische Weltanschauung ist allmächtig, weil sie wahr ist. Also Christen macht Platz. Eine gefährliche Drohung – aber nur bis zum Herbst 1989 gültig.'"

Der offene Brief ist in seinem Inhalt, was historische Details angeht, durchaus ambivalent zu beurteilen. So ist etwa die „Spülbeck-Aussage" auf dem Kölner Katholikentag keinesfalls als Abgrenzung gedacht, sondern als Definition, wie Kirche in diesem System ihre Aufgabe sehen könnte.[11] Auch die Nennung verschiedener, repressiver und benachteiligender Maßnahmen des Staates gegenüber Christen ist nicht für alle und jeden sowie permanent zutreffend. Die jeweiligen staatlichen Organe und vor allem ihre Leiter wendeten Repressionsmaßnahmen in bestimmten Zeiten unterschiedlich scharf an. Die ständig um internationale Anerkennung bedachte DDR hat zu manchen Zeiten sogar den weltanschaulichen Kampf diesem außenpolitischen Ziel untergeordnet. Die von Hertel und Sammet gestellten Fragen: „Wo gab es einen Polizisten, der Christ war? Wo gab es einen Schuldirektor, der Christ war? Wo gab es Jurastudenten, die Christen waren?", könnten durchaus, wenn auch als Einzelfälle, positiv beantwortet werden: Es hat sie gegeben. Grundsätzlich gilt aber: Trotz schulischer Bestleistungen wurden Kinder von

---

[11] Das korrekte Zitat lautet: „Wir haben daher in den weltanschaulichen Beziehungen nichts miteinander gemein. Es gibt keine Brücke von Ihnen zu uns. Wir sind völlig getrennte Leute. Aber wir leben in einem Haus, dessen Grundfesten wir nicht gebaut haben, dessen tragende Fundamente wir sogar für falsch halten. Und wenn wir jetzt in diesem Haus miteinander leben, so kann unser Gespräch nur bedeuten – verzeihen Sie mir die Banalität, aber ich habe es so gesagt – wer macht in diesem Haus die Treppe sauber? Damit soll keine Abwertung des ernsten Gespräches zwischen Staat und Kirche gemeint sein, sondern es soll nur handgreiflich ausgedrückt werden, dass grundsätzliche Gespräche zwischen den beiden Partnern nicht möglich sind. Wir tragen gerne dazu bei, dass wir selbst in diesem Haus noch menschenwürdig und als Christen leben können, aber wir können kein neues Stockwerk draufsetzen, da wir das Fundament für fehlerhaft halten." – Zitiert nach: MARTIN HÖLLEN, Loyale Distanz? Katholizismus und Kirchenpolitik in SBZ und DDR. Ein historischer Überblick in Dokumenten, Bd. 2: 1956 bis 1965 (Berlin 1997) S. 23 f.

der Erlangung des Abiturs ausgeschlossen. Manchmal gab es zwar einen Stellvertreter aus einer Blockpartei, der aber „nichts zu sagen hatte", der als Alibifunktion an diesem Platz war. Weitgehend wurden kirchliche Institutionen und Amtsträger geschont (ein offizieller Kirchenkampf wäre für die DDR-Außenpolitik nicht förderlich gewesen!), aber nach dem Motto: „Die Hirten schonen, die Schafe zerstreuen und unterdrücken", wurden ostdeutsche Christen in ihren Aktivitäten auf das Äußerste eingeschränkt.

Der Brief provozierte Reaktionen, die wohl niemand erwartet hatte. Im März 2016 war über das Schreiben der beiden Ilmenauer in der Kirchenzeitung „Tag des Herrn"[12] berichtet und damit ein Forum geschaffen worden, in dem in den folgenden Wochen und Monaten unter der Rubrik „Leserbriefe" immer wieder Stellung zu dem Brief bezogen wurde, zuletzt in der Ausgabe vom 18. Dezember 2016.[13]

Zum eigentlichen Auslöser für kontroverse Diskussionen wurde aber der Leserbrief des engagierten Görlitzer Katholiken und Medizin-Professors Dr. Peter Stosiek unter dem Titel: „Es gab Benachteiligung, aber keine Verfolgung".[14]

Die z. T. disparaten Aussagen des offenen Briefes hatten offensichtlich so gereizt, dass Stosiek klar zwischen Christentumsfeindlichkeit sowie Benachteiligung und Christenverfolgung unterscheiden wollte. Er formulierte äußerst provokant: „Wer behauptet, in der DDR hätte es Christenverfolgungen gegeben, der lügt. Religiöse Verfolgung ist aktuell und präzise vom Europäischen Gerichtshof definiert worden als ‚schwerwiegende Verletzung der grundlegenden Menschenrechte, des religiösen Existenzminimums und der Freiheit, seinen Glauben öffentlich zu leben'."

Stosiek zitierte Aussagen aus Art. 9 des Europäischen Gerichtshofes vom 29. April 2004 (Richtlinie 2004/83/EG vom 29. April 2004), in denen mit Rückgriff auf die Genfer Flüchtlingskonvention der Begriff der „religiösen Verfolgung" rechtsverbindlich für alle Mitgliedsstaaten der EU definiert wurde: „Als Verfolgung im Sinne des Artikels 1A der Genfer Flüchtlingskonvention gelten Handlungen, die 1. aufgrund ihrer Art oder Wiederholung so gravierend sind, dass sie eine schwerwiegende Verletzung der grundlegenden Menschenrechte darstellen, ... oder 2. in einer Kumulierung unterschiedlicher

---

[12] Vgl. Anm. 10.
[13] Vgl. TdH 51 (18. 12. 2016) S. 14. — UTE STURM, Christenfeindlichkeit weiter aufarbeiten, in: TdH 31 (31. 7. 2016) S. 15; Die Verfasserin fordert nicht nur eine Aufarbeitung des Themas anhand von Einzelschicksalen, sondern eine Stellungnahme der Linkspartei zu ihrer christenfeindlichen Vergangenheit.
[14] TdH 15 (10. 4. 2016) S. 14.

Maßnahmen, einschließlich einer Verletzung der Menschenrechte, bestehen".[15]

Ganz eindeutig greift dieser Rekurs des Schreibers auf den Artikel des Gerichtshofes nicht, wie noch gezeigt werden wird. Nimmt man nämlich den Begriff der Christenverfolgung, wie er aus der Alten Kirche bekannt ist, oder den heutigen, der eine systematische gesellschaftliche oder staatliche Benachteiligung und existenzielle, physische Bedrohung von Christen aufgrund ihrer Religionszugehörigkeit meint,[16] dann kann man Stosiek zustimmen, dass davon in der DDR keine Rede sein konnte. Er fährt fort: „Ich habe die DDR von Anfang bis Ende erlebt, als Ministrant, Oberschüler, Student und Arzt. Ich war aus religiösen Gründen in keiner Organisation/Partei, bei keiner Wahl und habe den Fahneneid verweigert. In zahlreichen Schreiben und Vorträgen habe ich das Regime offen kritisiert (,Unbeantwortete Briefe' KOMZI 1994). Trotzdem hat mir niemand das Existenzminimum als Christ genommen, nicht in der katholischen Studentengemeinde, dem Aktionskreis Halle oder anderen oppositionellen Gruppen. Ich habe in meinem ganzen DDR-Leben niemanden getroffen, der schwerwiegende Verletzungen grundlegender Menschenrechte wegen seines Glaubens hinnehmen musste. Wir hatten einen ungestörten kirchlichen Innenraum mit Gottesdiensten, Religionsunterricht und Prozessionen im Freien. Sogar eine christliche Partei gab es, in die sich Lehrer und Juristen flüchten konnten. Der inzwischen emeritierte Ordinarius für Kirchengeschichte an der Katholischen Hochschule und heutigen Fakultät in Erfurt, Josef Pilvousek, hat das Wort Christenverfolgung in der DDR nie in den Mund genommen. Nachteile und Schikanen hat es gegeben, jawohl, aber das war keine Verfolgung. Das war leichter Gegenwind. Und der war vielleicht gesünder als der jetzige Rückenwind. Diese Vermutung stammt im Übrigen von einem alten Freund aus DDR-Zeiten, dem inzwischen verstorbenen Görlitzer Bischof Bernhard Huhn."

Der für eine DDR-Biografie relativ „schnörkellose Lebenslauf" von Peter Stosiek und das Diktum vom „leichten Gegenwind" waren äußerst spannungsgeladen. Was würden alle diejenigen sagen, die selbst oder bei ihren Kindern Benachteiligungen wegen ihres Christseins erfahren hatten?

Die Reaktionen ließen nicht lange auf sich warten. Die ersten Leserbriefe erschienen am 24. April 2016. Dr. Johannes Trabert aus Manebach erinnert daran, dass sein Vater zwar noch studieren konnte, aber trotz Bestnoten nicht promovieren durfte, und dass seine vier Geschwister und er wahrscheinlich gar kein Abitur hätten machen können, wenn die SED-Machthaber

---
[15] Zitiert nach Qualifikationsrichtlinie RL 2004/83/EG, Art. 9, (1) a), online unter: https://eur-lex.europa.eu/legal-content/DE/ALL/?uri=celex%3A32004L0083 [Zugriffsdatum: 4. 3. 2023].
[16] Vgl. Christenverfolgung, online unter: https://de.wikipedia.org/wiki/Christenverfolgung [Zugriffsdatum: 3. 8. 2016].

geblieben wären.[17] Stosieks Einwand hält er für völlig unrealistisch. In der gleichen Ausgabe wundert sich Peter Schowtka aus Wittichenau über den von ihm ansonsten geschätzten Prof. Dr. Peter Stosiek, der nach seiner Meinung eine Reinwaschung der untergegangenen DDR vornehme, und Schowtka fragt, warum er das tue und so die Opfer des DDR-Systems verhöhne.[18]

In der Ausgabe des „Tag des Herrn"[19] vom 1. Mai 2016 wurden gleich vier Leserbriefe auszugsweise abgedruckt. Ein evangelischer Jugendlicher ging direkt auf den Brief ein und postulierte: „Sowohl christliche Gruppen in unseren Gemeinden wie auch Gespräche mit Nichtchristen müssen den Inhalt des Briefs aufgreifen. Stoff für die Schulen ist er in jedem Fall. Erst wenn wir die Gründe für den Hass auf Christen durch die SED verstehen, können wir Ansätze für einen Neuanfang 2016 erhoffen".[20]

Der frühere Bürgermeister von Nordhausen, Dr. Klaus Zeh, berichtete – indirekt auf Dr. Stosiek eingehend – über die Schikanen, denen er wegen Verweigerung der Jugendweihe ausgesetzt war, insbesondere die Schwierigkeiten, zum Abitur zugelassen zu werden. Zudem konnte er wegen der Ablehnung des Wehrdienstes mit der Waffe seine 1985 begonnene Promotion erst 1990 abschließen.[21]

Eine Familie aus Heiligenstadt berichtet vom Familienvater, den man durch das Abitur fallen ließ, weil er nicht in die FDJ eintrat, und von der Tochter, die kein Abitur machen durfte, weil sie nicht an der Jugendweihe teilgenommen hatte. Der Leserbrief beginnt mit der provozierenden Frage: „Unsere Familie würde es sehr interessieren, wie Professor Stosiek es geschafft hat, ohne jede politische Teilnahme zur Erweiterten Oberschule (EOS) zu kommen, einen Studienplatz zu erhalten und auch noch Medizin zu studieren?"[22]

Der letzte Leserbrief dieser Ausgabe richtete sich direkt an Peter Stosiek: „Sehr geehrter Professor Stosiek, Ihre Meinung geht mir an die Substanz. Sie sagen: Christenverfolgung hätte es in der DDR nicht gegeben und führen Ihren eigenen Lebensweg als Christ zum Beweis an. Machtmissbrauch und Bildungsentzug für Kinder und Jugendliche, Schikanen und Ausbeutung am

---

[17] JOHANNES TRABERT, Manebach, Es wurde immer schlimmer, in: TdH 17 (24. 4. 2016) S. 14.
[18] PETER SCHOWTKA, Wittichenau, Leichter Gegenwind verhöhnt die Opfer, in: TdH 17 (24. 4. 2016) S. 14.
[19] Vgl. TdH 18 (1. 5. 2016) S. 11.
[20] MATHIAS STEITZ, per E-Mail, Ansätze für einen Neuanfang, in: TdH 18 (1. 5. 2016) S. 11.
[21] Dr. KLAUS ZEH, Nordhausen, Keine Jugendweihe – nicht selten kein Abitur, in: TdH 18 (1. 5. 2016) S. 11.
[22] Familie SCHÄFER, Heiligenstadt, Christen wurde die Zukunft durchkreuzt, in: TdH 18 (1. 5. 2016) S. 11.

Arbeitsplatz ist keine Verfolgung? Ich habe das selbst erlebt. Es gab auch willkürliche Verhaftungen und Verurteilungen während der ganzen DDR-Zeit. Das ist auch keine Verfolgung? Und die Lager, die — schon weit fortgeschritten — geplant waren? Ihre Inbetriebnahme wurde um wenige Tage verfehlt, das heißt, von den Aktiven 1989 verhindert. Recht haben Sie: Christenverfolgung als Ermordungsterror gab es nicht. Außer Selbst-Ermordung vielleicht. Kennen Sie den Fall Oskar Brüsewitz? Es war nicht der Einzige. Von diesen Tatsachen müssen Sie auch weit im Osten der DDR etwas gehört haben. Ich war bekennender katholischer Christ in der DDR von 1956–90".[23]

Nochmals wird in der Ausgabe vom 8. Mai auf den Offenen Brief rekurriert und ein Beispiel aus Erfurt aus dem Jahre 1958 erzählt. Frau Sturm, die in die damalige EOS „Dr. Theodor Neubauer" ging, berichtete von vier katholischen Schülern, die damals in einem Erfurter Konvikt lebten und der Schule verwiesen wurden.[24] Diese Entscheidung, kreisfremde Schüler, wie sie genannt wurden, aus den Schulen zu entfernen, geschah in der gesamten DDR und intendierte, sogenannte Knabenkonvikte — mit ihrer Option auf das Priesteramt hin — auszutrocknen.

Auffallend ist bei diesen Leserbriefen, dass weniger die Forderung nach Aufarbeitung des Unrechts an Christen in der DDR — wie im Offenen Brief eigentlich gefordert — im Vordergrund stand, sondern Beispiele von Benachteiligung, Repression und Diskriminierung. Vor allem der Einwand von Stosiek, es habe keine Christenverfolgung gegeben, erregte die Leser der Kirchenzeitung.

Die evangelische Kirchenzeitung für Mitteldeutschland „Glaube und Heimat" ging in ihrer Ausgabe vom 12. Juni 2016 primär auf den Inhalt des Offenen Briefes und die bisherige Reaktion der Thüringer Landesregierung ein.[25] Christen im Osten Deutschlands, die die DDR noch erlebt haben, können von Diskriminierung auf vielen Ebenen des Lebens berichten, heißt es. Der Landesbeauftragte des Freistaates Thüringen für die Aufarbeitung der SED-Diktatur, Christian Dietrich, pflichtet dem bei und betont, dass die Christenfeindlichkeit des Regimes zu wenig thematisiert worden sei, und kritisiert zugleich auch die Kirchen wegen ihres Konformismus. Viele Opfer scheuten sich an die Öffentlichkeit zu gehen, weil sie möglicherweise gezwungen würden, sich wiederum mit den Erniedrigungen und den Tätern auseinanderzusetzen, ergänzt Dietrich.

---

[23] MATTHIAS WEIBRECHT, Gera, War das keine Christenverfolgung?, in: TdH 18 (1. 5. 2016) S. 11.

[24] Dr. med. UTE STURM, Ilmenau, „Christenfeindlich" ist moderat ausgedrückt, in: TdH 19 (8. 5. 2016) S. 15.

[25] DIANA STEINBAUER, Christen bislang kein Thema, in: Glaube und Heimat 24 (12. 6. 2016).

Die damalige Kulturstaatssekretärin in Thüringen, Babette Winter (SPD), erläuterte, dass sich zwar viele Menschen bezüglich des DDR-Unrechts an sie gewendet hätten, darunter aber keine einzige Anfrage zur Christenfeindlichkeit gewesen sei, so dass bisher keine Projekte in diese Richtung angedacht seien.[26]

Nochmals, am 31. Juli 2016, meldet sich Dr. Ute Sturm im „Tag des Herrn" zu Wort und fordert nicht nur eine Aufarbeitung des Themas anhand von Einzelschicksalen, sondern eine Stellungnahme der Linkspartei zu ihrer christenfeindlichen Vergangenheit.[27]

Und schließlich griff Anfang Oktober 2016 der frühere Ministerpräsident Thüringens, Dieter Althaus, in die Diskussion ein und forderte ausdrücklich eine systematisch geführte Aufarbeitung: „Zum einen, um den vielen christlichen Benachteiligten und Opfern der DDR endlich Gerechtigkeit widerfahren zu lassen. Zum anderen, um aktuell die Frage zu beantworten, wie DIE LINKE in diesem Zusammenhang ihr eigenes DDR-Erbe bewertet und wie sie jetzt ihr Verhältnis zum Glauben konkret definiert".[28]

Im Dezember 2016 nahm sich die gesamte Thüringer CDU des Themas an und forderte eine Aufarbeitung: „ehrlich und vollumfänglich".[29] Aus der Thüringer Staatskanzlei verlautet, dass sich am 20. Dezember 2016 eine gemeinsame Arbeitsgruppe aus Landesregierung und Kirchen konstituieren werde. Einen Tag vorher werde sich die interministerielle Arbeitsgruppe treffen, die seit März 2015 zur Aufarbeitung der SED-Diktatur in Thüringen gegründet worden war.[30]

Im März 2017 wurde die Arbeitsgemeinschaft (AG) „Christen, Kirchen und andere christliche Religionsgemeinschaften im DDR-Unrechtsstaat" bei der Thüringer Staatskanzlei eingerichtet, der u. a. Vertreter der evangelischen und katholischen Kirche angehören. Gemeinsam wurde das Forschungsprojekt

---

[26] Babette Winter wörtlich: „Bei allen Vorgängen, die dem Ministerpräsidenten und mir zum Thema DDR-Unrecht bekannt sind, wissen wir von sieben Fällen, in denen die Aktivität in der Kirche zu einem Eingriff seitens des Staates in die Lebensbiografie geführt hat. Diese sieben Personen erhalten Entschädigung für gesundheitliche Schäden, für die Verfolgungsmaßnahmen ursächlich waren." – Zitiert nach CHRISTIAN DIETRICH, Fehlende Religionsfreiheit in der DDR und die Gefährdung der Demokratie heute. Eine Betrachtung zur massenhaften Auswanderung am Ende der DDR, in: Wartburg-Kurier 17 (= Evangelischer Arbeitskreis der CDU Thüringen) S. 2 f., hier: S. 2.

[27] Dr. med. UTE STURM, Ilmenau, Christenfeindlichkeit weiter aufarbeiten, in: TdH 31 (31. 7. 2016) S. 15.

[28] DIETER ALTHAUS, Christen in der DDR – wichtiger Anstoß, in: TdH 40 (2. 10. 2016) S. 17.

[29] Aufarbeitung: „Ehrlich und vollumfänglich". Thüringer CDU zu Christen in der DDR, in: TdH 51 (18. 12. 2016) S. 14.

[30] Neue Arbeitsgruppe gegründet. Thüringen: Umgang mit Christen in der DDR, in: TdH 51 (18. 12. 2016) S. 14.

„Bildungswege von Christinnen und Christen in der DDR nach dem Mauerbau — Staatliche Repressionen und biografische Folgen" erarbeitet. Das disparate, weit verstreute Aktenmaterial über „Christenverfolgung" in der DDR sowie kaum vorhandene mündliche und schriftliche Zeugnisse über Diskriminierungen wurden im Vorfeld eigentlicher Reflexionen und Bewertungen geklärt, um im Sinne der Initiatoren erfolgreich sein zu können. Überraschend kam dann das plötzliche Scheitern des Projekts.

Am 4. November 2018 erklärten Dr. Ulrich Neymeyr, Bischof des Bistums Erfurt, und Ilse Junkermann, Landesbischöfin der Evangelischen Kirche in Mitteldeutschland, das Forschungsvorhaben „Bildungswege von Christinnen und Christen in der DDR nach dem Mauerbau — Staatliche Repressionen und biografische Folgen" als gescheitert.[31] Das von der AG „Christen, Kirchen und andere christliche Religionsgemeinschaften im DDR-Unrechtsstaat" angeregte Projekt hatte die Thüringer Landesregierung als einen Beitrag zur Aufarbeitung der SED-Diktatur vorgesehen.

Neymeyr und Junkermann betonen in ihrer gemeinsamen Erklärung vom 4. November 2018: „Das Scheitern dieses für die Aufarbeitung der SED-Diktatur so wichtigen Forschungsvorhabens enttäuscht uns sehr ... Damit ist weit mehr gescheitert als ein bloßer wissenschaftlicher Förderantrag: Hier wurde die Chance vertan, die systematische und oft massive Benachteiligung von Christinnen und Christen in der DDR mit ihrer Wirkung bis heute umfassend zu beleuchten und den Betroffenen die Möglichkeit zu geben, über Erlebtes und Erlittenes zu sprechen."

Mit Einrichtung der AG „Christen im DDR-Unrechtsstaat" habe die Thüringer Staatskanzlei bei vielen Betroffenen und den Kirchen große Hoffnungen und Erwartungen geweckt. Weiter heißt es in der Erklärung: „Wir Kirchen waren selbstverständlich bereit, unseren Sachverstand und unsere Netzwerke zur Verfügung zu stellen und die Landesregierung in ihrem Bestreben zu unterstützen, die Aufarbeitung der SED-Diktatur in Thüringen weiter voranzutreiben. Aus dieser Arbeit ist ein ambitioniertes Forschungsprogramm entstanden. Wir danken allen beteiligten Wissenschaftlern der Projektgruppe Forschung ‚Christen in der DDR', die sich mit großem Engagement und persönlichem Einsatz diesem wichtigen Thema gewidmet haben. Umso mehr bedauern wir, dass sich die hierfür seitens der Landesregierung vorgeschlagenen Förderstrukturen letztlich als ungeeignet erwiesen haben".

Schließlich mahnen Neymeyr und Junkermann an: „Eine angemessene wissenschaftliche Erforschung des repressiven Umgangs mit der christlichen

---

[31] Vgl. hierzu und zum Folgenden: Christen, Kirchen und andere christliche Religionsgemeinschaften im DDR-Unrechtsstaat", online unter: https://www.bistum-erfurt.de/presse_archiv/nachrichtenarchiv/detail/christen_kirchen_und_andere_christliche_religionsgemeinschaften_im_ddr_unrechtsstaat/ [Zugriffsdatum: 10. 1. 2019].

Bevölkerung des heutigen Thüringen in der Zeit der DDR steht damit weiter aus."

3. Die „Unterscheidung von bloßem Hinnehmen zum aktiven Mitmachen" oder die „Methode des ‚Darunterbleibens'"[32]

Hinsichtlich der Haltung bzw. des Verhaltens von Christen und Kirchen während der Zeit der SBZ/DDR sind zunächst einige Begriffe zu klären, um deren adäquate Handhabung zu ermöglichen. Das heute fast umgangssprachlich benutzte Wort „Widerstand" hat im Deutschen eine Vorgeschichte. Salopp formuliert: Zu der Zeit, als es Widerstand gab — zur Zeit des Nationalsozialismus also — wurde der Begriff kaum verwendet.[33] Erst allmählich entwickelten sich unterschiedliche Definitionen und Metaphern, die das Phänomen zu erklären und beschreiben suchten. Festzuhalten ist, dass die Begrifflichkeit und ihre Beschreibungsversuche zunächst der Zeit von 1933 bis 1945 galten. Die gegenwärtige Forschungslage lässt sich hinsichtlich der Vergleichbarkeit der beiden totalitären Systeme nicht harmonisieren, und diese Frage ist auch nicht Gegenstand der vorliegenden Darstellung.

Klammert man die Frage der Vergleichbarkeit der Systeme aus und schaut man auf Phänomene, die als Widerstand, Resistenz, Opposition, Verweigerung, Dissidenz, Distanz oder Anpassung, Loyalität, Konformismus, Mitmachen begrifflich gefasst werden, so könnte zunächst der Rahmen der zu behandelnden Thematik abgesteckt werden.

Die derzeitigen wissenschaftlichen Diskussionen um Opposition und Widerstand sollen an dieser Stelle nicht referiert werden.[34] Dennoch bedarf es begrifflicher Klärungen, um Orientierungshilfen zu erleichtern.[35] Wenn man Opposition als relativ offene, wenigstens zeitweilig und teilweise legal handelnde Gegnerschaft zum SED-Regime versteht, Widerstand dagegen als ausschließlich illegales und konspiratives Handeln, so kann widerständiges Verhalten der katholischen Kirche mit keinem der Begriffe deckungsgleich

---

[32] Aussagen des Berliner Bischofs Alfred Bengsch von 1962. — Vgl. M. HÖLLEN, Loyale Distanz (wie Anm. 11) S. 322–324.

[33] Vgl. HEINZ HÜRTEN, Verfolgung, Widerstand und Zeugnis. Kirche im Nationalsozialismus. Fragen eines Historikers (Mainz 1987) S. 56.

[34] Vgl. dazu GÜNTHER HEYDEMANN — LOTHAR KETTENACKER (Hg.), Kirchen in der Diktatur. Drittes Reich und SED-Staat (Göttingen 1993). — DETLEF POLLACK, Politischer Protest. Politisch alternative Gruppen in der DDR (Opladen 2000) S. 57–61.

[35] Vgl. dazu THOMAS AMMER, Opposition und Widerstand von den Anfängen bis zum Mauerbau, in: HANS-JOACHIM VEEN u. a (Hg.), Lexikon Opposition und Widerstand in der SED-Diktatur (Berlin — München 2000) S. 20.

gebracht werden. Weltanschauliche Dissidenz, mehr oder weniger verdeckte mündliche Regimekritik, passiver Widerstand, Verweigerung, nonkonformes Verhalten waren in der gesamten DDR-Geschichte auch in der Kirche weit verbreitet. Das begrifflich nicht klar zu fassende Phänomen lässt nur die Möglichkeit, unterschiedliche Begriffe alternativ zu verwenden. Plakativ formuliert, kann man vereinzelt für Mitglieder der katholischen Kirche in der DDR sowohl oppositionelles als auch widerständiges Verhalten konstatieren,[36] wenn auch die Motivationen nicht immer und ausschließlich auf das Christsein und die Kirchenzugehörigkeit zurückgeführt werden können. Für die katholische Kirche insgesamt und für ihre Kirchenleitung könnte noch am ehesten der Begriff Resistenz zutreffen, also eine Abwehr, Begrenzung, Eindämmung des umfassenden Anspruchs des Regimes[37] bzw. eine in der Kirchenzugehörigkeit wurzelnde Widerstandsfähigkeit, Resistenz, gegenüber der marxistischen Ideologie. Weltanschauliche Resistenz hat es in der katholischen Kirche stets gegeben, widerständiges Verhalten Einzelner zeitweise, oppositionelle Gegnerschaft von Fall zu Fall. Das bedeutete, wenn man beispielsweise gegen Menschenrechtsverletzungen des Regimes protestierte, dass dies dann auf einer vermuteten „legalen" Basis geschah. Es geschah relativ offen, d. h. eine weitere oder begrenztere Öffentlichkeit war darüber informiert (Informationen an Pfarrer, Dekane, Hirtenbriefe etc.), und es geschah zeitweilig, also immer dann, wenn Handlungsbedarf aufgrund staatlicher Übergriffe beispielsweise in Pastoral und Caritas ein solches Vorgehen postulierten. Als ein Beispiel solcher „legalen", offenen und aktuellen Äußerungen sei das Thema Schwangerschaftsabbruch genannt.[38] Analoges gilt für die staatlich verordnete materialistische bzw. atheistische Erziehung.

Auch wenn Partei und Staat von Anfang an offiziell die Vereinbarkeit von Christentum und Marxismus betonten[39] und um die Mitarbeit der Christen

---

[36] Vgl. BERND SCHÄFER, Katholische Kirche, in: Lexikon Opposition und Widerstand (wie Anm. 35) S. 207.

[37] Vgl. MARTIN BROSZAT, Resistenz und Widerstand. Eine Zwischenbilanz des Forschungsprojektes, in: DERS. (Hg.), Bayern in der NS-Zeit, Bd. IV: Herrschaft und Gesellschaft im Konflikt (München – Wien 1981) S. 691–709, hier: S. 697.

[38] Vgl. Vgl. Kath.-Theol. Fakultät Erfurt, Forschungsstelle für Kirchliche Zeitgeschichte, Beschlüsse der BOK/BBK (P): Zwischen 1972 und 1990 thematisierten die Bischöfe sechsmal die Abtreibung: 1972 mit einer Erklärung der BOK, 1987 mit einer gemeinsamen Erklärung von evangelischer und katholischer Kirche und zwei Hirtenbriefen, 1990 mit einer Erklärung der BBK und im gleichen Jahr mit einer Erklärung zur Schwangerschaftsberatung.

[39] Vgl. OTTO MEIER, Partei und Kirche (Berlin 1947).

beim Aufbau des Sozialismus warben,⁴⁰ traute man den Kirchen insgesamt doch nur eine mehr oder weniger starke, der eigenen Position widersprechende „oppositionelle Rolle" zu. Nicht nur die Überwachungsmechanismen der Staatssicherheit zeigen dies deutlich. Bis zum Jahre 1989 sollte sich die Einstellung zu den Kirchen grundsätzlich nicht ändern: „Die Kirchen sind und bleiben Institutionen, die bürgerliche, idealistische Weltanschauung verbreiten und der Ausbreitung der marxistisch-leninistischen Theorie, Weltanschauung und Moral entgegenwirken".⁴¹

Klarer konnte man die in den Kirchen vermutete „Opposition" nicht definieren.

Die in der SBZ/DDR zu beobachtenden unterschiedlichen Phasen staatlicher Kirchenpolitik fanden zwar unterschiedliche Antworten seitens der katholischen Kirche, ein „Grundmuster" aber lässt sich unschwer erkennen: Konfliktvermeidung bei gleichzeitigem nonkonformen Verhalten. Das war der kleinste gemeinsame Nenner der offiziellen katholischen Kirche in der DDR im Umgang mit Staat und Partei.⁴² Kardinal Alfred Bengsch, der wie kein anderer Bischof der katholischen Kirche in der DDR diese kleine Kirche bis zu seinem Tod 1979 und darüber hinaus prägte, hatte dies immer wieder in folgender einprägsamer Metapher ausgedrückt: „Der Christ sitzt in der Löwengrube. Er wird den Löwen aber weder streicheln noch am Schwanz ziehen".⁴³ Ziel eines solchen Weges zwischen „Widerstand und Konformismus" war im weitesten Sinne die Ermöglichung von Seelsorge unter Vermeidung einer „Märtyrerkirche".⁴⁴

---

⁴⁰ Vgl. FRIEDEL STOLZENBACH, Die Katholiken in der DDR (Berlin 1957). – Vgl. auch Bundesbeauftragter für die Unterlagen des Staatssicherheitsdienstes der ehemaligen Deutschen Demokratischen Republik (BStU), ZA, HA XX/4, Information über interne Meinungsäußerungen zum Verlauf der katholischen „Berliner Bischofskonferenz" (BBK) am 3./4. März 1986.

⁴¹ Referat des für Sicherheit und damit auch für Kirchenfragen zuständigen Politbüro-Mitglieds Paul Verner vom 22. 7. 1976, in: M. HÖLLEN, Loyale Distanz (wie Anm. 11), Bd. 3/1: 1966 bis 1976 (Berlin 1998) S. 389–393, hier: S. 391.

⁴² Vgl. J. MEISNER, Mit dem Herzen sehen (wie Anm. 4) S. 42: „Und der Weg der Konfrontation, den wir eingeschlagen haben und der darin bestand, dass wir in diesem Staat nicht mitgemacht haben, hat von allen alles gefordert. Wir haben uns nur dort nicht verweigert, wo es um das Gemeinwohl, das bonum commune, nicht um die ‚rote Ideologie' ging."

⁴³ JOSEF PILVOUSEK, Katholische Kirche in der DDR. Kirche für die Gesellschaft? in: WOLFGANG SCHLUCHTER (Hg.), Kolloquien des Max-Weber-Kollegs VI–XIV (1999–2000) (Erfurt 2000) S. 102.

⁴⁴ Die Gefahr, eine Märtyrerkirche zu schaffen, war eine Warnung, die sich die Bischöfe immer wieder ins Gedächtnis riefen, wenn eine eingeschlagene kirchenpolitische Gangart gegenüber dem Staat die Gläubigen in Situationen führen konnte, die nur durch das Martyrium zu bewältigen wären. „Als Bischöfe in der DDR mussten wir natürlich auch immer Rücksicht auf die Glaubenskraft unserer Gläubigen nehmen. ... Wir haben immer für uns als Richtschnur gehabt: Das Verhältnis von Staat und Kirche ist so gut oder so schlecht,

Es gibt keine stringente Erklärung für die Beschreitung eines solchen Weges. Der von Anfang an in der SBZ und DDR propagierte Weg eines atheistischen Sozialismus war und blieb der Grunddissens zwischen Kirche und sozialistischem/kommunistischem Staat.[45] Zu den Motivbündeln, die eine offene Konfrontation nicht angeraten erscheinen ließen, gehörten vor allem in den 50er Jahren die Verhaftung von Laien und Priestern, Hausdurchsuchungen sowie Verbote oder Einschränkungen kirchlicher Veranstaltungen; die Machtfrage in der DDR war zu diesem Zeitpunkt bereits entschieden. Kardinal Julius Döpfner etwa, von 1957 bis 1961 Bischof von Berlin, war der scharfen Konfrontation nicht ausgewichen und musste notgedrungen in Kauf nehmen, dass er seit 1958 nicht mehr nach Ostberlin und in die DDR einreisen durfte.

Das „Sprachrohr" der katholischen Kirche in die „Öffentlichkeit hinein waren die Bischöfe",[46] denen Klerus und Laien weithin in ihren kirchenpolitischen Leitlinien folgten, und diese Leitlinien waren eindeutig auf Konfliktvermeidung mit dem Staat angelegt. Erst seit Mitte der 60er Jahre gab es einige wenige kirchliche Gruppen, die sich der offiziellen, von der Berliner Ordinarienkonferenz vorgegebenen kirchenpolitischen und z. T. theologischen Linie widersetzten, ohne jedoch kirchenfern, geschweige denn kirchenfeindlich zu werden. Der Staat nahm dies sehr wohl zur Kenntnis: „Es gibt, wie der Verlauf der Pastoralsynode[47] bewies, auch eine zahlenmäßig kleinere, aber aktive Gruppe von Priestern, die im Unterschied teils auch im Gegensatz zur Linie von Kardinal Bengsch die Auffassung vertreten, dass sich die Glaubensfestigkeit nicht durch Verinnerlichung und politische Zurückhaltung, sondern durch ‚gesellschaftspolitische Relevanz der Verkündigung' erreichen lässt".[48]

Unterhalb der offiziellen kirchenpolitischen Linie muss an dieser Stelle zumindest an den alltäglichen, z. T. auch loyalen Umgang einiger Katholiken mit dem Partei- und Staatsapparat erinnert werden. Die sich erst allmählich

---

wie es der einzelne Christ an der Basis erfährt." – J. MEISNER, Mit dem Herzen sehen (wie Anm. 4) S. 44.

[45] Eine kleine, vor allem von der CDU gesteuerte, jedoch stets einflusslose Gruppe, der Katholiken angehörten, propagierte die Vereinbarkeit von Christentum und Marxismus und versuchte so, die Kirche für Staatsziele zu gebrauchen; ähnliche Tendenzen gab es in den protestantischen Kirchen mit der vielfach missverstandenen Formel von der „Kirche im Sozialismus".

[46] LEO NOWAK, Kirche vor, während und nach der Wende, in: DERS., Begegnung und Dialog. Die Chance einer arm-seligen Kirche (Leipzig 2000) S. 20–27, hier: S. 21.

[47] Gemeinsame Synode der Jurisdiktionsbezirke auf dem Gebiet der DDR 1973–1975. – Vgl. JOSEF PILVOUSEK, Die Pastoralsynode der katholischen Kirche in der DDR (1973–1975), in: Pastoraltheologische Informationen 31/1 (2011) (= 40 Jahre Gemeinsame Synode der Bistümer in der Bundesrepublik Deutschland [1971–1975]), Tl. 1), S. 39–52.

[48] Bundesarchiv Berlin, DO-4, 465, 1977.

aus einer „Flüchtlingskirche" zu einer „katholischen Kirche in der DDR"[49] wandelnde katholische Kirche hatte durch die Integration unterschiedlichster Landsmannschaften und deren historischer Erfahrungen auch diese Mentalitäten aufgenommen, die sich wiederum in größerer oder geringerer Loyalität gegenüber dem Staat ausdrückten. Zu denken ist an die Regionen, die durch historische Vorgegebenheiten wie etwa den Josephinismus geprägt waren und deren Bewohner die permanente „Abhängigkeit" der Kirche vom Staat nicht nur nicht als solche empfanden, sondern als konstitutiv erachteten.

Die Minderheiten- und Diasporasituation der Katholiken in der DDR sollte bei aller „Widersetzlichkeit"[50] stets im Blick bleiben und war sicher auch ein Motiv für unspektakuläres Handeln. Im Vergleich zu den größeren evangelischen Schwesterkirchen soll ausdrücklich betont werden, dass sie einerseits, auch bedingt durch ihre Struktur und größere Vielfalt, viel stärker in der Öffentlichkeit Kritik am herrschenden System übten, andererseits aber auch mehr Gläubige in ihren Reihen hatten, die in politischen Organisationen des Staates mitarbeiteten.

Natürlich gibt es auch Versuche, den Katholizismus in der DDR einfach und griffig zu beschreiben. Dabei setzte man auf den Begriff der Parallelgesellschaft. Dieser Begriff beschreibt die Selbstorganisation einer gesellschaftlichen Minderheit, die Regeln und Moralvorstellungen der Mehrheitsgesellschaft ablehnt. Der Begriff überschneidet sich in seinem Bedeutungsinhalt mit Gegenkultur und Subkultur bzw. Subgesellschaft. Seine Anwendung auf die katholische Kirche in der DDR führt dann zu Interpretationen, wonach Katholiken Regeln und Moralvorstellungen der Mehrheitsgesellschaft strikt abgelehnt, als Minderheit gelebt und sich deshalb von gesellschaftlichen Aktivitäten wie Protesten, Demonstrationen etc. ferngehalten hätten. Die von den Bischöfen geforderte Zurückhaltung und politische Abstinenz sei daher letztlich die Konsequenz kirchlichen Lebens in der Parallelgesellschaft gewesen. Ob diese Beschreibung historisch zutreffend ist, scheint zweifelhaft, theologisch ist sie falsch. Die Absurdität eines solchen Erklärungsmodells wird dann offenkundig, wenn man die damit verbundenen theologischen Konsequenzen bedenkt: eine isolierte Kirche, die sich von den Menschen fernhält und deren Sorgen ihr letztendlich egal sind. Wenn es so gewesen wäre, dass die Kirche sich von Regeln und Moralvorstellungen

---

[49] Vgl. JOSEF PILVOUSEK, Von der „Flüchtlingskirche" zur katholischen Kirche in der DDR. Historische Anmerkungen zur Entstehung eines mitteldeutschen Katholizismus, in: JOHANNA RAHNER – MIRJAM SCHAMBECK (Hg.), Zwischen Integration und Ausgrenzung. Migration, religiöse Identität(en) und Bildung – theologisch reflektiert (= Bamberger Theologisches Forum 13) (Berlin 2011) S. 21–43.

[50] GER VAN NORDEN, Widersetzlichkeit von Kirchen und Christen, in: WOLFGANG BENZ – WALTHER H. PEHLE (Hg.), Lexikon des deutschen Widerstandes (Frankfurt/M. 1994) S. 68–82.

der Mehrheitsgesellschaft strikt abgekehrt hätte, dann hätte sie tatsächlich nichts mehr mit der „Freude und Hoffnung, Trauer und Angst" (Gaudium et Spes 1) der Menschen in der DDR zu tun gehabt. Sie hätte sich damit von ihrem Grundauftrag entfernt und, um es noch deutlicher zu sagen, sie wäre nicht mehr Kirche gewesen.

4. Resümee

Ein vorläufiges Resümee muss folgende Faktoren festhalten:

1. Eine gezielte, umfassende sowie detaillierte wissenschaftliche Untersuchung über die Christenfeindlichkeit des DDR-Regimes und ihre praktischen Folgen steht aus.
2. Ob man von Christentumsfeindlichkeit oder Christenverfolgung sprechen kann, liegt u. a. an der Definition dieser Phänomene. Mir scheint, dass man von einer generellen Christenverfolgung zum Zweck der physischen Vernichtung von Christen nicht sprechen kann.
3. Benachteiligungen, Diskriminierungen, Berufsverbote und Behinderungen von Karrieren hat es für Christen zu jeder Zeit gegeben.
4. Es ist geradezu ein Merkmal totalitärer Regime, dass es bei allen Repressionen immer auch Ausnahmen gab, die Alibicharakter trugen oder Täuschungen beabsichtigten. Am kirchen- und christenfeindlichen Charakter des Marxismus-Leninismus und des SED-Regimes bestanden, nach eigener Auskunft, nie Zweifel.
5. Die katholische Kirche in der DDR war keine oppositionelle Institution und kein Bollwerk des Widerstandes – und wollte es auch nicht sein. Zur Strategie des Überlebens in der totalitären Diktatur gehörte es, resistent gegenüber der staatstragenden Ideologie sein zu wollen. Dem Gewissen zu folgen und keine faulen Kompromisse auf dem Glaubensweg einzugehen, sah man als vorrangig an.
6. Um dies zu erreichen, bediente man sich einer „Taktik", die Konflikte mit dem Staat und der staatstragenden Partei weitestgehend vermied, andererseits aber auch keine positive Stellungnahme zuließ, um einer Vereinnahmung zu entgehen.
7. Kann die katholische Kirche in der DDR nicht im strengen Sinn als „oppositionell" bezeichnet werden, so gilt aber auch, dass sie nicht generell konformistisch handelte. Manche kirchenpolitisch motivierten Handlungen erscheinen zwar wenig mutig, konformistisch müssen sie deshalb aber nicht gewesen sein.

8. Trotz Christenfeindlichkeit, Repression und Benachteiligung in dieser säkularen und ideologischen Diaspora ist ein Glaubenszeugnis der Kirchenmitglieder zu registrieren, „das sich sehen lassen kann".[51]
9. Für Thüringen ist anzumerken, dass sich die Thüringer Landesregierung, zu deren Koalition auch DIE LINKE gehört, in ihrem Koalitionsvertrag zur Aufarbeitung des DDR-Unrechts bekannt hat. Die bisherigen Vorarbeiten sind gescheitert. Ergebnisse sind eher marginal, jedenfalls in der Öffentlichkeit kaum oder gar nicht wahrnehmbar und erkennbar.

---

[51] LOTHAR ULLRICH, Kirche in ideologischer und säkularer Diaspora. Das Zeugnis der Katholischen Kirche in der DDR (1949–1990), in: HEIKO FRANKE (Hg.), Veritas et Communicatio. Ökumenische Theologie auf der Suche nach einem verbindlichen Zeugnis (FS Ulrich Kühn) (Göttingen 1992) S. 215–233, hier: S. 230.

Wolfgang Trilling, Erfurt und der Katholizismus in der DDR

Überschwänglich fallen die Urteile über den Gelehrten, Seelsorger und Oratorianer Wolfgang Trilling aus. „Als Studentenpfarrer in Leipzig war er eine der wichtigen Persönlichkeiten der Meißener Diözesansynode von 1966 bis 1971, als Akademikerseelsorger hat er sich wesentlich für eine theologische Reflexion auf gelebtes Christentum in der DDR eingesetzt und zahlreiche Vorschläge unterbreitet, Inspirationen lanciert und zugleich unter kirchlicher bzw. bischöflicher Zurückhaltung gegenüber Wagnissen im Rahmen der gesellschaftlichen Verhältnisse der DDR gelitten".[1] Zahlreichen „Nebenbeschäftigungen", die ihm mit dem II. Vatikanum, der Liturgiereform, der Internationalen Theologenkommission zuwuchsen, machten ihn zum gefragten Gesprächspartner und manchmal auch zum gefürchteten Disputanten.

Ganz sicher gehören die Erfurter Zeiten für Trilling zu den wissenschaftlich fruchtbarsten, und für das Philosophisch-Theologische Studium Erfurt wurde er neben Heinz Schürmann zu einem der exegetischen Leuchttürme. Peter Hünermann urteilt: „Insgesamt sind die Arbeiten Trillings mit ihren zahlreichen Übersetzungen in andere Sprachen großartige Beispiele einer Erfurter Theologie".[2] Vor allem seine Studien zu den Evangelien, seine großen Untersuchungen zur Theologie des Matthäusevangeliums wie die darauf aufbauenden Bände der „Geistlichen Schriftlesung" haben die neutestamentliche Forschung wesentlich beeinflusst.[3]

Auch wenn Erfurt ihm nie zum Lebensmittelpunkt wurde, war die Stadt und ihr kirchliches Umfeld wichtiger pastoraler und wissenschaftlicher Impulsgeber oder auch Anlass zum Widerspruch. Von 1957 bis 1958 war er Assistent am Philosophisch-Theologischen Studium, von 1959 bis 1961 Dozent für Altes Testament.[4] Bis 1966 nahm er Lehraufträge für Neues Testament und neutestamentliche Zeitgeschichte wahr. Schließlich wurde er 1968 mit der

---

[1] PETER HÜNERMANN, Erfurter Theologie? Versuch einer Profilbestimmung, in: ThG 2/3 (2012) S. 82–140, hier: S. 102.

[2] Ebd., S. 101 f.

[3] Ebd., S. 102.

[4] Zu den biografischen Daten vgl. WOLFGANG TRILLING, „Trauer gemäß Gott". Leiden in und an der Kirche in der DDR (= MThA 33), hg. v. KLEMENS RICHTER (Altenberge 1994) S. 145. – Vgl. JOSEF PILVOUSEK, Theologische Ausbildung und gesellschaftliche Umbrüche.

Verwaltung des Lehrstuhls für neutestamentliche Exegese betraut. 1970 verzichtete er auf diese Stelle und wurde ökumenischer Gastdozent am Theologischen Seminar in Leipzig.

Bis heute ist nicht eindeutig zu klären, warum er selbst auf den zweiten neutestamentlichen Lehrstuhl verzichtete.[5] Die Personalakte Trilling im Archiv[6] der heutigen Katholischen-Theologischen Fakultät Erfurt kann vielleicht dazu beitragen, seine Entscheidung zu verstehen.

Studenten- und Akademikerseelorger

Das Zweite Vatikanische Konzil, seine Rezeption und Umsetzung wurden zu Wolfgang Trillings Hauptthemen theologischen Denkens und Forschens sowie seines Bemühens für dessen Umsetzung. In einem Artikel aus dem Jahr 1972 erklärte er apodiktisch: „Das Konzil ist noch nicht angekommen und als ‚Zeichen' angenommen worden".[7]

Sowohl als Studentenpfarrer wie auch als Akademikerseelorger war Wolfgang Trilling an der Vorbereitung und Durchführung der Meißner Synode und der Pastoralsynode beteiligt. Zudem war er Mitglied unterschiedlichster Kommissionen und bei der Meißner Synode Vorsitzender der Arbeitsgemeinschaft „Pastoral".[8] Vor allem in dieser Funktion hatte er sich mit den Anliegen der Studenten und Akademiker vertraut gemacht und engagierte sich dafür in den unterschiedlichsten Gremien.

1968 wurden als wichtigste Themen der Studentengemeinden die brennenden Probleme der Welt bezeichnet, die einen Vorrang vor kirchlichen und theologischen Fragen hätten.[9] Auch aktuelle politische Fragen würden starkes Interesse finden (Ereignisse in der ČSSR, der Krieg in Vietnam u. a.). Die Enzyklika „Humanae vitae" habe die meisten Studenten vor die Frage nach dem kirchlichen Lehramt und der kirchlichen Autorität gestellt. Solchen

---

50 Jahre Katholische Theologische Hochschule und Priesterausbildung in Erfurt (= EThSt 82) (Leipzig 2002) S. 265 u. 274.

[5] Den ersten Lehrstuhl hatte Prof. Dr. Heinz Schürmann inne.

[6] Archiv der Theologischen Fakultät Erfurt, PTSE/TFE, Personal, Lehrstühle, Besetzung, Berufung: S–Z, III 2.2.1.2 Wolfgang Trilling.

[7] WOLFGANG TRILLING, Unsere Kirche – Eine Kirche des II. Vatikanums?, in: DERS., Trauer gemäß Gott (wie Anm. 4) S. 63–67, hier: S. 63.

[8] Vgl. DIETER GRANDE – PETER-PAUL STRAUBE, Die Synode des Bistums Meißen 1969 bis 1971. Die Antwort einer Ortskirche auf das Zweite Vatikanische Konzil (Leipzig 2005) S. 362 f.

[9] Vgl. Bistumsarchiv Erfurt (BAEF), Regionalarchiv Ordinarien Ost (ROO), AG Studentenseelsorge 8, Bericht über die Situation der Studentenseelsorge 1968 in der DDR.

Problemen dürfe man nicht ausweichen, und man müsse sie in voller Offenheit und Freiheit besprechen.

Im Jahresbericht der Arbeitsgemeinschaft Studentenseelsorge von 1973, dem Jahr, als die Pastoralsynode begann, wird endgültig eine Trendwende innerhalb der Ausrichtung der Studentengemeinden erkennbar.[10] Der damalige unbekannte „Berichterstatter", einer der anwesenden Teilnehmer, konstatiert zunächst, dass das Interesse an gesellschaftlich relevanten Fragen abnimmt. Obwohl er die Überwindung eines gesellschaftspolitischen Extrems begrüßt, bedauert er doch, dass nun eine Entwicklung beginne, die sich ausschließlich auf den Raum der Innerlichkeit und des Individualismus richte. Ein Jahr später, 1974, hat sich der angedeutete Umschwung offensichtlich verfestigt. Der Jahresbericht[11] nennt Themen wie persönliche Lebensbewältigung und Lebensgestaltung aus dem Glauben als Schwerpunkte seelsorglicher Arbeit. Die Aktivitäten im gesellschaftlichen Bereich nähmen weiter ab, und deutlich sei eine Individualisierung auszumachen. Bedauernd führt der Berichterstatter aus, dass eine solche Einstellung „auch für Anliegen der Synode kein Interesse" aufbringe. „Nur engagierte kleine Gruppen beschäftigten sich mit den Synodenpapieren." Diese Synodenmüdigkeit der Studenten dürfe aber nicht als Argument gegen den synodalen Prozess verstanden werden, sondern sei eine Anfrage an den Stil, die Arbeitsweise und die behandelten Themen der Synode. Die Rezeption der Synode selbst sollte, wie in der gesamten Kirche in der DDR, auch in den Studentengemeinden zum Bedauern Trillings kaum eine Rolle spielen.

Neben den Studentengemeinden waren es vor allem auch Akademikergruppen, die nach einer umfassenderen innerkirchlichen Partizipation strebten. Auf der Jahreskonferenz der AG Akademikerseelorger vom 27./28. Januar 1968 in Berlin formulierte Wolfgang Trilling Überlegungen zu den Aufgaben eines Akademikers, die programmatisch sind.[12] Zunächst wurde gefragt, wer überhaupt als Akademiker zu gelten hat: „Der Akademiker ist ein Laie, der fähig und bereit ist, Verantwortung für das Ganze der Gesellschaft und Kirche zu erkennen, reflex zu bedenken und auszuüben." Dazu wird provokant ergänzt: „Nach dieser Umschreibung wird sich von selbst herausstellen, wer dieses Merkmal erfüllt (obgleich er eventuell kein Staatsexamen oder einen entsprechenden Studienabschluss hat) und wer nicht in dieser Weise

---

[10] Vgl. ebd., Bericht über die Jahresarbeit 1973.

[11] Ebd., Bericht über die Jahresarbeit 1974.

[12] Vgl. Katholisch-Theologische Fakultät Erfurt (KTF), Forschungsstelle für Kirchliche Zeitgeschichte (FKZE), Nachlass Helga Weiß, Akademikerarbeit I, Anlage 2, WOLFGANG TRILLING, Überlegungen zu den Aufgaben des Akademikers, 24. 7. 1968. – Vgl. auch JOSEF PILVOUSEK, 55 Jahre Friedrich-Dessauer-Kreis: ein wertender Rückblick, in: ThG 61/3 (2018) S. 221–228 (Wiederabdruck in diesem Band).

befähigt und bereit ist (obgleich er ein Staatsexamen oder einen Studienabschluss hat)." Vorschläge zur Neuordnung der Akademikerseelsorge gehen auf diese Konferenz von 1968 und auf Wolfgang Trilling zurück:

„1. Es ist zu unterscheiden zwischen Akademikerseelsorge und Akademikerarbeit. Akademikerseelsorge steht im gesamtgesellschaftlichen Auftrag der Kirche und wird dafür von beauftragten Geistlichen wahrgenommen. Sie hat zum Ziel alle Akademiker in der Diözese beziehungsweise der DDR zu erfassen, zu Information und Veranstaltungen zur Weiterbildung zu interessieren und zur Mitarbeit an dem Gesamtauftrag nach Kräften zu aktivieren. Die Formen der Akademikerseelsorger werden verschieden sein, je nach Differenzierung nach Interessengebieten, örtlichen Gegebenheiten (Großstädte, Kleinstädte) und schon eingeführten verschiedenen Formen (Akademikerkreise, Arbeitsgruppen, auch größere Organisationsformen wie in den Großstädten).

2. Unter Akademikerarbeit wird hier verstanden, von den Laien und ihrem ursprünglichen Bezug zu den ‚autonomen weltlichen Bereichen' einerseits von der geistigen Befähigung und der Bereitschaft zu einem christlichen Weltdienst andererseits auszugehen und dafür neue Formen zu entwickeln. Diese Arbeit geschieht von den Laien selbst, organisatorisch unabhängig, aber doch in engem Kontakt mit der Akademikerseelsorge und überhaupt im Dialog mit der Theologie und dem Klerus."

Fachbezogene Gruppen sollten gegründet werden: „Aus den pastoralen Anliegen erwachsen Probleme, deren Lösung eine sachgerechte kritische Bearbeitung erfordern. Diese Aufgabe soll von Fachgruppen übernommen werden, die von ihrer Zusammensetzung her eine vielseitige Durchdringung und eine optimale Lösung erwarten lassen. Es wird gewünscht, in Absprache mit den Akademikerkreisen der einzelnen Diözesen und Diözesananteilen die Bildung von Fachgruppen überregional zu regeln und zu koordinieren." Dieser Punkt wurde nie umgesetzt!

In dem Protokoll der Jahreskonferenz wurde beklagt:[13] „Die AG Akademikerseelsorge ist zur Sterilität verurteilt. Eine einmalige Jahreskonferenz ist nicht ausreichend; die zur Diskussion gestellten Themen müssen vorher bekannt gegeben sein. Es könnte Aufgabe der AG sein, eine Zentrale zu bilden, die Berichte speichert sowie Anregungen gibt und Koordinierung ausstrahlt. Die AG könnte außerdem in der als klerikal zu bezeichnenden Kirche der DDR die Stelle sein, an der sich die Laien wirksam dokumentieren.

---

[13] KTFE, FKZE, Nachlass Helga Weiß, Akademikerarbeit I, Protokoll der Jahreskonferenz der AG Akademikerseelsorge am 27./28. 1. 68 in Berlin.

Dazu aber ist notwendig: 1. eine zweimalige Tagung im Jahr; 2. eine Revision der Richtlinien, durch die eine Konkretisierung geschaffen und Verbindlichkeiten aufgestellt werden." Folgende Beschlüsse wurden gefasst:
„1. Der AG Akademikerseelsorge hat einen Vorschlag von Dr. Trilling über die neue Ordnung die Akademikerseelsorge vorgelegen und wurde durchdiskutiert. Die AG hat zur Kenntnis genommen, dass in der Akademikerarbeit im Verständnis dieses Vorschlages ein sehr wesentlicher Aufgabenbereich liegt, der bisher zwar Ansätze gezeigt hat, aber insgesamt noch nicht genügend wahrgenommen wurde. Die AG verwahrt sich gegen eine organisatorische Trennung von Akademikerseelsorge und -arbeit, sie betont vielmehr, dass die Einheit beider Bereiche gewahrt bleiben muss.

2. Die AG Akademikerseelsorge bestätigt die Ausarbeitung über den Weltdienst der Kirche und des Christen. Die Ausarbeitung ist aber zu ergänzen durch Untersuchungen der Situation in gesellschaftlichen Bereichen und bestimmten Berufsgruppen. Dabei sind die positiven Ansätze herauszuarbeiten.

3. Die AG Akademikerseelsorge beauftragt Dr. Sonntag, mithilfe eines selbst gewählten Kreises eine Stellungnahme zur Frage der Koordinierung der Arbeit zu formulieren, die die Wünsche der Konferenz zum Ausdruck bringt. Der ausgearbeitete Entwurf wird den Teilnehmern der Konferenz zugestellt, die entsprechenden Stellungnahmen und Ergänzungen werden an Dr. Sonntag zurückgesandt, der einen weiteren, vervollständigten Entwurf ausarbeitet und nach Rücksprache mit Herrn Antkowiak und Ordinariatsrat Dissemond der Ordinarienkonferenz als Eingabe überreicht."

Auf Beschluss der AG fanden im Jahre 1969 und auch in den folgenden Jahren zwei Konferenzen statt. Der z. T. schulmeisterliche Ton und die strengen Postulate haben es zur Freude der Diözesanakademiker nur selten bis zur Basis geschafft.

Erfurter Gesprächskreis (EGK)

Die Jahre 1968 und 1969 waren für die katholische Kirche in der DDR vor allem innerkirchlich Entscheidungsjahre.[14] Um eine Plattform für einen Dialog zwischen Bischöfen und Akademikern, Laien und Priestern zu schaffen, hatte der Görlitzer Pfarrer Dr. Paul Schimke im Einvernehmen mit dem Erfurter Weihbischof Aufderbeck und dem Görlitzer Kapitelsvikar Schaffran

---

[14] Vgl. JOSEF PILVOUSEK, Die vergessene Synode? Anmerkungen zur Rezeption der Pastoralsynode der Jurisdiktionsgebiete (1973–1975) in der DDR, in: ThG 49/4 (2006) S. 277–279.

im April 1968 zu einem Treffen nach Erfurt eingeladen.[15] Unter den 21 Teilnehmern der ersten Sitzung befanden sich unter anderem Dr. Wolfgang Trilling, drei Erfurter Professoren und auch Adolf Brockhoff sowie Winfried Schülke von der „Korrespondenz"[16] sowie Dr. Peter Willms aus Halle; die drei Letztgenannten sollten später dem Aktionskreis Halle (AKH) angehören.[17] Diese später als „Erfurter Gesprächskreis" (EGK) bezeichnete Gruppierung erhob u. a. Forderungen nach einer katholischen Interpretation des Sozialismus, der Dezentralisierung der Kirchenleitung, der Einführung einer Synodalverfassung und einer Neuumschreibung der Diözesangrenzen. Wolfgang Trilling setzte sich dafür ein, dass der Christ in der DDR ein kritisches Ja zum Sozialismus sagen könne und müsse und knüpfte damit an Positionen der „Korrespondenz" oder der Paulus-Gesellschaft an.[18] Der ohnehin im Vervielfältigungsverfahren schon im Umlauf befindliche „Holländische Katechismus"[19] solle offiziell von der BOK eingeführt werden, lautete eine weitere Forderung. Kritik am Lebensstil und Lebensstandard der Bischöfe („Mercedes als Dienstwagen") war nur eines der vielen kritischen und plakativ vorgetragenen Themen. Besonders beklagt wurde die vom Westen ausgehaltene DDR-Kirche, die sich endlich auf ihre Aufgabe im Raum der DDR einstellen müsse.

Ein zweites Treffen, diesmal auf Einladung von Bischof Hugo Aufderbeck, fand vom 19. bis 20. Oktober 1968 wieder in Erfurt statt.[20] Wolfgang Trilling war nicht anwesend, hatte aber eine Ausarbeitung mit drei Hauttthemen vorgelegt, die ausführlich diskutiert wurden: Die Situation der Kirche in der DDR. – Brüderlichkeit und Kollegialität. – Autorität und Freiheit. Deutlich sachlicher wurden Mängel und Desiderate der katholischen Kirche besprochen. Kollegialität und Brüderlichkeit seien in der Leitungstätigkeit der Kirche ungenügend oder gar nicht verwirklicht. Klerus und Laien würden mangelhaft, einseitig oder gar nicht über Fragen des kirchlichen Lebens

---

[15] BAEF, ROO A II 27, Bericht über eine Tagung in Erfurt am 20./21. 4. 1968.

[16] Auf Anregung des Hallenser Studentenpfarrer Adolf Brockhoff bemühten sich seit 1966 zehn Akademiker und Studenten durch Briefsendungen um Möglichkeiten innerkirchlicher Meinungsbildung. Nach dem Aufbruch des Konzils und der zunehmenden „Ratlosigkeit und Resignation" über das Verhältnis zum sozialistischen Staat wollten sie Veränderungen in der kirchlichen Situationsbewertung in Gang setzen. – Vgl. SEBASTIAN HOLZBRECHER, Der Aktionskreis Halle. Postkonziliare Konflikte im Katholizismus der DDR (= EThSt 106) (Würzburg ²2015) S. 46–49.

[17] Zum Folgenden vor allem ebd., S. 49–53.

[18] Ebd., S. 49.

[19] BAEF, ROO A II 29, Zusatzprotokoll der BOK 2/1969.

[20] BAEF, ROO A II 9, Protokoll der BOK vom 23. 10. 1968.

informiert.²¹ Zwischen den Jurisdiktionsgebieten der DDR bestehe ein bemerkenswertes Gefälle in Quantität und inhaltlicher Ausrichtung. Dieses Gefälle wirke sich auf die innere Einheit der Kirche aus. Klerus und Laien hätten das Gefühl, von einer autoritär geführten Kirche ignoriert zu werden. Eine Hauptforderung der Teilnehmer, ein Gremium aus Laien und Priestern zu schaffen, ein synodales Organ, das der Ordinarienkonferenz zugeordnet sei, wie es vor allem Wolfgang Trilling gefordert hatte, sollte sich kurze Zeit später für wenige Jahre verwirklichen. Es ist allerdings Forschungskonsens, dass die kurzzeitige Existenz dieser Gremien einen „gewollten Leerlauf seitens der BOK"²² darstellte.²³

Am 15. Februar 1969 empfing Kardinal Alfred Bengsch die Vertreter des Erfurter Gesprächskreises zu einem ausführlichen Gespräch.²⁴ „Gegenüber einem stark erodierten Teilnehmerkreis von nur noch vier Laien erteilte der Kardinal den bisher geäußerten Reformvorschlägen eine klare, vor allem kirchenpolitisch begründete Absage".²⁵ Wolfgang Trilling war nicht bei diesem Gespräch dabei. Kritikpunkte versuchte Bengsch sachlich und mit Hinweis auf die kirchenpolitische Situation zu entschärfen. Der theologische Transfer aus dem Westen, eine brisante Thematik, sei nicht grundsätzlich zu beklagen: denn „Theologische Informationen seien ... sehr zu begrüßen, weil die theologische Entwicklung in der Kirche der DDR, die zentrale Problematik sei".²⁶ Das Problem bestünde darin, dass bei vielen jungen Geistlichen eine Missachtung der kirchlichen Lehrautorität zu beobachten sei. „Konzilsbeschlüsse würden weithin nur als Diskussionsgrundlage und nicht als zum Gehorsam verpflichtende Lehräußerung angesehen. In diesem Mangel an Einsicht in das Wesen des kirchlichen Lehramtes sei die häufig zu beobachtende Verbreitung privater theologischer Auffassungen begründet. Viele Auffassungen der jüngeren Geistlichen seien aus westlichen Quellen übernommen, aus

---

[21] Die Kritik führte zu einer kuriosen Entscheidung. Die Ordinarienkonferenz erklärte sich damit einverstanden, dass den wirklichen Geistlichen Räten Einsicht in die Sitzungsprotokolle der Ordinarienkonferenz gegeben wird. — Vgl. KTFE, FKZE, Beschlüsse der BOK/BBK, Protokoll vom 24./25. 2. 1969.

[22] Vgl. REINHARD GRÜTZ, Katholizismus in der DDR-Gesellschaft 1960–1909. Kirchliche Leitbilder, theologische Deutungen und lebensweltlich Praxis im Wandel (= VKZG, Reihe B 99) (Paderborn u. a. 2004) S. 158.

[23] Vgl. JOSEF PILVOUSEK, Konziliare Impulse im Spannungsfeld kirchenpolitischer und innerkirchliche Entwicklungen. Die Katholische Kirche in der DDR 1966 bis 1973, in: KATARZYNA STOKLOSA — ANDREA STRÜBIND (Hg.), Glaube — Freiheit — Diktatur in Europa und den USA. FS Gerhard Besier (Göttingen 2007) S. 287–300, hier: S. 291–293 u. 297–300.

[24] BAEF, ROO A II 9, Bericht über das Gespräch vom 15. 2. 1969 zwischen Herrn Kardinal Alfred Bengsch und Vertretern des Erfurter Gesprächskreises, 17. 2. 1969.

[25] S. HOLZBRECHER, Aktionskreis Halle (wie Anm. 16) S. 52.

[26] BAEF, ROO A II 9, Bericht (wie Anm. 24).

ihrem Zusammenhang herausgerissen, ungenügend durchdacht und unzulässig vereinfacht. So entstünden unhaltbare theologische Auffassungen, deren pflichtgemäße Korrektur durch die Bischöfe als autoritäre Maßnahmen missdeutet würde. Diese Autoritätskrise als ein sich von West nach Ost fortpflanzender Prozess sei eine zum gegenwärtigen Zeitpunkt auch durch eine noch so gute theologische innerkirchliche Information nicht zu heilende Krankheit der Kirche".[27] Die Mitglieder des EGK wiesen u. a. darauf hin, dass eine Mitverantwortung gerade auch kritischer und oppositioneller Gruppen im Rahmen des Laien- und Priesterrates bei der Ordinarienkonferenz zu einer ausgewogeneren Urteilsbildung in diesen Gruppierungen und zu einer besseren Eingliederung in die Situation der Kirche in der DDR führen könnte. Der Protokollant bewertete die Atmosphäre als freundlich und partnerschaftlich und dankte für die Möglichkeit des Gespräches.

Erfurter Dozentur

Wolfgang Trillings Darstellungen der Kirchenpolitik der DDR-Bischöfe, vor allem bei der ersten Sitzung des Erfurter Gesprächskreises am 20./21. April 1968 vorgetragen und im Protokoll,[28] das auch Kardinal Bengsch erhielt, festgehalten, zeitigten Wirkung.

Trilling hatte u. a. wiederholt bei diesem Gesprächskreis in Übereinstimmung mit Dr. Schimke ausgeführt: „Der Christ könne ein kritisches Ja zum Sozialismus sagen, wenn die Menschenrechte beachtet werden und die christliche Lebensordnung gewährleistet sei. Der Begriff ‚kritisches Ja' wurde besonders von Dr. Trilling gefordert, der seinerseits immer wieder den Staat als gottgewollte Ordnung ablehnte und ihn nicht durch das Neue Testament gestützt sehen will. Weiterhin bewegte sich die Diskussion dann im Laufe der Tagung auf die Arbeit der Ordinarienkonferenz zu, wobei besonders Dr. Schimke die jetzige Form infrage stellte und dabei die Unterstützung von Dr. Trilling fand, der in kategorischer Form verlangte, dass die Ordinarienkonferenz von Berlin wegverlegt werden müsse, um mit den Problemen der Kirche in der DDR überhaupt vertraut zu werden, denn die Kirche der DDR sei eine vom Westen ausgehaltene Kirche und sie müsse sich auf ihre Aufgabe hier im Raum der DDR einstellen. Das sei bis auf den heutigen Tag noch nicht geschehen und werde durch die Berliner Ordinarienkonferenz verhindert. Als Beispiel führte er an, dass seine Eingaben, die er mehrmals an die Konferenz gerichtet hätte, weder bestätigt noch beantwortet worden

---

[27] Ebd.
[28] BAEF, ROO A II 27, Bericht über eine Tagung in Erfurt am 20./21. 4. 1968.

seien, so dass er den Eindruck habe, man wolle sich gar nicht mit den Problemen der Kirche in der DDR vertraut machen. Hierbei wurde ihm sekundiert von Dr. Schimke, der ebenfalls seine Erfahrungen mit der Ordinarienkonferenz auf den Tisch legte ... Weiterhin forderte Dr. Trilling die Neuumschreibung von Diözesangrenzen in der DDR, wobei nicht etwa die Trennung vom Westen ihm die eigentlich primäre Aufgabe zu sein schien, sondern Neuumschreibung innerhalb der DDR, wobei er für das Bistum Berlin anführte, dass es mit seinem Ostberliner Teil, dem Stadtrand und Rügen überhaupt kein Bistum sei. ... Dann forderte Dr. Trilling die Einführung der Synodalverfassung in der Kirche, wobei er auf direktes Befragen von Dr. Schimke erklärte, dass die Synodalstruktur bis in die Bischofskonferenz durchgeführt werden müsse und dass diese Konferenz pari mit Laien besetzt sein müsse, die auch Entscheidungsgewalt hätten. Zuvor hatte Dr. Trilling die Frage gestellt, ob das, was hier verhandelt würde, nur ein unverbindliches Gespräch sei, oder ob die Forderungen auch an die Bischofskonferenz gebracht würden. Erst nachdem Dr. Schimke das ausdrücklich bestätigte, er habe die Absicht, alles Erarbeitete an die Ordinarienkonferenz zu bringen, erklärte sich Dr. Trilling zur Mitarbeit auch für die Zukunft bereit".[29]

Kardinal Bengsch wandte sich am 23. Juni 1969 an Wolfgang Trilling, um dessen Darstellungen der Kirchenpolitik der Bischöfe zu widersprechen.[30] Er schrieb, dass die Vorliebe für den Pluralismus in der Kirche unter den „uns auferlegten Bedingungen gelegentlich zurücktreten [müsse], denn eine Kirche, die in unserer Staatsform leben muss, darf doch wohl den innerkirchlichen Dialog nicht so führen, dass sie anderen Kreisen direkt die Möglichkeit bietet, ihr schwer zu schaden".[31] Trillings Äußerungen wirkten umso mehr, so Bengsch, weil er doch von der Bischofskonferenz als Dozent für Exegese beauftragt sei. So hätten auch seine Äußerungen „eine andere Wirkung als die permanenten Äußerungen des Unbehagens, die etwa Pfarrer Brokhoff als Beitrag zum Leben der Kirche liefert".[32] Gab es möglicherweise einen Zusammenhang zwischen den kritischen Äußerungen Trillings und seiner Resignation auf die Dozentur?

Ein dreiviertel Jahr vorher, am 22. Januar 1968, war Wolfgang Trilling von Kardinal Alfred Bengsch zum Verwalter des zweiten Lehrstuhls für

---

[29] Ebd.
[30] Vgl. S. HOLZBRECHER, Aktionskreis Halle (wie Anm. 16) S. 150 f.
[31] Ebd., S. 150.
[32] Ebd., S. 151.

neutestamentliche Exegese ernannt worden.[33] Am 19. Mai 1970 teilte Trilling der Erfurter Professorenkonferenz mit, dass er die Berliner Ordinarienkonferenz gebeten habe, von der Ernennung abzusehen und ihn von der Lehrtätigkeit zu entbinden, was die Bischofskonferenz auf ihrer Sitzung vom 5./6. Mai 1970 auch getan habe.[34]

Vor den Studenten ließ er zu Beginn des Wintersemesters 1970 folgende Erklärung verlesen:[35]

„1. Der Entschluss ruht auf meiner eigenen Entscheidung, die nach Abwägen aller Gesichtspunkte, auch der Erfordernisse und der Situation des Studiums, zustande gekommen ist. Ich bitte zunächst darum, diese persönliche Entscheidung zu respektieren.

2. Die Hauptschwierigkeit bestand in den vergangenen 11 Jahren, in denen ich mehr oder weniger intensiv in Erfurt tätig war, darin, an zwei verschiedenen Orten und damit in zwei ganz verschiedenen Lebensräumen gleichzeitig zu leben, einerseits in der Stadt Leipzig und dem Haus des Oratoriums, anderseits in Erfurt und in der Lehrtätigkeit. Die Mitgliedschaft in dem Leipziger Oratorium gründet auf einer Lebensentscheidung, die ich nicht rückgängig machen will. Auf die Dauer wäre aber bei den wachsenden Aufgaben eine Entscheidung zwischen Leipzig und Erfurt wohl doch notwendig geworden, da die permanente psychische und physische Belastung die Grenzen der Leistungsfähigkeit an beiden Orten zunehmend spüren läßt".[36]

Bereits im Mai 1970 hatte er der Professorenkonferenz seine Entscheidung mitgeteilt und skizzenhaft erklärt, warum er sich so entschieden habe.[37] Zunächst erinnert er daran, dass er alle Verpflichtungen erfüllt habe, die auch eine Übertragung eines außerordentlichen Lehrstuhls gerechtfertigt hätten, was dann auf Lebenszeit hätte geschehen können. Dieser Antrag sei aber durch die Professoren bei der Bischofskonferenz nicht gestellt worden. Auch den Forderungen und Wünschen des Kollegiums wie der Erstellung einer Habilitationsschrift, eines Lehrplanes für die 1. bis 5. Semester sowie den

---

[33] Vgl. Archiv der Theologischen Fakultät Erfurt, PTSE/TFE, Personal, Lehrstühle, Besetzung, Berufung: S-Z, III 2.2.1.2, Wolfgang Trilling, Übersicht über meine Lehrtätigkeit am Phil.-Theol. Studium in Erfurt.

[34] Vgl. ebd., Mitteilung an die Studentenschaft am Phil.-Theol. Studium, 4. 7. 1970.

[35] Der Autor war selbst Zuhörer bei der Verlesung dieses Briefes durch Prof. Dr. Heinz Schürmann im voll besetzten Auditorium Coelicum. Die Reaktion der Studenten bestand aus betretendem Schweigen.

[36] Vgl. Mitteilung an die Studentenschaft (wie Anm. 34).

[37] Zum Folgenden vgl. Archiv der Theologischen Fakultät Erfurt, PTSE/TFE, Personal, Lehrstühle, Besetzung, Berufung: S–Z, III 2.2.1.2, Brief Trilling an Professorenkonferenz, 19. 5. 1970.

Bezug und die Einrichtung einer Wohnung sei er weitgehend nachgekommen. Sein Ersuchen um die rasche Entbindung von der Verwaltung des Lehrstuhls beruhe aber wesentlich auf dem Abstimmungsergebnis der Konferenz vom 6. Mai 1970. „Auf einer so schmalen Vertrauensbasis sehe ich mich nicht mehr in der Lage, meine Tätigkeit sinnvoll und mit dem erheblichen Einsatz, wie er bisher nötig war, fortzuführen und mich an den allgemeinen Aufgaben des Phil.-Theol. Studiums zu beteiligen".[38] Der Brief endet: „Ich scheide aus der mir liebgewordenen Lehrtätigkeit am Phil.-Theol. Studium, der ich seit dem 1. 7. 1959 — teils in schwierigen Situationen — verbunden bin, ungern, aber ohne Ressentiment. Ich bitte die Herren Kollegen um Verständnis für diese meine Entscheidung, die mir nicht leicht gefallen ist. Ich möchte noch bemerken, dass von den konkreten Gründen meiner Entscheidung außer meinem Bischof von mir niemand Kenntnis erhalten wird".[39]

Am 23. Februar 1971 teilte er dem Erfurter Professorenkollegium, der Studentenschaft in Erfurt und dem Presbyterium des Leipziger Dekanates mit, dass er durch Beschluss des Theologischen Seminars Leipzig sowie mit Zustimmung Landesbischofs Noths und Bischof Schaffrans[40] zum 1. September 1971 eine Ökumenische Gastdozentur am Theologischen Seminar Leipzig erhalten habe.[41]

Resümee

Zu seinem 65. Geburtstag 1990 erschien für Wolfgang Trilling in den Erfurter Theologischen Studien, der wissenschaftlichen Reihe des Philosophisch-Theologischen Studiums, eine Festschrift: „Christus bezeugen".[42] Sie enthält auch eine Zusammenstellung aller seiner Veröffentlichungen bis 1988, die bedeutsam bleiben, auch weil sie an einer unmittelbaren seelsorglichen Vermittlung seiner exegetischen Studien interessiert sind. Sein Freund und Kollege Klemens Richter urteilt: „Es ist keine Frage, dass Trilling zu den profiliertesten Theologen und Seelsorgern der katholischen Kirche in der DDR gehörte. Dieser Aussage werden sicherlich auch diejenigen beipflichten

---

[38] Ebd. — Das genaue Abstimmungsergebnis lässt sich nicht eruieren.
[39] Ebd.
[40] Archiv der Theologischen Fakultät Erfurt, PTSE/TFE, Personal, Lehrstühle, Besetzung, Berufung: S–Z, III 2.2.1.2, Brief Trilling an Professorenkonferenz, 23. 2. 1971. — Schaffran teilte Trilling am 15. 2. 1971 mit, „dass keine Einwände gegen dies Aufgabe erhoben würden."
[41] Vgl. ebd.
[42] KARL KERTELGE – TRAUGOTT HOLTZ – CLAUS-PETER MÄRZ (Hg.), Christus bezeugen. FS Wolfgang Trilling (= EThSt 59) (Leipzig 1990).

können, die seinen markanten Äußerungen zum Weg der Kirche in der DDR nicht immer zugestimmt haben. Seine Bedeutung als weltweit anerkannter Exeget ist ohnedies unumstritten".[43]

---

[43] W. TRILLING, Trauer gemäß Gott (wie Anm. 4) S. 9.

Progressive Katholiken – reaktionäre Bischöfe
Die Berliner Konferenz Europäischer Katholiken (BK)

Das Verhältnis der Katholiken in der Schweiz zu den Katholiken in der früheren DDR darzustellen, wäre eine adäquate Themenstellung für den Schweizer Franz Xaver Bischof* gewesen. Erstaunt war ich darüber, dass Recherchen zu dieser Fragestellung keinen Erfolg zeitigten. Weder im Regionalarchiv Ordinarien Ost (ROO) in Erfurt noch in diversen Archiven der Schweiz wurden brauchbare Ergebnisse gefunden. Auf Nachfrage teilte der letzte Generalsekretär der früheren Berliner Bischofskonferenz (BBK) Prälat Josef Michelfeit, Rostock, mir am 25. Februar 2019 mit, dass es keine amtlichen Beziehungen zur katholischen Kirche in der Schweiz gegeben habe.[1] Allerdings existieren einige wenige Dokumente zur Thematik, die trotz ihrer eher marginalen kirchenhistorischen Bedeutung hier vorgestellt werden sollen:

Der Bischofsvikar von St. Gallen, Ivo Fürer, fragte 1978 den Sekretär der BBK Paul Dissemond, ob der Berliner Kardinal Alfred Bengsch, wie es in einer Schweizer Zeitschrift stand, gegen die Handkommunion gewesen sei und ergänzte: „Ich weiss nicht, ob Herr Kardinal Bengsch darüber informiert ist".[2] Fürer beruft sich auf die Zeitschrift „Vas spirituale", in der ausdrücklich auf Bengsch verwiesen wird, der gesagt haben soll: „Mit dem Heiligen Vater und der überwiegenden Mehrheit des Weltepiskopates empfehle auch ich nachdrücklich den bisherigen Ritus des Kommunionempfanges (Empfang der heiligen Kommunion kniend und mit dem Mund, wie es nach Katharina Emmerich Maria auch die Apostel getan haben)." Bengsch hatte aber in einer Handreichung vom 31. August 1969 „Zur Frage der Kommunionspendung" betont: „Jeder Gläubige hat – und zwar in allen Gottesdiensten im Bistum – das Recht, diese Form beizubehalten, die als Zeichen der Ehrfurcht und Demut vor dem wahrhaft gegenwärtigen Herrn immer ihren Sinn behält.

---

* Erstabdruck dieses Beitrages in einer Festschrift für Franz Xaver Bischof; vgl. bei den Erstveröffentlichungsnachweisen am Ende dieses Bandes.

[1] Freundliche Mitteilung von Prälat Josef Michelfeit, Generalsekretär der Berliner Bischofskonferenz 1987–1990, 25. 2. 2019.

[2] Bistumsarchiv Erfurt (BAEF), Regionalarchiv Ordinarien Ost (ROO), Sekretariat bzw. Vorsitzender der BOK/BBK und Außenstelle Berlin des Sekretariates der DBK, Polen, Tl. 2: Portugal, Rumänien, Schottland, Schweiz, Skandinavien, Schweiz, Brief Fürer an Dissemond, 14. 7. 1978.

Niemand braucht sich dessen zu schämen und gegen seine Überzeugung zur Änderung drängen zu lassen. Gemäß der gegebenen Erlaubnis hat jeder Gläubige, der es wünscht, die Freiheit zur Handkommunion, ebenfalls in allen Gottesdiensten im Bistum, und darf daran nicht gehindert werden".[3]

Der Sekretär der Schweizer Bischofskonferenz Anton Cadotsch fragte 1979 den Sekretär der BBK Paul Dissemond wegen des „Interdiözesanen kirchlichen Gerichtes" in der DDR: „Da wir zur Zeit in der Schweiz die Überprüfung der zweiten Instanzen unserer kirchlichen Gerichte aufgenommen haben (einzelne Diözesen sind gegenüber anderen stark überlastet), würde uns sehr interessieren, wie dieses interdiözesane Offizialat strukturiert ist und welche Aufgaben es zu übernehmen hat".[4] Cadotsch erhielt die entsprechenden Unterlagen.[5]

Der 12. Parteitag der Ost-CDU fand vom 2. bis 5. Oktober 1968 in Erfurt statt. Teilnehmer war u. a. der Schweizer Theophile Grin, Mitglied der christlich-sozialen Bewegung in der Schweiz und Herausgeber der ökumenischen Zeitschrift „Religiöses Welt". Er stammte aus Lausanne. In Begleitung des Leipziger evangelischen Professors für praktische Theologie (1978–1990) Gottfried „Fritz" Kretzschmar[6] besuchte er am 3. Oktober 1968 gegen 11.00 Uhr das Priesterseminar und wurde vom damaligen Regens Dr. Lothar Ullrich empfangen.[7] Kretzschmar war Mitglied der CDU, Vorsitzender der Arbeitsgruppe christliche Kreise der Nationalen Front der DDR in Leipzig und arbeitete mit in der Christlichen Friedenskonferenz (CFK).[8] Grin hatte an der ersten Berliner Konferenz Europäischer Katholiken 1964 teilgenommen und den vormaligen Erfurter Regens Karl Schenke besucht. Dabei meinte er, Reserven des Regens gegenüber dem Staat gespürt zu haben und wollte nun erfahren, „wie heute so die Einstellung des jüngeren Klerus sei".[9] Regens Ullrich versuchte anhand verschiedener Punkte die Reserviertheit gegenüber dem Staat zu erklären. „Im Verfassungsentwurf war die Gewissensfreiheit nicht verankert. Erst später ist sie, auf Grund des Protestes vieler Christen, eingearbeitet worden. ... Da entstehen natürlich Fragen bei einem Christen. Grundsätzlich sollte man die Trennung von Kirche und Staat durchführen.

---

[3] Ebd., Alfred Kardinal Bengsch, Zur Frage der Kommunionspendung, Berlin, 31. 8. 1969.

[4] Ebd., Brief Cadotsch an Dissemond, 27. 6. 1979.

[5] Ebd., Brief Dissemond an Cadotsch, 27. 8. 1979.

[6] Geb. 1930 in Strehla; gest. 2001 in Leipzig.

[7] Zum Folgenden vgl. Bischöfliches Ordinariat Erfurt (BOEF), Priesterseminar, Politica, Bericht des Erfurter Regens Dr. Lothar Ullrich über ein Gespräch mit einem Schweizer Teilnehmer der BK, 4. 10. 1968.

[8] Vgl. online: https://de.wikipedia.org/wiki/Gottfried_Kretzschmar [Zugriffsdatum: 5. 3. 2023].

[9] Bericht Ullrich (wie Anm. 7).

Deshalb sei das Modell Ungarn und ČSSR nicht gut, wo die Priester Angestellte des Staates sind. Umso unverständlicher ist auch, warum in neuen Städten keine kirchlichen Neubauten erlaubt werden. Als Wissenschaftler ist man bemüht, Kontakt zu halten mit den Wissenschaftlern anderer Länder. Nun ist es für uns sehr schwer, Bücher zu bekommen. Ich bekomme kein einziges Buch mehr, das mir Freunde aus dem Ausland schicken. Schließlich ist es auch eine Frage, warum man nicht ungehindert reisen kann und an Tagungen teilnehmen kann".[10] Am Ende des Gesprächs fragte Theophile Grin, ob es stimme, dass die Bischöfe ein Verbot politischer Betätigung erlassen hätten. Ullrich erwiderte ihm, „dass das nicht existierte, sondern dass hier die allgemeinen Linien des Kirchenrechts gelten. Allerdings hielte ich es nicht für günstig, wenn Priester politische Ämter innehätten. Ich sagte ihm, dass einige Pfarrer Mitglieder der CDU waren, aber wie ich einige kenne, sind die damals aus Protest ausgetreten. Außerdem wäre es vielleicht angebracht, sowohl im Westen als auch in der DDR, das Wort ‚christlich' aus einer Parteienbezeichnung zu streichen".[11] Grin fragte weiter, warum es den Priestern verboten sei, zum Beispiel in Zeitungen Artikel zu schreiben, Sonntagsbetrachtungen o. ä. „Auch hier verwies ich auf das allgemeine Kirchenrecht, nach dem jede publizistische Tätigkeit vom Bischof genehmigt werden müsse. Und schließlich fragte er noch, warum es verboten sei, von Priestern die ‚Begegnung' zu beziehen? Ich sagte ihm, auch da existiert kein Verbot, wer diese Zeitung kaufen will, kann sie sich kaufen".[12]

Das Fehlen direkter Quellen schafft die Möglichkeit, ein Phänomen mit seinen Vernetzungen in den Mittelpunkt der Darstellung zu heben, das zuweilen völlig unzureichend als „sozialistisch-katholische Friedenspolitik" bezeichnet wurde und in dem die Schweiz und andere westeuropäische Länder eine nicht unwichtige Rolle spielten. Die Berliner Konferenz Europäischer Katholiken (BK),[13] welche sich ursprünglich „Berliner Konferenz katholischer Christen aus europäischen Staaten" nannte, wurde am 17./18. November 1964 in Ostberlin gegründet und versuchte, katholische Teilnehmer politisch ganz im Sinne der DDR zu vereinnahmen. Man verstand sich als Forum katholischer Friedenskräfte aus ganz Europa zur Beratung und Aktivierung des Friedensdienstes auf der Grundlage der Lehre der Kirche. Politischen Leitlinien der Organisation wurden u. a. durch das Zentralkomitee der SED und

---

[10] Ebd.
[11] Ebd.
[12] Ebd.
[13] Online: https://de.wikipedia.org/wiki/Berliner_Konferenz_Europ%C3%A4ischer_Katholiken [Zugriffsdatum: 5. 3. 2023].

die Dienststelle des Staatssekretärs für Kirchenfragen festgelegt und der gewünschte Kurs mit inoffiziellen Kräften der Staatssicherheit durchgesetzt.[14]

Berliner Konferenz Europäischer Katholiken (BK) und Ostdeutsche Bischofskonferenz (BOK/BBK)

Die Initiative zur Gründung der Berliner Konferenz Europäischer Katholiken ging von katholischen Funktionären der Ost-CDU aus, die fast alle als Inoffizielle Mitarbeiter des Staatssicherheitsdienstes geführt wurden. Unterstützt wurde das „Projekt" durch die DDR-Regierung und das Ministerium für Staatssicherheit (MfS).[15] Man darf die BK wohl zurecht als „kommunistische Tarnorganisation"[16] bezeichnen. „Erklärtes Ziel ... war es, im katholischen Raum eine der ‚Prager Christlichen Friedenskonferenz' ähnliche Plattform zu schaffen, um auf diese Weise der sowjetischen Außenpolitik öffentliche Zustimmung unter Katholiken zu verschaffen".[17]

„Als katholisches Pendant zu der 1958 in Prag mit Unterstützung aller kommunistischen Parteien des Warschauer Vertrages gegründeten ‚Christlichen Friedenskonferenz' (CFK) und orientiert an gelenkten öffentlichen ‚Beratungen

---

[14] Vgl. CLEMENS VOLLNHALS, Die Kirchenpolitik von SED und Staatssicherheit. Eine Zwischenbilanz (Berlin ²1997) S. 115.

[15] Zum Folgenden vgl. SABINE KITTEL, Die unterwanderte Universität? Die Westfälische Wilhelms-Universität Münster im Fokus der Staatssicherheit in der DDR in den 1970er und 1980er Jahren, in: Geschichte im Westen 33 (2018) S. 135–160, hier: S. 152–157. – Vgl. Katholisch-Theologische Fakultät Erfurt (KTFE), Forschungsstelle für kirchliche Zeitgeschichte Erfurt (FKZE), Sammlung BOK/BBK (P), I. Politika, „Berliner Konferenz", Brief an Fuchs, 10. 12. 1994 (ungezeichnet). – Die Nähe der BK zum MfS und die daraus resultierenden Konsequenzen waren wohl den wenigsten westdeutschen Teilnehmern oder Besuchern der Sitzungen und Tagungen der BK bewusst. Ein Münsteraner Universitätsdozent wurde seit 1976 als IMF „Thomas" auch ohne schriftliche Verpflichtungserklärung geführt und war vorher mehrfach in der Liste von Teilnehmern der BK oder ihrer Treffen genannt worden. Er war der Überzeugung, sein staatlicher Gesprächspartner sei Mitarbeiter des Ministeriums des Inneren. Einige wenige, auch kurze Teilnahmen an den Sitzungen oder Treffen der BK reichten offenbar aus, um „erfolgreich" kontaktiert zu werden. 1974 beschwerte sich „Thomas" bei Otto Hartmut Fuchs, dass er auf der Teilnehmerliste der Versammlung als „Beobachter" erscheine: „Sie wissen doch sehr gut, dass ich die Gelegenheit eines Berlinbesuches am 20. 11. 1974 zur Vorbereitung einer gemeinsamen Tagung zwischen Znak und PC benutzt habe, um während des Mittagessens einige Teilnehmer der BK-Sitzung zu sehen und auch mit ihnen kurz zu sprechen." Obwohl „Thomas" weiterhin in die DDR reiste, nahmen seit Ende 1970er Jahre die Kontaktnahmen erheblich ab, und 1985 wurde der „Vorgang" archiviert.

[16] Vgl. C. VOLLNHALS, Kirchenpolitik (wie Anm. 14) S. 116.

[17] KTFE, FKZE (wie Anm. 15), Zur „Zweiten Tagung der Berliner Konferenz katholischer Christen aus europäischen Staaten", Rückblick auf die erste Tagung vom 18. bis 19. November 1964 in Ostberlin, S. 2.

progressiver Katholiken' in der DDR seit 1959 sowie dem Modell eines im April 1963 in Köln gegründeten Arbeitskreises deutscher Katholiken ‚Pax Vobis', wollte die BK die Enzykliken von Papst Johannes XXIII. und die neue vatikanische Ostpolitik ausnutzen. Insbesondere die propagandistische Auswertung der am 11. Mai 1963 veröffentlichten Enzyklika ‚Pacem in Terris' wirkte stimulierend für die Zustimmung der SED zu einer staatsfinanzierten differenzierungspolitischen Katholikenorganisation in der DDR. Parallel zur evangelischen CFK wurde die katholische BK als Transmissionsriemen in den regelmäßigen kirchenpolitischen Tagungen der Staatsämter für Kirchenfragen der sozialistischen Länder thematisiert. Die Aktivisten der BK verfolgten die Taktik der ‚katholischen Linie' mit selektiv zitierten päpstlichen Äußerungen zur Friedensfrage und zur Eigenverantwortung katholischer Laien, um demonstrierte Kirchentreue mit differenzierungspolitischen Absichten zu verbinden. Der Anspruch manifestierte sich in der wiederholten öffentlichen Formulierung ‚Wir [progressiven] Katholiken in der DDR'".[18] Der internationale Fortsetzungsausschuss (IFA), ein Gremium, das zwischen den Plenarversammlungen zusammentrat, bestand aus ca. 30 bis 35 Personen, Priestern und Laien, aus mehr als 20 ost- und westeuropäischen Ländern.[19] Den Vorsitz des Präsidiums des IFA übernahm Otto Hartmut Fuchs[20] und nach dessen Tod Pater Karl Derksen OP[21] aus den Niederlanden. Nach der Bestellung von Derksen zum Präsidiumsvorsitzenden wurde Hubertus Guske[22] zum Generalsekretär der BK bestellt.

Seit Oktober 1961 gab es dank der Finanzierung durch den Nationalrat der Nationalen Front die „begegnung — Monatsschrift deutscher Katholiken" (später: „Zeitschrift progressiver Katholiken" und seit dem 1. Januar 1979 „Zeitschrift für Katholiken in Kirche und Gesellschaft"). Sie erschien ohne Verbindung zu den Bischöfen und hatte eine Auflage von 4000 Stück. Chefredakteur war zunächst der vormalige Journalist im CDU-Zentralorgan „Neue Zeit", Hubertus Guske.[23]

In den Anfangsjahren der BK war von deren Funktionären im Verbund mit SED und MfS der Versuch gemacht worden, den Teilnehmern die wahren Ziele der Konferenzen der jeweiligen Zusammenkünfte zu verbergen.

---

[18] BERND SCHÄFER, Staat und katholische Kirche in der DDR (= Schriften des Hannah-Arendt-Instituts für Totalitarismusforschung 8) (Köln — Weimar — Wien ²1998) S. 199.
[19] Vgl. Anm. 13.
[20] Geb. 1919 in Schwäbisch Gmünd; gest. 1987 in Berlin.
[21] Geb. 1937 in Emmerich; gest. 2002 in Utrecht.
[22] Geb. 1930 in Breslau; lebt in Berlin.
[23] Vgl. B. SCHÄFER, Staat und katholische Kirche (wie Anm. 18) S. 345.

Ungezeichnete Berichte von Besuchern im Auftrag der BOK über die Plenartagungen 1964 und 1966 geben Einblicke in Ziele, Atmosphäre, Inhalte und die Teilnehmer selbst.

Innenpolitisches Ziel aller Tagungen sei „die Einbeziehung der mitteldeutschen Katholiken in die von der kommunistischen Staatspartei SED erstrebte ‚politisch-moralische Einheit' des Volkes. Nach dem in der Ost-CDU vorgeformten Modell sollen die Katholiken veranlasst werden, ihre Zustimmung zur sozialistischen Wirklichkeit Mitteldeutschlands zu geben, also ihren Widerstand gegen die sozialistischen Formen der Jugenderziehung, der ideologischen Doktrinierung und anderer Maßnahmen aufzugeben. Sie sollen also letztlich die bewusst vorangetriebene Entfremdung der Massen von der Kirche widerstandslos tolerieren. ... Um dieses Ziel zu erreichen, wird der Versuch gemacht, die mitteldeutschen Bischöfe zu isolieren. Die Tagungen sollen den Eindruck erwecken, als ständen große Kreise innerhalb der katholischen Kirche den ‚sozialistischen Errungenschaften' kommunistischer Staaten positiv gegenüber".[24]

„Die Ostberliner Veranstalter der Tagungen versuchten ... den Eindruck zu erwecken, als brauchten katholische Intellektuelle der DDR Hilfe aus fortschrittlichen katholischen Kreisen des westlichen Auslands, um die vom Konzil ausgelösten neuen Bewegungen auch gegen den Widerstand ihrer Bischöfe durchsetzen zu können".[25] Als Resümee wurde festgehalten: „Diese Tatsachen haben die mitteldeutschen Bischöfe zur völligen Abstinenz gegenüber dieser Tagungen veranlasst. Kein Priester aus Mitteldeutschland nahm an ihnen teil. Kein besonderer Gottesdienst wurde gehalten".[26]

Opulent waren Bewirtung und Unterkunft der etwa 220 Teilnehmer aus 18 Staaten zur 2. Tagung vom 22. bis 24. März 1966 in Ost-Berlin. Der anonyme Berichterstatter hielt fest: „In diesem Stil kann in Ost-Berlin nur eine Konferenz durchgeführt werden, an der die SED politisch äußerst interessiert ist. Die Art der Organisation legt sogar die Vermutung nahe, dass die SED selbst den Auftrag zur Ausrichtung dieser Konferenz gab. Die Übereinstimmung mit gewissen Initiativen in anderen Ostblockländern lässt die Frage stellen, ob die Konferenz sogar auf Moskauer Anregungen zurückgeht".[27]

Über die „Qualität" der westlichen Teilnehmer hatte der Berichtende skurrile Meinungen: „Sie bieten im Allgemeinen den gleichen Eindruck wie bei der ersten Konferenz. Die englische Delegation ist wesentlich größer

---

[24] Vgl. KTFE, FKZE (wie Anm. 15) S. 2 f.
[25] Ebd., S. 3.
[26] Ebd.
[27] KTFE, FKZE (wie Anm. 15), Bericht über die 2. Tagung der Berliner Konferenz katholischer Christen aus europäischen Staaten von 22. bis 24. März 1966 in Ost-Berlin, S. 2.

geworden. Aus der Schweiz hat man Teilnehmer aus dem unruhigen französischen Jura gewonnen; aus Dänemark, Irland, Spanien und Portugal sind zum erstenmal kleine Delegationen anwesend. Bei den westeuropäischen Priestern scheint es sich zum Teil um jenen in der jüngeren Generation häufiger anzutreffenden Typ der ‚Dialogbesessenen' zu handeln, die von der Möglichkeit, die Kirche nach allen Seiten zu öffnen, so fasziniert sind, dass sie überhaupt nicht nach den Voraussetzungen des Dialogs fragen.

Unter den Teilnehmern aus den westlichen Ländern hatten nur wenige – vorwiegend aus Frankreich, Belgien und Holland – das Niveau der Ostteilnehmer. Die Mehrzahl der westlichen Teilnehmer (einschließlich der Mehrzahl der Priester und Professoren) gehörte zu jener Gruppe ebenso sachunkundiger wie gutmütiger Ideologen, die ihre Wunschvorstellungen für Wirklichkeit halten und dadurch geeignet sind, auf die hier offiziell lancierten Propagandaparolen hereinzufallen. Diese Gruppe war dementsprechend in einer hoffnungslosen Defensive gewesen".[28]

Um schon im Vorfeld der Plenartagungen auf die Eingeladenen aus dem westlichen Ausland Einfluss nehmen zu können bzw. über die eigentliche Motive der BK zu informieren, hatte der Vorsitzenden der BOK Erzbischof Alfred Bengsch im „innerkirchlichen" Dienstweg, d. h. über seinen Westberliner Generalvikar Walter Adolph und ein Mitglied des (West-)Berliner Domkapitels (Erich Klausener) Kontakt zu einigen Bischöfen Westeuropas aufgenommen. Kardinal Bernard Jan Alfrink von Utrecht gehörte dazu. Alfrink schrieb Erzbischof Bengsch 1965: „Es ist ziemlich klar, dass derartige Tagungen katholischer Priester und Laien aus West-Europa in der Ostzone von bestimmter Seite falsch ausgenutzt werden. Anderseits entsteht hier die Frage, ob es trotzdem keinen Wert hätte, mittels derartigen Tagungen gutwollender Katholiken das Isolement der östlichen Katholiken zu durchbrechen und ihnen das Band mit den Glaubensbrüdern aus dem Westen bewusst zu machen. Ebenso hört man hier die Meinung oder die Hoffnung, dass derartige Tagungen schließlich den erwünschten Dialog mit der kommunistischen Welt fördern könnten. ... Ich habe den Eindruck, dass die katholischen Priester und Laien aus West-Europa, die an ost-europäischen Tagungen teilnehmen, die politischen Verwirrungen vielleicht nicht immer klar sehen, ihre Glaubensbrüder aber in derer schwierigen Lage stärken und ermutigen wollen".[29] Auch der Wiener Kardinal Franz König wurde im Sinn der BOK

---

[28] Ebd., S. 4.
[29] KTFE, FKZE (wie Anm. 15), Brief Alfrink an Bengsch, 25. 1. 1965. – Beobachter war im Auftrag Alfrinks der Dominikaner A. G. Dekker, Professor am Philosophicum der holländischen Dominkanerprovinz.

tätig. Im April 1968 schrieb er dem Apostolischen Nuntius Opilio Rossi in Wien und übergab Dokumente des „Friedenskongresses".[30]

Stärkster Verbündeter von Bengsch war Nuntius Corrado Bafile. Am 14. März 1968 schrieb er an Bengsch: „Ich kenne die Sorgen, die Eurer Eminenz und den anderen Mitgliedern der Berliner Ordinarienkonferenz diese internationalen Kongresse bereiten. Aus diesem Grunde möchte ich Sie fragen, was nach Ihrer Meinung von hier aus getan werden könnte, um eventuellen Wünschen der Berliner Ordinarienkonferenz entgegenzukommen. Im besonderen denke ich daran, ob vielleicht wieder etwas Ähnliches im L'Osservatore Romano veröffentlicht werden könnte wie im Jahre 1966. Zu Ihrer Kenntnisnahme teile ich Ihnen mit, dass ich den Hochwürdigsten Herrn Bischof Dr. Volk von Mainz auf eine Tagung des Arbeitskreises aufmerksam machte, die in seiner Bischofsstadt noch vor Ende dieses Monats über das Thema ‚Zusammenarbeit der Berliner Konferenz mit anderen Friedensbewegungen' stattfinden soll".[31] Bengsch antwortete Bafile, das „Angebot, in dieser Angelegenheit zu helfen, nehme ich gern an".[32] Vor allem der Bischof von Basel solle unterrichtet werden, da in Basel sich eine Arbeitsgruppe gebildet habe, die sich besonders um den Frieden in Vietnam bemühen will. Ein Artikel im L'Osservatore Romano wäre hilfreich.[33]

Nur unzureichend ist die Zahl der tatsächlichen Teilnehmer an den Sitzungen der BK zu ermitteln, die natürlich Interesse daran hatte, höhere Teilnehmerzahlen zu nennen. Bei der 3. Tagung der Berliner Konferenz am 5. Juni 1968 sollen beispielsweise insgesamt 124 bzw. 125 Teilnehmer anwesend gewesen sein. Sie kamen aus Belgien (14), aus der Bundesrepublik (27), Dänemark (1), Finnland (2), Frankreich (6), Großbritannien (9), Irland (2), Italien (17), Niederlande (18), Österreich (11), Schweden (3), Spanien (3) und Westberlin (5).[34] Sieben Teilnehmer waren aus der Schweiz: „Etienne Brun (Meyrin-Genf), Priester; Lise Continsouza (Bàle), Sekretärin; Gertrud Dietiker (Sion), Angestellte; Théophile Grin (Lausanne), Redakteur der „Religiösen

---

[30] Ebd., Brief König an Rossi, 10. 4. 1968. — Die Dokumente hatte er von einem österreichischen Teilnehmer (Pater Prof. Dr. Franz Martin Schmölz OP, Salzburg) erhalten, der gleichsam im Auftrag des Kardinals an den Sitzungen der BK teilnahm.

[31] Ebd., Brief Bafile an Bengsch, 14. 3. 1968.

[32] Ebd., Brief Bengsch an Bafilke, 22. 3. 1968.

[33] Ebd., L'Osservatore Romano, 11. 5. 1968. — Der Artikel erschien am 11. 5. 1968, berichtete über die Tagesordnung der BK aber auch darüber, wie einseitig politische Themen wie Militarismus in der Bundesrepublik abgehandelt wurden.

[34] Ebd., Richtigstellung des Bischöfliches Ordinariates Berlin gegenüber KNA, 1968. — Es wird u. a. von kirchlicher Seite darauf hingewiesen, dass die von der BK und KNA angegebene Zahl von 300 Teilnehmern falsch sei. Zudem wird geleugnet, dass Kardinal König (Schmölz) und Kardinal Alfrink (Dekker) Beobachter bei der Tagung gehabt hätten.

Welt"; Jeanine Meyer-Monnin (Basel), Hausfrau; Raphael de Wolff de Moorsel (Huémoz), Lehrer; Michel Rouvinez, Postangestellter".[35]

Seit den 1970er Jahren dürfte die ablehnende Haltung der BOK/BBK und ihres Vorsitzenden Kardinal Bengsch gegenüber der BK und ihren ostdeutschen Vertretern in allen europäischen Bischofskonferenzen bekannt gewesen sein.[36] Zwar gab es immer wieder Bemühungen der BK, die Vereinbarkeit von Christentum und Sozialismus zu propagieren, Erfolg war ihnen nicht beschieden. 1982 war die BK letztmalig Gegenstand eines Beschlusses der Berliner Bischofskonferenz: „Der Vorsitzende erstattet einen Bericht zur kirchenpolitischen Lage. Bezüglich der ‚Berliner Konferenz Europäischer Katholiken', deren Aktivitäten zur Sprache kommen, bestätigt die Vollversammlung noch einmal einstimmig ihren ablehnenden Charakter. Diese ablehnende Haltung soll in der jedem Ordinarius geeignet erscheinenden Weise zum Ausdruck gebracht werden".[37]

Im August 1988 unternahm Hubertus Guske den Versuch, eine erweiterte Präsidiumssitzung, wie sie bereits 1983 in Sierre und Sion stattgefunden hatte, wiederum in der Schweiz für März 1990 zu organisieren.[38] Dem Versuch, durch „Segenswünsche" für den Präsidenten des Rates der europäischen Bischofskonferenzen (CCEE) Kardinal Carlo Maria Martini in der „begegnung" den Eindruck zu vermitteln, Martini würde die BK unterstützen, widersprach der Sekretär der CCEE Ivo Fürer vehement.[39]

Im Oktober 1993 löste sich die „Berliner Konferenz Europäischer Katholiken" in Kopenhagen endgültig auf und gründete sich als „Ökumenisches Friedensforum Europäischer Katholiken (ÖFEK)" neu; bis 2002 war Guske Geschäftsführer des Friedensforums, Vorsitzender blieb der Utrechter Dominikaner Karl Derksen.[40]

---

[35] Ebd., Teilnehmer aus der Schweiz, 5. 6. 1968.

[36] In dem Aktenkonvolut KTFE, FKZG, Sammlung BOK/BBK (P) I. Politika, „Berliner Konferenz", gibt es nur noch wenige Aktenstücke nach 1970. 1971 informierte die BK die BOK über die IV. Plenarkonferenz, die durch verschiedene Regionaltreffen vorbereitet worden wäre. 1978 findet sich als letztes Dokument ein Brief des Europäischen Hilfsfonds der Österreichischen und Deutschen Bischofskonferenz aus dem ersichtlich wird, dass die ungarischen Bischöfe aufgefordert worden waren, nicht an den Versammlungen der BK teilzunehmen. – Vgl. ebd., Europäischer Hilfsfonds an Alfred Kardinal Bengsch, 17. 5. 1978.

[37] KTFE, FKZE (wie Anm. 15), Beschlüsse der BBK (P), Sitzung vom 6./7. 12. 1982.

[38] BAEF, ROO (wie Anm. 2), BK, Schweden, Schweiz, Spanien, Brief Guske an Clivaz, 16. 8. 1988.

[39] Ebd., Brief Fürer an „begegnung", 24. 10. 1988.

[40] Vgl. KNA-Informationsdienst Nr. 43 (28. 10. 1993) S. 4.

CDU und BK

Ausgangspunkt und schützendes Dach der BK und ihrer Aktivitäten war und blieb die Ost-CDU. Sie proklamierte Sozialismus aus christlicher Verantwortung. Die überraschenden Wahlergebnisse des Jahres 1990, die Wahlsiege der CDU und die große, überdurchschnittliche Anzahl katholischer Mandatsträger in den unterschiedlichen Parlamenten schienen die im Rückblick vielfach unterstellte, freundschaftliche Nähe von katholischer Kirche und Ost-CDU handfest zu beweisen. Verstaubte Begriffe wie „politischer Katholizismus" wurden ausgegraben, um dieses Phänomen einer vermuteten Kongruenz von katholischer Kirche und CDU begreiflich erscheinen zu lassen. Betrachtet man die Geschichte der katholischen Kirche in der DDR und ihres Verhältnisses zur Ost-CDU, dann tauchen massive Zweifel auf, ob es je – abgesehen von den Anfangsjahren 1945/1949 – eine differenzierte Nähe der offiziellen Kirche zu dieser gleichgeschalteten Partei gegeben hat.

Bereits im August 1946 hatte der damalige Erfurter Dompropst Joseph Freusberg, obwohl Mitbegründer der CDU in Thüringen, seinen Klerus davor gewarnt, das geistliche Amt in politischer Hinsicht zu missbrauchen: Das Gotteshaus darf nicht Tummelplatz politischer Auseinandersetzungen sein. „Es ist selbstverständlich, dass jede parteipolitische Propaganda aus der Kirche fernzubleiben hat".[41]

Katholische Geistliche und später auch kirchliche Mitarbeiter und Mitglieder in den Pfarreigremien hatten strikte Anweisungen, sich nicht an dieser Gruppierung „progressiver" Katholiken zu beteiligen.[42]

Die Mahnungen und Warnungen der Berliner Ordinarien- und später Berliner Bischofskonferenz vor der CDU und ihren Funktionären sind bis zum Fall der Mauer gut dokumentiert. Propagandistisch wurden Konzilsdekrete und päpstliche Friedensappelle durch die BK und die staatlich gelenkte CDU-Presse ausgeschlachtet, so dass die Berliner Ordinarienkonferenz darauf hinweisen musste, dass eine Interpretation der Konzilsdekrete allein dem kirchlichen Lehramt zustehe.[43]

In Gemeinden, Gruppen und Kreisen wurde ein Modell im Umgang mit Staat und Partei praktiziert, das ähnlich oberhirtlichen Weisungen angelegt war. Verkürzt formuliert hieß das: nicht auf politische Diskussionen einlassen; sich nicht für politische Ziele einspannen lassen; den Pfarrer über

---

[41] BAEF, SMA Thüringen, C II a 16, Bischöfliches Geistliches Gericht, 10. 8. 1946.

[42] Vgl. PETER MASER, Kirchen und Religionsgemeinschaften in der DDR 1949–1989. Ein Rückblick auf vierzig Jahre in Daten, Fakten und Meinungen (Konstanz 1992) S. 72.

[43] Vgl. BAEF, ROO (wie Anm. 2), A IV 1, Protokoll der BOK vom 3./4. 2. 1966.

Behinderungen oder Diskriminierungen informieren; keine Auskünfte über Gemeindemitglieder geben.

Die Geschichte einer „reglementierten Gesprächsführung" mit Staats- und Parteivertretern beginnt mit dem Runderlass des Berliner Kardinals Preysing von 1947 („Preysing-Erlass"), in welchem er dem Klerus äußerste Zurückhaltung bezüglich politischer Erklärungen vorschrieb.[44] Von Bedeutung für die katholische Kirche in der DDR wurde dieser Erlass aber erst, als die Berliner Ordinarienkonferenz und ihr Vorsitzender Wilhelm Weskamm 1954 diesen modifizierten und präzisierten[45] sowie Kardinal Julius Döpfner 1957 nochmals eine Verschärfung vornahm.[46] Seither beriefen sich alle diesbezüglichen Anweisungen der Berliner Ordinarienkonferenz und später der Berliner Bischofskonferenz sowie die einzelnen Ordinarien auf diese beiden Erlasse.[47]

Am 2. April 1963 wurden die Erlasse von 1954 und 1957 erneut eingeschärft und erklärt, dass die Regierung der DDR diese „Anordnungen" beseitigen will, um so „Einstiegsmöglichkeiten in den kirchlichen Bereich" zu haben.[48] Noch vor Inkrafttreten der neuen Verfassung der DDR 1968 beschloss die Berliner Ordinarienkonferenz am 4. April 1968, dass bei Verhandlungen staatlicher Stellen mit katholischen Institutionen von Anfang an ein Vertreter des zuständigen Ordinarius hinzugezogen werden muss.[49] Weiter wurde bestimmt, dass alle Vereinbarungen katholischer Institutionen mit staatlichen Stellen, die den Status quo der Institution verändern, der Zustimmung der Berliner Ordinarienkonferenz bedürfen; auch die Orden sollten sich an diese Vorgaben halten.

Um einen „Missbrauch" von „Gaudium et spes" zu vermeiden, wurden 1969 die Geistlichen darauf hingewiesen, dass ein politisches Engagement für sie nicht in Frage komme.[50] 1970 erörterte man die Gespräche mit staatlichen Stellen auf Bezirksebene und warnte davor, „Grundsatzfragen zwischen Staat und Kirche" zu behandeln.[51] Pressemeldungen waren grundsätzlich nicht erwünscht; seien sie unvermeidbar, so solle allein die Tatsache des Gesprächs gemeldet werden. 1973 wurden erstmals auch Laien einbezogen:

---

[44] GERHARD LANGE – URSULA PRUSS, An der Nahtstelle der Systeme. Dokumente und Texte aus dem Bistum Berlin, 1. Halbband: 1945–1961 (Leipzig 1996) S. 48.

[45] MARTIN HÖLLEN, Loyale Distanz? Katholizismus und Kirchenpolitik in SBZ und DDR. Ein historischer Überblick, Bd. I: 1945 bis 1955 (Berlin 1994) S. 372.

[46] DERS., Bd. II: 1956–1965 (Berlin 1997) S. 73 f.

[47] KTFE, FKZE (wie Anm. 15), Beschlüsse der BBK (P), Sitzung vom 2./3. 4. 1963.

[48] Ebd.

[49] Ebd., Sitzung vom 4./5. 4. 1968.

[50] Ebd., Sitzung vom 1.–3. 6. 1969.

[51] Ebd., Sitzung vom 23./24. 2. 1970.

„Kirchenvorstands- und Pfarrgemeinderatsmitglieder sind nicht berechtigt, in dieser Eigenschaft Gespräche mit staatlichen Stellen zu führen".[52]

„Die Mitglieder der Berliner Bischofskonferenz kommen überein, zwecks besserer gegenseitiger Information nach Gesprächen mit staatlichen Stellen auf Bezirksebene allen Ordinarien ein kurzes Registrat auf dem Dienstweg über das Sekretariat der Berliner Bischofskonferenz zu übersenden", legte man 1977 fest.[53] Die gleiche Konferenz beschloss auch, den Pfarrgemeinderat, den Kirchenvorstand und andere kirchliche und karitative Institutionen sinngemäß zu informieren, was sie beim Umgang mit staatlichen Stellen zu beachten hätten.[54]

Gleichfalls 1977 sahen sich die Mitglieder der Berliner Bischofskonferenz dazu veranlasst, folgende Richtlinien in Erinnerung zu bringen: „Eine Zusammenarbeit mit politischen Parteien (z. B. CDU) oder Organisationen (z. B. Berliner Konferenz, Christliche Friedenskonferenz) ist im Interesse der Kirche, die in keiner Weise hinsichtlich ihrer Aufgabe und Zuständigkeit mit der politischen Gemeinschaft verwechselt werden darf noch auch an irgendein politisches System gebunden ist (Gaudium et spes, 76), nicht möglich. Das kirchliche Amt als gültiges Zeichen der Einheit und die prophetische Freiheit verlangen, kein wie auch immer geartetes politisches Engagement einzugehen".[55]

Die in den Richtlinien genannten Organisationen wie Berliner Konferenz und Christliche Friedenskonferenz waren, wie bekannt, von der Ost-CDU gelenkt und vom Staatssicherheitsdienst unterwandert worden. Bezeichnenderweise forderten die Bischöfe im November 1989 dazu auf, sich in Bürgerbewegungen wie „Demokratie jetzt" (Sterzinsky in Berlin) oder in der „Katholischen Sozialen Aktion" (Wanke in Erfurt) zu engagieren.[56] Und ergänzend fügte der Erfurter Bischof Joachim Wanke hinzu: Die „Katholische Soziale Aktion" sei nicht als politische Partei zu verstehen. Es gebe auch keinerlei Grund, eine eigene katholische Partei in der DDR zu bilden.[57] Den historischen Konstellationen scheint zu widersprechen, dass es, vor allem, aber nicht nur im katholischen Eichsfeld, eine nicht geringe Zahl von CDU-Mitgliedern gab, die beides — ihre Konfessions- und Parteizugehörigkeit — aktiv praktizierten und die sich zu den Wahlsiegern der 1990er Jahre zählen durften. In

---

[52] Ebd., Sitzung vom 18./19. 9. 1973.
[53] Ebd., Sitzung vom 1./2. 6. 1977.
[54] Ebd.
[55] JOSEF PILVOUSEK, Kirchliches Leben im totalitären Staat, Bd. II: Seelsorge in der SBZ/DDR 1977–1989. Quellentexte aus den Ordinariaten (Leipzig 1998) S. 162 f.
[56] begegnung", Zeitschrift für Katholiken in Kirche und Gesellschaft 30 (1/1990) S. 23.
[57] Vgl. ebd.

der ehemaligen Zentrumshochburg Eichsfeld fand die CDU im Wahljahr 1990 ein Wählerpotenzial vor, das offensichtlich seit Generationen dem Zentrum bzw. seit 1945 der CDU die Treue hielt. Daran hatten weder die Nationalsozialisten noch die 1949/50 kulminierenden Säuberungswellen und Repressalien durch die Sowjetische Kontrollkommission (SKK) und die SED, denen das Eichsfeld als „Hauptort der Reaktion" und als „Einfallstor des Imperialismus" in Thüringen galt, etwas ändern können.[58]

Der Begriff einer „Eichsfeld-Idee"[59] als Synthese von Katholizismus und Heimatliebe erklärt vermutlich die CDU-Wahlsiege in dieser Region am einsichtigsten. In dem Maße, wie sich die CDU als christlich(-katholische) Partei mit katholischen Parteivorsitzenden und Spitzenpolitikern präsentierte, scheint sie für Katholiken wählbar geworden zu sein.

In der DDR selbst mündete die BK-Tätigkeit im politischen Leerlauf und teuren Polittourismus.[60] 1989 konnte die Berliner Bischofskonferenz die Teilnahme der BK an einem Workshop bei der „Europäischen Ökumenischen Versammlung" in Basel verhindern.[61] Bereits 1988 hatte man staatlicherseits die Valutamittel, die für Reisen und Veranstaltungen im westlichen Ausland nötig waren sowie den Bezug von Druckerzeugnissen erheblich zusammengestrichen.[62] Als man für den Oktober 1989 in Frankfurt/Oder ein Dialog-Forum Europäischer Katholiken vorbreitete, konnte man dem Schweizer Teilnehmer Pater Ludwig Kaufmann SJ aus Zürich nur die Bereitstellung eines Flugtickets in Aussicht stellen.[63] Im Dezember 1989 erklärte schließlich der Vorsitzende des Nationalrates der Nationalen Front, dass die finanziellen Mittel, „auch im Valutabereich", nicht mehr gerechtfertigt seien.[64] Die BK versuchte nun, sich unter den Bedingungen der Übergangs-DDR über Wasser

---

[58] Vgl. UTE SCHMIDT, Von der Blockpartei zur Volkspartei? Die Ost-CDU im Umbruch 1989–1994 (Opladen 1997) S. 250.

[59] Ebd., S. 251.

[60] Vgl. B. SCHÄFER, Staat und katholische Kirche (wie Anm. 18) S. 346.

[61] KTFE, FKZE (wie Anm. 15), Europäische Ökumenische Versammlung Frieden in Gerechtigkeit 15.–21. May 1989, Basel Switzerland, Brief Wyrwoll an BK, 21. 3. 1989: „Sehr geehrter Herr Guske, wir bedanken uns für ihre Schreiben vom 12. September 1988 und teilen ihnen mit, dass wir sie leider nicht unter die Teilnehmer der Zukunftswerkstatt aufnehmen konnten."

[62] Ebd., Brief Guske an Santi, 22. 6. 1989. – Guske musste dem Vertreter des Internationalen Friedensbüros in Genf mitteilen, dass der Bezug von „GENEVA MONITOR – disarmament" nicht möglich sei, weil man die Bezugsgebühr in Schweizer Franken nicht zahlen konnte.

[63] BAEF, ROO (wie Anm. 2), BK, Schweden, Schweiz, Spanien, Brief Guske an Kaufmann, 25. 7. 1989.

[64] Vgl. B. SCHÄFER, Staat und katholische Kirche (wie Anm. 18) S. 346.

zu halten. Guske engagierte sich als Mitglied im neuen Berlin (Ost) Landesverband der Christlich-Demokratischen Arbeitnehmerschaft (Sozialausschüsse).[65]

Abschließend wurde 1989 staatlicherseits resümiert: „So ist es der BK bisher nicht gelungen, ergebnisreiche Kontakte zu Geistlichen der katholischen Kirche in der DDR zu knüpfen. Weder gelang es, Priester zur Teilnahme an BK-Veranstaltungen zu gewinnen, noch konnten geplante inoffizielle Zusammenkünfte verwirklicht werden. Die Bemühungen der BK auf Anerkennung und Kontakt zur Amtskirche sind von Seiten der Kirchenleitung auf Zurückweisung und entschiedene Ablehnung, auch nach dem Weggang von Kardinal Meisner, gestoßen".[66]

Schlussgedanke

Die Schweiz war für die meisten DDR-Bürger ein Land, das unerreichbar schien. Von 1987 bis 1990 war ich Mitglied der Ökumene Kommission der BBK und Beauftragter für die Wahrnehmung der jüdisch-christlichen Beziehungen. In dieser Funktion wurde ich 1987 zur ICCJ Konferenz (International Council of Christians and Jews), der Dachorganisation von weltweit ca. 40 nationalen christlich-jüdischen und interreligiösen Dialogvereinigungen, in die Schweiz eingeladen. Die Fribourger Universität war Ausrichter. Das war mein erster persönlicher Kontakt mit der Schweiz; ich war völlig unerfahren auf dem Gebiet der Westreisen in die sogenannten kapitalistischen Länder. Die Schweiz galt in der DDR als neutraler Staat und war so leichter als Ziel von Dienstreisen zulässig als zum Beispiel die nahe Bundesrepublik.

In Berlin war ich vom Sekretär der BBK Prälat Paul Dissemond darüber unterrichtet worden, was ich zu tun und zu lassen und welche Reiseroute ich zu wählen hatte. Im Übrigen dürfe ich kein Geld (Westgeld) mitnehmen und müsse mich „illegaler Kontaktnahmen" enthalten. Für Fahrkarten und Flugtickets sei gesorgt. Die Unterbringung war im Fribourger Priesterseminar geplant. Danach musste ich diverse Anträge ausfüllen und unterschreiben, wobei mir ein Formular besonders in Erinnerung blieb. Es ging um einen Schweizer Bürgen für mich, der im Ernstfall dafür Sorge zu tragen hatte, dass ich dem Schweizer Gemeinwesen nicht finanziell zur Last falle. Detailliert war auf zwei Seiten aufgeführt, für was der für mich Haftende aufzukommen habe; in Erinnerung geblieben sind mir Schuhe und Zahlung von eventueller Krankenversorgung bis hin zu einem Sich-Kümmern im Todesfall.

---

[65] M. HÖLLEN, Loyale Distanz (wie Anm. 45) Bd. 3/2: 1977 bis 1990 (Berlin 2000) S. 308 f.

[66] SB. SCHÄFER, Staat und katholische Kirche (wie Anm. 18) S. 346.

Den damaligen Erfurter Regens, der wie alle Regenten aus der DDR Mitglied in der Konferenz deutschsprachiger Regenten war und Fribourg und andere Orte durch die jährlichen Treffen kannte, bat ich, meinen Ankunftstermin im Priesterseminar in Fribourg zu melden.

Auf den DDR-Bürger machten nicht nur das Land und die Stadt einen faszinierenden Eindruck. Die Tagung mit rund 200 Teilnehmern aus vielen Ländern, die Themen und ihre offene und kontroverse Diskussion sind mir bis heute in Erinnerung. Das Hauptthema war die Überwindung der Vorurteile als erzieherische Herausforderung. In Erinnerung bleiben wird sie vor allem wegen der lebhaften Diskussionen über die Errichtung eines Karmel-Klosters in Auschwitz, der Seligsprechung Edith Steins und des Empfangs des österreichischen Präsidenten, Kurt Waldheim, durch Papst Johannes Paul II.

Seitdem war die Schweiz für mich kein weißer Fleck mehr auf der persönlichen Erinnerungskarte. Der Mauerfall 1989 gestattete neue Möglichkeiten der Kontaktnahme und vor allem auch freundschaftlich-kollegialen wissenschaftlichen Austausch.

„Ereignisgeschichte vs. Sozialgeschichte" am Beispiel Mitteldeutschlands

Erwin Gatz hat für seine Sammelwerke und Lexika mit mitteldeutschen Themen stets auch Autoren aus der damaligen DDR zur Mitarbeit eingeladen. Er selbst kannte Mitteldeutschland aus Kriegszeiten und hatte als Kind mit seiner Familie für einige Jahre in Taucha in Sachsen gelebt.[1] Schon in den 1980er Jahren bereiste er mit einem Kollegen wichtige Städte in der DDR, besuchte die Ordinariate und führte Gespräche mit historisch interessierten Priestern und kirchlichen Archivaren. Der Verfasser dieses Beitrags lernte ihn bei einem solchen Besuch 1986 im Erfurter Domarchiv kennen und stand seitdem mit ihm in regelmäßigem Kontakt, nach dem Mauerfall auch in intensivem wissenschaftlichen Austausch in Rom. Gatz verfügte schließlich über ein Netzwerk von Kontakten in die DDR und die neuen Bundesländer und somit auch über exakte Kenntnisse über die dortige katholische Kirche. Methodisch war Gatz Kirchengeschichtler der alten Schule. Seine Studienjahre bei Hubert Jedin (1900–1980) in Bonn hatten ihn nachhaltig geprägt. Nur beiläufig und marginal nahm er sozialgeschichtliche Impulse der späten 1970er und 1980er Jahre aus der allgemeinen Geschichtswissenschaft wahr und nur gelegentlich setzte er sie methodisch um.

1. Kirche als Geschichte[2]

Eine Theorie des Faches Kirchengeschichte, möglichst noch eine allgemein akzeptierte, gilt zurecht unter Fachvertretern als dringendes Desiderat der metawissenschaftlichen Reflexion.[3] Norbert Brox (1935–2006) formulierte diesbezüglich bereits in den 1970er Jahren: „Der Theologe hat nicht seine wissenschaftliche Methode zu ändern oder zu verlassen, um die Geschichte der Kirche nachfolgend als ‚Kirchengeschichte' im theologischen Sinn zu durchleuchten. Pointiert darf man vielleicht so sagen, dass er für eine Bedeutung, für einen Geschehenszusammenhang, für einen Sinn in dieser

---

[1] ERWIN GATZ, Aus meinem Leben (Regensburg 2010) S. 15.
[2] Vgl. dazu vor allem BERND JASPERT, Kirche und Geschichte (Nordhausen 2018).
[3] HUBERT WOLF, Den ganzen Tisch der Tradition decken. Tendenzen und Perspektiven neuzeitlicher Kirchengeschichte, in: Theologische Quartalschrift 184 (2004) S. 271 f.

Geschichte optiert und dafür Indizien und Motivation als Historiker sehr wohl zu nennen vermag; für deren Annahme muss er aber den Glauben an das Ereignis benennen, durch welches diese Geschichte initiiert wurde, eben das Ereignis in Jesus von Nazareth".[4]

Das Ineinander von Theologie und Geschichte erläutert Bernd Jaspert (geb. 1944) so: „Die Kirche hat nicht nur etwas Theologisches, sondern auch etwas Geschichtliches an und in sich".[5] Der Kirchenhistoriker muss sich also in beiden Disziplinen auskennen, in der Theologie und in der Geschichte, denn Kirchengeschichte ist sowohl als theologische als auch als historische Wissenschaft zu verstehen. Nutzen und Nachteil sind offenkundig: „Ihr Nutzen ist eine bessere Kenntnis der historischen Wirklichkeit, wie sie sich in der Kirche verschiedener Zeiten widerspiegelt, und der Wahrheit, wie sie in den Kirchen verkündigt wird. ... Der Nachteil der Kirchengeschichte ist vielleicht die Uneingeschränktheit, mit der sie in Bezug auf die Wirklichkeit und Wahrheit der Personen und Ereignisse vorgeht, die längst historisch zu nennen sind und einen bestimmten Ort in der Geschichte der Menschheit haben. Diesen Nachteil kann sie aber dadurch in einen Vorteil verwandeln, dass sie die ganze Wirklichkeit und Wahrheit ans Licht bringt, wie es sich manch ein Kirchenhistoriker und Historiker, aus welchen Gründen auch immer, bisher nicht getraut hat. Für die historische Erkenntnis ist die Kirchengeschichte also gefährlich. Zugleich ist sie aber auch aufklärerisch. Beide Elemente vereint sie in sich".[6]

Hinzuweisen ist auf einen Wandel von der Kirchengeschichte zur Katholizismusforschung. „Seit ungefähr 1970 zeichnete sich in der katholisch geprägten Kirchengeschichte Westeuropas ein Paradigmenwechsel ab, der sich im ausgehenden 20. Jahrhundert durchsetzte. Man kann von einer eigentlichen Wende, einem ‚Turn' von der Kirchen- zur Katholizismusgeschichte sprechen. In den 1970er Jahren wuchs das Interesse an der sozialwissenschaftlich orientierten Religionsgeschichte so stark, dass im Jahrzehnt vor der Jahrhundertwende kultur-, mentalitäts- und sozialgeschichtliche Zugänge einen festen Platz in der internationalen Katholizismusforschung besetzten".[7]

Die meisten Kirchengeschichtler hinkten diesem Wandel hinterher. An den katholisch-theologischen Fakultäten wurde der Graben zwischen der

---

[4] NORBERT BROX, Kirchengeschichte als „Historische Theologie", in: RAYMUND KOTTJE (Hg.), Kirchengeschichte heute. Geschichtswissenschaft oder Theologie? (Trier 1970) S. 49–74, hier: S. 72 f.

[5] Vgl. B. JASPERT, Kirche und Geschichte (wie Anm. 2) S. 54.

[6] Ebd., S. 54 f.

[7] Im Folgenden vgl. URS ALTERMATT, Von der Kirchengeschichte zur Katholizismusforschung. Metamorphosen der „Schweizerischen Zeitschrift für Religions- und Kulturgeschichte" an

Kirchengeschichte und anderen historischen Teildisziplinen deshalb größer. „Dabei waren die Kirchenhistoriker auf protestantischer Seite mehr theologiegeschichtlich, auf katholischer mehr institutionengeschichtlich orientiert; beide Seiten interessierten sich für große Persönlichkeiten. Katholische (Kirchen-) Historiker bearbeiteten mit Vorliebe kirchliche Institutionen, das Verhältnis von Kirche und Staat, die Kulturkämpfe, in Deutschland die Krisenzeit während des Nationalsozialismus, bestenfalls organisatorische Aspekte der katholischen Bewegung".[8] Das hatte zur Folge, dass die Kirchengeschichte im Fächerkanon der Theologie bald weit abgeschlagen war. „An den Universitäten verloren nach 1960/70 die Kirchenhistoriker an Einfluss, denn die postkonziliare Theologenausbildung vernachlässigte die Kirchengeschichte. Im Anschluss an das Zweite Vatikanische Konzil 1962–1965 förderte die Kirche mehr praxisbezogene Fächer wie die Pastoraltheologie und die Liturgiewissenschaften und wertete damit die Kirchengeschichte ab".[9]

Die tiefgreifende Verweltlichung der westlichen Gesellschaft nach dem Zweiten Weltkrieg, die traditionelle Frontstellung zwischen katholischer Kirche und Moderne wurde aufgelöst und durch das Aggiornamento des Zweiten Vatikanums ersetzt. Im Gefolge der gesellschaftlichen Modernisierung und weltweiter demografischer Migration machte der Katholizismus eine Öffnung durch. Auf dem Feld der Kirchengeschichte hatte dies im deutschen Kulturraum unter anderem zur Folge, dass das Interesse an kirchengeschichtlichen Fragen des 20. Jahrhunderts in den Vordergrund rückte.[10]

Wenn in diesem Zusammenhang von einer generellen „Unter-Theoretisierung" des Faches Kirchengeschichte gesprochen wird, dann könnte dies daran liegen, dass relevante Thesen und Diskurse der allgemeinen Geschichtswissenschaft weder gründlich adaptiert noch rezipiert worden sind oder werden. Andererseits gilt aber auch, dass verschiedene Experimente von Kirchenhistorikern, eine Anschlussfähigkeit gegenüber der allgemeinen Geschichtswissenschaft zu gewinnen, nicht alle erfolgreich waren. Versuche gab und gibt es immer wieder, Disziplinen, Methoden, Begriffe oder Diskurse adaptierend zu übernehmen, um Ergebnisse eigener Forschung oder

---

der Universität Freiburg/Schweiz, in: SEBASTIAN HOLZBRECHER – TORSTEN W. MÜLLER (Hg.), Kirchliches Leben im Wandel der Zeiten. Perspektiven und Beiträge der (mittel-) deutschen Kirchengeschichtsschreibung. FS für Josef Pilvousek (Würzburg 2013) S. 341– 355, hier: S. 341 f. – Vgl. dazu auch: URS ALTERMATT, Plädoyer für eine Kulturgeschichte des Katholizismus, in: KARL-JOSEPH HUMMEL (Hg.), Zeitgeschichtliche Katholizismusforschung (= Veröffentlichungen der Kommission für Zeitgeschichte, Reihe B: Forschungen 100) (Paderborn u. a. 2004) S. 169–187.

[8] U. ALTERMATT, Von der Kirchengeschichte zur Katholizismusforschung (wie Anm. 7) S. 342.
[9] Ebd.
[10] Vgl. ebd.

kirchengeschichtlicher Abläufe treffender, plausibler oder konziser darstellen zu können. Zweifelsfrei gehören Sozialwissenschaft, Kulturwissenschaft und Politikwissenschaft zu den bevorzugten „Auswahlfächern". „Seit Beginn der 1980er Jahre wurden besonders zwei gesellschaftsgeschichtliche Konzepte in ihrer Anwendung auf den Katholizismus diskutiert, der Begriff der Modernisierung und derjenige des Milieus. Dazu kam der Begriff der (Sub)kultur, der entweder mit dem Milieubegriff synonym gebraucht wird (katholische Subkultur = katholisches Milieu) oder aber nur einen Teilaspekt des Sozialmilieus meint, nämlich dessen kulturelle, mentale, religiöse und ethische Leitideen. Allerdings hat es einige Zeit gedauert, bis die neuere am Milieu orientierte deutsche Katholizismusforschung intensiver in die religiöse Mentalitätsforschung eingestiegen ist".[11]

Der Milieubegriff kommt vornehmlich bei der Betrachtung des deutschen Katholizismus im 19. und 20. Jahrhundert zur Anwendung.[12] Er blieb nicht unbestritten und die Diskussion um diesen Begriff hat ein Ausmaß angenommen, das kaum mehr zu überblicken ist.[13] Es besteht aber darin ein Konsens, dass die neueste Forschung auf Grund der vorgebrachten Einwände inzwischen stärker differenziert und von unterschiedlichen „Teilmilieus" oder auch von „Makro- und Mikromilieus" spricht, den Wandlungen des Milieus, dessen Ausbildung und Erosion, seiner Um- und Überformung nachgeht sowie die Überlappungen und Verwerfungen innerhalb verschiedener Milieus aufweist.[14]

Die Verwendung des Milieubegriffs stiftet bis heute Verwirrung. Besser wäre es vielleicht, anstatt den Milieubegriff derart weit zu fassen, im Sinne von Karl Rahner (1904–1984) weiterhin von verschiedenen „Katholizismen" oder „katholisch geprägten Kulturen",[15] das heißt verschiedenen gesellschaftlichen

---

[11] Vgl. OTTO WEISS, Religiöse Geschichte oder Kirchengeschichte? Zu neuen Ansätzen in der deutschen Kirchengeschichtsschreibung und Katholizismusforschung – Ein Forschungsbericht, in: Rottenburger Jahrbuch für Kirchengeschichte 17 (1998) S. 289–312, hier: S. 297.

[12] ARBEITSKREIS FÜR KIRCHLICHE ZEITGESCHICHTE, Konfession und Cleavages im 19. Jahrhundert. Ein Erklärungsmodell zur regionalen Entstehung des katholischen Milieus in Deutschland, in: Historisches Jahrbuch 120 (2000) S. 358–395. – WILFRIED LOTH, Milieus oder Milieu. Konzeptionelle Überlegungen zur Katholizismusforschung, in: OTHMAR NIKOLA HABERL – TOBIAS KORENKE (Hg.), Politische Deutungskulturen. FS Karl Rohe (Baden-Baden 1999) S. 123–136.

[13] Vgl. O. WEISS, Religiöse Geschichte (wie Anm. 11) S. 299.

[14] Vgl. ebd.

[15] Vgl. KARL RAHNER, Katholizismus, Begriff, in: Lexikon für Theologie und Kirche 6 (²1961) Sp. 88 f. – Grundlegende Überlegungen dazu bei: RUDOLF REINHARDT, Katholizismus und Katholizismen. Zur Deutung der Kirchengeschichte des 17. und 18. Jahrhunderts, in: Zeitschrift für Kirchengeschichte 103 (1992) S. 361–365. – Vgl. neuerdings auch: DOMINIK

Ausprägungen des Katholischen bei der gemeinsamen Zugehörigkeit zur katholischen Kirche, zu sprechen.¹⁶ „Wer nach wie vor vom katholischen Milieu reden will, sollte den Milieubegriff dann vielleicht doch dem politisch-sozialen Zentrums- und Vereinskatholizismus als einem geschlossenen Sozialmilieu mit einer eigenen Werteskala und mit Institutionen zu deren Durchsetzung vorbehalten, wobei man ein hartes Kernmilieu von den es umgebenden konzentrischen, am Rande der Erosion ausgesetzten Kreisen unterscheiden könnte."¹⁷

Methodologische Axiome zu definieren, die dem Fach zuträglich sind, hat Christoph Markschies (geb. 1962) unternommen. In seinem 1995 erschienenem „Arbeitsbuch Kirchengeschichte"¹⁸ benannte er drei Darstellungsmöglichkeiten, historisches Material auf möglichst spannende Weise vermitteln zu helfen:

„1. Erzählung von Vorgängen (ereignisgeschichtlich: Der historische Verlauf der Ereignisse wird in deren exakter Abfolge und unter Berücksichtigung der auslösenden, hemmenden bzw. begleitenden Faktoren samt dem inneren Zusammenhang rekonstruiert),

2. Situationsbeschreibungen (strukturgeschichtlich: Es werden historische, kultur- und sozialgeschichtliche sowie mentale Charakteristika eines bestimmten Phänomens, einer Situation vermittelt) oder

3. durch theoretische Analyse (theologie-/ideengeschichtlich: Die wirksamen/unwirksamen bzw. impliziten Theologumena und geistig-kulturellen Vorstellungen/Ideologien werden vorgestellt und ihre Wirkung auf Personen und Situationen wird aus den Quellen erhoben)."¹⁹

Und er ergänzt, dass in der Regel Themata und Fragestellungen historischer Arbeit eine Kombination dieser drei Darstellungsweisen verlangen oder zu modifizierten Verfahren führen.

Dieser knappe Überblick über heutige kirchengeschichtliche Ansätze zeigt, dass nach wie vor Ereignisgeschichte präferiert und weniger theologiegeschichtlich gearbeitet wird. Die deutsche Gesellschaftsgeschichte als

---

BURKARD, „Rottweiler Katholizismus". Unterscheidend-Spezifisches im Gemeinsamen?, in: Rottenburger Jahrbuch für Kirchengeschichte (2019) S. 211–240, hier: S. 211 f.

¹⁶ Vgl. O. WEISS, Religiöse Geschichte (wie Anm. 11) S. 304.
¹⁷ Vgl. ebd.
¹⁸ CHRISTOPH JOHANNES MARKSCHIES, Arbeitsbuch Kirchengeschichte (Tübingen 1995) S. 140 f.
¹⁹ Ebd.

Geschichte von Strukturen und Prozessen hat erst relativ spät ihren Siegeszug begonnen.[20]

2. Katholisches Milieu in Mitteldeutschland?

Forderungen nach sozial- und mentalitätsgeschichtlichen Zugängen zur Geschichte der katholischen Kirche in Mitteldeutschland sind legitim, aber nicht notwendige Voraussetzung, um zu brauchbaren Erkenntnissen zu kommen und diese Diasporakirche zu verstehen. Der „Schutzraum eines Milieus", wenn es dies überhaupt in der Sowjetischen Besatzungszone (SBZ) und dann in der DDR je gegeben hat, garantierte nicht das Überleben in einer atheistisch geprägten Gesellschaft. Vielmehr waren es andere Faktoren wie die Existenz traditionsgebundener katholischer Familien, die ein Überleben ermöglichten.[21] Das theologische Fach Kirchengeschichte präsentiert nicht nur historische Fakten und hält Entwicklungen fest, sondern führt zu theologisch relevanten Ergebnissen, die dem Forschungsobjekt entsprechen.[22]

In einer jüngst erschienenen Dissertation heißt es: „Methodisch hat sich die Katholizismusforschung bei der Untersuchung der katholischen Diasporagebiete in der Neuzeit bisher weitgehend am Modell des katholischen Milieus orientiert".[23] Hinsichtlich Sachsens konnte der Autor definieren, dass anders als in den Milieugebieten der Katholizismus in dieser Region nur begrenzte alltags- und identitätsprägende Wirkung entfalten konnte. Einerseits sei die Entkirchlichung zur prägenden Erfahrung des größten Teils der Katholiken in der Diaspora geworden und die wenigen kirchentreuen Katholiken hätten eine in sich geschlossene milieuartige Formation gebildet, die als „Diasporamilieu" oder auch als „katholische Subgesellschaft" bezeichnet wurde. Doch habe diese Subgesellschaft nicht die gleiche Intensität und Struktur entfaltet wie das klassische katholische Milieu, wenngleich sie funktional betrachtet ähnlich gewirkt und die kirchliche Bindung der Katholiken

---

[20] Vgl. O. WEISS, Religiöse Geschichte (wie Anm. 11) S. 294.

[21] Vgl. PETRA WEBER, Getrennt und doch vereint. Deutsch-deutsche Geschichte 1945–1989/90 (Berlin ²2020) S. 778.

[22] Vgl. CLEMENS BRODKORB, Bruder und Gefährte in der Bedrängnis. Hugo Aufderbeck als Seelsorgeamtsleiter in Magdeburg. Zur pastoralen Grundlegung einer „Kirche in der SBZ/DDR" (= Veröffentlichungen zur Geschichte der Mitteldeutschen Kirchenprovinz 18) (Paderborn 2002) S. 18 f. – SEBASTIAN HOLZBRECHER, Der Aktionskreis Halle. Postkonziliare Konflikte im Katholizismus der DDR (= Erfurter Theologische Studien 106) (Würzburg ²2014) S. 25 f.

[23] BENJAMIN GALLIN, Katholische Arbeiter im Mutterland der Reformation. Konfession und Arbeitsmigration in Sachsen 1871–1914 (= Veröffentlichungen der Kommission für Zeitgeschichte, Reihe B: Forschungen 134) (Paderborn u. a. 2019) S. 9–11.

abgesichert habe.²⁴ Als Schlussfolgerung aus dem Referieren der verschiedenen Modi bleibt dem Leser nur die Erkenntnis: Es hat kein katholisches Milieu in Sachsen/Mitteldeutschland gegeben!

Es gibt Versuche, den Katholizismus in der DDR einfach und griffig zu beschreiben. Dabei setzt man auf den Begriff der Parallelgesellschaft. Dieser Begriff beschreibt die Selbstorganisation einer gesellschaftlichen Minderheit, die Regeln und Moralvorstellungen der Mehrheitsgesellschaft ablehnt. Der Begriff überschneidet sich in seinem Bedeutungsinhalt mit den Begriffen Gegenkultur und Subkultur bzw. Subgesellschaft. Seine Anwendung auf die katholische Kirche in der SBZ/DDR führt dann zu Interpretationen, wonach Katholiken Regeln und Moralvorstellungen der Mehrheitsgesellschaft strikt abgelehnt, als Minderheit gelebt und sich deshalb von gesellschaftlichen Aktivitäten wie Protesten, Demonstrationen etc. ferngehalten hätten. Die von den Bischöfen geforderte Zurückhaltung und politische Abstinenz sei daher letztlich die Konsequenz eines kirchlichen Lebens in der Parallelgesellschaft gewesen. Ob diese Beschreibung historisch zutreffend ist, scheint zweifelhaft, theologisch ist sie jedenfalls falsch. Die Absurdität eines solchen Erklärungsmodells wird dann offenkundig, wenn man die damit verbundenen theologischen Konsequenzen bedenkt: eine isolierte Kirche, die sich von den Menschen fernhält und deren Sorgen ihr letztendlich egal sind. Wenn es so gewesen wäre, dass die Kirche sich von Regeln und Moralvorstellungen der Mehrheitsgesellschaft strikt abgekehrt hätte, dann hätte sie tatsächlich nichts mehr mit der „Freude und Hoffnung, Trauer und Angst"²⁵ der Menschen in der DDR zu tun gehabt. Sie hätte sich damit von ihrem Grundauftrag entfernt und, um es noch deutlicher zu sagen, sie wäre nicht mehr Kirche gewesen.

Eine andere Dissertation²⁶ aus dem Jahre 2001 untersucht die Entstehung und Ausbildung von funktionalen Teilbereichen der Kirche für die unmittelbare Nachkriegszeit und die ersten Jahre der DDR.²⁷ Der Verfasser konstruiert eine geschlossene katholische Lebenswelt, wie sie wohl nur von wenigen Katholiken — selbst in den 1950er Jahren — realisiert werden konnte und

---

²⁴ Ebd.

²⁵ Pastoralkonstitution über die Kirche in der Welt von heute (des Zweiten Vatikanischen Konzils) „Gaudium et Spes", Nr. 1.

²⁶ WOLFGANG TISCHNER, Katholische Kirche in der SBZ/DDR 1945–1951. Die Formierung einer Subgesellschaft im entstehenden sozialistischen Staat (= Veröffentlichungen der Kommission für Zeitgeschichte, Reihe B: Forschungen 90) (Paderborn u. a. 2001).

²⁷ Zum Folgenden vgl. REINHARD GRÜTZ, Katholizismus in der DDR-Gesellschaft 1960–1990. Kirchliche Leitbilder, theologische Deutungen und lebensweltliche Praxis im Wandel (= Veröffentlichungen der Kommission für Zeitgeschichte, Reihe B: Forschungen 99) (Paderborn 2004) S. 57.

eingefordert wurde. Dieser Versuch, eine Sozialgeschichte des ostdeutschen Katholizismus für diesen Zeitraum zu schreiben, übersteigt zumeist nicht die Darstellung eines ereignisgeschichtlichen Rahmens. Die in den einzelnen Bereichen entscheidenden oder miteinander ringenden Deutungsmuster, Selbst- und Fremdbilder bleiben unterbelichtet. Und in einer anderen Dissertation über „Alltag und Selbstbild von Flüchtlingen und Vertriebenen in Sachsen 1945–1952" hält der Autor fest: „Der Versuch, die in der deutschen Sozialgeschichte sehr erfolgreich genutzte Milieutheorie auf die Vertriebenen in der SBZ/DDR anzuwenden, muss scheitern, da für die Herausbildung eines Milieus ein Mindestmaß an bürgerlichen Freiheiten notwendig ist. Die Möglichkeit der Eigenorganisation und der Schaffung eines ‚Milieustandards' wurde den Vertriebenen von den Machthabern nicht eingeräumt".[28] Tatsächlich vertreten selbst die Verfechter von sozial- und mentalitätsgeschichtlichen Zugängen die Auffassung: „Mit der Auflösung des katholischen Milieus stößt auch das Milieutheorem an seine Grenzen. ... Im Raum steht die Frage: Was kommt nach der Milieuforschung?".[29]

Erwin Gatz benutzte den Begriff „katholisches Milieu" kaum und wenn, dann eher unreflektiert und beiläufig etwa als Synonym für eine „katholische Sonderwelt", die der Kulturkampf zusammengeschweißt habe.[30] Unter der Überschrift „Die Erosion der katholischen Lebenswelt" beschreibt er die Auflösung des katholischen Milieus. Damit ging die Bindung der Katholiken an ihre Kirche zurück, ohne dass sich dies zunächst in Kirchenaustritten niederschlug. Gatz formulierte in einem seiner letzten Werke: „Wohl aber fiel der Gottesdienstbesuch von 1968 bis 1973 um ein Drittel, bei der jungen Generation sogar um die Hälfte zurück. Schwere Einbrüche gab es ferner auf dem sensiblen Gebiet der Priester- und der Ordensberufe. Dies schlug sich nicht nur in der geringeren Zahl der Weihen, sondern auch in den nun häufigen Amtsniederlegungen und in Ordensaustritten nieder. An die Stelle

---

[28] NOTKER SCHRAMMEK, Alltag und Selbstbild von Flüchtlingen und Vertriebenen in Sachsen 1945–1952 (= Europäische Hochschulschriften, Reihe III: Geschichte und ihre Hilfswissenschaften 990) (Frankfurt/M. u. a. 2004) S. 8.

[29] CHRISTOPH KÖSTERS – CLAUDIO KULLMANN – ANTONIUS LIEDHEGENER – WOLFGANG TISCHNER, Was kommt nach dem katholischen Milieu? Forschungsbericht zur Geschichte des Katholizismus in Deutschland in der zweiten Hälfte des 20. Jahrhunderts, in: Archiv für Sozialgeschichte 49 (2009) S. 485–526, hier: S. 525.

[30] ERWIN GATZ, Die katholische Kirche in Deutschland im 20 Jahrhundert. Mit einem Beitrag v. KARL-JOSEPH HUMMEL (Freiburg – Basel – Wien 2009) S. 27.

der Anerkennung des verbindlichen Glaubensanspruchs traten Auswahl und Beliebigkeit".[31]

Im September 2009 fand auf Einladung von Erwin Gatz in Rom ein Symposium statt: „Wie Priester leben und arbeiten – Ein Annäherungsversuch an die Lebenskultur des Seelsorgeklerus seit dem späten 18. Jahrhundert".[32] In der Einleitung seiner 2011 dazu erschienenen Quellensammlung bedauert Gatz, dass sich bisher anders als in Frankreich keine Gesamtdarstellung der Lebenskultur bzw. Alltagsgeschichte der katholischen Seelsorger zugewandt habe, „obwohl sie nach ihrer Aufgabe und gesellschaftlichen Bedeutung keineswegs hinter den evangelischen Geistlichen zurückbleiben".[33] Gleichzeitig bedauert er, dass die deutsche Kirchengeschichtsforschung lange Zeit nur ein geringes Interesse an sozialwissenschaftlichen Fragestellungen gehabt hätte. Und er fügt hinzu, dass der Grund dafür auch darin zu suchen sei, dass der katholische Seelsorger bis in die jüngere Vergangenheit eine selbstverständlich gelebte und nicht in Frage gestellte Wirklichkeit bildete. Offenbar wollte Gatz nun aber diesen Perspektivwechsel hin zur Alltagsgeschichte vornehmen, der ihm seit Beginn seiner Planungen für die Geschichte des kirchlichen Lebens vor Augen stand.[34]

Wie wichtig diese Fragestellung war und ist, wird daran deutlich, dass für die beiden großen christlichen Kirchen, bis auf wenige Ausnahmen,[35] keine umfasenderen Gesamtdarstellungen von Seelsorgern, die ihre Funktion, Selbstverständnis und Pastoral zum Gegenstand haben, vorhanden sind.[36] Dies trifft vor allem für den vertriebenen katholischen Klerus zu, der in der SBZ ankam und wohnte.[37] Besonders auffallend dabei ist, dass die sogenannten

---

[31] Ebd., S. 186 f.

[32] DERS., Der Campo Santo Teutonico bei St. Peter in Rom. 1975–2010. Ein Tätigkeitsbericht (Regensburg 2010) S. 78.

[33] DERS. (Hg.), Wie Priester leben und arbeiten. Quellen zur Lebenskultur und Arbeitswelt des deutschen Seelsorgeklerus seit dem Ende des 18. Jahrhunderts (Regensburg 2011) S. 35.

[34] Vgl. zur Problematik auch PETER BORSCHEID, Alltagsgeschichte – Modetorheit oder neues Tor zur Vergangenheit, in: WOLFGANG HARDTWIG (Hg.), Über das Studium der Geschichte (München 1990) S. 389–407, hier: S. 389.

[35] Vgl. dazu JOSEF PILVOUSEK – ELISABETH PREUSS (Hg.), Aufnahme – Integration – Beheimatung. Flüchtlinge, Vertriebene und die „Ankunftsgesellschaft" (= Studien zur kirchlichen Zeitgeschichte 3) (Berlin 2009).

[36] Vgl. TORSTEN W. MÜLLER, In der Fremde glauben. Die Auswirkungen von Flucht und Vertreibung im Ostteil des Bistums Fulda (= Erfurter Theologische Studien 108) (Würzburg 2015) S. 204–234.

[37] Zum Folgenden vgl. JOSEF PILVOUSEK, Heimatvertriebene Priester in der SBZ/DDR von 1945 bis 1948, in: Römische Quartalschrift 104/3–4 (2009) S. 297–311, hier: S. 298.

"Führungseliten",[38] also Bischöfe, Pfarrer, Vikare und hauptamtliche Laien nur am Rande erwähnt, aber nicht ausdrücklich im Kontext des Vertreibungsgeschehens bearbeitet werden.[39] Eine Reihe von Monografien und Aufsätzen behandeln zwar einzelne „Flüchtlingsgeistliche", vernetzen sie aber nur beiläufig im Gesamtkontext der Vertreibung.

Unter dem Begriff der Führungseliten, der soziologische Wurzeln hat, versteht man die exklusiven Inhaber der Spitzenpositionen in verschiedenen Segmenten der Struktur sozialer Ungleichheit. Ihnen werden die stärksten Einflüsse auf Struktur und Wandel der Gesellschaft bzw. ihrer Subsysteme zugeschrieben. Auch wenn solche Begrifflichkeiten theologische Inhalte vermissen lassen, so werden sie doch heute wie selbstverständlich auf den katholischen Klerus angewendet und tragen mit diesem methodischen Vorgehen durchaus dazu bei, soziologische Prozesse innerhalb der Kirche erhellen zu helfen. So erscheint die Kirche als Subsystem, das hierarchisch strukturiert ist und durch seine Eliten, den Klerus, stärksten Einfluss auf Struktur und Wandel der Kirche ausübt. Dass dabei theologische Implikationen gar nicht oder kaum erklärend hinzugezogen werden, ist evident. Den vertriebenen und geflohenen Klerus in seiner Misere, Not, Angst sowie Heimatlosigkeit und seiner manchmal großen menschlichen Befindlichkeit vor allem anhand von Quellen darzustellen, ist eine notwendige Aufgabe, um die disparaten Flüchtlingsgemeinden besser verstehen zu können. Hinzuweisen ist darauf, dass der Klerus selbst, trotz aller Gemeinsamkeiten, eine inhomogene Gruppe darstellt. Deutlich wird dies nicht nur an dem Verhältnis vom einheimischen zum vertriebenen Klerus, sondern auch am Verhalten der vertriebenen Kleriker in der Ankunftsgesellschaft. Das Diktum „Der Klerus repräsentiert den Durchschnitt der Bevölkerung!"[40] findet hier seine Bestätigung.

Der Umgang mit diesen Klerikern war unterschiedlich. Auch ist darauf zu achten, dass in den Anfangsjahren 1945 bis 1947 kaum von geordneten Abläufen oder bewährten Umgangsweisen gesprochen werden kann. Das Thema erfährt eine Zuspitzung durch die politische und gesellschaftliche

---

[38] Vgl. die Dissertation ULRIKE WINTERSTEIN, Vertriebener Klerus in Sachsen. 1945–1955 (= Veröffentlichungen der Kommission für Zeitgeschichte, Reihe B: Forschungen 118) (Paderborn u. a. 2010); diese stellt wohl den ersten Versuch dieser Art dar, die Forschungslücke für einen territorial (Bistum Meißen und Diözesangebiet Görlitz-Cottbus) und zeitlich (1945 bis Mitte der 1950er Jahre) begrenzten Bereich zu schließen. Sie verwendet den noch weiter differenzierenden Begriff der Funktionseliten.

[39] Eine der wenigen Ausnahmen ist die Biografie von Weihbischof Joseph Ferche. – Vgl. SEBASTIAN HOLZBRECHER, Weihbischof Joseph Ferche (1888–1965). Seelsorger zwischen den Fronten (= Arbeiten zur schlesischen Kirchengeschichte 17) (Münster 2007).

[40] Es wird dem Berliner Kardinal Alfred Bengsch (1921–1979) zugeschrieben.

Situation, denn in der offiziell verordneten Diktion gab es in der SBZ/DDR weder Flüchtlinge, Ausgewiesene noch Vertriebene.

3. Erwin Gatz und die zeitgeschichtliche Katholizismusforschung

Die Erforschung der Kirchengeschichte Mitteldeutschlands seit 1945 gehört seit dem politisch-gesellschaftlichen Umbruch von 1989/90 zu den wichtigen Aufgaben der kirchlichen Zeitgeschichte. Erwin Gatz hat bei seinen kirchengeschichtlichen Forschungen dieser Tatsache stets Rechnung getragen. Versteht man unter „Mitteldeutschland" die Gebiete, welche die DDR umfasste, dann stellt sich die Frage, wie Kirchen-, Allgemeinhistoriker und Theologen aus der DDR als Autoren bei Erwin Gatz methodisch mit diesem Zeitabschnitt umgingen.

Anleihen bei den marxistischen Historikern waren nicht möglich. Eine nach dem Mauerfall getroffene Einschätzung hält fest: Die fehlende Möglichkeit, in der DDR Geschichte anders zu betreiben, hat die wissenschaftliche Produktion auch auf jenen Feldern, wo der unmittelbare Anspruch der SED geringer war, erstickt.[41] Der Reformstau in der „Geschichte der SED", die Unproduktivität im Autorenkollektiv der „Geschichte der revolutionären Berliner Arbeiterbewegung", die zunehmende Resignation unter SED-Historikern in diesem Milieu – das alles deutet nicht auf eine gut funktionierende, innerlich kräftige und breit akzeptierte Vergangenheitsverständigung hin, sondern auf einen vorzeitigen Untergang des historischen Herrschaftsdiskurses.[42]

Die von Gatz zur Mitarbeit zunächst eingeladenen Kirchenhistoriker oder historisch interessierten Laien gehörten ausnahmslos einem in den 1970er Jahren gegründeten und vom Archivar des Bischöflichen Amtes Magdeburg, Franz Schrader (1919–2007), geleiteten „Kirchengeschichtlichen Arbeitskreis" an, der sich einmal im Jahr zumeist in Berlin traf und Kontakt zu westdeutschen Kirchengeschichtlern pflegte. Vor allem Erwin Iserloh (1915–1996) hatte sich mit seinen Kontaktnahmen verdient gemacht. Weitere Kollegen, die vielfältige Verbindungen zu den „Ostdeutschen" hielten, waren Remigius Bäumer (1918–1998), Klaus Ganzer (geb. 1932) und in den späten 1980er Jahren Arnold Angenendt (geb. 1934). Eine „Arbeitsgruppe Ökumenische Kirchengeschichte", der evangelische und katholische Kirchengeschichtler

---

[41] KRIJN THIJS, Der Untergang des historischen Herrschaftsdiskurses. Ost-Berliner Parteihistoriker zwischen Erosion und Kontinuität in der späten DDR, in: LUTZ RAPHAEL (Hg.), Von der Volksgeschichte zur Strukturgeschichte: Die Anfänge der westdeutschen Sozialgeschichte 1945–1968 (= Comparativ 12/1) (Leipzig 2002) S. 86–113, hier: S. 89.

[42] Vgl. ebd., S. 112.

angehörten, war 1983 gegründet worden.⁴³ Hier wurde Kirchengeschichte als ökumenische Aufgabe besprochen und diskutiert. Promotionen im Fach Kirchengeschichte waren am Philosophisch-Theologischen Studium Erfurt „angesiedelt" und wurden formal bis 1961 an westdeutschen theologischen Fakultäten und seit 1975 über die Päpstliche Universität Gregoriana in Rom abgewickelt.⁴⁴

Methodische Vorgaben für die von Erwin Gatz initiierten, betreuten und durchgeführten Forschungsvorhaben gehen zweifelsfrei auf den „römischen" Kirchenhistoriker zurück, der sowohl inhaltlich Festlegungen traf als auch die Auswahl seiner Autoren und Mitarbeiter unter bestimmten Gesichtspunkten festlegte. All das lässt den Schluss zu, dass Autoren und Mitarbeiter ganz offensichtlich auf einem „westdeutschen" Niveau waren.

Ein kürzlich erhobener Vorwurf lautet: Alle DDR-Akteure, die an der „ostdeutschen Aufarbeitung" beteiligt waren, hätten ihre Erfahrungen, Perspektiven und Interessen aus der Zeit vor 1990 eingebracht und so das entstehende historische Bild von Beginn an entweder stärker kirchenpolitisch oder pointiert seelsorglich entworfen; ihre Rückblicke wären von forschungsgeschichtlichen und persönlichen Erfahrungen geprägt.⁴⁵ Eine Lektüre der Artikel und Beiträge in den Werken von Erwin Gatz zeigt dagegen: Sie sind weit davon entfernt, nur persönliche Erfahrungen und Interessen mitzuteilen oder eine ostdeutsche Aufarbeitung zu forcieren. Sie sind vor allem Seelsorgsgeschichte sowie Geschichte des kirchlichen Lebens im besten Sinn, also Gegenstand einer als Theologie verstandenen Kirchengeschichtsschreibung, durch welche für ihn Motivation und Methode vorgegeben waren.

Neben den Lexika über die Bischöfe des Heiligen Römischen Reiches bzw. der deutschsprachigen Länder (1198—2001) gehört wohl die achtbändige „Geschichte des kirchlichen Lebens in den deutschsprachigen Ländern seit dem Ende des 18. Jahrhunderts" zu den von Erwin Gatz am meisten geschätzten und von der Öffentlichkeit am ausgiebigsten genutzten wissenschaftlichen Werken.

In seinem Geleitwort dieser „Geschichte des kirchlichen Lebens" schrieb der Mainzer Kardinal und damalige Vorsitzende der Deutschen Bischofskonferenz Karl Lehmann (1936—2018): „Kirchengeschichte ist nicht nur

---

⁴³ GERT HAENDLER, Erinnerungen an die Arbeitsgruppe Ökumenische Kirchengeschichte im Osten Deutschlands. 1983—2000, in: Herbergen der Christenheit 25 (2001) S. 73—92.

⁴⁴ Vgl. JOSEF PILVOUSEK, Theologische Ausbildung und gesellschaftliche Umbrüche. 50 Jahre Katholische Theologische Hochschule und Priesterausbildung in Erfurt (= Erfurter Theologische Studien 82) (Leipzig 2002) S. 197—231.

⁴⁵ CHRISTOPH KÖSTERS, Minderheit zwischen Konfession und Politik. Katholisches Christentum in der SBZ und DDR 1945—1990, in: Zeitschrift für Kirchengeschichte 131/2 (2020) S. 223—250, hier: S. 224 f.

historische Arbeit allein. Die ‚Baustelle' Kirche ist auch heute in Bewegung. Um so wichtiger ist es, wenn wir die kirchlichen Lebensbereiche in ihrem Wandel und in ihrer Konstanz genauer erfassen, um in allen Veränderungen besser Zeitbedingtes von bleibend Gültigem unterscheiden zu lernen".[46] Programmatisch wird das theologische Fach genannt, unter das dieses Standardwerk einzuordnen ist: die Kirchengeschichte. Diese theologische Disziplin und ihre Konnotationen lassen sich in Leben und Werk von Erwin Gatz deutlich ausmachen.

Im dritten und letzten Band seiner „Pastoral in Deutschland nach 1945" formulierte 1990 deren Verfasser Alfons Fischer (1918–2005): „Ich freue mich, meinen Lesern mitteilen zu können, dass die Erforschung und Darstellung der Geschichte der katholischen Pastoral in Deutschland weitergehen wird. Der Kirchenhistoriker Professor Erwin Gatz (Rom) hat für die nächsten Jahre das Erscheinen einer ‚Geschichte der Seelsorge in den deutschsprachigen Ländern von der Säkularisation bis zum Zweiten Vatikanischen Konzil' angekündigt. Ein Team von Mitarbeitern wird im 1. Band die Bistümer und ihre Pfarreien, im 2. die Geschichte des Weltklerus behandeln. Das Werk wird voraussichtlich bei Herder in Freiburg erscheinen".[47]

In seiner biografischen Übersicht berichtet Erwin Gatz über die Entstehung eines seiner Lieblingsprojekte und einer veränderten, erweiterten Themenstellung: „Schon meine Dissertation und meine Habilitationsschrift waren seelsorgsgeschichtlichen Themen gewidmet. Als ich 1975 als Rektor an den Campo Santo Teutonico berufen wurde, bearbeitete ich dagegen die Akten der Fuldaer Bischofskonferenzen 1872–1919. Daran schloss sich später das Bischofslexikon an. Seit 1978 erwog ich außerdem die Realisierung einer Geschichte der Seelsorge von der Aufklärung bis 1945. Erst später benannte ich sie in ‚Geschichte des kirchlichen Lebens'[48] um. Dabei orientierte ich mich in zeitlicher und räumlicher Hinsicht am Bischofslexikon. Im Gegensatz dazu entschied ich mich jedoch, die Darstellung bis in die Gegenwart durchzuziehen und den aktuellen Problemen nicht auszuweichen".[49] Der Grund, warum er vom ursprünglichen Titel abgewichen war, lag in einer

---

[46] KARL LEHMANN, Geleitwort, in: Erwin Gatz (Hg.), Geschichte des kirchlichen Lebens in den deutschsprachigen Ländern seit dem Ende des 18. Jahrhunderts, Bd. 1: Die Bistümer und ihre Pfarreien (Freiburg – Basel – Wien 1991) S. 5 f.

[47] ALFONS FISCHER, Pastoral in Deutschland, Bd. III: Kirche und Seelsorge in der Ära des Konzils und der Kulturrevolution (Würzburg 1990) S. 18.

[48] Gatz hatte sogar erwogen, eine „Geschichte der Pfarreientwicklung" zu schreiben. – Vgl. E. GATZ, Leben (wie Anm. 1) S. 113.

[49] Ebd., S. 130.

Perspektiverweiterung, die über eine Geschichte der Seelsorge weit hinausging und so beispielsweise auch „Die Kirchenfinanzen" einbezog.[50]

Bereits in der Planungsphase für seine „Geschichte des kirchlichen Lebens" (Anfang der 1980er Jahre) hatte Gatz auch Autoren aus Mitteldeutschland zur Mitarbeit eingeladen. An den Autoren-, Begleitkonferenzen und Symposien, die regelmäßig vor allem in Rom und Brixen stattfanden,[51] haben nach dem Mauerfall 1989 natürlich auch mitteldeutsche Autoren teilgenommen. Die sogenannten Freisemester aus der früheren DDR,[52] zumeist Priesteramtskandidaten, insgesamt fünf, konnten zu günstigen Tarifen für ein Jahr in Rom im Kolleg am Campo Santo leben und mussten sich an Zuarbeiten für die wissenschaftlichen Projekte beteiligen. Es herrschte eine Atmosphäre der Offenheit und Toleranz, die Gatz einmal so umschreiben konnte: „Aus Mitarbeitern wurden Freunde".[53]

Am Band 1 (Die Bistümer und ihre Pfarreien, 1991)[54] waren vier historisch interessierte Priester aus Mitteldeutschland beteiligt. Im zweiten Band (Kirche und Muttersprache, 1992)[55] schrieb ein in Bautzen wohnender Slawist. Der Erfurter Dogmatiker war Mitarbeiter am Band 3 (Katholiken in der Minderheit, 1994).[56] Der Regens des Priesterseminars in Erfurt war Autor im 4. Band (Der Diözesanklerus, 1995),[57] Mitarbeiterin und Mitarbeiter am 5. Band waren zwei „Ostberliner" (Caritas und soziale Dienste, 1997),[58] und an der Darstellung der Kirchenfinanzen, Bd. 6 (Die Kirchenfinanzen, 2000),[59] arbeiteten ein Priester und ein Finanzfachmann aus den neuen Bundesländern

---

[50] Ebd., S. 133 f.

[51] E. GATZ, Tätigkeitsbericht (wie Anm. 32), S. 64–78.

[52] Ebd., S. 19–25.

[53] Vgl. E. Gatz, Leben (wie Anm. 1) S. 112. – Die von Christoph Kösters behaupteten „sowohl im Osten als auch zwischen Ost und West zeitweise aufeinanderprallende Narrative" mag es vor allem dann gegeben haben, wenn arrogante Anmaßung Wissen zu ersetzen drohte. „Aufeinanderprallende Narrative" im Westen werden von Kösters offenbar nicht zur Kenntnis genommen. – Vgl. Ch. Kösters, Minderheit (wie Anm. 45) S. 249.

[54] E. GATZ, Geschichte des kirchlichen Lebens, Bd. 1 (wie Anm. 46).

[55] DERS., Geschichte des kirchlichen Lebens (wie Anm. 46), Bd. 2: Kirche und Muttersprache. Auslandsseelsorge. Nichtdeutschsprachige Volksgruppen (Freiburg – Basel – Wien 1992).

[56] DERS., Geschichte des kirchlichen Lebens (wie Anm. 46), Bd. 3: Katholiken in der Minderheit. Diaspora – Ökumenische Bewegung – Missionsgedanke (Freiburg – Basel – Wien 1994).

[57] DERS., Geschichte des kirchlichen Lebens (wie Anm. 46), Bd. 4: Der Diözesanklerus (Freiburg – Basel – Wien 1995).

[58] DERS., Geschichte des kirchlichen Lebens (wie Anm. 46), Bd. 5: Caritas und soziale Dienste (Freiburg – Basel – Wien 1997).

[59] DERS., Geschichte des kirchlichen Lebens (wie Anm. 46), Bd. 6: Die Kirchenfinanzen (Freiburg – Basel – Wien 2000).

mit. Am Band 7 (Klöster und Ordensgemeinschaften, 2006)[60] war, wie auch bei den meisten anderen Bänden, Lexika und Forschungen ein Erfurter Theologe als ständiger Textbearbeiter und Redaktor federführend bei der Entstehung tätig.[61] Am letzten, dem 8. Band (Laien in der Kirche, 2008),[62] war eine Theologin, ebenfalls aus Erfurt, beteiligt.

4. Resümee

Die Erinnerung an einen der großen deutschen Kirchengeschichtler muss anerkennend sowohl die gewaltige Arbeitsleistung, die wissenschaftliche Organisation seiner Forschungen und die Qualität seiner Werke hervorheben. Für Mitteldeutschland sind es fast ausnahmslos kirchengeschichtliche Forschungen im ereignisgeschichtlichen Rahmen. Sozial- und mentalitätsgeschichtliche Zugänge oder Ansätze zur Geschichte der katholischen Kirche in Mitteldeutschland sind kaum vorhanden und benötigen wohl Theologen, welche die „ganze Wirklichkeit und Wahrheit ans Licht bringen wollen". Vielleicht kann man salopp sogar von einer Über-Theoretisierung der Katholizismusforschung in Bezug auf Mitteldeutschland sprechen, wenn Forschungsdesiderate zur Entstehung neuer, abschweifender, endloser Methodendiskussionen herangezogen werden, statt die immer noch reichlich sprudelnden Quellen zu konsultieren. Erwin Gatz jedenfalls wollte Grundlagenforschung betreiben, und zwar nicht mit Einzelforschern, sondern im Zusammenwirken der Mitarbeiter und Mitarbeiterinnen, von denen er stets sprach.

---

[60] DERS., Geschichte des kirchlichen Lebens (wie Anm. 46), Bd. 7: Klöster und Ordensgemeinschaften, unter Mitw. v. Marcel Albert OSB – Gisela Fleckenstein OFS (Freiburg – Basel – Wien 2006).

[61] Vgl. dazu E. GATZ, Tätigkeitsbericht (wie Anm. 32).

[62] DERS., Geschichte des kirchlichen Lebens (wie Anm. 46), Bd. 8: Laien in der Kirche, unter Mitw. v. HANS-GEORG ASCHOFF – GISELA FLECKENSTEIN OFS (Freiburg – Basel – Wien 2008).

Pfarrer Dr. Dr. Paul Schimke (1915–2005)
Maßlosigkeit statt Enge[1]

Es gibt wohl kaum einen Priester aus DDR-Zeiten, dem der Name Paul Schimke nichts sagt. Viel mehr als den Namen kennen aber die meisten nicht; vielleicht erinnern sie sich noch, dass er Herausgeber der „Zeitschrift" „Theologisches Bulletin" war. Er wurde und wird dargestellt als „graue Eminenz" und seine Tätigkeit als etwas Ominöses, Geheimnisvolles und zum Teil Verbotenes beschrieben. Richtig an diesen Charakterisierungen ist, dass Schimke keinen Wert darauf legte, sein Tun und seine Intentionen öffentlich zu machen. Diesen Mann, der außergewöhnlich viel für die Kirche in der DDR getan hat, darzustellen, ist aber auch deshalb wichtig, um an Vielfalt, Lebendigkeit und Gegensätzlichkeiten der katholischen Kirche in der DDR rückblickend zu erinnern und daran, dass sie keineswegs eine Kirche im Gleichmaß war.

Ich lernte Schimke während meiner Promotionsarbeit 1982/83 kennen, als ich eine Woche in einem kleinen Zimmer bei ihm im „alten" Haus in Pehritzsch im heutigen Landkreis Nordsachsen wohnen durfte.[2] Ich war dabei Teil der kleinen Hausgemeinschaft und in den Tagesablauf, angefangen mit der Hl. Messe am Morgen bis hin zur Komplet am Abend, eingebunden. Die Zeitschriften und Bücher, die ich benutzen durfte und die Gespräche, die ich damals mit Schimke führen konnte, haben mich persönlich tief beeindruckt und bereichert sowie mein Promotionsvorhaben gefördert. Spätere Treffen mit ihm auch in Erfurt liefen nach dem für alle Kontaktpersonen geltenden Schema ab: Nachricht an die „Richard-Lehmann-Straße" in Leipzig per Brief, Meldung der Ankunft durch seine Sekretärin Frau Margot Ullrich

---

[1] Verwendete Abkürzungen: BAEF = Bistumsarchiv Erfurt. – BAG = Bistumsarchiv Görlitz. – BAM = Bistumsarchiv Magdeburg. – BBK = Berliner Bischofskonferenz. – BOK = Berliner Ordinarienkonferenz. – BStU = (Archiv der) Behörde des Bundesbeauftragen für die Unterlagen des Staatssicherheitsdienstes der ehemaligen DDR. – EBA = Erzbischöfliches Amt Görlitz. – EGK = Erfurter Gesprächskreis. – FKZE = Forschungsstelle für kirchliche Zeitgeschichte an der Katholisch-Theologischen Fakultät der Universität Erfurt. – MfS = Ministerium für Staatssicherheit. – PAP = Privatarchiv Pilvousek. – RdB = Rat des Bezirkes. – ROO = Regionalarchiv Ordinarien Ost. – TdH = Tag des Herrn. Katholische Wochenzeitung. – ThHStAW = Thüringisches Hauptstaatsarchiv Weimar.

[2] Bei zwei Besuchen habe ich in seiner „Bibliothek" seit 1982 wichtige Literatur für meine Dissertation finden und nutzen können.

(geb. 1929)³ an der Wohnungstür (in meinem Fall in Erfurt) und schließlich das Gespräch auf einem Parkplatz im Auto, in dem er wartete.

Entsprechend wurden und werden seine Verhaltensweisen auch als subversiv und konspirativ charakterisiert. Umso mehr könnte man vermuten, dass der Staatssicherheitsdienst (MfS) Schimke umfassend observiert hätte. Erstaunlicherweise enthalten die bekannten „Stasiakten" hingegen kaum Informationen über seine Projekte und nur selten Einschätzungen zu seiner Person. Einige biografische Notizen aus den Stasiakten können aber den Lebenslauf Schimkes ergänzen; seine NSDAP-Mitgliedschaft von 1937 bis 1939,⁴ die vermutlich aus Gestapoakten eruiert worden war, und seine russische Kriegsgefangenschaft⁵ gehören dazu. Nach Berichten im Vorgang „Kloster" aus dem Jahre 1950 hatte er sich als Pfarrvikar von Mengelsdorf in der Oberlausitz (heute Ortsteil von Reichenbach) gegen eine Agitationsgruppe der FDJ in Jauernig-Buschbach gewehrt, die in das dortige Kinderheim eindringen und eine Agitationsveranstaltung halten wollte.⁶ Die FDJler mussten auf Weisung Schimkes ein Protokoll unterschreiben.⁷ Dieser Vorgang werde im „Altöttinger Liebfrauenboten" völlig entstellt beschrieben, hielt man in den Akten fest, und das MfS vermutete, dass der Berichterstatter Schimke gewesen sei. Wegen Geringfügigkeit wurde die Angelegenheit freilich nicht weiter bearbeitet und 1952 abschließend archiviert.⁸ Letztmalig taucht Schimkes Name in den Stasi-Akten bei einer Absenderüberprüfung 1986 auf; weder im Telefonbuch Leipzig noch in der Anschriftenkartei und auch nicht in der Auftragsfahndung war er in den Meldestellen erfasst worden.⁹

Sollte am Ende doch sein geheimes und manchmal übervorsichtiges Agieren die Stasi genarrt haben? Aus der bisher nur spärlich bekannt gewordenen Aktenüberlieferung des Staatssicherheitsdienstes lässt sich dieser Schluss ziehen.

Der Theologe und Priester Paul Schimke hat immer dann, wenn er priesterliche und seelsorgerische Dienste versah, große Hochachtung, Dank und Bewunderung erfahren. Er hatte für „jeden ein offenes Ohr und Herz, der um Hilfe oder Orientierung bei religiösen oder anderen Lebensproblemen

---

3 Geb. in Gaablau/Schlesien; 1961–2005 engste Mitarbeiterin, Sekretärin und Wirtschafterin von Paul Schimke; lebt heute in Leipzig.

4 Vgl. BStU MfS, BV Dresden, AOP 127/52, 000029.

5 Vgl. BStU, MfS, Archiv der Zentralstelle, HA XX/4, Nr. 1525, 000028.

6 Vgl. BStU, MfS, BV Dresden, 127/52, 000006.

7 Ebd., 127/52, 000016.

8 Ebd., 127/52, 000024.

9 Vgl. BStU, MfS, Leipzig, Abt. M 01-7030, 13. 2. 1986.

Paul Schimke

geboren am 18. April 1915
in Leobschütz

geweiht am 20. März 1949
in Neuzelle

gestorben am 22. Juli 2005
in Pehritzsch

Friede und Freude
im Heiligen Geist
Röm 14,17b
Primizspruch

Ich bitte um Euer Gebet und
freue mich in der Hoffnung
auf ein Wiedersehen

Jesus, den verborgen
jetzt mein Auge sieht,
stille mein Verlangen,
das mich heiß durchglüht:

Lass die Schleier fallen
einst in Deinem Licht,
dass ich selig schaue,
Herr, Dein Angesicht.
Thomas von Aquin

Das Bild auf der Vorderseite zeigt den Christuskopf aus dem
Pacher-Kreuz im Breslauer Dom (um 1500)

Gekreuzigter Herr Jesus Christ,
erbarme Dich unser!

Totenzettel für Paul Schimke

bat".[10] Schimke verstand sein Katholischsein als Dasein für andere: „Aber wir sind doch nicht nur für die Katholiken da".[11] Und weiter: „Er widmete sich den einzelnen in einer so persönlichen und menschlichen Weise, wie es mir bis dahin fremd war",[12] berichtet eine damalige Seelsorgshelferin. Und sie fährt fort: „Für ein neugewonnenes oder zurückgekehrtes Gotteskind setzt er sich so herzlich, so ganz und interessiert ein, dass es bei diesem Erstaunen hervorrief".[13] Die tägliche Messfeier war für ihn obligatorisch und selbst auf dem Krankenbett feierte er zumeist mit dem zuständigen Pfarrer von Eilenburg, Ulrich Schade (geb. 1953, Pfarrer 1998–2010), die Eucharistie im Krankenzimmer.[14]

Das Benediktinerinnenkloster Alexanderdorf scheint für ihn eine geistliche Heimat gewesen zu sein. Er kam 1958 zum ersten Mal dorthin[15] und war mindestens 16 Mal zu Gast, das letzte Mal mit 88 Jahren im Jahre 2003.[16] Dort hielt er Exerzitien vor allem für Priester und Ordensleute, arbeitete mit Akademikern über theologische und ethische Fragen, führte Seelsorgsgespräche und plante neue Projekte. Vielfach suchte er Begegnungen mit Menschen, die seiner Hilfe bedurften. So berichtet etwa der Schriftsteller und Lektor Jürgen Israel (geb. 1944) über seine Begegnung mit Schimke: Er habe ihm in einer schwierigen Phase seines Lebens beigestanden. Im November 1972 war Israel nach zwei Jahren Haft wegen Wehrdienstverweigerung aus dem Gefängnis entlassen worden und hatte weder Wohnung noch Arbeit. Die Schwestern in Alexanderdorf hatten versucht, ihm zu helfen, und den Kontakt zu Schimke vermittelt. Über ihn schreibt Israel: „Unvergesslich ist er mir als kluger, feinsinniger Menschenkenner. Wie er meine damalige Situation, meine innere Verfasstheit erkannt hat, war tröstlich und ermutigend. Eindrucksvoll war für mich, wie er sofort versuchte, mir zu helfen, wie er wusste, was für mich richtig war. Dabei war er nicht besserwisserisch oder fordernd, sondern stets zurückhaltend, aber eindeutig".[17]

---

[10] Frdl. Mitteilung von Frau Sabine Zeiske, 2. 5. 2021. – Frau Zeiske war 1975–1976 von Schimke als Bibliothekarin in Quellendorf angestellt.

[11] BAG, Chronik der Katholischen Pfarrei Guben 1952 bis 1988, A. Erster Abschnitt: 1952 bis 1953, S. 12.

[12] Ebd.

[13] Ebd.

[14] Vgl. Pfarrer Ulrich Schade, Erinnerungen eines Landpfarrers an Dr. Dr. Paul Schimke und sein Studienhaus in Pehritzsch, 20. 1. 2021, S. 3, in: BAM Magdeburg.

[15] So nach dem Gästebuch, das zu DDR-Zeiten im Haus zu führen war.

[16] Belegt in den Annalen der Benediktinerinnenabtei Alexanderdorf. – Frdl. Mitteilung der Klosterarchivarin Sr. Barbara Geuther, 6. 5. 2021.

[17] Frdl. Mitteilung von Jürgen Israel, 29. 4. 2021.

Auch in anderen Exerzitien- und Ordenshäusern der katholischen Kirche in der DDR war er ein gefragter Exerzitienmeister und für Priesterfortbildungen und Schulungen im ganzen Land tätig. Schimke war ein Mensch, der in seinen persönlichen Lebensansprüchen und in seiner Lebensführung völlig anspruchslos war.[18] Diese persönliche Bescheidenheit wird immer wieder von Zeitgenossen hervorgehoben. Seinen gesamten finanziellen Besitz investierte er in seine Projekte. Als er beispielsweise im Dezember 1951 seine neue Stelle als Pfarrvikar in Guben antrat, kam er mit einer Aktentasche; auf einen Umzugswagen warteten die Gemeindemitglieder vergeblich.[19] Als dann schließlich Lebensmittelpakete von Freunden eintrafen, verteilte er diese an die Gemeinde. „Mit seiner asketischen Lebensweise hat er aber auch viele provoziert: Mitbrüder, Kursteilnehmer, Dozenten, Gäste und Mitarbeiter. Mit großem Fleiß hat er selbst bis in sein letztes Lebensjahr gearbeitet. Er erwartete das auch von Mitarbeitern und den Teilnehmern an den Studienkursen".[20] Bei Kontaktnahmen spielte für ihn die Tageszeit keine Rolle.

Seine Verbindungen zu zahllosen Menschen, die er für seine Pläne und Projekte zu gewinnen suchte und die er stets verdeckt unterhielt, erlauben selten Einblicke in seine Motive. Zudem haben die Helferinnen und Helfer bis auf wenige Ausnahmen die Gefährtenschaft nach einer gewissen Zeit aufgekündigt oder aber sie wurden wieder entlassen, so dass Interviews häufig nur Wegabschnitte erhellen können. Eine biografische Übersicht über das Leben und Wirken dieses bedeutenden Priesters und Gelehrten wird deshalb fragmentarisch bleiben müssen, was wohl seiner Intention ganz entsprochen haben dürfte. Seine Bedeutung für die katholische Kirche in der DDR wird dort besonders deutlich, wo er überdiözesan, ökumenisch, aber auch diskret zu Gründungen anregte oder anderweitig Impulse gab.

1. Zur Biografie bis 1951

Paul (Alfons, Franz, Joseph) Schimke wurde am 18. April 1915 im oberschlesischen Leobschütz (heute polnisch Głubczyce) geboren.[21] Sein Vater Paul Schimke (geb. 8. 1. 1875 in Michelsdorf/Michałkowice), Kr. Leobschütz, war zunächst Lehrer in Breslau (Wrocław) und schließlich seit 1915 Seminarlehrer in Leobschütz. Seine Mutter Marie, geborene Reichel (geb. 11. 9. 1877), stammte aus Hohndorf (Boguchwałow), Kr. Leobschütz.

---

[18] Vgl. Mitteilung Zeiske (wie Anm. 10).
[19] Vgl. Chronik Guben (wie Anm. 11) S. 4.
[20] Vgl. Erinnerungen Schade (wie Anm. 14) S. 2.
[21] Zu den biografischen Daten vgl. frdl. Mitteilung von Christoph Janik, 19. 4. 2021.

Paul Schimke war das jüngste von drei Kindern; zu seinen beiden älteren Schwestern hatte er zeitlebens regelmäßigen Kontakt.[22] 1934 beendete er seine Schulbildung mit dem Abitur an der städtischen Oberrealschule in Schlochau in der ehemalige Provinz Posen-Westpreußen.

Das Studium der Rechts- und Staatswissenschaften an der Universität Breslau seit 1934 schloss er mit der Juristischen Staatsprüfung und der Großen Staatsprüfung 1941 ab. Am 18. Mai 1940 wurde er zum Doktor der Rechtswissenschaften und am 28. September 1940 zum Doktor der politischen Wissenschaften promoviert. Das rechtswissenschaftliche Thema lautete: „Wandlungen der Einkommenssteuer",[23] das politikwissenschaftliche: „Die Bindung des Arbeiters an die Betriebsgemeinschaft und ihre Grenzen, erläutert an einigen Beispielen".[24] Diese zweite Dissertation wurde in der DDR 1953 auf die Liste der in den Bibliotheken auszusondernden Literatur gesetzt.[25]

Nach einer Tätigkeit als Leiter der Konzern-Rechtsabteilung der Bergwerkgesellschaft Georg von Giesche's Erben in Breslau meldete sich Schimke 1942 in Breslau zum Theologiestudium an.[26] 1942 wurde er zur Wehrmacht einberufen, so dass er das Studium erst nach der Entlassung aus der Kriegsgefangenschaft 1945 in Eichstätt fortsetzen konnte. Nach der Priesterweihe am 20. März 1949 in Neuzelle war Schimke seit 1949 Kaplan in Görlitz/Hl. Kreuz, 1950 bis 1951 in Görlitz/St. Jakobus, Dekanatsjugendseelsorger und seit 1950 auch Pfarrvikar in Mengelsdorf.[27] An der Herausgabe des neuen diözesanen Gesang- und Gebetbuches „Lobet den Herrn" war er seit 1951/52 beteiligt,[28] ebenso an der Publikation des Heftes „Botschaften" in vier Folgen.[29] Ferner half er dabei, den Plan zur Errichtung eines Seminars für kirchliche und karitative Mitarbeiter umzusetzen, das der „theologischen, aszetischen, methodischen und praktischen Schulung" junger Männer aus der DDR dienen

---

[22] Mitteilung Zeiske (wie Anm. 10).

[23] Breslau 1940, 126 Seiten. – Vgl. Mitteilung Janik (wie Anm. 21).

[24] Erschienen in: Beiträge zum deutschen Arbeits- und Sozialversicherungsrecht 12 (Würzburg 1939), 81 Seiten. – Vgl. Mitteilung Janik (wie Anm. 21).

[25] Vgl. MINISTERIUM FÜR VOLKSBILDUNG DER DEUTSCHEN DEMOKRATISCHEN REPUBLIK, Liste der auszusondernden Literatur, dritter Nachtrag (Berlin 1953) Nr. 4365. – Vgl. online unter: http://www.polunbi.de/bibliothek/1953-nslit-s.html [Zugriffsdatum: 16. 7.2021].

[26] Mitteilung Janik (wie Anm. 21). – Nachdem sich Schimke dort geweigert hatte, eine vorgegebene Entscheidung auszuführen, war er aus dem Staatsdienst ausgeschieden.

[27] BAG, Personalakte Schimke.

[28] Vgl. KONRAD HARTELT, Ferdinand Piontek (1878–1963). Leben und Wirken eines schlesischen Priesters und Bischofs (Köln – Weimar – Wien 2008) S. 339.

[29] Frdl. Mitteilung von Dr. Peter Paul Straube, 16. 2. 2021.

sollte.³⁰ Bei den Verhandlungen mit staatlichen Stellen berief er sich auf Artikel 43, §2 der ersten DDR-Verfassung, der den Kirchen die Möglichkeit einräumte, ihre Angelegenheiten und damit auch die Ausbildung ihrer Mitarbeiter selbst zu regeln. Der Begriff „Katechetisches Seminar", den die Ausbildungsstätte erhielt, verbarg das eigentliche Ziel einer umfassenden „kirchlich-pastoralen" Weiterbildung. Am 30. Oktober 1951 bestätigte der stellvertretenden Ministerpräsident Otto Nuschke (1883–1957) die Errichtung des Katechetenseminars in Görlitz. Andere Jurisdiktionsgebiete übernahmen dieses „Modell" und nannten ihre Jugendhäuser „Katechetische Seminare".

2. Initiator und Impulsgeber innerkirchlicher Aufbrüche

2.1. Internationaler Gesprächskreis von Dogmatikern, Fundamentaltheologen und Kanonisten

Nachdem 1965 in der evangelischen Kirche die sogenannte „Konfessionskundliche Forschungsstelle" ins Leben gerufen worden war, kam es dort zu ersten Begegnungen der theologischen Lehrer der beiden großen Konfessionen. In der Folge wurde durch den Erfurter Professor für Fundamentaltheologie und Dogmatik Otfried Müller (1907–1986), im Auftrag der evangelischen Kirchenleitungen durch den Dozenten (und späteren Professor) für systematische Theologie Ulrich Kühn (1932–2012) und für die BOK durch den Neutestamentler Wolfgang Trilling (1925–1993) die Bildung eines „Ökumenisch-theologischen Arbeitskreises" initiiert, der sich 1966 offiziell konstituierte.³¹ Ihm gehörten jeweils sieben katholische und sieben evangelische theologische Hochschullehrer (bzw. in anderer Weise in der Theologenausbildung oder in der Ökumene Verantwortliche) an. Auf katholischer Seite waren es hauptsächlich Professoren des Philosophisch-Theologischen Studiums Erfurt, von evangelischer Seite Lehrer der verschiedenen theologischen Fakultäten, bis 1992 auch der evangelischen kirchlichen Hochschulen. Der Arbeitskreis verfolgte eine ähnliche Intention wie der in Westdeutschland seit 1946 existierende „Ökumenische Arbeitskreis katholischer und evangelischer Theologen" (der sogenannte „Jaeger-Stählin-Kreis"). Auch im Osten Deutschlands sollte es ein Instrument des theologischen Austauschs geben, das die Aufarbeitung der zwischen den großen westlichen Kirchen stehenden theologischen

---

³⁰ Zum Folgenden vgl. BEATE CWIERTNIA, Das Katechetenseminar in Görlitz (1952–1968) und das Katechetinnenseminar in Cottbus-Görlitz (1962–1968), in: Kirchliche Ausbildungsstätten im heutigen Bistum Görlitz (= ASKG 19) (Münster 2009) S. 124–214, hier: S. 141 u. 143.

³¹ GERHARD FEIGE – ULRICH KÜHN (Hg.), Wege der Kirchen im Umbruch der Gesellschaft. Eine ökumenische Bilanz (Leipzig 1998) S. 7–9 (Vorwort), hier: S. 7.

Differenzen betreibt. Als Gesprächspartner bot sich das in Erfurt versammelte theologische Potential der katholischen Kirche an. So kam es 40 Jahre lang zu regelmäßigen Begegnungen auf der Ebene der theologischen Hochschullehrer beider Konfessionen.[32]

Ob Schimke beim Zustandekommen dieses Arbeitskreises als Organisator, Koordinator und Impulsgeber beteiligt war, ist nicht mit letzter Sicherheit zu sagen, aber sehr wahrscheinlich. Die Parallelität dieser Gründung zu den im Folgenden beschriebenen ist evident. Da Schimke, wie auch bei anderen Arbeits- und Gesprächskreisen, nicht die Leitung übernehmen wollte, übertrug er sie zunächst an den Erfurter Dogmatiker Lothar Ullrich (1932–2013).[33]

Im Zusammenhang mit der Vorbereitung der Pastoralsynode der Jurisdiktionsbezirke in der DDR entstand 1972 nach Gesprächen zwischen dem Bochumer und späteren Regensburger Dogmatiker Wolfgang Beinert (geb. 1933) und Schimke der Plan, einen internationalen und interdisziplinären Gesprächskreis von Hochschullehrern aus der Bundesrepublik Deutschland, aus der DDR und aus Polen ins Leben zu rufen.[34] Ziel war die Ortung zentraler theologischer Probleme und ein besseres Kennenlernen der verschiedenen ortskirchlichen Denkformen. Die Entstehungssituation brachte es mit sich, dass sich die Fachvertreter der Disziplinen Dogmatik, Fundamentaltheologie und Kirchenrecht zu einem Gesprächskreis zusammenfanden. Die erste Tagung fand im Herbst 1973 statt. Regelmäßig traf man sich in der Osterwoche sowie in der letzten Oktoberwoche im Bischöflichen Bildungshaus Pappelallee in (Ost-)Berlin zu einem zweitägigen Symposium. Je nach Thema wurden Gäste als Referenten und Sachverständige eingeladen. Die Teilnehmerzahl bewegte sich zwischen zwölf und achtzehn Personen. Jede Tagung hatte ein Generalthema; nicht selten wurde dieses auch auf mehreren Treffen behandelt. Polnische sowie west- und ostdeutsche Theologen führten einen intensiven interdisziplinären Dialog. Paul Schimke hat diesen Kreis bei den ersten Tagungen geleitet und sich dann, wie bei vielen seiner Unternehmungen, diskret zurückgezogen. Bei diesen Tagungen ist ein Klima des Vertrauens und der Freundschaft gewachsen, das persönliche und wissenschaftliche Kontakte beförderte.

---

[32] Ebd.

[33] Frdl. Mitteilung von Prof. Dr. Konrad Hartelt, 3. 1. 2021. — Hartelt kannte Schimke aus dem Görlitzer Ordinariat und lud ihn mehrfach ein, an den Treffen des Arbeitskreises teilzunehmen.

[34] Vgl. dazu LOTHAR ULLRICH, Dialog und Identität. Philosophische und theologische Aspekte, in: WILHELM ERNST – KONRAD FEIEREIS, Denkender Glaube in Geschichte und Gegenwart (= EThSt 63) (Leipzig 1992) S. 320–342, hier: S. 321 u. 335.

2.2. Erfurter Gesprächskreis

Die Jahre 1968/69 wurden für die katholische Kirche in der DDR vor allem innerkirchlich zu Entscheidungsjahren.[35] Neben den Studentengemeinden waren es vor allem Akademikergruppen, die nach einer umfassenderen innerkirchlichen Partizipation strebten. Durch Initiative von Schimke und auf persönliche Einladung des Erfurter Weihbischofs Hugo Aufderbeck (1909–1981) trafen am 20./21. April 1968 „etwa 15 Herren zu einem ‚Gespräch über kirchliche Fragen der Gegenwart' im Bischofshaus von Erfurt (Hermannsplatz 9) zusammen".[36] An dem Treffen nahm auch der Görlitzer Kapitelsvikar und spätere Meißener Bischof Gerhard Schaffran (1912–1996) teil. Von Berlin war zunächst der einflussreiche und mit Kardinal Alfred Bengsch (1921–1979) stets vernetzte Prälat Otto Groß (1917–1974) dabei. Zur Vorbereitung des Gesprächs wurden Mappen mit 22 Thesen und Erläuterungen verteilt, die im Wesentlichen von Schimke formuliert und zusammengestellt worden waren.[37] Ziel war es, eine Plattform für einen Dialog zwischen Bischöfen und Akademikern, Laien und Priestern zu schaffen.[38] Unter den 21 Teilnehmern der ersten Sitzung befanden sich unter anderem Wolfgang Trilling und drei Erfurter Professoren sowie drei spätere Mitglieder der bedeutenden Impulsgruppe „Aktionskreis Halle" (AKH),[39] unter ihnen der Hallenser Studentenpfarrer und Initiator der „Korrespondenz"[40] Adolf Brockhoff (1919–1997).

Die später als „Erfurter Gesprächskreis" (EGK) bezeichnete Gruppierung erhob unter anderem Forderungen nach einer katholischen Interpretation des Sozialismus, der Dezentralisierung der Kirchenleitung, der Einführung einer Synodalverfassung in der Kirche und einer Neuumschreibung der Diözesangrenzen. Trilling setzte sich dafür ein, dass der Christ in der DDR ein kritisches Ja zum Sozialismus sagen könne und müsse und knüpfte damit

---

[35] Vgl. JOSEF PILVOUSEK, Die vergessene Synode? Anmerkungen zur Rezeption der Pastoralsynode der Jurisdiktionsgebiete (1973–1975) in der DDR, in: ThG 49/4 (2006) S. 277–279.

[36] Ebd. (bemerkenswerterweise gab es keine Teilnehmerinnen).

[37] PETER WILLMS, Der Aktionskreis Halle (AKH) als Teil der Suchbewegungen des nachkonziliaren Katholizismus. Entstehung und frühe Entwicklung (Typoskr. o. O. o. J.), in: PAP.

[38] BAEF, ROO A II 27, Bericht über eine Tagung in Erfurt am 20./21. 4. 1968.

[39] Zum Folgenden vor allem ebd., S. 49–53.

[40] Auf Anregung von Brockhoff bemühten sich seit 1966 zehn Akademiker und Studenten durch Briefsendungen um Möglichkeiten innerkirchlicher Meinungsbildung. Nach dem Aufbruch des Konzils und der zunehmenden „Ratlosigkeit und Resignation" über das Verhältnis zum sozialistischen Staat wollten sie Veränderungen in der kirchlichen Situationsbewertung in Gang setzen. – Vgl. SEBASTIAN HOLZBRECHER, Der Aktionskreis Halle. Postkonziliare Konflikte im Katholizismus der DDR (= EThSt 106) (Würzburg ²2015) S. 46–49.

an Positionen der „Korrespondenz" oder der Paulus-Gesellschaft an.[41] Der ohnehin im Vervielfältigungsverfahren schon im Umlauf befindliche „Holländische Katechismus"[42] solle offiziell von der BOK eingeführt werden, lautete eine weitere Forderung. Kritik am Lebensstil und Lebensstandard der Bischöfe („Mercedes als Dienstwagen") war nur eines der vielen kritischen und plakativ vorgetragenen Themen. Besonders beklagt wurde die vom Westen finanzierte DDR-Kirche, die sich endlich auf ihre Aufgabe im Raum der DDR einstellen müsse.

Weihbischof Aufderbeck informierte die BOK über dieses Treffen.[43] Die Konferenz hatte gegen die Fortsetzung des Gesprächs nichts einzuwenden, um einen Meinungsaustausch verschiedener theologischer und pastoraler Konzeptionen zu ermöglichen. Der Teilnehmerkreis solle sich aber nicht zu einer eigenen Institution auswachsen und von Fall zu Fall möge ein Wechsel in der Gesprächsleitung erfolgen, um einseitigen Tendenzen vorzubeugen.

Ein zweites Treffen, diesmal auf Einladung Aufderbecks, fand am 19./20. Oktober 1968 wieder in Erfurt statt.[44] Trilling war selbst nicht anwesend, hatte aber eine Ausarbeitung mit drei Hauptthemen (Die Situation der Kirche in der DDR. – Brüderlichkeit und Kollegialität. – Autorität und Freiheit) vorgelegt, die ausführlich diskutiert wurden.

Deutlich sachlicher als beim ersten Treffen wurden Mängel und Desiderate der katholischen Kirche besprochen. Kollegialität und Brüderlichkeit seien in der Leitungstätigkeit der Kirche ungenügend oder gar nicht verwirklicht. Klerus und Laien würden mangelhaft, einseitig oder gar nicht über Fragen des kirchlichen Lebens informiert.[45] Zwischen den Jurisdiktionsgebieten der DDR bestehe ein bemerkenswertes Gefälle in Quantität und inhaltlicher Ausrichtung. Dieses Gefälle wirke sich auf die innere Einheit der Kirche aus. Klerus und Laien hätten das Gefühl, von einer autoritär geführten Kirche ignoriert zu werden. Eine Hauptforderung, nämlich ein Gremium aus Laien und Priestern zu schaffen, ein synodales Organ, das der Ordinarienkonferenz zugeordnet sei, wie es vor allem Trilling gefordert hatte, sollte sich kurze Zeit

---

[41] Ebd. S. 49.
[42] BAEF, ROO A II 29, Zusatzprotokoll der BOK 2/1969.
[43] BAEF, ROO: Vorsitzender/Sekretariat der BOK/BBK bzw. Außenstelle Berlin des Sekretariates der DBK. Protokolle 1968–1970, Protokoll der BOK, 25./26. 6. 1968.
[44] BAEF, ROO A II 9, Protokoll der BOK vom 23. 10. 1968.
[45] Die Kritik führte zu einer kuriosen Entscheidung. Die Ordinarienkonferenz erklärte sich damit einverstanden, dass den wirklichen Geistlichen Räten Einsicht in die Sitzungsprotokolle der Ordinarienkonferenz gegeben wird. – Vgl. FKZE, Beschlüsse der BOK/BBK, Protokoll vom 24./25. 2. 1969.

später für wenige Jahre verwirklichen, doch gilt heute als Forschungskonsens, dass die kurzzeitige Existenz solcher Gremien einen „gewollten Leerlauf seitens der BOK"[46] darstellte.[47]

Am 15. Februar 1969 empfing Kardinal Bengsch die Vertreter des EGK zu einem ausführlichen Gespräch.[48] „Gegenüber einem stark erodierten Teilnehmerkreis von nur noch vier Laien erteilte der Kardinal den bisher geäußerten Reformvorschlägen eine klare, vor allem kirchenpolitisch begründete Absage."[49] Im Unterschied dazu sah Bengsch den theologischen Transfer aus dem Westen zwar als brisant an, lehnte ihn jedoch nicht grundsätzlich ab, denn „theologische Informationen seien ... sehr zu begrüßen, weil die theologische Entwicklung in der Kirche der DDR die zentrale Problematik sei".[50] Das Problem bestünde darin, dass bei vielen jungen Geistlichen eine Missachtung der kirchlichen Lehrautorität zu beobachten sei. „Konzilsbeschlüsse würden weithin nur als Diskussionsgrundlage und nicht als zum Gehorsam verpflichtende Lehräußerung angesehen. In diesem Mangel an Einsicht in das Wesen des kirchlichen Lehramtes sei die häufig zu beobachtende Verbreitung privater theologischer Auffassungen begründet. Viele Auffassungen der jüngeren Geistlichen seien aus westlichen Quellen übernommen, aus ihrem Zusammenhang herausgerissen, ungenügend durchdacht und unzulässig vereinfacht. So entstünden unhaltbare theologische Meinungen, deren pflichtgemäße Korrektur durch die Bischöfe als autoritäre Maßnahmen missdeutet würde. Diese Autoritätskrise als ein sich von West nach Ost fortpflanzender Prozess sei eine zum gegenwärtigen Zeitpunkt auch durch eine noch so gute theologische innerkirchliche Information nicht zu heilende Krankheit der Kirche".[51] Die Mitglieder des EGK wiesen aber auch darauf hin, dass eine Mitverantwortung gerade auch kritischer und oppositioneller Gruppen

---

[46] Vgl. REINHARD GRÜTZ, Katholizismus in der DDR-Gesellschaft 1960–1990. Kirchliche Leitbilder, theologische Deutungen und lebensweltlich Praxis im Wandel (= VKZG, B 99) (Paderborn u. a. 2004) S. 158.

[47] Vgl. JOSEF PILVOUSEK, Konziliare Impulse im Spannungsfeld kirchenpolitischer und innerkirchliche Entwicklungen. Die Katholische Kirche in der DDR 1966 bis 1973, in: KATARZYNA STOKLOSA – ANDREA STRÜBIND (Hg.), Glaube – Freiheit – Diktatur in Europa und den USA. FS Gerhard Besier (Göttingen 2007) S. 287–300, hier: S. 291–293 u. 297–300. – Das geforderte Gremium aus Laien und Priester war 1969 konstituiert worden, doch zeigte sich bald, dass eine Zusammenarbeit mit der BOK/BBK „auf Augenhöhe" nicht möglich war. – Vgl. HANS-JOACHIM MEYER, Das Entstehen der katholischen Laienbewegung in der DDR, in: Theologisches Bulletin 22 (1990) S. 272–276, hier: S. 274.

[48] BAEF, ROO A II 9, Bericht über das Gespräch vom 15. 2. 1969 zwischen Herrn Kardinal Alfred Bengsch und Vertretern des Erfurter Gesprächskreises, 17. 2. 1969.

[49] S. HOLZBRECHER, Aktionskreis (wie Anm. 39) S. 52.

[50] BAEF, ROO A II 9, Bericht (wie Anm. 48).

[51] Ebd.

im Rahmen des Laien- und Priesterrates bei der Ordinarienkonferenz zu einer ausgewogeneren Urteilsbildung in diesen Gruppierungen und zu einer besseren Eingliederung in die Situation der Kirche in der DDR führen könnte.

Eine letzte Zusammenkunft fand am 15./16. März 1969 in Erfurt statt. Der für Oktober 1969 vorgesehene nächste Termin wurde zunächst verschoben und schließlich mit Schreiben vom 12. Februar 1970 ganz abgesagt.

Dass der EGK mit seinen teilweise sehr kritischen Analysen des DDR-Katholizismus' und mit seinen Forderungen nach innerkirchlicher Erneuerung einen besonderen Einfluss auf die Meinungsbildung der Katholiken und der auf DDR-Gebiet abgehaltenen Synoden hatte, lässt sich nicht nachweisen, ebensowenig, ob Schimke die Inhalte der Treffen teilte.

2.3. Die „Arbeitsgruppe Ökumenische Kirchengeschichte" im Osten Deutschlands

Paul Schimke war auch Initiator der „Arbeitsgruppe Ökumenische Kirchengeschichte"; wie viele „seiner Gründungen" hat er auch diese nach einigen Jahren wieder verlassen. Der evangelische Kirchenhistoriker Gert Haendler (1924–2019) hat die Treffen dieser Arbeitsgruppe dokumentiert:[52] „Ein knappes halbes Jahr vor dem 6. Internationalen Kongress für Lutherforschung, der vom 14.–20. August 1983 in Erfurt stattfand, erhielten einige Kongressteilnehmer in der damaligen DDR ein bemerkenswertes Schreiben. Es war datiert vom 25. März 1983 und unterzeichnet von dem Erfurter römisch-katholischen Kirchenhistoriker Professor Dr. Franz Peter Sonntag [1920–1987] sowie von Dr. Joachim Rogge [1929–2000], dem damaligen Präsidenten der Kirchenkanzlei der EKU [Evangelische Kirche der Union] und langjährigen Dozenten für Kirchengeschichte am Sprachenkonvikt Berlin, der 1986 Bischof von Görlitz werden sollte. Die entscheidenden Sätze jenes Briefes aus Erfurt lauteten: ‚Wir würden uns freuen, wenn es Ihnen zeitlich möglich wäre, unmittelbar im Anschluss an den 6. Internationalen Kongress für Lutherforschung am 20. 8. 1983 noch für einen Tag, und zwar für einen Arbeitstag, in Erfurt zu bleiben. Veranlassung unseres Zusammenseins wäre der Versuch, dass römisch-katholische und evangelische Kirchenhistoriker sich verständigen über Gesichtspunkte zur Erarbeitung eines gemeinsamen kirchengeschichtlichen Bildes. In Vorgesprächen ist immer wieder die Frage aufgetaucht, welcher gemeinsame Verkündigungsgehalt auch von kirchengeschichtlicher Seite

---

[52] GERT HAENDLER, Erinnerungen an die Arbeitsgruppe Ökumenische Kirchengeschichte im Osten Deutschlands, in: Herbergen der Christenheit. Jahrbuch für deutsche Kirchengeschichte 25/2001 (Leipzig 2001) S. 73–92.

mit zu reflektieren wäre. Die beiden Unterzeichner würden sich freuen, wenn ein Gedankenaustausch in dem obengenannten Sinne möglich wäre.' Als Tagungsort wurde das Philosophisch-Theologische Studium in Erfurt genannt, Antworten wurden erbeten an die Adresse von Prof. Dr. Franz Peter Sonntag in Erfurt".[53] Auf der Sitzung vom 20. August 1983 wurden mehrere konkrete Punkte für die in Zukunft zu leistende Arbeit genannt. Als ersten Punkt hielt Rudolf Mau (1927–2021), Kirchenhistoriker am Berliner „Sprachenkonvikt", einer Ausbildungsstätte der evangelischen Kirche, eine Anregung des Berliner Kirchenhistorikers Hubert Kirchner (geb. 1932) fest: „Die Darstellung von Kirchengeschichte sollte am Gedanken der ‚Nachfolge' orientiert sein. Das besondere Augenmerk soll sich auf die (verschiedenartigen) Situationen von Christen, Kirchen, christlichen Gruppen und Gemeinschaften im Zusammenhang des Zeitgeschehens richten. Auswahl und Darstellung kirchengeschichtlich relevanter Vorgänge und Zusammenhänge sollten in deutlichem Bezug zu Fragen von Menschen unserer Zeit stehen." Die katholischen Teilnehmer der Tagung, neben Schimke noch der Erfurter Pastoraltheologe Franz-Georg Friemel (geb. 1930), erklärten sich bereit, in dieser Hinsicht die Arbeiten beratend zu begleiten.[54] Weitere Arbeitstagungen fanden 1984/85 in der Wittenberger Lutherhalle statt. Unter den Teilnehmern war auch Schimke, der „sich oft hinter den Kulissen intensiv für [die] Tagungen eingesetzt hatte".[55] Zur Bedeutung des Arbeitskreises, der zwischen 1987 und 1989 zweimal in Leipzig und in Magdeburg[56] und dann zwischen 1992 bis 2000 noch insgesamt siebenmal, oft nur kleinem Rahmen, tagte, formulierte 2001 der Sprecher der evangelischen Teilnehmer, Ernst Koch (geb. 1930): „Ich habe Einblick in die Geschichte der römisch-katholischen Kirche in Bereichen bekommen, mit denen ich mich sonst nie befasst hätte. Ich habe auf Grund dieser Möglichkeit manche Zusammenhänge, von denen ich bisher nur Stichworte kannte, anders und tiefer zu verstehen gelernt und dann anders über sie gesprochen als vorher. Wichtig war mir, in persönlichem Kontakt Zugang zu Lebenswelten zu bekommen, die zur Eigenart der römisch-katholischen Kirche gehören. Dies alles war auch möglich durch Langzeitkontakt mit römisch-katholischen Kollegen zwischen den Sitzungstagen der Arbeitsgruppe".[57]

---

[53] Ebd., S. 73.
[54] Ebd., S. 76 f.
[55] Ebd., S. 79 f.
[56] Ebd., S. 85–89.
[57] Ebd., S. 92.

2.4. Ehe-, Familien- und Lebensberatung

Als die ostdeutschen Ordinarien erstmals den Aufbau von seelsorglichen Einrichtungen zur Eheberatung planten, reagierten sie damit auf eine staatliche Verordnung, die auf die Erleichterung der Abtreibung zielte.[58] Bereits seit dem Frühjahr 1966 existierte unter Leitung von Schimke eine überdiözesane Arbeitsgruppe für Ehe- und Familienberatung. Der Staatssicherheitsdienst notierte dazu 1977: „Seit ca. 7 Jahren existiert in der Hauptstadt der DDR ein sog. Ehekreis der katholischen Kirche. Dieser Kreis wurde durch den Pfarrer Dr. Paul Schimke, Görlitz, mit Wissen und Duldung der ‚Berliner Ordinarienkonferenz' ins Leben gerufen. ... Dieser Ehekreis wird sehr intensiv unterstützt von westdeutschen Klerikern".[59] Ziel Schimkes war es in diesem Zusammenhang, einen Plan zur Schulung künftiger Eheberater zu entwickeln. Die BOK legte auf ihrer Sitzung vom 11. und 12. Juli 1966 für die Tätigkeit der Arbeitsgruppe folgendes fest: „a) Die Arbeitsgemeinschaft wird dem Sekretariat der Berliner Ordinarienkonferenz unterstellt. – b) Aufgabe der Arbeitsgemeinschaft soll vorrangig die Einführung und Weiterbildung der ehrenamtlichen Mitarbeiter in der Familienberatung sein (Seelsorger, Mediziner, Fürsorger, geeignete Väter und Mütter). – c) Die Einrichtung der Familienberatung sowie die Förderung ihrer weiteren Tätigkeit fällt in den Aufgabenbereich der jeweiligen Diözesancaritas in Verbindung mit dem Seelsorgeamt bzw. Seelsorgereferat. Die Arbeitsgemeinschaft muss deshalb in enger Zusammenarbeit mit diesen Diözesanstellen ihre Aufgaben wahrnehmen. – d) Zur Erstellung von Arbeitsmaterialien für die ehrenamtlichen Mitarbeiter der Familienzentren (katholische Ehe- und Familienberatung) soll die Arbeitsgemeinschaft Moraltheologen hinzuziehen. Baldmöglichst soll die Arbeitsgemeinschaft eine Liste der Ärzte zusammenstellen, die zur Mitarbeit in den Familienberatungsstellen bereit sind".[60]

Ende 1966 lag ein Lehrplan für die Ausbildung von katholischen Eheberatern vor. Damit war ein wichtiger Grundstein gelegt und die Arbeitsgemeinschaft hatte ihren ersten Arbeitsauftrag erfüllt.

Abgesandte der Jurisdiktionsgebiete trafen sich 1967 auf Einladung des Sekretärs der BOK unter der Leitung von Schimke im Kloster Alexanderdorf,[61] um sich Fragen der Ehe- und Familienpastoral zu widmen. Für die Bischöfe war die Frage eines Lehrplans für die Ausbildung der Eheberater

---

[58] Vgl. MARTIN FISCHER, Dienst an der Liebe. Die katholische Ehe-, Familien- und Lebensberatung in der DDR (= EThSt 107) (Würzburg 2014) S. 346.
[59] Vgl. BStU, MfS AIM 25230/91, Bd. III, 000049 f.
[60] Vgl. M. FISCHER, Dienst (wie Anm. 58) bes. S. 161–162.
[61] Annalen Alexanderdorf (wie Anm. 16), 11. 11.–17. 11. 1967.

noch nicht ausreichend geklärt. Das bisher Erarbeitete erfüllte offensichtlich nicht alle Erwartungen. Ende 1968 erschien das Thema auf der Tagesordnung der BOK und führte zu einer Beschlussfassung: „Die Konferenz hält einen zweijährigen Ausbildungskurs nicht für sinnvoll. Sie schlägt vor, dass je ein qualifizierter Teilnehmer aus jedem Jurisdiktionsbezirk zu einem Arbeitskreis an insgesamt zwei oder drei Wochenenden im Jahre 1969 zusammentreten, sich mit den Problemen befassen und das Material durcharbeiten, um auf Diözesanebene bei der Weitergabe mitwirken zu können".[62]

Im Dezember 1968 beauftragte die BOK Schimke, mit der Organisation der Ausbildung zu beginnen.[63] Dieser bemühte sich um eine sofortige Umsetzung, ohne nochmalige Rücksprache mit der BOK zu halten:[64] „Der Anlauf durch die Diözesen auf amtlichen Weg schien ihm ‚wohl zu lange' zu dauern, so dass er bereits im Februar 1969 die Initiative ergriff und ‚ihm bekannte Ehepaare'[65] und Einzelpersonen, die ihm für eine derartige Aufgabe geeignet ... erschienen, dazu eingeladen hatte, an dem Ausbildungskurs zum Eheberater teilzunehmen. ... Außerdem hatten einzelne Teilnehmer wiederum andere zur Mitarbeit empfohlen, die dann ebenso angesprochen wurden. Diese Vorgehensweise konnte als eine ‚Privatinitiative' Schimkes gewertet werden, war aber durch den BOK-Beschluss durchaus gedeckt, denn die Ordinarien hatten ja ein berechtigtes Interesse daran, dass die Organisation der Ausbildung begann, schließlich hatten sie genau hierzu den Auftrag erteilt. Schimke hatte somit einen ‚wesentlichen Anteil ... an dem inoffiziellen Beginn des ersten Ausbildungskurses'".[66] Durch den Berliner Ordinariatsrat Peter Riedel (1928–1992) wurde Schimke im April 1969 darüber in Kenntnis gesetzt, dass die BOK den Beschluss gefasst habe, „den Seelsorgeamtsleitern den Auftrag zu erteilen, Teilnehmer zu einem Arbeitskreis ‚Eheberatung' zu entsenden".[67]

---

[62] M. FISCHER, Dienst (wie Anm. 58) S. 161 f.

[63] Vgl. DERS., Zwischen Gehorsam und Autoritätsverlust. Reaktionen auf „Humanae vitae" in der DDR, in: BIRGIT ASCHMANN – WILHELM DAMBERG (Hg.), Liebe und tu, was du willst? Die „Pillenenzyklika" Humanae vitae von 1968 und ihre Folgen (= VKZG, C 3) (Paderborn 2021) S. 269–308, hier: S. 280.

[64] Vgl. M. FISCHER, Dienst (wie Anm. 58) bes. S. 175–179.

[65] Es handelte sich vor allem um Ehepaare, die er aus dem Erzbischöflichen Amt Görlitz kannte und die zu dieser Zeit in Leipzig wohnten, wie das Ehepaar Janik (frdl. Mitteilung von Frau Eva Janik, 20. 1. 2021) und das Ehepaar Nartschik (frdl. Mitteilung von Dr. Clemens Nartschik, 19. 1. 2021.)

[66] M. FISCHER, Dienst (wie Anm. 58) S. 175.

[67] Ebd.

Schimke war es auch, der qualifizierte Fachkräfte für Eheberatung suchte und zu engagieren bemühte.[68] Da es auf dem Gebiet der DDR die dafür notwendigen Ausbilder nicht gab, griff er auch auf bundesdeutsche Hilfe zurück, so auf Referenten vom Katholischen Zentralinstitut für Eheberatung in Köln, welches wenige Jahre zuvor gegründet worden war und bereits erste Erfahrungen gesammelt hatte. Schimke ist es letztlich zu verdanken, dass im Frühjahr 1969 mit einem ersten Ausbildungskurs für katholische Eheberatung begonnen werden konnte und damit die katholische Ehe-, Familien- und Lebensberatung in der DDR erfolgreich ihren Anfang nahm.

3. Handeln im sozialistischen Staat

3.1. Sozialistische Stadt ohne Kirchen: Stalinstadt

Seit Beginn der 1950er Jahre bis zum Ende seines Lebens war Schimke Initiator und Bauherr zahlreiche Projekte,[69] erwarb Grundstücke, beschaffte Baumaterialien und legte sich dabei mit staatlichen Baubehörden sowie parteipolitischen Institutionen, aber auch mit kirchlichen Vorgesetzten an. Maßgeblich beteiligt war er am Erwerb einer Baracke und eines Grundstücks im Görlitzer Stadtteil Weinhübel sowie am Bau des Gemeindehauses in Guben.[70] 1952 wurde er Pfarrvikar in Guben und von 1953 bis 1956 Kuratus in Stalinstadt,[71] wo er in der sogenannten „ersten sozialistischen Stadt der DDR" trotz immenser Repressalien seitens der staatlichen Behörden Christen sammelte, um eine katholische Gemeinde zu begründen und eine Kirche zu bauen.[72]

Der damalige stellvertretende Vorsitzende des Ministerrats der DDR und spätere Staatsratsvorsitzende Walter Ulbrich (1893–1973) hatte 1953 hinsichtlich eines Kirchenbaus vor Arbeitern des Eisenhüttenkombinates Ost in Stalinstadt erklärt: „Man hat mich gefragt, wieviel Türme diese Stadt haben wird? Die Fabrik hat ihre Türme, das Kulturhaus wird seinen Turm und das Stadion ... [seinen Turm] haben. Und einen anderen Turm brauchen wir

---

[68] Ebd., S. 346.
[69] Auch den Schwestern in Alexanderdorf war er 1967 beim Bau einer Heizung in einem Nebengebäude behilflich. – Vgl. Annalen Alexanderdorf (wie Anm. 16), 2008.
[70] Mitteilung Straube (wie Anm. 29).
[71] BAG, Personalakte Schimke.
[72] Vgl. K. HARTELT, Piontek (wie Anm. 28) S. 352.

nicht ...".⁷³ Beide christlichen Kirchen hatten bis 1954 vergeblich versucht, in Stalinstadt einen Kirchenbau zu realisieren.⁷⁴

Die Bemühungen Schimkes reichen bis in den August 1953 zurück.⁷⁵ Nach Verhandlungen über die Errichtung einer Baracke zwischen kirchlichen und staatlichen Vertretern sah es zunächst so aus, als ob dem Projekt zugestimmt würde. Der Bau des kirchlichen Gebäudes wurde bei der Stadtversammlung zunächst angenommen und festgelegt, dass das kircheneigene Baugrundstück nicht im Bebauungsgebiet liege. Kurze Zeit später wurde aber mitgeteilt, dass der bereits genehmigte Grundstückskauf vom Rat des Kreises untersagt worden sei. Der Grund dafür liege in der Bewirtschaftung und einer möglichen Gefährdung der Volksernährung. Beschwerdeschriften des Kirchenvorstandes blieben zunächst erfolglos.⁷⁶

Am 2. November 1953 unterbreitete Schimke dem Erzbischöflichen Amt Görlitz Vorschläge, wie man die Seelsorge in Stalinstadt ordnen könne.⁷⁷ Man werde ab dem 8. November in der Kirche von Fürstenberg Gottesdienste halten.⁷⁸ Kirchenrechtlich solle Stalinstadt verselbstständigt und damit die Seelsorgetätigkeit abgegrenzt werden. Außerdem müsse angesichts der Zahl von 3000 Gemeindemitgliedern eine Seelsorgshelferin angestellt werden. Der damalige Pfarrer von Fürstenberg, Clemens Zimmermann (1910–1960), stimmte den Plänen zu.

Am 12. Januar 1954 wandte sich der Berliner Bischof Wilhelm Weskamm (1891–1956) an den Ministerpräsidenten der DDR Otto Grotewohl (1894–1964) und beklagte eine seelsorgliche Notlage in Stalinstadt. Seit langem liege eine Baracke bereit, die auf dem noch freien Stadtgelände als vorläufiger Gottesdienstraum aufgestellt werden sollte. Im Namen der örtlichen Kirchenvertreter bitte er darum, die nötigen Anweisungen zu erlassen. Die christlichen Einwohner von Stalinstadt empfänden es als untragbar, „wenn man ihnen die Glaubens- und Gewissensfreiheit an einem Orte von solcher Größe vorenthalten würde".⁷⁹ Gleichwohl wurden die für den Barackenbau vorbereiteten Fundamente in der Nacht vom 18. zum 19. März 1954 von

---

⁷³ MARTIN HÖLLEN, Loyale Distanz? Katholizismus und Kirchenpolitik in SBZ und DDR. Ein historischer Überblick in Dokumenten, Bd. 1 (1945 bis 1955) (Berlin 1994) S. 353.

⁷⁴ Ebd., S. 357.

⁷⁵ Vgl. BAG, BO III, Ortsakte Eisenhüttenstadt, Hl. Kreuz Nr. 1: Schriftwechsel zur Einrichtung der Seelsorge, Kauf eines Grundstücks und Bau einer Baracke 1953–1954. – Vgl. Allen Widerständen zum Trotz. Gemeinde Eisenhüttenstadt feiert zwei Jubiläen, in: TdH 54/25 (17. 6. 2004).

⁷⁶ Vgl. K. HARTELT, Piontek (wie Anm. 28) S. 352.

⁷⁷ Vgl. Ortsakte Eisenhüttenstadt (wie Anm. 75).

⁷⁸ Vgl. ebd., Schimke an EBA, 2. 11. 1953.

⁷⁹ Ebd., Schimke an EBA, 12. 1. 1954 (Kopie).

„kommunistischen Stoßtrupps"[80] zerstört und der Weiterbau zunächst verboten.

Am 26. Mai 1954 konnte Schimke dann das Erzbischöfliche Amt doch noch darüber informieren, dass die Aufstellungsgenehmigung für die Baracke eingetroffen sei und ein notarieller Kaufvertrag abgeschlossen werden könne. Für den Aufbau seien wohl 40 000 DM nötig, die schnellstens beschafft werden müssten. Obwohl die lange Materiallagerung und die Zerstörung vieles unbrauchbar gemacht habe und es auch an Arbeitskräften mangele, wolle er an Pfingsten den ersten Gottesdienst in der Behelfskirche halten. Nach vielerlei Schwierigkeiten konnte Schimke schließlich am 7. Juni 1954 mit ca. 175 Gläubigen den ersten Gottesdienst in Stalinstadt feiern. Dabei kamen nur 100 Gläubige aus Stalinstadt selbst, da dort noch große Angst „wegen der ständige Kontrollfahrten der SED-Kreisleitung" herrschte. Die übrigen Gläubigen waren aus Fürstenberg und Guben gekommen. Am 15. Juni dankte der Görlitzer Kapitelsvikar Ferdinand Piontek (1878–1963) Schimke in einem Schreiben für seinen Einsatz: „Mit Freude und Anerkennung habe ich Kenntnis genommen von den Aufstellungsarbeiten der Seelsorgsbaracke und dem am Pfingstmontag daselbst abgehaltenen Gottesdienst. Sprechen Sie auch bitte den unermüdlichen Helfern aus Ihrer Gemeinde für ihren selbstlosen Einsatz meinen Dank aus".[81]

Allerdings musste der Bau im Sommer 1954 wegen fehlender Mittel unterbrochen werden. Der Bauzustand einiger Gebäude, darunter des Pfarrhauses, sei auch nach dem ersten Gottesdienst noch nicht bezugsfertig. Absprachen mit den Firmen vor Ort seien oft nur ohne Kostenvoranschläge möglich. Hinzu kam, dass die dauernden Belastungen offenbar zu einer Erkrankung Schimkes geführt hatten, so dass er im Juni und nochmals im September 1954 um einen Jahresurlaub von sechs Wochen ansuchte, um sich einer Herzkur zu unterziehen; dieser wurde ihm bis zum 1. November gewährt.[82]

Inzwischen hatte Schimke beim Bonifatiusvereins in Paderborn einen Gesamtfinanzierungsplan von 119 000 DM eingereicht und zudem für die neue Kirche Glocken erworben.[83] Ein Darlehen in Höhe von 60 000 DM, das Schimke vom Bautzner Ordinariat erbeten hatte, sollte die Finanzierungslücke schließen.[84] Zudem hatte er für den Kauf der Glocken nebst

---

[80] Vgl. K. HARTELT, Piontek (wie Anm. 28) S. 352.
[81] Ortsakte Eisenhüttenstadt (wie Anm. 75), Piontek an Schimke, 15. 6. 1954.
[82] Ebd., EBA an Schimke, 16. 1. 1954. – Schimke an EBA 9. 9. 1954.
[83] Ebd., Aktennotiz Negwer über Telefonat mit Wuttke, 8. 8. 1954.
[84] Ebd., Schimke an EBA, 2. 11. 1954.

Glockenstuhl, Transportkosten und Montage eine Spende des Bistums in Höhe von 11 000 DM erhalten.[85]

Das eigenmächtige Finanzgebaren Schimkes, das zunehmend auf Ablehnung seiner Vorgesetzten stieß, geht aus einem Monitum des Görlitzer Kapitelvikars Piontek hervor, das ihn im Januar 1955 erreichte und in dem es hieß: „Als seiner Zeit auf Ihr Betreiben die Anleihe von 60 000,- DM beim Ordinariat Bautzen für den Bau von Stalinstadt aufgenommen wurde, haben sich Eure Hochw. anheischig gemacht, für die Rückzahlung zu sorgen. Nur im Vertrauen darauf habe ich die Anleihe, die von Ihnen bereits mit Bautzen abgesprochen worden war, gutgeheißen. Leider haben Sie wegen der Rückzahlung bisher nichts unternommen, … während Sie sich den weiteren Ausbau der Notkirche und Seelsorgsbaracke sowie die Einrichtung des Kirchenraumes auf die verschiedenste Weise sehr angelegen sein lassen. Das in sie gesetzte Vertrauen ist durch dieses Verhalten stark erschüttert worden. Ich weise Ihnen an: Herrn Domkapitular Dr. [Alois] Wuttke [1899–1985] alsbald ganz genaue Aufstellung über den Bestand und die Verwendung sämtlicher für Stalinstadt eingegangenen kirchlichen und privaten Spenden zu geben. Die von mir Ihnen ausgestellten Empfehlungsschreiben ohne Einbehaltung eventueller Abschriften sofort an mich zurückzusenden. Jegliches Kollektieren sowie Bettelreisen oder Bettelbriefe für Stalinstadt ab sofort einzustellen. Ich erteile Ihnen das ausdrückliche Verbot, noch irgendeine kirchliche Stelle ohne mein Wissen in dieser Angelegenheit anzugehen. Jeglicher weiterer Ausbau der Notkirche oder Seelsorgsbaracke … darf nur mit meiner ausdrücklichen Genehmigung für den Einzelfall erfolgen. Ihre erste Verpflichtung bleibt die Abtragung der übernommenen Schuld von 60 000 DM".[86]

Schimke reagierte auf das Monitum mit einer „Gutachtliche Stellungnahme zum Kirchenbarackenbau Stalinstadt" eines Görlitzer Bauingenieurs, die er Piontek am 12. Januar 1955 übersandte und in der alle Kostenabrechnungen als korrekt bestätigt wurden. Zudem würdigte das Gutachten die Verdienste Schimkes, indem es feststellte: „Dass unter diesen schwierigen Verhältnissen dieses Bauvorhaben in dieser kurzen Zeit überhaupt errichtet werden konnte, ist bemerkenswert, da es kaum einem staatlichen Baubetrieb möglich gewesen wäre, dieses Bauvorhaben in dieser Weise und Zeit zu erstellen".[87]

Dennoch hatte Schimkes eigenmächtiges Vorgehen zur Folge, dass er mit Wirkung vom 16. Januar 1956 als Pfarrkurat von Stalinstadt abgelöst und

---

[85] Ebd., Schimke an EBA, 23. 11. 1954.
[86] Ebd., Konzeptentwurf samt Ergänzung von Theissing, 5. 1. 1955.
[87] Ebd., Gutachterliche Stellungnahme, 12. 1. 1955.

gleichzeitig zur Mitarbeit im katholischen St.-Benno-Verlag Leipzig freigestellt wurde.[88]

Der entscheidende Grund für die Ablösung Schimkes war wohl der Bautzener Kredit, den Schimke eingefädelt hatte in der leichtfertigen Annahme, dass das Erzbischöfliche Amt Görlitz die Rückzahlung übernehme. Hinzu kam, dass er undurchsichtige Spenden organisiert und notwendige Genehmigungen des Erzbischöflichen Amtes nicht eingeholt hatte, wie etwa beim Kauf der Glocken, welche die Diözese Eichstätt, wohin er seit seinem Studium enge Kontakte pflegte, bezahlt hatte.

Die 1954 in Stalinstadt unter großen Mühen und Opfern errichtete Heilig-Kreuz-Kirche wurde auf staatliche Anordnung hin „wegen ihrer exponierten Stellung" und trotz massiver Proteste 1958 wieder abgerissen. Unweit der abgerissenen Kirche konnte jedoch 1959 unter Verwendung der Baumaterialien der alten eine neue Kirche für Stalinstadt (seit 1961 Eisenhüttenstadt) errichtet werden.[89]

3.2. Kampf um die Verfassung

Im Dezember 1967 wurde durch die DDR-Volkskammer der Plan bekannt gegeben, eine neue Verfassung zu erarbeiten. Vorgesehen war dabei auch eine vom Staat initiierte „Volksaussprache"; mittels Eingaben sollte zum Verfassungsentwurf Stellung genommen werden können. Auf Einladung des BOK-Vorsitzenden Kardinal Bengsch nahm Schimke auf der Konferenz vom 8./9. Januar 1968 die Stellung der Kirche und die Behandlung der Gewissens- und Glaubensfreiheit im Verfassungsentwurf in den Blick.[90] Einen Vorgriff auf die der neuen Verfassung zugrundeliegende Auffassung vom Menschen, vom Staat und von der Rangordnung der Rechtsgüter fände sich, so Schimke, in dem wenig später am 12. Januar 1968 durch die Volkskammer verabschiedeten neuen Strafgesetz und in der damit verbundenen neuen Strafprozessordnung. Deshalb beschloss die BOK, zu den Fragen der Glaubens- und Gewissensfreiheit, des Rechtes der Geistlichen auf Aussageverweigerung und des kirchlichen Eigentums eine Eingabe an den Staatssekretär für Kirchenfragen zu richten mit der Bitte, diese an die Vorsitzende der Kommission zur Ausarbeitung des Strafgesetzbuches und der Strafprozessordnung Hilde Benjamin (1902–1989) sowie an den Vorsitzenden des

---

[88] BAG, Personalakte Augustinus Schubert, EBA an Administrator Schubert, 4. 7. 1955.

[89] JOSEF PILVOUSEK (Hg.), Kirchliches Leben im totalitären Staat, Bd. I: Seelsorge in der SBZ/DDR 1945–1976. Quellentexte aus den Ordinariaten (Leipzig 1994) S. 386.

[90] Protokolle 1968–1970 (wie Anm. 43), Protokoll der BOK vom 8./9. 1. 1968.

Verfassungs- und Rechtsausschusses Wolfgang Weichelt (1929–1993) weiterzuleiten. Schimke hatte eine dreiseitige Stellungnahme zum Strafgesetzbuch und zur Strafprozessordnung vorbereitet und bei einer Besprechung mit dem Berliner Weihbischof und späteren Schweriner Bischof Heinrich Theissing (1917–1988) präsentiert. Nach Verabschiedung der Eingabe durch die BOK wurde diese durch Prälat Otto Groß dem Staatssekretär für Kirchenfragen übergeben.[91]

Auf Vorschlag Schimkes hat die BOK in der Folge verschiedene Eingaben an die Verfassungskommission gerichtet. Kardinal Bengsch wandte sich zweimal, am 5. Februar[92] und am 26. Februar 1968,[93] an den Staatsratsvorsitzenden, um gegen die geplante Beschneidung der kirchlichen Rechte zu protestieren und Änderungsvorschläge zu präsentieren.

Obwohl genaue Zahlen zu Eingaben der Gläubigen und Priester fehlen, so kann doch festgehalten werden, dass es im Vorfeld der neuen DDR-Verfassung zu einer einzigartigen Mobilisierung im kirchlichen Raum gekommen ist. Von Theologen[94] bis zu engagierten Laien[95] waren zahlreiche Katholiken an der Diskussion beteiligt, nicht wenige verfassten selbst „Eingaben" zum Verfassungsentwurf. So wundert es nicht, dass Gemeindeveranstaltungen zur „neuen" Verfassung durch staatliche Stellen überwacht,[96] „Einschätzungen" der auftretenden Redner vorgenommen[97] und Teilnehmer und Ergebnis der Veranstaltungen dokumentiert wurden.[98]

Am 6. April 1968 wurde in einem „Volksentscheid" die neue Verfassung angenommen; sie trat am 9. April 1968 in Kraft. Substantielle Verbesserungen gegenüber dem ursprünglichen Entwurf enthielt der Text allerdings nur an zwei Stellen. Dass abweichend vom Entwurf in Artikel 20, Absatz 1, nun die Gleichheit vor dem Gesetz auch hinsichtlich des religiösen Bekenntnisses ausdrücklich festgehalten war sowie die Gewissens- und Glaubensfreiheit[99]

---

[91] Ebd., Entwurf des Strafgesetzbuches und der Strafprozessordnung. Stellungnahme – ausgearbeitet von Dr. Schimke, 6. 1. 1968.

[92] FKZE (P), Sammlung Schürmann, Bengsch an Ulbricht, 5. 2. 1968.

[93] Ebd., Bengsch an Ulbricht, 26. 2. 1968.

[94] Ebd., Schürmann an Verfassungskommission, 23. 2. 1968.

[95] FKZE (P), Sammlung Krug, Krug an Verfassungskommission, 13. 2. 1968.

[96] ThHStAW, RdB Erfurt/Kirchenfragen, Ki 63, Rat der Stadt Erfurt an Rat des Bezirkes Erfurt, Analyse über geistliche Amtsträger zum Volksentscheid, 18. 4. 1968.

[97] Ebd., Information über die Diskussion der neuen Verfassung in katholischen Kreisen.

[98] Ebd., Rat der Stadt Erfurt, Information, Abstimmung zum Verfassungsentwurf, 10. 4. 1968.

[99] Vgl. Neues Deutschland, Zentralorgan der Sozialistischen Einheitspartei Deutschlands, 15. März 1968.

garantiert wurde,¹⁰⁰ war wohl auf die kirchlichen Interventionen zurückzuführen.

4. Mitarbeiter im Benno-Verlag Leipzig

Wie oben bereits berichtet, war Paul Schimke zum 16. Januar 1956 in Eisenhüttenstadt entpflichtet und für die Mitarbeit im Leipziger St.-Benno-Verlag freigestellt worden.¹⁰¹ Im Einvernehmen von Kapitelsvikar Piontek und dem Meißener Bischof Otto Spülbeck (1904–1970) war er dort als „Freiberuflicher Mitarbeiter zur Verfügung des Lektorates" tätig¹⁰² und neben Lektoratsaufgaben mit der Erarbeitung von alttestamentlichen Bibelheften betraut.

Vermutlich schon Ende der 1950er Jahre hatte Schimke seinen Lebensmittelpunkt von Görlitz nach Leipzig verlegt. Von hier aus betrieb er gleichsam einen „privaten Wohnungsmarkt", vermutlich auch, um die staatlichen Behörden, vor allem den Staatssicherheitsdienst, in die Irre zu führen. Er wohnte in Leipzig zunächst in einem Kellerzimmer „An der Märchenwiese", später in verschiedenen Zimmern und Wohnungen.¹⁰³ Von 1969 bis 1993 bewohnte er ein Zimmer in der Wohnung der Familie Janik und durfte auf „Dienstleistungen" der Eheleute und ihrer Kinder zurückgreifen.¹⁰⁴ Umgekehrt profitierte die Familie, wie sie sich heute dankbar erinnert, von der geistlichen Begleitung des Priesters. Das Zimmer nutzte Schimke vor allem, um Einzelgespräche zu führen. In Leipzig zelebrierte er jeden Morgen in der Kapelle eines Hauses, das zum Elisabethkrankenhaus gehörte.¹⁰⁵

Ein Privathaus in Leipzig nutzte er zusätzlich seit 1974 „mit einer 20-jährigen Vereinbarung". Es bestand aus zwei Wohn- und Arbeitsräumen, Gewerberäumen und einer Garage.¹⁰⁶ Ob hier nach 1989 eine neue Vereinbarung getroffen werden konnte, bleibt offen. 1975/76 stand ihm ferner das katholische Pfarrhaus in Quellendorf bei Köthen zur Verfügung, dazu außer dem späteren „Hauptanwesen" in Pehritzsch seit 1992 noch ein Grundstück mit

---

[100] DIETRICH MÜLLER-RÖMER (Hg.), Ulbrichts Grundgesetz. Die sozialistische Verfassung der DDR (Köln 1968) S. 26.

[101] Vgl. BAG, Personalakte Augustinus Schubert, EBA an Administrator Schubert, 4. 7. 1955.

[102] BAEF, ROO, St. Benno Verlag 9 (Alt-Sign. 14), Lektorat Dr. Schimke, Betr. Angelegenheit Dr. Schimke, 16. 6. 1965.

[103] Wiesenstraße 23, Mühsamstraße 23, Gustav-Mahler-Straße und Sigebandweg 4. – Vgl. Mitteilung Sr. Barbara (wie Anm. 16).

[104] Richard-Lehmann-Straße 31. – Vgl. Mitteilung Eva Janik (wie Anm. 65).

[105] Kommandant-Prendel-Allee 85. – PAP, Janik an Pilvousek, 19. 4. 2021.

[106] BAEF, BBK, Einzelne Vorgänge 1987–1993, u. a. Causa „Schimke", Anmerkungen zu dem Vermerk von Schwerin, 25. 8. 1992.

Gebäuden in Kleina bei Neustadt/Orla. Wirtschafterin und Bibliothekarin war hier bis 2005 Sabine Zeiske (geb. 1947), die zwischen Pehritzsch und Kleina pendelte.[107] Elf Räume samt Garage dienten in Pehritzsch der Arbeit der von Schimke initiierten „Akademie für Bildung und Wissenschaft e. V. Leipzig", und zwar mietfrei, solange der Eigentümer lebte.[108] Nach Auflösung des Studienhauses in Pehritzsch 2012 wurde auch der Gebäudekomplex in Kleina verkauft.[109] Die beide kleinen Gehöfte hatte Schimke erworben, um Familien religiöse Bildungsangebote zu ermöglichen und selbst einen ruhigen Ort zum Selbststudium zu haben. Er konnte diese im Einvernehmen mit dem Ortsbürgermeister zehn Jahre lang nutzen. Ob damit alle Wohnungen und Unterkünfte genannt sind, die Schimke je nutzte oder nutzen wollte, ist unklar.

Als Mitarbeiter des Benno-Verlags musste Schimke von Anfang an auch Lektoratsaufgaben jeder theologischer Provenienz übernehmen.[110] Er erhielt Unterstützung von einer Fachkraft für Altes Testament, einer Stenotypistin und einer Sekretärin. Beide Frauen waren in Lektoratsarbeiten eingebunden, so dass die Autorentätigkeit Schimkes von Anfang an eingeschränkt war. Die geplanten Bibelhefte hatten zum Ziel, über aktuelle Themen des Alten Testaments zu informieren und einen größeren Leserkreis in verständlicher Sprache und gutem Bildmaterial zu versorgen; dabei waren zunächst vier Hefte geplant. Als erstes Heft erschien im September 1958: „Der Turmbau zu Babel – ein Märchen?" in einer Auflage von 10 000 Exemplaren. Es war in kurzer Zeit vergriffen. Die Intervention des stellvertretenden Kultusministers der DDR verhinderte 1959 eine zweite Auflage. 1957 hatten die Vorarbeiten für das nächste Heft zum Thema „Abraham" begonnen, doch dauerten diese länger als geplant, vor allem weil zahlreiche wissenschaftliche Vorarbeiten für ein fundiertes Urteil notwendig waren und somit Kontakte zu evangelischen und katholischen Experten aufgenommen werden mussten.

Die mannigfaltigen Aufgaben, die das „Lektorat Schimke" erfüllen musste, führten dazu, dass 1958 nur etwa 25 Prozent der Lektoratsarbeiten am Abrahamsheft geleistet werden konnten. Der Verlag drängte bis 1960 vergeblich darauf, das Abraham-Manuskript abzuschließen. Zum 31. Dezember 1960 wurde die Lektoratsabteilung Schimke aufgelöst, um weitere Unkosten zu

---

[107] Mitteilung Zeiske (wie Anm. 10).
[108] Causa Schimke, Anmerkungen Schwerin (wie Anm. 106).
[109] Vgl. Erinnerungen Schade (wie Anm. 14) S. 4.
[110] Zur Tätigkeit von Dr. Schimke in und für den Benno-Verlag vgl. vor allem: Lektorat Dr. Schimke (wie Anm. 102), Abschließendes Gutachten des Cheflektors über das geplante Werk Dr. Schimke: „Abraham", Josef Gülden, 24. Februar 1965.

vermeiden.¹¹¹ Das Gehalt für die drei Personen und die Kosten für das Büro übernahm der Meißener Bischof Spülbeck, die Ruhestandsbezüge sollten aus den vom Kommissariat Magdeburg verwalteten Lizenzgeldern übernommen werden.¹¹² Mit Wirkung vom 1. Februar 1961 schied Schimke aus der hauptamtlichen Tätigkeit beim Verlag aus, wechselte mit Zustimmung seines Görlitzer Ordinarius' in den Dienst des Bistums Meißen und erhielt eine Anstellung im Archipresbyterat Leipzig.¹¹³ Der Zuschuss, den ihm die BOK zu seinem Gehalt beim Benno-Verlag gewährte, sollte für ein weiteres Jahr verlängert werden. So konnte das „Lektorat Schimke" weitgehend unbeeinträchtigt fortbestehen.¹¹⁴

Mittlerweile umfasste das Abraham-Manuskript 1000 Seiten; von 48 Kapiteln waren aber erst 39 fertiggestellt. Der Rest sollte bald folgen. Der Verlag hatte inzwischen auf Anraten von Schimke drei Experten um Gutachten gebeten. Bis schließlich zumindest ein Gutachten vorlag – zwei Gutachter antworteten nicht –, verging ein weiteres Jahr. Das eingereichte Gutachten allerdings war überaus positiv. Vergeblich wartete der Verlag dagegen auf die Lieferung der ausstehenden Kapitel 40 bis 48. Schimke berief sich auf die fehlenden Gutachten, die nach seiner Meinung für eine wissenschaftliche Veröffentlichung notwendig wären. Schließlich machte 1963 die „Kirchliche Lektorenkonferenz", ein Zusammenschluss der auf DDR-Gebiet tätigen katholischen Lektoren mit Vertretern der Jurisdiktionsbezirke, den Vorschlag, das vorliegende Manuskript ohne wissenschaftlichen Apparat zu veröffentlichen. Lesergutachten von Laien sollten die Lesbarkeit und Verständlichkeit der Texte bestätigen. Als Ergebnis hielt man schließlich fest, dass für das Verständnis des komplizierten Inhalts bei Laien die Voraussetzungen fehlten. Konzessionsbereit wurde ein Vorschlag gutgeheißen, das Projekt bis 1964 auf fünf einzelne Publikation umzustellen. Schimke selbst schlug vor, wenigstens die ersten 30 Kapitel in einem gemeinsamen Band zu veröffentlichen. Eine erste Prüfung ergab, dass dieses Manuskript zwar höchsten wissenschaftlich Anforderungen entsprach, aber kaum Leser finden könne.¹¹⁵ Daraufhin wurde vom Erfurter Alttestamentler Hans Lubscyk (1911–2008)

---

[111] BAG, BO VIII, 119, Akte Infodienst Schimke, Pfeiffer an Schimke, 14. 12. 1960.

[112] Vgl. THOMAS SCHULTE-UMBERG (Bearb.), Akten deutscher Bischöfe seit 1945. DDR 1957-1961 (= VKZG, A 49) (Paderborn u. a. 2006) S. 474.

[113] Vgl. ebd., S. 904. – Von 1959 bis 1974 war Schimke mit Sonntagsgottesdiensten und anderen priesterlichen Diensten in Rackwitz bei Leipzig tätig; vgl. Mitteilung Straube (wie Anm. 29).

[114] Hauptprojekt war und blieb das Buch „Turmbau zu Babel". Das geplante größere Werk „Abraham" kam nicht zustande; vgl. Mitteilung Straube (wie Anm. 19).

[115] BAEF, ROO, St. Benno Verlag 36 I (Alt-Sign. 51), Protokolle der Gesellschafterversammlungen 1951-1971, Protokoll der Gesellschaftersitzung des St. Benno-Verlages, 28. 8. 1964.

ein neues Gutachten erbeten.[116] Dieses kam zu dem Ergebnis, dass Schimke durch seine langjährige Tätigkeit zu einem Fachmann für biblische Archäologie geworden sei und die Studie zu einer Dissertation umarbeiten solle. Insgesamt aber sei die Arbeit falsch angelegt. Die Geschichtlichkeit Abrahams könne nicht durch archäologische Forschungsergebnisse bewiesen werden; Ausgangspunkt müssten zudem die Ergebnissen der kritischen Exegese sein.

Nun war der Verlag offenbar nicht mehr bereit, länger zu warten, zumal Schimke unterdessen als freier Autor weniger an den Verlag gebunden war als noch zuvor. Der Cheflektor des Verlages, der Oratorianer Josef Gülden (1907–1993), hielt am Ende eines Gutachtens resigniert fest, dass das Unternehmen „Abraham" gescheitert sei. Nun begannen Auseinandersetzungen um das Urheberrecht an „Abraham I" (dem abgeschlossenen Teil des Manuskripts) und „Abraham II" (dem noch unvollständigen Teil) sowie um die Rückerstattung der vom Verlag gewährten Vorfinanzierung. Der schließlich gefundene Kompromiss sah von einer Rückerstattungsforderung ab und gestand Schimke das Urheberrecht an den Werken „Turmbau" und „Hebräische Patriarchen" zu.[117]

Am 24. Juni 1965 notierte der Geschäftsführer des Verlages, der Leipziger Propst Ernst Pfeiffer (1901–1991),[118] das Verhalten von Schimke sei insofern als schuldhaft zu bezeichnen, als dass er bezüglich der Fertigstellung der Manuskripte leichtfertig Terminzusagen gemacht habe.[119] Dem Verlag, so Pfeiffers Resümee, seien angesichts der vorausgegangenen Entwicklung keinerlei Vertragsbeziehungen mit Schimke mehr zuzumuten.[120]

5. Das Ringen um einen Informationsdienst

Wegen der restriktiven Publikations- und Zensurmaßnahmen des Staates herrschte in der DDR bei Priestern und Laien, trotz Kirchenzeitungen und diverser Jahrbücher, stets ein Mangel an theologischen und gesamtkirchlichen Informationen. Staatlicherseits initiiert und fest in der Hand der Ost-CDU wurde seit Oktober 1961 die „Begegnung – Monatsschrift deutscher Katholiken" (später: „Zeitschrift progressiver Katholiken" und seit dem 1. Januar

---

[116] Lektorat Dr. Schimke (wie Anm. 102), Gutachten Lubscyk 10. 2. 1965.

[117] Vorausgegangen war eine Reihe von Gutachten, die Schimkes Urheberrecht gegenüber dem Verlag anzweifelten, vgl. ebd., 14. 6. 1965.

[118] Ebd., Aktennotiz Angelegenheit Dr. Schimke, Ernst Pfeiffer, 24. 6. 1965.

[119] Anderer Meinung war Josef Gülden, der Cheflektor: Von einem schuldhaften Verhalten Dr. Schimkes könne keine Rede sein. – Vgl. ebd., Abschließendes Gutachten des Cheflektors über das geplante Werk Dr. Schimke: „Abraham", Josef Gülden, 24. 2. 1965.

[120] Ebd, Aktennotiz Angelegenheit Dr. Schimke, Ernst Pfeiffer, 24. 6. 1965.

1979 „Zeitschrift für Katholiken in Kirche und Gesellschaft") herausgegeben, die über Ereignisse aus der Weltkirche sowie theologische und gesellschaftliche Fragen berichtete.[121] Sie erschien ohne Verbindung zu den Bischöfen, hatte eine Auflage von 4000 Stück und entsprach inhaltlich der politischen Linie der SED. Eine ähnlich breit angelegte, kritische kirchliche Informationsquelle gab es seitens der Kirche lange nicht.

Erst seit den frühen sechziger Jahren lässt sich ein heterogenes Feld einer Vielzahl quasikirchlicher Publikationen ausmachen. Einige Beispiele seien genannt:[122] „Pastorale Handreichungen" nannte sich die Gattung, die für Theologie und Seelsorge geschaffen wurde. In ihnen finden sich Auseinandersetzungen mit praktisch allen Problemen, die in der Lebenswirklichkeit des DDR-Katholizismus relevant waren. Ähnlich wichtig waren die Beilagen zu den kirchlichen Amtsblättern, die zuerst „Pastorale Handreichungen", ab 1969 „Pastorale Fragen" hießen. Seit 1961 erschienen sie zur besseren Nutzbarkeit in einem gesonderten Format wieder unter dem Titel „Pastorale Handreichungen". Hinzu kam seit 1967 ein durch den Leipziger Oratorianer Werner Becker (1904–1981) herausgegebener ökumenischer Informationsdienst. Ein evangelisch-katholischer Briefkreis entstand 1958.[123] Die Tätigkeit des „Aktionskreises Halle" wurde seit 1969 durch eigene Rundbriefe dokumentiert und veröffentlicht. Diese waren die einzige aus privater Initiative hervorgegangene und überregional versandte katholische Publikation in der DDR.[124] Auch ein 1963 in Erfurt gegündeter Arbeitskreis „Pacem in terris" gab eigene Handreichungen heraus.[125] Alle diese Veröffentlichungen erschienen ohne staatliche Druckerlaubnis mit dem Zusatz „Nur für den innerkirchlichen Dienstgebrauch".

Eine größere Verbreitung erlangten die Ausgaben des theologischen Informationsdienstes, der im Auftrag der BOK von Franz-Peter Sonntag und Wolfgang Trilling seit 1969 herausgegeben und von der Arbeitsstelle für Pastorale Hilfsmittel im Seelsorgeamt des Erzbischöflichen Kommissariats Magdeburg vervielfältigt und verschickt wurde. Aufgrund eines Einspruchs

---

[121] Vgl. JOSEF PILVOUSEK, Progressive Katholiken – reaktionäre Bischöfe; die Berliner Konferenz Europäischer Katholiken (BK), in: KATHARINA KRIPS – STEPHAN MOKRY – KLAUS UNTERBURGER (Hg.), Aufbruch in der Zeit. Kirchenreform und europäischer Katholizismus (FS Franz Xaver Bischof) (Stuttgart 2020) S. 433–446, hier: S. 437.

[122] Vgl. dazu vor allem R. GRÜTZ, Katholizismus (wie Anm. 46) S. 23 f.

[123] Ebd., S. 128–129.

[124] S. HOLZBRECHER, Aktionskreis (wie Anm. 39) S. 132–133.

[125] Zum Folgenden vgl. MARTIN HÖLLEN, Loyale Distanz? Katholizismus und Kirchenpolitik in SBZ und DDR. Ein historischer Überblick in Dokumenten, Bd. 3/1 (1966 bis 1976) (Berlin 1998) S 159–160.

des Staatssekretärs für Kirchenfragen konnte dieser Dienst allerdings nur dreimal erscheinen.[126]

Bereits Ende 1968 hatten sich in Görlitz Schimkes Sekretärin Margot Ullrich, der Rektor des Görlitzer Katechetenseminars und spätere Bischof Rudolf Müller (1931–2012) sowie die Seelsorgehelferin Christa Gnazy (1915–2015) aus Cottbus getroffen, um ein Projekt „Theologisches Bulletin" auf Zukunft hin zu planen und zu verstetigen.[127] Das erste Exemplar dieses Informationsdienstes, das schließlich im März 1969 ausgeliefert wurde, war bereits vorbereitet worden. Unschwer lässt sich als Initiator Paul Schimke ausmachen. Wie aus einem Registrat im Bischöflichen Amt Görlitz hervorgeht, waren die Vorbereitung für das Gesamtunternehmen im Frühjahr 1969 abgeschlossen und nur noch der Modus von Herstellung und Auslieferung war offen. Angesiedelt war das Projekt zu dieser Zeit im Erzbischöflichen Amt Görlitz; es sollte mit einer Auflagenhöhe von gut 100 Exemplaren erscheinen. Das Manuskript wurde von einem Arbeitsteam in Leipzig erstellt, das eine korrigierte Fassung auf Matrizen schreiben ließ, so dass das Druckbild bereits festgelegt war. Die Vervielfältigung erfolgte anschließend in Görlitz. Die Verantwortung auch für das Binden der Exemplare übernahm Rektor Müller. Die Auslieferung erfolgte unter Ausschluss des postalischen Weges vom Johanneshaus in Cottbus aus; von hier wurden auch die Spendenbeträge eingezogen. Wünsche und Korrekturen zu den Artikeln waren entweder an Christa Gnazy in Cottbus oder an Margot Ullrich in Leipzig zu richten. Bei letzterer lag auch die Gesamtverantwortung. Der Terminplan sollte zwischen Leipzig, Görlitz und Cottbus abgestimmt werden und der Umfang eines Heftes 50 Seiten betragen; Das Heft sollte in unregelmäßiger Folge erscheinen.[128]

Zu diesem Zeitpunkt dürfte die BOK allerdings noch keine vollständige Kenntnis von dem Görlitzer Vorhaben besessen haben, denn im Februar 1969 sondierte sie auf einen Vorschlag der Gesellschafterversammlung des St.-Benno-Verlages vom 7. Februar 1969 hin bei den zuständigen staatlichen Stellen die Möglichkeit, eine theologische oder pastorale Zeitschrift herauszugeben. Sollte dies möglich sein, war geplant, die theologischen Informationsdienste in diese Zeitschrift zu integrieren.[129] Im Juni des gleichen Jahres

---

[126] Protokolle 1968–1970 (wie Anm. 43), Protokoll Nr. 3/1969 der BOK vom 3./5. 9. 1969, wo es heißt: „Der Theologische Informationsdienst wird von staatlichen Stellen als eine Umgehung der Lizenzvorschriften, als illegale Drucksache angesehen und die BOK beschließt Einstellung der Herausgabe".

[127] BAG, BO VIII, 119, Akte Infodienst Schimke, Registrat, 30. 12. 1968.

[128] Ebd., Müller an EBA, 15. 3. 1969.

[129] Vgl. Protokolle 1968–1970 (wie Anm. 43), Protokoll Nr. 1/1969 der BOK vom 24./25. Februar 1969.

erklärte die BOK allerdings die Einrichtung eines Informationsdienstes als Ergänzung zum Nachrichtenteil beider Kirchenblätter für wünschenswert. Der Versand solle an alle Erzpriester (Dechanten), Pastoralreferenten, Dekanatsjugendseelsorger und einige andere wichtige Personen wie Studentenseelsorger erfolgen. Die Umsetzung dieser Pläne, die dem Berliner Prälaten Otto Groß und Schimke übertragen worden war, gelang.[130] Das ursprünglich in Görlitz angesiedelte Bulletin stieg zum Informationsdienst für die Kirche in der ganzen DDR auf.

Zum 1. September 1974 wurde Schimke auf eigenen Wunsch durch seinen Ordinarius, Bischof Bernhard Huhn (1921–2007), in den Ruhestand versetzt.[131] Als Grund für seine Bitte um Pensionierung hatte Schimke gesundheitliche Probleme angegeben. Seine Aktivitäten über das Jahr 1974 hinaus lassen jedoch keine Spur von Ruhstand erkennen. Der wahre Grund, warum er um vorzeitige Pensionierung bat und die Übernahme neuer Aufgaben, etwa das Angebot der BOK, den in (Ost-)Berlin angesiedelten Kurs „Theologia spiritualis" zu übernehmen, ablehnte, muss offen bleiben. Jedenfalls dankte ihm Bischof Huhn in einem sehr persönlichen Schreiben vom 17. September 1974 für seine Tätigkeit im Auftrag der BOK.

Bereits die ersten Monate seines „Ruhestandes" sollten für Schimke, der seinen Wohnsitz in Leipzig (Richard-Lehmann-Straße 31) nahm, turbulent verlaufen. Dabei ging es vor allem um Auseinandersetzungen bzgl. der inzwischen als „Informationsdienst Dr. Schimke" bezeichneten unterschiedlichen Editionen und deren Übergabe an einen möglichen Nachfolger. Dieser Informationsdienst umfasste nämlich nicht nur das Bulletin, sondern verschiedene Zeitschriften, ihre Herstellung und Verteilung.[132]

Bischof Huhn hatte seit 1973 den „Versuch einer Übersicht über den Informationsdienst Dr. Schimke" unternommen[133] und von Schimke Auskunft über die Schwierigkeiten und vielfältigen Probleme erhalten.[134] Angestellt waren zu diesem Zeitpunkt für den Informationsdienst Schimkes Sekretärin Margot Ullrich, der Magdeburger Subregens Bruno Scholze (1937–1981), den sein Magdeburger Bischof Johannes Braun (1919–2004) für Fragen der Technik und Arbeitsorganisation freigestellt hatte, eine Sekretärin in Berlin und ein Drucker in Leipzig „sowie weitere nicht feststellbare Kräfte in

---

[130] Ebd., Protokoll Nr. 2/1969 der BOK vom 1./3. 6. 1969.
[131] BAEF, ROO, Sekretariat bzw. Vorsitzender der BOK/BBK und Außenstelle des Sekretariats der DBK, A II 7, Huhn an Bengsch, 23. 10. 1974.
[132] Vgl. Ebd., Huhn an Mitglieder der BOK, 14. 8. 1974.
[133] Vgl. Ebd., A II 27, 1. Tl., Betr. Informationsdienst Schimke (undatiert).
[134] Ebd., A II 27, Huhn an Mitglieder der BOK, 14. 8. 1974.

Feierabendschicht mit erheblicher Besoldung".[135] Die gesamten Unkosten (Zeitschriften, Bucherwerb etc.) beliefen sich auf 70 000 DM („Westmark"), wobei Herstellung, Vertrieb und Personalkosten durch Spenden gedeckt werden konnten. Während einerseits die Fortführung zumindest der reinen Redaktionsarbeit durch Schimke gewünscht wurde, so war doch zugleich auch klar, dass sein Alter und sein Gesundheitszustand eine unveränderte Fortführung der Arbeiten nicht mehr erlaubten.[136]

Bei den Zeitschriften von Schimke damals herausgegebenen, betreuten oder teilweise redaktionell verantworteten „Editionen"[137] handelte es sich um die folgenden Titel: „Theologisches Bulletin" mit pastoralem Beiheft (1300 Exemplare), hergestellt zunächst in Berlin und Leipzig-Engelsdorf; „Ehe und Familie"[138] (700 Exemplare), anfänglich in Berlin gedruckt, geplant in Schwerin; „Wort und Leben"[139] (700 Exemplare) in Magdeburg hergestellt; „Zeichen und Zuversicht"[140] (650 Exemplare) hergestellt in Erfurt, im März 1990 eingestellt; „Der Diakonatshelfer"[141] (700 Exemplare) in Magdeburg hergestellt.

Die Herstellung der verschiedenen Publikationen erfolgte bis 1974 an fünf verschiedenen Orten: in Berlin (Große Hamburger Straße 18/19 und Dänenstraße 17/18); in Berlin-Niederschönhausen (Heim Maria Frieden); in Birkenwerder bei Berlin (Kinderheim Schützenstraße) und in Engelsdorf bei Leipzig (Kinderheim, Altenaer Straße 16). Durch Kündigungen verschiedener Räume war immer wieder neuer Raumbedarf entstanden. Zudem war die technische Ausrüstung auf die verschiedenen Ordinariate verteilt und nur

---

[135] Vgl. dazu ebd., A II 7, 1. Tl., Betr. Informationsdienst Schimke (ohne Datum).

[136] Ebd.

[137] Die Auflagenhöhe der einzelnen Zeitschriften schwankte in den einzelnen Jahrzehnten, so dass das Bulletin auch 2000 Exemplare umfassen konnte.

[138] Vom 11. 11. bis 17. 11. 1967 trafen sich auf Einladung des Sekretärs der BOK und unter der Leitung von Pfarrer Dr. Schimke Vertreter der Jurisdiktionsbezirke im Kloster Alexanderdorf, um sich Fragen der Ehe- und Familienpastoral zu widmen. Vermutlich ist dies auch das Gründungsdatum der Zeitschrift.

[139] Hierbei handelte es sich um eine ab 1971 erscheinende, dem Theologischen Bulletin ähnliche, auf spirituelle Themen orientierte Publikation. Sie wurde im Kloster Alexanderdorf in einem Kreis von katholischen und evangelischen Pfarrern am 9. 11. 1971 begründet. Das Sachregister erstellte eine Benediktinerin. – Vgl. Annalen Alexanderdorf (wie Anm. 16), 9. 11. 1971.

[140] Sie wurde 1975 in Berlin durch Schimke ins Leben gerufen. Die „Schwesternzeitschrift" wurde bis 1985 von Pater Johannes Beckmann SJ (1912–2000) redigiert, 1986–1990 von Sr. Ursula Schwalke OSB (geb. 1940). Die Beiträge über Spiritualität und Theologie wurden weitgehend aus westdeutschen Zeitschriften entnommen, die über die Grenze geschmuggelt worden waren; vgl. ebd., 1. 9. 1985.

[141] Herausgegeben von der Arbeitsgemeinschaft der Beauftragten für die Arbeit der Diakonatshelfer seit 1973, frdl. Mitteilung von Dr. Winfried Töpler, 26. 5. 2021.

teilweise im Besitz des Informationsdienstes. Die Druck-, Binde- und Vervielfältigungsmaschinen hatte Schimke aus Mitteln beschafft, die ihm Bischof Schaffran zur Verfügung gestellt oder bei westlichen kirchlichen Stellen vermittelt hatte, teils durch Bezahlung aus Spendenaufkommen. So vertrat Bischof Huhn, Schaffrans Nachfolger in Görlitz, wohl nicht zu Unrecht die Auffassung, dass die Maschinen kein Privateigentum von Schimke seien; dieser selbst sah dies aber völlig anders.[142]

Bereits im Mai 1973 hatte Schimke an Schaffran geschrieben, dass alle erforderlichen Vorbereitungen zur Übergabe des Informationsdienstes abgeschlossen seien.[143] Er bat um Benennung eines Beauftragten, dem er die Unterlagen und die Arbeiten übergeben könnte. Da er ohnehin die gesamte Verantwortung für das Projekt trage, stehe ihm auch zu, den Zeitpunkt einer Liquidation zu bestimmen. Mit Rücksicht auf die Rechtslage und die unzumutbaren Arbeitsbedingungen sehe er keine Möglichkeiten, eine Liquidation zu vermeiden. Da alle Apparate sein Eigentum seien, könne er auch bestimmen, wie sich eine Erstattung vollziehe. Die Liquidation werde zum 1. Juli 1973 eröffnet. Sie umfasse die Veräußerung der Sachwerte, die Kündigung der Verträge und die Auflösung der Arbeitsverhältnisse. Sie werde voraussichtlich ein Jahr in Anspruch nehmen. Um die diffizilen Fragen zu klären, müssten noch im Juli unverbindliche Gespräche geführt werden, um möglichst günstige Liquidationsbedingungen zu erzielen. Schimke beschloss den Brief in der Hoffnung, dass eine Liquidation doch nicht notwendig werde und für einen gewissen Zeitraum aus der bisherigen Arbeit Nutzen für alle Beteiligten erwachsen sei.

Eine Liquidation des Informationsdienstes konnte Huhn im Sommer 1974 verhindern. Schimke hatte ihm gegenüber angemerkt, dass er die weitere Arbeit zwar nicht boykottieren werde und auch gewisse Einschränkungen in Kauf nähme. Er verstehe es aber als sein gutes Recht, nach achtjähriger Arbeit seinen Einsatz, seine Verantwortung und sein Risiko auch in die Zeit der Überführung einzubringen. Huhn schlussfolgerte, dass Schimke auf Grund seines Verfügungsrechts weiter Einfluss auf die Arbeiten nehmen wollte; Schimke hatte er, wie oben berichtet, deutlich gemacht, wie sehr die BOK seine Tätigkeit schätzte.[144] Angesichts des Personalstands, der Schwierigkeiten, Papier zu beschaffen, der notwendigen Fotokopien, Bindearbeiten, der Raumfragen und der Finanzfragen sei es aber nahezu ausgeschlossen, den Informationsdienst im bisherigem Umfang aufrechtzuerhalten. Auch die hohen Geldsummen, die Zeitschriften und Bücherwerb erforderten, sprachen

---

[142] Vgl. BAEF, ROO (wie Anm. 131), A II 7, Huhn an Mitglieder der BOK, 14. 8. 1974.
[143] BAG, BO VIII, 119, Akte Infodienst Schimke, Schimke an Schaffran, 31. 5. 1973.
[144] Ebd., Versuch einer Übersicht über den Informationsdienst Dr. Schimke, 30. 8./3. 9. 1973.

dagegen. Schimke seinerseits wies in diesem Zusammenhang darauf hin, dass Zeitschriften und Bücher durchaus in die DDR gelangen würden, dies jedoch an verschiedenen Orten, was für den Informationsdienst unökonomisch und letztlich unpraktikabel sei.[145] Würde also eine bessere „Einfuhrtaktik" gefunden und alles zugunsten des Informationsdienstes verwendet (und dann erst an Ordinariate und Seminare weitergeleitet), würden die Kosten niedriger ausfallen können.

Bischof Huhn, der den Wert des Informationsdienstes durchaus anerkannte, stellte mit Blick auf dessen Zukunft fest, dass sich Einschränkungen nicht vermeiden lassen würden.[146] Auf diese wolle sich Schimke jedoch nicht einlassen, vielmehr erhob er die Forderung, die Informationen sogar noch öfter, analog zu den KNA-Mitteilungen im Westen vierzehntätig, herauszugeben, versehen mit Informationen aus den Welt- und den Ortskirchen.[147] Realistisch war dies aber nicht, vielmehr machte Huhn klar, dass nicht zuletzt aus Kostengründen künftig nur noch das Bulletin und ein Nachrichtendienst bestehen bleibe können, alles andere aber gestrichen werden müsste.[148]

Erst am 23. Oktober 1974 wurden die Entscheidungen endgültig umgesetzt.[149] Der Standort Leipzig-Engelsdorf wurde aufgelöst und die Produktion des Bulletins vollständig nach Berlin verlegt. Schimke hatte sich gegen den Umzug ausgesprochen, bestand aber jetzt darauf, die Auflösung von Engelsdorf, einschließlich der Kündigung der bisherigen Mitarbeiterinnen und Mitarbeiter, selbst vorzunehmen. Nach weiteren Verhandlungen zwischen Huhn und Schimke im März 1974 konnten einige von ihm eingeforderte Veränderungen umgesetzt werden.[150] So hatte das Bistum Berlin etwa der Anstellung

---

[145] Zu Büchereinfuhr vgl. JOSEF PILVOUSEK, Theologische Ausbildung und gesellschaftliche Umbrüche. 50 Jahre Katholische Theologische Hochschule und Priesterausbildung in Erfurt (= EThSt 82) (Leipzig 2002) S. 86–90.

[146] Ebd. — „Die Bischöfe sind froh", so Huhn, „dass es diese Handreichung gibt. Wir scheuen uns aber weithin nicht mit der ununterbrochenen Schwierigkeiten zu befassen und auch finanzielle Trägerschaft zu übernehmen. Diesem guten Willen der Bischöfe steht entgegen die offensichtliche Maßlosigkeit von Dr. Schimke, der zu mindestens den jetzigen Umfang für notwendig hält, so dass kaum etwas eingeschränkt werden kann. Ich habe Herrn Dr. Schimke bei einem Gespräch klipp und klar gesagt, dass die Ordinarien schon bereit wären, sich dieser ganzen Angelegenheit anzunehmen, und dass seine jahrelange Arbeit absolut gewürdigt wird, jedoch für die Zukunft das Unternehmen auf ein maßvolles und auch auf lange Sicht durchführbares Niveau gebracht werden muss, d. h. es muss überprüft werden, ob alle bisherigen Handreichungen überhaupt oder diesem Umfang weiterhin notwendig sind".

[147] Ebd.

[148] Ebd.

[149] Vgl. BAEF, ROO (wie Anm. 131), A II 7, Huhn an Bengsch, 23. 10. 1974.

[150] Frdl. Mitteilung von Peter Well, 14. 5. 2021.

eines neuen Mitarbeiters für den „Informationsdienst" zugestimmt.[151] Die Anstellung des neuen „Technischen Leiters des Überdiözesanen Informationsdienstes der Jurisdiktionsgebiete in der DDR", den Schimke gelegentlich auch als Chauffeur nutzte, erfolgte durch die Berliner Zentralstelle des Deutschen Caritasverbandes.[152] Allerdings konnte die Anstellung nur bis 1977 aufrechterhalten werden.

Für Schimke, dem es vor allem darum ging, einer theologischen Isolation sowie geistiger und wissenschaftlicher Begrenztheit und Ghettoisierung der katholischen Kirche in der DDR entgegenzuwirken, bedeuteten Informationen und deren Rezeption wichtige Hilfen für die Existenz von Kirche im totalitären Staat. Unverständlich blieb für ihn, dass die Kirchenleitung dieses Ziel offenbar nicht vollumfänglich teilte. Dennoch wurde das Theologische Bulletin, das erstmals 1968 in einer Auflage von ca. 1500 Exemplaren erschien und jeweils eine repräsentative Auswahl theologischer Texte, hauptsächlich aus dem westlichen Ausland, bot, zum wichtigsten theologischen Format der Kirche in der DDR,[153] das faktisch als Zeitschrift gelten konnte.[154] Ursprünglich sollten lediglich die Priester in der DDR, die nur in wenigen Fällen regelmäßigen Zugang zu aktueller (westlicher) theologischer Literatur hatten, durch eine Kombination von systematischer Zeitschriftenschau und auszugsweiser oder vollständiger Wiedergabe ausgewählter Aufsätze, schneller und vor allem umfassender auf dem Laufenden gehalten werden, als dies in den anderen auch kirchlich offiziellen Medien geschehen konnte. Auch gesellschaftlich relevante Themen aus Naturwissenschaft, Medizin und Geisteswissenschaften wurden behandelt. Das ausgewertete Spektrum umfasste katholische wie evangelische Zeitschriften aus der Bundesrepublik und der DDR, aus der Schweiz und aus Österreich. Darüber hinaus wurden aber weitere Aufsätze und Artikel herangezogen, teilweise sogar übersetzt. Im eigenen Selbstverständnis war das Theologische Bulletin eine innerkirchliche Handreichung, wurde aber bald schon unter der Hand an alle Interessierten, ob Priester oder Laien, weitergereicht, wobei Beiträge und Anfragen unter Ausschluss der DDR-Post befördert wurden. Seit Oktober 1974 trug

---

[151] Privatarchiv Peter Well, Huhn an Schimke, 23. 3. 1974 (Kopie).

[152] Ebd., Arbeitsvertrag DCV Berlin und Peter Well, 10. 4. 1974.

[153] Zum Folgenden vgl. R. Grütz, Katholizismus (wie Anm. 46) S. 23 f., wo das Bulletin mit einem „Readers Digest" verglichen wird.

[154] „Anfangs noch im Spiritus-Umdruck-Verfahren, bald schon auf Wachs-Matrizen, später im Kleinoffset-Druck hergestellt, war es faktisch ein theologisches Periodikum, dass angesichts dieses regelmäßigen Charakters, der Anbindung an die Hierarchie, die förmliche Beauftragung eines verantwortlichen Redakteurs durch die Bischöfe, der kirchenamtlichen Unterstützung bei Technik und Vertrieb, und der Verankerung im Klerus als Zeitschrift angesehen werden kann". – Vgl., auch zum Folgenden: M. Höllen, Distanz, 3/1 (wie Anm. 125) S. 159.

der Informationsdienst den Namen: „Arbeitsstelle für pastorale Hilfsmittel – Information",[155] später „Arbeitsstelle für theologische und pastorale Information" und firmierte unter dem Kürzel „Arbeitsstelle".[156]

Schimke, der die Auswahl, Zusammenstellung und redaktionelle Bearbeitung der Hefte bis 1974 besorgte, wurde 1975 durch den späteren Rostocker Pfarrer Ulrich Werbs (1941–2020) abgelöst.[157]

6. Von Zwochau nach Pehritzsch

Als Grundlage für seine Publikationstätigkeit hatte Schimke vermutlich schon während seiner Tätigkeit beim Benno-Verlag begonnen, eine einzigartige, umfangreiche Bibliothek mit einem Zeitschriftenarchiv aufzubauen, die bald unter der Bezeichnung „Katholische Präsenzbibliothek" innerkirchlich bekannt wurde. Nicht zuletzt um die notwendigen Mittel für Beschaffung, Aktualisierung, Unterbringung und Auswertung der vor allem aus der Bundesrepublik stammenden Literatur kam es bald zu weiteren Auseinandersetzungen mit der BOK. In einer Auflistung von „Angaben über Bücher und Zeitschriften-Beschaffung, deren Herkunft, Eigentümerschaft und Lagerzustand" hatte ein wissenschaftlicher Bibliothekar der Deutschen Bücherei in Leipzig zusammengestellt, was für eine katholische Präsenzbibliothek an Informationen notwendig wäre.[158] Erste Nachschlagewerke waren mit Hilfe von Spenden, die Bischof Schaffran vermittelt hatte, angeschafft worden. Weitere Bücher und Zeitschriften konnten in der DDR erworben werden. Hinzu kamen Geschenke von Privatpersonen aus der DDR und aus Polen, Tauschexemplare mit Bibliotheken in Warschau und Lublin, Spenden westlicher Verlage sowie von anderen Stellen und Privatpersonen in der Bundesrepublik.

---

[155] BAEF, Bischöfliches Generalvikariat Erfurt/Bischöfliches Amt Erfurt-Meiningen, Zentralregistratur 283, Betr.: Beschluss der Berliner Ordinarienkonferenz bezüglich Weiterarbeit des „Kirchlichen Informationsdienstes" (Theologisches Bulletin u. a. Dr. Schimke), 17. 9. 1974.

[156] Die Arbeitsräume befanden sich in Berlin in St. Augustinus, Dänenstr. 17/18, und im St. Katharinenstift, Greifswalder Str. 18A. – Ebd., Ulrich Werbs, Information über die Arbeitsstelle für theologische und pastorale Information (undatiert), 26. 2. 1975.

[157] Auf Werbs folgte 1983 bis 1990 der bisherige Jenaer Studentenpfarrer Heinz-Josef Durstewitz. Seit 1975 erschien das Theologische Bulletin in der Herausgeberschaft der BOK, während bis dahin die Herausgeberschaft zwischen verschiedenen Jurisdiktionsbezirke gewechselt hatte. – M. Höllen, Distanz, 3/1 (wie Anm. 125) S. 159.

[158] BAEF, ROO (wie Anm. 131), A II 7, 29. 7. 1974. – Bei dem Bibliothekar handelte es sich um den Stellvertretenden Direktor der Abteilung Bibliografie der Deutschen Bücherei Gottfried Rost (1931–2000).

Ungelöst war 1974 und blieb auf lange Zeit die Raumfrage. In Berlin war ein Teil der Zeitschriftenabteilung im Privathaus eines Mitglieds der Akademie der Wissenschaften untergebracht. Der übrige Teil lagerte in Leipzig-Reudnitz, darunter Bestände zu den Themen Ehe und Familie sowie zum Verhältnis von Staat und Kirche, die von Leipzig-Engelsdorf hierher verlegt worden waren. In Magdeburg lagerte polnisches theologisches Schrifttum, einschließlich verschiedener Periodika. Dringend benötigt wurden für die Bibliothek (neben den Räumlichkeiten) ein Leiter und Bibliotheksfachkräfte.

Im Frühjahr 1974 übernahm Schimke die Vertretung des pensionierten Zwochauer Pfarrvikars Philipp Albert (1917—1988). Anfang 1975 begann er dort auf dem kircheneigenen Gelände mit dem Bau eines großen Hauses, das seelsorglichen Zwecken („Haus für eine geistliche Gemeinschaft") dienen sollte,[159] in dem er aber auch Platz für eine Präsenzbibliothek schaffen wollte. Da aber weder eine staatliche Baugenehmigung vorlag noch das Bischöfliche Amt Magdeburg davon in Kenntnis gesetzt war, war dieses Projekt Schimkes von Beginn an zum Scheitern verurteilt. Der zuständige Magdeburger Bischof Johannes Braun hatte wohl nach Schimkes Pensionierung erwogen, die umfangreiche „Katholische Präsenzbibliothek" gänzlich in den Besitz des Bischöflichen Amtes Magdeburg zu überführen. Dagegen protestierte Schimke heftig mit dem Hinweis darauf, dass „seine Bibliothek" eine andere Grundkonzeption besäße und er andere Pläne verfolge.[160]

Noch im November 1976 hatte Schimke auf Einladung Bischof Brauns eine Woche beim „Cura-Examen" (erste Dienstprüfung) im Priesterseminar Huysburg (bei Halberstadt) referiert. Am 8. Dezember 1976 kam es dann zu einem Gespräch mit Braun, vermutlich in Magdeburg. Braun hielt dazu fest: „Das Verhältnis zu unserem ‚freistehenden Unternehmer' Dr. Schimke, Zwochau, spitzte sich zu und verlangte eine vielleicht schmerzhafte Klärung. ... Die Beratungen, was in den kommenden Bauprogrammen vorzusehen ist, gingen hin und her. Es spielten viele kleine, kleinste und manchmal sehr persönliche Dinge dabei eine Rolle, so dass eine endgültige Planung nicht ganz leicht fallen wird".[161]

Die BBK entschied im März 1977,[162] dass der „Fragenkomplex Präsenzbibliothek" insgesamt nicht von ihr zu entscheiden, die Frage des Standorts dagegen in Absprache mit dem Ortsordinarius von Magdeburg zu treffen

---

[159] Vgl. RUDOLF JOPPEN, Das Erzbischöfliche Kommissariat Magdeburg, Teil 11 (= SKBK 31) (Leipzig 1989) S. 320.

[160] BAEF, ROO (wie Anm. 131), Vorgang Dr. Schimke, Schimke an Braun, 14. 12. 1976.

[161] JOHANNES BRAUN, Ich lebe, weil Du es willst. Des Magdeburger Bischofs Tagebuch aus dunklen Tagen 1970—1990: Berichte, Deutungen, Ergebnisse (Duderstadt 1999) S. 76—78.

[162] Vgl. dazu BAEF, ROO (wie Anm. 131), Vorgang Dr. Schimke, Auszug aus dem Protokoll Nr.1/1977 der BBK vom 28. 2. bis 1. 3. 1977

sei. Die Gespräche zum Standort wurden mit dem Magdeburger Weihbischof Theodor Hubrich (1919–1992) geführt. Berlin und Leipzig schieden als Standorte aus. In diesem Zusammenhang wurde auch festgestellt, dass der Umfang der bezogenen Zeitschriften um etwa ein Viertel reduziert und die Verwaltung der Bibliothek in die Obhut eines Kuratoriums gegeben werden müsse.

Über das, was sich bis dahin in Zwochau ereignet hatte, gibt ein Bericht von Pfarrer Peter Zülicke (geb. 1938)[163] Auskunft, der Schimke dort nachgefolgt war.[164] Die Vorgehensweise und der Modus von Schmimkes „Besitzergreifung" in Zwochau erscheinen skurril, zumindest aber verworren, sind aber auch symptomatisch für das oft „aufsässige" und kompromisslose Handeln Schimkes. Den durch Zülicke dokumentierten Aussagen von Angestellten und Handwerkern ist beispielsweise ihr Groll über Schimkes Gebaren anzumerken; Mitarbeiter hielten unter diesen Bedingungen, wie oben schon angedeutet, meist nicht lange aus und trennten sich wieder von ihm. Bischof Braun erreichte schließlich, dass der staatlich verfügte Baustopp aufgehoben wurde und Schimkes Nachfolger Zülicke den Bau mit Unterstützung durch Weihbischof Hubrich fertigstellen konnte.[165]

---

[163] Zülicke war Schimke nie persönlich begegnet.

[164] Zum Folgenden vgl. BAM, Pfarrer Peter Zülicke, Das Bildungshaus St. Adalbert in Zwochau, 1. 2. 2020.

[165] Vgl. ebd. – Im Einzelnen berichtete Zülicke: „Alles musste streng geheim geschehen. Der Keller unter dem Gemeinderaum wurde als moderner Büroraum ausgebaut. Eine umfangreiche Bibliothek wurde erweitert. Die Angestellten durften nur mit heruntergezogenen Rollos arbeiten. Den Briefverkehr nach außen mussten sie abbrechen. ... Zuwiderhandlungen wurden mit Gebetsübungen bestraft. Dr. Schimke unterhielt gute Kontakte zu verschiedenen Baufirmen, die sich nach seinen Wünschen und Anweisungen richteten. So wurden die Materialien für das geplante Gemeinschaftshaus häufig nachts angeliefert. Dabei verlangte er auch von den Angestellten stets Bereitschaft zur Mithilfe. Dr. Schimke wohnte nicht dort. Er tauchte aber regelmäßig auf. Die meisten Angestellten hielten die Arbeit unter diesen Bedingungen nicht lange aus und trennten sich sehr bald wieder von ihm. ... In Magdeburg erfuhr ich von Weihbischof Hubrich näheres über die schwierige Situation in Zwochau, von der noch nichts an die Öffentlichkeit dringen sollte. Ich fuhr nach Zwochau und sah mir an, was dort am Entstehen war. Bis zum Mai 1977 hatte dort Dr. Schimke, ohne Wissen des Bischofs und der Kreisbehörden, begonnen, ein Gebäude zu errichten, das, wie ich später erfuhr, so etwas wie ein ‚ökumenisches Kloster' werden sollte. Alles wurde ganz geheim praktiziert. Zunächst war ‚über der Garage des früheren Pfarrers ein ‚Mehrzweckraum' beim örtlichen Rat der Gemeinde, der für solche ‚kleinen Projekte' zuständig war, beantragt und genehmigt worden. Dieser ‚Mehrzweckraum' sollte nach den Plänen von Dr. Schimke etwa die achtfache Fläche der Garage erhalten und sich über vier Geschosse erheben. ... Als der Bau beim ersten Obergeschoss angelangt war, wurde der Rat des Kreises Delitzsch darauf aufmerksam und sperrte den Bau. Auch Bischof Braun war nichts ahnend bei einer Besichtigung der Baustelle sehr erstaunt über das, was ohne sein Wissen entstanden war. Es gelang ihm, von den staatlichen Stellen die Genehmigung zum Weiterbau zu erhalten. ... Als ich am 4. September 1977 meinen Dienst in Zwochau begann, wurden, wie bisher, die unterschiedlichen Gewerke nach Feierabend und am

Die Suche Schimkes nach einer geeigneten Unterbringung der Bücher musste also andernorts weitergehen. Als die Pfarrstelle von Quellendorf bei Köthen[166] 1974 wegen der gesunkenen Katholikenzahl nicht mehr nachbesetzt wurde, bezog Schimke 1975 dort für rund zwei Jahre Quartier, eine Lösung für die Bibliothek ergab sich jedoch nicht. Schimke bat daraufhin den Berliner Kardinal Bengsch um Vermittlung in der Sache, der seinerseits die Frage der BBK vorlegte, welche die oben berichtete Entscheidung traf, dass die Konferenz nicht Träger von Schimkes Projekten werden könne; vielmehr sei bei den Projekten eine gewisse Reduktion unumgänglich, um Mitarbeiter und mögliche Nachfolger nicht zu überfordern.[167] Die Entscheidung der BBK

Sonnabendvormittag auf dem Grundstück tätig. Auch etliche Zwochauer ... packten mit an, um sich noch ein wenig Geld dazu zu verdienen. Sie wurden am Wochenende immer in bar ausgezahlt. Das Geld bekam ich von Weihbischof Hubrich. Er hatte in seiner Wohnung so einiges vorrätig. Ich erinnere mich, dass ich einmal 60 000 Mark in Zwanzig-Mark-Scheinen in meiner Aktentasche mit nach Zwochau nahm. ... Im Sommer 1977 bekam Dr. Schimke staatlicherseits und kirchlicherseits Ortsverbot. Die Bauruine sollte aber fertiggestellt werden, und so musste der neue Pfarrer, ohne im Besitz von detaillierten Bauplänen zu sein, den Weiterbau in die Hand nehmen. Erst am 15. Februar 1978 wurde das Haus von Weihbischof Theodor Hubrich eingeweiht und erhielt den Namen ‚St. Adalbert-Haus'".

[166] Goldenes Jubiläum der katholischen Kirche in Quellendorf in Sachsen-Anhalt, vgl. unter: http://archiv.schoenstatt.de/news2005/12/5t1271de-d---quellendorf.php [Zugriffsdatum: 16. 7. 2021]. – 1978 wurden Haus und Kapelle vom Schönstatt-Frauenbund übernommen.

[167] Causa Schimke (wie Anm. 106), Brief Bengsch an Schimke, 11. 3. 1977 (Kopie). – Vgl. dazu Anm. 162. – Der Brief, in dem Bengsch Schimke die Entscheidung mitteilt, zeigt zum einen die Hochschätzung seiner Lebensleistung durch die Bischöfe, aber auch die Sorge einer umfassenden Überforderung der vorhandenen Ressourcen; es heißt dort: „Nachdem Sie mich in der Frage der ‚Katholischen Präsenzbibliothek' um Vermittlung ersucht haben, habe ich auf der letzten Bischofskonferenz das Problem vorgelegt. Namens der Berliner Bischofskonferenz möchte ich Ihnen nun folgendes mitteilen: Die Berliner Bischofskonferenz sieht sich nicht in der Lage, die ‚Katholische Präsenzbibliothek' als eine Einrichtung der Bischofskonferenz anzusehen oder eine Zuständigkeit für den ganzen Fragenkomplex zu übernehmen. Deshalb können die jetzt anstehenden Fragen auch nicht von der Bischofskonferenz geklärt werden. – Ihre große persönliche Leistung verdient Anerkennung. Die Bischöfe haben, zum Teil erstmals, einen Überblick über den Umfang Ihrer Arbeit, Ihrer Pläne und der vorhandenen Bestände erhalten. – Aber deshalb sind sie sich auch im Klaren darüber, dass – bei aller Anerkennung – eine Weiterführung durch die Berliner Bischofskonferenz aus sachlichen und rechtlichen Gründen nicht möglich ist. Auch die von Ihnen gestellte Bedingung, dass der künftige Standort der genannten Bibliothek Leipzig oder Berlin sein müsste, ist seitens der Bischöfe nicht erfüllbar. Die Berliner Bischofskonferenz muss Sie daher ersuchen, die anstehenden Fragen mit dem Ordinarius von Magdeburg zu klären, der seinerseits seinen Generalvikar, Weihbischof Hubrich, beauftragt hat, mit Ihnen über den Fragenkomplex ein Einvernehmen herbeizuführen. – Lassen Sie mich dieser Mitteilung ein persönliches Wort hinzufügen. Sie haben in den letzten Wochen eine unvorstellbare Arbeitskraft darin investiert, das Unternehmen ‚Katholische Präsenzbibliothek' für die Zukunft nach Ihren Plänen weiterführen zu lassen. Sie müssten aber aus allen Erfahrungen Ihres Lebens wissen, dass dies eine Utopie ist, weil dabei jede kirchliche Institution, alle Mitarbeiter oder Nachfolger überfordert sind. Eine Reduzierung ist unvermeidlich. Wie Sie ohne Zweifel der Kirche dienen wollten mit Ihrer

zeitigte allerdings keine wirkliche Änderung in Schimkes Planen und Handeln. Weihbischof Hubrich wurde seitdem, oft freiwillig und manchmal auch „blauäugig", sein effektivster Verbündeter. Trotz der definitiven Absage, die unterschiedlichen Projekte durch die BBK oder in ihrem Namen weiterzuführen, sollte das bleibende Antragen von Mitverantwortung und deren weitgehende Ablehnung durch die BOK/BBK zum partiellen Misslingen der Großprojekte von Schimke beitragen.

1977 hatte Schimke im Pfarrhaus von Quellendorf Teile der „Präsenzbibliothek" aufgestellt und katalogisieren lassen, die schließlich nach Magdeburg in das neu errichtete Bischof-Weskamm-Haus gebracht werden sollten.[168] Bischof Braun verweigerte dies jedoch, und so mussten neue Möglichkeiten gesucht werden. Zahlreiche Gutachten sowie finanzielle Zusagen waren von Schimke inzwischen in Auftrag gegeben. Diese bestätigten zum einen, dass es in der DDR auf kirchlichem Gebiet keine vergleichbare Bibliothek gab.[169] Zum anderen konnte er mit dem Eichstätter Prälaten Wilhelm Reitzer (1917–2007) einen Spender gewinnen, der zugesichert hatte, für die „Katholische Präsenzbibliothek" die Hälfte eines Jahresetats in Höhe von 100 000 DDR-Mark und 100 000 D-Mark bereitzustellen.[170]

Der Erfurter Bischof Aufderbeck erfuhr bei einem Treffen mit dem Landesbischof der Evangelisch-Lutherischen Kirche in Thüringen Werner Leich (geb. 1927) im Oktober 1979 in Eisenach davon, dass in Linda bei Neustadt/Orla eine ökumenische Bruderschaft zur Pflege ökumenischen Schrifttums beabsichtigt sei und alles ökumenische Schrifttum auf Weltebene dort

---

Initiative, so können Sie ihr jetzt dienen durch Zurücktreten und Loslassen. – In der Fülle Ihrer Gutachten, Stellungnahmen, Registrate fehlt die Hauptfrage: Was ist für die Kirche in der DDR möglich und sachlich, personell, finanziell, politisch verantwortbar, und zwar auf Dauer. Danach aber müssen – wohl oder übel – die Bischöfe entscheiden, selbst wenn sie nur indirekt oder formal Verantwortung für eine Institution übernehmen. Verstehen Sie bitte, dass eine solche Entscheidung etwas anderes ist als eine private Initiative oder ein Experiment außerhalb des institutionellen Rahmens. – Es fehlt Ihnen bei Ihrer Begabung sicher nicht an Vorstellungen, wie Sie jetzt, in den Jahren Ihres Ruhestandes, Aufgaben wahrnehmen, die zugleich eine Hilfe für die Kirche und eine Erfüllung Ihrer priesterlichen Existenz sind. Der Kampf um eine Präsenzbibliothek nach Ihren Plänen ist beides nicht und kann es auch nicht werden. – Ich bitte Sie dringend und herzlich, um der Einheit der Kirche willen, um der Beteiligten willen und nicht zuletzt um Ihretwillen, dieses persönliche Wort zu bedenken und einen Weg zu finden, auf dem nicht erschöpfte Partner, ein zerstörtes Werk und schließlich Sie selbst in Isolation und Verbitterung liegen bleiben."

[168] Mitteilung Zeiske (wie Anm. 10).
[169] BAEF, ROO (wie Anm. 131), Vorgang Dr. Schimke, Aus der Stellungnahme von Herrn Dr. theol. Robert Mommert, 1912.1976.
[170] Ebd., Abschrift: Registrat über die Besprechung am 21. 12. 1976. – Reitzer wollte zudem versuchen, im Elisabeth-Krankenhaus in Leipzig eine Möglichkeit der Unterbringung zu schaffen.

katalogisiert werden solle.[171] Leiter dieser geplanten Bruderschaft solle Schimke sein. Druckmaschinen seien vorhanden, ein Haus sei gekauft, ein Teil des Schrifttums sei durch Vermittlung von Lizenzen, die auf den Namen eines Bischofs der katholischen Kirche liefen, besorgt oder werde besorgt. Die evangelische Kirche solle mit Westgeld die notwendige Technik anschaffen. Leich erkundigte sich nun bei Aufderbeck, mit welcher Legitimation Schimke seitens der katholischen Kirche oder seitens eines ihrer Bischöfe agiere. Im Übrigen sei er aus verschiedenen Gründen in keiner Weise mit diesem Projekt einverstanden. Auch ein junger evangelischer Pfarrer des Ortes sei mit einbezogen worden; offenbar habe Schimke auf bestimmte Leute eine große Anziehungskraft. Leich werde das Projekt in Linda nicht gestatten. Bischof Aufderbeck versicherte ihm daraufhin, dass die katholische Kirche an der ganzen Sache nicht beteiligt und auch nichts mit Dr. Schimke abgesprochen sei.

Ein Teil der zunächst in Magdeburg eingelagerten Bücher und Zeitschriften waren mit Unterstützung von Weihbischof Hubrich zur evangelischen Landeskirche nach Eisenach gekommen.[172] Die zu diesem Zeitpunkt ungenutzte Literatur – „das gesamte Material"[173] – wollte Schimke wiederum einer neuen Nutzung zuführen und nach Erfurt bringen lassen, was Hubrich zwar befürwortete, eine Übernahme durch das dortige Philosophisch-Theologische Studium, die nahegelegen hätte, zumindest vorerst aber ablehnte. Hubrich ersuchte Aufderbeck deshalb 1979, Räume im Erfurter Ursulinenkloster zur Verfügung zu stellen. Aufderbeck wollte die Frage jedoch zunächst mit Bischof Schaffran besprechen.[174] Über weitere Aktivitäten in dieser letztlich gescheiterten Angelegenheit ist nichts überliefert.

Die Suche nach neuen Möglichkeiten zur Unterbringung von Bibliothek und Zeitschriften ging nach den vergeblichen Versuchen in Zwochau, Quellendorf, Magdeburg und Eisenach weiter. Nun rückte wieder Leipzig ins Blickfeld. Dabei stieß Schimke auf das leerstehende evangelische Pfarrhaus in Pehritzsch. Ein exaktes Datum für die Übernahme des Hauses ist nicht zu eruieren. Dass Pehritzsch kirchlich nicht zum Bistum Meißen (seit 1980: Dresden-Meißen), sondern als Teil der Pfarrei Eilenburg zum Bischöflichen Amt Magdeburg gehörte,[175] sollte später bei der Gründung der „Arbeitsakademie" und der „Präsenzbibliothek" eine Rolle spielen, als diese dem

---

[171] Zum Folgenden: Zentralregistratur (wie Anm. 155), Aktennotiz: Gespräch mit Landesbischof Leich/Eisenach, 2. 10. 1979.

[172] Zum Folgenden, ebd., Hubrich an Aufderbeck, 20. 11. 1979.

[173] Ebd.

[174] Vgl. ebd., Aktennotiz: Zu dem Brief von Hubrich, Gespräch 3. 12. 1979.

[175] Zum Folgenden vgl. Erinnerungen Schade (wie Anm. 14) S. 2.

Ortsordinarius in Magdeburg zugeordnet bzw. kirchenaufsichtlich unterstellt wurden.

Damit war der Beginn eines Studienhauses und der „Akademie für Bildung und Wissenschaft Leipzig e. V.", wie nach mehreren Namensänderungen und Trägerschaften der als Träger fungierende Verein seit den 1990er Jahren genannt wurde, gesetzt. 1988 konstatierte die Vollversammlung der BBK, dass dank der Initiative des (seit 1987 Schweriner) Bischofs Theodor Hubrich die bisherigen Sammlungen zusammengefasst und weitergeführt und als Stiftung „Katholische Präsenzbibliothek" erhalten werden sollten.[176] Eine Bibliotheksordnung werde erarbeitet und bei den kirchlichen Einrichtungen bekannt gemacht. Die Bildung eines Kuratoriums mit einer Geschäftsordnung sei geplant. Die Bischöfe empfahlen zudem den Leiter der Studienstelle der BBK, Karl-Heinz Ducke (1911–2011), als Mitglied dieses Kuratoriums zu berufen.

Bereits zu diesem Zeitpunkt waren in der Scheune gegenüber dem Pfarrhaus in Pehritzsch die Bibliothek, Zeitschriften und Kataloge untergebracht worden, die kirchlichen Bewerbern, sofern sie ein berechtigtes Forschungsanliegen glaubhaft machen konnten, zur Benutzung zur Verfügung standen. Diese konnten zudem für einige Tage im Pfarrhaus unterkommen und eine einfache Verpflegung erhalten. Der Tagesablauf war, wie oben bereits berichtet, durch Hl. Messe und Stundengebet gegliedert. Verschwiegenheit und Diskretion nach außen gehörten ebenso zu den Nutzungsbedingungen wie Stille im Haus. Ein vorläufiges Ende der Diskussionen um die Präsenzbibliothek schien erreicht. Schon vor dem Umbruchjahr 1989 hatte Schimke mit dem Neubau eines Studienhauses samt Kapelle begonnen. Wie zu DDR-Zeiten üblich, blieb das Grundstück, auf dem das Haus gebaut wurde, Eigentum der evangelischen Kirche.

7. Die Bibliothek, ihre Auswertung und Nutzung

Die Gelder für die zahllosen Projekte, die Paul Schimke plante und umzusetzen versuchte, kamen vor allem aus Eichstätt. Dort hatte er studiert und kannte eine Reihe führender Geistlicher, so den bereits genannten, späteren Leiter des „Europäischer Hilfsfonds" Domkapitular Wilhelm Reitzer. Aber auch mit Walter Mixa (geb. 1941), der Bischof von Eichstätt, dann von Augsburg wurde, war er bekannt. Erstmals finden sich zu Beginn der 1980er Jahre Nachrichten über die Finanzhilfen aus Eichstätt. Ferner ist er von

---

[176] BAEF, ROO (wie Anm. 131), Vorgang Dr. Schimke, Protokollauszug: Vollversammlung der BBK 4/1988 vom 5./6. 12 1988.

Bischof Schaffran, mit dem ihn eine jahrelange „lockere" Freundschaft verband, bei zahlreichen Projekten unterstützt worden. Zudem spendete seine Verwandtschaft großzügig und seine anspruchslose Lebensweise tat ein Übriges, finanziell einigermaßen über die Runden zu kommen.[177]

Schimkes oft eigenmächtiges Finanzgebaren ist oben bereits erwähnt worden. Eine Reihe von im Laufe der Jahre durch die BBK erbetenen Gutachten kamen zu verschiedenen, sich teilweise widersprechenden Urteilen bei der Frage nach dem Verfügungsrecht über die von Schimke eingeworbenen Spendenmittel und deren Verwendung im Sinne des Spenderwillens. Zumeist wurde das Verfügungsrecht aber eindeutig bei Schimke gesehen. Als Rechtsträger für die Bibliothek wurde eine Stiftung als beste Lösung angesehen. Während bis dahin weder die katholische Kirche in der DDR als solche, noch ein einzelner Bischof oder die BBK Eigentumsrechte und -pflichten übernommen hatte, lag die vollständige Haftung allein bei Schimke.[178] So resümierte einer der Gutachter nicht zu Unrecht, es sei Schimke nur darauf angekommen, den Bestand der Bibliothek und die Bibliothek selbst nach eigenen Vorstellungen zu sichern, ohne auf die Bedenken der BBK Rücksicht zu nehmen.[179]

Domkapitular Reitzer bestätigte diesen Sachverhalt im April 1988 in der Weise, dass die Spenden für die „Überdiözesane Katholische Präsenzbibliothek" allen Jurisdiktionsbezirken und Studieneinrichtungen im Bereich der BBK zur Verfügung stehen sollten, ebenso auch Interessenten aus dem evangelischen Bereich.[180] Schimke besitze das Sorgerecht und die Verfügungsbefugnis, wie es Rechtsgutachten und Statuten festlegen. Schimke habe darüber hinaus aus eigenen Mitteln, Spenden seiner Verwandten und anderer Wohltäter die Bibliothek aufgebaut. Zwischen November 1988 und Oktober 1989 waren die Bitten um Finanzhilfe mehrfach Gegenstand der Eichstätter Ordinariatssitzungen. So gab es Überlegungen, die „Katholische Präsenzbibliothek" in der Arbeitsakademie „Romano Guardini" unterzubringen. Der dafür notwendige Ausbau wurde mit 1,5 Millionen DM veranschlagt.[181] Allerdings

---

[177] Einige Beispiele können dies illustrieren: Im Juni 1981 wurden an Schimke aus Eichstätt vermittelt: „12 100 DM für das ‚Sonderkonto (Magde)Burg' für ein technisches Gerät; 1981 März: 35 000 DM für das Zeitschriftenprojekt (Hubrich); 1983 Februar: 50 000 DM für Zeitschriften (Kto. Magdeburg)". – Frdl. Mitteilung Diözesanarchivar Dr. Bruno Lengenfelder, Eichstätt, 25.3.2021.

[178] Vgl. dazu Causa Schimke (wie Anm. 106), Schmitz an Sekretariat der BBK, 20. 6. 1988. – Vgl. dazu auch: ebd., Bauschke an Hubrich, 5. 5. 1988 (Abschrift), u. Hartelt an Bauschke, 18. 7. 1988.

[179] Causa Schimke (wie Anm. 106), Schmitz an Sekretariat der BBK, 20. 6. 1988.

[180] Vgl. dazu ebd., Reitzer an Hubrich, 30. 4. 1988.

[181] Ebd., 32. Sitzung, 15. 11. 1988.

wurde der Vorsitzende der BBK um eine Beurteilung des Projekts gebeten. Bei einem Besuch von Bischof Hubrich in Eichstätt am 17. Januar 1989 wurde er in einer Ordinariatssitzung gefragt, warum nur Eichstätt solch eine Summe von 1,5 Millionen bezahlen solle und keine Beiträge des Bonifatiuswerkes und der BBK geleistet würden.[182] Hubrich musste damals die Antwort auf manche Frage schuldig bleiben. Am 2. Mai 1989 nahm der Dresden-Meißener Bischof Joachim Reinelt (geb. 1936) an der Ordinariatssitzung in Eichstätt teil.[183] Er bestätigte, dass die BBK die Präsenzbibliothek und den Ausbau grundsätzlich befürworte, es aber offen sei, wie effektiv die Institutionen Schimkes wirklich arbeiten würden. Man solle deshalb um weitere Klärung bitten. Auch in dieser Sitzung wurde über mögliche künftige Rechtsträger für die Bibliothek, darunter eine „Kirchliche Arbeitsgemeinschaft zur Auswertung theologischer Literatur e. V." in Köln,[184] beraten.[185]

Im Juni 1989 kam der kommissarische Vorsitzende der BBK, der Erfurter Bischof Joachim Wanke (geb. 1941), nach Pehritzsch. Nachdem er dort einen positiven Eindruck gewonnen hatte, wurde Bischof Hubrich beauftragt, den Aufbau einer Akademie weiter zu betreiben.[186] Nach diversen Klärungsprozessen wurde für den Bau eines Studienhauses ein einmaliger Baukostenzuschuss der BBK von 500 000 DM genehmigt.

Bereits im September 1986 war von der BBK die „Studienstelle der Berliner Bischofskonferenz" gegründet und Karl-Heinz Ducke mit ihrer Leitung beauftragt worden.[187] Im Mai 1989 fand in Berlin eine Unterredung zwischen Ducke und Schimke statt,[188] bei der sich Schimke außerordentlich enttäuscht über die Ineffizienz und die mangelnde Weiterentwicklung der von ihm seit 1976 angestoßenen Projekte zeigte. Auch die Gründung der Studienstelle wertete er wohl als persönliche Enttäuschung und Nichtbeachtung seiner bisherigen Aktivitäten. Gleiches galt für die Gründung einer Akademie in Bautzen.[189] Wie auch die oben genannte Arbeitsakademie „Romano Guardini"

---

[182] Ebd., 2. Sitzung, 17. 1. 1989.

[183] Ebd., 10. Sitzung, 2. 5. 1989.

[184] Diese bstand nur nominell, um eine Kontaktstelle im Westen zu haben.

[185] In der Sitzung wurden genannt: „1. Kirchliche Arbeitsgemeinschaft zur Auswertung theologischer Literatur. – 2. Kanonisch errichtete Stiftung Kath. Präsenzbibliothek. – 3. Arbeitsakademie für theologische Zeitfragen. – 4. Kirchliche Arbeitsgemeinschaft zur Auswertung theologischer Literatur e. V. in Köln". – Causa Schimke (wie Anm. 106), 15. Sitzung, 13. 6. 1989.

[186] Ebd., 28. Sitzung, 10. 10. 1989.

[187] KTFE, FKZG, Beschlüsse BOK/BBK, VVS 8./9. 9. 1986.

[188] Vgl. dazu Causa Schimke (wie Anm. 106), Persönliche Notizen zum Gespräch Dr. Schimke/Dr. Ducke am 3. Mai 1989 in Berlin.

[189] Vgl. dazu ebd., Hubrich an Wanke, 26. 7. 1989.

würden auch die Studienstelle und die Bautzener Akademie gleiche Arbeitsziele verfolgen, wie die von ihm initiierte Arbeitsakademie. Dies sei für „unsere Kirche" zu viel. Schimke unterstrich dabei besonders die ökumenische Ausrichtung seiner Akademie, auch wenn er einräumen musste, dass er nur wenige geeignete Wissenschaftler zur Mitarbeit hatte finden können. Ducke jedenfalls gewann den Eindruck, dass die nicht sehr rege arbeitete.

Am 15. August 1989 wurde für Schimkes Akademie unter der Schirmherrschaft des Münchener Kirchenrechtlers Winfried Aymans (geb. 1936) ein Trägerverein kanonisch errichtet;[190] dabei wurde eine Zusammenarbeit mit der Studienstelle der BBK in den Blick genommen. Ein Studienplan für das Wintersemester 1990/91 wurde aufgestellt. Erster Vorsitzender wurde mit Josef Horntrich (1930–2017) ein Mediziner.[191] Dieser bat die Bischöfe um Unterstützung dabei, die Akademie unter katholisch interessierten Laien bekannt zu machen.[192] Die Vorlesungen sollten in Leipzig (Wilhelm-Florin-Straße 17) und Berlin (Gundelfinger Straße 36) stattfinden.

Nach dem politischen und gesellschaftlichen Umbruch von 1989/90 setzte in Pehritzsch eine kaum mehr zu überschauende und zu rezipierende Veranstaltungstätigkeit ein, von der selbst Bischof Hubrich bekannte, „dass man nicht weiß, was Herr Dr. Schimke tut. Es ist so viel geschrieben worden, auch von seiner Seite her, sei es in dem großen Vorlesungsplan wie auch in den Heften ‚Anthropologie', wo Themen angegeben worden sind, die er behandeln will bzw. behandeln lässt. Es ist sicher so viel, dass man nicht alles lesen kann und auch nicht liest".[193]

Im September 1990 wurde von der BBK in Berlin eine Katholische Akademie gegründet[194] und Karl-Heinz Ducke zu ihrem ersten Direktor ernannt. Eine Satzung wurde vorgelegt sowie Kooperationsvereinbarungen mit der „Arbeitsakademie Romano Guardini" in Schwerin/Leipzig und der „Johann-Leisetritt-Akademie" in Bautzen geschlossen. Vergleichbare vernetzte Aktivitäten mit der „Arbeitsakademie" Schimkes sind dagegen nicht nachweisbar.

Theodor Hubrich hatte viele Jahre im Auftrag von Kardinal Bengsch, später auch von Kardinal Joachim Meisner (1933–2017), eine gewisse Vermittlerrolle zwischen BOK/BBK und Schimke gespielt. Hubrich wusste, „dass Paul Schimke nicht alles sagt, was er plant und ..., dass er sich sehr gerne im

---

[190] Zur kritischen Beurteilung der Entstehung des Vereins und seines Sitzes in Schwerin, vgl. ebd., Barthel an Hubrich, 26. 10. 1989 (Abschrift).

[191] Horntrich trat 1990 zurück. – Vgl. ebd., Vermerk zur Vorlage bei der AG der Region Ost der DBK, 25. 8. 1992.

[192] Vgl. ebd., Horntrich an Hubrich, 13. 12. 1989.

[193] Ebd., Hubrich an Wanke, 18. 4. 1990.

[194] KTFE, FKZG, Beschlüsse BOK/BBK, VVS 3./4. 9. 1990.

Hintergrund hält und andere vorschickt. Ich möchte, und das habe ich schon mehrere Male auch gesagt, hier etwas Licht hineinbringen, manche Dinge greifbar und vielleicht auch angreifbar zu machen, weil sie irgendwie festgeschrieben worden sind".[195] Die Bestätigung als kanonischer Verein mit Sitz in Schwerin und Leipzig sollte entsprechend dem Ziel dienen, einen Ansprechpartner zu haben. Bischof Hubrich starb jedoch überraschend am 27. März 1992,[196] ohne dass eine testamentarische Klärung seiner verschiedenen Verpflichtungen und Zuständigkeiten gegenüber den Projekten Schimkes vorlag.[197] Der Schweriner Ordinariatsrat Franz Peter Spiza (geb. 1950) bat Schimke daraufhin um Aufklärung der verschiedenen Zusammenhänge.[198] Schimke erläuterte ihm in einem Schreiben die bis heute kaum zu entwirrenden Verbindungen, Mitgliedschaften und Zugehörigkeiten.[199] Darüber hat auch der Eilenburger Pfarrer Ulrich Schade in seinen Erinnerungen an Schimke berichtet.[200]

Aus welchen Quellen Schimke die Fertigstellung des Studienhauses schließlich finanzierte,[201] bleibt im Dunkel. Das neue Studienhaus erhielt den Namen „Theodor-Hubrich-Haus". Mit Hilfe eines Darlehens des Bistums Magdeburg hatte Schimke zudem Grundstück und Gebäude eines benachbarten Kindergartens der Gemeinde Pehritzsch erworben, wo er die umfangreiche Bibliothek unterbringen wollte.[202]

---

[195] Causa Schimke (wie Anm. 106), Hubrich an Wanke, 18. 4. 1990.

[196] Vgl. JOSEF PILVOUSEK, Hubrich, Theodor (1919–1992), in: ERWIN GATZ (Hg.), Die Bischöfe der deutschsprachigen Länder 1945–2001. Ein biographisches Lexikon (Berlin 2002) S. 508 f.

[197] Ein innerkirchliches schiedsgerichtliches Verfahren bezüglich eines 1991 gewährten Darlehens Hubrichs an die „Akademie für Bildung und Wissenschaft", das nicht gänzlich zurückgezahlt worden war, zog sich bis 1994 hin.

[198] Causa Schimke (wie Anm. 106), Vermerk zur Vorlage bei der AG der Region Ost der DBK, Studienhaus Pehritzsch und dazugehörige Institutionen, 25. 8. 1992.

[199] Vgl. dazu vor allem: Causa Schimke, Anmerkungen Schwerin (wie Anm. 106).

[200] Vgl. Erinnerungen Schade (wie Anm. 14).

[201] Im Juli 1992 waren die Bauarbeiten noch nicht abgeschlossen. Schimke schlug vor, den Abschluss des Baus mit Mitteln, die über die Kirche zur Verfügung gestellt werden, zu finanzieren. – Vgl. Causa Schimke (wie Anm. 106), Anhang 1: Finanzen.

[202] Vgl. Erinnerungen Schade (wie Anm. 14). – Demnach lagen zivilrechtlich die Eigentumsrechte und Pflichten bei der kirchlichen „Arbeitsgemeinschaft zur Auswertung theologischer Literatur e. V." Köln und bei der kirchlichen „Arbeitsgemeinschaft zur Auswertung theologischer Literatur" Eisenach beziehungsweise nach deren Auflösung und Liquidation bei der „Akademie für Bildung und Wissenschaft e. V." Leipzig. Der kirchliche Verein „Arbeitsakademie für Theologische Zeitfragen ‚Romano Guardini'" habe nur kirchenrechtliche Bedeutung und keine rechtlichen Berührungen mit der „Akademie für Bildung und Wissenschaft e. V. Leipzig" gehabt. Die kirchliche „Arbeitsgemeinschaft zur Auswertung theologischer Literatur" Eisenach sei mit Einverständnis von Bischof Hubrich 1991 aufgelöst worden. Die kirchliche

Schimke war sowohl im Vorstand der Akademie als auch der Stiftung „Katholische Präsenzbibliothek" vertreten.

Die Bedeutung der Bibliothek lag vor allem im Bestand der Periodika, der in Umfang und Zusammensetzung bei weitem den Bedarf einer normalen theologischen Fakultät überstieg.[203] Besonders ausgeprägt war das umfangreiche und arbeitsaufwändige Katalogsystem. Selbst alle universitären Einrichtungen im ostdeutschen Raum gemeinsam hätten an ihren verschiedenen Standorten nicht über ähnliche Möglichkeiten verfügen können. Gerade im ostdeutschen Raum bot sich die Bibliothek als hilfreiches Instrument an, verantwortungsvolle Orientierung aus christlicher Sicht anzubieten.[204]

Nach der deutschen Wiedervereinigung sollten nun auch die sich neu ergebenden Möglichkeiten für den Verkündigungsdienst genutzt und neue Aufgabenbereiche aufgriffen werden.[205] Die seit Mitte der 1960er Jahre intern wahrgenommenen Aufgaben sollten nun durch die Gründung eines eingetragenen gemeinnützigen Vereins auch im öffentlichen Raum wirksam werden. Dazu gehörte auch die Ausweitung des Tätigkeitsbereichs auf philosophische, pädagogische und didaktische Aufgabenfelder. Auf der Basis einer von Antike und Christentum getragenen europäischen Kultur sollte nun vermehrt der Blick auch auf die osteuropäischen Staaten gerichtet werden. Folgende Überlegung wurden in diesem Zusammenhang angestellt:

1. Wie kann eine der Reevangelisierung dienende konfessionsüberschreitende Tätigkeit gefördert werden?

2. Welche Möglichkeiten bieten sich, damit die Zielsetzungen der Akademie auch für die Zukunft erhalten bleiben?

„Arbeitsgemeinschaft zur Auswertung theologischer Literatur e. V." Köln sei zur Zeit des geteilten Deutschlands errichtet worden ohne jede Mitgliedschaft von Personen aus der DDR; sie sei aufgelöst. Das evangelische Pfarrgrundstück und Pfarrhaus in Pehritzsch werde mit einer gültigen 99-jährigen vertraglichen Vereinbarung genutzt. Die zwischen der evangelischen Kirchengemeinde und der „Akademie für Bildung und Wissenschaft e. V. Leipzig" gemeinsam erarbeitete Regelung im Zusammenwirken mit der juristischen Abteilung der Vermögensverwaltung des Landratsamtes Eilenburg liege dem Bischöflichen Amt Magdeburg vor und sei noch nicht abgeschlossen. Der Neubau eines Studienhauses in Pehritzsch sei mit Rücksicht auf die noch erforderlichen nicht zur Verfügung stehenden 400 000 DM zu Beginn des Jahres eingestellt und bis dahin schuldenfrei abgerechnet worden. Erster Vorsitzender des Trägervereins „Akademie für Bildung und Wissenschaft e.V. Leipzig" sei Dr. med. Clemens Nartschik (1921–2021) aus Leipzig geworden. Zusätzlich gebe es noch einen Förderverein unter dem Namen „Gesellschaft der Freunde und Förderer der Akademie für Bildung und Wissenschaft Leipzig (GFFA) e. V.".

[203] Zum Folgenden vgl. Causa Schimke (wie Anm. 106), Fragen der künftigen Zuordnung der mit dem Studienhaus Pehritzsch in Verbindung stehenden Einrichtungen, Bericht Nartschik 9. 11. 1992.

[204] Ebd.

[205] Zum Folgenden vgl. ebd.

3. Wie lässt sich ein finanzielles Risiko eingrenzen im Hinblick auf künftige Entwicklungen, bei denen die Kirche möglicherweise nicht mehr über die heute gegebenen materiellen Möglichkeiten verfügt?

Im Sommer und Herbst 1992 erreichte die Zahl der durchgeführten Veranstaltungen einen ersten Höhepunkt.[206] Unter diesen war eine „Arbeitstagung über die Gestaltung des Ethikunterricht in den Neuen Bundesländern", eine hochkarätig mit deutschen und Referenten aus Ost- und Mitteleuropa besetzte „Einführung in das philosophische Denken", eine „Fortbildungstagung Freiheit und Verantwortung", eine „Ausbildung von Mitarbeitern für Jugendarbeit in freier Trägerschaft" sowie Einkehrtage und Symposien für den osteuropäischen Bereich.

Offen waren bis dahin entscheidende Fragen der künftigen Finanzierung und notwendiger Kooperationen geblieben. Der Präsident der Universität Eichstätt Nikolaus Lobkowicz (1931–2019) hatte sich deshalb an den Apostolischen Nuntius Lajos Kada (1924–2001) gewandt und ihn um Unterstützung für die Akademie vor allem bei den maßgeblichen Stellen der Kirche auf dem Gebiet der ehemaligen DDR gebeten.[207] Kada machte sich dieses Anliegen zu Eigen und bat etwa Bischof Huhn, die Akademie in Leipzig im Wesentlichen in ihrer damaligen Gestalt zu erhalten und die für den Betrieb notwendigen Mittel (eine halbe Million DM pro Jahr) aufzubringen; dabei stellte er in Aussicht, dass die Akademie eine Einrichtung der katholischen Universität Eichstätt werden könnte.[208] In der Tat kam es in den nächsten Jahren zu einer Kooperation mit der Eichstätter Universität, nicht jedoch zu einer Angliederung der Akademie.[209] Die AG Bischöfe – Region Ost, die nach dem Aufgehen der BBK in der Deutschen Bischofskonferenz weiter die besonderen Anliegen der mitteldeutschen Jurisdiktionsbezirke vertrat, entschied sich schließlich gegen die Akademie. Am 30. November 1992 berieten sie über den Bericht einer in dieser Sache eingesetzten Arbeitsgruppe und kamen zu dem Ergebnis, dass sie die Weiterführung des Studienhauses in Pehritzsch und der damit verbundenen Einrichtungen nicht weiter unterstützen oder gar selbst übernehmen wollten. Vielmehr sollten gegebenenfalls die bisherigen Spender für das Weiterbestehen sorgen.[210] Persönlich bemerkte der Berliner Kardinal Georg Sterzinsky (1936–2011) als Vorsitzender der AG Bischöfe – Region Ost, dass er die Entscheidung bedauere und die

---

[206] Ebd., Anhang 2, 7. 7. 1992.
[207] Ebd., Lobkowicz an Kada, 18. 11. 1992 (Entwurf).
[208] Vgl. ebd., Kada an Huhn, 24. 11. 1992, (Kopie).
[209] Vgl. ebd., Lobkowicz an Kada, 5. 11. 1992 (Kopie).
[210] Causa Schimke (wie Anm. 106), Sterzinsky an Schimke, Nartschik u. Kada, 11. 12. 1992 (Kopien).

Bischöfe die bisherige Arbeit durchaus schätzten.[211] Sterzinsky hoffte, dass Schimke zusammen mit seinen Spendern zu einem guten Ergebnis komme, das den Einsatz der vielen Kräfte und Mittel rechtfertige.

Mit diesem Beschluss verschwand das „Thema Schimke" von der Agenda der ostdeutschen Bischöfe. Nach Auflösung der AG Bischöfe − Region Ost 1995 gab es dafür keinen Ansprechpartner mehr. Das Studienhaus Pehritzsch bestand nach 1992 fort und übernahm jetzt Aufgaben, die vor 1989 illusorisch erschienen. Schimke seinerseits beabsichtigte nun, zum 31. Dezember 1992 aus Gesundheits- und Altersgründen von seinem Amt als stellvertretender Vorsitzender der Akademie zurückzutreten. Einen Nachfolger sollte im Dezember 1992 die anstehende Jahresversammlung wählen.[212] Von einem solchen, der wie Schimke Initiator, Mentor, Geldgeber, geistlicher Berater oder Impulsgeber gewesen wäre, lassen sich in den folgenden Jahren keine Spuren finden. Schimke blieb nominell bis zu seinem Tod geistiger Vater und Organisator der Leipziger Akademie, der Arbeitsakademie für Theologische Zeitfragen „Romano Guardini" und der autonomen kanonischen Stiftung „Katholische Präsenzbibliothek".[213]

Nach den Vorstellungen Schimkes sollte der Berliner Prälat Armin Bernhard (1932−2019) sein Werk fortführen.[214] Zu einem Amtsantritt Bernhards ist es bis zu Schimkes Erkrankung 2004 aber wohl nicht gekommen. Erst als Bernhard 1994 die Pfarrei St. Anna in Taucha in der Nähe von Pehritzsch übernahm, rückte eine mögliche Nachfolgeregelung in den Blick.

Über die weitere Finanzierung der Akademie und des Studienhauses Pehritzsch gibt es nur Vermutungen. Neben Zuschüssen aus Eichstätt, Spenden und Kursgebühren bleiben weitere Geldgeber ungenannt. Als nach dem Tod Schimkes 2005 allmählich die Finanzquellen versiegten, musste das Haus aufgegeben werden, so dass man zurecht davon ausgehen kann, dass weitgehend Schimke allein durch seine Beziehungen und Kontakte die materiellen und finanziellen Grundlagen für das Fortbestehen bis 2012 geschaffen hatte.

8. Ungeplante Autonomie und Erfolg am Ende eines langen Weges

Die Absage der AG Bischöfe − Region Ost bedeutete für Schimke, seine Projekte ohne Unterstützung weiter verfolgen zu müssen. Die neuen Möglichkeiten

---

[211] Ebd.
[212] Vgl. ebd., Zur Entscheidung vorbereitete Unterlagen, 30. 11. 1992.
[213] PAP, Clemens Nartschik, Zum Tode von Dr. Paul Schimke (undatiert).
[214] Vgl. Erinnerungen Schade (wie Anm. 14).

seit dem Mauerfall begann er schnell und konsequent zu nutzen. Zurückgreifen konnte er dabei auf „konspirative" Kontakte, die er in der DDR-Zeit gepflegt hatte und von denen man nur aus den Stasiakten erfährt. Ein „Vorgang" aus dem Jahre 1967 ist dort überschrieben mit: „Zusammenstellung operativer Hinweise über ‚Die Ausnutzung des Tourismus in Richtung Sowjetunion über die Deutsche Demokratische Republik mit dem Ziel der Informationsbeschaffung für vatikanische Stellen vom Oktober 1967'".[215] Dort wird berichtet, dass Schimke durch Weihbischof Schaffran mit „der ständigen aktiven seelsorgerischen Betreuung und Beratung in allen juristischen Fragen zur Reise und Kontakttätigkeit in die Sowjetunion" beauftragt worden sei.[216] Schimke besitze das uneingeschränkte Vertrauen Schaffrans und werde von diesem zu allen Ausarbeitungen und Fragen, die juristische Kenntnisse voraussetzen, eingesetzt. Auch bei einigen Mitgliedern der BOK galt Schimke als juristischer Sachverständiger Schaffrans.[217]

Schaffran, der sich 1945 freiwillig in sowjetische Kriegsgefangenschaft begeben und dort bis Ende 1949 ausgehalten hatte, pflegte seitdem gute Kontakte nach Russland und zur russisch-orthodoxen Kirche.[218] Mehrfach hatte er zusammen mit anderen Bischöfen aus der DDR die baltischen Länder besucht und in Litauen ostentativ Firmspendungen vorgenommen. Vor allem durch Besuchsreisen von Theologiestudenten in die UdSSR erreichten Schaffran seit 1963 Nachrichten über katholische Wolgadeutsche und Gemeinden. Schaffran versuchte, diese zu verifizieren, indem er Nachforschungen über die Berichte und deren Verfasser anstellte. Vom Hl. Stuhl wurde Schaffran später beauftragt, Kontakte zu knüpfen und Seelsorgeansätze zu initiieren. 1967 nutzte er einen Romaufenthalt, um diese seelsorgliche Hilfe in Gang zu bringen.[219]

In der DDR hatte sich, argwöhnisch von der Stasi beobachtet, ein Netzwerk von Laien, Theologiestudenten und Priestern gefunden, die von Schaffran unterstützt, Fahrten in die Sowjetunion unternahmen, Kontakte herstellten, liturgische Gewänder und Bücher „schmuggelten", Nachrichten sammelten und weitergaben. In den Stasiakten wird behauptet, dass Schimke hier

---

[215] Vgl. BStU, Archiv der Zentralstelle, MfS HA XX/4, Nr.1525, 000002. – Hierbei handelt es sich um die „Stasi-Akte" von Dr. Maria Jänchen (1997–2021), die bei der Staatssicherheit in diesem Zusammenhang als Hauptverantwortliche galt.

[216] Ebd., 000028.

[217] Archiv und Bibliothek der Diözese Würzburg, 1248, Ebert an Stangl, 29. 11. 1972.

[218] Zum Folgenden vgl. JOSEF PILVOUSEK, Gerhard Schaffran (1912–1996), in: Die katholische Kirche in der DDR. Beiträge zur Kirchengeschichte Mitteldeutschlands (Münster 2014) S. 107–136, hier: S. 129 f.

[219] Vgl. BStU, Archiv der Zentralstelle, MfS HA XX/4, Nr. 1525, 000042.

besonderen Einfluss besessen habe.[220] Auf Initiative Schimkes hin soll dabei immer mehr auch zu konspirativen Handeln übergegangen worden sein.[221] Die konspirativen Arbeitsmethoden würden beispielsweise immer weiter ausgebaut und Decknamen benutzt.[222]

Die sich nach 1989 entwickelnde kirchliche Organisation in den früheren Staaten der Sowjetunion, der Gemeinschaft unabhängiger Staaten (GUS), konnte auf dieses Netzwerk und seine Vorarbeiten zurückgreifen. Federführend war hier wiederum Schimke. Sein Blick hatte sich stets in besonderer Weise in Richtung Osteuropa und Russland gerichtet. So reiste er etwa persönlich bis nach Kirgisistan, um von dort Lehrkräfte und Dozenten nach Pehritzsch zu Vierteljahreskursen einzuladen.[223] Sie kamen vor allem aus Westsibirien, Kasachstan und Kirgisistan.[224] „Sein" Studienhaus hatte er nicht zuletzt errichtet, um die Reevangelisierung und gesellschaftliche Veränderung in den Ländern des Ostens sowie die Verlebendigung des Glaubens auch innerhalb der Kirche zu befördern. Schimke war und blieb immer ein ökumenisch denkender Seelsorger, was für ihn auch bedeutete, das Evangelium Jesu Christi weit über die eigene Kirche hinaus bekannt zu machen. In Pehritzsch wurde entsprechend jeder aufgenommen, ob gläubig oder nichtgläubig! Schimke favorisierte einerseits die akademische Bildung und war der Überzeugung, dass nur durch diese gesellschaftliche Veränderungen möglich seien, doch spielte auch asketisch-geistliches Tun für ihn eine wichtige Rolle.

Aufgrund seiner vielfältigen persönlichen Beziehungen und Kontakte in die GUS-Staaten hatte er mit enormem organisatorischen Aufwand Kursteilnehmer aus Russland gewinnen können.[225] Einige Priester aus den Neuen Bundesländern waren in der Nachwendezeit für Seelsorgsdienste in Russland freigestellt worden, so beispielsweise der Thüringer Priester Wilhelm Palesch (geb. 1932), der von 1992 bis 2007 Pfarrer in Tscheljabinsk im Bistum Novosibirsk war.[226] Er stand mit Schimke in brieflichem Kontakt und wurde von ihm ermutigt, dort eine Kirche zu bauen.[227] Palesch schickte wiederholt Lehrerinnen und Lehrer nach Pehritzsch. Bekannt war Schimke auch mit dem

---

[220] Vgl. ebd., 000033.

[221] Vgl. ebd., 000034. – Treffen mit Schimke erfolgten etwa immer an anderen Orten.

[222] Ebd. 000039. – Wichtig sei, so wird Schimke zitiert, „Ruhe bewahren und die Augen und Ohren offen halten und ständig in Kontakt bleiben".

[223] Vgl. PAP, Michelfeit an Durstewitz, 13. 9. 2019.

[224] Vgl. Nartschik, Schimke (wie Anm. 213).

[225] Zum Folgenden vgl. Erinnerungen Schade (wie Anm. 14) S. 3.

[226] Schematismus des Bistums Erfurt (Erfurt 2021) S. 174.

[227] Frdl. Mitteilung von Wilhelm Palesch, 2. 6. 2021.

Philosophen und Pädagogen Hans Alois Schieser (1931–2020), der seit 1991 eine Gastprofessur an der Staatlichen Universität Tscheljabinsk und von 1998 bis 2005 an der Staatlichen Universität Irkutsk innehatte. Dieser warb dort auch für das Studienhaus Pehritzsch und setzte sich in Deutschland für Bücher- und Geldspenden zugunsten des Studienhauses ein.[228]

Schimke hat in allen Kursen in Pehritzsch selbst doziert und diese im Übrigen bis zu seinem Tod 2005 konzipiert und realisiert.[229] Sowohl deutsche als auch österreichische Dozenten und Professoren wirkten gratis an allen Kursen mit.[230] Oft fanden sogar zwei Kurse parallel statt.[231] Dabei ging es auch darum, einem wohl um 1990 in Russland eingeführten Fach „Weltkunde" etwas entgegenzusetzen.

Schimke konzipierte nach dem Umbruch von 1989/90 Ethikkurse für russische Deutschlehrerinnen, später auch Kurse für Ethik und Weltkultur.[232] Die Teilnehmerinnen kamen beispielsweise aus Wladiwostok, Tomsk oder Tjumen. Ein besonderes Interesse Schimkes galt Dozenten und Studenten an den russischen Universitäten sowie Lehrkräften an den Schulen, denn in ihnen sah er Mulitplikatoren mit der Möglichkeit, das im Studienhaus erworbene Wissen weiterzugeben.[233] Zunächst waren es eher ältere Kursteilnehmerinnen, die nach den gesellschaftlichen Veränderungen in der damaligen Sowjetunion mit großem Interesse in das Studienhaus kamen; erst später kamen auch jüngere hinzu. Die Kurse dauerten zwischen acht und zwölf Wochen. Am Ende wurde den Teilnehmerinnen ein Zertifikat verliehen. Viele von ihnen, die bisher nach eigenem Bekunden als Atheisten gelebt hatten, zeigten nun echten „missionarischen Geist".[234] Zum Ende des Kurses hatte jede Kursteilnehmerin eine Abschlussarbeit zu schreiben, die vor einer Prüfungskommission verteidigt werden musste. Über die Arbeit hinaus gab es auch Gemeinschaftserfahrungen und Exkursionen, mitunter über mehrere

---

[228] Vgl. GESELLSCHAFT DER FREUNDE UND FÖRDERER DER AKADEMIE FÜR BILDUNG UND WISSENSCHAFT LEIPZIG E. V., Mitteilungen 95, S. 11 f. – Diese dem Bulletin in den Leitartikeln ähnliche, aber weniger umfangreiche Zeitschrift erschien, speziell für Kursteilnehmer und Förderer bestimmt, im Selbstverlag unregelmäßig und wahrscheinlich nur bis 1997.

[229] Frdl. Mitteilung von Frau Sabine Zeiske, 3. 6. 2021. – Vgl. Nartschik, Schimke (wie Anm. 213).

[230] Vgl. Erinnerungen Schade (wie Anm. 14) S. 3.

[231] Vgl. PAP, Aktenkonvolut von Anton Giering, Nachruf der Vorstandsmitglieder (undatiert). – Vgl. auch: HUBERTUS ZOMACK, Pfarrer Dr. Dr. Paul Schimke gestorben, in: TdH 30/55 (28. 7. 2005). – Herrn Anton Giering, der das genannte Aktenkonvolut zur Verfügung gestellt hat, sei an dieser Stelle ausdrücklich gedankt.

[232] PAP, Zeiske an Pilvousek, 5. 5. 2021.

[233] Vgl. zum Folgenden vgl. Erinnerungen Schade (wie Anm. 14) S. 3.

[234] Vgl. Nachruf Vorstandsmitglieder (wie Anm. 231).

Tage. Ansonsten existierten im ländlichen Pehritzsch keine „Ablenkungsmöglichkeiten", was wohl der Intention Schimkes entgegenkam.[235]

Ein zweites Bildungsangebot wurde von der Caritas-Zentralstelle Berlin, dann von der Hauptvertretung Berlin des Deutschen Caritas-Verbandes und nach Gründung eines „Instituts für Fort- und Weiterbildung an der Katholischen Fachhochschule Berlin e. V." mit vielen verschiedenen Kursen und Lehrgängen in Pehritzsch angesiedelt.[236] Schimke wurde damit zum Initiator eines bis dahin einmaligen Grund- und Aufbaukurses „Ethik in der Medizin für Ärzte". Er hatte dafür konzise Programme und eine strenge Hausordnung entworfen. Noch während der Fertigstellung des Neubaus 1992 fanden die ersten Kurse statt. Das Haus verfügte über maximal 25 Betten. Fünf bis sechs Angestellte betreuten Haus, Küche und Gelände.[237]

Zentraler Ort des Hauses war ein Gottesdienstraum, der für alle zur Verfügung stand.[238] Er bestand aus zwei Teilen: einem Raum für die Eucharistiefeier und einem Raum für Psalmengebete. In letzterem konnten sich die Teilnehmer zum Gebet versammeln, die nicht katholisch waren. Täglich wurde die Hl. Messe gefeiert und das gesamte Stundengebet der Kirche gebetet. Damit waren viele Teilnehmende überfordert, da sie nur selten religiöse Erfahrungen besaßen. Die Studieneinheiten bestanden aus Vorlesungen am Vormittag und Selbststudium am Nachmittag und Abend. Die Mahlzeiten wurden gemeinsam eingenommen. Fehlende Mittel und der aszetische

---

[235] Vgl. Mitteilungen (wie Anm. 228) 1/1996. — Die im Zertifikat ausgewiesenen Vorlesungsreihen, Seminare und Exkursionen waren: 1. Einführung in die praktische Philosophie in Verbindung mit der Anthropologie und theologischer Ethik. — 2. Hinweise zur Religionsphilosophie. — 3. Hinweise zur Didaktik der Philosophie des Religionsunterrichts sowie Einführung in die Pädagogik unter Zugrundelegung des antiken christlichen Menschenbildes. — 4. Überblick zur Kirchengeschichte im Rahmen der europäischen Gesamtgeschichte. — 5. Informationen über den christlichen Glauben und Einführung in christliche Spiritualität. — 6. Religionskunde, christliche Konfessionskunde sowie Sekten, Esoterik und New Age. — 7. Einführung in die Bibel als Kultur- und Glaubenszeugnis. — 8. Einführung in die europäische Kunstgeschichte von der Antike bis zur Gegenwart unter besonderer Berücksichtigung von Romanik, Gotik und Barock mit Exkursionen in Bayern und im mitteldeutschen Raum. — 9. Anregungen zum Fach „Weltkultur". — 10. Bekanntmachen mit dem amerikanischen und deutschen öffentlichen und privaten Schulwesen. — 11. Einführung in die Praxis des Ethikunterrichts und Auswertung von entsprechender Schulbuchliteratur. — 12. Bekanntmachen mit deutschem Brauchtum und Liedgut.

[236] Aktenkonvolut (wie Anm. 231), Giering an Pilvousek, 23. 2. 2021.

[237] PAP, Zeiske an Pilvousek, 5. 5. 2021. — Weitere Kurse dieses Angebots in Pehritzsch waren: 1. Jährliche Fortbildung der Laborleiter und der leitenden Medizinisch-Technischen Assistentinnen der katholischen Krankenhäuser der Neuen Länder. — 2. Fortbildungen für die Pflegedienstleiterinnen der kath. Krankenhäuser (zweitägige Veranstaltungen). — 3. Weiterbildungslehrgänge zur Stationsleitung im Krankenhaus (in zwölf Wochenkursen). — 4. Grund- und Aufbaukurse: AVR [Arbeitsvertragsrichtlinien] in der Praxis des Alltags.

[238] Vgl. PAP, Michelfeit an Durstewitz, 13. 9. 2019.

Lebensstil Schimkes ließen die Verpflegung allerdings eher bescheiden ausfallen. Schimke hat stets versucht, die Kurse geistlich zu begleiten und stand stets zu Gesprächen zur Verfügung, was sowohl von Teilnehmern als auch von Dozenten lobend hervorgehoben wurde.[239]

9. Nachruf und Würdigung

Paul Schimke starb am 22. Juli 2005 in Pehritzsch.[240] Am 28. Juli feierte der Görlitzer Bischof Rudolf Müller für ihn in der Klosterkirche der Dominikaner in Leipzig-Wahren das Requiem unter großer Beteiligung von Bischöfen, Priestern und Gläubigen.[241] Die Beisetzung nahm der Ortspfarrer von Eilenburg Ulrich Schade auf dem evangelischen Friedhof neben dem Dominikanerkloster vor.

Schade, der in den letzten Jahren vor Schimkes Tod häufiger Gast im Studienhaus und Ansprechpartner Schimkes war, hat die Geschichte der „Utopie Pehritzsch", wie Kardinal Bengsch das Agieren Schimkes bezeichnete, wohl am treffendsten beschrieben.[242]

Prälat Armin Bernhard, der eingebunden war in die Gemeinschaft des Neokatechumenalen Weges, hat versucht, das Haus und seine Arbeit weiterzuführen. Aber die persönlichen Verbindungen zu den Geldgebern brachen zusehends ab, etwa wenn Verantwortliche altersbedingt aus ihren Funktionen ausschieden. Das Interesse an der Kursteilnahme ließ nach und eine dauerhafte Begleitung der Kurse war nicht mehr gegeben. Die letzten Kurse fanden 2012 statt. Bernhard war inzwischen altersbedingt aus dem Pfarrdienst in Taucha ausgeschieden und nach Berlin gezogen. Die Gebäude (Pfarrhaus, Kapelle und Studienhaus sowie einige dazugehörige Schuppen) waren zum Teil in einem erbärmlichen Zustand und gefüllt mit allen möglichen Dingen, die sich im Laufe der Jahre angesammelt hatten. 2013 hatte Pfarrer Schade mit Helfern aus der Pfarrgemeinde mit dem Auf- und Ausräumen begonnen.

Das Gebäude des früheren Kindergartens in der Nachbarschaft, in dem Schimke die Bibliothek untergebracht hatte, war dafür denkbar ungeeignet. Nach der Einstellung des Studienbetriebes wurde versucht, die Bibliothek weiterzugeben, doch fand sich bei Universitäten und Bibliotheken kein Interesse. Eine Reihe von Büchern wurde schließlich durch die Bibliothek der „Fachakademie für Gemeindepastoral" in Magdeburg übernommen. Der

---

[239] Giering an Pilvousek (wie Anm. 236).
[240] Vgl. H. ZOMACK, Schimke (wie Anm. 231).
[241] Nachruf Vorstandsmitglieder (wie Anm. 231).
[242] Zum Folgenden vgl. Erinnerungen Schade (wie Anm. 14) S. 4–6.

größte Teil musste jedoch makuliert werden. Einrichtungsgegenstände wurden an verschiedene kirchliche Einrichtungen gegeben. Ein Teil der Tisch- und Bettwäsche sowie die Kücheneinrichtung mitsamt Geschirr und Besteck gingen mit einem Hilfstransport nach Moldawien. Das Haus wurde vergeblich kirchlichen bzw. karitativen Institutionen angeboten. Es stand über mehrere Jahre leer und war der evangelischen Kirchengemeinde Krostitz eine Last. 2016 besiedelte eine christliche Kommune aus mehreren jungen Familien Häuser und Grundstück.[243]

Aus der Vielzahl der nach Schimkes Tod unternommenen Versuche, sein Leben und Wirken zu beschreiben, ist neben anderen vor allem der des früheren Generalsekretärs der BBK Paul Dissemond (1920–2006) hervorzuheben.[244]

Einer von Schimkes Nachfolgern als Herausgeber des Theologischen Bulletins, Heinz Josef Durstewitz (geb. 1945), stellte ihn wegen seines Bekennermutes in eine Reihe mit den Blutzeugen Dietrich Bonhoeffer (1906–1945) und Bernhard Lichtenberg (1875–1943).[245] Der letzte Generalsekretär der BBK, Josef Michelfeit (geb. 1997), kommentierte, dass viele Verantwortliche in der Kirche Schimke nicht verstanden hätten; so sei auch nachzuvollziehen, dass er sich nicht in die Karten schauen ließ, um seine Sache nicht zu gefährden und keine Spuren zu hinterlassen.[246]

---

[243] Dies geschah auf Vermittlung des evangelischen Pfarrers von Krostitz, dem es oblegen hatte, das Grundstück und, nach rechtlicher Klärung, die Gebäude einer neuen Nutzung zuzuführen.

[244] Vgl. Paul Dissemond, Akademikerseelsorge, in: Ulrich von Hehl – Hans Günter Hockerts (Hg.), Der Katholizismus – gesamtdeutsche Klammer in den Jahrzehnten der Teilung? Erinnerungen und Berichte (Paderborn u. a. 1996) S. 156–158, hier: S. 157. – Hier heißt es zu Schimke: „Er war in kein Schema zu pressen, seine vielfältigen Initiativen gingen meist an der offiziellen Akademikerarbeit vorbei. Sein unermüdlicher Eifer, seine persönliche Anspruchslosigkeit, sein Geschick, eine Vielzahl von Helfern und Helferinnen zu mobilisieren und zu motivieren (ich nannte ihn einmal den letzten Vertreter der Sklavenhaltergesellschaft, eine Bezeichnung der er schmunzelnd zustimmte), befähigten ihn, eine einzigartige Bibliothek und ein Zeitschriftenarchiv aufzubauen, das seinesgleichen sucht. Seine Perfektionsbesessenheit nahm allerdings gelegentlich abenteuerliche Formen an. Großzügige Unterstützung erfuhr er durch den Leiter des Europäischen Hilfsfonds in Wien, Wilhelm Reitzer".

[245] Vgl. PAP, Durstewitz an Michelfeit, 6. 9. 2019: „Dass er ein anderes Verhältnis zur Geheimhaltung hatte als ich, das ist sicher seiner Erfahrung im Dritten Reich geschuldet. Nein, er gehört für mich zu den großen Persönlichkeiten in unserer Kirche. Ich habe oft den Eindruck, dass ich der einzige bin, der an ihn erinnert".

[246] Vgl. PAP, Michelfeit an Durstewitz, 13. 9. 2019: „Er hat wohl tiefer gesehen als die ganze Bischofskonferenz, was die Kirche in der Gegenwart und deren Zukunft angeht. Ich durfte

Vieles in der Darstellung von Leben und Wirken Paul Schimkes muss fragmentarisch bleiben. Sein Bemühen, auch außerhalb eines institutionellen Rahmens zu wirken, kann man wohl treffend mit dem Wort „Maßlosigkeit" zusammenfassen: maßlos in dem Bemühen, die Enge der „kleinen" katholischen Kirche in der DDR aufzubrechen.

---

diese Erfahrung ... bei verschiedenen Gelegenheiten und in so manchen Gesprächen machen, auch wenn ich manches an Tragweite damals noch nicht verstehen konnte".

Seelsorger und Seelsorge im Vogtland des 20. Jahrhunderts [1]

Im Jahr 1937 war die Gründung von Gemeinden im sächsischen Vogtland weitgehend abgeschlossen. Aus Exposituren waren Seelsorgsbezirke und Gottesdienstorte geworden. Der Vorstand des Bonifatiusvereins in Paderborn hatte deshalb beschlossen, einen Diasporaführer herauszugeben. In diesem Zusammenhang wies er darauf hin, dass auf Grund des unzulänglichen Quellenmaterials noch manche Lücke vorhanden sei.[2] Für das Vogtland vermerkte das Vademekum folgende Seelsorgeorte:

Adorf: Gründungsjahr 1902, betreuende Orte 20, Katholikenzahl 850.
Auerbach: Gründungsjahr 1909, betreuende Orte 28, Katholikenzahl 1150.
Bad Elster: Gründungsjahr 1910 (keine Orte angegeben), Katholikenzahl 100.
Falkenstein: Gründungsjahr 1924, betreuende Orte 28, Katholikenzahl 750.
Klingenthal: Gründungsjahr 1908, betreuende Orte 7, Katholikenzahl 900.
Markneukirchen: Gründungsjahr 1927, betreuende Orte 70, Katholikenzahl 770.
Oelsnitz: Gründungsjahr 1917, betreuende Orte 65, Katholikenzahl 700.
Plauen: Gründungsjahr 1892, betreuende Orte 105, Katholikenzahl 5350.
Reichenbach: Gründungsjahr 1877, betreuende Orte 30, Katholikenzahl 1450.[3]

Die Herausgeber des Diasporaführers baten im Vorwort darum, Fehler und „Verbesserungen" zu melden. Tatsächlich finden sich einige abweichende Angaben zu Plauen, für das bereits 1859/60 die Anstellung eines Expositus und 1861 die Einrichtung einer Kapelle berichtet wird. Reichenbach wurde 1877 zunächst zur Expositur.

Um 1937 gab es also 12 020 Katholiken im sächsischen Vogtland. 1946 dagegen wurden allein für die drei größten Pfarreien folgenden Katholikenzahlen genannt:

---

[1] Verwendete Abkürzungen: BAE = Bistumsarchiv Erfurt. – FKZG = Forschungsstelle für kirchliche Zeitgeschichte an der Professur für Kirchengeschichte des Mittelalters und der Neuzeit der Universität Erfurt. – HAEK = Historisches Archiv des Erzbistums Köln.

[2] GENERALVORSTAND DES BONIFATIUSVEREINS FÜR DAS KATH. DEUTSCHLAND E. V. (Hg.), Diasporaführer (Paderborn 1937).

[3] Vgl. die genannten Zahlen ebd., S. 190–193.

Auerbach: 6000; Plauen: 9260; Reichenbach: 3646.[4] Insgesamt war in den drei Orten die Katholikenzahl 1946 von 7950 auf 14 856, also fast auf das Doppelte, angewachsen. Für den Bezirk des Pfarramtes Plauen zählte man 1952 dann 9300 Katholiken in drei Städten und 96 Dörfern.[5]

2020 gehörten zur Pfarrei Plauen noch 2771 Katholiken, zur Pfarrei Auerbach 2259.[6] Im gesamten sächsischen Vogtland lebten 2020 5 030 Katholiken.

Über die Anfänge des Katholizismus im Vogtland nach der Reformation gibt es wissenschaftliche Studien, die diese Neuaufbrüche seit Mitte des 19. Jahrhunderts untersuchen.[7] Ein Desiderat aber bleiben Überblicke und Darstellungen seit den 1920er Jahren. Was findet sich beispielsweise in dieser Diasporaregion an Seelsorgsimpulsen oder quantitativem Wachstum oder hat es – wie oft in Diasporagebieten – einen Personentransfer und Zuwachs aus katholischen Gegenden gegeben?

Einen lebendigen Eindruck von Seelsorge und Katholizismus im sächsischen Vogtland seit Beginn des 20. Jahrhunderts gibt die „Nachschrift" eines Vortrages des Oelsnitzer Erzpriesters Karl Scheuring, den er vermutlich 1937 gehalten hat.[8] Er stammte aus Unterfranken, war ab 1917 Expositus und 1923 bis 1941 Pfarrer von Oelsnitz. Er beschreibt vor allem die Mühen und die Sorgen beim Bau der Kirchen und Gottesdiensträume sowie die notorische Geldknappheit. Zudem beklagt er die Entfernungen und die Größe der Pfarreien: „Als zum Vogtland gehörig musste auch danach getrachtet werden, die Seelsorge in Schleiz und weiterer Umgebung auszubreiten, obwohl es eigentlich zum Pfarramt Gera gehörte, das aber nur ausnahmsweise (wegen der weiten Entfernung) in der Lage war, Seelsorgehandlungen dort vorzunehmen." Und er fügt bezüglich der Vertretungen hinzu: „Es war die schlimmste Zeit meines Lebens: fast nichts zu essen, zweimal im Freien schlafen, weil kein Quartier zu haben war. ... Nach vielen Eingaben ist es uns endlich gelungen, für diesen großen Bezirk eine eigene Pfarrstelle durchzusetzen."

---

[4] FKZG, DDR-Bischöfe C–F, P, Auszug aus der Volks- und Berufszählung in der SBZ vom 29. Oktober 1946.

[5] HAEK, CR II, 22.8,3, Bonifatiusblatt, Juni 1952, Nr. 2/91. Jahrgang.

[6] Frdl. Mitteilung von Dekan Marcus Hoffmann, Plauen, 18. 02. 2021.

[7] Vgl. HEINRICH MEIER, Das Apostolische Vikariat in den Sächsischen Erblanden (= Studien zur katholischen Bistums- und Klostergeschichte 24) (Leipzig 1981). – BENJAMIN GALLIN, Katholische Arbeiter im Mutterland der Reformation. Konfession und Arbeitsmigration in Sachsen 1871–1914 (= Veröffentlichungen der Kommission für Zeitgeschichte, Reihe B: Forschungen 134) (Paderborn u. a. 2019).

[8] Pfarrarchiv Plauen/Herz Jesu, Chronikauszüge und KARL SCHEURING, Die Entwicklung der Seelsorge im Vogtlande 1900–1937 (Typoskript).

Über die Größe des Seelsorgebezirks Vogtland berichtete er: „Der Umfang der Pfarreien ist schwer anzugeben. Vorerst kann ich nur sagen, dass Plauen 103 und Oelsnitz 65 Ortschaften zu betreuen hat." Der Vortrag schließt mit Hinweisen auf die bedrückenden Zustände beim Religionsunterricht sowie mit Klagen über die verbreitete Gleichgültigkeit und Undankbarkeit: „Da ist von großem Vorteil die Konfraternität und das Bewusstsein, sich beim Konfrater aussprechen zu können über alles, was einem zuwider ist. Gott sei Dank ist dieses alte Vermächtnis der Konfraternität bei uns im Vogtland immer treu gehalten worden. Freud und Leid haben wir miteinander geteilt. ... Gottes Segen ist sichtlich auf dem Vogtlande gelegen."[9] Mit Ausbruch des Zweiten Weltkrieges 1939 kamen neue Probleme auf die Gemeinden zu.

1. Abgewandertenseelsorger und Seelsorge im Aufnahmegau

Das 1921 neugegründete Bistum Meißen umfasste auch Gebiete in Thüringen. Dieser Westteil des Bistums Meißen samt Vogtland sollte für einige Jahre für das Bistum bedeutsam werden. Sowohl 1939 als auch 1943 hat es „katholische Zugewanderte" im Bistum Meißen gegeben. Die seelsorgliche Betreuung firmierte kirchlicherseits als „Abgewandertenseelsorge". In staatlichen und kommunalen Archiven fanden sich keine Hinweise auf katholische Vertriebene.[10] Allerdings taucht in den Akten der Terminus „Ausgebombte" auf, steht hier aber ohne nähere Spezifizierung gleichermaßen für „Zugewanderte" und „Abgewanderte". Nur in einigen kirchlichen Chroniken, nämlich in Oelsnitz und in Treuen, gibt es Anhaltspunkte für eine „Abgewandertenseelsorge".

Nach Oelsnitz kamen 1939 „katholische Kriegsgefangene, vor allem Franzosen, und polnische Zwangsarbeiter, die unter erniedrigenden Bedingungen leben mussten",[11] heißt es in der dortigen Chronik. Möglicherweise befanden sich darunter auch Saarländer. Zudem wird berichtet: „Bereits Mitte Juli 1943 kamen viele Bombenevakuierte aus dem Rheinland, von denen die meisten katholisch waren, ins Vogtland und nach Oelsnitz. Auch im Pfarrhaus wurde ein Flüchtling aufgenommen. Gegen Kriegsende aber ergoss sich

---

[9] Vgl. die Zitate bei: K. SCHEURING, Entwicklung (wie Anm. 8) S. 37 f.
[10] Frdl. Mitteilung der Stadt Plauen, Fachgebiet Archiv, 26. 1. 2021. — Frdl. Mitteilung von Sigrid Unger, Landratsamt Vogtlandkreis, Sachgebietsleiterin Archiv, 12. 3. 2021.
[11] Vgl. KATHOLISCHE PFARRGEMEINDE OELSNITZ IM VOGTLAND (Hg.), Katholische Pfarrkirche St. Karl Borromäus Oelsnitz im Vogtland 1921–1996 (Oelsnitz 1996) S. 33.

durch das Vorrücken der Roten Armee ein regelrechter Strom von Flüchtlingen aus den deutschen Ostgebieten in das Vogtland".[12] In der Chronik der Gemeinde Treuen heißt es: „1944–1945. Aufgrund der stark angestiegen Zahl der Gottesdienstteilnehmer durch Bombenevakuierte aus dem Rheinland und Evakuierte aus den östlichen Kriegsgebieten fanden die Gottesdienste in der evangelischen Kirche statt".[13]

Auch wenn die Angaben zu den unterschiedlichen „Ausgebombten", also den Evakuierten und Abgewanderten, dürftig sind, lassen sich ihre Spuren im Westteil der Diözese Meißen und im Vogtland nachweisen. Für eine sachgerechte Einordnung ist die Vorgeschichte wichtig.

Am 1. Mai 1920 wurde das Land Thüringen gegründet.[14] Es vereinigte die bisherigen thüringischen Staaten Sachsen-Weimar-Eisenach, Sachsen-Gotha, Sachsen-Meiningen, Sachsen-Altenburg, Schwarzburg-Rudolstadt, Schwarzburg-Sondershausen und den Volksstaat Reuß, während sich Sachsen-Coburg dem Freistaat Bayern anschloss. Der Regierungsbezirk Erfurt und der Kreis Schmalkalden gehörten zur preußischen Provinz Sachsen. Die kirchliche Gliederung dieser Gebiete war mit der politischen nicht deckungsgleich. Während die ehemaligen reußischen Gebiete in Ostthüringen zum Bistum Meißen (seit 1980 Dresden-Meißen) gehörten und bis heute gehören, wurden die preußischen und die sächsischen Territorien sowie die Gebiete von Schwarzburg-Rudolstadt und Schwarzburg-Sondershausen 1929 dem Bistum Fulda zugeschlagen. Das frühere Herzogtum Sachsen-Meiningen unterstand kirchlich dem Bistum Würzburg. Das unter Thüringen subsumierte Gebiet war also weder politisch noch kirchlich eine Einheit. Wenn die kirchlichen Verantwortlichen von Thüringen sprachen, meinten sie Gebiete, die größtenteils zum Bistum Fulda, in Teilen zum Bistum Meißen und mit wenigen Pfarreien zum Bistum Würzburg gehörten. Der in der NS-Zeit gebildete Gau Thüringen sollte für die zu beschreibenden kirchengeschichtlichen Ereignisse topografischer und definitorischer Ausgangspunkt werden.

Schon „1939/40 wurde Thüringen aufgrund seiner geografischen Lage zum Evakuierungsgau für die Saarbevölkerung erklärt, da die NS-Führung dort den Einmarsch französischer Truppen infolge des Beistandspaktes mit

---

[12] Ebd., S. 4.

[13] Chronik der Gemeinde Treuen, vgl. online unter: https://www.st-christophorus-auerbach. de/?page_id=1549 [Zugriffsdatum: 16. 4. 2021].

[14] Vgl. JOSEF PILVOUSEK, Diaspora und Eigensinn. Die Katholische Kirche in Thüringen, in: KONRAD SCHEURMANN – JÖRDIS FRANK u. a. (Hg.), Neu entdeckt. Thüringen – Land der Residenzen, 2. Thüringer Landesausstellung Schloss Sondershausen 1: Katalog 1 (Mainz 2004) S. 217–221.

Polen erwartete".[15] Bis 1941 wurden etwa 85 900 Saarländer in Thüringen und Westsachsen untergebracht und auf die Stadt- und Landkreise verteilt. Aufgrund der kriegsbedingten Lage rechnete man mit insgesamt 157 000 Saarländern und 57 000 Hamburgern.[16]

Aus einem Brief des Bischöflichen Ordinariates Bautzen ist zu erfahren, dass hiervon auch das Bistum Meißen betroffen war. Ordinariatsrat Gustav Palm (1896–1965) schrieb im Hinblick auf die zweite Migrationswelle von 1943: „Wenn wir die heutige Zuwanderung mit der vom Jahre 1939/40 vergleichen, so besteht der wesentliche Unterschied darin, dass damals ganze Gemeinden geschlossen mit ihren Seelsorgern in unserer Gegend untergebracht wurden. Heute aber werden die Bedrängten ohne besondere Rücksichten, wenn auch sonst sehr wohlwollend, verschiedenen Orten zugeteilt. Infolgedessen ist nicht nur die seelische Not dieser Leute größer, sondern auch deren Betreuung für unsere Priester erschwerter."[17]

Während die staatliche Aufteilung relativ klar zu sein schien – Thüringen war der Aufnahmegau –, war die kirchliche Zuteilung der rheinischen Katholiken, die es nach Mitteldeutschland verschlagen hatte, unklar und schwieriger. Dem Gau Köln-Aachen wurden Teile des Erzbistums Breslau und des Bistums Meißen zugeteilt, die nach den Luftangriffen zahlreiche „Fliegergeschädigte", insbesondere alte Leute, aufgenommen hatten.[18]

Im Sommer 1943 wurde die Aufnahme von 70 000 Personen vorbereitet, die auf die Kreise verteilt werden sollten. Damit erreichte auch die „Abgewanderten-Seelsorge" quantitativ und qualitativ ihren Höhepunkt.[19] Insgesamt verliefen die Evakuierungen weit weniger planmäßig, als das Regime den Eindruck zu erwecken suchte. Kirchlicherseits war zumindest die Zuteilung der Priester geregelt worden. Die Erzbischöfliche Kanzlei in Köln hatte vorgeschlagen: „Es wird zweckmäßig sein, die Geistlichen für die in je einem bestimmten Bezirk weilenden Katholiken aus dem Erzbistum Köln zu ernennen. Diese Ernennung würde dem dortigen Ordinariat zustehen. Die Besoldung würde unsere Aufgabe sein".[20] Für das Bistum Meißen waren sieben,

---

[15] MARKUS FLEISCHHAUER, Der NS-Gau Thüringen 1939–1945. Eine Struktur- und Funktionsgeschichte (= Veröffentlichungen der Historischen Kommission für Thüringen 28) (Köln – Weimar – Wien 2010) S. 104.

[16] Vgl. ebd., S. 105.

[17] HAEK CR II 25.20b, 1/125, Bischöfliches Ordinariat Bautzen an Generalvikar Köln, 29. 7. 1943.

[18] HAEK CR II 25.20b, 1/39, Zur Sorge für die Evakuierten Typoskript, 27. 8. 1943.

[19] Eine auch nur annähernde Zahl, wie viele der Evakuierten katholisch waren, lässt sich nicht ermitteln.

[20] HAEK CR II 25.20a, 1/118, Kanzlei Köln an die hochwürdigsten Ordinariate Breslau, Fulda, Bautzen, 3. 8. 1943.

zeitweise sogar acht Geistliche tätig,[21] nämlich: Heinrich Cürten, Pfarrvikar Altenburg; Dr. August Frotz, Domvikar, Pfarrvikar Aue; Franz Joseph Habitz, Pfarrvikar Wurzen; Karl Hieronymi, Pfarrvikar Meißen (Riesa, Döbeln); Ernst Meininghaus, Pfarrvikar Reichenau; Peter Rönz, Pfarrvikar Annaberg; Ludwig Theben, Pfarrvikar Klingenthal; Ewald Tott, Zeulenroda (Greiz, Gera, Schleiz). Die Bezeichnung Pfarrkurat wurde im Bistum Meißen durch die Bezeichnung Pfarrvikar ersetzt.[22]

Während die Zahl der Geistlichen, die in der Diözese Meißen zu Seelsorgsdiensten delegiert waren, feststeht, ist, ein „klares und abgerundetes Bild über die Ansammlung und die Zahlen der rheinischen Evakuierten zu geben ..., unmöglich".[23] Vermutet wird eine große Zahl, namentlich aus dem Kölner Stadtgebiet, die wohl vor allem in ausgesprochenen Diasporagebieten, nämlich in der Lausitz, im Vogtland und im thüringischen Anteil der Diözese Meißen, untergekommen sind.

In Bautzen hieß es dazu: „Die Fluktuation ist wie überall und erschwert die Gewinnung einer klaren Überschaubarkeit. Das Bautzener Generalvikariat hat betreffs der Evakuierten zwei Rundschreiben erlassen, in denen der Klerus aufgefordert wird, die Aufnahmeorte und die zu erreichenden Zahlen festzustellen. Die Antworten stehen bislang noch aus".[24]

Die dringlichsten Fälle waren an das erzbischöfliche Generalvikariat in Köln gemeldet worden. Weiter wurde bestimmt: „Die in Sachsen eingesetzten Geistlichen sollten gleichzeitig den Umkreis sichten und feststellen, wo weitere Hilfe nottut. Infrage kommen nur Geistliche, die über eine gute Gesundheit und den rechten apostolischen Eifer verfügen. Die Seelsorgearbeit ist mühsam und muss großenteils mit dem Fahrrad erledigt werden. Der bevorstehende Winter wird die Tätigkeit erheblich erschweren. Augenblicklich günstige Witterung möglichst auszunützen und baldiger Einsatz erforderlich". Hinsichtlich der kirchlichen Organisation hieß es: „Um die Feststellungen zu beschleunigen, wird erwogen, dass ein geeigneter Kölner Geistlicher, der gleichzeitig die Oberleitung für Sachsen besitzt, in dem infrage kommenden Gebieten Priesterkonferenzen abhält. Das Bautzener Generalvikariat erwartet baldiges Eintreffen dieses Geistlichen um die Priesterkonferenzen festzusetzen. Der Austausch auf diesen Konferenzen hat sich stets als fruchtbar erwiesen,

---

[21] HAEK CR II 25.20a, 1/12, Verzeichnis der in der Abgewandertenseelsorge tätigen Geistlichen aus dem Erzbistum Köln. 6. 11. 1943.

[22] HAEK CR II 25.20b, 1/114: Löbmann an GV Köln, 17. 8. 1943

[23] Frdl. Mitteilung des Stadtarchivs Plauen, 18. 2. 2021: keine Akten zur Abgewanderten-Seelsorge vorhanden.

[24] Vgl. wie auch die folgenden Zitate in: HAEK CR II 25 20a. 1/80, Bericht über eine Besprechung im Generalvikariat Bautzen, 30. 8. 43.

ob Ordensschwestern für Caritas und Seelsorger angefordert werden müssen, könnte ebenfalls hier erfahren werden".

Der Unterzeichnende hatte „den Eindruck, dass die religiöse Lage der katholischen Rheinländer in Sachsen besonders Besorgnis erregend ist, und zwar wegen der wirklich großen Vereinsamung und der starken Abneigung der einheimischen Bevölkerung gegen alles Katholische, so dass schnelle Hilfe hier besonders am Platze ist".

Erster Verantwortlicher Kölner Pfarrer im Bistum Meißen wurde Domvikar Dr. August Frotz, Pfarrvikar in Aue, Nachfolger von Domvikar Frotz als Obmann für die Kölner Priester im Bistum Meißen hingegen im März 1944 der Pfarrvikar im thüringischen Altenburg, Heinrich Cürten. Er war dort seit 1943 bis Dezember 1945 Seelsorger der Evakuierten;[25] 1945 wurde er ausgewiesen. Wie die inhaltliche Zuordnung der einzelnen Geistlichen zu einem Obmann im Einzelnen war, lässt sich nicht exakt eruieren.[26]

Logistische Zentralstelle für die abgeordneten Priester des Erzbistums Köln war Erfurt. Insgesamt 32[27] Kölner „Abgewanderten-Seelsorger" wurden bis zum 17. Oktober 1943 entsandt, wobei die meisten von ihnen (21) in Thüringen, also im Ostteil des Bistums Fulda, ferner im Westteil des Bistums Meißen und im Ostteil des Bistums Würzburg tätig waren. Im Laufe des Krieges sollte ihre Zahl noch steigen, wobei eine Gesamtzahl von gleichzeitig 60 wohl nie überschritten wurde.

Am 10. September 1943 wurde der Kölner Domvikar Joseph Teusch (1902–1976) zwecks Übernahme der Seelsorge für die im Bereich von Erfurt untergebrachten rheinischen Katholiken beurlaubt. Er wurde Obmann für die im Bistum Fulda tätigen Seelsorger in Gräfenroda und wahrscheinlich auch Ansprechpartner aller Kölner „Abgewanderten-Seelsorger" in Mittel- und Ostdeutschland.[28] Im Vogtland wurde Ludwig (Paul Bernhard) Theben (1907–1985) als Pfarrvikar eingesetzt.[29] In den Akten wird seit 1943 als sein

---

[25] Vgl. HAEK, CR II 25.20a, 2/45, David an Cürten, 9. 3. 1944.

[26] HAEK CR II 25.20a, 2/41, Ordinariat Meißen an Cürten, 12. 10. 1943: „Mit Wirkung vom 15. Oktober dieses Jahres bestellen wir ehrwürdige Hochwürden zum Pfarrvikar für die in den Pfarrbezirken Altenburg-Schmölln und Rositz untergebrachten Katholiken aus den bombengefährdeten Gebieten des Rheinlandes. In diesem Amt unterstehen sie der Dienstaufsicht des Erzpriesters des Archipresbyterates Gera, Herrn Erzpriester Max Gewinner in Rositz, Thüringen. Gleichzeitig erteilen wir Ihnen für die Dauer dieses Amtes die Jurisdiktion und Predigterlaubnis für den Bereich des Bistum Meißen. Trauungsvollmacht ist gegebenenfalls von dem für den Einzelfall zuständigem Pfarramte zu erbitten."

[27] HAEK, CR II 25.20a, 1/3, Heutiger Stand der Seelsorge für die Ausquartierten, 17. 10. 1943

[28] BAEF, Bischöfliches Generalvikariat Erfurt/Bischöfliches Amt Erfurt-Meiningen, A XII a2, 129, David an Teusch, abschriftlich an Freusberg, 10. 9. 1943 (Kopie); vgl. auch ebd., A XII a2, 128, Teusch an Generalvikariat Köln, 12. 11. 1943. – 1945 wurde ausdrücklich ein Oberobmann optiert: „Nachdem nunmehr auch Geistliche anderer Diözesen in der Rück- geführtenseelsorge eingesetzt sind, wird zu erwägen sein, ob ein gemeinsamer Obmann

Einsatzort Klingenthal genannt; ab 1944 findet sich als Standort Plauen,[30] wobei seine Personalkarte[31] ihn als Kurat in Klingenthal führt. Leider ist über seine Tätigkeit im Vogtland nichts weiter bekannt. Er stammte aus Bocholt und wurde 1936 in Köln zum Priester geweiht. Nach Anstellungen als Religionslehrer am Pädagogium-Canisianum in Lüdinghausen/Westfalen und ab April 1940 als Kaplan in Köln/St. Agnes wurde er 1943 beurlaubt, um als Pfarrvikar die Seelsorge für die Evakuierten in Klingenthal zu übernehmen. 1945 kehrte er ins Erzbistum Köln zurück und war zunächst in Bottrop-Ebel tätig. 1958 wurde er dem neugegründeten Bistum Essen zugeschrieben. 1963 wurde er Definitor und 1967 Dechant des Dekanats Essen-Borbeck. Er starb in Essen-Borbeck und wurde dort in der Priestergruft auf dem Friedhof an der Hülsmannstraße beigesetzt.

Ein zweiter Kölner Priester, Pfarrer Peter Paas (1920—1983)[32] aus Baumberg, wurde nach seiner Priesterweihe 1950 für den Dienst in der Diözese Meißen beurlaubt, am 1. Mai 1950 als Kuratus in Schmölln eingesetzt und im gleichen Jahr Kaplan in Plauen. Weitere Informationen über seinen Einsatz im Bistum Meißen gibt es nicht. Nach seiner Rückkehr ins Erzbistum Köln 1956 waren weitere Stationen Pfarreien in Bergisch-Gladbach, Oberhausen, Bonn, Köln-Porz und wiederum Bonn. Paas hat möglicherweise einer Bitte des Meißner Bistums nach Seelsorghilfe entsprochen und sich freiwillig nach Sachsen gemeldet.

Die sogenannten „Abgewandertenseelsorger", die bis 1945 in Mitteldeutschland blieben, sollten untereinander vernetzt sein, und so wurden 1944 Konferenzen der Seelsorger aus dem Erzbistum Köln geplant: „Am 5. Mai in Chemnitz, Redner Pfarrer Rothstein, Aue, Luther als religiöser Mensch; am 28. Juni in Chemnitz, Redner Pfarrvikar Pütz, Aue, Priester im Mittelalter; am 30. August in Annaberg, Redner Pfarrvikar Habitz, Leidensproblem; am 25. Oktober soll die Konferenz in Chemnitz sein, Redner Pfarrer Rothstein, Sakramente".[33]

Etwa ein Drittel der rheinländischen Katholiken ist 1945 schon bald in den Westen zurückgekehrt. „Das Land Sachsen hat ... seine Evakuierten kurzerhand ausgewiesen. Thüringen hat daraufhin seine Grenzen polizeilich

---

für alle zu bestellen ist."; HAEK CR II 25.20a, 2/55, Aktenbericht des Bischöflichen Ordinariates gemeinsame konfraternelle Führung.

[29] Frdl. Mitteilung von Dr. Severin Gawlitta, Bistumsarchiv Essen, 2. 2. 2021.
[30] HAEK CR II 25.20b, 1/125, Kölner Priester im Bistum Meißen, 9. 3. 1944.
[31] HAEK, Personalkarte.
[32] HAEK, Personalkarte.
[33] HAEK CR II 25.20a, 2/50, Bericht Cürten, 8. 9. 1944.

gesperrt und verweigert den Eingesickerten Unterkunft und Lebensmittelmarken. Erschütternde Szenen spielen sich täglich auf den behördlichen Stellen ab. Thüringen muss die Ausgewiesenen zurückweisen. Es steht zu befürchten, dass in der nächsten Zeit die Besatzungsbehörden in Thüringen zum gleichen Mitteln greifen werden und uns Rheinländer ausweisen".[34]

Um die chaotischen Rückführaktionen zu mildern, empfahl das Bautzner Ordinariat: „Es erscheint ratsam eine Zusammenfassung der in der Rückgeführtenseelsorge arbeitenden Herren unter eine gemeinsame konfraternelle seelsorgliche Führung. Soweit es sich um Kölner Herren handelt, ist Pfarrvikar Cürten bereits vom Generalvikariat Köln als Obmann bestellt und vom Ordinariat Bautzen anerkannt".[35]

2. Lehrjahre eines Diasporaseelsorgers

Augsburg und sein Bistumspatron Ulrich beanspruchen in dieser kleinen Diasporageschichte eine besondere Erwähnung. Zwei Ulrichspatrozinien der katholischen Kirche gibt es in den Neuen Ländern.[36] Am 25. Januar 1959 benedizierte Weihbischof Friedrich Maria Rintelen (1899–1988) eine Ulrichskapelle in Merseburg-Süd. Die Wahl des Patroziniums war in bewusster Anspielung auf die Gründung des Bistums Merseburg (968), die Schlacht auf dem Lechfeld (955) und die Rolle des hl. Ulrichs erfolgt. Das zweite Gotteshaus ist die St. Ulrichskapelle in Weischlitz. Die Gemeinden, die sich in diesen Gotteshäusern versammeln, sind typische Diasporagemeinden, die in ihrer Seelenzahl und auch Struktur wohl kaum mit dem Augsburger Bistum vergleichbar sind.

Weischlitz, zur Pfarrei Plauen gehörend, hatte bereits seit 1931 eine Ulrichskapelle. Ähnlich wie in anderen Diasporagegenden Mitteldeutschlands waren damals auf der Suche nach Arbeit Katholiken auch in protestantische Gebiete gekommen. In Weischlitz siedelten sich vor allem bayerische Katholiken an. Darf für St. Ulrich in Merseburg-Süd gelten, dass pastorale Notwendigkeit, gepaart mit gesamtgemeindlicher Initiative, die Gründung zustande brachte, so ist in Weischlitz das seelsorgliche Erfordernis bis zur

---

[34] HAEK CR II 25.20a, 2/61 Brief Cürten an Frings, 7. 9. 1945.

[35] HAEK CR II 25.20a, 2/55 Aktenbericht des Bischöflichen Ordinariates gemeinsame konfraternelle Führung.

[36] JOSEF PILVOUSEK, Zwei katholische Ulrichspatrozinien in den neuen Bundesländern, in: MANFRED WEITLAUFF (Hg.), Bischof Ulrich von Augsburg, 890–973. Seine Zeit, sein Leben, seine Verehrung. seine Zeit. FS aus Anlass des tausendjährigen Jubiläums seiner Kanonisation im Jahre 993 (= Jahrbuch d. Verein f. Augsburger Bistumsgeschichte 26/27) (Weißenhorn 1993) S. 405–412, hier: S. 408–411.

Gründung der Kapelle vor allem von einem Mann, nämlich Albert Erdle (1901–1983) forciert worden: Über dieses Ulrichspatrozinium darstellend zu berichten, heißt so vor allem, über den Augsburger Diözesanpriester zu schreiben, der dem „Hl. Ulrich als seinem Bistumspatron die Ehre erweisen und ein Zeichen des Dankes für die Spenden zum Bau der Kapelle geben"[37] wollte. Erdle bat seinen Diözesanbischof unmittelbar nach seiner Priesterweihe 1925, ihn in die erst 1921 neugegründete und noch schwer mit ihrem Aufbau ringende Diasporadiözese Meißen zu entlassen. Noch im gleichen Jahr wurde er Kaplan im sächsischen Plauen. In der schwierigen Diasporasituation gelang es ihm, den Bau eines Kolpinghauses zu initiieren und schließlich in der „Außenstelle" Weischlitz ein großes Grundstück zu erwerben, auf dem 1931 die Ulrichskapelle errichtet wurde.

Der erste katholische Gottesdienst war in Weischlitz bereits am 20. Juli 1925 in einem Gasthof gefeiert worden. Die Grundsteinlegung des Gotteshauses erfolgte am 10. Mai 1931, die Benediktion am 30. September 1931.

Die Kapelle wurde gleichsam zum Vorläufer von Hunderten Diasporakirchen, an deren Bau Erdle später, als er ganz in die Dienste des Bonifatiusvereins getreten war, mitwirken sollte. Seine sechsjährige Kaplanszeit in Plauen hat in vielfältiger Weise Spuren hinterlassen. Am 1. Juni 1941 wurde er Generalsekretär des Bonifatiusvereins für das katholische Deutschland in Paderborn; von 1962 bis 1971 war er „Geschäftsführender Vizepräsident" des Bonifatiuswerkes der deutschen Katholiken.

3. Resümee

Das Vogtland in seiner extremen Diasporasituation ist durch viele Gläubige – Einheimische und Zugewanderte – geprägt worden. Auch zwei Seelsorger spielen in der schwierigen Zeit bis zur Mitte des 20. Jahrhunderts für Seelsorge und Caritas in Mitteldeutschland eine wichtige Rolle: Albert Erdle und Joseph Teusch. Was ihre Lebensleistung bedeutet, wurde bei beiden erst nach ihrer Rückkehr aus Mitteldeutschland deutlich: Im Nachruf für Albert Erdle hieß es: „In Wort und Schrift, vornehmlich durch das Bonifatiusblatt und auf Priesterkonferenzen, weckte er Liebe und Mitsorge für die deutsche Diaspora".[38]

Die sächsisch-vogtländische Diaspora wurde für Prälat Albert Erdle zum pastoralen und karitativen Lernort, sie war ihm ein „Herzensanliegen". Er hat die materielle und finanzielle Unterstützung der mitteldeutschen Kirche,

---

[37] Ebd.
[38] Archiv des Bonifatiuswerks Paderborn, Nachruf Prälat Albert Erdle (ohne Signatur).

die einen karitativen und seelsorglichen Dienst erst möglicht machte, in neuer Weise organisiert. So ist eine Ulrichskapelle im Vogtland Ausgangspunkt des Wirkens eines Augsburger Diözesanpriesters geworden, dem die katholische Kirche in der ehemaligen DDR unendlich viel verdankt.

In seiner Thüringer Zeit hat der Obmann für die rheinischen Katholiken, Joseph Teusch, wesentliche Einsichten über Hilfs- und Spendenaktionen gewonnen, selbst erfahren, was Not und Entbehrung bedeuten und im Rahmen seiner damaligen Möglichkeiten Hilfsaktionen ins Leben gerufen.[39] Den Priesterseminaristen in Köln konnte der spätere Kölner Generalvikar immer wieder von der Thüringer Zeit erzählen und von den vielfältigen Hilfsaktionen dort für Rheinländer und Einheimische berichten. Zehn Jahre später, 1954, war Teusch federführend an der Konzeption und schließlich 1958 der Gründung des Bischöflichen Hilfswerks Misereor beteiligt; seine planerisch-strategische Kompetenz kam hierbei unmittelbar zum Tragen. Der Biograf des Kölner Erzbischofs Kardinal Josef Frings (1887–1978), Prof. Dr. Norbert Trippen, betonte, dass ohne Joseph Teusch und seine in Mitteldeutschland gewonnenen Erfahrungen und Einsichten das Hilfswerk nicht vorstellbar gewesen sei.[40]

Albert Erdle und Joseph Teusch waren später beide an führenden Stellen in der katholischen Kirche in Deutschland tätig. Insofern ist hier die Diaspora Mitteldeutschlands Impulsgeber und Lernort für den „Westen" geworden.

---

[39] JOSEF PILVOUSEK, Organisation und Struktur der „Abgewanderten-Seelsorge" des Erzbistums Köln in Thüringen 1943–1945, in: HEINZ FINGER – REIMUND HAAS – HERMANN-JOSEF SCHEIDGEN (Hg.), Ortskirche und Weltkirche in der Geschichte. Kölnische Kirchengeschichte zwischen Mittelalter und Zweitem Vatikanum, FS Norbert Trippen (= Bonner Beiträge zur Kirchengeschichte 28) (Köln – Weimar – Wien 2011) S. 491–515, hier: S: 513.
[40] Frdl. Mitteilung von Prof. Dr. Norbert Trippen, 14. 2. 2011.

Vom bischöflichen Kommissariat zum Vikariat Meiningen
Kirchenpolitische Planspiele im Umfeld der Vatikanischen Ostpolitik*

Als Bezeichnung des südthüringischen Anteils des Bistums Würzburg, aber auch weiterer Jurisdiktionsbezirke in der späteren SBZ/DDR finden sich häufig die Begriffe des Bischöflichen Kommissars und des Bischöflichen Kommissariats. Über einen langen Zeitraum hindurch wurde dieser südthüringische Anteil des Bistums Würzburg als Bischöfliches Kommissariat Meiningen bezeichnet. Was laut Definition den Vertreter, Beauftragten oder seinen von ihm verwalteten Amtsbezirk bezeichnete und als vorübergehend, auftragsweise definiert wird, war kirchenrechtlich und kirchengeschichtlich bedeutsam. Wegen der Teilung der innerdeutschen Diözesen wurden Kleriker zu Kommissaren entweder kraft Stellvertretung oder Delegation und mit der Vornahme von Aufgaben der Rechtsprechung bzw. Verwaltung betraut; Kommissariat war das entsprechende Amt bzw. Gebiet, in dem der Kommissar wirkte.[1] Im Meininger Bereich hatte die Einführung eines solchen Amtes schon früher stattgefunden. Für die um die Wende vom 19. zum 20. Jahrhundert ausgebauten katholischen Seelsorgestrukturen[2] in Südthüringen wurde 1917 diese Diasporaregion als Bischöfliches Kommissariat – faktisch ein Dekanat – organisiert.[3] Der Kommissar erhielt seinen Sitz in Meiningen.[4] Am 9. November 1917 informierte das Bischöfliche Ordinariat Würzburg das Staatsministerium, dass man das bischöfliche Kommissariat Meiningen zum 1. Januar 1918 errichten und ihm die Pfarreien in Hildburghausen,

---

* Folgende Abkürzungen werden verwendet: BAEF = Bistumsarchiv Erfurt. – BOK = Berliner Ordinarienkonferenz. – DAW = Diözesanarchiv Würzburg. – DBK = Deutsche Bischofskonferenz. – HAEK – Historisches Archiv des Erzbistums Köln. – KTF, FKZE = Katholisch-Theologische Fakultät Erfurt, Forschungsstelle für Kirchliche Zeitgeschichte. – ROO = Regionalarchiv Ordinarien Ost.

[1] Vgl. GEORG MAY, Kommissar, Kommissariat, in: LThK3 6 (1997) S. 212 f.

[2] Zur Vorgeschichte der katholischen Kirche im Herzogtum Sachsen-Meiningen vgl. ALFONS PROBST, Die staatskirchenrechtliche Stellung der katholischen Kirche im Herzogtum Sachsen-Meiningen (= VGG.R 21) (Paderborn 1914).

[3] Vgl. STEPHAN HAERING, Die südthüringische Region Meiningen und das Bistum Würzburg, in: Jahrbuch für mitteldeutsche Kirchen- und Ordensgeschichte 1 (2005) S. 169–172, bes. S. 169.

[4] Vgl. BERNHARD OPFERMANN, Das Bischöfliche Amt Erfurt-Meiningen und seine Diaspora. Geschichte und Gegenwart. Ein Handbuch (= SKBK 30) (Leipzig 1988) S. 344.

Pößneck, Saalfeld, Salzungen, Sonneberg und Wolfsmannshausen unterstellen werde.[5]

1. Kirchenpolitische und pastorale Entwicklungen

Mit dem Ende des Zweiten Weltkrieges und der Errichtung der Zonengrenze war dieses Gebiet politisch von der Mutterdiözese getrennt worden und gehörte seit 1949 zur DDR.[6] Der Kommissar erfüllte die Funktion eines Ruraldekans, war also Auge und Ohr des Diözesanbischofs für das Meininger Gebiet.[7] Hatte schon vor 1945 der zu Thüringen gehörende Teil des Kommissariates bisweilen in Seelsorge und Caritas mit dem thüringischen Anteil des Bistums Fulda kooperiert, so führten vor allem die politischen und gesellschaftlichen Entwicklungen seit Kriegsende 1945 schließlich dazu, dass aus dem Kommissariat ein Dekanat (1949–1959),[8] dann ein Generalvikariatsbezirk (1959–1971 bzw. 1973)[9] mit einem Kommissar (seit 1967)[10] und schließlich ein Vikariat (1973–1994)[11] wurde.

1949 war durch Bischof Julius Döpfner[12] der Meininger Pfarrer Edmund Roeser zum Dekan des Bischöflichen Dekanates Meiningen ernannt worden.[13]

---

[5] Vgl. JOHANNES MÖTSCH, Das Herzogtum Sachsen-Meiningen-Hildburghausen und die katholische Kirche, in: Jahrbuch des Hennebergisch-Fränkischen Geschichtsvereins 20 (2005) S. 169–206, bes. S.–200.

[6] Die informativsten kirchenrechtlichen und rechtsgeschichtlichen Überblicke bieten die Aufsätze: KONRAD HARTELT, Die Entwicklung der Jurisdiktionsverhältnisse der katholischen Kirche in der DDR von 1945 bis zur Gegenwart, in: WILHELM ERNST – KONRAD FEIEREIS (Hg.), Denkender Glaube in Geschichte und Gegenwart. FS aus Anlass der Gründung der Universität Erfurt vor 600 Jahren und aus Anlass des 40-jährigen Bestehens des Philosophisch-Theologischen Studiums Erfurt (EThSt 63) (Leipzig 1992) S. 415–440. – STEPHAN HAERING, Die jurisdiktionelle Situation im südthüringischen Teil des Bistums Würzburg nach dem Zweiten Weltkrieg. Ein kirchenrechtlicher Beitrag zur Diözesangeschichte, in: WOLFGANG WEISS (Hg.), Kirche und Glaube – Politik und Kultur in Franken (= Würzburger Diözesangeschichtsblätter 62/63 = FS Klaus Wittstadt) (Würzburg 2001) S. 839–860.

[7] Vgl. ST. HAERING, Jurisdiktionelle Situation (wie Anm. 6) S. 842.

[8] Vgl. ebd., S. 842 f.

[9] Vgl. ebd., S. 844–846.

[10] Vgl. ebd., S. 845.

[11] Vgl. ebd., S. 847–849.

[12] ANTON LANDERSDORFER, Döpfner, Julius (1913–1976), in: ERWIN GATZ (Hg.), Die Bischöfe der deutschsprachigen Länder 1945–2001. Ein biographisches Lexikon (Berlin 2002) S. 386–394. – Vgl. JÖRG SEILER, Der Berliner Bischof Julius Döpfner im Visier der Staatssicherheit, in: BABKG 60 (2020) S. 203–232.

[13] Vgl. ST. HAERING, Jurisdiktionelle Situation (wie Anm. 6) S. 842.

1950 folgte ihm Josef Schönauer,[14] der 1959 Generalvikar für das südthüringische Gebiet von Meiningen wurde.[15] Gleichzeitig war er Mitglied der BOK und von 1959 bis 1971 Bischöflicher Kommissar (1967) und Generalvikar für das südthüringische Gebiet der Diözese Würzburg. Die Aufteilung des Gebietes in zwei Dekanate, Meiningen und Saalfeld, geschah 1961.[16] Weder am Umfang des südthüringischen Teils des Bistums Würzburg noch an den Vollmachten der „Kommissare" hatte sich etwas geändert.

Am Ende dieser Entwicklungen stand die Entstehung des Bischöflichen Amtes Erfurt-Meiningen 1973[17] und schließlich 1994 die Gründung eines Bistums Erfurt, damit die Trennung des „Meininger Gebietes" von Würzburg und die Eingliederung in das neue Bistum. Nach Abschluss eines Vertrages mit dem Freistaat Thüringen am 14. Juni 1994 wurde das Bistum Erfurt am 27. Juni 1994 errichtet.[18] Die feierliche Bistumserhebung erfolgte bei der Herbstwallfahrt am 18. September 1994.[19] Bischof Joachim Wanke[20] dankte bei der Feier den „Mutterdiözesen" Fulda und Würzburg für die auch in „schwerer Zeit" und unter „oft großem persönlichem Einsatz" gehaltene Verbindung zum Osten.[21]

Die folgende Übersicht wird die bisher kaum erforschte Thematik der kriegsbedingten Evakuierung der Rheinländer und die Organisation und Struktur der Seelsorge an ihnen in Südthüringen in den Blick nehmen. Die unterschiedlichen Begriffe, die für die Evakuierten (Abgewanderte, Flüchtlinge, Grenzabwanderer und seit dem Zustrom aus dem Osten Flüchtlinge, Umsiedler, Vertriebene) verwendet werden und die unterschiedlichen Termini für die Seelsorge an diesen Bevölkerungsgruppen („Abgewanderten-Seelsorge", Evakuiertenseelsorge, Grenzabwandererseelsorge, Flüchtlingsseelsorge, Umsiedlerseelsorge, Vertriebenenseelsorge) lassen dennoch, jedenfalls für den Zeitraum von knapp zwei Jahren, deutlich erkennen, wer gemeint ist: die Evakuierten aus dem Rheinland und die Tätigkeit der rheinischen Seelsorger.

---

[14] JOSEF PILVOUSEK, Schönauer, (Franz) Josef (1894–1984), in: E. Gatz, Bischöfe (wie Anm. 12) S. 183.

[15] Vgl. ST. HAERING, Jurisdiktionelle Situation (wie Anm. 6) S. 844.

[16] Ebd., S. 845.

[17] Ebd., S. 847 f.: „Grundsätzlich blieb die Existenz Meiningens als eines vom Erfurter Gebiet zu unterscheidendem Territorium gewahrt."

[18] BAEF, Errichtungsbulle „Quo aptius consulatur", 24. 6. 1994.

[19] Neues Bistum auf dem Weg. Eichsfelder und Thüringer Katholiken feierten Bistumsgründung, in: Tag des Herrn. Katholische Wochenzeitung, 25. 9. 1994, S. 11.

[20] JOSEF PILVOUSEK, Wanke, Joachim (* 1941), in: E. GATZ, Bischöfe (wie Anm. 12) S. 180 f.

[21] Vgl. Privatarchiv Pilvousek, ERIK SODER VON GÜLDENSTUBBE, Eine Würzburger Perspektive auf die Neugründung des Bistums Erfurt. Vortrag bei der Tagung: „Das Evangelium auf mitteldeutsch buchstabieren. 25 Jahre Bistum Erfurt", 19. 10. 2019 (Typoskript).

Bereits seit Kriegsbeginn 1939 hatten im Kommissariat Meiningen erhebliche Bevölkerungsbewegungen stattgefunden. Schon „1939/40 wurde Thüringen aufgrund seiner geographischen Lage zum Evakuierungsgau für die Saarbevölkerung erklärt, da die NS-Führung dort den Einmarsch französischer Truppen infolge des Beistandspaktes mit Polen erwartete".[22] Bis 1941 wurden etwa 85 900 Saarländer in Thüringen, natürlich auch im Kommissariat, untergebracht.[23]

Anfang 1943 war der Gau Thüringen, neben Oberdonau, Mainfranken und Mecklenburg, zum „Aufnahmegau" für die Bevölkerung aus den „Entsendegauen" Düsseldorf sowie später Aachen und Köln bestimmt worden.[24] Die Gesamtkapazitäten im Gau beliefen sich nach Angaben vom März 1943 auf 84 454 Quartiere. Insgesamt verliefen diese Evakuierungen weit weniger planmäßig, als das Regime den Eindruck zu erwecken versuchte. Es waren vorwiegend Improvisationsmaßnahmen, die die Aufnahme ermöglichten, und die Koordinationsorgane waren oftmals unzureichend informiert. Erst Ende 1944, als die Gaue der Umquartierungen nicht mehr Herr wurden und die Bevölkerung in Millionen ins Reichsinnere strömte, ließ die Nationalsozialistische Volkswohlfahrt, um die Lage wenigstens in Ansätzen zu kontrollieren, in den „Entsendegauen" Leitstellen errichten, die für alle abgehenden Sonderzüge vorher Zielstationen festlegten und die Aufnahmegaue rechtzeitig vor dem Eintreffen verständigen sollten. „Ab Oktober 1944 wurden neben der Bevölkerung des Gaues Düsseldorf Personen aus den Gauen Westmark, Moselland und Köln-Aachen nach Thüringen evakuiert".[25] Damit erreicht die „Abgewanderten-Seelsorge" in Thüringen quantitativ und qualitativ ihren Höhepunkt.[26] Eher beiläufig erfährt man aus den Quellen Details über Meiningen und Südthüringen und darüber, dass Priester des Erzbistums Köln die Landsleute in Thüringen betreuten.

Im Oktober 1943 wurde der Kölner Domvikar Joseph Teusch[27] zum Obmann der „rheinischen Seelsorger" in Thüringen ernannt. Am 12. November

---

[22] Vgl. MARKUS FLEISCHHAUER, Der NS-Gau Thüringen 1939–1945. Eine Struktur- und Funktionsgeschichte (= VHKTh.KR 28) (Köln – Weimar – Wien 2010) S. 104.

[23] Die Thematik „Abgewandertenseelsorge" in Thüringen ist kaum wissenschaftlich untersucht. Genaue Zahlen sind ein Forschungsdesiderat.

[24] Vgl. M. FLEISCHHAUER, NS-Gau (wie Anm. 22) S. 108 f.

[25] Ebd., S. 117.

[26] Eine auch nur annähernd exakte Zahl, wie viele der Evakuierten katholisch waren, lässt sich nicht ermitteln.

[27] Joseph Teusch, * 15. 2. 1902 in Köln; geweiht 17. 3. 1927; danach Kaplan; Studium in Rom; 11. 9. 1943 beurlaubt für die Evakuiertenseelsorge in Thüringen; 1952–1969 Generalvikar; gest. 20. 9. 1976. – Vgl. RED., Teusch, Joseph (1902–1976), in: E. GATZ, Bischöfe (wie Anm. 12) S. 304–306.

1943 war Teusch nach Meiningen gereist und hatte festgestellt, dass ca. 500 Zugezogene dort wohnten, aber nur in Eisfeld ein Kölner Priester wirkte.[28] Er fragte beim Generalvikariat Köln an, ob er oder ein Kölner Priester (Domvikar Frotz), zur Zeit im Bistum Meißen tätig, das Meininger Gebiet bereisen und „inventarisieren" sollten. Wenige Tage später erreichte Teusch die Nachricht aus Honnef, dass man ohne Zustimmung des Würzburger Ordinariates keine Seelsorger entsenden könne, der vorgesehene Domvikar Dr. Augustin Frotz (1903–1994)[29] zum Obmann aller im Bistum Meißen wirkenden Geistlichen bestimmt sei und er beim Besuch in Würzburg nachfragen solle, welche Absichten man für die Kölner Katholiken im Gebiet um Meiningen habe.[30] Weitere Nachrichten zu diesem Vorgang existieren im Erfurter Bistumsarchiv nicht. Da alle Vorgänge über die Abgewandertenseelsorge im Erfurter Marienstift geplant, koordiniert und ausgeführt wurden, dürften auch das Kommissariat Meiningen und die dort tätigen „Kölner Priester" von hier aus zumindest „wirtschaftlich" versorgt worden sein. Manche „pastorale" Vernetzung des Meininger mit dem Erfurter bzw. Fuldaer Bistum, die sich allein schon wegen der topographischen Nachbarschaft entwickelt hatte, wurde am Ende des Krieges noch verstärkt.

Ab Herbst 1944 bereits waren die Flüchtlings- und Evakuiertenströme nicht mehr koordinierbar. Priester und Gläubige aus den gefährdeten oder ausgebombten Gebieten wurden evakuiert oder flohen und waren nicht mehr einfach einem Bistum oder Jurisdiktionsgebiet zuzuordnen. Auch dem Kölner Generalvikariat war es nicht mehr möglich, den Aufenthaltsort aller Geistlichen zu ermitteln. Im Dezember 1944 hatte der Kölner Generalvikar Emmerich David an die (Erz-)Bischöflichen Ordinariate in Paderborn, Münster (Offizialat Vechta), Fulda, Bautzen, Würzburg, Augsburg, Rottenburg und Breslau ein Rundschreiben gerichtet,[31] in dem er die Ordinariate auf Folgendes hinwies: „Die Ordinariate können vollkommen frei über die von Köln überwiesenen Geistlichen verfügen. Einziges Kriterium ist, dass sie rheinische Katholiken seelsorglich betreuen. Der Versetzung des Geistlichen an eine andere Stelle in der ‚Abgewanderten-Seelsorge' ist allein Sache des ‚dortigen'

---

[28] BAEF, Bischöfliches Generalvikariat Erfurt/Bischöfliches Amt Erfurt-Meiningen, A XII a2,128, Brief Teusch an Generalvikariat Köln, 12. 11. 1943.

[29] Sein Nachfolger als Obmann für die Kölner Priester im Bistum Meißen wurde im März 1944 der Pfarrvikar in Altenburg (Thüringen) Heinrich Cürten. – Vgl. HAEK, CR II 25, 20a, 2/45, Brief David an Cürten, 9. 3. 1944. – Vgl. dazu auch NORBERT TRIPPEN, Josef Kardinal Frings (1887–1978), Bd. 1: Sein Wirken für das Erzbistum Köln und für die Kirche in Deutschland (= VKZG, Reihe B: Forschungen 94) (Paderborn u. a. 2003) S. 166.

[30] Vgl. BAEF, Bischöfliches Generalvikariat Erfurt/Bischöfliches Amt Erfurt-Meiningen, A XII a2,128, Brief Hecker an Teusch, 17. 11. 1943.

[31] Vgl. HAEK, CR II 25, 20b, 2/70, Brief David an Bischöfl. (Erzbisch.) Ordinariate, 9. 12. 1944.

Ordinariates. Auch für Urlaubsbewilligung und Beendigung der Tätigkeit in einem auswärtigen Bistum ist das betreffende Ordinariat des Aufnahmegebietes zuständig. Das Kölner Ordinariat bittet lediglich darum, eine Benachrichtigung über eine vorgenommene Versetzung zu schicken".[32] Die Kämpfe zwischen der Wehrmacht und der 3. US-Armee um Thüringen begannen am 1. April 1945 und waren erst am 16. April 1945 beendet.[33] Die unsichere militärische Lage führte dazu, dass in vielen Ortschaften kein Gottesdienst mehr gehalten werden konnte. Mit Kriegsende begann auch die Rückkehr der rheinischen Katholiken und ihrer Seelsorger. Inzwischen hatten die Fluchtbewegungen aus dem Osten eingesetzt, und Gläubige sowie Priester aus den sogenannten Ostgebieten waren nach Thüringen gekommen.[34] Der Übergang von der „Abgewanderten-Seelsorge" zur „Flüchtlings- oder Vertriebenenseelsorge" und die politische Entwicklung stellten das kleine Kommissariat Meiningen und seine kirchlich Verantwortlichen vor kaum zu bewältigende Aufgaben. Hinzu kamen Befürchtungen, die konfessionelle Andersartigkeit in Südthüringen als Gefährdung zu sehen. Der damalige Würzburger Bischof Matthias Ehrenfried glaubte 1948 konstatieren zu müssen: „So menschlich liebenswürdig und freundlich der thüringische Menschenschlag von Natur aus in den Dingen des Lebens und des Verkehrs ist, dem Katholischen gegenüber macht er selten den Versuch des Verständnisses. Ja, man muss leider aus der Erfahrung heraus sagen, der Thüringer steht der katholischen Kirche ablehnend gegenüber".[35]

2. Etappen auf dem Weg zu einem Vikariat

Vor dem Krieg hatte es auf dem Gebiet der späteren SBZ/DDR ca. 1 081 000 Katholiken gegeben.[36] Von 1945 bis 1949 erhöhte sich die Gesamtzahl der Katholiken durch die Vertreibung auf 2 772 500, das entspricht einer

---

[32] Vgl. HAEK, CR II 25, 20b, 2/70, Brief David an Bischöfl. (Erzbisch.) Ordinariate, 9. 12. 1944.

[33] Vgl. STEFFEN RASSLOFF, Geschichte Thüringens (München 2010) S. 95.

[34] Vgl. BAEF, Bischöfliches Generalvikariat Erfurt/Bischöfliches Amt Erfurt-Meiningen, A XII a2,129, Brief an Generalvikariat Fulda, 21. 2. 1945 (Kopie).

[35] GABRIELE LAUTENSCHLÄGER, Der Kirchenkampf in Weimar 1933–1945, in: LOTHAR EHRLICH – JÜRGEN JOHN – JUSTUS H. ULBRICHT (Hg.), Das Dritte Weimar. Klassik und Kultur im Nationalsozialismus (Köln – Weimar – Wien 1999) S. 293–310, hier S. 295.

[36] Zum Folgenden vgl. JOSEF PILVOUSEK, Flüchtlinge, Flucht und die Frage des Bleibens. Überlegungen zu einem traditionellen Problem der Katholiken im Osten Deutschlands, in: CLAUS-PETER MÄRZ (Hg.), Die ganz alltägliche Freiheit. Christsein zwischen Traum und Wirklichkeit (= EThSt 65) (Leipzig 1993) S. 9–23.

Zunahme von 156 Prozent. Bei einer Gesamteinwohnerzahl von 20 Millionen im Jahre 1949 betrug der Anteil der Katholiken somit 13,9 Prozent.

Die Bevölkerungszunahme wirkte sich im Meininger Gebiet am drastischsten aus. Lebten im Gebiet des Kommissariates Meiningen vor dem Krieg etwa 7200 Katholiken, so waren es 1949 97 000, eine Zunahme von 1111,1 Prozent.[37] Vor dem Krieg gab es nur sieben Pfarreien, 1948 24; die Zahl der Gottesdienststationen wuchs von acht auf 70.[38] Meiningen verlor bis zum Ende des Volksaufstandes 1953 60 762 Gläubige, also 53,7 Prozent.[39] Als 1994 das Bistum Erfurt mit Teilen des südthüringischen Bistums Würzburg errichtet wurde, lebten in diesem Gebiet rund 20 000 Gläubige.[40]

Über seine freundliche Aufnahme in Thüringen schrieb Josef Schönauer rückblickend 1981: „... als ich aus Breslau ausgewiesen wurde und mich entschlossen hatte, in der DDR zu bleiben, bat mich der damalige Bischof Piontek, nach Erfurt zu gehen, wo auch Prälat Negwer tätig war. So kam ich zu Freusberg.[41] Er hat mich mit großer Anteilnahme aufgenommen. Das war damals nicht überall selbstverständlich. Freusberg war da eine besondere Ausnahme, dass er die Ausgesiedelten mit so großer Liebe aufgenommen hat ... ich erwähne das, um zu zeigen, wie hilfsbereit Bischof Freusberg grade uns Ausgesiedelten gegenüber war".[42] Diese „Dankbarkeit" gegenüber Erfurt spielte in der Amtszeit Schönauers eine wichtige Rolle.

Unterschiedlich wurden Anstellungen, Besoldungen, Inkardinationen und die Titelverleihung des Klerus in den verschiedenen Jurisdiktionsgebieten in der SBZ und späteren DDR gehandhabt. Einige ostdeutsche Jurisdiktionsgebiete lehnten anfangs auch aus finanziellen Gründen eine irgendwie geartete Anstellung grundsätzlich ab, andere wie Würzburg/Meiningen[43] haben großzügig seit 1949 die „Flüchtlingsgeistlichen" wie ihren eigenen Diözesanklerus

---

[37] Ebd., S. 12.

[38] Ebd.

[39] Ebd., S. 13,

[40] Vgl. ST. HAERING, Jurisdiktionelle Situation (wie Anm. 6) S. 839.

[41] JOSEF PILVOUSEK, Freusberg, Joseph (1818–1964), in: E. GATZ, Bischöfe (wie Anm. 12) S. 175 f.

[42] Bundesarchiv Berlin, DO 4/1287, Bl. 24.

[43] Flüchtlingspriester im Bistum, in: Würzburger Diözesanblatt 3/1949, S. 27 f.: „Bezüglich der heimatvertriebenen Priester unseres Bistums verordnen wir daher folgendes: 1. Die Flüchtlingspriester behalten ihre Titel und Amtsbezeichnungen der früheren Stellen in ihrer Heimat und sind auch, wenn sie beispielsweise jetzt Dienste eines Lokalkaplans verrichten, mit dem früheren Titel, z. B. Pfarrer, Konsistorialrat usw. anzureden. 2. Die Flüchtlingspriester können sich gleich den Einheimischen um selbstständige Seelsorgestellen bei der bischöfl. Behörde bewerben, ohne dass die Fragen der Exkardination oder Inkardination berührt werden. Da in der früheren Heimat bepfründete Flüchtlingsgeistliche nach Weisung des Apostolischen Stuhles auf ihre Pfründe nicht verzichten dürfen, werden sie im Falle der Übertragung einer Pfarrstelle als Pfarrverweser angewiesen, erhalten aber Titel und

behandelt: „Es ist uns ein Herzensanliegen, dass die heimatvertriebenen Katholiken in unsere Pfarreien hineinwachsen und die heimatvertriebenen Priester mit unserem Klerus einträchtig zusammenarbeiten und sich mit ihm verbunden fühlen".[44]

Die herausragende Bedeutung Freusbergs für eine Kooperation beruht auf zwei Konstellationen. Das Land Thüringen war 1920 aus sieben Freistaaten gegründet und dann 1945 mit den ehemals preußischen Gebieten wie Erfurt und dem Eichsfeld zum Land Thüringen vereinigt worden.[45] Bereits 1952 kam es zur Auflösung der Länder in der DDR. Thüringen umfasste seitdem bis 1990 die drei Bezirke Erfurt, Gera und Suhl; das Kommissariat Meiningen hatte Teile in allen Bezirken. Zentralort war seit 1948 Erfurt als Landeshauptstadt und ab 1952 auch kirchlich als Sitz des „führenden Geistlichen in Thüringen". Zum zweiten war Freusberg durch seine freundliche Art, seine zahlreichen, auch politischen Vernetzungen sowie seine Beauftragungen geradezu prädestiniert, eine karitative und pastorale Führungsrolle in Thüringen zu übernehmen und auszufüllen. Bereits am 24. Oktober 1946 hatte der Fuldaer Bischof Dietz Joseph Freusberg die Befugnisse eines Generalvikars für die thüringischen Anteile des Bistums Fulda mit der Begründung, „bei den gegenwärtigen politischen Verhältnissen eine einheitliche und leichtere kirchliche Verwaltung"[46] seiner Diözese zu gewährleisten, übertragen. Diese Aufgabe hat er offenbar ex caritate partiell auch für das Kommissariat Meiningen übernommen.

So informierte Bischof Julius Döpfner 1952 Freusberg, eine Bereinigung der Diözesanzugehörigkeit des Gebietes Camburg vornehmen zu wollen.[47]

Rang und Besoldung eines Pfarrers unserer Diözese. 3. Überhaupt werden die Flüchtlingspriester auf Seelsorgeposten in allem unseren einheimischen Geistlichen gleichgestellt, sie erhalten dieselbe Besoldung und können zu den kirchlichen Ämtern innerhalb der Dekanate berufen werden. Die Besoldung der Flüchtlingspriester in unserer thüringischen Diaspora ist von Erfurt aus einheitlich geregelt. 4. Für die bei der Einweisung in diesem Bistum bereits im Ruhestand befindlichen Flüchtlingspriester gilt die i. Jhr. 1946 von der Fuldaer Bischofskonferenz getroffene Regelung. 5. Der Diözesanflüchtlingsseelsorger wird hiermit als Vertrauensmann der heimatvertriebenen Priester unseres Bistums aufgestellt und von uns angewiesen, uns die besonderen Sorgen und Nöte der einzelnen heimatvertriebenen Priester mitzuteilen."

[44] Ebd.

[45] Vgl. ULRICH ROMMELFANGER, Das Werden des Freistaates Thüringen, in: KARL SCHMITT (Hg.), Thüringen. Eine politische Landeskunde (Weimar – Köln – Wien 1996) S. 20–36, bes. S. 20.

[46] GENERALVIKARIAT ERFURT (Hg.), Weihbischof Dr. Joseph Freusberg. Ein Gedenkheft (Leipzig – Heiligenstadt 1964) S. 8.

[47] BAEF, Bischöfliches Generalvikariat Erfurt, Stellenakte Camburg, Brief Freusberg an Döpfner, 16. 4. 1952.

Freusberg schlug ihm eine grundsätzliche Bereinigung vor, um die „Unklarheiten zwischen den Diözesangebieten von Würzburg und Fulda" grundsätzlich zu regeln, was auch geschah.

Die sogenannten Flüchtlingspriester, die seit 1945 im Meininger Kommissariat tätig waren, wurden zunächst ausnahmslos von der Diözesankasse Erfurt bezahlt; 25 000 Reichsmark sollten schließlich als Ausgleich von Würzburg überwiesen werden, was zugesagt wurde.[48] Es handelte sich um 14 „Flüchtlingspriester", unter ihnen auch der spätere Kommissar und Generalvikar Josef Schönauer in Schwallungen.[49] Die Unmöglichkeit, die Gehälter von Würzburg aus zu bezahlen, war dadurch bedingt, dass wegen der Zonengrenze solche Zahlungen bzw. „Zurückvergütungen" behindert und verboten waren. Freusberg musste schließlich 1948 darauf hinweisen, dass aus finanziellen Gründen auf Dauer solche Besoldungen von Erfurt aus nicht mehr erfolgen könnten.[50]

Am 20. Juni 1948 wurde in den Westzonen die Deutsche Mark eingeführt, am 23. Juni in der SBZ eine Währungsreform veranlasst. Damit wurden diese Schwierigkeiten stückweise durch Transferaktionen beendet.[51] Erfurt wurde allmählich auch zur Auskunftsstelle für das Meininger Kommissariat. Als es um Zuzugsgenehmigungen für Priester aus der Bundesrepublik ging, gab Freusberg Auskunft und empfahl, alle Anträge abschriftlich über Schönauer an den Kommissar der Fuldaer Bischofskonferenz Heinrich Wienken zu richten.[52]

Erste Versuche, auch seelsorglich zu kooperieren, finden sich 1950, als der Erfurter Seelsorgeamtsleiter Konrad Gärtner dem Meininger Kommissar Edmund Roeser vorschlug, um „natürlich gewachsene Gemeinschaften von Geistlichen beider Diözesen nicht zu zerreißen", erarbeitete Seelsorgekonzepte auszutauschen.[53]

Der Austausch von Informationen über Exerzitien-Termine für Priester und Ordensschwestern wurde zur Selbstverständlichkeit;[54] der Einsatz von Priestern aus dem Meininger Gebiet im „Erfurter Bereich" wurde erlaubt

---

[48] BAEF, Bischöfliches Kommissariat Meiningen, C I B 10, Brief Roeser an Freusberg, 27. 3. 1948.

[49] Ebd., Diözesankasse Erfurt, Geistlichenbesoldung im Würzburger Anteil, 1. 3. 1948.

[50] Ebd., Brief Freusberg an Roeser, 22. 3. 1948.

[51] Ebd., Katholische Dekanatskasse Südthüringen, Sonneberg. Aufstellung über die seit der Währungsreform von der Diözesankasse, Erfurt, für den Würzburger Anteil geleisteten Zahlungen und deren Rückerstattungen, 16. 1. 1950.

[52] Ebd., Brief Freusberg an Pfarramt Sonneberg, 11. 11. 1950.

[53] BAEF, Bischöfliches Generalvikariat Erfurt, V I a 6, Brief Gärtner an Roeser, 2. 3. 1950.

[54] BAEF, Bischöfliches Kommissariat Meiningen, C I B 10, Brief Schönauer an Freusberg, 30. 11. 1952.

und dankbar angenommen.[55] Und umgekehrt begann seit Anfang der 1960er Jahre, bedingt durch den Mauerbau, immer stärker die Translation von Erfurter Priestern in das Meininger Gebiet[56] und damit auch die Übergabe der Personalakten dieser Priester an das Kommissariat.[57] Hinzu traten durch die Betreuung von Pfarrorten, die zur Diözese Würzburg gehörten, auch Anträge um Erteilung von Trauungsvollmachten.[58]

3. Ein Weihbischof für Meiningen: Karl Ebert 1916–1974

Die nachbarschaftlichen Verbindungen von Fulda/Erfurt zu Würzburg/Meiningen im Land Thüringen wurden zunehmend verstärkt und erreichten schließlich in der Amtszeit Weihbischof Karl Eberts[59] 1973 bis 1974 einen weithin akzeptierten und geschätzten „Normalzustand". Privilegien der Würzburger Geistlichen wie beispielsweise ein höheres Gehalt standen nicht zur Debatte und blieben absichtlich bei den Planungen für die Zukunft des Kommissariats unerwähnt.[60] Erfurter Annexionsgelüste, wie von einigen Würzburger Priestern befürchtet oder geargwöhnt, hat es nach Auskunft der Akten nicht gegeben.[61]

Ab Herbst 1959 waren für alle vier auf dem Gebiet der DDR gelegenen Anteile westlicher Diözesen eigene Generalvikare im Amt.[62] Mit Ausnahme des Generalvikars in Meiningen waren sie zudem alle zu Titularbischöfen und Weihbischöfen ihres jeweiligen Diözesanbischofs ernannt.[63] Kirchenpolitisch

---

[55] Ebd., Brief Freusberg an Schönauer, 5. 3. 1953.

[56] Ebd., Brief Aufderbeck an Schmer, 20. 12. 1968; Brief Wenzel an Schönauer, 3. 10. 1969.

[57] Ebd., Brief Wenzel an Kommissariat, 10. 9. 1970.

[58] Ebd., Brief Wenzel an Schönauer, 23. 10. 1959.

[59] Vgl. JOSEF PILVOUSEK, Ebert, Karl (1916–1974), in: E. GATZ, Bischöfe (wie Anm. 12) S. 181.

[60] DAW, Bischöfliche Manualakten Stangl 1236, Überlegungen, 3. 7. 1969: „f) Wer inkardiniert ist, bleibt inkardiniert. Für ihn wird in gleicher Weise wie bisher gesorgt, das heißt wenn er oder seine Angehörigen in Unterfranken ein besonderes Bedürfnis haben, wird es erfüllt. Das sollte meines Erachtens die Formel sein. So muß man den anderen Diözesen gegenüber nicht vom Geld sprechen. g) ... h) Für Nichtinkardinierte gilt die Regelung nicht. Wenn sie jedoch künftig in unserem Gebiet sind, wird ihnen die Vermittlung etwaiger Bedürfnisse für die Pfarrei unsererseits zuteil. Jedoch erhalten sie kein Geld. i) Wird ein Würzburger in eine Erfurter Pfarrei versetzt, so übernimmt Würzburg keine Sachkosten."

[61] DAW, Bischöfliche Manualakten Stangl 1256, Jahresbericht Hömer an Stangl, 25. 4. 1976, abgefasst am 27. 3. 1976 (Jahresbericht auch an Aufderbeck) S. 15.

[62] Vgl. K. HARTELT, Entwicklung der Jurisdiktionverhältnisse (wie Anm. 6) S. 424–427.

[63] Ob das Argument, wegen der geringen Größe seines Territoriums habe man auf die Bischofswürde für Schönauer verzichtet, vollumfänglich zutrifft, bleibt offen. – Vgl. ST. HAERING, Jurisdiktionelle Situation (wie Anm. 6) S. 844.

brisant war allerdings, dass durch den Titel „Generalvikar für den Jurisdiktionsbezirk" die Zugehörigkeit zu westdeutschen Bistümern nach außen klar erkennbar blieb. Im Sommer 1967 bestellten die Bischöfe von Paderborn, Fulda, Würzburg und Osnabrück für ihre in der DDR gelegenen Diözesananteile Bischöfliche Kommissare und delegierten ihnen bis auf Weiteres alle Fakultäten, die ein Diözesanbischof delegieren kann. Die Bestellung zu Bischöflichen Kommissaren erlaubte es, auf die Amtsbezeichnung Generalvikar zu verzichten.[64] Diese Kommissare blieben aber Generalvikare; lediglich die kirchenpolitisch anstößige Nomenklatur war beseitigt. Dieser kleine Schritt fand, wie die Quellen zeigen, sowohl kirchlicherseits als auch staatlicherseits kaum Beachtung.

Diesem kirchenpolitischen Schema folgend war am 17. März 1971 Karl Ebert, Pfarrer von Unterwellenborn und Dekan des Dekanates Saalfeld, zum Bischöflichen Kommissar und Generalvikar des Kommissariates Meiningen ernannt worden. Nach der Amtsübernahme 1971 findet sich in den Erfurter Akten die Fortsetzung der bisherigen schriftlichen Kommunikation und der Bitten um Jurisdiktionierung von Geistlichen.[65] Im November 1971 bat Generalvikar Ebert Bischof Hugo Aufderbeck[66] sogar darum, die Zuständigkeit des Erfurter Theologenreferenten auf Meiningen auszudehnen und einen im Kommissariat tätigen Erfurter Kaplan als Jugendseelsorger für das Bischöfliche Kommissariat Meiningen einzusetzen.[67]

Die Jahre von 1972 bis 1978 sind die am besten dokumentierten Abschnitte der vatikanischen Ostpolitik hinsichtlich der DDR und so an dieser Stelle nur kursorisch zu behandeln.[68] Die Kontroverse um die Neuzirkumskription

---

[64] Ebd.
[65] Vgl. BAEF, Bischöfliches Kommissariat Meiningen, C I B 10, Brief Wenzel an Generalvikariat Meiningen, 23. 7. 1971.
[66] Vgl. CLEMENS BRODKORB, Aufderbeck, Hugo (1909–1981), in: E. GATZ, Bischöfe (wie Anm. 12) S. 176–180.
[67] Vgl. BAEF, Bischöfliches Kommissariat Meiningen, C I B 10, Brief Ebert an Aufderbeck, 5. 1. 1971.
[68] Vgl. ROLAND CERNY-WERNER, Vatikanische Ostpolitik und die DDR (Göttingen 2011). – JOSEF PILVOUSEK, Vatikanische Ostpolitik. Die Politik von Staat und Kirche in der DDR, in: KARL-JOSEF HUMMEL (Hg.), Vatikanische Ostpolitik unter Johannes XXIII. und Paul VI. 1958–1978 (Paderborn u. a. 1999) S. 113–134. – HANS-JOACHIM HALLIER, Der heilige Stuhl und die deutsche Frage. Ein Kapitel vatikanischer Ostpolitik 1945–1990, in: RQ 90 (1995) S. 237–255. – BERND SCHÄFER, Grenzen von Staat und Kirche. Zur Diplomatie zwischen DDR und Vatikan 1972–1979, in: StZ 212/2 (1994) S. 121–131. – GERHARD LANGE, Heiliger Stuhl, Berliner Bischofskonferenz und DDR. Zu einigen kirchenpolitischen Aspekten des Lebens der katholischen Kirche in Ostdeutschland, in: EVANGELISCHE AKADEMIE BERLIN-BRANDENBURG (Hg.), Staat-Kirche-Beziehungen in der DDR und in anderen ehemals realsozialistischen Ländern 1945–1989. Wissenschaftliches Kolloquium im Adam-von-Trott Haus vom 17. bis 19. 12. 1993 (Berlin 1994) S. 109–118. – HORST OSTERHELD,

der DDR-Diözesen war das beherrschende Thema dieser Jahre. Mit dem Memorandum des Politbüros des Zentralkomitees der SED vom 18. Juli 1972,[69] das eine Verselbstständigung der Jurisdiktionsbezirke forderte und das bis 1978 dem Hl. Stuhl als Argumentationshilfe bei dem Vatikan widersprechenden innerkirchlichen und innerdeutschen Ansichten diente, begann die Umsetzung der bereits 1969 dem Politbüro über das Ministerium für Staatssicherheit bekannt gemachten Phasen vatikanischer Neuregelungen.[70] Am 24. August 1972 empfing Willi Stoph, Vorsitzender des Ministerrates der DDR, Alfred Kardinal Bengsch[71] im Haus des Ministerrates, übergab ihm ein dem „Staatssekretariat seiner Heiligkeit" vorgelegtes Memorandum über die Auffassung der Regierung der DDR, bat den Kardinal, sich beim Vatikan für die Durchsetzung der rechtmäßigen Interessen der DDR zu verwenden und erläuterte, nach Erklärungen und Entgegnungen des Kardinals, die Position der Regierung der DDR.[72] Mit Abschluss des Grundlagenvertrages und seiner Ratifizierung sei nach Meinung der DDR die Souveränität und die endgültige Teilung Deutschlands in zwei Staaten anerkannt. Daraus folgere sie die Verselbstständigung der Jurisdiktionsgebiete und die Schaffung einer eigenen Bischofskonferenz.

Durch Schreiben des Kardinalstaatssekretärs vom 14. Juli 1973 ernannte Paul VI. je einen Apostolischen Administrator in Erfurt, in Magdeburg und in Schwerin.[73] Diese Administratores Apostolici permanenter constituti wurden wie Diözesanbischöfe behandelt.[74] Im Annuario Pontificio wurden sie

---

Der Kampf gegen die Zerreißung deutscher Bistümer an der innerdeutschen Grenze, Katholische Nachrichten-Agentur (20. 2. 1991) S. 10–15. – HANSJAKOB STEHLE, Geheimdiplomatie im Vatikan. Die Päpste und die Kommunisten (Zürich 1993).

[69] KTF, FKZE, II Politika (P), Memorandum (Abschrift).

[70] Zur Überwachung und Konspiration im Kommissariat und Vikariat Meiningen vgl. BERND SCHÄFER, „Schwarze Kutten". Staat und katholische Kirche im Bezirk Suhl bzw. im Bischöflichen Kommissariat Meiningen zwischen 1958 und 1966, hg. v. BÜRGERKOMITEE DES LANDES THÜRINGEN E. V. (Zella-Mehlis 1999). – Vgl. BÜRGERKOMITEE DES LANDES THÜRINGEN E. V. (Hg.), Studie zur Tätigkeit des Arbeitsgebietes I der Kriminalpolizei und zum Zusammenhang mit dem Ministerium für Staatssicherheit der ehemaligen DDR (Zella-Mehlis ²1994).

[71] Vgl. JOSEF PILVOUSEK, Bengsch, Alfred (1921–1979)", in: E. GATZ, Bischöfe (wie Anm. 12) S. 94–97.

[72] Vgl. KTF, FKZE, II Politika (P), Aktennotiz über das Gespräch im Haus des Ministerrates zwischen dem Vorsitzenden des Ministerrates Willi Stoph und Alfred Kardinal Bengsch, 24. 8. 1972 (Abschrift).

[73] Vgl. ebd., Ernennungsschreiben Nr. 4362/73, 14. 7. 1973 (Abschrift).

[74] GEORG MAY, Bemerkungen zu den Apostolischen Administratoren und Administrationen, in: ThGl 78 (1988) S. 415–429, hier: S. 429: „Die Apostolischen Administratoren stehen nicht auf Abruf des Apostolischen Stuhles, sondern besitzen Dauerhaftigkeit in ihrem Amt. Der Apostolische Stuhl rechnet offensichtlich damit, dass sich die Verhältnisse, also vor

nicht unter ihren Heimatdiözesen aufgeführt, sondern in einer eigenen Rubrik.[75]

Deutlich spürt man in den Briefen aus Meiningen die Folgen der vatikanischen Ostpolitik. Ebert berichtet Bischof Josef Stangl[76] im Oktober 1972 über eine mögliche kirchliche Neuorganisation der Jurisdiktionsgebiete und darüber, dass man dem Drängen der Regierung wohl kaum widerstehen könne.[77] Welche Rolle Meiningen in diesen Plänen spielen werde, sei zu diesem Zeitpunkt noch unklar; eine „fragwürdige Konstruktion" wäre es, würde man so etwas wie das Kommissariat Heiligenstadt planen. Karl Ebert sah Kardinal Bengsch als den entscheidenden Akteur auf kirchlicher Seite. Und er beendete seinen Brief mit dem Satz: „... keinesfalls will ich in einem größeren Vikariat eine Verwaltungsstelle oder gar einen Ehrenposten".[78] Bischof Stangl wiederum informierte Karl Ebert über Einzelgespräche mit verschiedenen westdeutschen Bischöfen bezüglich der Bistumsgrenzen.[79]

In diese Phase der vatikanischen Ostpolitik fiel die Neubesetzung des inzwischen als Vikariat Meiningen bezeichneten Kommissariates. Am 20. Juli 1973 bestellte Papst Paul VI. den Bischöflichen Kommissar in Erfurt zum Apostolischen Administrator (permanenter constitutus) und dehnte seine Jurisdiktion auch auf das Bischöfliche Kommissariat Meiningen aus (seitdem: Bischöfliches Amt Erfurt-Meiningen).[80] Mit gleichem Datum (20. Juli 1973) wurde Karl Ebert zum Titularbischof von Drua und Weihbischof des Bischofs und Apostolischen Administrators in Erfurt-Meiningen ernannt. Er erhielt außerdem die Zuständigkeit für das gesamte Bischöfliche Amt Erfurt-Meiningen;[81] gleichzeitig wurde er Bischofsvikar für die Meininger Region, die nun als Vikariat bezeichnet wurde. Die Konsekration erfolgte am 15. September

---

allem das Nebeneinander von Deutscher Bundesrepublik und Deutscher Demokratischer Republik, auf absehbare Zeit nicht ändern werden."

[75] Z. B. Annuario Pontificio per l'anno 1986 (Città del Vaticano 1986) S. 959.

[76] Vgl. KLAUS WITTSTADT, Stangl, Josef (1907–1979), in: E. GATZ, Bischöfe (wie Anm. 12) S. 563–586.

[77] Vgl. DAW, Bischöfliche Manualakten Stangl 1248, Brief Ebert an Stangl, 25. 10. 1972.

[78] Ebd.

[79] Ebd., Brief Stangl an Ebert, 17. 12. 1972.

[80] Vgl. JOSEF PILVOUSEK, Zur Geschichte des Bistums Erfurt. Ein Überblick, in: Jahrbuch für mitteldeutsche Kirchen- und Ordensgeschichte 1 (2005) S. 147–150, bes. S. 148.

[81] Vgl. BAEF, Bischofsvikar I, Bischöfliches Amt Erfurt-Meiningen, Fakultät im Behinderungsfall des Apostolischen Administrators, 7. 1. 1974 (Duplikat). Außerdem wurden folgende Zuständigkeiten übertragen: Personalia, Materialia (Baufragen, Finanzen etc.), Caritas, Leitung der Räte, Verantwortung für Kurse in Bad Salzungen, Lokale Wallfahrten, Verhandlungen mit staatlichen Stellen – Bezirk Suhl – soweit sie die Region Meiningen betreffen; vgl. ebd., Brief Aufderbeck an Ebert, 7. 1. 1974.

1973 in der Pfarrkirche St. Marien, Meiningen, durch Bischof Aufderbeck. Die komplizierte kirchenrechtliche Zuordnung eines Weihbischofs und Bischofsvikars zum Apostolischen Administrator sowie die Zuständigkeiten dieses Bischofsvikars im Vikariat Meiningen und die Ausübung von Funktionen eines Weihbischofs im gesamten Amtsbezirk Erfurt-Meiningen und ihre schriftliche Fixierung dauerten noch bis Januar 1974. Die Beauftragungen basierten auf insgesamt fünf Entwürfen, die der Erfurter Kirchenrechtler Prof. Dr. Benno Löbmann[82] gegengelesen und korrigiert hatte.[83]

Mit Antritt seines neuen Amtes begann ein reger Briefverkehr mit dem Würzburger Bischof Stangl, der weit über das hinausging, was man als Dienstpost bezeichnen würde.[84] Ebert berichtete nicht nur über Ereignisse im Vikariat und Bischöflichen Amt Erfurt-Meiningen, sondern auch über persönliche Eindrücke und Beweggründe. Die Korrespondenz zwischen Bischof Stangl und Karl Ebert ist persönlich, freundschaftlich und mitsorgend. Stangl verfasste und schrieb seine Briefe z. T. selbst und oft auch dann, wenn er spätabends nach Hause kam. Weihbischof Ebert berichtete seinerseits auch über das positive Verhältnis zu Erfurt nach Würzburg: Die Zusammenarbeit mit Bischof Hugo entwickele sich gut.[85] Aufderbeck greife auch nicht in das Vikariat ein und besuche die einzelnen Gemeinden. Auch die Korrespondenz mit Erfurt ist freundlich und kollegial. Der neue Weihbischof versicherte namens des Priesterrates Meiningen Bischof Aufderbeck das Vertrauen, der sich herzlich dafür bedankte.[86] Schnell entwickelte sich zwischen Aufderbeck und Ebert ein ähnlich freundschaftliches Verhältnis wie zu Josef Stangl. Der Weihbischof berichtet regelmäßig über Firmreisen,[87] Gespräche mit staatlichen Stellen[88] und Personalia.[89]

Weihbischof Ebert, der auch Mitglied der BOK und Synodale war, starb plötzlich und unerwartet am 12. November 1974 in Meiningen; beigesetzt wurde er in der Kiliansgruft des Neumünsters zu Würzburg.

---

[82] Vgl. JOSEF PILVOUSEK, Theologische Ausbildung und gesellschaftliche Umbrüche. 50 Jahre Katholische Theologische Hochschule und Priesterausbildung in Erfurt (= EThSt 82) (Leipzig 2002) S. 262.

[83] Vgl. BAEF, Bischofsvikar I, Bischöfliches Amt Erfurt-Meiningen, Entwürfe 1–5, September 1973–8. 12. 1973.

[84] Vgl. zum Folgenden DAW, Bischöfliche Manualakten Stangl 1248 und 1236.

[85] Ebd., 1248, Brief Ebert an Stangl, 6. 5. 1974.

[86] BAEF, Bischöfliches Vikariat Meiningen 70, Brief Aufderbeck an Ebert, 23. 8. 1973.

[87] Ebd., Brief Ebert an Aufderbeck, 11. 1. 1974.

[88] Ebd., Brief Ebert an Aufderbeck, 2. 10. 1974.

[89] Ebd., Brief Ebert an Aufderbeck, 2. 9. 1974.

4. Autonome Unterordnung?

Die Frage, wie in Zukunft das Vikariat Meiningen verwaltet werden solle und welche kirchenrechtliche Position ein „neuer Bischofsvikar" gegenüber der Diözese Würzburg, dem Bischöflichen Amt Erfurt-Meiningen und in der katholischen Kirche in der DDR einnehmen werde, war zu Beginn des Jahres 1975 offen. Am 1. Januar 1975 war Dieter Hömer zum Bischofsvikar und Ordinariatsrat in Meiningen ernannt worden. Die Erwartungshaltung vieler richtete sich auf eine zu erwartende Bischofsweihe des Bischofsvikars und auf seine Teilnahme an der Ostdeutschen Bischofskonferenz.

Bis Anfang März 1975 ist in den internen kirchlichen Quellen keine Nachricht über die Verwaltung des Gebiets Meiningen zu finden. Am 7. März schrieb Bischof Stangl an Kardinal Bengsch:[90] „Ich konnte bisher noch keine Nachricht über die Teilnahme von Bischofsvikar Hömer an der Ostordinarienkonferenz erhalten. Dieses Anliegen habe ich bei der Grablegung von Karl Ebert mit dem H. H. Apostolischen Nuntius Bafile und dem H. H. Bischof Hugo Aufderbeck ausführlich besprochen, und zwar mit Zustimmung. ... Ich halte diese Berufung in dem Ringen um die Erhaltung der Diözesangrenzen in der DDR, wofür auch ich mich mündlich und schriftlich, in gleicher Weise bei meinem Ad-limina-Besuch in Rom im Dezember 1973 sehr eingesetzt habe, für notwendig ... Wir haben zwischen Erfurt und Meiningen seit langen Jahren eine vertrauensvolle Zusammenarbeit. Eine isolierte Eigenständigkeit des kleinen Raumes Meiningen wäre nicht zu verantworten, was ich auch unserem Nuntius dargelegt habe. Sollte jetzt Meiningen in der Ostordinarienkonferenz nicht mehr vertreten sein, könnte das als sichtbares Zeichen einer ersten Sonderregelung der Änderung der Diözesangrenzen schon durch die Kirche missbraucht werden. Diese Frage wurde mir schon mehrfach in den letzten Monaten nüchtern vorgetragen. ... Die Ernennung eines Weihbischofs für den Raum Erfurt und Meiningen liegt noch nicht vor." Und Stangl bat Bengsch darum, Dieter Hömer als Mitglied der BOK zu empfehlen. „Wenn diese Bitte, die ich Dir noch im alten Jahr – freilich sehr kurz – in meinem Weihnachtsbrief vorgetragen habe, bereits erfüllt wäre, würde ich mich sehr freuen" beendete er den Brief.

Wenige Tage später schrieb der Priesterrat des Bischöfllichen Vikariates Meiningen in gleichem Anliegen an Bengsch.[91] „Dem Priesterrat des Bischöflichen Vikariates Meiningen ist bekannt geworden, dass der Nachfolger des verstorbenen Herrn Weihbischofs Karl Ebert, Herr Prälat Hömer, nicht der

---

[90] Zum Folgenden vgl. BAEF, ROO, Sekretariat bzw. Vorsitzender der Berliner Ordinarienkonferenz/Berliner Bischofskonferenz und Außenstelle des Sekretariats der DBK, AII 7, Brief Stangl an Bengsch, 7. 3. 1975.

[91] Ebd., Priesterrat, Bischöfliches Vikariat Meiningen an Bengsch, 17. 3. 1975.

Berliner Ordinarienkonferenz angehören soll. Wir gestatten uns, unsere Bedenken gegen eine derartige Regelung nachfolgend vorzutragen und bitten, diese Bedenken auch in der Berliner Ordinarienkonferenz bekanntzugeben. ... Wenn der jetzige Bischofsvikar, Herr Prälat Hömer, nicht mehr der Berliner Ordinarienkonferenz angehören würde, muss notwendigerweise nach außen der Eindruck entstehen, als wenn die kirchenrechtliche Stellung von Meiningen gemindert werden soll oder sogar beabsichtigt ist, eine kirchenrechtliche Veränderung herbeizuführen. Wir sind der Meinung, dass derzeit ein derartiger Eindruck vermieden werden sollte. Das erscheint uns auch kirchenpolitisch zweckmäßig." Der Bischöfliche Sekretär Joachim Busl beantwortete das Schreiben des Meininger Priesterrats bezüglich der Teilnahme des Herrn Bischofsvikars Hömer an den Sitzungen der Berliner Ordinarienkonferenz:[92] „Die von Ihnen dargelegte Angelegenheit wird der Berliner Ordinarienkonferenz anlässlich ihrer nächsten Sitzung vorgelegt werden."

Gegenüber Bischof Aufderbeck erklärte Alfred Bengsch den Grund seiner Ablehnungen.[93] Verständlich wird, welche Konsequenzen er in dieser „heißen Phase" der Vatikanischen Ostpolitik fürchtete. „Bei allem Verständnis für den Wunsch, die Eigenständigkeit von Meiningen zu bewahren, sollte doch begriffen werden, dass dies nicht in Formen geschehen kann, die der ganzen Kirche in der DDR schaden. Die Regierung hat bereits mehrmals wegen dieser Sache (aufgrund von KNA-Meldungen) zurückgefragt, verfolgt also die Dinge mit Aufmerksamkeit. Es ist schwer genug, die jetzige rechtliche Ordnung mit den Administratoren zu erhalten. Aber alle Schritte unsererseits, die den Eindruck erwecken, dass wir – gegen den Vatikan! – die Zuständigkeit des Administrators von Erfurt und Meiningen unterwandern, sind eine zusätzliche und unnütze Erschwerung. ... Inzwischen habe ich ein Schreiben vom Bischof von Würzburg erhalten, in dem folgender Satz steht: ‚Ich halte diese Berufung (Hömers zum Bischofsvikar) in dem Ringen um die Erhaltung der Diözesangrenzen in der DDR, wofür auch ich mich ... in Rom sehr eingesetzt habe, für notwendig.' ... Ich erinnere dich in diesem Zusammenhang an die in der letzten Sitzung vertretenen Thesen von einer wenigstens relativen Selbständigkeit der Berliner Ordinarienkonferenz, Thesen, die leider in Rom und bei den staatlichen Stellen der DDR bekannt sind. Nimm diese These mit der oben zitierten Würzburger Auffassung zusammen, dann kannst du dir ausrechnen, was vatikanische und staatliche Stellen aus diesem offenkundigen Widerspruch machen können, zum Schaden der ganzen Kirche in der DDR, einschließlich Meiningen, von der möglichen Position, die ich gegenüber Vatikan und Regierung habe, ganz zu schweigen."

---

[92] Ebd., Brief Joachim Busl an Pfarrer Max Heinrich, 25. 3. 1975.

[93] Ebd., AII 7, Brief Bengsch an Aufderbeck, 23. 3. 1975.

Erst im Mai antwortete Kardinal Bengsch Bischof Stangl.[94] Wegen der inzwischen durch Kardinal Agostino Casaroli, dem späteren Kardinalstaatssekretär, rastlos forcierten Verhandlungspolitik mit der DDR-Regierung versuchte Bengsch, Stangl die komplizierte Lage zu verdeutlichen. „Nach meiner Meinung sollte Meiningen seine Beziehungen zu Würzburg in vollem Umfang halten, was sicher auch mit der vollen Zustimmung von Bischof Aufderbeck geschehen kann. Jedoch sollte der Bischofsvikar darauf verzichten, diese Eigenständigkeit in der Kirchenöffentlichkeit optisch zur Geltung zu bringen. Eine solche Haltung bedeutet keinen Rechtsverzicht, sondern den Verzicht auf eine Form der Öffentlichkeit, die in unserer Lage nur Schaden bringen kann. Du weißt, dass die Ablehnung der Errichtung von Administraturen, die Du in Deinem Schreiben erwähnst, von Rom aus nicht auf die Dauer gehalten wird. Es besteht begründete Befürchtung, dass bei den jetzt anstehenden Verhandlungen von Seiten des Vatikans noch viel höhere Preise gezahlt werden. In dieser für die Situation der Kirche in der DDR äußerst schwierigen Lage sollte man die bisherige Eigenständigkeit Meiningens praktizieren, aber sie nicht demonstrieren."

Bischof Hugo Aufderbeck, der durch die gegebene Situation verunsichert war, bat wiederum den Erfurter Kirchenrechtler Benno Löbmann um ein Gutachten.[95] In dem dreiseitigen Gutachten wird festgehalten: „Durch die Ernennung eines Apostolischen Administrators ist an der Gebietszugehörigkeit von Erfurt und Meiningen grundsätzlich nichts geändert worden; nach wie vor ist Erfurt ein Teil des Gebietes der Diözese Fulda und Meiningen ein Teil des Gebietes der Diözese Würzburg".[96]

Was den Titel Vikariat betrifft, schreibt Löbmann, dass Meiningen den Status eines „Vikariates" mit einem selbstständigen Vikariatsrat, Priesterrat und Seelsorgsrat erhält.[97] Was die strittige Frage nach der Funktion des Weihbischofs im Vikariat anbelangt und die Mitgliedschaft in der BOK, urteilt der Kanonist: „Der Weihbischof wurde dem Apostolischen Administrator persönlich beigegeben, nicht für das Gebiet Meiningen; zwischen der Person des Weihbischofs und dem Gebiet von Meiningen besteht kein notwendiger Zusammenhang. Faktisch lag es damals nahe, den neuen Weihbischof mit der Verwaltung des Gebietes Meiningen zu betrauen, da er vorher Commissarius dieses Gebietes gewesen ist. Die Mitgliedschaft von Weihbischof Ebert

---

[94] Ebd., Brief Bengsch an Stangl, 16. 5. 1975.
[95] Vgl. BAEF, Bischofsvikar I, Bischöfliches Amt Erfurt-Meiningen, Brief und Gutachten Löbmann an Aufderbeck, 15. 11. 1975.
[96] Ebd., S. 1.
[97] Vgl. ebd.

in der Berliner Ordinarienkonferenz ergibt sich aber nicht aus seinem Amt des Bischofsvikars, sondern aus seiner Bischofsweihe".[98]

Worin äußert sich nun die Selbstständigkeit des Gebietes? „Die Selbständigkeit des Gebietes Meiningen liegt letztlich nicht in der Person und Stellung eines Bischofsvikars, sondern in der weiterbestehenden Selbständigkeit des Gebietes als einem Teil der Diözese Würzburg. Daraus fließen notwendigerweise die Grundsätze über die Diözesanzugehörigkeit usw., in denen die Selbständigkeit des Gebietes sichtbar wird. Eine angemessene selbständige Verwaltung des Gebietes dürfte in dem Status eines ‚Vikariates', der von einem ‚Bischofsvikar' verwaltet wird, gegeben sein".[99]

Das Gutachten Professor Löbmanns hat offenbar wesentlich dazu beigetragen, die emotional aufgeheizte Situation beruhigen zu helfen und die Vatikanische Ostpolitik als komplexe Episode kirchlicher Zeitgeschichte zu begreifen, in der Seelsorge dennoch möglich erschien. Zur Schaffung von Apostolischen Administraturen ist es jedenfalls nicht gekommen. Sehr wahrscheinlich verhinderte nur der Tod Papst Pauls VI. am 6. August 1978 die Durchführung der vatikanischen Pläne.[100] Der 1973 geschaffene Status quo Meiningens blieb erhalten. Die Jahre der Zusammenarbeit im gemeinsamen Bischöflichen Amt Erfurt-Meiningen ließen die Unterschiede zwischen „Meiningern" und „Erfurtern" allmählich verschwinden und ein Bewusstsein von Kirche in Thüringen entstehen.

---

[98] Ebd., S. 2.

[99] Ebd.

[100] J. PILVOUSEK, Vatikanische Ostpolitik (wie Anm. 68) S. 132.

Vom „Brachland" zur systematischen kirchenmusikalischen Arbeit
Kirchenmusik der katholischen Kirche auf dem Gebiet der SBZ/DDR 1945 bis 1989 [1]

In der katholischen Kirche Mitteldeutschlands spielte die Kirchenmusik 1945 kaum eine Rolle. Das lag nicht nur an den Folgen des Krieges. Die geringe Zahl an Katholiken und ihrer Kirchen samt Gottesdienststationen wie auch die extremen Diasporaverhältnisse erlaubten keine größeren kirchenmusikalischen Aktivitäten. Im Vergleich zu den evangelischen Schwesterkirchen war die Kirchenmusik hier ohnehin zweitrangig gewesen. Ausnahmen gab es lediglich in größeren Städten.

Zwar wurde die Bedeutung der Kirchenmusik für den liturgischen Gebrauch, besonders zur Begleitung der Gottesdienste, durchaus gesehen. Einen Eigenwert räumte man ihr darüber hinaus aber kaum ein. Höher wurde die Kirchenmusik dagegen im Leipziger Oratorium, dem Zentrum der liturgischen Bewegung in Mitteldeutschland, eingeschätzt, wenn es dort hieß: „Die Musica Sacra hat die Aufgabe, nicht das liturgische Geschehen zu überdecken, sondern es aufzuhellen und zum Leuchten zu bringen. Die Klangwelt soll nicht ablenken, sondern Herz und Gemüt innerlich öffnen. Liturgie und Musik sollen zusammengehen, die Musik soll das heilige Geschehen begleiten". [2]

Der Zustrom von Millionen Vertriebenen und Flüchtlingen aus dem Osten und Südosten des ehemaligen Deutschen Reiches nach Mitteldeutschland führte unter anderem dazu, das liturgische Geschehen auf zahllosen Gottesdienststationen kirchenmusikalisch begleiten zu müssen. Im Prozess der Integration und Beheimatung kam es zu Entwicklungen, die Kirchenmusik aufwerteten und ihr eine Rolle einräumten, die durchaus als bedeutend definiert werden kann. Zu denken ist dabei an die vielfältigen kirchenmusikalischen Traditionen, die aus den Herkunftsgebieten mitgebracht wurden, die es zu pflegen galt und die den Integrationsprozess beförderten.

---

[1] Im Folgenden verwendete Abkürzungen: BAEF = Bistumsarchiv Erfurt. – BStU, BArch. = Bundesarchiv, Stasiunterlagenarchiv. – KMD = Kirchenmusikdirektor. – PAP = Privatarchiv Pilvousek. – TdH = Tag des Herrn. Katholische Wochenzeitung.

[2] OTTO SPÜLBECK, Unsere kirchenmusikalische Aufgabe. Aus der Begrüßungsansprache von Otto Spülbeck, in: DERS. – GEORG TREXLER (Bearb.), Liturgie und Kirchenmusik. Tagung für katholische Kirchenmusik in Leipzig vom 13. bis 15. Oktober 1951. Berichte-Referate-Auswertung (Leipzig 1952) S. 15 f., hier: S. 16.

Zu konkreten Planungen, eine innerkirchliche kirchenmusikalische Ausbildungsstätte für die gesamte katholische Kirche in der DDR zu errichten, kam es jedoch erst seit Ende der 1950er Jahre, als sich durch die disparaten Vertreibungs- und Fluchtbewegungen eine Kirche aus „Vertriebenen" und Einheimischen zu bilden begann. Das Bewusstsein von katholischer Kirche im mitteldeutschen Raum entstand in dem Maße, in dem man sich der Verantwortung für die Menschen in dieser Gesellschaft bewusst wurde und das Postulat seelsorglich-liturgischer Grundvollzüge eine leiblich-seelische Grundversorgung abzulösen begann.[3]

1. Entwicklungen nach 1945

Die Zerstörungen vieler mitteldeutscher Kirchen samt ihren Orgeln während des Krieges beispielsweise in Berlin, Dresden und Leipzig, die Trennung der östlichen Diözesananteile von den Mutterbistümern sowie der Verlust ostdeutscher Bistümer hatten die ohnehin geringen kirchenmusikalischen Aktivitäten in Mitteldeutschland beinahe ganz zum Erliegen gebracht.[4] Ansonsten entsprach die katholische Kirchenmusik dem Zustand der hier vorherrschenden Diasporasituation. Organisten und Chorleiter waren in der Regel nur nebenamtlich tätig. Hinzu kam, dass die Zahl der Lehrer, die gleichzeitig als Organisten in den katholischen Kirchen wirkten, immer geringer wurde.[5] Im Bischöflichen Kommissariat Schwerin beispielsweise gab es nach dem Krieg keine einzige konzertfähige Orgel;[6] „das Orgelspiel geht nur an wenigen Orten über das absolut Notwendige in der Begleitung des Gemeindegesanges hinaus",[7] resümierte Bischof Heinrich Theissing in seiner Chronik.

---

[3] Vgl. JOSEF PILVOUSEK, Flüchtlinge, Flucht und die Frage des Bleibens. Überlegungen zu einem traditionellen Problem der Katholiken im Osten Deutschlands, in: CLAUS-PETER MÄRZ (Hg.), Die ganz alltägliche Freiheit. Christsein zwischen Traum und Wirklichkeit (= EThSt 65) (Leipzig 1993) S. 9–23, hier: S. 23.

[4] Zur Gesamtgeschichte der katholischen Kirchenmusik in der DDR vgl. die ähnlichen, wiederholt nachgedruckten Teilaufsätze: JOHANNA SCHELL, Kirchenmusik in der DDR, in: Kirchenmusikalisches Jahrbuch 83 (1999) S. 7–27. – DIES., Katholische Kirchenmusik in der DDR, in: MS(D) 2016/4, S. 194–197 (Tl. 1–2); 2016/5, S. 266–269 (Tl. 3); 2016/6, S. 334–336 (Tl. 4). – DIES., Die Situation der Kirchenmusik in der DDR, in: Jahres- und Tagungsbericht der Görres-Gesellschaft 1999 (Köln 2000) S. 152.

[5] Vgl. BAEF, Musikschule Erfurt-Weimar, 1946–1961, A Vd1: Brief Freusberg an Generalvikariat Paderborn, 16. 11. 1950.

[6] Vgl. HEINRICH-THEISSING-INSTITUT SCHWERIN (Hg.), Chronik des Bischöflichen Amtes Schwerin 1946 bis 1973 (Schwerin 2003) S. 213.

[7] Ebd., S. 218.

Im Erzbischöflichen Kommissariat Magdeburg waren Ende der 1940er und zu Beginn der 1950er Jahre Franz Hartig an der St. Sebastianskirche in Magdeburg (1948–1971), Alfons Kirchner in Magdeburg-Sudenburg (1951–1959),[8] Annemarie Pacher an der Propsteikirche in Halle (1951–1964) und Vilma Guilland in Halle-Dreieinigkeit (1943–1992) sowie Ewald Kulessa (1951–2011), der seit 1951 zunächst in Halle St. Norbert, dann in Calbe St. Norbert und schließlich in Magdeburg in St. Agnes und Norbert als Organist wirkte, die namentlich bekanntesten Kirchenmusiker. Um dem durchgängigen Mangel an Organisten entgegenzuwirken, wurde bereits 1948 in das Programm des Seelsorgshelferinnen-Seminars Magdeburg eine Zielsetzung geschrieben, die vollumfänglich nie zu erfüllen war: „Es wird Unterricht in der Musik, und zwar theoretisch und praktisch erteilt. ... Die Helferinnen sollen nach erfolgter Ausbildung wenigstens in einfachen Verhältnissen Organistendienste leisten können".[9]

Im Erzbischöflichen Amt Görlitz gab es mit Karl Jonkisch[10] seit März 1955 den ersten hauptamtlichen Organisten und Chorleiter an der Görlitzer Pfarrkirche Heilig Kreuz und seit 1959 nach Studium in Regensburg und der A-Prüfung sowie der Verleihung des akademischen Grades „Baccalaureus in Compositione sacra" den ersten überregionalen Kantor.[11] Pfarrer Heinrich Krischker (1909–1969), seit 1938 Kuratialpfarrer, dann 1953 bis 1969 Pfarrer von Großräschen, war 1950 bis 1966 „Diözesankirchenmusikpfleger". Jonkisch wurde sein Nachfolger als „Diözesanreferent für Kirchenmusik und Orgelsachverständiger".

In Meiningen war 1951 Heinz Bauschke[12] als Organist tätig und ab 1958 bis 1989 Alfred Kruse[13] als Organist und Klavierstimmer; er hatte an der

---

[8] Seit 1959 hatte Alfons Kirchner eine Anstellung für alle kirchlichen Seminare in Magdeburg sowie für das Kindergärtnerinnenseminar in Michendorf.

[9] DOROTHEA DUBIEL – HILDEGARD KEUL – BERNHARD SCHOLZ – RAIMUND STERNAL (Hg.), Tradition im Auf-Bruch. 1948–1998. FS des Seminars für Gemeindepastoral Magdeburg (Paderborn 1998) S. 64.

[10] Geb. 22. 2. 1934 in Mährisch-Ostrau; Dozent an der Kirchenmusikschule Görlitz; KMD; gest. 9. 2. 2004 in Görlitz. – Vgl. In Memoriam. Karl Jonkisch gestorben, in: MS(D) 2004/2, S. 10.

[11] Frdl. Mitteilung von Dr. Winfried Töpler, Görlitz, 20. 7. 2022.

[12] Vgl. BAEF, Musikschule (wie Anm. 5), Brief Kümpel an Freusberg, Betr. Ausbildung von Organisten und Chorleitern, 8. 10. 1951.

[13] Geb. 14. 6. 1930 in Heiligenstadt/Eichsfeld; wohnhaft in Recke-Steinbeck; gest. 2017 in Ibbenbüren. – Frdl. Mitteilung von Pfarrsekretärin Tanja Hanf, Meiningen, 3. 8. 2022.

staatlichen Hochschule in Weimar Kirchenmusik studiert[14] und versah den Kantorendienst bis 1989.[15]

Alle Kirchenmusiker waren zunächst nur „Einzelkämpfer", eine Lobby, Zusammenkünfte oder Ähnliches gab es bis in die 1960er Jahre hinein nicht.[16] Erst zu dieser Zeit formierten die Kirchenmusiker sich aus eigener Initiative zu einer Berufsgruppe.[17] Das geschah zunächst ohne oder mit nur wenig Unterstützung kirchenamtlicher Stellen; Kontakte untereinander ergaben sich oft erst aus privaten Begegnungen.

Die Zahl der Hauptamtlichen war bis zum Mauerbau 1961 überschaubar: Zu nennen ist Konrad Wagner[18] in Dresden. Er studierte bis 1955 bei Joseph Ahrens in Westberlin; seit 1955 entwickelte er die Dresdner Kapellknaben zu einem profilierten Knabenchor.[19] Weitere Schüler von Ahrens waren Dr. Johanna Schell[20] und Wilhelm Kümpel.[21]

---

[14] Unbeabsichtigt hatte er bei Weihbischof Freusberg Ärger erregt, weil er sich angeblich über unentgeltliche Vertretungen für Wilhelm Kümpel in Erfurt im Dom und in der Allerheiligenkirche beschwert habe. Die Klage erwies sich u. a. wegen Kruses „Unbeholfenheit und Verträumtheit" als gegenstandslos und beruhte letztlich auf Missverständnissen. – Vgl. BAEF, Musikschule (wie Anm. 5), Brief Freusberg an Niggeling mit Abschrift Brief Köhler an Freusberg, 14. 11. 1953.

[15] In Erinnerung an den Organisten Alfred Kruse (1930–2017), in: St. Dionysius Recke und Steinbeck, Pfarrbrief Ostern 2017. – Nach dem Mauerfall 1989 ging er nach Ibbenbüren.

[16] Der Rektor, Professor für Chorleitung der Hochschule für Kirchenmusik Dresden, Christfried Brödel nennt als bekannte katholische Kirchenmusiker den Domkantor Michael Witt, Berlin, den Domkantor und späteren Kapellmeister Konrad Wagner, Dresden, den Domkantor Wilhelm Kümpel, Erfurt, Hedwig Frost, Magdeburg, Karl Jonkisch, Görlitz, Georg Trexler und Kurt Grahl, Leipzig, und Johanna Schell, Potsdam. – Vgl. CHRISTFRIED BRÖDEL, Unter Kreuz, Hammer, Zirkel und Ährenkranz. Kirchenmusik in der DDR (Leipzig 2018) S. 112.

[17] Vgl. PAP: Klaus Friedrich, Kirchenmusikalische Erinnerungen an die 50er und 60er Jahre, Typoskript, 7. 7. 2022, S. 5.

[18] Geb. 1930 in Hainitz; Studium an der Musikhochschule Berlin-Charlottenburg; 1955–1997 Domkantor (ab 1994 als Domkapellmeister) an der Katholischen Hofkirche (heute Kathedrale des Bistums Dresden-Meißen); KMD; gest. am 4. 9. 2021 in Dresden. – Vgl. KONRAD WAGNER, Die Kirchenmusik an der Dresdner Katholischen Hofkirche seit 1940. Ein Erlebnisbericht, in: Kirchenmusikalisches Jahrbuch 79 (1995) S. 47–66.

[19] Vgl. CH. BRÖDEL, Kreuz (wie Anm. 16) S. 104.

[20] Geb. 1927 in Erfurt; 1951–1987 Organistin und Chorleiterin an St. Peter und Paul in Potsdam; gest. 2017 in Potsdam. – Vgl. www.erzbistumberlin.de/fileadmin/user_mount/PDF-Dateien/Seelsorge/Trauer/Nachruf%20Johanna%20Schell.pdf [Zugriffsdatum: 21. 10. 2022].

[21] Geb. 1920 in Simmershausen; 1946 Studium der Kirchen- und Schulmusik an der Hochschule für Musik in Berlin-Charlottenburg; 1949 Staatliche Prüfung für Organisten und Chorleiter (A-Prüfung); 1947–1950 Organist und Chorleiter an der katholischen Pfarrkirche St. Peter und Paul in Potsdam; 1950 Domorganist und Leiter des Domchores St. Marien in Erfurt; 1950–1961 und in den 1980er Jahren Lehrbeauftragter für katholische Studenten an der Hochschule für Musik Franz Liszt in Weimar; bis 1994 Domorganist; gest. am 1. 2. 2000

Außer den bereits genannten Musikern sind aufzuzählen: Walter Bim[22] in Heiligenstadt, Gerhard Grohmann in Erfurt (St. Crucis), Carl (Franz) Achtelik,[23] Kirchenmusiker in Bautzen und Dozent für Liturgik und Choralkunde an der evangelischen Kirchenmusikschule Dresden bis 1973,[24] sowie Rudolf Wenk[25] in Schirgiswalde. In Leipzig lehrte und arbeitete Professor Georg Trexler,[26] ein angesehener, bekannter Komponist, menschlich hilfsbereit und

---

in Erfurt. – Vgl. JOHANNA SCHELL, In Memoriam Wilhelm Kümpel, in: MS(D) 120/2 (2000) S. 12. – PAP, Mechthild Kümpel, Nachlass Wilhelm Kümpel.

[22] Geb. 1932 in Varnsdorf/Sudetenland; seit 1950 Orgelunterricht bei Wilhelm Kümpel; 1951–1955 Studium der Kirchenmusik an der Hochschule für Musik in Weimar mit Abschluss (A-Prüfung); 1. 3. 1955 Organist und Chorleiter in Heiligenstadt/St. Marien (Altstadt) und im Bischöflichen Konvikt; Regionalkantor für das Eichsfeld; KMD und Orgelsachverständiger bis zum Ruhestand 2001; gest. 12. 5. 2004 in Heiligenstadt. – Vgl. Kirchenmusikdirektor Walter Bim gestorben, in: TdH 22 (30. 5. 2004). – Frdl. Mitteilung von Gregor Bim, Heiligenstadt, 31. 8. 2022. – Vgl. JOHANN FREITAG, Vorwort, in: Dein Lob, Herr, ruft der Himmel aus. Geistliche Lieder, gesetzt für 4-stimmigen Chor von KMD Walter Bim (Heiligenstadt 2001).

[23] Geb. 1908 in Wiltz, Luxemburg; 1931–1942 Studium am Leipziger Musikpädagogium und Landeskonservatorium; 1938–1951 Kantor in Leipzig-Reudnitz, 1951–1952 in Leipzig-Gohlis; 1952–1958 Zweiter Kantor an der Propsteigemeinde Leipzig; 1958–1973 Domkantor an St. Peter in Bautzen; 1966–1973 Orgelsachverständiger, Dozent an der Kirchenmusikschule Schirgiswalde und der Evangelischen Kirchenmusikschule Dresden; Mitherausgeber des Gesangbuches „Laudate"; Herausgeber des Orgelbuches zum „Laudate"; Ende 1989 Umzug ins Altenheim Berlin Charlottenburg; gest. 5. 1. 1991 in Berlin; beigesetzt in Leipzig-Gohlis. – Nachdem Otto Spülbeck als Koadjutor nach Bautzen gewechselt war, wünschte er Achtelik, den er als Pfarrer in Leipzig-Reudnitz kennengelernt hatte, für „seine" Kathedrale in Bautzen als Kirchenmusiker. Achtelik entsprach diesem Wunsch und löste Hedwig Franke (gest. 1972), eine frühere Organistin aus Breslau, ab, die 25 Jahre „nebenamtlich" als Kirchenmusikerin tätig gewesen war. – Frdl. Mitteilung von Friedemann Böhme, Bautzen, 16. 8. 2022. – Frdl. Mitteilung von Dr. Birgit Mitzscherlich, Bautzen, 17. 8. 2022. – Vgl. CHRISTIAN MÄRZ, Otto Spülbeck. Ein Leben für die Diaspora (Leipzig 2010) S. 86. – PAP, Christoph Achtelik. – https://familie-achtelik.de/grab-gohlis/ [Zugriffsdatum: 21. 10. 2022]. – Frdl. Mitteilung von Christoph Schumann, Dresden, 26. 8. 2022. – Frdl. Mitteilung von Christoph Achtelik, Berlin, 1. 9. 2022.

[24] Vgl. CH. BRÖDEL, Kreuz (wie Anm. 16) S. 79.

[25] Geb. 1911 in Kamenz; 1932 Studium an der Orchesterschule und am Musiklehrerseminar in Dresden sowie in Regensburg; 1937 Musikpräfekt am Schülerheim Kempten; 1938 Kantor und Leiter des Kirchenchores in Schirgiswalde; 1958 kirchenmusikalischer Leiter der Kirchenmusikschule Schirgiswalde; KMD; gest. 1967 in Schirgiswalde. – Vgl. PAP, NICOLE KLAMPFL, Das Leben und Wirken des Kirchenmusikdirektors Rudolf Wenk in Schirgiswalde [Manuskript], 4. 5. 1999, S. 4–7; Ich danke Frau Nicole Rönsch für die Überlassung einer Kopie ihrer Diplomarbeit. – K. FRIEDRICH, Erinnerungen (wie Anm. 17) S. 5.

[26] Geb. 1903 in Pirna; 1926–1929 Studium am Kirchenmusikalischen Institut Leipzig; 1930–1971 Kantor an der Propsteigemeinde Leipzig; seit 1935 Professor für katholische Liturgie, Orgel und Partiturspiel an der Leipziger Hochschule für Musik; KMD; gest. 1979 in Leipzig. – Vgl. GERNOT MARIA GROHS, Georg Trexler (1903–1979), in: Jahres- und Tagungsbericht der Görres-Gesellschaft 2002 (Köln 2003) S. 178.

bescheiden, der an der später durch die DDR-Behörden gesprengten Universitätskirche tätig war.[27]

Zu ergänzen sind kirchenmusikalische Autoritäten wie der Leipziger Wernerfritz Schade (1914–1986), zunächst von 1937 bis 1948 in Halle/Propstei, dann Kirchenmusiker am Oratorium in Leipzig (an der Liebfrauenkirche) und sein dortiger Nachfolger von 1962 bis 1999 Kurt Glaßl.[28] Schade verließ später die DDR und war lange Zeit am Kirchenmusikinstitut in Mainz tätig.

Der Ostteil des Bistums Berlin spielte bis 1961 bezüglich der Kirchenmusikausbildung nur eine untergeordnete Rolle. Junge Leute, die Organisten und Chorleiter werden wollten, gingen nach dem Krieg und bis Mitte der 1950er Jahre, oft auf Empfehlung des Heimatpfarrers, nach Westberlin oder nach Westdeutschland, weil die katholische Kirchenmusik an den dortigen Ausbildungsstätten eine stärkere Position als in Mittel- und Ostdeutschland hatte und daher eine bessere Qualifikation versprach.[29] In Westberlin erfolgte bis zum Mauerbau 1961 die Ausbildung von Kirchenmusikern über die Musikhochschule Berlin-Charlottenburg und den dortigen Ordinarius für katholische Kirchenmusik Joseph Ahrens.[30] Im Westteil des Bistums dagegen fand die C- und B-Ausbildung nach dem Krieg unter Leitung von Domkapellmeister Karl Forster[31] statt.

Für den Ostteil des Bistums Berlin sowie für die gesamte DDR sollte Johanna Schell eine herausragende Rolle spielen. Von 1947 bis 1951 hatte sie Kirchenmusik an der Hochschule für Musik in Berlin bei Ahrens studiert. 1961 erfolgte die Promotion zum Dr. phil. Sie war Organistin an St. Canisius in Berlin-Charlottenburg und schließlich von 1951 bis 1987 Organistin und Chorleiterin an St. Peter und Paul in Potsdam, Orgelsachverständige sowie seit 1962 Leiterin der C-Kurs-Organistenausbildung des östlichen

---

[27] Zum Folgenden vgl. K. FRIEDRICH, Erinnerungen (wie Anm. 17) S. 5.

[28] Geb. 1922 in Markneukirchen; A-Prüfung bei Joseph Ahrens; Organist in Markneukirchen und Zwickau; 1962–1999 Organist in Leipzig/Liebfrauen; zahlreiche Kompositionen im 1971 erschienenem sogenannten „Interimsgesangbuch"; gest. 2008 in Leipzig. – Vgl. www.bistum-dresden-meissen.de/static/archiv/archiv-2008/kirchenmusiker-kurt-glassl-gestorben.html [Zugriffsdatum: 21. 10. 2022].

[29] Vgl. J. SCHELL, Kirchenmusik (wie Anm. 4) 83 (1999) S. 9.

[30] Geb. 1904 in Sommersell; 1925–1928 Studium der Kirchen- und Schulmusik in Berlin; unterrichtete seitdem 40 Jahre lang an der Musikhochschule Berlin-Charlottenburg; 1934–1943 Domorganist an der St. Hedwigskathedrale; 1945–1957 Organist und Chorleiter an der Salvatorkirche in Berlin-Schmargendorf; gest. 1997 in Berlin. – Vgl. JOHANNA SCHELL, Joseph Ahrens (1904–1997), in: Jahres- und Tagungsbericht der Görres-Gesellschaft 2002 (Köln 2003) S. 178. – DIES., Lebendiger Kontakt zur liturgischen Gemeinschaft. Joseph Ahrens zum 100. Geburtstag, in: MS(D) 124/4 (2004), S. 6-8, hier S. 8.

[31] Geb. 1904 in Großklenau bei Tirschenreuth/Oberpfalz; gest. 1963 in Tirschenreuth. – Vgl. J. SCHELL, Kirchenmusik (wie Anm. 4) 83 (1999) S. 11.

Bistumsanteils.³² Im Laufe der Jahre absolvierten rund 150 Schülerinnen und Schüler die von ihr geleiteten Kurse.³³ In Berlin selbst wurde Domvikar Walter Arndt nach dem Mauerbau Chorleiter des Hedwigchors (Ost), Organist und Domkantor an der Hedwigskathedrale (1963–1975).³⁴

2. Sonderwege

Für das Bistum Meißen und das Generalvikariat Erfurt gab es andere Voraussetzungen, die ausführlicher dargelegt werden müssen. Grundsätzlich muss festgehalten werden: Nach dem Ende des Krieges war die „Katholische Kirchenmusik in der SBZ/DDR Brachland",³⁵ und man sah sich gezwungen, Einrichtungen zu schaffen, um Organisten einigermaßen ausbilden zu können, resümierte der Erfurter Weihbischof Joseph Freusberg.³⁶ Einige Jurisdiktionsbezirke versuchten die Defizite durch Eigeninitiativen zu beheben.

Im Bistum Meißen und im Generalvikariatsbezirk Erfurt wurden, veranlasst vor allem von Einzelpersönlichkeiten, verschiedene Modi kirchenmusikalischer Initiativen erörtert, geplant und partiell umgesetzt. Eine zentrale Position nahm bezüglich der katholischen kirchenmusikalischen Aktivitäten in der SBZ/DDR das Archipresbyterat Leipzig ein. Hier begann man Ausbildungen zu planen, Postulate festzuschreiben und eine Sammlung der mehr oder weniger auf sich selbst gestellten Kirchenmusikerinnen und Kirchenmusiker

---

[32] BERNHARD SCHRAMMEK, Nachruf auf Dr. Johanna Schell, in: https://www.erzbistumberlin.de/fileadmin/user_mount/PDF-Dateien/Seelsorge/Trauer/Nachruf%20Johanna%20Schell.pdf [Zugriffsdatum: 21. 10. 2022].

[33] Vgl. CH. BRÖDEL, Kreuz (wie Anm. 16) S. 79. – Schell unterrichtete zunächst allein, später in Zusammenarbeit mit einigen Kolleginnen und Kollegen (u. a. Marianne Reinisch [gest. 2016], Maria Hasenleder [Dekanatskirchenmusikerin mit Dienstsitz in Hl. Familie, Prenzlauer Berg], Domkapellmeister Michael Witt [gest. 2012] und Pfarrer Peter Wistuba) Orgelspiel, Harmonielehre, Gesangbuchkunde, Orgelbaukunde und Liturgik; ferner führte sie Klassenvorspiele und Exkursionen durch. Viele ihrer Schülerinnen und Schüler spielen heute regelmäßig in Gottesdiensten; etliche haben noch ein B- oder A-Studium angeschlossen. Ein Schüler, Tobias Aehlig, wurde 2013 Domorganist in Paderborn. – Vgl. Nachruf Schell (wie Anm. 32).

[34] Geb. am 2. 3. 1933 in Berlin; 1957 Priesterweihe und Kaplan in Berlin/St. Antonius, 1961 in Brandenburg, danach in Berlin-Mitte/Franz Xaver; Studium an der Kirchenmusikschule Berlin (Abschluss mit C-Prüfung); 1963–1975 Chorleiter des Hedwigchores in Berlin(-Ost); Organist und Domkantor an der Hedwigskathedrale in Berlin; 1971 Referent für Kirchenmusik im Bistum Berlin; 1975 Pfarrer von Oberschöneweide; gest. 24. 1. 2004 in Berlin. – Frdl. Mitteilung von Dr. Gotthardt Klein, Berlin, 17. 2. 2022.

[35] Vgl. J. SCHELL, Kirchenmusik (wie Anm. 4) 2016/4, S. 195.

[36] Vgl. BAEF, Musikschule (wie Anm. 5), Brief Freusberg an Generalvikariat Paderborn, 16. 11. 1950.

anzustreben.³⁷ Angeregt durch das Leipziger Oratorium und seinen prominenten Sachwalter, den Leipziger Propst und späteren Meißener Bischof Dr. Otto Spülbeck, wurden Wege erwogen, die bis heute bedenkenswert sind.

Zu erinnern ist zunächst an eine Tagung für katholische Kirchenmusik in Leipzig vom 12. bis 15. Oktober 1951, veranstaltet vom Archipresbyterat Leipzig.³⁸ Erzpriester Spülbeck begründete die Einladung nach Leipzig wie folgt: „Dass wir von Leipzig aus die Einladung an Sie ergehen ließen, bedarf einer kurzen Erläuterung. Nach dem Zusammenbruch hatten sich in Leipzig als der größten Stadt der DDR am ehesten die musischen Kräfte gefunden. ... Das Erbe wurde zur Aufgabe, und zwar hier in der Bachstadt Leipzig. ... Diese so reiche musische Umgebung schien uns der rechte Ort zu sein, Sie zu einer solchen Tagung für katholische Kirchenmusik zusammenzurufen".³⁹ Gleichsam als Programm für die Ausbildung des Kirchenmusikers formulierte Spülbeck zwei „Sorgen": „I. Die Sorge um die Ausbildung des Kirchenmusikers. II. Die Sorge um die soziale Stellung des Kirchenmusikers".⁴⁰ Nötig sei, dass Theologiestudenten das nötige Wissen auch für die Musik mitbringen und dass Geistliche in Kursen und im gemeinsamen Üben bei Werktagen das nötige Rüstzeug erhalten.⁴¹ Kantoren, Organisten und Kirchenmusiker sollten folgende Voraussetzungen mitbringen: eine gediegene Frömmigkeit und klare menschliche Haltung; pädagogische und psychologische Fähigkeiten; gute Allgemeinbildung; sowie liturgische Ausbildung und theologische Ausbildung („er muss Katechet sein!"). Die eigentliche Fachausbildung geschah an den Musikschulen einfacherer oder höherer Ordnung in Weimar, Halle, Berlin und Leipzig.⁴²

Spülbeck forderte, dass auf größeren „Missionsstationen", wo regelmäßiger Gottesdienst stattfinde, ein voll ausgebildeter Kirchenmusiker aber nicht zur Verfügung stehe, derjenige, der den Organistendienst versehe, wenigstens die kleine Organistenprüfung haben solle. Eine viersemestrige Ausbildung sollte

---

[37] Vgl. WOLFGANG HANKE, Kirchenmusik in der DDR. Eine erste Bestandsaufnahme, hg. v. SEKRETARIAT DES HAUPTVORSTANDES DER CHRISTLICH DEMOKRATISCHEN UNION DEUTSCHLANDS (Berlin 1983) S. 10.

[38] Tagung für katholische Kirchenmusik in Leipzig. 12. bis 15. Oktober 1951, veranstaltet vom Archipresbyterat Leipzig (Leipzig o. J.). – OTTO SPÜLBECK, Unsere kirchenmusikalische Aufgabe. Aus der Begrüßungsansprache von Otto Spülbeck, in: O. SPÜLBECK – G. TREXLER, Liturgie (wie Anm. 2) S. 15 f.

[39] Ebd., S. 15 f. – Von einer Zentralisierung oder auch besonderen kirchlichen Zuständigkeit Berlins ist hier nicht die Rede. Die Tagung habe rein privaten Charakter und solle keine kirchenamtliche Funktionen erfüllen, ergänzte Spülbeck.

[40] OTTO SPÜLBECK, Die Sorge um die Ausbildung des Kirchenmusikers, in: DERS. – G. TREXLER, Liturgie (wie Anm. 2) S. 55–58.

[41] Vgl. ebd., S. 55.

[42] Ebd., S. 56.

für jeden Organisten und Kirchenmusiker an einer Pfarrkirche zur Pflicht gemacht werden, auch beim nebenberuflichen Kirchenmusiker. Das Amt sei zwar in der Diaspora in der Regel nebenamtlich, jedoch nicht ehrenamtlich.[43] Ferner wollte Spülbeck die soziale Stellung des Kirchenmusikers, die weithin ungeklärt sei, aufwerten.[44] Von den gezahlten Minimalsätzen könne ein Kirchenmusiker nicht leben, deshalb müsse dieser normal besoldet werden und eine Dienstwohnung erhalten. Unter allen Umständen solle vermieden werden, dass der Kirchenmusiker genötigt sei, sich den zweiten Teil seines Gehaltes durch Musikstunden hinzuzuverdienen.[45] Letztlich stellten die Beschlüsse der Tagung eine wirksame Aufwertung des kirchenmusikalischen Dienstes dar.[46] Auf die hier formulierten „Sorgen" und Vorschläge wurde in den nächsten Jahren immer wieder rekurriert.

Mit einer vielbeachteten „Festwoche mittelalterlicher Kirchenmusik" vom 24. bis 30. September 1956 in Leipzig, in der so bekannte Künstler wie Peter Schreier, Hans-Joachim Rotzsch oder Hannes Kästner mitwirkten, trat katholische Kirchenmusik erneut in die Öffentlichkeit. Veranstalter und Leiter war Wernerfritz Schade, seit 1948 Kantor an der Liebfrauenkirche in Leipzig.[47]

Zwischen 1947 bis 1950 waren in Halle, Greifswald, Görlitz, Dresden und Eisenach fünf evangelische Kirchenmusikschulen (wieder-) gegründet worden.[48] Hinzu kam die kirchenmusikalische Ausbildung an den staatlichen Musikhochschulen in Leipzig und Weimar.[49] Eine katholische Entsprechung fehlte. Aber sowohl in Leipzig als auch in Weimar konnte evangelische als auch katholische Kirchenmusik studiert werden.[50] Im März 1947 bat der Thomaskantor und Leiter des kirchenmusikalischen Institutes am Landeskonservatorium Leipzig, Prof. Dr. Karl Straube, veranlasst durch die „Ostflüchtlinge", den Leipziger Propst Otto Spülbeck, „neben der rein evangelisch ausgerichteten kirchenmusikalischen Abteilung eine katholische Abteilung zu bilden".[51] Bis zu diesem Zeitpunkt war der Kirchenmusikdirektor und Kantor der Propsteigemeinde Georg Trexler für die kirchenmusikalische Ausbildung

---

[43] Ebd.
[44] Vgl. ebd., S. 57.
[45] Vgl. ebd., S. 58.
[46] W. HANKE, Kirchenmusik (wie Anm. 37) S. 11.
[47] WERNERFRITZ SCHADE (Hg.), Festwoche mittelalterlicher Kirchenmusik. Anfänge Abendländischer Kirchenmusik, Musik der Romanik, Musik der Gotik, Musik der Renaissance vom 24. bis 30. September 1956 in Leipzig (Leipzig 1956).
[48] Vgl. W. HANKE, Kirchenmusik (wie Anm. 37) S. 9.
[49] Vgl. CH. BRÖDEL, Kreuz (wie Anm. 16) S. 48–59.
[50] Vgl. ebd., S. 50.
[51] CH. MÄRZ, Spülbeck (wie Anm. 23) S. 76.

der katholischen Studenten zuständig gewesen.[52] Nun wurde zusätzlich eine separate theologische Ausbildung für die katholischen „Musikstudenten" gefordert. Die Klärung der Angelegenheit erfolgte erst im September 1949: Nach Einigung mit dem Ordinariat in Bautzen war die Gründung einer katholischen Abteilung am kirchenmusikalischen Institut Leipzig erreicht.[53] Ein weiteres Problem konnte gelöst werden, als der Leipziger Oratorianer Dr. Werner Becker am 15. November 1949 vom Meißener Bischof Heinrich Wienken hier einen Lehrauftrag für Liturgie erhielt.[54] Bereits Anfang 1949 waren alle notwendigen Ermächtigungen für Unterricht und Examina vom Bischöflichen Ordinariat in Bautzen erteilt worden. In den „Prospekten" der Hochschule erschien von 1949/50 bis 1956 in der Abteilung Kirchenmusik neben der evangelischen erstmals auch die katholische Kirchenmusik.[55] Viele Schwierigkeiten bei der Umsetzung kirchenmusikalischer Zielsetzungen scheinen ihre Ursache im Fehlen einer soliden Finanzierung gehabt zu haben.

Kompliziert für die neu errichtete katholische Abteilung in Leipzig war und blieb die geringe Zahl an Studenten.[56] Zwischen 1948 und 1968 wurden hier nur fünf Studierende ausgebildet. „Das Interesse an der Ausbildung von Kirchenmusikern im Allgemeinen schwand zusehends".[57] Durch staatliche Verfügung wurde 1960 „die kirchenmusikalische Abteilung unter Vermeidung des Begriffes Kirchenmusik schließlich als Fachrichtung Orgel und Cembalo in die Abteilung Tasteninstrumente eingegliedert".[58]

Im thüringischen Bereich war die Situation, bedingt auch durch die zwei geschlossenen katholischen Gebiete im Eichsfeld und der Rhön zum Teil gänzlich anders, da die zahlreichen Gotteshäuser Orgeln besaßen (wenn auch oft in schlechtem Zustand), aber kaum Organisten.

Die Stadt Erfurt verfügte nach 1945 für einige Jahre über zwei qualifizierte Organisten. Am Erfurter Dom wirkte seit Juli 1934 bis 1950 Heinrich Stockhorst (1909–1984) als Domorganist und Domchordirektor.[59] Am 30. April 1950 schied er als Organist und Chorleiter aus und trat auch von seinen übrigen Verpflichtungen zurück.[60] Er wurde als Dozent an die

---

[52] Vgl. K. FRIEDRICH, Erinnerungen (wie Anm. 17) S. 5.
[53] CH. MÄRZ, Spülbeck (wie Anm. 23) S. 77.
[54] Ebd.
[55] Ebd.
[56] Vgl. dazu ebd., S. 78.
[57] Ebd.
[58] Ebd.
[59] Ein Kirchenmusiker aus Berufung. Domorganist Heinrich Stockhorst starb überraschend mit 73 Jahren, in: Münsterischer Anzeiger, 3. 2. 1984.
[60] Vgl. BAEF, Musikschule (wie Anm. 5), Brief Freusberg an Gerster, 2. 5. 1950.

Kirchenmusikschule Münster berufen, 1951 auch zum Domorganisten in Münster. Die eigentlichen Gründe für sein Ausscheiden sind nicht mehr zu ermitteln.[61] Gerhard Grohmann (1930–1988) hatte zunächst zwei Jahre den Domorganisten in Erfurt vertreten, bevor er 1947 in Erfurt und dann an der Staatlichen Hochschule für Musik in Weimar studierte. Nach verschiedenen Tätigkeiten als Organist in den Erfurter Pfarreien St. Josef, St. Crucis und St. Lorenz nahm der 1951 examinierte A-Musiker 1954 einen Ruf nach St. Jodokus in Bielefeld an.[62]

Am Thüringer Landeskonservatorium in Erfurt war am 20. Februar 1946 eine katholische Kirchenmusikabteilung entstanden, die vom Domorganisten Stockhorst geleitet wurde und an der Domvikar Karl Schollmeier einen Lehrauftrag hatte.[63] Bereits am 2. August 1947 machte die Staatliche Hochschule für Musik in Weimar den Vorschlag, der dortigen Kirchenmusikabteilung eine katholische Unterabteilung anzugliedern.[64] Diese wurde am 12. Juli 1948 als gleichberechtigte Abteilung an das Weimarer Kirchenmusikalische Institut angegliedert.[65] Leiter wurde abermals Heinrich Stockhorst.[66]

Vor allem im Eichsfeld aber war eine Notsituation entstanden: „Durch die immer stärker werdenden Lücken in den Reihen der geprüften Organisten und Chorleiter im kirchlichen Dienst ist die Notwendigkeit eingetreten, dass dieser Seite des Gottesdienstes seitens des Generalvikariats stärkere Aufmerksamkeit gewidmet wird",[67] schrieb damals Generalvikar Joseph Freusberg. Entsprechend hatte er Anfang der 1950er Jahre mit dem Domorganisten Wilhelm Kümpel die Einrichtung einer kirchlichen Ausbildung für nebenamtliche Organisten geplant, durch die dem drohenden Nachwuchsproblem an Kirchenmusikern begegnet werden sollte.[68] Der Prozentsatz der vom Ministerium zum Kirchenmusikstudium zugelassenen Bewerber sei zu gering,

---

[61] Vgl. ebd. – Sein Nachfolger wurde zum 1. 5. 1950 Wilhelm Kümpel, einer der bekanntesten katholischen Kirchenmusiker der DDR.

[62] Schmerzlicher Verlust für die „Musica sacra". Regionalkantor Gerhard Grohmann ist verunglückt, in: Westfalen - Blatt 167 (1988).

[63] BAEF, Musikschule (wie Anm. 5), Brief Generalvikar Günther an Freusberg, 20. 2. 1946.

[64] Vgl. ebd., Brief Staatliche Hochschule für Musik zu Weimar an Dompropst Erfurt, 2. 8. 1947.

[65] Vgl. MARCO LEMME, Die Ausbildung von Kirchenmusikern in Thüringen 1872–1990 (Köln – Weimar – Wien 2013) S. 306.

[66] Vgl. BAEF, Musikschule (wie Anm. 5), Brief Freusberg an Röhrig, 2. 2. 1950.

[67] Ebd., Brief Freusberg an Trüschler, 12. 9. 1952.

[68] Ebd., Brief Freusberg an Generalvikariat Paderborn, 16. 11. 1950. – Ebd., Brief Freusberg an Ordinariat Aachen, 16. 11. 1950. – Freusberg hatte an das Generalvikariat in Paderborn und das Ordinariat Aachen geschrieben und um Auskunft über die dortigen Lehrpläne gebeten. – Vgl. auch M. LEMME, Ausbildung (wie Anm. 65) S. 351.

teilte Kümpel dem Generalvikar im Oktober 1951 mit. Das Ministerium habe im Wintersemester 1950 von vier katholischen Bewerbern zwei wegen mangelnder „gesellschaftlicher Tätigkeit" und einen wegen künstlerischer Schwächen abgewiesen; ähnliches sei für das folgende Studienjahr zu erwarten.[69] Kümpel unterbreitete Freusberg daher den Vorschlag, selbst eine Prüfungskommission für kirchenmusikalische B- und C-Abschlüsse einzurichten. Der Domorganist hatte diesbezüglich seine Privatschüler im Blick, die bereits an den liturgischen Vorlesungen von Domvikar Schollmeier für die Weimarer Kirchenmusikstudenten teilnahmen. Vorbild der geplanten nebenamtlichen Organisten-Ausbildung in Erfurt war der „evangelische Kantor-Katechet".[70] Die Privatschüler Kümpels sollten deshalb parallel zu ihrer musikalischen Unterweisung als Seelsorgehelfer oder Religionslehrer ausgebildet werden.[71]

Am 2. Januar 1952 richtete Freusberg eine solche diözesane B- und C-Ausbildung für Organisten und Chorleiter ein.[72] Kümpel arbeitete eine viersemestrige Studienordnung aus.[73] Durch die Beschränkung der Erfurter Organistenschule auf die Ausbildung von nebenamtlichen Kirchenmusikern vermied die katholische Kirche in Erfurt eine Konkurrenz zur hauptamtlichen A-Ausbildung in Weimar.[74] Die „Fachgruppe katholische Kirchenmusik an der Staatlichen Hochschule zu Weimar" unter Leitung von Kümpel blieb zwar vorläufig noch bestehen,[75] doch erfolgte die Ausbildung der Organisten und Chorleiter für den kirchlichen Dienst nun in Erfurt bei Kümpel und Schollmeier. Die ersten drei Bewerber unterzogen sich hier im Oktober 1952 der katholischen Kirchenmusikerprüfung.[76] 1955 wurden vier nebenamtliche

---

[69] BAEF, Musikschule (wie Anm. 5), Brief Kümpel an Freusberg, Betr. Ausbildung von Organisten und Chorleitern, 8. 10. 1951.

[70] Mädchen aber auch Jungen wurde empfohlen, Katechetin oder Katechet zu werden und im Nebenamt Organistin oder Organist. – Vgl. dazu auch BAEF, Musikschule (wie Anm. 5), Brief Freusberg an Hellmann, 16. 3. 1955.

[71] Vgl. BAEF, Musikschule (wie Anm. 5), Brief Kümpel an Freusberg, Betr. Ausbildung von Organisten und Chorleitern, 8. 10. 1951. – Vgl. M. LEMME, Ausbildung (wie Anm. 65) S. 352.

[72] Vgl. BAEF, Musikschule (wie Anm. 5), Brief Freusberg an Kümpel, Schollmeier, Schröter, Gabel, 2. 1. 1952. – Vgl. J. SCHELL, Kümpel (wie Anm. 21).

[73] Vgl. BAEF, Musikschule (wie Anm. 5), Prüfungsordnung für Organisten und Chorleiter im kirchlichen Dienst, 16. 1. 1952.

[74] Vgl. M. LEMME, Ausbildung (wie Anm. 65) S. 352.

[75] BAEF, Musikschule (wie Anm. 5), Brief Kümpel an Freusberg, „Fachgruppe kath. Kirchenmusik an der Staatlichen Hochschule zu Weimar", 21. 10. 1952.

[76] Ebd.: Heinz-Werner Reimann, Worbis; Heinz Bauschke, Meiningen; Kurt Koch, Küllstedt.

Kirchenmusiker[77] examiniert, 1956[78] und 1957[79] je zwei. Bis 1998 hat Kirchenmusikdirektor Kümpel 65 Organisten und Chorleiter (B- und C-Prüfung) ausgebildet.[80]

1960 war nach verschiedenen Querelen bekannt gegeben worden, dass die Abteilung Kirchenmusik an der Franz-Liszt-Hochschule in Weimar aufgelöst werden solle.[81] Seit Frühjahr 1960 waren keine Bewerbungen mehr für dieses Studium berücksichtigt worden und Kümpel weigerte sich, „einen neuen Lehrauftrag für Orgelspiel unter sozialistischen Motiven anzunehmen".[82] Im gleichen Jahr war es in Weimar wie auch in Leipzig zu Umstrukturierungen gekommen. Nach verschiedenen Kontroversen und Diskussionen über die Funktion katholischer („christlicher") Kirchenmusik wurde ein „Umbau" der kirchenmusikalischen Abteilungen unter Vermeidung des Begriffs Kirchenmusik vorgenommen. Der Plan, eine innerkirchliche, die gesamte DDR einbeziehende, katholische kirchenmusikalische Ausbildungsstätte für den nebenamtlichen kirchlichen Dienst zu schaffen, war zu diesem Zeitpunkt wohl schon längst gefasst. Eine für die meisten Diasporagemeinden in Frage kommende Lösung nahm aber erst Jahre später Gestalt an.[83]

3. Schirgiswalde: Kirchenmusikschule, Kantorenseminar, Organistenschule

Diesen „Versuch", eine zentrale Ausbildungsstätte für Kirchenmusik zu schaffen, gilt es im Folgenden darzustellen.[84] Als Sitz für eine solche, als „Kantorenschule" bezeichnete Ausbildungsstätte war Schirgiswalde, südlich von Bautzen, vorgesehen. Die Kleinstadt war zwar abgelegen, bot aber auch Chancen, da das Bistum Meißen einen attraktiven äußeren Rahmen zur Verfügung stellte.

---

[77] Ebd.: Johannes Bartsch, Wallbach; Walter Bim, Heiligenstadt; Irmgard Buchart, Erfurt; Ina Hoffman, Erfurt.
[78] Ebd.: Karl-Heinz Seeboth, Worbis; Gisela Olschowski, Weimar.
[79] Ebd.: Gerhard Giesel, Kleinfurra; Brigitta Salzbrunn, Erfurt.
[80] PAP, Mechthild Kümpel; Nachlass Wilhelm Kümpel.
[81] Vgl. BAEF, Musikschule (wie Anm. 5), Brief Kümpel an Freusberg, 2. 9. 1960.
[82] Ebd.
[83] Vgl. J. SCHELL, Kirchenmusik (wie Anm. 4) 83 (1999) S. 11.
[84] Vgl. UWE GRELAK – PEER PASTERNACK, Theologie im Sozialismus. Konfessionell gebundene Institutionen akademischer Bildung und Forschung in der DDR. Eine Gesamtübersicht (Berlin 2016) S. 142–144.

Kurios ist die Kirchengeschichte dieser Stadt.[85] Schirgiswalde, das katholisch geblieben war, kam im Prager Frieden 1635 nicht an die Wettiner, sondern blieb böhmisch und gehörte kirchlich zum Bistum Leitmeritz. 1809 sollte Böhmen Schirgiswalde an Sachsen abtreten, doch dieses versäumte es, den Übergang als Rechtsakt zu vollziehen. Zeitweise gehörte deshalb das katholische Schirgiswalde im 19. Jahrhundert zu keinem Staatsverband. Erst 1845 kam die Stadt endgültig an Sachsen. Das katholische Bautzener Stift hatte im frühen 18. Jahrhundert die böhmische Exklave Schirgiswalde erworben. Unter anderem wurde ein Rittergutschloss als Nebenresidenz und Sommerresidenz der Bautzener Administratoren ausgebaut, die teilweise ihren Lebensabend in Schirgiswalde verbrachten.

Die Bedeutung dieses Ortes für die Gründung einer kirchlichen Institution ist unverkennbar. Pfarrer Hermann Scheipers, von 1960 bis 1983 Seelsorger in Schirgiswalde, sah in der 4000-Seelen-Gemeinde, dem „sächsisches Rom", die einzige geschlossen katholische Pfarrei im Bistum, weil es zwischen Bautzen und den wenigen sorbischen Gemeinden keinen anderen Ort gegeben habe, der dem „katholischen Glauben durchweg treu" geblieben sei.[86] Das vorgesehene Gebäude, die ehemalige Sommerresidenz des katholischen Domkapitels St. Petri zu Bautzen, auch Schloss genannt, lag inmitten eines mehr als 10 000 Quadratmeter umfassenden Parks und bot mit 600 Quadratmetern Wohnfläche Möglichkeiten für Unterkunft und Lehre sowie Räume für Übungen.[87] Zudem wurde mit Recht daran erinnert, dass sich hier eine „lange traditionsreiche Geschichte" mit der Kirchenmusik verbinde.[88]

---

[85] Vgl. zum Folgenden JENS BULISCH, Arbeit adelt oder: Die Lausitz nach der Reformation, in: GERHARD POPPE – ALBRECHT VOIGT (Hg.), Bistum Dresden-Meißen. 100 Jahre Wiedererrichtung (Leipzig 2020) S.24–35, hier: S. 32. – HEINRICH MEIER, Die katholische Kirche in Sachsen in der ersten Hälfte des 19. Jahrhunderts (= SKBK 15) (Leipzig 1974) S. 80 f.

[86] HERMANN SCHEIPERS, Gratwanderungen. Priester unter zwei Diktaturen (Leipzig ²1997) S. 139. – Vgl. BAEF, Bischöfliches Generalvikariat Erfurt/Bischöfliches Amt Erfurt Meiningen, Zentralregistratur 32, Kirchenmusikalisch-liturgische Kurse in Schirgiswalde, Brief Ordinariat des Bistums Meißen an Generalvikariat Erfurt, 23. 12. 1959: „Indem wir uns gestatten, darauf hinzuweisen, dass der Aufenthalt in der katholischen Gemeinde Schirgiswalde den zumeist aus der Diaspora stammenden Teilnehmern an den Kursen überdies erlaubt, den Geist des katholischen Lebens zur fruchtbaren Erfüllung ihrer kirchenmusikalischen Aufgaben aufzunehmen, und die Möglichkeit bietet, an den besonderen Pontifikalfeiern im Bautzener Dom teilzunehmen, bitten wir sie um freundliche Bekanntgabe der dargelegten Möglichkeiten und die gütige Übermittlung der Anmeldung zu den geplanten Kursen. Dr. Hötzel Generalvikar".

[87] Das sächsische Castel Gandolfo, in: TdH 37, 6. 9. 2018.

[88] BERNADETTE SCHMIDT (Bearb.), 140 Jahre Pfarr-Cäcilien-Verein Schirgiswalde, hg. v. KIRCHENCHOR DER KATH. PFARRGEMEINDE „MARIÄ HIMMELFAHRT (Schirgiswalde – Kirschau 2017) (nicht paginiert).

Genauere Angaben über Beginn und Ende der Ausbildungsstätte sind allerdings nur schwer auszumachen. Bereits die Bezeichnungen der Einrichtung reichen von „Kirchenmusikschule" über „Kantorenseminar" bis hin zu „Organistenschule".[89] Über ihren Träger erfährt man wenig. Während als Eröffnungstermin der 6. Juli 1959, die Einweihungsfeier, gelten kann, sind Datum und Gründe für die Schließung nicht eindeutig zu ermitteln. Pfarrer Scheipers hielt hinsichtlich der Schließung fest: „Leider wurde diese Ausbildungsstätte für den kirchenmusikalischen Dienst bereits 1970 wegen Mangels an Teilnehmern geschlossen".[90] Der evangelische Kirchenmusiker Marco Lemme schreibt in seiner Promotion dagegen: „... schon 1972 sah sich die katholische Kirchenmusikschule in Schirgiswalde gezwungen, ihre Eigenständigkeit aufzugeben".[91] Eine Diplomarbeit resümiert 1999: „Leider musste das ‚Seminar für kirchenmusikalische Ausbildung' St.-Pius-Haus am 30. September 1970 wegen mangelnder Nachfrage aufgelöst werden".[92] Ebenso mutmaßt die Schirgiswalder Chronik: „Grund der Aufhebung war wohl die zu geringe Beteiligung".[93] Nicht abwegig ist aber auch die Vermutung, dass die rasche Schließung der Kirchenmusikschule mit dem plötzlichen Tod ihres Promotors Bischof Otto Spülbeck 1970 in Verbindung gebracht werden muss.

3.1. Initiatoren

Plan und Entstehung einer zentralen Kirchenmusikschule für die gesamte DDR verdankten sich drei Personen. Der Beginn und das Ende dieser zentralen Kirchenmusikschule sind mit Otto Spülbeck verbunden. Erste Erfahrungen hatte er bereits als Propst von Leipzig und durch das Leipziger Oratorium gesammelt. Zwar hatte schon sein Amtsvorgänger Heinrich Wienken entsprechende Pläne erwogen. Zur Ausführung des Projektes kam es jedoch erst unter Spülbeck. Bei der Sitzung der Berliner Ordinarienkonferenz (BOK) am 11./12. Oktober 1955 legte der damalige Koadjutor Otto Spülbeck einen „eingehenden Entwurf" „[f]ür die Gründung einer Kirchenmusikschule" vor, der „grundsätzlich von den Mitgliedern der Konferenz begrüßt" wurde.[94] Im darauffolgenden Jahr befürwortete die BOK die Eröffnung der Einrichtung,

---

[89] Vgl. CH. MÄRZ, Spülbeck (wie Anm. 23) S. 167.
[90] H. SCHEIPERS, Gratwanderungen (wie Anm. 86) S. 177.
[91] M. LEMME, Ausbildung (wie Anm. 65) S. 353.
[92] N. KLAMPFL, Wenk (wie Anm. 25) S. 22.
[93] PAP, KONRAD THOMAS, Auszüge aus der katholischen Pfarrchronik Schirgiswalde, 1970.
[94] CH. MÄRZ, Spülbeck (wie Anm. 23) S. 165 f.

die am 21. April 1957 ihre Arbeit aufnehmen sollte.[95] Noch einmal plädierte die BOK im darauffolgenden Jahr für die Eröffnung der Organistenschule in Schirgiswalde.[96] Auseinandersetzungen mit den staatlichen Behörden über die Notwendigkeit bzw. Erteilung einer staatlichen Genehmigung waren jedoch ein Grund für die Verzögerung der Eröffnung. In einer Spülbeck-Biographie wird dies so beschrieben: „Man betonte stets den ‚innerkirchlichen Charakter der Einrichtung und berief sich auf Artikel 43 der DDR-Verfassung, der besagte, dass ‚[d]ie Religionsgemeinschaften ... ihre Angelegenheiten selbständig im Rahmen der für alle geltenden Gesetze' ordnen. Von Seiten des Rates des Bezirkes wurde dargelegt, dass in der Angelegenheit die Einschaltung des Kultusministeriums ‚notwendig' sei. Spülbeck wurde erklärt, dass gemäß Art. 35 und 36 der Verfassung der DDR eine Genehmigung für die Eröffnung der Einrichtung vorliegen müsse. Danach waren das Schulwesen und die Weiterbildung der Bürger einzig von staatlicher Seite zu organisieren. Spülbeck unterstrich dagegen, dass es sich bei der Einrichtung in Schirgiswalde um ein ‚Kantorenseminar' handle, zur ausschließlich ‚kirchlichen Ausbildung'. Außerdem bemängelte er die ‚ungenaue Formulierung' des Gesetzestextes".[97] Die Argumente Spülbecks fanden jedoch keine Anerkennung. Unabhängig von der Bezeichnung der Einrichtung würden dort „Bürger der DDR" ausgebildet, eine Genehmigung sei daher per se notwendig. Diese wurde aber von den zentralen staatlichen Behörden immer wieder verweigert. Von Seiten des Commissariats der Fuldaer Bischofskonferenz empfahl man Spülbeck daher im März 1959, die Einrichtung ohne staatliche Genehmigung zu eröffnen.[98] So erfolgte die Einweihung durch den Bischof am 6. Juli 1959. Aus kirchlicher Sicht war die Errichtung der Schule ohne staatliche Genehmigung legitimiert. Staatliche Interventionen erwiesen sich

---

[95] Vgl. ebd., S. 166.

[96] Zum Folgenden CH. MÄRZ, Spülbeck (wie Anm. 23) S. 166 f. – M. LEMME, Ausbildung (wie Anm. 65) S. 352 f. – Kirchlicherseits argumentierte man: „In Schirgiswalde sei aber ein Kantorenseminar für Hilfskräfte geplant, an dem nicht einmal staatliche C-Prüfungen vorgesehen seien. Die Ausbildungsstätten in Weimar und Leipzig seien demnach nicht für den vom Bistum vorgesehenen Bildungsgrad geeignet. Allerdings könnte das geplante Kantorenseminar geeignete Bewerber für ein Studium an den staatlichen Kirchenmusikabteilungen vorbereiten. Überdies falle die Gottesdienstgestaltung in den Entscheidungsbereich der Kirche. ... Erlauben Sie uns zum Schluss noch den Hinweis, dass es unseren Gläubigen schwer verständlich zu machen sein wird, wieso für die röm. katholische Kirche die Notwendigkeit eines Kantorenseminars nicht anerkannt wird, während zur gleichen Zeit der evangelischen Kirche der Unterhalt mehrerer gleichgearteter Seminare widerspruchslos zugebilligt ist."

[97] Ebd., S. 166.

[98] Ebd., S. 167: „Prälat Zinke, Geschäftsträger des Commissariates, riet im September desselben Jahres dazu, auf die Angelegenheit nicht weiter auf dem Verhandlungswege zu agieren, sondern in Schirgiswalde praktisch zu handeln".

in der Folge als bloße Schikane. Der Bischof betrachtete die Schaffung solcher kirchlicher Strukturen als Möglichkeit, die katholische Kirche im Bistum Meißen zu stärken. Entgegen den ursprünglichen Plänen sollten nun nicht nur C-, sondern auch B-Kirchenmusiker ausgebildet werden.

Ein zweite wichtige Gründerpersönlichkeit war der Schirgiswalder Pfarrer und Erzpriester Anton Mott.[99] Am 4. September 1954 entstand bei einer Erzpriesterkonferenz wohl der Plan, liturgisch-kirchenmusikalische Kurse abzuhalten. Es sollte eine Ausbildungsmöglichkeit für den kirchenmusikalischen Dienst in der Diasporagemeinde entstehen oder auch ein Vorbereitungskurs, dem sich ein Hochschulstudium anschließen könnte. Nach Pfarrer Mott sollte die Kirchenmusikschule jene Lücke soweit wie möglich schließen, die dadurch entstanden sei, dass seit fast 20 Jahren auf den katholischen Lehrerseminaren keine nebenamtlichen Organisten und Chorleiter mehr ausgebildet worden waren, die aber in den kleinen Pfarreien und Seelsorgestellen dringend benötigt würden.[100] Mott erwähnt in der Pfarrchronik einen Choralkursus, der vom 25. bis 28. Oktober 1954 stattgefunden hatte und der von 23 Organisten und Chorleitern besucht worden war.[101] Erstmalig habe er dabei den Plan der Errichtung einer Kirchenmusikschule öffentlich genannt, der schließlich auf der Erzpriesterkonferenz in Bautzen zur Sprache gebracht wurde. Man war sich, so resümierte er, über die Notwendigkeit einer solchen Einrichtung einig. Nach langen Vorberatungen sei endlich 1956 die Umsetzung der Pläne ins Rollen gekommen.[102] Zu diesem Zwecke sollte das Herrenhaus in Schirgiswalde baulich modernisiert werden. Bei einem Urlaub im Westen warb Mott besonders beim Bonifatiusverein um Unterstützung. Mit dem Umbau allerdings konnte noch immer nicht begonnen werden.

Wider allen Erwartens kamen Ende Januar 1957 Maurer und Zimmerleute, um mit den Innenarbeiten am „Hause der Kirchenmusik" zu beginnen.[103] Im Zusammenhang mit der „Leisentrittfeier" in Bautzen fand am 22. September eine Besichtigung des St.-Pius-Hauses, wie es nun genannt wurde, durch Gäste aus der DDR statt; etwa 50 waren erschienen.[104] Mott vermutete damals, dass Gegner des „Kantorenseminars" eine Eröffnung verhindern wollten. Man habe so gemunkelt, dass diese daran scheitern könnte, dass in dem Hause acht Wohnungen eingerichtet werden sollten.[105] Wer diese Gegner,

---

[99] 1924–1960. – Vgl. B. Schmidt, Pfarr-Cäcilien-Verein (wie Anm. 88).
[100] N. Klampfl, Wenk (wie Anm. 25) S. 20.
[101] K. Thomas, Auszüge (wie Anm. 93), 1954.
[102] Ebd., 1956.
[103] Ebd., 1957.
[104] Ebd., 1959.
[105] Ebd.

außer den staatlichen Behörden, waren, erfährt man nicht. Bedenken zumindest hinsichtlich der Finanzierung eines solchen Projektes scheint es aber vor allem im Bautzener Ordinariat gegeben zu haben.

Die dritte Persönlichkeit, die sich um die Entstehung der Kirchenmusikschule verdient gemacht hat, war der Schirgiswalder Kirchenmusikdirektor Rudolf Wenk.[106] Er erklärte am 31. Mai 1958 dem bischöflichen Ordinariat Bautzen über Pfarrer Mott seine Bereitschaft, die musikalische Leitung der Kurse zu übernehmen.[107] Am 13. Dezember 1960 bestätigte Bischof Spülbeck die endgültige Satzung des St.-Pius-Hauses.[108] Im Berufungsschreiben für Kantor Wenk als Leiter der Kurse hieß es: „In anerkennenswerter Weise haben Sie den Aufbau und die bisherige Entwicklung des St.-Pius-Hauses von seinen Anfängen an mit Rat und Tat gefördert, seine kirchenmusikalischen Kurse geleitet und an der Verwaltung des Hauses als Mitglied eines vorläufigen Kuratoriums umsichtig mitgewirkt".[109] 1962 kam Konrad Liebster[110] als Kaplan nach Schirgiswalde und übernahm gleichzeitig die Stelle des Rektors des St.-Pius-Hauses. Zwischen Rektor Liebster und Kantor Wenk kam es zu Unstimmigkeiten über Art und Durchführung der Kurse und einzelner Unterrichte, unter denen die Atmosphäre im Haus litt.[111] Nach dem Tod von Wenk 1967 übernahmen dann andere Lehrkräfte seine Unterrichtsstunden.[112]

3.2. Kirchenmusikschule Schirgiswalde

Als Ziel war von Bischof Spülbeck die Förderung der kirchenmusikalischen Ausbildung für den nebenamtlichen Dienst in der gesamten katholischen

---

[106] Vgl. N. KLAMPFL, Wenk (wie Anm. 25).

[107] Ebd., S. 20.

[108] Ebd., S. 21.

[109] Ebd., S. 21 f.

[110] Geb. 1929 in Leipzig; Studium bei Georg Trexler in Leipzig; 1958 Priesterweihe und Kaplan in Plauen; 1962 Kaplan in Schirgiswalde und Rektor des St.-Pius-Hauses; 1970 Pfarrer von Werdau; KMD; gest. 18. 3. 1986 in Werdau (Suizid). – Ausführlich zu seiner Biografie vgl. BStU, BArch, MfS, BVK.-M.-Stadt, AIM 1371/86 I, 1–3: Liebster wurde seit dem 2. 4. 1980 beim Staatssicherheitsdienst als „IMB Peter Schweitzer" geführt. – Vgl. TdH 8, 11. 1. 1958.

[111] N. KLAMPFL, Wenk (wie Anm. 25) S. 22.

[112] Dr. Johanna Schell war aufgefordert worden, die Stelle von Rudolf Wenk zu übernehmen, die mit der Anstellung an der Pfarrkirche verbunden war. Deshalb bat sie darum, eine Assistenzkraft als Entlastung zu erhalten. Als dies nicht zugesagt wurde, lehnte sie das Angebot ab. – Frdl. Mitteilung von Bernadette Schmidt, 10. 8. 2022, und Klaus Friedrich, 20. 6. 2022.

Kirche in der DDR vorgegeben.[113] Damit war deutlich eine Intention in die Tat umgesetzt worden, die ihn bereits zu Beginn der 1950er Jahre umgetrieben hatte. Was offengeblieben war und im Übrigen bis heute kontrovers diskutiert wird, ist das Niveau der zu erreichenden Ausbildungsziele (A-, B-, C- oder nur D-Musiker) hinsichtlich der Berufs- und Anstellungsperspektive.[114] Möglicherweise spielte dieser Geburtsfehler der Institution dann eine entscheidende Rolle, als sich zeigte, dass einzelne Bewerberinnen und Bewerber mehr erreichen wollten als nur die Diplomierung für Orgelbegleitung in einem Diasporagottesdienst. Die Ordinariate empfahlen, außer bei den Hauptkirchen, eher restriktiv mit der Anstellung hauptamtlicher Kirchenmusiker umzugehen. Ohnehin wurden hauptamtliche Kirchenmusiker bis dahin durch die Pfarrei bzw. durch den Pfarrer angestellt. Fast alle Organisten im Nebenamt übten noch einen Beruf aus oder waren in den Pfarreien im Büro oder als Katecheten in der Gemeinde angestellt. Vielfach hatten die Männer und Frauen einen zweiten oder auch dritten Beruf erlernt.[115] Auch vom Wehrdienst waren die Kirchenmusiker natürlich nicht befreit.

Die erste Einladung zum „Projekt Kirchenmusikschule" stammt vom 20. August 1959.[116] Spülbecks Generalvikar Johann Hötzel lud zu einem liturgisch-kirchenmusikalischen Kurs für Ordensschwestern ein, der vom 2. bis 28. November 1959 in Schirgiswalde stattfinden sollte. Alle Schwesternniederlassungen sollten darüber informiert werden. Vorgesehen waren als Unterrichtsfächer Liturgik, Chorleitung, Begleitung des Kirchenliedes, Geschichte der Kirchenmusik, Instrumentenpflege, Unterricht am Klavier, Harmonie und Orgel sowie Übungsstunden.

Durch ein Rundschreiben an die Ordinariate auf dem Gebiet der DDR in Berlin, Görlitz, Erfurt, Magdeburg, Schwerin und Meiningen wurde im Dezember 1959 nochmals auf die bereits eröffnete Ausbildungsstätte aufmerksam gemacht.[117] Bis etwa 1963 waren als Ausbildungsmöglichkeiten sowohl

---

[113] N. KLAMPFL, Wenk (wie Anm. 25) S. 20.

[114] K. THOMAS, Auszüge (wie Anm. 93), 1970. – Benno Töppel, der Chronist der Pfarrgemeinde 1960–1997, nennt als Abschlussmöglichkeit nur die C-Prüfung, um als Chorleiter bzw. Kantor tätig sein zu können.

[115] Z. B. Handelskaufmann, Dreher, Klavierstimmer, Krankenpfleger, Sachbearbeiter Heizung/Sanitär, Diplomingenieur für Elektronik.

[116] Vgl. BAEF, Zentralregistratur (wie Anm. 86) 30, Brief Hötzel an die Hochwürdigsten Bischöflichen und Erzbischöflichen Ordinariate, Kommissariate, Generalvikariat und Erzbischöfliches Amt, 20. 8. 1959.

[117] BAEF, Kirchenmusikalisch-liturgische Kurse (wie Anm. 86), Brief Ordinariat des Bistums Meißen an Generalvikariat Erfurt, 23. 12. 1959. – Dort heißt es: „Mit Freude erlauben wir uns, Ihnen mitzuteilen, dass am 6. Juli dieses Jahres das St.-Pius-Haus in Schirgiswalde/Oberlausitz, Am Hof 1, von unserem hochwürdigsten Herrn Bischof benediziert und seiner Bestimmung übergeben worden ist. Es solle, wie Ihnen bekannt ist, vor allem der Förderung

Monats- als auch Halbjahreskurse vorgesehen.[118] Die Monatskurse sollten vor allem der Förderung von Hilfskantoren und -organisten dienen,[119] die Halbjahreskurse[120] zur Ausbildung von Kantoren und Organisten im Nebenamt mit dem Ziel, die kleine Organistenprüfung (C-Prüfung) abzulegen und die Befähigung zum Besuch der bischöflichen Kirchenmusikschule mit Katechetenseminar[121] zu erlangen. Als Zugangsvoraussetzung wurde ein Alter von 18 bis 30 Jahren sowie eine abgeschlossene Berufsausbildung verlangt, ferner ein pfarramtliches Zeugnis, ein vorbildlicher katholischer Lebenswandel und musikalische Vorkenntnisse. In einer Aufnahmeprüfung wurden Fragen zur elementaren Musiklehre gestellt. Außerdem wurden die Fertigkeiten auf dem Klavier oder Harmonium geprüft.[122]

---

der kirchenmusikalisch-liturgischen Ausbildung dienen. Sechs Zweibettzimmer und Lehr- und Übungsräume, die hinreichend mit Instrumenten versehen sind, gestatten jeweils 12 Kursteilnehmer internatsmäßig aufzunehmen."

[118] Zum Folgenden vgl. N. KLAMPFL, Wenk (wie Anm. 25) S. 21 f.

[119] BAEF, Kirchenmusikalisch-liturgische Kurse (wie Anm. 86), Brief Ordinariat des Bistums Meißen an Generalvikariat Erfurt, 23. 12. 1959: „Zur Förderung von Hilfskantoren und -organisten finden Monatskurse statt ... Die Leitung dieser Kurse übernimmt Pfarrvikar Rektor Christian Starck; ihre Durchführung wurde den Herren Kantor Wenk, Schirgiswalde, und Domkantor Achtelik, Bautzen, anvertraut. Die Kosten betragen für den einzelnen Teilnehmer mit voller Verpflegung monatlich je 200,00. Voraussetzung für die Zulassung zu den Monatskursen ist lediglich die ausgeübte Tätigkeit als Hilfskantor oder -organist. Ziel der Monatskurse ist die Förderung dieser Kräfte. Eine Abschlussprüfung erfolgt nicht, es wird jedoch auf Wunsch ein Zeugnis über die Teilnahme ausgestellt."

[120] Ebd., Brief Ordinariat des Bistums Meißen an Generalvikariat Erfurt, 23.12. 1959: „Zur Ausbildung von Kantoren und Organisten im Nebenamt mit dem Ziel der so genannten kleinen Organistenprüfung (C.-Prüfung) ... Die Leitung dieser Kurse liegt in den Händen der oben bereits genannten Personen. – Die Kosten betragen für den einzelnen Teilnehmer mit voller Verpflegung monatlich 200,00 DM, wovon eventuell je ein Drittel der Teilnehmer, das entsendende Bistum und die entsendende Pfarrei übernehmen könnten." Wahrscheinlich fanden solche Halbjahreskurse nie statt, sondern wurden durch Jahreskurse ersetzt. Die Gebühren wurden später erhöht.

[121] BEATE CWIERTNIA, Das Katechetenseminar in Görlitz (1952–1968) und das Katechetinnenseminar in Cottbus-Görlitz (1962–1968), in: DANIEL LASKE – BEATE CWIERTNIA, Kirchliche Ausbildungsstätten im heutigen Bistum Görlitz (Münster 2009) S. 124–192, hier: S. 189 f. – Ein Vergleich mit dem Katechetenseminaren ist angebracht, weil auch sie mit ähnlichen Problemen zu tun hatten. Auch hier waren sinkende Zahlen der Bewerberinnen und Bewerber aufgrund mangelnden Interesses und der zunehmenden Schwierigkeit, eine längere berufliche Freistellung zu erhalten, zu beobachten.

[122] BAEF, Kirchenmusikalisch-liturgische Kurse (wie Anm. 86), Brief Ordinariat des Bistums Meißen an Generalvikariat Erfurt, 23. 12. 1959: „Voraussetzung für die Aufnahme zu Halbjahreskursen ist das Zeugnis über eine Prüfung unter folgenden Bedingungen: (1) Gesang: Vorsingen (Absingen) eines leichten bis mittelschweren Volks- oder Gesangbuchliedes ohne gründliche Verstöße gegen Atmung und elementarer Phrasierung, ohne rhythmische Verzerrungen und vulgäre Sprachformen. – (2) Elementare Musiklehre: Dur- und Moll-Tonleiter, ihr Bau, Akkord bis zu drei Vorzeichen, Noten- und Pausenwerte, Kreuze, B., Auflösungszeichen und Takt sowie Schlüssel. – (3) Klavier – Harmonium: Kl-Stücke

Die Teilnehmer der Monatskurse sollten Unterricht in den Fächern Liturgik, Chorleitung, Harmonielehre, Begleitung von Kirchenliedern, Geschichte der Kirchenmusik, Instrumentalpflege, und Klavier oder Harmonium erhalten.[123] In den Halbjahreskursen wurden zusätzlich die Fächer gregorianischer Choral, Orgelspiel, Gesang, Gehörbildung, Orgelstruktur sowie ein Wahlfach, zum Beispiel Violine, gelehrt.[124] Den Vorsitz des Kuratoriums führte Pfarrer Mott, Direktor des Hauses war Pfarrvikar Christian Starck,[125] die musikalische Leitung lag bei Rudolf Wenk. Er unterrichtete gregorianischen Choral, Chorleitung, Gehörbildung und Musiktheorie. Weitere Lehrer waren Domkantor Carl Achtelik, Bautzen, Kantor Otto Seifert, Großpostwitz, Wilhelm Wilpert, Görlitz und seit 1960 Karl Jonkisch, Görlitz.

Nach dem Tode Pfarrer Motts wurde Pfarrer Hermann Scheipers 1960 Vorsitzender des Kuratoriums. Pfarrvikar Starck wurde 1962 Pfarrer von Beucha und der nach Schirgiswalde versetzte Kaplan Konrad Liebster[126] Rektor des St.-Pius-Hauses.

Für den ersten Halbjahreskurs 1960 waren keine Anmeldungen eingegangen, so dass man sich für Monatskurse (kirchenmusikalische Grundkurse) für Ordensschwestern und Männer entschied.[127] Seit 1961 gab es dann zahlreiche

---

bis zu drei Vorzeichen, Abspielen eines leichten 4-stimmig gesetzten Gesangbuchsliedes nach einem Orgelbuch. – Wir bitten die entsendenden Stellen, diese Prüfung selbst durchzuführen und uns das Zeugnis mit der Meldung des Teilnehmers zuzustellen. Am Ende des Halbjahreskurses findet eine Prüfung statt, über deren Ergebnis ein Zeugnis ausgestellt wird."

[123] Ebd.: „Der Stoffplan dieser Monatskurse sieht folgende Fächer vor: Liturgik, Chorleitung, Harmonielehre, Begleitung des Kirchenliedes, Geschichte der Kirchenmusik, Instrumentenpflege, Unterricht an den Instrumenten und Übungsstunden."

[124] Ebd.: „Der Stoffplan dieser Halbjahreskurse sieht folgende Fächer vor: Liturgik, gregorianischer Choral, Orgelspiel, Gesang, Chorleitung, Geschichte der Kirchenmusik, Orgelstruktur, Klavierspiel, Theorie, Wahlfächer."

[125] Geb. 1922 in Bautzen; Priesterweihe 2. 4. 1950 in Neuzelle; 1950–1957 Kaplan in Neuzelle, Görlitz und Spremberg; 1957–1962 Pfarrvikar in Mügeln, Leipzig und Schirgiswalde; 1962–1994 Pfarrer von Beucha; gest. 16. 2. 2001 in Dillingen; Starck war musikalisch begabt, spielte Querflöte und gab kirchenintern Konzerte.

[126] In einem Bericht des Staatssicherheitsdienstes heißt es über ihn: „... er hat dort ein sehr strenges Regiment geführt und ein sehr selbstherrliches und eigenmächtiges Leben geführt. Obwohl er gelobt wird, dass er wirklich ein sehr guter Schulmeister und Lehrer war, aber streng bis dort hinaus, und vor allen Dingen verstand er es damals schon, die Leute zu beschäftigen mit Arbeit und er war der Dirigent und stand oben auf." – Vgl. BStU, BArch, MfS, BVK.-M.-Stadt, AIM 1371/86 I, 1, 000122.

[127] BAEF, Zentralregistratur (wie Anm. 86) 32, Brief Ordinariat des Bistums Meißen an Generalvikariat Erfurt, 16. 2. 1960.

kirchenmusikalische Kurse,¹²⁸ die nur eine oder zwei Wochen dauerten.¹²⁹ Trotz ständiger Werbung um Anmeldungen und im Übrigen auch moderater Kosten für die Teilnehmer¹³⁰ wurden die Zahlen jedoch immer kleiner, der Mangel an kirchenmusikalischem Nachwuchs in den Gemeinden aber immer dringlicher.

Das Jahr 1965 scheint ein Schlüsseljahr für die Zukunft des St.-Pius-Hauses gewesen zu sein. Ob die Verantwortlichen im Ordinariat in Bautzen und die Hausleitung in Schirgiswalde darüber informiert waren, dass zur gleichen Zeit in Erfurt Pläne für eine kirchenmusikalische Ausbildungsstätte erwogen wurden, ist nicht gewiss. Am 9. März 1965 trafen sich die leitenden Personen des Bischöflichen Generalvikariats Erfurt, um die Frage einer eigenen katholischen Kirchenmusikschule zu erörtern.¹³¹ Die Notwendigkeit wurde mit den liturgischen Veränderungen durch das Zweite Vatikanische Konzil (1962–1965) begründet: „Für die Erfordernisse der erneuerten Liturgie und die Hilfen, die die Gemeinden in der Ausbildung der liturgischen Mitarbeiter erwarten können, reichen die wenigen Organisten mit B-Prüfung nicht aus. ... Wir werden auch Lektoren und Cantoren und eine Schola dringend benötigen und zwar in jeder Gemeinde. Wir werden glücklich sein für die vorhandenen spielbaren Orgeln auch einen Organisten zu haben; ohne diese liturgischen Funktionsträger könnte der Gottesdienst nicht so gefeiert werden, wie er gefeiert werden sollte. In der Regel werden alle diese Dienste von nebenamtlichen Mitarbeitern übernommen werden. Nur wenige Pfarreien können sich einen hauptamtlichen Organisten leisten. Nebenamtliche Mitarbeit sollte aber nicht mit schlechter Qualität gleichgesetzt werden dürfen. ... Wir werden viel Sorge darauf verwenden müssen, dass für alle Gemeinden die im Gottesdienst benötigten Mitarbeiter herangebildet werden".¹³² Die in der Euphorie des Aufbruchs entstandenen Planungen zu einer eigenen katholischen Kirchenmusikschule kamen bereits in dieser Phase zum Erliegen. Dennoch brachte das ursprüngliche Anliegen, nämlich die Rolle der zur

---

¹²⁸ Dazu zählten kirchenmusikalisch-liturgische Kurse für Schüler und Schülerinnen, Kurse für Chorleiter und kirchenmusikalische-liturgische Kurse, jeweils gesondert für Männer und Frauen.

¹²⁹ BAEF, Zentralregistratur (wie Anm. 86) 32, Betr.: Jahresplan für kirchenmusikalische Kurse 1961 im St.-Pius-Haus in Schirgiswalde.

¹³⁰ Die Ausbildung kostete seit Mitte der 1960er Jahre pro Jahr 1800 M; 600 M bezahlte das Bistum, 600 M die Pfarrei und 600 M mussten von den Teilnehmern selbst getragen werden. – Frdl. Mitteilung von Bernhard Schmitt, Frankfurt/Oder, 7. 7. 2022 (Biographie, Daten und Bemerkungen).

¹³¹ Vgl. BAEF, Zentralregistratur (wie Anm. 86) 32, Überlegungen zur Ausbildung für den liturgisch-kirchenmusikalischen Dienst, 1965.

¹³² Ebd.

liturgischen Feier versammelten Gemeinde in ihrer Antwort auf die Heilstaten Gottes im Gesang und Gebet zu fördern, weitere Initiativen hervor. So waren in den Plänen des Seelsorgeamtes Erfurt jetzt Arbeitstagungen für Kantoren, die Ausbildung von Kantoren und Scholaleitern sowie von Chorleitern vorwiegend als Wochenendtermine vorgesehen.[133]

Auch in Schirgiswalde hatte man auf die konziliaren Aufbrüche reagiert.[134] Seit 1963 wurde der Versuch unternommen, Jahreskurse für 16- bis 18-Jährige einzuführen.[135] Nachweislich fand 1963/1964 erstmals ein kirchenmusikalischer Jahreskurs statt;[136] weitere Kurse 1964/65[137], 1966/67,[138] 1967/1968 sowie 1968/1969.[139] Insgesamt gab es im Zeitraum des Bestehens der Kirchenmusikschule allerdings nur fünf Jahreskurse; hinzu kamen Kurse zur Einführung des neuen, nachkonziliaren Ordo Missae und diverse Ferienkurse.[140] Konrad Liebster war auch „Diözesanbeauftragter zur Förderung der Kirchenmusik im Bistum Meißen" und veranstaltete regelmäßige Arbeitstage für Kirchenmusiker in den größeren Städten des Bistums. Hierbei ging es ihm nicht nur um musikpraktische Fragen, sondern auch um theologische Vertiefung und Rezeption der 1963 promulgierten Liturgiekonstitution.[141] Der Leiter der Kirchenmusikschule ließ nichts unversucht, die Konzilsbeschlüsse über die liturgische Erneuerung,[142] gelegentlich auch kompromisslos,

---

[133] Vgl. BAEF, Zentralregistratur (wie Anm. 86) 32, Einladungen zu Arbeitstagungen, 23. 3. 1964, 21. 9. 1964, 23. 12. 1964, 8. 3. 1965, 11. 11. 1966, 13. 1. 1967. – Aus den Arbeitstagungen entwickelten sich allmählich jährliche Organisten- und Chorleitertreffen; vgl. ebd., Einladung an Herrn Bischof Wanke, 11. 1. 1982.

[134] Einige der älteren Kirchenmusiker, wie beispielsweise Georg Trexler und Joseph Ahrens, standen den durch das Konzil initiierten Reformen der Kirchenmusik zunehmend verständnislos gegenüber. – Vgl. G. M. GROHS, Trexler (wie Anm. 25). – J. SCHELL, Ahrens (wie Anm. 30).

[135] Vgl. BAEF, Zentralregistratur (wie Anm. 86) 32, Brief Hötzel an die Hochwürdigsten Bischöflichen und Erzbischöflichen Ordinariate, Kommissariate, Generalvikariat und Erzbischöfliches Amt, 6. 1. 1962. – Vgl. ebd. Jahresplan des St.-Pius-Hauses in Schirgiswalde 1963.

[136] Frdl. Mitteilung von Hansjürgen Scholze, Dresden, 10. 8. 2022.

[137] Frdl. Mitteilung von Hansjürgen Scholze, Dresden, 8. 8. 2022.

[138] BAEF, Zentralregistratur (wie Anm. 86) 30, Jahresplan des St.-Pius-Hauses Schirgiswalde 1966.

[139] Frdl. Mitteilung von Dorothea Dubiel, Graal-Müritz, 9. 3. 2022, Ausbildung zum Kantoren- und Organistendienst im Geist der Liturgiereform in Schirgiswalde.

[140] Frdl. Mitteilung von Dr. Birgit Mitzscherlich, Bautzen, 7. 9. 2022.

[141] Vgl. WINFRIED SCHRAMMEK, Kirchenmusikalische Tagungen in Leipzig von 1950 bis 1970, in: Jahres- und Tagungsbericht der Görres-Gesellschaft 1999 (Köln 2000) S. 152 f.

[142] Vgl. KONRAD LIEBSTER (Hg.), Eucharistiefeier und Propriumsgestaltung. Werkheft für Liturgie und Kirchenmusik, H. 5 (Leipzig 1969).

umzusetzen.[143] Schließlich wurde die Möglichkeit eröffnet, Lehrgänge über zwei Wochen zu besuchen, wenn es die Arbeitsstelle des Hauptberufs nicht anders zuließ. Seit 1965 gab es, zumeist in der Ferienzeit, Angebote von Kirchenmusikalisch-liturgischen Ferienkursen für Schüler ab 14 Jahren sowie kirchenmusikalisch-liturgische Kurse, die der Fortbildung dienen sollten.[144] Obwohl die Teilnehmer eine gediegene kirchenmusikalische Unterweisung erhielten, nahm auch hier die Zahl der Bewerber stetig ab, obschon das Seminar Teilnehmern aus allen Jurisdiktionsgebieten der DDR offen stand.[145] Der sechste Jahreskurs wurde schließlich in einem Ordinariats-Rundschreiben vom 5. Januar 1970 noch für September des Jahres angekündigt, fand aber schon nicht mehr statt.[146] Das Seminar für kirchenmusikalische Ausbildung schloss offiziell am 30. September 1970 seine Pforten mit der Begründung mangelnder Nachfrage; intern wurden auch Kostengründe genannt. Nach dem Tod des entscheidenden Mentors Otto Spülbeck am 21. Juni 1970 war es umso leichter, dieses wohl stets defizitäre Projekt „St.-Pius-Haus" beinahe lautlos zu schließen.[147]

---

[143] Das Urteil über den „Kirchenmusiker" Konrad Liebster ist vielfach negativ. Der Protegé Bischof Spülbecks und Verfechter einer Überbetonung des muttersprachlichen liturgischen Singens sowie kompromissloser Gegner der bei den Chören beliebten Lateinischen Messen blieb stets ein Einzelgänger. — Frdl. Mitteilung von Hansjürgen Scholze, Dresden, 10. 8. 2022. — Frdl. Mitteilung von Kurt Grahl, Leipzig, 14. 2. 2022.

[144] Vgl. BAEF, Zentralregistratur (wie Anm. 86) 32, Jahresplan des St.-Pius-Hauses in Schirgiswalde — Terminänderungen, 23. 3. 1965.

[145] „Sie sangen in der Schola Gregoriana und hatten die Möglichkeit, ihr Können in der Leitung des Knaben-, Liedchen-Kinder Chorus zu erproben. Bei den Messfeiern und Andachten konnten sie ihre Fähigkeiten im liturgischen Orgelspiel verbessern." — Vgl. N. KLAMPFL, Wenk (wie Anm. 25) S. 21 f.

[146] Vgl. Mitteilung Mitzscherlich (wie Anm. 140).

[147] Ein Spitzel des Staatssicherheitsdienstes, „IM Thomas", der Liebster aus Zwickau kannte, gab am 28. 5. 1978 zu Protokoll: „Nach seinen Kaplansjahren in Plauen übernahm L. Die Kirchenmusikschule in Schirgiswalde als Kirchenmusikdirektor. ... L. hat es nur dem Umstand zu verdanken, dass er nicht mehr Kirchenmusikdirektor ist, dass Bischof Spülbeck starb. Für L. war es in diesem Sinne und in diesem Falle das gesunde ‚Fressen', was es gab, wieder eine Pfarrstelle zu übernehmen, zumal er wusste, dass Schirgiswalde mit Görlitz [in] der evangelischen Kirchenmusikschule zusammengelegt wird. Es ist also so, dass an der Kirchenmusikschule in Görlitz gleichzeitig auch sämtliche katholische Organisten dort ausgebildet werden. ... L. war ein großer Freund von Bischof Spülbeck und Bischof Spülbeck beauftragte L. mit der gesamten Organisation der neuen Kirchenlitrogie (sic!) und des neuen Kirchengesangs. ... Wenn Bischof Spülbeck noch gelebt hätte, hätte L. nie eine Pfarrei bekommen, weil Bischof S. nämlich L. kannte, weil er auch sein Freund war. Sp. hätte ihm höchstens eine Tätigkeit gegeben im Bistum als Gesamtorganisator für Kirchenmusik

3.3. Erfahrungen von Kursteilnehmern

Die Beschickung der Schirgiswalder Kurse durch die einzelnen Jurisdiktionsbezirke war sehr unterschiedlich. So haben zwischen 1961 und 1969 beispielsweise nur drei Schüler und drei Schülerinnen aus dem Bistum Berlin an diesen teilgenommen.[148] Pfarrer Heribert Jünemann (geb. 1951) aus Treffurt dagegen, der 1965 und 1967 an den zweimonatigen Ferienkursen teilgenommen hat,[149] berichtete von 22 jugendlichen Teilnehmern, die vor allem am Vormittag verschiedene Lerneinheiten bei Rektor Konrad Liebster und Kantor Carl Achtelik in gelöster Atmosphäre absolvierten. Der überwiegende Teil der Jugendlichen kam aus dem Eichsfeld und Sachsen-Anhalt; wenige aus Sachsen und Mecklenburg. Der letzte „Jahreskurs" 1968/69 umfasste sieben Teilnehmer/-innen (Magdalena Mikwauschk, Ratibor; Siegfried Ihme, Thüringen; Bernhard Schmitt, Frankfurt/Oder; Christine Seckel, Leisnig; Burkhard Otto, Leimbach; Dorothea Dubiel, Rostock; Ingeborg Zengerling,[150] Schmalkalden).[151]

Dorothea Dubiel (geb. 1950), eine profilierte Gemeindereferentin, entschloss sich 1968 für die Kirchenmusikschule in Schirgiswalde und absolvierte dort den C-Kurs. Es folgte ein weiteres Semester Kirchenmusik an der evangelischen Kirchenmusikschule in Halle. Sie entschied sich jedoch für eine seelsorgliche Ausbildung und konnte nach vier Jahren Gemeindearbeit das Studium der katholischen Theologie in Erfurt absolvieren. Danach arbeitete sie als Seelsorgehelferin in Gemeinden des Bischöflichen Amtes Schwerin und seit 1990 im Schweriner Ordinariat. Nach Neugründung des Erzbistums Hamburg, in dem das Bischöfliche Amt Schwerin aufging, leitete die Theologin in Schwerin die Pastorale Dienststelle des Erzbistums für den Bistumsteil Mecklenburg, bis sie 2015 in den Ruhestand ging. Neben dem Unterricht beschreibt sie die Praxis an der Kirchenmusikschule so: „Jede und jeder hatte täglich mindestens 1½ Stunden Orgel und ebenso lange Klavier zu üben. Dazu standen uns im Haus ein Pedalharmonium, eine kleine Hausorgel mit Pedal sowie die Orgel in der Pfarrkirche zur Verfügung".[152] Zu den

---

oder auch in die Berliner Bischofskonferenz." – Vgl. BStU, BArch, MfS, BVK.-M.-Stadt, AIM 1371/86 I, 1, 000122–000123.

[148] Frdl. Mitteilung von Dr. Gotthard Klein, Berlin, 17. 2. 2022.
[149] Frdl. Mitteilung von GR Heribert Jünemann, Bruchköbel, 15. 2. 2022: Kirchenmusikalisches Seminar Schirgiswalde-Oberlausitz. Erinnerungen eines „Ehemaligen".
[150] Geb. 11. 1. 1929 in Schmalkalden; war mit 40 Jahren die älteste Teilnehmerin. Nach ihrer Abschlussprüfung 1969 ging sie mit Rektor Liebster für 16 Jahre als dessen Haushälterin nach Werdau. – Frdl. Mitteilung von Ingeborg Zengerling, Schmalkalden, 20. 3. 2022.
[151] Zum Folgenden vgl. Mitteilung Dubiel (wie Anm. 139).
[152] Vgl. ebd.

schriftlichen sowie theoretischen und praktischen Prüfungen gehörten im Einzelnen: Gregorianik, Liturgik schriftlich, Orgelbau schriftlich, Chorleitung theoretisch, Chorleitung praktisch mit dem Kirchenchor Schirgiswalde, Instrumentation und Bläsersatz schriftlich, Gehörbildung schriftlich, Gottesdienstlicher Gesang, Liturgik mündlich, Partiturspiel, Musik- und Kirchenmusikgeschichte schriftlich und mündlich, Klaviervorspiel (eine Sonate, eine zweistimmige Invention von J. S. Bach, ein zeitgenössisches Stück), Generalbassspiel, Musiktheorie und Gehörbildung mündlich, Liedvortrag, Liturgisches Orgelspiel sowie Orgel-Solo.[153] Die kirchenmusikalische Ausbildung Dubiels wurde später fester Bestandteil ihres Berufes; in dieser Weise entsprach sie dem ursprünglichen Ideal der Kirchenmusikschule, nämlich Kirchenmusiker und Katechet zu sein.[154]

Ein weiterer Kursteilnehmer, Bernhard Schmitt (geb. 1947),[155] beschreibt rückblickend sein Jahr so: „Das Hausregime war ... auf die Jüngeren zugeschnitten – beschränkte Ausgangserlaubnis sowie Ausgabe der Post erst zum Mittagessen – auch wenn gerade gar kein Instrument zum Üben verfügbar war. Die musikalische Ausbildung war auch personell sehr angenehm vielfältig. Der Klavierlehrer hat sehr sachlich gearbeitet, mir technische und musikalische Entwicklung ermöglicht." Nach bestandener Abschlussprüfung (C-Abschluss) machte Schmitt eine Ausbildung zum Fürsorger im Seminar für den kirchlich-karitativen Dienst im damaligen Karl-Marx-Stadt (heute Chemnitz) und betrieb Kirchenmusik nur nebenbei. Er bezeichnete sich selbst treffend als „Fürsorgenden Kirchenmusiker".

Die Urteile der Kursteilnehmerinnen und Kursteilnehmer über die verschiedenen Kurse in Schirgiswalde sind disparat. Was Atmosphäre, Stimmung und katholisches Umfeld betraf, so haben die meisten Teilnehmerinnen und Teilnehmer die Kurse in guter Erinnerung behalten. Eine Absolventin notiert: „Dankbar schau ich auf diese für mich entscheidende Zeit in Schirgiswalde, dankbar bin ich meinen Lehrerinnen und Lehrern und allen, die mir diese Zeit ermöglicht haben. Die leichte anfängliche Skepsis wich bald dem Interesse und geschenkt wurde mir eine immer intensivere Liebe zum Gottesdienst".[156] Die einjährigen Ausbildungskurse waren in ihrer Zielsetzung Ende 1969 auf einem Stand, der kaum eine hauptamtliche Anstellung, aber durchaus nebenamtliche Tätigkeiten als Kirchenmusikerin und Kirchenmusiker

---

[153] Vgl. ebd.
[154] Vgl. https://www.neue-kirchenzeitung.de/content/%e2%80%9cwir-haben%e2%80%99s-einfach-gemacht%e2%80%9c [Zugriffsdatum: 21. 10. 2022].
[155] Frdl. Mitteilung von Bernhard Schmitt, Frankfurt/Oder, 26. 7. 2022: Seminar für Kirchenmusik in Schirgiswalde – St.-Pius-Haus. Ausbildungskurs 9/68 bis 6/69.
[156] Mitteilung Dubiel (wie Anm. 139).

erlaubt hätte. Einige spätere hauptamtliche Kirchenmusiker und Seelsorgehelferinnen besuchten ursprünglich die Kurse in Schirgiswalde (Hansjürgen Scholze, Dorothea Dubiel, Theo Friedrich, Bernhard Zülicke, Siegfried Ihme), bevor sie an eine kirchliche oder staatliche Einrichtung zum Studium der Kirchenmusik wechselten.[157]

4. Kirchenmusikerinnen und Kirchenmusiker nach dem Mauerbau 1961

Ab Mitte der 1960er Jahre nahm eine zweite Generation junger Kirchenmusiker ihren Dienst auf. Die personellen Veränderungen sowie die verschiedenen Anstellungen sollen kursorisch dargestellt werden.[158] Die Zahl der katholischen Kirchenmusiker auf dem Gebiet der DDR war inzwischen gewachsen und vergrößerte sich im Laufe der 1960er Jahre bis in die 1980er Jahren noch weiter.[159] Nun begann in vielen Gemeinden eine kontinuierliche kirchenmusikalische Arbeit. Durch die bessere personelle Ausstattung waren vielerorts gute Voraussetzungen gegeben, die musikalischen Aspekte der Liturgiereform des Zweiten Vatikanischen Konzils umzusetzen. Beinahe alle jüngeren Kirchenmusiker hatten entweder eine diözesane Ausbildung absolviert, vor allem in Erfurt, oder aber an einer der evangelischen Kirchenmusikschulen studiert.[160] Die B-Kirchenmusiker, die sich über alle Bistümer verteilten, waren in der Mehrzahl, Kirchenmusiker mit A-Prüfung gab es nur vereinzelt.

In der Dresdener Kathedralkirche (Hofkirche) war 1971 der Wiederaufbau der im zweiten Weltkrieg teilweise zerstörten Silbermann-Orgel abgeschlossen worden. Von 1972 bis 2008 wirkte dort Hansjürgen Scholze[161] (geb. 1944, C-Prüfung Schirgiswalde, B-Prüfung Görlitz, A-Prüfung Halle) neben Konrad Wagner als Domorganist. 1976 berief man den Domorganisten KMD Hansjürgen Scholze als Orgeldozent an die Kirchenmusikschule Dresden.[162]

---

[157] Vgl. frdl. Mitteilung von Bernhard Zülicke, Magdeburg, 10. 3. 2022: Kirchenmusik im Bistum Magdeburg und der Region Ost.

[158] Zum Folgenden vgl. auch J. SCHELL, Kirchenmusik (wie Anm. 4) 83 (1999) S. 17 f. – Mit wenigen Ausnahmen haben alle angefragten Kirchenmusikerinnen und Kirchenmusiker aus der früheren DDR auf meine Anfragen geantwortet, wofür ich allen zu Dank verpflichtet bin.

[159] Vgl. J. SCHELL, Kirchenmusik (wie Anm. 4) 2016/5, S. 266.

[160] Vgl. ebd.

[161] Vgl. Frdl. Mitteilung von Hansjürgen Scholze, Dresden, 8. 8. 2022: Biografie.

[162] „Er unterrichtet seine Schüler – unabhängig von der Konfessionszugehörigkeit – an der Silbermann-Orgel der Kathedrale. So wird in gegenseitigem Geben und Nehmen ein Stück Ökumene praktiziert." – Vgl. CHRISTOPH WELZEL, Von der vorläufigen landeskirchlichen

Zudem war er Orgelsachverständiger des Bistums Dresden-Meißen. Friedemann Böhme[163] (geb. 1956, A-Prüfung Weimar) war 1989 bis 2021 Bautzener Domkantor. 1975 erhielt Michael Witt (1940–2012, A-Prüfung Halle) die Stelle eines Domkantors und Organisten an der St.-Hedwigs-Kathedrale in Berlin, wo er als Domkapellmeister den Domchor neu begründete.[164] 1978 bis 2020 war Thomas Sauer (geb. 1954, A-Prüfung Leipzig) Domorganist an St. Hedwig in Berlin, 1990 bis 2002 zugleich Dozent an der Erzbischöflichen Kirchenmusikschule Berlin in den Fächern Orgelspiel und Improvisation.[165] Mit dieser Doppelbesetzung in Berlin und Dresden erreichte die personelle Entwicklung des Kirchenmusikerstandes in der katholischen Kirche der DDR ihren Höhepunkt.

1977 erhielt das Bischöfliche Amt Schwerin mit Reinhard Kotitschke[166] (geb. 1949, B-Prüfung Görlitz) einen hauptamtlichen Kirchenmusiker an der Bischofskirche St. Anna in Schwerin, der zugleich Referent für Kirchenmusik war.

Diakon Bernhard Zülicke[167] (geb. 1942, B-Prüfung Erfurt) hatte 1956 bis 1959 die Fachschule für Musik in Magdeburg absolviert. 1959 wurde er Kirchenmusiker an St. Marien in Magdeburg-Sudenburg; 1960 bis 1961 schloss er ein Fernstudium für Kirchenmusik in Westberlin an und betrieb 1962 bis 1963 Studien bei Prof. Georg Trexler in Leipzig. 1977 wurde er zum Referenten für Kirchenmusik und Orgelberatung im Bischöflichen Amt Magdeburg bestellt. Als KMD wirkte er auch als Dozent bei der C-Ausbildung im Bischöflichen Amt und späteren Bistum Magdeburg.

Klaus Friedrich[168] (geb. 1939, B-Prüfung Erfurt), studierte 1965 bis 1968 an der Kirchenmusikschule in Halle (Aufbaustudium), war 1964 bis 2004

Musikschule zur Hochschule für Kirchenmusik der Evangelisch-Lutherischen Landeskirche Sachsens. 50 Jahre Hochschule für Kirchenmusik der Ev.-Luth. Landeskirche Sachsens in Dresden (München 1999) S. 42 f.

[163] Vgl. https://www.bistum-dresden-meissen.de/aktuelles/31-jahre-im-dienst-der-kirche-und-der-musik [Zugriffsdatum: 21. 10. 2022].

[164] Vgl. https://web.archive.org/web/20131202225604/http://www.erzbistumberlin.de/medien/pressestelle/aktuelle-pressemeldungen/pressemeldung/datum/2012/03/22/erzbistum-berlin-trauert-um-michael-witt/ [Zugriffsdatum: 21. 10. 2022].

[165] Vgl. https://www.thomas-sauer-berlin.de/biografie/ [Zugriffsdatum: 21. 10. 2022].

[166] Vgl. frdl. Mitteilung von Reinhard Kotitschke, Schwerin, 12. 3. 2022: Bericht über meine Arbeit als Kirchenmusiker im Bischöflichen Amt Schwerin und im Erzbistum Hamburg.

[167] Mitteilung Zülicke (wie Anm. 157).

[168] Vgl. frdl. Mitteilung von Klaus Friedrich, Halle, 14. 2. 2022, 20. 6. 2022 u. 9. 7. 2022: Biografie.

Kirchenmusiker an der Propsteikirche Halle, KMD, Dozent an der Kirchenmusikschule Halle für Liturgisches Singen und Gregorianik sowie Lehrer am Sprachenkurs Halle.

Theo Friedrich[169] (1949–2022, B-Prüfung Dresden, Aufbaustudium Weimar) war 1970 bis 1973 Organist an St. Johannes Baptist in Jena (danach gelegentliche Vertretungen), Musiklehrer, seit 1993 Gymnasiallehrer für Musik in Jena.

Hedwig Frost[170] (1940–2021, B-Prüfung Halle), war seit 1971 Kirchenmusikerin an St. Sebastian in Magdeburg; ihre Schwester Ernestine Frost war Organistin in Schönebeck und an St. Mauritius in Halle.

Kurt Grahl[171] (geb. 1947, A-Prüfung Leipzig) wurde 1969 Trexlers Nachfolger in der Propsteigemeinde Leipzig mit hauptamtlicher Anstellung, seit 2012 im Ruhestand. Er ist Komponist zahlreicher geistlicher Lieder, Oratorien und Messen.

Bernhard Baudisch[172] (geb. 1951, B-Prüfung Halle) war 1985 bis 2016 Kirchenmusiker in Arnstadt.

Friedemann Böhme[173] (geb. 1956, A-Prüfung Leipzig) war 1989 bis 2021 Kirchenmusiker in Bautzen.

Siegfried Ihme[174] (geb. 1952, B -Prüfung Halle) war 1973 bis 1990 Kantor und Organist an St. Ägidien in Heiligenstadt, zudem bis 2017 an der Eichsfelder Musikschule Lehrer für Klavier und Orgel.

Bernhard Klug[175] (geb. 1957, B-Prüfung Erfurt) ist seit 1976 ehrenamtlich Organist an der Severikirche in Erfurt.

Reinhold Keitsch[176] (geb. 1954, B-Prüfung Erfurt) war 1977 bis 1991 hauptamtlicher Organist an St. Elisabeth in Eisenach. Seit 1991 ist er dort weiter nebenamtlich tätig.

---

[169] Vgl. frdl. Mitteilung von Theo Friedrich, Geisa, 30. 6. 2022: Biografie.

[170] https://www.bistum-magdeburg.de/aktuelles-termine/presse-archiv/archiv-2021/frau-frost-gestorben.html [Zugriffsdatum: 21. 10. 2022].

[171] Vgl. PAP, DANIEL KAUFHOLD, Die Kirchenmusik der Gegenwart, Das Neue Geistliche Lied, Wissenschaftliche Hausarbeit zur ersten Staatsprüfung für das Lehramt an Regelschulen (Ms. Jena 2000) Anhang: Interview mit Kurt Grahl, geführt am 3. 7. 2000. – Ferner Mitteilung Grahl (wie Anm. 143).

[172] Vgl. frdl. Mitteilung von Bernhard Baudisch, Arnstadt, 4. 8. 2022: Biografie.

[173] Vgl. frdl. Mitteilung von Friedemann Böhme, Bautzen, 16. 8. 2022: Biografie.

[174] Vgl. frdl. Mitteilung von Siegfried Ihme, Heiligenstadt, 21. 2. 2022: Biografie.

[175] Vgl. frd. Mitteilung von Bernhard Klug, Erfurt, 11. 10. 2022: Biografie.

[176] Vgl. frdl. Mitteilung von Reinhold Keitsch, Eisenach, 2. 8. 2022: Biografie.

Raimund Kister[177] (geb. 1941, B-Prüfung Erfurt/Halle) war 1965 bis 2001 Organist, Chorleiter und Katechet an St. Josef in Mühlhausen und als Regionalkantor tätig; er führte mit seinem Orgelunterricht 35 Schüler zur Befähigung als Organist im Nebenamt (D-Prüfung).

Markus Lang[178] (geb. 1965, A-Prüfung Halle) ist seit 1990 Kirchenmusiker in Erfurt zunächst am Mariendom, dann an St. Lorenz sowie zugleich Verantwortlicher für die nebenamtlichen Organisten im Bistum Erfurt.

Detlef Regel[179] (geb.1957, B-Prüfung Erfurt; A-Prüfung Halle 1992) ist seit 1986 Organist und Chorleiter an St. Johannes Baptist in Jena sowie zugleich Regionalkantor; daneben übernimmt er Lehraufträge in Weimar.

Bernadette Schmidt[180] (geb. 1964, B-Prüfung Görlitz 1987 und Klavierstimmerin) war von 1987 bis 1999 Organistin und Chorleiterin in der Propsteigemeinde St. Joh. Nepomuk in Chemnitz, 2000 bis 2002 in der Liebfrauengemeinde in Leipzig; seit 2002 ist sie in der Gemeinde Mariä Himmelfahrt in Schirgiswalde tätig und nimmt zudem regionale Aufgaben im Bistum Dresden-Meißen wahr.

Christoph Schumann[181] (geb. 1957, B-Prüfung Dresden) war 1979 bis 1984 Domorganist in Bautzen und 1991 bis 2010 Organist an der Herz-Jesu-Kirche in Dresden.

Matthias Wand[182] (geb. 1960, D-Prüfung Erfurt, Studien in Görlitz; A-Prüfung Weimar) wurde 1988 Domkantor in Erfurt und ist seit 1989 als Kirchenmusiker in Köln tätig.

Sr. Ingrid Wilczek[183] (geb. 1953, Schwester von der hl. Elisabeth, C-Prüfung Dresden) ist seit 1972 Organistin am Krankenhaus St.-Joseph-Stift in Dresden.

5. Von Organisten zu pastoralen Mitarbeitern – Schwerpunkt Kirchenmusik

Nach der Beendigung des „Projektes Schirgiswalde" standen die überdiözesane Ausbildung und das Studium an einer evangelischen Kirchenmusikschule oder staatlichen Hochschule im Vordergrund. Trotz knapper finanzieller Mittel herrschte in den bischöflichen Ordinariaten das Bewusstsein vor, dass

---

[177] Vgl. frdl. Mitteilung von Raimund Kister, Mühlhausen, 23. 3. 2022: Biografie.
[178] Vgl. frdl. Mitteilung von Markus Lang, Erfurt, 6. 6. 2022: Biografie.
[179] Vgl. frdl. Mitteilung von Detlef Regel, Jena, 6. 6. 2022: Biografie.
[180] Vgl. frdl. Mitteilung von Bernadette Schmidt, Schirgiswalde, 23. 8. 2022: Biografie.
[181] Vgl. frdl. Mitteilung von Christoph Schumann, Dresden, 6. 9. 2022: Biografie.
[182] Vgl. frdl. Mitteilung von Prof. Silvius von Kessel, Erfurt, 15. 8. 2022.
[183] Vgl. frdl. Mitteilung von Sr. Ingrid Wilczek, Dresden, 10. 8. 2022: Biografie.

hauptamtlich geleisteter kirchenmusikalisch-pastoraler Dienst notwendig war. Die Liturgiereform des Zweiten Vatikanischen Konzils hatte die kirchlich Verantwortlichen sowie die Kirchenmusiker vor die Herausforderung gestellt, die Beschlüsse des Konzils über die Erneuerung der Liturgie, auch mit Blick auf eine ökumenische Öffnung, umzusetzen.[184] Zudem galt es nach dem Abbruch des „Experiments Schirgiswalde" verstärkt, neue Wege zu finden, wie Kirchenmusiker gewonnen und ausgebildet werden könnten. Beides gelang relativ zügig. Bischöfe und Kirchenmusiker legten neben gehobener Ausbildung vor allem Wert auf anspruchsvolle Weiterbildungen und die Vernetzungen der Kirchenmusiker auf diözesaner und überdiözesaner Ebene.

Auf ihrer Sitzung vom 26./27. Februar 1973 hatte die BOK unmittelbar auf das Ende von Schirgiswalde reagiert. Mit Ausnahme des Bistums Meißen, das der Kirchenmusikschule in Dresden verpflichtet war,[185] erklärten die Ordinarien ihre Bereitschaft, ihre jeweiligen Kandidaten in die Evangelische Kirchenmusikschule in Görlitz zu entsenden. Eine Umwandlung in eine ökumenische Einrichtung und damit eine Änderung der Trägerschaft sollte nicht angestrebt werden. Der zuständige Ortsordinarius sollte für jeden Studierenden einen gewissen Beitrag zu den „Generalia" gewähren. Auf Grund dieser Zuwendung erwartete die BOK von Seiten der Schule die Berücksichtigung grundlegender kirchenmusikalischer Catholica im Lehrangebot. Weiterführende Catholica und die katechetische Ausbildung sollte dann in eigener Verantwortung erfolgen. Der Görlitzer Bischof Bernhard Huhn sollte entsprechende Verhandlungen mit der evangelischen Seite aufnehmen.[186]

Huhn unterrichtete im Juni den Leiter der Katechetischen Arbeitsgemeinschaft Martin Fritz und die Musikkonsultoren über den Abschluss einer Vereinbarung mit der Evangelischen Kirchenmusikschule in Görlitz.[187] Die Beschickung der Görlitzer Schule scheint dann aber nur schleppend vorangegangen zu sein, denn im März 1979 erinnerte die nun zur Berliner Bischofskonferenz (BBK) mutierte BOK noch einmal an ihren Beschluss von 1973,[188] wie auch Bischof Huhn erneut 1981 im Zusammenhang mit neuen Rahmenplänen und Rahmenordnungen der evangelischen Musikschulen in der

---

[184] Vgl. J. SCHELL, Situation (wie Anm. 4) S. 152.

[185] Den Vertrag zwischen der Dresdner evangelischen Kirchenmusikschule und dem Bistum wurde 1972 geschlossen. – Vgl. CH. WELZEL, Musikschule (wie Anm. 162) S. 42.

[186] PAP, Beschlüsse BOK/BBK, VVS 26./27. 2. 1973, Protokoll 2/73, S. 11.

[187] Ebd., VVS 5./6. 6. 1973, Protokoll 3/73, S. 4.

[188] „Die Berliner Bischofskonferenz erinnert die Ordinariate und die Bischöflichen Ämter an die Einhaltung ihres Beschlusses über die Entsendung von katholischen Kirchenmusikstudenten an die Evangelische Kirchenmusikschule in Görlitz (vgl. Prot. 2/1973, 11), sofern nicht besonders gelagerte Fälle eine Ausnahme rechtfertigen." – Ebd., VVS 5./6. 3.1979, Protokoll 1/79, S. 9.

DDR, über die er die BBK 1981 informierte.[189] Obwohl beide evangelische Musikschulen in Görlitz und in Halle regelmäßig auch katholische Studenten hatten, blieben die Teilnehmerzahlen insgesamt dennoch gering. Mehr Zulauf hatten die innerkirchlichen Ausbildungsgänge in Erfurt und Potsdam.

1967 wurde ein die Liturgische Kommission der BOK beratendes Gremium, die so genannte „Konsultorenkonferenz für Kirchenmusik",[190] ins Leben gerufen, die sich aus Vertretern der Kirchenmusiker und der Ordinariate zusammensetzte.[191] Die Zusammenkünfte fanden zumeist in Leipzig statt. Alle anstehenden Fragen der nachkonziliaren Kirchenmusik wurden besprochen und notwendige Maßnahmen in die Wege geleitet.[192] Die Konsultoren sollten zu Multiplikatoren in ihrem Dienstbereich werden. Zu den erörterten Themen gehörten etwa Kirchenlied und Kantorendienst, die Konzeption eines Liedanhangs für die Jurisdiktionsgebiete in der DDR im neuen Gesangbuch für den deutschen Sprachraum oder das sogenannte „neue geistliche Lied", vor allem aber das 1971 erschienene, im Auftrag der BOK herausgegebene „Gesang- und Gebetbuch für alle Jurisdiktionsbezirke der DDR", das sogenannte „Interimsgesangbuch".[193] Am 9. September 1970 hatte die BOK dieses beauftragt.[194] Hinzu kam, dass der Leipziger Benno-Verlag als einziger katholischer Verlag auf DDR-Gebiet erklärt hatte, dass er nicht mehr in der Lage sei, die alten Gesangbücher nachzudrucken.[195] Bis Anfang Dezember 1970 sollte nun der Entwurf eines Interimsgesangbuchs vorliegen. Eine Subkommission präsentierte diesen am 4./5. November 1970. Die Endredaktion erfolgte am 4. Dezember 1970.[196] Die erste Auflage von 100 000 Exemplaren erschien 1971 und war schnell vergriffen, so dass eine

---

[189] Ebd., VVS 9./10. 3. 1981, Protokoll 1/81, S. 21.

[190] Vgl. J. SCHELL, Kirchenmusik (wie Anm. 4) 83 (1999) S. 16.

[191] Vgl. Mitteilung Zülicke (wie Anm. 157): Erfurt: Domkapitular Karl Schollmeier (Vorsitz), Pfarrer Hans Andreas Egenolf. – Magdeburg: Pfarrer Alfred Götz, Bernhard Zülicke, Klaus Friedrich. – Meißen: Pfarrer Konrad Liebster, Konrad Wagner, Herr Kurt Glaßl, Pfarrer Dieter Grande; Dr. Josef Gülden als Vertreter des St. Benno-Verlages. – Görlitz: Rektor Wolfgang Gerlach, Karl Jonkisch; Meiningen: Herr Konrad Vogel. – Schwerin: Pfarrer Norbert Werbs. – Berlin: Dr. Johanna Schell.

[192] PAP, Aktenkonvolut Klaus Friedrich, Kirchenmusikertagungen.

[193] BERLINER BISCHOFSKONFERENZ (Hg.), Katholisches Gesangbuch (Leipzig 1971).

[194] Es sollte als Interimslösung dienen bis zum Erscheinen des neuen gemeinsamen Gesangbuchs für den deutschen Sprachraum. – Aktenkonvolut Friedrich (wie Anm. 192), Protokoll über die Tagung der Konsultoren in der liturgischen Kommission der DDR am 30. September 1970 im Bischof-Petrus-Legge-Haus, Leipzig.

[195] Ebd.

[196] Ebd., Interimsgesangbuch (IGB) der DDR.

zweite Auflage von 110 000 Exemplaren geplant wurde.[197] Gleichzeitig hatte man Sätze zu einem Orgelbuch geschrieben.[198]

Während das Interimsgesangbuch als Übergangslösung gedacht war[199] und manche Einschränkung notwendig machte,[200] wurde in der Folgezeit der „DDR-Teil" des neuen Einheitsgesangbuchs „Gotteslob" durch die Konsultorenkonferenz konzipiert. Mit dem Erscheinen des Gotteslobs 1976 hatte die Arbeit der Konferenz einen gewissen Abschluss gefunden. Erst 1986 wurde sie durch die BBK als eine an die Liturgiekommission der BBK angebundene Konferenz der Kirchenmusiker wiederbelebt.[201] Die Konferenz, der Vertreter aller Jurisdiktionsgebiete angehören sollten, konstituierte sich am 23. Februar 1987.[202] Ihr gehörten damals an: der Schweriner Weihbischof Norbert Werbs als Pastoralbeauftragter der BBK; für das Bistum Berlin: Dr. Johanna Schell und Pfr. Joachim Busl als Vertreter der Liturgischen Kommission der BBK; für das Bistum Dresden-Meißen: KMD Konrad Wagner; für das Bischöfliche Amt Erfurt: KMD Raimund Kister; für das Bischöfliche Amt Görlitz: KMD Karl Jonkisch; für das Bischöfliche Amt Magdeburg: Diakon Bernhard Zülicke; und für das Bischöfliche Amt Schwerin: Kantor Reinhard Kotitschke. Mit Wirkung vom 1. April 1988 setzte die BBK eine vorläufige Ordnung für die Konferenz in Kraft.[203]

Weiterbildungstreffen dienten dem gemeinsamen Vorgehen in kirchenmusikalischen Fragen und der notwendigen Abstimmung unter den Jurisdiktionsgebieten; dass dies die damalige Tendenz zur kirchlichen Zentralisierung förderte, war die andere Seite der Medaille. Wichtig waren die Weiterbildungen aber auch, um über das Binnenmilieu hinaus den Blick aller Beteiligten auf internationale Entwicklungen zu weiten. 1972 fand auf Initiative des Vorsitzenden der deutschsprachigen „Werkgemeinschaft Musik", Dr.

---

[197] Ebd., Protokoll über die Tagung der Konsultoren in der liturgischen Kommission der DDR am 16. 11. 1971 im Bischof-Petrus-Legge-Haus, Leipzig.

[198] Ebd., Interimsgesangbuch (IGB) der DDR.

[199] Die Herausgeber begründeten das Erscheinen des Buches so: „Wir erwarten das Einheitsgesangbuch für alle Gebiete des deutschen Sprachraums. Die Konsultoren für Kirchenmusik in der liturgischen Kommission der DDR, die den Liedteil des vorliegenden Zwischengesangbuches erstellt haben, erhoffen sich von ihrer Arbeit, dass sie eine Brücke schlägt von den bisherigen Diözesan-Gesangbüchern vorkonziliarer Prägung hin zum kommenden Einheitsgesangbuch". – Vgl. Gesangbuch (wie Anm. 193) S. 5.

[200] „Der Notwendigkeit, sich in diesem Zwischengesangbuch einschränken zu müssen, entspricht auch die schmale Breite der Lieder und Gesänge die geeignet sind, in den Messen mit Kindern oder Jugendlichen gesungen zu werden". – Vgl. ebd., S. 6.

[201] PAP, Beschlüsse BOK/BBK, VVS 2./3. 6. 1986, Protokoll 2/86, S. 38.

[202] Vgl. Mitteilung Zülicke (wie Anm. 157).

[203] PAP, Beschlüsse BOK/BBK, VVS 7./9. 3. 1988, Protokoll 1/88, S. 25. – Die Ordnung wurde zunächst ad experimentum für drei Jahre in Kraft gesetzt.

Johannes Aengenvoort (1917–1979), und der Kirchenmusikerin Johanna Schell erstmals ein Ost-West-Weiterbildungstreffen der katholischen Kirchenmusiker im bischöflichen Bildungsheim St. Josef in der Pappelallee in Ostberlin statt.[204] Zunächst waren diese Treffen, die seitdem fast 20 Jahre lang jährlich veranstaltet wurden, nur für hauptamtliche Kirchenmusiker bestimmt, später wurden auch Organisten und Chorleiter im Nebenamt und Kandidaten der Kirchenmusikschulen dazu eingeladen.[205] Vorbereitungstagungen berieten über Programm und Referenten.[206] Für die Treffen konnten hochkarätige Referenten wie beispielsweise Philipp Harnoncourt, Pater Godehard Joppich, Josef Seuffert, Rudolf Heinemann, Karl Berg, Roland Münch oder Wolfgang Bretschneider vor allem aus der Bundesrepublik und Österreich gewonnen werden.[207] In der Regel nahmen zwischen 60 und 80 Personen aus der DDR sowie rund 20 aus dem Westen teil.[208] Träger dieser von der BBK ausdrücklich gewünschten und geförderten Jahreskonferenzen[209] waren von westdeutscher Seite die katholische „Werkgemeinschaft Musik", von ostdeutscher Seite die liturgische Kommission der BOK mit Monsignore Walter Krawinkel (1906–1976), danach Dr. Ulrich Werbs (1941–2020). Finanziert wurden die Tagungen von der Deutschen Bischofskonferenz (organisiert durch den Paderborner Weihbischof Paul Nordhues) sowie vom Bundesministerium für innerdeutsche Beziehungen.

Durch manche Jurisdiktionsgebiete wurden daneben noch eigene Treffen organisiert, so in Magdeburg erstmals im Mai 1968.[210] Ein weiterer Impuls für die Weiterbildung der katholischen Kirchenmusiker waren evangelische

---

[204] Vgl. JOHANNA SCHELL, Gesamtdeutsche Kirchenmusikalische Tagungen in Ostberlin. Ein Rückblick auf ihre Entstehungsgeschichte und ihre Entwicklung von 1972–1990, 2 Tle., in: MS(D) 5/2016, S. 272–272 u. 334–336. – Vgl. PAP, Aktenkonvolut Klaus Friedrich, Kirchenmusiktagungen Ost/West, 1972–2003.

[205] Vgl. J. SCHELL, Kirchenmusik (wie Anm. 4) 83 (1999) S. 17.

[206] Vgl. dazu z. B. PAP, Aktenkonvolut Klaus Friedrich, Protokoll des Arbeitsgesprächs zur Vorbereitung der Februartagung 1989 am 13. 10. 1988 in Berlin. – Als Themen waren vorgesehen: Chorsingen; Kinderchor; Gregorianik, Bibel-Arbeitskreis, Text und Theologie der Johannes-Passion.

[207] Vgl. ebd., Kirchenmusiktagungen Ost/West, 1972–2003.

[208] Vgl. ebd.

[209] Vgl., PAP, Beschlüsse BOK/BBK, VVS 2./3. 6.1986, Protokoll 2/86, S. 38.

[210] 1968 wurden von zwei Kirchenmusikern des Kommissariates Magdeburg „Fräulein Guilland und Herrn Friedrich ... zu einem Gespräch nach Magdeburg, Porsestr. 6 zum 13.–14. Mai die hauptamtlichen Kirchenmusiker des Kommissariats eingeladen. Es waren erschienen: Fräulein Vilma Guilland, Halle, Herr Franz Hartig, Magdeburg, Herr Konrad Kobitzky, Köthen, Herr Ewald Kulessa, Magdeburg, Herr Rolf Kunz, Delitzsch, Herr Eberhard Gritzner, Dessau, Herr Bernhard Zülicke, Magdeburg, Herr Klaus Friedrich, Halle. Als geladener Gast nahm Herr Vikar Simon aus Halle teil." – Themen des Treffens waren die mangelnde Ausbildungsmöglichkeit und Betreuung sowie fehlende Kooperationen; regelmäßige Treffen

Kirchenmusikertagungen in Berlin, die eine Ost-West-Begegnung ermöglichten und die Zusammenarbeit zwischen den Kirchenmusikern beider Konfessionen verstärkten. Es gab insgesamt fünf ökumenische Kirchenmusikertagungen: 1969 in Potsdam, 1970 in Bad Kösen, 1971 in Meißen, 1975 in Gernrode und 1981 in Erfurt.

Bei der Gestaltung der staatlich genehmigten Rundfunkgottesdienste, Morgenfeiern genannt, wirkten wohl von Anfang an auch Kirchenmusiker mit. Der erste im „Tag des Herrn" nachweisbare Rundfunkgottesdienst wurde 1952 vom Mitteldeutschen Rundfunk, Sender Leipzig, übertragen und von Dr. Albert Dänhardt, Leipzig, homiletisch gestaltet. Kirchenmusikalische Elemente sind dabei allerdings noch nicht zu erkennen.[211] Erst 1953 werden auch die Musikstücke sowie die beteiligten Kirchenmusiker und Chöre genannt.[212] Diese Morgenfeiern beider Konfessionen waren einer umfassenden staatlichen Zensur unterworfen.[213] Andererseits gab es manches Mal auch Texte, welche die Kirche beanstandete, obwohl der Staat sein Einverständnis gab.[214] Bis zu seinem Tod 1979 war der Leipziger Professor Georg Trexler für diese Gottesdienste verantwortlich; ihm folgte der Dresdener KMD Konrad Wagner. Nur wenige Chöre konnten dabei mitwirken[215] und auch die Zahl der teilnehmenden Kirchenmusiker schien reglementiert gewesen zu sein. Außer den genannten waren es vor allem Michael Witt, Thomas Sauer, Kurt Grahl, Kurt Glaßl und Hansjürgen Scholze.

Das „Brachland" katholische Kirchenmusik in der DDR hat sich bis 1989 zweifellos zu einer „Landschaft" entwickelt, in der sich erprobte Modelle durchsetzten, die bis heute erfolgreich sind, systematische kirchenmusikalische Arbeit erlauben und deshalb Respekt verdienen.

---

wurden geplant und ein Sprecher des Arbeitskreises, Klaus Friedrich, wurde gewählt. – Vgl. PAP, Aktenkonvolut Klaus Friedrich, Anfänge.

[211] Alle Feiern begannen sonntags oder an Feiertagen im Wechsel mit den evangelischen Kirchen um 7.30 Uhr und dauerten zunächst eine Stunde, später 50 Minuten. – Vgl. TdH 3, 19. 1. 1952.

[212] TdH 51, 19. 12. 1953.

[213] Der Leipziger Kantor Kurt Grahl erinnerte sich: „Da musste das Manuskript ein halbes Jahr, ich weiß es jetzt nicht so genau, aber es ist auf alle Fälle nicht übertrieben, vorher beim zuständigen Ministerium Wort für Wort eingereicht werden. Ich weiß noch, aber das hat allerdings die Kirche moniert". – Interview Grahl (wie Anm. 171) S. 13.

[214] „Man hatte manchmal durch die Hintertür solche Texte hereingebracht und da waren wir mit unseren Möglichkeiten schon ein bisschen spitzfindig". – Ebd., S. 14.

[215] Es waren nur „wenige bekannte Chöre daran beteiligt: Trexler mit dem Propsteichor Leipzig, Wenk in Schirgiswalde, später auch Jonkisch in Görlitz, Dr. Schell in Potsdam und Konrad Wagner mit den Kapellknaben". – Frdl. Mitteilung von Klaus Friedrich, 20. 8. 2022.

Grundsätze und Erfahrungen des Aktionskreises Halle (AKH)
Überlegungen zu ihrer Bedeutung in der heutigen Zeit[1]

Meine Damen und Herren, ich vermute, dass Sie mich eingeladen haben, diesen Vortrag zu halten, weil ich mich mit der Geschichte des „Aktionskreises Halle" (AKH)[2] beschäftigt und aufgrund meiner früheren Anstellung als Professor für Kirchengeschichte des Mittelalters und der Neuzeit auch professionell damit befasst habe. Ich muss gestehen, dass ich nur wenige Facetten der Geschichte des AKH kenne, auch wenn dies wesentliche sein mögen. Entschuldigen sie bitte, aber der AKH war lange Zeit nicht im Zentrum meines Interesses, und das änderte sich erst wesentlich nach dem Mauerfall. Warum das so war, kann ich nur vermuten. Zum einen kannte ich wirklich Wichtiges über die Aktivitäten dieses Kreises nicht. Dazu befand er sich für mich in einer Art Klausur, die für Nichteingeweihte und Nichtbefugte, in diesem Fall für mich, eine Mauer darstellte. Hinzu kamen Diffamierungen und Blockierungen der Gegner, die bei mir durchaus Erfolg zeitigten, zumindest Distanz legitimierten.

Der AKH trat immer dann in mein Blickfeld, wenn persönliche Betroffenheit, wissenschaftliches Interesse oder persönliche Kontaktnahmen sich verstärkt bemerkbar machten. Ich bin mit der Geschichte dieses Kreises erst allmählich vertraut worden; die kaum zu bewältigenden Papierstapel und ihre qualitativ unterschiedlichen Inhalte waren es jedenfalls nicht, die mir

---

[1] Für die Drucklegung geringfügig überarbeitetes und mit dem wissenschaftlichen Apparat versehenes Manuskript eines Vortrags im Tagungszentrum Huysburg bei Halberstadt am 10. Juli 2021 aus Anlass der letzten Tagung des „Aktionskreises Halle". Der Vortragsstil wurde beibehalten. — Verwendete Abkürzungen: AKH = Aktionskreis Halle. — BAEF = Bistumsarchiv Erfurt. — BAG = Bistumsarchiv Görlitz. — BBK = Berliner Bischofskonferenz. — BOK = Berliner Ordinarienkonferenz. — DBK = Deutsche Bischofskonferenz. — PAP = Privatarchiv Pilvousek. — ROO = Regionalarchiv Ordinarien Ost.

[2] Der „Aktionskreis Halle" (AKH) war 1970 von Priestern und Laien gegründet worden im Zuge der Aufbruchsbewegungen nach dem Zweiten Vatikanischen Konzil (1962–1965). Er gilt als einzige kirchenkritische Gruppierung im Bereich der katholischen Kirche auf dem Gebiet der DDR, die sich für innerkirchliche Pluralität, ökumenisches, aber auch politisch-gesellschaftliches Engagement stark machte und damit zwischen die Fronten von „Amtskirche" auf der einen und sozialistischem Staat auf der anderen Seite geriet. Nach der politisch-staatlichen Einheit änderten sich die Themen. Zunehmend zeigte sich aber eine Überalterung der Mitglieder, was schließlich 2021 zur offiziellen Beendigung der Arbeit des AKH führte.

den AKH sympathisch machten: Es waren vielmehr Personen und ihre Lebensgeschichten aus und mit diesem Gremium. Mein Schüler Dr. habil. Sebastian Holzbrecher[3] kennt sich bedeutend besser in der Geschichte des AKH aus. Seine in zweiter Auflage erschienene Dissertation ist beredtes Zeugnis dafür.[4] Außerdem gibt es eine Reihe von Druckschriften unterschiedlicher Provenienz, die die Geschichte des Kreises festhalten, so dass ich mich nicht auf die geschichtlichen Abläufe konzentrieren muss.

Als ich 1967 nach dem Abitur nach Halle in den Mühlweg 18 in den sogenannten „Sprachenkurs"[5] kam, hatte ich zwei Monate Zeit, um das Phänomen AKH aus einer distanzierten Nähe kennen zu lernen. Man sah es von Seiten der damaligen Hausleitung nicht gern, zu diesem Gremium Nähe aufzubauen. Bis auf meinen damaligen Lateinlehrer ist mir nur ein Mitglied in Erinnerung geblieben. Nach der Rückkehr aus der Armeezeit 1969 kam ich mit mehreren Personen, fast ausschließlich Männern, in Kontakt, beziehungsweise lernte sie kennen. Das waren vor allem die Zusammenkünfte im Mühlweg 18, die den AKH in mein Bewusstsein treten ließen. Selbstbewusstsein strahlte diese Akademikergruppe aus, die nach Ehrfurcht zu verlangen schien. Aus der „Gerüchteküche" erfuhr man, welche bedeutenden Berufe sie ausübten, welche akademischen Grade sie erreicht hatten und dass ihr Ziel, salopp formuliert, eine andere, bessere Kirche war. Inhaltlich kam man als einfacher Sprachenkursler kaum in die Nähe der Programme oder der Rundbriefe.

Erneut in Kontakt, und diesmal viel stärker, kam ich mit dem AKH erst am 3. Februar 2003.[6] Darüber gilt es noch zu berichten.

---

[3] Sebastian Holzbrecher; geb. 17. 1. 1982 Suhl; Dr. theol. habil.; seit 2018 Lehrstuhlvertretungen in Mainz, Hamburg und Köln.

[4] SEBASTIAN HOLZBRECHER, Der Aktionskreis Halle. Postkonziliare Konflikte im Katholizismus der DDR (= EThSt 106) (Würzburg ²2015).

[5] Vgl. JOSEF PILVOUSEK, Theologische Ausbildung und gesellschaftliche Umbrüche. 50 Jahre Katholische Theologische Hochschule und Priesterausbildung in Erfurt (= EThSt 82) (Leipzig 2002) S. 135–137. — CLEMENS BRODKORB, Vorkurse für Theologieaspiranten – Sprachenkurs Halle, in: DERS., Bruder und Gefährte in der Bedrängnis – Hugo Aufderbeck als Seelsorgeamtsleiter in Magdeburg. Zur pastoralen Grundlegung einer „Kirche in der SBZ/DDR" (= Veröffentlichungen zur Geschichte der Mitteldeutschen Kirchenprovinz 18) (Paderborn 2002) S. 311–321.

[6] An diesem Tag unterbreitete ich nach eingehenden Recherchen einer Studentin den Vorschlag, eine Dissertation zur Geschichte des AKH zu schreiben.

Der AKH als Teil der Kirchengeschichte der DDR

Aus Anlass des 40-jährigen Bestehens des AKH hatte Joachim Garstecki[7] 2010 einen Vortrag gehalten, zu dessen Ziel es gehörte, gegen die eigene Geschichtsvergessenheit zu argumentieren.[8] Diesen Impuls möchte ich zunächst aufgreifen. Ich bin Kirchenhistoriker und habe mich während meines Berufslebens vor allem seit 1990 mit der Geschichte der katholischen Kirche in der DDR beschäftigt. Ich traue mir zu, autorisiertes historisches Material darzubieten und zeitgeschichtliche Abläufe zu bewerten. Die mir für diesen Vortrag gestellte Frage, „ob die Grundsätze und Erfahrungen des AKH noch übertragbar und empfehlenswert sind," mag ich mit letzter Konsequenz jedoch nicht zu beantworten. Im positiven Sinn würde das nämlich bedeuten, aus der Geschichte lernen zu können, was ich, wenn es als apodiktische Aussage gemeint ist, nicht für möglich halte. Kann ich überhaupt aus der Geschichte lernen? Man könnte einige gute Gründe anführen, die das verneinen.

Festzuhalten ist: Kirche und Geschichte gehören zusammen, weil sie einiges gemeinsam haben:[9]

1. Die Kirche, in welcher Gestalt auch immer, ist eine geschichtliche Erscheinung. Sie ist nicht ewig. Sie hat äußerlich und innerlich geschichtliche Züge und ist damit für jedermann zugänglich. Deshalb ist sie geschichtlich zu erforschen und darzustellen.

2. Die Geschichte als solche umfasst auch die Geschichte der Kirche. Sie ist also größer und weiter als die Geschichte der Kirche. Mag dies auf den ersten Blick eine Selbstverständlichkeit darstellen, so ist jedoch auf den zweiten Blick klar, dass eine theologische Erforschung der Kirche zur Erfassung ihres ganzen Wesens allein nicht ausreicht. Diese muss vielmehr auch durch eine historische Erforschung ergänzt und präsentiert werden.

3. Kirche und Geschichte sind – egal wo man hinschaut – so eng miteinander verzahnt, dass sie beide für die Entwicklung der Menschheit in Vergangenheit, Gegenwart und Zukunft maßgeblich sind.

---

[7] Joachim Garstecki; geb. 1942; Dipl.-Theol.; 1971–1990 Studienreferent für Friedensfragen beim Bund der Evangelischen Kirchen in der DDR; 1972–1985 Mitglied im Sprecherkreis des AKH; 1991–2000 Generalsekretär der deutschen Sektion von Pax Christi; 2001–2007 Studienleiter der Stiftung Adam von Trott. – Vgl. unter: https://www.herder.de/hk/autoren/joachim-garstecki/ [Zugriffsdatum: 22. 2. 2022].

[8] Vgl. JOACHIM GARSTECKI, Erinnern für heute und morgen. 40 Jahre Aktionskreis Halle (AKH) – Gegen die eigene Geschichtsvergessenheit, in: MONIKA DOBERSCHÜTZ (Hg.), AKH. Aktionskreis Halle. Ende der Ausgrenzung nach 40 Jahren (Leipzig 2011) S. 44–53.

[9] Vgl. dazu BERND JASPERT, Kirche und Geschichte (Nordhausen 2018) S. 54–60.

Am 4. April 1970 wurde der AKH, wenn man so will, offiziell gegründet. Dennoch herrscht heute noch in der christlichen Öffentlichkeit der Alten und Neuen Bundesländer weitgehend Unkenntnis über diese basiskirchliche Vereinigung, die in der Dissertation von Sebastian Holzbrecher im Zeitraum von 1969 bis 1989 untersucht wurde.[10]

Vor dem Fall der Mauer galt dieser Kreis als ein dissidentes Gremium, das vor allem der Berliner Ordinarien- bzw. Bischofskonferenz und ihren Mitgliedern kritisch gegenüberstand und deren Handeln zumeist scharf negativ beobachtete und kommentierte. Obwohl zeitweise bis zu 200 Personen an den Vollversammlungen des Aktionskreises teilnahmen, gab es dennoch schon damals in der katholischen Öffentlichkeit nur wenig objektives Wissen über die Ziele des Kreises. Man kannte vom Hörensagen einige Mitglieder, die apodiktisch und unreflektiert als „Linke" bezeichnet wurden; die offizielle Kirche schien dieser Vereinigung eher skeptisch bis ablehnend gegenüber zu stehen. Lange hat es gebraucht, bis ernsthafte Anstrengungen unternommen wurden, das Informationsdefizit und die defizitären Einschätzungen über den meist nur mit dem Kürzel AKH bezeichneten Kreis auszumerzen.

Der AKH praktizierte, oftmals zum Missfallen mancher ostdeutschen Bischöfe, aber durch die Ekklesiologie des Zweiten Vatikanums durchaus legitimiert, eine „autonome Konzilsrezeption", die sich besonders auf die Themen Weltdienst der Christen, strukturelle Entfaltung des gemeinsamen Priestertums, Förderung des Laienapostolates und Ökumene orientierten.

Er befand sich mit dem pastoral weitblickenden Erfurter Bischof Joachim Wanke[11] in einer „disparaten Zeugnisgemeinschaft", weil er entscheidende Weichenstellungen in Bezug auf die Rezeption von „Gaudium et spes" schon Jahre zuvor antizipierte. Durch sein demokratieorientiertes Handeln und das Festhalten an einem innerkirchlichen Dissens als Ausdruck einer wünschenswerten innerkirchlichen Pluralität bildete der AKH eine „katholische Zivilgesellschaft" innerhalb der ostdeutschen Diktatur aus. Der dadurch entstandene kirchliche und gesellschaftliche Freiraum trug mit dazu bei, dass der AKH als ein Wegbereiter der friedlichen Revolution von 1989 auf Seiten der katholischen Kirche gelten kann. Gegenüber der manchmal übertriebenen Passivität kirchlichen Handelns in der DDR setzte diese Basisgruppe durch

---

[10] Zum Folgenden vgl. SEBASTIAN HOLZBRECHER, Der Aktionskreis Halle. Eine katholische Reformbewegung in der DDR zwischen Politik und Kirche, in: ANDREAS MERKT – GÜNTHER WASSILOWSKY – GREGOR WURST (Hg.), Reformen in der Kirche. Historische Perspektiven (= QD 260) (Freiburg/Br. 2014) S. 292–311.

[11] Jochim Wanke; geb. 4. 5. 1941 Breslau; Priesterweihe 28. 6. 1966 Erfurt; 1980–1981 Weihbischof des Apostolischen Administrators in Erfurt-Meiningen; 1981–1994 Apostolischer Administrator in Erfurt-Meiningen; 1994–2012 Bischof von Erfurt. – Vgl. JOSEF PILVOUSEK, Wanke, Joachim, in: ERWIN GATZ (Hg.), Die Bischöfe der deutschsprachigen Länder 1945–2001. Ein biographisches Lexikon (Berlin 2002) S. 180 f.

ihr kontinuierliches, jedoch nicht immer mehrheitsfähiges Handeln Akzente einer größeren missionarischen Aktivität.

Während in der katholischen Kirche in der DDR sonst die Friedensbewegung und das katholische Friedenszeugnis kaum eine Rolle spielten, hat der AKH wesentlich dazu beigetragen, die kirchenamtliche Friedensdiskussion anzukurbeln. Auch die Ökumene und vor allen Dingen die politische Ökumene sind vom AKH in den Mittelpunkt seiner Tätigkeit gerückt worden. Denkwürdig bleibt, dass gerade diese Spielart der Ökumene dazu beigetragen hat, dass die katholische Kirche in dem Prozess der friedlichen Revolution aktiv beteiligt werden konnte. Ihre Teilnahme an der „Ökumenischen Versammlung für Gerechtigkeit, Frieden und Bewahrung der Schöpfung in der DDR" stellt zweifelsfrei den Höhepunkt dieses ökumenischen Tuns dar. Ob der AKH tatsächlich als „Schule der Demokratie" bezeichnet werden kann, wird strittig bleiben.

Der AKH ist seit der in der Ära Bengsch[12] vollzogenen Wende der katholischen Kirche hin zur Beibehaltung des Status quo im Verhältnis von Kirche und Staat zweifelsfrei ein Störfaktor in der kirchenpolitischen Landschaft gewesen. Der Staat hatte schon bald die Intentionen des AKH erkannt: Demokratisierung – Humanisierung – Interpretation des Glaubens. Und staatliche Stellen fanden zu der Erkenntnis: Es gibt in der DDR keine weiteren dem AKH vergleichbaren Organisationsformen.

Bis 1990 hat der AKH 100 Rundbriefe verschickt, und natürlich wurde versucht, dies zu unterbinden und etwa die Vervielfältigungsapparate sicherzustellen. Dass dies nicht gelang, ist wohl einzig und allein der Standhaftigkeit einiger Mitglieder des Kreises zu verdanken. Das Ministerium für Staatssicherheit (MfS) hatte bald erkannt, dass Zersetzungsmaßnahmen gegen Mitglieder wirkungsvoller waren, als gegen die Gruppe selbst vorzugehen, und dementsprechend wurden auch einige Mitglieder besonders observiert und unter Druck gesetzt.

Nach der friedlichen Revolution von 1989 musste geklärt werden, welchen Rechtsstatus der AKH in der katholischen Kirche tatsächlich hatte. Die verbreitete Behauptung, der AKH sei kein kirchliches Gremium und seine Mitglieder seien außerhalb der Kirche angesiedelt gewesen, rief nach einer Klärung durch die damals kirchlich Verantwortlichen oder ihre Nachfolger. An diesem Klärungs- und Versöhnungsprozess durfte ich für wenige Jahre teilhaben beziehungsweise Zeuge dieses Geschehens sein.

---

[12] Alfred Bengsch; geb. 10. 9. 1921 Berlin-Schöneberg; Priesterweihe 2. 4. 1950 Berlin; 1959–1961 Weihbischof in Berlin; 1961–1979 Bischof von Berlin; 1961–1979 Vorsitzender der BOK bzw. (seit 1976) BBK; 1962 Titularerzbischof; 1967 Kardinal; gest. 13. 12. 1979 Berlin. – Vgl. JOSEF PILVOUSEK, Bengsch, Alfred, in: E. GATZ, Bischöfe 1945–2001 (wie Anm. 11) S. 94–97.

Natürlich könnte man die Geschichte des AKH als Erfolgsgeschichte bezeichnen. Dennoch möchte ich einige Anmerkungen in Übereinstimmung mit Joachim Garstecki machen:[13]

1. Um die insgesamt 50 Jahre des Bestehens des AKH angemessen zu würdigen, ist nicht nur die Zeit von 1969 bis 1990 in den Blick zu nehmen, sondern ebenso die Zeit von 1990/91 bis heute. Das AKH-Engagement in der Zeit nach der deutschen Wiedervereinigung ist nicht annähernd in vergleichbarer Weise aufgearbeitet. Themen und Erscheinungsbild des AKH sind in den beiden Perioden sehr unterschiedlich.

2. Das Verhältnis der Wahrnehmung des AKH zwischen Singularität in der DDR (vor 1990) und Pluralität in der „offenen Gesellschaft" (ein „Player" unter vielen anderen) ist zu klären. Die Aktivisten der Nach-DDR-Zeit haben oft das Gefühl, das faktische Alleinstellungs-Merkmal des AKH als widerständige kirchliche Gruppe zu DDR-Zeiten dominiere alles Spätere und ihr eigenes aktuelles zivilgesellschaftliches Engagement würde demgegenüber nicht gebührend geschätzt.

3. Trotzdem gilt: Für die 50 Jahre AKH von 1970 bis 2020 sind wohl die Kontinuitäten nachhaltiger und prägender als die vorhandenen „epochalen" Unterschiede zwischen DDR-Zeit und Nach-Wende-Zeit. Das ergibt sich aus der „lebenslangen" Bemühung im AKH, das eigene Denken, Reden und Tun als Ausdruck der Suche nach einer zukunftsfähigen Kirche zu begreifen. Vielleich sollte man den AKH selbst als eine lebendige „Inkarnation" dieser Suche verstehen.

Die Singularität des AKH ist unbestritten. Ohne dem Aktionskreis etwas an Pionierarbeit absprechen zu wollen, muss man aber auch an andere Kreise und Personen in der katholischen Kirche in der DDR erinnern, die sich dem Konzil und der von diesem ausgehenden Erneuerung der Kirche verpflichtet wussten. Bei Laien und Priestern in der katholischen Kirche in der DDR herrschte zum Beispiel wegen der restriktiven Publikations- und Zensurmaßnahmen des Staates stets ein Mangel an theologischen und gesamtkirchlichen Informationen, trotz der Kirchenzeitungen und diverser Jahrbücher, die in der DDR erscheinen konnten. Deshalb wohl entstand seit den frühen 1960er Jahren ein heterogenes Feld einer Vielzahl quasikirchlicher Publikationen. Einige Beispiele seien genannt.[14]

---

[13] Vgl. zum Folgenden PAP, Brief Garstecki an Pilvousek, 14. 1. 2020.

[14] Vgl. REINHARD GRÜTZ, Katholizismus in der DDR-Gesellschaft 1960–1909. Kirchliche Leitbilder, theologische Deutungen und lebensweltlich Praxis im Wandel (= VKZG, Reihe B 99) (Paderborn u. a. 2004) S. 23 f.

Zunächst: Die Tätigkeit des AKH wurde dokumentiert und veröffentlicht durch eigene Rundbriefe. Sie wurden die einzige aus privater Initiative hervorgehende und überregional versandte katholische Publikation in der DDR.[15]

Seit 1967 erschien ein von Werner Becker[16] herausgegebener ökumenischer Informationsdienst; ein evangelisch-katholischer Briefkreis wurde seit 1958 veröffentlicht.[17] Hinzuzählen sind beispielsweise auch die Handreichungen des Arbeitskreises „Pacem in terris".[18] Alle diese Veröffentlichungen erschienen ohne staatliche Druckerlaubnis mit dem Vermerk „Nur für den innerkirchlichen Dienstgebrauch". Eine größere Verbreitung erlangten die Ausgaben des theologischen Informationsdienstes, im Auftrag der BOK von Franz-Peter Sonntag[19] und Wolfgang Trilling[20] 1969 herausgegeben und von der Arbeitsstelle für Pastoralhilfsmittel im Seelsorgeamt des erzbischöflichen Kommissariats Magdeburg vervielfältigt und verschickt; aufgrund des Einspruchs des Staatssekretärs für Kirchenfragen konnte dieser Informationsdienst insgesamt nur dreimal erscheinen.[21]

Initiator des Theologischen Bulletins und zahlreicher anderer Aktivitäten wurde Dr. Dr. Paul Schimke,[22] Initiator des sogenannten „Erfurter

---

[15] S. HOLZBRECHER, Aktionskreis (wie Anm. 4) S. 132 f.

[16] Werner Becker; geb.17. 5. 1904 Mönchengladbach; 1925 Dr. iur. Bonn; Priesterweihe 1932 Aachen; 1938 Oratorianer Leipzig; 1933–1938 Studentenpfarrer Marburg, 1939–1961 Leipzig; 1961–1978 Konsultor im Sekretariat für die Einheit der Christen in Rom; 1966–1976 Leiter der Ökumenischen Arbeitsstelle Leipzig; gest. 1. 6. 1981 Leipzig. – Vgl. unter: https://de.wikipedia.org/wiki/Werner_Becker_(Theologe) [Zugriffsdatum: 22. 2. 2022].

[17] Vgl. R. GRÜTZ, Katholizismus (wie Anm. 14) S. 128 f.

[18] Vgl. MARTIN HÖLLEN, Loyale Distanz? Katholizismus und Kirchenpolitik in SBZ und DDR. Ein historischer Überblick in Dokumenten, Bd. 3/1 (1966 bis 1976) (Berlin 1998) S. 159 f.

[19] Franz-Peter Sonntag; geb. 1. 2. 1920 Bochum; Oratorianer in Leipzig/Dresden; Priesterweihe 27. 4. 1952; Dr. phil.; 1977 Professor für Kirchengeschichte und Patrologie am Philosophisch-Theologischen Studium Erfurt; 1985 emeritiert; gest. 22. 5. 1987 Köln. – Vgl. J. PILVOUSEK, Ausbildung (wie Anm. 5) S. 262.

[20] Wolfgang Trilling; geb. 16. 4. 1925 Chemnitz; 1949 Oratorianer in Leipzig; Priesterweihe 27. 4. 1952 in Leipzig-Lindenau; Dr. theol. München; Dozent am Philosophisch-Theologischen Studium Erfurt; Studenten- und Akademikerseelsorger in Leipzig; gest. 1. 8. 1993 Leipzig. – Vgl. CLEMENS BRODKORB, Trilling, Wolfgang, in: NDB 26 (2016) S. 418 f.

[21] BAEF, ROO: Vorsitzender/Sekretariat der BOK/BBK bzw. Außenstelle Berlin des Sekretariates der DBK. Protokolle 1968–1970, Protokoll Nr. 3/1969 der BOK vom 3./5. 9. 1969.

[22] Paul Schimke; geb. 18. 4. 1915 Leobschütz/Oberschlesien; 1940 Dr. iur. und Dr. rer. pol. Breslau; Priesterweihe 20. 3. 1949 Neuzelle für das Erzbischöfliche Generalvikariat Görlitz (1972 Apostolische Administratur, 1994 Bistum Görlitz); 1949 Kaplan in Görlitz/Hl. Kreuz, 1950 in Görlitz/St. Jakobus; 1952 Pfarrvikar in Guben; 1953 Pfarrvikar von Stalinstadt; 1956 Wissenschaftlicher Mitarbeiter im Lektorat des St.-Benno-Verlages Leipzig; 1965 Seelsorgstätigkeit Görlitz/St. Jakobus und als Konsistorialassessor im Erzbischöflichen Amte Görlitz; 1974 Ruhestand; Herausgeber des „Theologischen Bulletins" und der Zeitschrift „Wort und Leben"; 1975 Geistlicher Rat ad honorem; gest. 22. 7. 2005 Pehritzsch (Lkrs.

Gesprächskreises" (EGK), in dem auch einige Mitglieder des AKH mitarbeiteten.²³ Das erste Exemplar des Bulletins war „bis März 1969" ausgeliefert worden.²⁴

Aus der Vielzahl der nach seinem Tod vorgenommenen Versuche, Paul Schimkes Leben und Wirken zu beschreiben, ist neben anderen vor allem der von Paul Dissemond²⁵ hervorzuheben. Durch eine Fülle von Vorträgen im gesamten Bereich der DDR, so Dissemond, sei er bekannt geworden: „Er war in kein Schema zu pressen, seine vielfältigen Initiativen gingen meist an der offiziellen Akademikerarbeit vorbei. Sein unermüdlicher Eifer, seine persönliche Anspruchslosigkeit, sein Geschick, eine Vielzahl von Helfern und Helferinnen zu mobilisieren und zu motivieren (ich nannte ihn einmal den letzten Vertreter der Sklavenhaltergesellschaft, eine Bezeichnung der er schmunzelnd zustimmte), befähigten ihn, eine einzigartige Bibliothek und ein Zeitschriftenarchiv aufzubauen, das seinesgleichen sucht. Seine Perfektionsbesessenheit nahm allerdings gelegentlich abenteuerliche Formen an. Großzügige Unterstützung erfuhr er durch den Leiter des Europäischen Hilfsfonds in Wien, Wilhelm Reitzer".²⁶

Nordsachsen). – Vgl. HUBERTUS ZOMACK, Nachruf, in: Tag des Herrn. Katholische Wochenzeitung 55 (2005) Nr. 30. – Zuletzt ausführlich: JOSEF PILVOUSEK, Pfarrer Dr. Dr. Paul Schimke (1915–2005). Maßlosigkeit statt Enge, in: Jahrbuch für mitteldeutsche Kirchen- und Ordensgeschichte 17 (2021) S. 149–201.

²³ Die als „Erfurter Gesprächskreis" (EGK) (1968–1969) bezeichnete Gruppierung erhob u. a. Forderungen nach einer katholischen Interpretation des Sozialismus, der Dezentralisierung der Kirchenleitung, der Einführung einer Synodalverfassung und einer Neuumschreibung der Diözesangrenzen.

²⁴ Vgl. BAG, BO VIII, 119, Akte Infodienst Schimke, Registrat, 30. 12. 1968.

²⁵ Paul Dissemond; geb. 22. 7. 1920 Berlin; Priesterweihe 27. 6. 1948 Fulda; anschließend Kaplan in Oberufhausen, Bergen/Rügen und Berlin; 1962–1968 Akademikerseelsorger des Bistums Berlin; 1966–1994 Ordinariatsrat; 1968 Sekretär, 1985 Generalsekretär der BOK bzw. (seit 1976) BBK; 1973 Prälat; 1994 Ruhestand; gest. 26. 2. 2006 Berlin. – Vgl. BERND SCHÄFER, Dissemond, Paul, in: HELMUT MÜLLER-ENBERGS – JAN WIELGOHS – DIETER HOFFMANN (Hg.), Wer war wer in der DDR? Ein biographisches Lexikon (Berlin 2000) S. 153 f.

²⁶ Vgl. PAUL DISSEMOND, Akademikerseelsorge, in: ULRICH VON HEHL – HANS GÜNTER HOCKERTS (Hg.), Der Katholizismus – gesamtdeutsche Klammer in den Jahrzehnten der Teilung? Erinnerungen und Berichte (Paderborn u. a. 1996) S. 156–158, hier: S. 157. – Wilhelm Reitzer; geb. 27. 9.1917 Zandt bei Denkendorf (Lkrs. Eichstätt); Priesterweihe 1948; Kaplan in Wemding und Greding; 1952 Präses der Kolpingsfamilie Ingolstadt; 1953 Diözesanpräses des Katholischen Werkvolkes und Leiter der CAJ (Christliche Arbeiterjugend) im Bistum Eichstätt; 1958 Kurat, 1959 Pfarrer von Ingolstadt/St. Augustin; 1967 Domkapitular, Vorstand des Diözesanbauamtes und Diözesanpräses des Kolpinwerkes; 1973 Finanzdirektor Eichstätt; 1979 Leiter des Europäischen Hilfsfonds Wien, 1987 emeritierter Domkapitular in Ingolstadt, weiterhin mit seelsorglichen Aufgaben; gest. 27. 9. 2007

Einer von Schimkes Nachfolgern als Herausgeber des Theologischen Bulletins, Heinz Josef Durstewitz,[27] stellte ihn wegen seines Bekennermutes in die Reihe mit Bonhoeffer[28] und Lichtenberg:[29] „Dass er ein anderes Verhältnis zur Geheimhaltung hatte als ich, das ist sicher seiner Erfahrung im Dritten Reich geschuldet. Nein, er gehört für mich zu den großen Persönlichkeiten in unserer Kirche. Ich habe oft den Eindruck, dass ich der Einzige bin, der an ihn erinnert."[30] Der letzte Generalsekretär der Berliner Bischofskonferenz Josef Michelfeit[31] kommentierte, dass viele Verantwortliche in der Kirche ihn nicht verstanden hätten, und so sei auch zu verstehen, dass er sich nicht in die Karten schauen ließ, um seine Sache nicht zu gefährden und keine Spuren zu hinterlassen. „Er hat wohl tiefer gesehen als die ganze Bischofskonferenz, was die Kirche in der Gegenwart und deren Zukunft angeht. Ich durfte diese Erfahrung, ... bei verschiedenen Gelegenheiten und in so manchen Gesprächen machen, auch wenn ich manches an Tragweite damals noch nicht verstehen konnte."[32]

Ingolstadt. – Vgl. Nachruf unter: https://www.bistum-eichstaett.de/aktuell/aktuelle-meldungen-details/news/praelat-wilhelm-reitzer-verstorben-ehemaliger-eichstaetter-finanzdirektor-und-leiter-des-europaeische/ [Zugriffsdatum: 22. 2. 2022].

[27] Heinz Josef Durstewitz; geb. 26. 3. 1945 Birkenfelde/Eichsfeld; Priesterweihe 27. 6. 1970 Erfurt; Kaplan in Niederorschel, Eisenach und Apolda; 1975 Studentenpfarrer in Jena; 1982 Sekretär der Pastoralkonferenz der BBK und Herausgeber des „Theologischen Bulletin"; 1991 Oberpfarrer im Bundesgrenzschutz; 1995 Propst und Bischöflicher Geistlicher Kommissarius in Heiligenstadt sowie nichtresidierender Domkapitular in Erfurt; 2011 Propst i. R. – Vgl. unter: https://de.wikipedia.org/wiki/Heinz-Josef_Durstewitz [Zugriffsdatum: 22. 2. 2022].

[28] Dietrich Bonhoeffer; geb. 4. 2. 1906 Breslau; evangelischer Theologe; 1931 Privatdozent und Studentenpfarrer; Mitbegründer des Pfarrernotbundes; 1935 Leiter eines Predigerseminars der Bekennenden Kirche; Mitarbeit im Widerstand; gest. 9. 4. 1945 KZ Flossenbürg (hingerichtet). – Vgl. RAINER MAYER, Bonhoeffer, Dietrich, in: LThK3 2 (1994) Sp. 574.

[29] Bernhard Lichtenberg; geb. 3. 12. 1875 Ohlau; Priesterweihe 21. 6. 1899 Breslau; Seelsorger in Berlin; 1931 Domkapitular; 1932 Dompfarrer, 1938 Dompropst in Berlin; gest. 5. 11. 1943 Hof (nach zweijähriger NS-Haft auf dem Transport ins KZ Dachau); 1996 als Märtyrer seliggesprochen. – Vgl. GOTTHARD KLEIN, Lichtenberg, Bernhard, in: LThK3 6 (1997) Sp. 904 f.

[30] Vgl. PAP, Brief Durstewitz an Michelfeit, 6. 9. 2019.

[31] Josef Michelfeit; geb. 3. 1. 1937 Simmersdorf (tschech. Smrčná, Krs. Iglau, Mähren); Priesterweihe 21. 12. 1962 Rostock; Vikar in Tessin (bei Rostock), Neukloster und Schwerin; 1967 Jugendseelsorger für das Bischöfliche Kommissariat Schwerin; 1973–1983 Pfarrer von Crivitz (bei Schwerin); 1973 Assessor, 1974 Ordinariatsrat am Bischöflichen Amt Schwerin; 1978–1987 Generalvikar des Apostolischen Administrators in Schwerin; 1987–1990 Generalsekretär der BBK; 1990–1996 Leiter der Außenstelle Berlin des Sekretariats der DBK; 1996–2005 Domkapitular in Hamburg; Ruhestand in Rostock. – Vgl. JOSEF PILVOUSEK, Michelfeit, Josef, in: E. GATZ, Bischöfe 1945–2001 (wie Anm. 11) S. 510 f.

[32] Vgl. PAP, Brief Michelfeit an Durstewitz, 13. 9. 2019.

Der AKH ist demnach auch in die Reihe der bekannten Theologen einzuordnen, die sich um eine katholische Publizistik in der DDR bemühten — trotz Zensur und systemkonformer Bürokratie.

Partner in einem Diskussionsprozess

Meine näheren Kontakte zum AKH begannen mit einem Anruf aus Magdeburg Ende 2003. Ich weiß nicht mehr genau, ob Bischof Nowak[33] selbst oder seine Sekretärin anrief und wissen wollte, ob ich eventuell bereit wäre, in einen Diskussionprozess über die Rolle des AKH in der katholischen Kirche in der DDR einzutreten. Ich sagte zu, ohne zu wissen, worum es eigentlich ging. Erst allmählich stellte sich heraus, dass die sogenannte „Unheilige Allianz" gegen den Aktionskreis sowie deren Folgen und Konsequenzen auf den folgenden Zusammenkünften besprochen werden sollten.

Seit seiner Gründung standen der AKH und seine Protagonisten im Visier des MfS und wurden umfassend überwacht. Postkontrollen, geheime Haussuchungen, Telefonüberwachung sowie vielfältige Einschüchterungsmaßnahmen gehörten zum Standardrepertoire und fanden hier umfangreiche Anwendung. Über ein Jahrzehnt hatte der Staatssicherheitsdienst versucht, den Kreis durch Isolierung und „Zersetzung" der Führungspersönlichkeiten, so der interne Sprachgebrauch, aufzulösen. Als dies nicht in der geplanten Weise gelang, bemühte sich das MfS durch eingeschleuste inoffizielle Mitarbeiter (IM) darum, direkten Einfluss auf das Wirken der Gruppe zu erlangen. Die in den kirchlichen und staatlichen Quellen hierzu festgehaltenen Aussagen von kirchlichen Vertretern sind kaum geeignet, den vom AKH erhobenen Vorwurf einer „unheiligen Allianz" zwischen MfS und katholischer Kirche nachhaltig zu entkräften.

Im Auftrag des Sprecherkreises des AKH wurde am 31. Januar 2004 ein Memorandum verfasst, in dem es hieß, insbesondere in den Jahren 1984/85 hätten die staatlichen Sicherheitsorgane der DDR die Zugehörigkeit des AKH zur katholischen Kirche und damit die Legalität seiner Tätigkeit unter ausdrücklichem Bezug auf eine entsprechende Erklärung des Bischöflichen Amtes Magdeburg bzw. der damaligen Bistumsleitung bestritten.[34] Das staatliche Vorgehen gegen den AKH und gegen einzelne aktive katholische

---

[33] Leopold Nowak; geb. 17. 3. 1929 Magdeburg; Priesterweihe 10. 5. 1956 Magdeburg; 1975 Seelsorgeamtsleiter und Assessor im Bischöflichen Amt Magdeburg; 1976 Geistlicher Rat; 1990–1994 Apostolischer Administrator in Magdeburg; 1994–2004 Bischof von Magdeburg. – Vgl. CLEMENS BRODKORB, Nowak, Leopold, in: E. GATZ, Bischöfe 1945–2001 (wie Anm. 11) S. 353.

[34] PAP, Aktenkonvolut Willms, Memorandum, 31. 1. 2004.

Mitarbeiterinnen und Mitarbeiter wegen angeblich illegaler Tätigkeit sei somit eindeutig und nachweisbar auf offizielle bischöfliche Stellungnahmen zurückzuführen gewesen. Eine klärende Aussprache mit dem damaligen Magdeburger Bischof Johannes Braun[35] und dem Vorsitzenden der Berliner Bischofskonferenz, Kardinal Joachim Meisner,[36] sei damals verweigert worden. Deshalb wollte der Kreis den nunmehrigen Bischof von Magdeburg, Leopold Nowak, um eine Aussprache und Stellungnahme bitten. Unterzeichner des Memorandums waren Pfarrer Willi Verstege[37] und Dr. Peter Willms.[38]

In Vorbereitung eines Treffens sollte der Bischof eigentlich um die Abgabe einer Stellungnahme gebeten werden, die den folgenden Wortlaut haben sollte: „Als Bischof von Magdeburg bedaure ich aufrichtig das staatliche Unrecht, das dem Aktionskreis Halle (AKH) und seinen Mitgliedern durch das Mitwirken zentraler katholischer Stellen in der DDR-Zeit geschehen ist. Für mich war und ist die Zugehörigkeit des AKH zur katholischen Kirche unbestreitbar. Magdeburg, den 5. Februar 2004."[39] Diese so vorformulierte Erklärung wurde letztlich aber verworfen und dem Bischof entsprechend nicht vorgelegt.

Vielmehr gelang es dank der konzilianten Haltung der Gesprächspartner, ein Treffen anzuberaumen, um über die Differenzen offen zu sprechen und entsprechende Beschuldigungen einzustellen. Zu verdanken ist dies vor allem zwei Protagonisten des AKH, Dr. Peter Willms und Joachim Garstecki, aber

---

35 Johannes Braun; geb. 28. 10. 1919 Dortmund; Priesterweihe 8. 8. 1948 Paderborn; 1970 Adjutorbischof des Weihbischofs und Erzbischöflichen Kommissars (Generalvikars) in Magdburg; 1970–1973 Erzbischöflicher Kommissar (Generalvikar) für das Erzbischöfliche Kommissariat Magdeburg und Titularbischof; 1973–1990 Apostolischer Administrator des Bischöflichen Amtes Magdeburg; gest. 17. 7. 2004 Paderborn. – Vgl. CLEMENS BRODKORB, Braun, Johannes (Hans-Georg), in: E. Gatz, Bischöfe 1945–2001 (wie Anm. 11) S. 349–352.

36 Joachim Meisner; geb. 25. 12. 1933 Breslau-Lissa; 1975–1980 Weihbischof des Apostolischen Administrators in Erfurt-Meiningen; 1980–1988 Bischof von Berlin; 1982–1989 Vorsitzender der BBK; 1983 Kardinal; 1988–2014 Erzbischof von Köln; gest. 5. 7. 2017 Bad Füssing/Niederbayern. – Vgl. ULRICH HELBACH, Meisner, Joachim, in: E. GATZ, Bischöfe 1945–2001 (wie Anm. 11) S. 295–297.

37 Willi Verstege; geb. 14. 4. 1925 Herten-Langenbochum; Priesterweihe 29. 3. 1952 Paderborn; 1960 Pfarrvikar von Nienburg, 1988 zugleich Pfarradministrator von Rosenburg; 1993 Pfarrer i. R. und (bis 2002) Pfarradministrator von Nienburg; gest. 27. 9. 2013 Halle/Saale. – Vgl. Nachruf unter: https://www.bistum-magdeburg.de/aktuelles-termine/presse-archiv/archiv-2013/pfarrer-verstege-verstorben.html [Zugriffsdatum: 22. 2. 2022].

38 Peter Willms; geb. 8. 6. 1931 Neuss/Rhld.; Jura-Studium Köln; Dr. iur.; 1967 Übersiedlung in die DDR nach Halle/S. und dort verheiratet; 1967–1998 beruflich und verbandspolitisch im Gesundheitswesen tätig, u. a. Geschäftsführer der Katholischen Wohltätigkeitsanstalt zur Hl. Elisabeth; Förderer des Hospiz-Gedankens in der DDR; nach 1989/90 Mitbegründer der Krankenhaus-Gesellschaft Sachsen-Anhalt; langjähriges Mitglied des Sprecherkreises des AKH.

39 PAP, Aktenkonvolut Willms, Text, 5. 2. 2004.

auch dem Magdeburger Bischof Nowak, die bereit waren, nach fast 17 Jahren Fehler der Vergangenheit aufzuarbeiten und entsprechende Verwundungen zu benennen.

Am 12. Februar 2004 empfing Bischof Nowak zusammen mit Generalvikar Reinhold Pfafferodt[40] die beiden Vertreter des AKH.[41] Der Bischof versicherte, dass er Verständnis für das Anliegen habe und bereit sei, bei einer objektiven innerkirchlichen Aufarbeitung behilflich zu sein und selbst dabei mitzuarbeiten. Die Bedeutung der erwähnten, für diesen Zweck noch zu gründenden Arbeitsgruppe, in der mitzuarbeiten ich selbst gebeten worden war, ist rückblickend nicht hoch genug zu veranschlagen.

Zu einer „Anlaufberatung der Arbeitsgruppe zur Geschichte des Aktionskreises Halle" kam es am 24. August 2004 in der Wohnung von Peter Willms in Halle.[42] Teilnehmer waren Ursula Broghammer,[43] Joachim Garstecki, Natascha Regner,[44] Pfarrer Willi Verstege, Peter Willms und Alexandra Ermrich.[45] Ich selber war von Bischof Nowak vorgeschlagen worden, um gewissermaßen als Moderator – so verstand ich jedenfalls meine Rolle – dabei zu sein. Bischof Nowak selbst richtete Grüße aus, weil er nicht teilnehmen konnte.

Schon bei diesen Vorgesprächen wurde deutlich, dass eine rein historische Arbeit, die nur Fakten benennt, Abläufe beschreibt und Ergebnisse festhält, der eigentlichen Intention nicht gerecht werden würde. Es war unverkennbar, dass die Gründung des AKH und sein Programm sich wesentlich dem Zweiten Vatikanischen Konzil verdanken und dass dieses Konzil, seine Ergebnisse und seine Rezeption einen wichtigen Platz bei der „Aufarbeitung" haben müssten. Zu der Atmosphäre des gewünschten Dialogs und einer objektiven Versöhnung gehörte auch, dass die Mitglieder des AKH sich (ohne Vorbehalte!) bereit erklärten, alle bei ihnen befindlichen Quellenmaterialien zur Verfügung zu stellen und ihr Archiv partiell einem Bearbeiter zu überlassen. Eine solche Großzügigkeit und Offenheit barg freilich auch Gefahren. Allmählich wurde nämlich deutlich, dass brisante Äußerungen

---

[40] Reinhold Pfafferodt; geb. 26. 1. 1951 Bischofferode (Eichsfeld); Priesterweihe 23. 4. 1977 Magdeburg; 1997 nichtresidierender, 2003 residierender Domkapitular; 2002 Ordinariatsrat; 2002–2005 Generalvikar des Bischofs von Magdeburg; 2005 Dompropst.

[41] PAP, Aktenkonvolut Willms, Brief AKH an Nowak, 17. 2. 2004.

[42] Ebd., Ergebnisprotokoll der Anlaufberatung, 24. 8. 2004.

[43] Ursula Broghammer; geb. 29. 7. 1941 Breslau; Medizinisch-technische Labor-Assistentin an der Universität Halle/S.; 1965–1968 Mitarbeiterin im Magdeburger Jugendseelsorgeamt, dann in der Gemeindearbeit in Halle/Hl. Kreuz; Mitglied der ökumen. Gruppe „Frauen für den Frieden" Halle; lebt in Halle-Dölau.

[44] Natascha Regner; Lehrerin; keine weiteren biograpischen Daten zu ermitteln.

[45] Alexandra Ermrich; geb. 15. 1. 1980 Wernigerode; verheiratete Wolke; keine weiteren biographischen Daten zu ermitteln.

auch damals noch lebender Akteure durchaus missverstanden werden könnten.

Auf der ersten Sitzung wurde ferner über die Rolle des AKH im Leben der einzelnen Mitglieder diskutiert. Im AKH, so ein Teilnehmer, trafen sich freiwillig Menschen, die von der Wichtigkeit anstehender Themen überzeugt waren. Hier konnten sie weitgehend „herrschaftsfrei" kommunizieren. Man konnte spüren, dass es sich lohne, eine Kirche zu sein, die authentisch ist. Die AKH-Mitglieder waren stets motiviert, über die Neuinterpretation des Glaubens nachzudenken; man besetzte und diskutierte Themen, die sonst niemand in der DDR an- und aussprach.

Alexandra Ermrich, die Interesse an der Anfertigung einer Dissertation über den AKH gezeigt hatte, musste dies schließlich aus familiären Gründen aufgeben und schied aus dem Gremium aus. An ihrer Stelle konnte ich Sebastian Holzbrecher für ein „Projekt Aktionskreis Halle" gewinnen.

Die zweite Sitzung der Arbeitsgruppe fand am 16. März 2005 im Roncalli-Haus Magdeburg statt.[46] Ein erster Tagesordnungspunkt war dabei der Vortrag von Peter Willms über die unheilige Allianz zwischen Staat und Kirche unter dem Titel: „Der AKH zwischen den Stühlen". Bischof Nowak kannte den Vortrag bereits und hatte dazu ein Statement verfasst.[47] Er konzentrierte sich dabei auf sein Wissen als ehemaliger Seelsorgeamtsleiter und speziell zum Verhältnis von Bischof Braun zum AKH. Braun habe mit ihm persönlich niemals über den AKH gesprochen. Anders als dieser habe Nowak den AKH immer als kirchliche Gruppe betrachtet. Nach seiner Einschätzung waren die Konflikte zwischen Braun und dem AKH vorprogrammiert. Für alle Beteiligten sei es fast unmöglich gewesen, Person und Sache zu trennen. Braun wusste, dass bestimmte AKH-Mitglieder ihn als Bischof von Anfang an abgelehnt hatten. Die politischen Aktivitäten des AKH und seine eigenmächtigen Stellungnahmen seien nach Meinung Brauns schädlich für die Kirche gewesen, aber auch Ausdruck des Ungehorsams, da für den Umgang mit politischen Stellen allein die Bischöfe zuständig gewesen seien. Bischof Nowak bedauerte auch, dass der AKH sich anscheinend außer Stande sah, das unterschiedliche Kirchen- und Amtsverständnis von Bischof Braun realistisch einzuschätzen und entsprechend zu berücksichtigen.

Die anwesenden Mitglieder des AKH betonten nochmals, dass sich der AKH immer in der katholischen Kirche verwurzelt verstanden und sich stets für die Rezeption der Konzilsbeschlüsse in der „DDR-Kirche" eingesetzt habe. Die latent vorhandenen Meinungsverschiedenheiten hätten aber nie dazu führen dürfen, dass Bischof Braun die Zugehörigkeit des AKH zur

---

[46] PAP, Aktenkonvolut Willms, Ergebnisprotokoll, 22. 3. 2005.
[47] Ebd., Statement Nowak, 15. 3. 2005.

katholischen Kirche gegenüber staatlichen Stellen bestritt beziehungsweise bestreiten ließ. Braun hätte wissen müssen, dass der AKH und seine Mitglieder damit gleichsam als „Freiwild" für die staatlichen Sicherheitsorgane galten. Man könne angesichts der Sachlage tatsächlich davon sprechen, dass es eine „unheilige Allianz" zwischen Bischof und Sicherheitsorganen gegeben habe.

Ein weiteres, letztes Treffen der Arbeitsgruppe erfolgte am 8. Dezember 2005 in Magdeburg. Teilnehmer waren Bischof Nowak, Willi Verstege, Joachim Garstecki, Ursula Broghammer, Peter Willms, Sebastian Holzbrecher und der Verfasser. Themen waren die Rezeption des Zweiten Vatikanischen Konzils in der katholischen Kirche auf dem Gebiet der DDR sowie die Rezeption der dort abgehaltenen Pastoralsynode von 1973–1975. Hier wurde auch die Absicht von Sebastian Holzbrecher, eine Dissertation über den AKH zu verfassen, zur Kenntnis genommen und Hilfe zugesagt.

Damit war die Tätigkeit der Arbeitsgruppe im eigentlichen Sinn beendet. Es gab zwar noch sporadische Kontakte der Mitglieder, reguläre Treffen wurden jedoch nicht mehr anberaumt. Am 24. März 2010 schrieb Peter Willms an Bischof Nowak und gleichlautend an den Verfasser, dass die wichtigsten Fragen und Anliegen des AKH, „die wir in der AG Geschichte des Aktionskreises Halle vorgetragen haben, wissenschaftlich kompetent beantwortet"[48] seien. Er fügte hinzu, dass inzwischen auch außerhalb dieser Arbeitsgruppe weitere innerkirchliche Aufarbeitung und Klärung der anstehenden Probleme erfolgt sei, beispielsweise durch einen Beitrag von Joachim Garstecki in der „Herder-Korrespondenz" unter dem Titel: „Den Löwen gekitzelt. 40 Jahre ‚Aktionskreis Halle' im Spannungsfeld von Kirche und Staat in der DDR".[49] Auch der Vortrag des Verfassers am 19. November 2009 in der Katholischen Akademie Berlin über die Rolle des AKH bei der Friedlichen Revolution wurde in diesem Zusammenhang erwähnt.[50] Beigefügt war ein Gutachten der Regensburger Kanonistin Sabine Demel[51] über die kirchenrechtliche Stellung bzw. Einordnung des AKH vom 23. März 2010. In ihrem 16 Seiten umfassenden Gutachten konstatierte sie gegenüber aller bisherigen

---

[48] Ebd., Brief Willms an Pilvousek, 24. 3. 2010.

[49] HerKorr 64 (2010) Nr. 4, S. 198–202 – Nachdruck in: M. DOBERSCHÜTZ, AKH (wie Anm. 8) S. 10–19.

[50] Vgl. JOSEF PILVOUSEK, Kirche in der DDR. Rückschau auf die Erfahrungen, in: KATHOLISCHE AKADEMIE IN BERLIN E. V. (Hg.), 20 Jahre Mauerfall. Katholische Kirche und Friedliche Revolution – Lernschritte und Bewährungsproben. Eine Dokumentation (o. O. 2010) S. 4–17.

[51] Sabine Demel; geb. 21. 9. 1962 Coburg; 1922 Dr. theol. Eichstätt; 1995 Habilitation; seit 1997 Inhaberin des Lehrstuhls für Kirchenrecht an der Fakultät für katholische Theologie der Universität Regensburg. – Vgl. unter: https://de.wikipedia.org/wiki/Sabine_Demel [Zugriffsdatum: 22. 2. 2022].

Skepsis zweifelsfrei die kirchenvereinsrechtliche Stellung des AKH als freien Zusammenschluss gemäß dem allgemeinen Kirchenrecht (CIC/1983).[52]

Mir scheint, dass die Arbeit der Protagonisten Garstecki und Willms auf der einen sowie Bischof Nowak auf der anderen Seite in der Arbeitsgruppe durchaus erfolgreich gewesen ist, indem Wege gebahnt wurden, die weitere harmonisierende Abstimmungen möglich machten. Was ausstand, war eine klärende Stellungnahme des amtierenden Magdeburger Bischofs Gerhard Feige.[53] In einem Gespräch in Magdeburg zwischen Feige, Garstecki und Willms erbat der AKH ein bischöfliches Grußwort zu seinem 40. Jubiläum. Willms hielt in einem Schreiben fest: „Obwohl im Laufe der Jahre eine Reihe von seriösen wissenschaftlichen Untersuchungen die Berechtigung des AKH-Anliegens unterstrichen haben, kam es bis heute noch nicht zu der gewünschten öffentlichen Rehabilitierung des AKH durch die damals beteiligten kirchlichen Stellen beziehungsweise ihrer heutigen kirchlichen Verantwortungsträger".[54]

Bischof Feige entsprach der Bitte. In seinem Grußwort an den AKH vom 16. April 2010[55] führte er unter anderem aus, der AKH sei „mit seiner ökumenischen Ausrichtung und seinen vielfältigen Aktivitäten ... wesentlich an der friedlichen Revolution von 1989 beteiligt" gewesen. Zugleich brachte er sein Bedauern darüber zum Ausdruck, „dass der AKH nicht nur unter einer schmerzlichen Ausgrenzung, sondern auch unter staatlichen Repressionen gelitten hat, die offensichtlich durch entsprechende Äußerungen kirchlicher Verantwortungsträger gegenüber dem Staatsapparat überhaupt erst möglich geworden sind." Mit diesem Grußwort wurde der verbreiteten Stigmatisierung des AKH als nicht zur katholischen Kirche gehörende Gruppierung gleichsam offiziell ein Ende gesetzt. Dies war gleichermaßen ein Ergebnis der verschiedenen Zusammenkünfte und Gespräche wie auch die oben genannte Dissertation über den AKH von Holzbrecher.

---

[52] Vgl. SABINE DEMEL, Gutachten über die kirchenrechtliche Stellung/Einordnung des Aktionskreises Halle (AKH), in: M. DOBERSCHÜTZ, AKH (wie Anm. 8) S. 20–40.

[53] Gerhard Feige; geb. 19. 11. 1951 Halle/Saale; Priesterweihe 1. 4. 1978 Magdeburg; 1988 Dr. theol. Erfurt; 1989 Dozent, 1994 Professor für Alte Kirchengeschichte, Patrologie und Ostkirchenkunde in Erfurt; 1999 Weihbischof in Magdeburg; seit 2005 Bischof von Magdeburg. – Vgl. CLEMENS BRODKORB, Feige, Gerhard, in: E. GATZ, Bischöfe 1945–2001 (wie Anm. 11) S. 353 f.

[54] PAP, Aktenkonvolut Willms, Gespräch AKH-Sprecherkreis mit Bischof Feige, 10. 2. 2010.

[55] DR. GERHARD FEIGE, Grußwort zum 40-jährigen Bestehen des Aktionskreises Halle, in: M. DOBERSCHÜTZ, AKH (wie Anm. 8) 42 f.

Fazit und Resümee

Ich solle keine Beerdigungsrede halten, war ich gebeten worden.[56] Reden am Grabe von Verstorbenen, Leichenpredigten, hat es seit der Zeit gegeben, als Menschen begannen, sich mit einem gewissen Ritus von Verstorbenen zu trennen. Man wollte dem Toten eine „Gute Nachrede" widmen. So etwas ist stets erlaubt und gewünscht! Der Ritus für hier und heute ist längst festgelegt: Jubiläumstagung! Der Wert ritueller Abschiedsreden, die heute in großen Sammlungen wissenschaftlich ausgewertet werden, bemisst sich allerdings nicht nur an der Zahl der darin enthaltenen Informationen und Daten, sondern an der Richtigkeit und Intention der Inhalte. Das Kriterium ist also nicht allein die „nackte Tatsache". Dies könnte man einfach und schnell mit drei Thesen aus der Arbeit von Holzbrecher belegen:[57]

1. Autonome Konzilsrezeption. Der AKH hat die Aussagen des Zweiten Vatikanischen Konzils weitgehend selbstständig und autonom rezipiert.

2. Durch seine Konzilsrezeption hat der AKH dazu beigetragen, einen theologischen Perspektivwechsel in der katholischen Kirche zu befördern, der sich beispielsweise auch, obschon keine direkte Abhängigkeit und Verbindung nachzuweisen ist, beim Erfurter Bischof Dr. Joachim Wanke findet. Mit diesem schien auch für einzelne Bischöfe seit Anfang der 1980er Jahre ein anderer Umgang mit der DDR-Wirklichkeit möglich.

Der AKH ist für die katholische Kirche die bestimmende Gruppe, die zur Bildung einer katholischen Zivilgesellschaft beigetragen hat. Trotz einiger Defizite ist der AKH ein authentischer Zeuge der christlichen Botschaft, die das Evangelium als Ruf der Freiheit verkündet hat.

Gute Nachrede bezieht sich immer auch auf das, was darüber hinaus bleibt, und auf das, von dem erhofft wird, dass es fortdauern wird. Das kann je unterschiedlich sein, auch wenn das Prinzip, es soll etwas Gutes sein, stets gleichbleibt. Ich, der ich den AKH und einige seiner Vertreter erst relativ spät kennen, verstehen und schätzen gelernt habe, kann mir Wertungen als Privatmann erlauben, die sich jenseits der gängigen Kategorisierungen finden.

Zum 40-Jahrjubiläum des AKH formulierte Joachim Garstecki in einer bemerkenswerten Ansprache: „Die Frage nach dem Weitermachen des AKH kommt also auch nach 40 Jahren nicht zur Ruhe. Die Leben zerstörenden Folgen des neo-liberalen Wirtschaftssystems, die Gefangenschaft der Kirche im bürgerlich-kapitalistischen Gesellschaftsmodell und eine Ökumene der

---

[56] PAP, Brief Doberschütz an Pilvousek, 9. 5. 2019.
[57] Vgl. S. HOLZBRECHER, Aktionskreis (wie Anm. 4) S. 413–425.

eingeschlafenen Füße, die Trennung von gestern zementiert, statt die Gemeinsamkeiten von heute zu erproben, sind drei wichtige Desiderate, die heute auf der Tagesordnung stehen. Solange es die begrenzten Kräfte zulassen, wird der AKH an diesen Fragen weiterarbeiten. Er bleibt eine Gruppe ohne feste ‚Umschreibung'"[58] – sollten wir heute nicht hinzufügen: auch ohne feste Organisationsstrukturen, aber lebendig?

Garstecki fuhr fort: „Der Vorbehalt der ‚Vorläufigkeit', der schon die ‚Vorläufige Grundsatzerklärung' von 1970 prägt, bewahrt uns davor, endgültige Antworten zu suchen. Das Vorläufige ist und bleibt ein Kennzeichen des Unterwegs-Seins. Und es wird weiter gelten: ‚Viele Akte der Vergeblichkeit müssen getan werden (Erhard Kinzel), bis sich Neues andeutet, geschweige denn durchsetzen kann.'"[59] Er beschließt seine Rede: „Vorläufigkeit und Vergeblichkeit sind zwei gute alte Hausgötter. Sie lehren uns Geduld, sie machen nicht viel her, aber wir fahren gut mit ihnen."[60]

Am Ende meiner Ausführungen sollen einige persönliche Bemerkungen stehen. Die Mitglieder des AKH, die ich kennenlernte, waren für mich, authentisch formuliert, Zeugen des Glaubens. Ich habe sie als Frauen und Männer der Kirche erlebt, die manchmal über diese den Kopf schüttelten und dennoch ihre Bischöfe akzeptierten, die über die Kirche schimpften, aber treu zu ihr hielten und für die unterschiedliche Gottesdienstformen Quelle und Gipfel ihres christlichen Lebens sind und waren. Für dieses Zeugnis bin ich Ihnen dankbar!

Peter Stosiek hat in einem Predigttext vom September 2004 einmal formuliert: „‚Ach jenes Land der Wonne ...', das der Heinrich Heine so ‚oft im Traum' gesehen hat, muss keine Illusion sein. Das Land wo alle Tränen abgewischt werden, wo es keinen Tod mehr gibt, keine Trauer, keine Mühsal und kein Klagegeschrei. Orplid mein Land. Aber wir werden es nicht erringen, nicht abwandern, nicht erstreiten. Es wird zu uns kommen. Vermutlich."[61]

---

[58] Vgl. J. GARSTECKI, Erinnern (wie Anm. 8) S. 53.
[59] Ebd.
[60] Ebd.
[61] PETER STOSIEK, Überlegungen zu Josua 5,10–12, in: M. DOBERSCHÜTZ, AKH (wie Anm. 8) S. 72–75, hier: S. 75.

Erstveröffentlichungsnachweise

Die Pastoralsynode der katholischen Kirche in der DDR (1973–1975), in: Pastoraltheologische Informationen 31/1 (2011) (= 40 Jahre Gemeinsame Synode der Bistümer in der Bundesrepublik Deutschland [1971–1975], Tl. 1) S. 39–52.

In memoriam Georg Kardinal Sterzinsky (1936–2011), in: Jahrbuch für mitteldeutsche Kirchen- und Ordensgeschichte 7 (2011) S. 333–337.

„Das Damals nicht vergessen, aber in die Zukunft schauen". Aspekte des Bischofsdienstes in der DDR und im vereinten Deutschland, in: BENEDIKT KRANEMANN – MARIA WIDL (Hg.), Den österlichen Mehrwert im Blick. Theologische Beiträge zu einer Kirche im Umbruch (= Erfurter Theologische Studien 42) (Würzburg 2012) S. 161–170.

Den Himmel offen halten. Vortrag zur Feier der Verabschiedung von Bischof Dr. Joachim Wanke, in: Jahrbuch für mitteldeutsche Kirchen- und Ordensgeschichte 8 (2012) S. 289–297.

Otto Kuss und ein Selbstzeugnis aus dem Jahre 1983, in: JÜRGEN BÄRSCH – REIMUND HAAS (Hg.), Vom Stift Essen zum Ruhrbistum. FS Hans Jürgen Brandt (= Theologie und Hochschule 4) (Münster 2013) S. 375–389.

Von der Charitas zur Caritas. 150 Jahre kirchlich-soziales Wirken der Aachener Franziskanerinnen in Erfurt, in: Jahrbuch für mitteldeutsche Kirchen- und Ordensgeschichte 10 (2014) S. 221–240.

25 Jahre Mauerfall. Kirchengeschichtliche Deutungen der „Zäsur 1989", in: Jahrbuch für mitteldeutsche Kirchen- und Ordensgeschichte 11 (2015) S. 227–240

Prof. Dr. Karl-Joseph Hummel. Ansprache zu seiner Verabschiedung als Direktor der Forschungsstelle der Kommission für Zeitschichte und Geschäftsführer der Kommission für Zeitgeschichte e. V. in Bonn, in: Jahrbuch für mitteldeutsche Kirchen- und Ordensgeschichte 12 (2016) S. 291–305.

350 Jahre Ursulinen in Erfurt. Zur Geschichte des Ursulinenordens und seines Erfurter Konvents, in: Jahrbuch für mitteldeutsche Kirchen- und Ordensgeschichte 14 (2018) 251–270.

55 Jahre Friedrich-Dessauer-Kreis. Ein wertender Rückblick, in: Theologie der Gegenwart 61/3 (2018) S. 221–228.

„Nun habt Mut! Bistum sind wir! Jetzt wird's gut!". 25 Jahre Bistum Magdeburg, in: Jahrbuch für mitteldeutsche Kirchen- und Ordensgeschichte 15 (2019) S. 239–252.

„Leichter Gegenwind im Sturm des Sozialismus". Zum Leben der Christen in der DDR und ihren kirchlichen Möglichkeiten, in: Theologie der Gegenwart 62/2 (2019) S. 120–136.

Wolfgang Trilling, Erfurt und der Katholizismus in der DDR, in: ORATORIUM LEIPZIG (Hg.), Wolfgang Trilling – Zeuge der Hoffnung (Dresden 2019) S. 179–190.

Progressive Katholiken – reaktionäre Bischöfe; die Berliner Konferenz Europäischer Katholiken (BK), in: KATHARINA KRIPS – STEPHAN MOKRY – KLAUS UNTERBURGER (Hg.), Aufbruch in der Zeit. Kirchenreform und europäischer Katholizismus. FS Franz Xaver Bischof (= Münchener kirchenhistorische Studien 10) (Stuttgart 2020) S. 433–446.

„Ereignisgeschichte vs. Sozialgeschichte" am Beispiel Mitteldeutschlands, in: CLEMENS BRODKORB – DOMINIK BURKHARD (Hg.), Neue Aspekte einer Geschichte des kirchlichen Lebens. Zum 10. Todestag von Erwin Gatz (Regensburg 2021) S. 93–110.

Pfarrer Dr. Dr. Paul Schimke (1915–2005). Maßlosigkeit statt Enge, in: Jahrbuch für mitteldeutsche Kirchen- und Ordensgeschichte 17 (2021) S. 149–201.

Seelsorger und Seelsorge im Vogtland des 20. Jahrhunderts, in: Jahrbuch für mitteldeutsche Kirchen- und Ordensgeschichte 17 (2021) S. 205–215.

Vom bischöflichen Kommissariat zum Vikariat Meiningen. Kirchenpolitische Planspiele im Umfeld der Vatikanischen Ostpolitik, in: ENNO BÜNZ – MARTIN REHAK – KATRIN SCHWARZ (Hg.), Kirche, Glaube, Theologie in Franken. FS Wolfgang Weiß (= Quellen und Forschungen zur Geschichte des Bistums und Hochstifts Würzburg 81) (Würzburg 2022) S. 255–271.

Vom „Brachland" zur systematischen kirchenmusikalischen Arbeit. Kirchenmusik der katholischen Kirche auf dem Gebiet der SBZ/DDR 1945 bis 1989, in: Jahrbuch für mitteldeutsche Kirchen- und Ordensgeschichte 18 (2022) S. 73–107.

Grundsätze und Erfahrungen des Aktionskreises Halle (AKH). Überlegungen zu ihrer Bedeutung in der heutigen Zeit, in: Jahrbuch für mitteldeutsche Kirchen- und Ordensgeschichte 18 (2022) S. 163–179.